2. Exemplar!

SKB

ST. GALLER WIRTSCHAFTSWISSENSCHAFTLICHE FORSCHUNGEN
HERAUSGEGEBEN VON DER
FORSCHUNGSGEMEINSCHAFT FÜR NATIONALÖKONOMIE
DER HOCHSCHULE ST. GALLEN
FÜR WIRTSCHAFTS- UND SOZIALWISSENSCHAFTEN
BAND 29

Praxisorientierte Theorie der Regionalforschung

Analyse räumlicher Entwicklungsprozesse als Grundlage einer rationalen Regionalpolitik für die Schweiz

von

GEORGES FISCHER

1973

J. C. B. MOHR (PAUL SIEBECK) TÜBINGEN

© Georges Fischer
J. C. B. Mohr (Paul Siebeck) Tübingen 1973
Alle Rechte vorbehalten
Ohne ausdrückliche Genehmigung des Verlags ist es auch nicht gestattet, das Buch oder Teile daraus auf photomechanischem Wege (Photokopie, Mikrokopie) zu vervielfältigen.
Printed in Germany
Satz und Druck: Buchdruckerei Eugen Göbel, Tübingen
Einband: Großbuchbinderei Heinr. Koch, Tübingen

ISBN 3 16 334471 2 (brosch.)
ISBN 3 16 334472 0 (Lw.)

VORWORT

Die Ausarbeitung der vorliegenden Untersuchung wurde ermöglicht durch einen Forschungskredit des Schweizerischen Nationalfonds zur Förderung der wissenschaftlichen Forschung. Für diese wertvolle Hilfe spreche ich den zuständigen Stellen meinen Dank aus. Ebenso danke ich dem Schweizerischen Institut für Außenwirtschafts-, Struktur- und Marktforschung an der Hochschule St. Gallen für die Förderung dieser Arbeit, insbesondere Herrn Prof. Dr. Alfred Nydegger, Direktor des Instituts, für seine mir jederzeit gewährte Hilfe und Unterstützung sowie der Gesellschaft zur Förderung des Instituts, die für die Drucklegung dieser Arbeit finanzielle Hilfe gewährte. Die vorliegende Arbeit wurde der Hochschule St. Gallen im Dezember 1971 als Habilitationsschrift eingereicht.

St. Gallen, Dezember 1971
Der Verfasser

INHALTSVERZEICHNIS

Einleitung 1
   1. Problemstellung 1
   2. Ziel und Aufbau der Arbeit 4
   3. Begriffliche Grundlegung 7

Erster Teil
GRUNDPROBLEME EINER RATIONALEN REGIONALPOLITIK

I. Anforderungen an eine rationale Regionalpolitik 13

   A. Grundsätzliches Verfahren zur Lösung regionaler Probleme 13

      1. Lageanalyse und „status quo" Projektionen 14
      2. Regionale Zielbestimmung 15
      3. Optimaler Mitteleinsatz 15

   B. Das Ungenügen der herkömmlichen Regionalpolitik 17

      1. Unzulänglichkeiten im Bereich der Lageanalyse 17
      2. Mangelhafte Leitbilder 17
      3. Schwierigkeiten bei der Erarbeitung regionaler Entwicklungskonzepte . . . 18

   C. Die Grundprobleme einer rationalen Regionalpolitik 20

II. Grundzüge einer raumordnungspolitischen Gesamtkonzeption 21

   A. Ziele der Regionalpolitik 22
      1. Der Einfluß übergeordneter Ziele 23
      2. Hauptrichtungen regionaler Ziele 25
      3. Die Grundzüge eines räumlich relevanten Zielsystems 28

   B. Ansätze räumlicher Leitbilder 33
      1. Zur Interpretation einer regionalpolitischen Strategie 33
      2. Die Strategie einer Regionalisierung mit Schwerpunktbildung 34
      3. Realisierbarkeit dieser Strategie aus staatspolitischer Sicht 37

   C. Grundsätze und Methoden der Regionalpolitik 39
      1. Die klassische These 39
      2. Die Einkommensumverteilungsthese 41
      3. Die Einkommensentstehungsthese 42

III. Zusammenfassung: Ergebnisse für die Regionalpolitik 44

Zweiter Teil

THEORETISCHE GRUNDLAGEN ZUR ERFASSUNG UND ERKLÄRUNG REGIONALER ENTWICKLUNGSPROZESSE

I. Das Fehlen einer allgemeinen operationalen Regionaltheorie 47

   A. Realitäten, welche die Bildung einer teilräumlichen Theorie erschweren 49
      1. Der spezifische Charakter regionaler Wirtschaftsgebiete 49
      2. Ökonomische und gesellschaftliche raumprägende Faktoren 49
      3. Individualität der Teilräume infolge unterschiedlicher Ausgangsstrukturen . . 50

   B. Die Mängel der überlieferten Theorien 51
      1. Die Vernachlässigung von Raum und Zeit 51
      2. Die überlieferte „Gleichgewichts-Doktrin" 54
      3. Die Vernachlässigung nichtwirtschaftlicher Gesichtspunkte 56

II. Ansätze für ein realitätsbezogenes theoretisches Fundament 58

   A. Über die Form des theoretischen Fundaments 59

   B. Über den Inhalt des theoretischen Fundaments 61

   C. Thesen zur Erklärung teilräumlicher Entwicklungsprozesse 62
      1. Regionale Entwicklungsprozesse werden sowohl durch ökonomische als auch durch gesellschaftliche, politische und institutionelle Faktoren bestimmt . . . 62
      2. Entscheidende Triebkräfte der wirtschaftlichen und gesellschaftlichen Dynamik sind überregionaler Natur, weshalb die teilräumliche Entwicklung hauptsächlich exogen bestimmt wird 65
      3. Die überregionalen Entwicklungsfaktoren stellen irreversible Veränderungen dar und sind von der Regionalpolitik als „Datum" zu betrachten 68
         a. Entwicklungsbedingte Veränderungsprozesse wirtschaftlicher und technischer Art 68
         b. Entwicklungsbedingte Veränderungsprozesse soziologischer und gesellschaftlicher Art 71
         c. Politisch-institutionelle Rahmenbedingungen 73
      4. Regionale Entwicklungsprozesse werden durch die gegebene, meist historisch gewachsene Ausgangsstruktur der Teilgebiete maßgeblich mitbestimmt 74
      5. Entscheidend für die regionalen Entwicklungsmöglichkeiten ist die Anpassungsfähigkeit der teilräumlichen Ausgangsstrukturen an die sich verändernden exogenen Bestimmungsfaktoren 77
      6. Die Anpassungsfähigkeit der teilräumlichen Ausgangsstrukturen kann durch eine bewußt gestaltete Regionalpolitik in wachsendem Ausmaß erhöht werden 80

III. Zusammenfassung: Ergebnisse für die Regionalpolitik 82

      1. Ausgangsmodell für regionale Strukturanalysen 82
      2. Analyse der Wohnort- und Standortpräferenzen als Grundlagenproblem der Regionalforschung 85
      3. Förderung der Anpassungsfähigkeit räumlicher Ausgangsstrukturen als Kernproblem der Regionalpolitik 87

Dritter Teil:

METHODEN DER ANALYSE TEILRÄUMLICHER ENTWICKLUNGSPROZESSE

I. Charakterisierung der gebräuchlichsten Analyseverfahren 92
   A. Zur Problematik regionaler Strukturanalysen 92
   B. Gliederung der regionalen Analyseverfahren 93
      1. Ermittlung globaler Indikatoren zur Charakterisierung von Entwicklungsstand und -potential einer Region 94
      2. Ermittlung spezieller Indikatoren zur Charakterisierung regionaler Besonderheiten 94
      3. Ableitung partieller Erklärungsmodelle 96

II. Erfassung und Darstellung von Entwicklungsstand und Entwicklungspotential einer Region 98
   A. Regionale Globalindikatoren 98
      1. Volkseinkommen und Brutto-Inlandsprodukt 99
      2. Das Brutto-Inlandsprodukt je Erwerbstätigen als Produktivitätsmaßstab . . . 102
      3. Das Volkseinkommen je Einwohner als Wohlstandsmaßstab 106
      4. Lohneinkommen und persönliches Einkommen 108
   B. Regionale Hilfsindikatoren für Wohlstand und Wirtschaftskraft 109
   C. Regionale volkswirtschaftliche Gesamtrechnungen 112
   D. Exkurs: Probleme und Ergebnisse kantonaler Volkseinkommensberechnungen . . 117
      1. Grundsätzliche Berechnungsmöglichkeiten regionaler Volkseinkommen in der Schweiz 117
      2. Ergebnisse kantonaler Volkseinkommensschätzungen in den Jahren 1950–1965 120
      3. Beurteilung der Ergebnisse als Informations- und Analyseinstrumente im Dienste der Regionalforschung 126
         a. Aussagefähigkeit der absoluten Kantonsergebnisse 127
         b. Aussagefähigkeit interkantonaler Querschnittsanalysen 130
         c. Aussagefähigkeit der Struktur der Volkseinkommensaggregate 135
   E. Zusammenfassung: Ergebnisse für die Regionalpolitik 138

III. Analysemöglichkeiten im Bereich der Produktionsstruktur 139
   A. Regionalpolitisch relevante Zusammenhänge im Bereich der Produktionsstruktur 139
   B. Theoretische Ansatzpunkte und deren Aussagefähigkeit 140
      1. Die Sektor-Theorie 142
      2. Die Exportbasis-Theorie 144
      3. Die Theorie der Wachstumspole 147
      4. Der Industriestruktur-Approach 152
   C. Praktikable Analyseansätze im Bereich der Produktionsstruktur 157
      1. Die zentrale Bedeutung der betrieblichen Produktivität 159
         a. Bedingungen einer produktivitätsorientierten Faktorallokation als Ausgangspunkt der Analyse 159
         b. Grundmodell zur Beurteilung erzielbarer betrieblicher Produktivitätsfortschritte 160
      2. Erweiterungsmöglichkeiten der betrieblichen Strukturanalyse 165

3. Erfassung regionaler Standortbedingungen als ergänzende Analysemethode . . 169
   a. Erstellung regionaler Standortkataloge 170
   b. Standortangebotskataloge 172
   c. Standortnachfragekataloge 176
4. Input-Output-Modelle und Industriekomplex-Analysen 180
D. Zusammenfassung: Ergebnisse für die Regionalpolitik 181

IV. Analysemöglichkeiten im Bereich der Faktorstruktur 183

A. Regionalpolitisch relevante Zusammenhänge im Bereich der Faktorstruktur . . . 183
B. Theoretische Ansatzpunkte für Mobilitätsanalysen 189
  1. Die Bedeutung der Mobilität in wirtschaftstheoretischen Modellen 189
  2. Die Mobilitätstheorie von Siebert 192
  3. Spezifische Wanderungsmodelle (Gravitationsmodelle) 193
  4. Individual-theoretische Wanderungsforschung 195
C. Praktikable Analyseverfahren im Bereich der Faktorstruktur 198
  1. Die Wanderungsmodelle von Somermeijer und Jansen 199
  2. Arbeitsmarktorientierte Wanderungsanalysen 202
    a. Der Gerfinsche Angebots-Ansatz 204
    b. Der Klaassensche Angebots-Nachfrage-Ansatz 206
    c. Das erweiterte Analysemodell der PROGNOS 207
  3. Beurteilung der Arbeitsmarktmodelle 212
D. Zusammenfassung: Ergebnisse für die Regionalpolitik 214

V. Analysemöglichkeiten im Bereich der Siedlungsstruktur 216

A. Regionalpolitisch relevante Zusammenhänge im Bereich der Siedlungsstruktur . . 217
B. Theoretische Ansatzpunkte zur Erklärung der Siedlungsstruktur 222
  1. Industriestandorttheorien 223
  2. Das Agglomerationsphänomen und die sozialen Kosten und Erträge 225
  3. Ökonomische Siedlungstheorien 231
  4. Das zentralörtliche Gliederungsprinzip im Wandel des Siedlungsgefüges . . . 235
  5. Theoretische Ansatzpunkte im Bereich der Infrastruktur 239
    a. Die Rolle der Infrastruktur für die teilräumliche Entwicklung 239
    b. Wirkungsweisen von Infrastrukturinvestitionen 241
    c. Bestimmungsfaktoren des Infrastrukturbedarfes 248
C. Praktikable Analyseansätze im Bereich der Siedlungsstruktur 253
  1. Grundzüge einer wirtschafts- und gesellschaftsgerechten Siedlungsstruktur . . . 254
    a. Typische Raumansprüche nach Daseinsgrundfunktionen 254
    b. Typische Bildungsprinzipien der Siedlungsstruktur 259
  2. Grundsätze einer rationalen Siedlungspolitik 264
  3. Bestimmung von Mindest- und Richtgrößen als Instrumente der Siedlungsplanung 269
    a. Richtwerte für Infrastruktur-Einrichtungen 270
    b. Kompositionsregeln als Lösungsansatz 272
    c. Globale Richtwerte für Siedlungseinheiten 276
D. Zusammenfassung: Ergebnisse für die Regionalpolitik 280

Literaturverzeichnis 283
Personenverzeichnis 293
Sachregister 295

EINLEITUNG

1. Problemstellung

Heute steht das regionale Problem in praktisch allen hochentwickelten Industriestaaten im Zentrum der wirtschaftspolitischen Diskussion [1]. Dementsprechend ist auch die Regionalpolitik innerhalb der Gesamtpolitik für Wirtschaft und Gesellschaft in die vorderste Front aufgerückt.

Anlaß hierzu bilden eine Reihe *wachsender Diskrepanzen* zwischen der tatsächlichen und der gesellschaftlich erwünschten räumlichen Verteilung von Wirtschaft und Bevölkerung. Denn die tatsächliche Entwicklung widerspricht immer mehr den Ziel- und Wertvorstellungen unserer freiheitlichen Wirtschafts- und Gesellschaftsordnung. Sie äußert sich insgesamt in einer *fortschreitenden Konzentration* von Wirtschaft und Bevölkerung in offenbar privilegierten Gebieten mit überdurchschnittlichen Entwicklungsmöglichkeiten. Andere Teilgebiete geraten im Vergleich zu diesen Wachstumszentren zusehends ins Hintertreffen. Sie büßen absolut oder relativ an wirtschaftlicher und menschlicher Substanz ein und weisen nurmehr bescheidene Entwicklungsperspektiven auf.

Diese Konzentrationstendenzen haben zu zwei meßbaren Erscheinungsformen geführt. Einerseits resultieren daraus *zunehmende interregionale Wachstums- und Wohlstandsunterschiede*. Solche werden aber jenseits gewisser Schwellenwerte als sozial ungerecht und staatspolitisch unerwünscht empfunden. Denn letztlich widersprechen diese den gesellschaftspolitischen Postulaten (Gerechtigkeit, Chancengleichheit) und gefährden einen gesunden föderalistischen Staatsaufbau. Rein ökonomisch betrachtet kommt hinzu, daß diese Entwicklungstendenzen auch die gesamte Volkswirtschaft vom Pfad eines optimalen Wirtschaftswachstums ablenken und zu einem unwirtschaftlichen Einsatz der knapp verfügbaren Produktivkräfte führen können. Aus all diesen Gründen besteht ein wesentliches Ziel der Regionalpolitik darin, ein allzu krasses Wohlstandsgefälle zu beseitigen bzw. gar nicht erst entstehen zu lassen.

Anderseits stellt man stark zunehmende *interregionale Wanderungen* fest, wobei offenbar wiederum privilegierte Gebiete mit steten Einwanderungsüberschüssen benachteiligten Landesteilen gegenüberstehen, denen fortschreitende Entvölkerung droht.

Da beide meßbaren Vorgänge – wirtschaftliche und bevölkerungsmäßige Erstarkung bzw. ökonomischer und menschlicher Substanzverlust – im allgemeinen räumlich parallel verlaufen, wurde lange Zeit das eben genannte Wohlstandsgefälle als alleinige Ursache der interregionalen Wanderungen betrachtet. Entsprechend einseitig fiel die herkömm-

---

[1] Auch die Entwicklungsländer kennen erhebliche regionale Probleme, die jedoch im Vergleich zu den hochentwickelten Industriestaaten teilweise völlig anders geartet sind. In der vorliegenden Arbeit werden Regionalprobleme in Entwicklungsländern ausgeklammert.

liche Regionalpolitik aus, nämlich im Sinne einer regionalen *Wirtschafts*förderungspolitik, mit dem Ergebnis, daß diese, generell gesehen, kaum meßbare Erfolge zeitigte[2].

Um die wirklichen Ursachen der räumlichen Konzentration zu erkennen und ihren unerwünschten Begleiterscheinungen wirksam begegnen zu können, ist ein *grundlegendes Umdenken* notwendig, das der Regionalpolitik neue Dimensionen eröffnet. Man muß davon ausgehen, daß infolge des technischen, wirtschaftlichen und zivilisatorischen Fortschritts *die Bestimmungsfaktoren des gesamtwirtschaftlichen Standortaufbaus* tiefgreifend verändert und umgewichtet worden sind: Einmal schwindet die Bedeutung der klassischen Standortfaktoren zugunsten neu in den Vordergrund tretender betrieblicher Standortanforderungen aus technologisch-wirtschaftlichen Gründen. Zum anderen wachsen zufolge der fortschreitenden, allgemeinen Wohlstandssteigerung und den damit verbundenen gesellschaftlichen Entwicklungen die Wohn- und Freizeitansprüche der Menschen, die auch aus betrieblicher Sicht wachsende standortprägende Kraft gewinnen.

Diese technisch-wirtschaftlichen und gesellschaftspolitischen Umschichtungen haben für die Regionalpolitik enorme Konsequenzen. Versucht man deren Ursachen zu ergründen, so erscheinen auch die erwähnten interregionalen Wanderungen in einem differenzierteren Licht: das regionale Wohlstandsgefälle ist nicht ihre alleinige Ursache, sondern Zweck dieser Wanderungen ist der viel umfassendere Wunsch nach Verwirklichung eines gewandelten Lebensstils, nämlich einer *urbanen* Lebensweise.

Der damit verbundene Drang in die Agglomerationsräume verschärft aber nicht nur den Auslaugungsprozeß in jenen Gebieten, die anscheinend keine urbane Lebensweise zu bieten vermögen. Er ruft auch in den Zuwanderungszentren eine Reihe unerwünschter Zustände hervor, die zwar nicht durchwegs meßbar, dafür um so augenfälliger sind. Einmal gefährdet die fortschreitende räumliche Verdichtung von Wirtschaft und Bevölkerung die generellen Lebensgrundlagen (Luft, Wasser, Landschaft). Zum andern führen die vielfältigen und steigenden Ansprüche von immer mehr Menschen und Betrieben an den nicht vermehrbaren Boden zu wachsenden Friktionen im Siedlungsgefüge. Dadurch wird ein geordnetes Zusammenleben der Menschen und ein reibungsloser Ablauf ihrer vielfältigen Aktivitäten zunehmend in Frage gestellt.

Um die räumliche Entwicklung in allen Landesteilen entsprechend den Ziel- und Wertvorstellungen der Gesamtpolitik für Wirtschaft und Gesellschaft zu lenken, müssen auch diese Probleme mitberücksichtigt werden. Hierfür reicht aber eine Regionalpolitik, die bloß Wirtschaftsförderungspolitik ist, nicht mehr aus. Ein derart einseitiger Ansatz zur Lösung der anstehenden Probleme muß von vornherein scheitern, weil dadurch eine Reihe wesentlicher Bestimmungsgründe der teilräumlichen Entwicklung ausgeklammert bleiben, die nicht ökonomischer Art, sondern gesellschaftlichen Ursprungs sind. Eine wirksame Regionalpolitik kann sich deshalb nicht auf eine Förderung der Existenzbedingungen der Wirtschaft im engeren Sinn beschränken, sondern muß vermehrt den Menschen in den Mittelpunkt stellen und hat dessen Daseinsbedingungen materiell und immateriell bestmöglichst zu verbessern. Der Ansatz muß mit andern Worten über den Wirtschaftsraum hinaus auf den *gesamten Lebensraum der Menschen* ausgedehnt wer-

---

[2] Empirische Untersuchungen über die Entwicklung der kantonalen Volkseinkommen in der Schweiz (als Maß des durchschnittlichen Wohlstands) lassen erkennen, daß im Verlaufe der Nachkriegszeit das interregionale Wohlstandsgefälle nicht etwa geringer wurde, sondern sich eher noch akzentuiert hat. Vgl. hierzu die Ausführungen in Teil III der vorliegenden Arbeit.

den. Innerhalb desselben stellt dann das Wirtschaften (bzw. die Arbeit) nurmehr eine – wenn auch sehr wichtige – neben andern Daseinsfunktionen dar. Die entscheidende Fragestellung lautet dann, wie die teilräumlichen Strukturen in bezug auf alle menschlichen Aktivitäten zu gestalten sind, damit diese bestmöglichst den Bedürfnissen und Ansprüchen einer sich wandelnden Gesellschaft entsprechen. Mit dieser Forderung weitet sich die regionale Wirtschaftspolitik herkömmlichen Stils zur neuzeitlichen Konzeption einer Raumordnungspolitik aus.

Diese grundlegende Akzentverschiebung ist auch in der Schweiz notwendig. Denn durch die verfassungsmäßige Verankerung der sogenannten Raumplanung[3] obliegt nunmehr Bund und Kantonen die Aufgabe, eine „zweckmäßige Nutzung des Bodens und eine geordnete Besiedlung des Landes" sicherzustellen[4]. Diese an sich vage Formulierung entspricht der eben genannten Vorstellung: Jede zukünftige Raumordnung muß darnach trachten, neben rein wirtschaftlichen Belangen auch diejenigen einer menschengerechten Umwelt im weitesten Sinn zu berücksichtigen, um möglichst günstige Voraussetzungen „für die Entfaltung der Einzelpersönlichkeit und für das Zusammenleben der Gemeinschaft" in allen Landesteilen zu ermöglichen[5].

Diese erweiterte Perspektive darf allerdings nicht darüber hinwegtäuschen, daß *ökonomische Gesichtspunkte* auch in einer raumordnungspolitisch ausgerichteten Regionalpolitik von *ausschlaggebender Bedeutung* bleiben, selbst bei der Verfolgung außerwirtschaftlicher Ziele. Dies gilt sowohl für die Ausgestaltung der eigentlichen Politik als auch für die anzustrebende Raumordnung: *Erstens* zwingt die Knappheit insbesondere des Produktionsfaktors Arbeit zu einer möglichst effizienten, d. h. produktiven Leistungserstellung, wenn auch in Zukunft ein als wünschbar erachtetes gesamtwirtschaftliches Wachstum aufrechterhalten werden soll; *zweitens* müssen die begrenzt verfügbaren öffentlichen Mittel möglichst wirtschaftlich eingesetzt werden, um die wachsenden raumordnungspolitischen Aufgaben bewältigen zu können; und *drittens* hat man zu bedenken, daß jedes räumliche Ordnungssystem in seinen Grundzügen durch ökonomische Gesetzmäßigkeiten bestimmt wird, die einer nur sozial- und gesellschaftspolitischen Vorstellungen entspringenden regionalen Verteilung von Bevölkerung und Wirtschaft Grenzen setzen. Dadurch wird der mögliche Aktionsbereich der Raumordnungspolitik eingeschränkt. Es ist stets davon auszugehen, daß ohne Rücksichtnahme auf die ökonomische Rationalität der anzustrebenden Raumordnung eine langfristig erfolgreiche Gestaltung und Beeinflussung der regionalen Verteilung von Wirtschaft und Bevölkerung unmöglich ist.

Damit ist in groben Zügen der konkrete Problemhintergrund skizziert, vor den sich die heutige Regionalforschung gestellt sieht. Von hier bis zur Formulierung und Durchführung einer wirksamen Politik ist allerdings noch ein weiter und beschwerlicher Weg. Trotz mannigfacher Bemühungen ist es in unserem Lande bisher nicht gelungen, die unerwünschten Folgen der fortschreitenden räumlichen Konzentration erfolgreich zu beheben. Ein wirksames regionalpolitisches Handeln ist aber dringend notwendig; denn

[3] Vgl. hierzu BV Art. 22ter und 22quater, die Ende 1969 von Volk und Ständen gutgeheißen worden sind.

[4] Ebenda.

[5] Dies geht aus den Grundgedanken hervor, mit denen die Arbeitsgruppe Kim den Verfassungsartikel über die Raumplanung interpretiert. Vgl. Raumplanung Schweiz, Hauptbericht der Arbeitsgruppe des Bundes für die Raumplanung, Dezember 1970, insbesondere Seite 76 f.

offenbar vermag der Marktmechanismus allein in einer freiheitlichen Wirtschafts- und Gesellschaftsordnung keine auf die Dauer erwünschte räumliche Entwicklung herbeizuführen.

Fragt man nach den Ursachen des Versagens der herkömmlichen Regionalpolitik, so ist generell festzuhalten, daß *grundlegende Problembereiche* einer rationalen Regional- und Raumordnungspolitik bisher nicht oder nur *ungenügend* geklärt worden sind. In der Schweiz hat die wissenschaftliche Behandlung regionalpolitischer und insbesondere raumordnungspolitischer Probleme erst begonnen, so daß in bezug auf die konkreten schweizerischen Verhältnisse nur spärliche Grundlagen vorliegen. Insbesondere fehlt eine klare und abgerundete raumordnungspolitische Gesamtkonzeption. Eine solche müßte als allgemeingültiges Orientierungs- und Bezugssystem die Ziele, Grundsätze und Methoden der anzustrebenden Politik festhalten [6], um der Praxis hinreichend konkrete Grundlagen zur Lösung ihrer vielfältigen Aufgaben zu bieten. Da die regionalpolitische Praxis bei ihren Entscheidungen bisher weitgehend ohne wissenschaftliche Fundierung auskommen mußte, hat dies unter anderem der bekannten Politik vielfältiger, punktueller und unkoordinierter ad-hoc-Maßnahmen Vorschub geleistet; es fehlen also praktisch sämtliche Voraussetzungen für eine wirksame und erfolgversprechende Politik.

2. Ziel und Aufbau der Arbeit

Angesichts der dargelegten Lage drängt sich die grundsätzliche Frage auf, welchen Beitrag die Wissenschaft beim gegenwärtigen Erkenntnisstand zur Lösung der anstehenden Probleme im allgemeinen und zur Unterstützung der praktischen Politik im besonderen zu bieten vermag.

Dieser *Standortbestimmung* dient die vorliegende Arbeit. Ihr generelles Ziel ist es, Lücken in den Grundlagen einer wirksamen Regional- und Raumordnungspolitik aufzuzeigen und Ansatzpunkte zu entwickeln, mit denen diese geschlossen werden können. Dabei sollen zwei Gesichtspunkte wegleitend sein, die Ausmaß und Richtung unserer Untersuchung festlegen.

– Ein entscheidender Mangel liegt im ungenügenden *Wissen um die regional- und raumordnungspolitisch relevanten Strukturzusammenhänge* in den Teilgebieten eines Landes. Dazu zählt die Kenntnis der wichtigsten struktur- und entwicklungsbestimmenden Faktoren, deren Wirkungsweisen und Beeinflußbarkeit auf regionaler Ebene. Im Zusammenhang damit steht die weitere Frage nach geeigneten Methoden und Verfahren, mit denen regionale Entwicklungsprozesse erfaßt, erklärt und schließlich vorausgeschätzt werden können. Da die Lösung dieser analytischen Probleme eine wesentliche Voraussetzung jeder wirtschafts-, gesellschafts- und damit auch raumordnungspolitisch wirksamen Tätigkeit bildet, wird dieser Problemkreis ins Zentrum unserer Analyse gerückt.

– Die Tatsache, daß die Theorie heute noch weit hinter den praktischen Erfordernissen

---

[6] Im bereits zitierten Verfassungsartikel über die Raumplanung wird festgehalten, daß der Bund auf dem Wege der Gesetzgebung Grundsätze für eine durch die Kantone zu schaffende Raumplanung aufzustellen hat. Solche fehlen indessen noch weitgehend, was die Notwendigkeit und Dringlichkeit der erwähnten Grundlagenerarbeitung unterstreicht.

zurückliegt, hängt auch mit der bevorzugten Ausrichtung der modernen regionalwissenschaftlichen Forschung zusammen, partialanalytische und allzu abstrakte modelltheoretische Analysenmodelle zu entwickeln. Diese sind wegen ihrer Wirklichkeitsferne in der Regel nicht mehr operational und bieten deshalb keine generellen, sondern praktisch nur beschränkt anwendbare Lösungsmöglichkeiten an.

Aus diesem Grunde wird in dieser Arbeit besonderes Gewicht auf eine *Verbindung zwischen wissenschaftlich-abstrakter und praktisch-politisch orientierter Betrachtungsweise* gelegt. Damit soll aufgezeigt werden, in welcher Weise die künftige Regionalforschung ihrer Wirklichkeitsferne entrückt und vermehrt auf realitätsbezogene und für die praktische Analyse relevante Fragestellungen hingeführt werden kann. Denn zur Lösung der anstehenden Probleme müssen auch die theoretischen Ausgangs- und Denkmodelle realitätsbezogen sein. Sonst ist es unmöglich, die wirtschaftliche und gesellschaftliche Dynamik der teilräumlichen Entwicklung in einer der praktischen Politik zugänglichen Art und Weise einzufangen und zu erklären.

Eine derart ausgerichtete, realitäts- und praxisbezogene Regionalforschung hat allerdings zur Folge, daß für die teilräumliche Analyse keine „gebrauchsfertigen Rezepte" im Sinne umfassender, exakter Modelle vorgelegt werden können. Ein wesentlicher Grund hiefür liegt in der enormen Komplexität des Untersuchungsobjektes sowie in den vielfältigen, wechselseitigen Beziehungen und Abhängigkeiten, die zwischen den wichtigsten wirtschaftlichen und gesellschaftlichen Bestimmungsfaktoren der teilräumlichen Entwicklung bestehen. Erschwerend kommt hinzu, daß von zahlreichen entscheidenden Einflußgrößen insbesondere nichtwirtschaftlicher Art erst vermutet werden kann, daß sie wirksam sind, ihre Einflußstärke dagegen noch nicht meßbar ist. Diese Schwierigkeiten verunmöglichen es, beim gegenwärtigen Stand der verfügbaren operationalen Meß- und Verfahrenstechniken ohne Vernachlässigung wesentlicher Zusammenhänge in der Realität die relevanten Aspekte der regionalen Entwicklung in quantitativ exakt formulierten Gesamtmodellen abzubilden.

Angestrebt wird deshalb die Herausarbeitung jener grundlegenden Zusammenhänge, die aus der regional- und raumordnungspolitischen Perspektive besonders wichtig und damit richtungsweisend für eine wirksame Beeinflussung des teilräumlichen Geschehens sind. Wenn darüber zum Teil auch erst qualitative Aussagen möglich sind, so kann nach unserem Dafürhalten beim gegenwärtigen Stand der Dinge auf diesem Weg ein mehr Erfolg versprechender Beitrag zur Lösung der anstehenden Probleme geleistet werden als durch eine weitere, einseitige Vertiefung abstrakter Erklärungsmodelle ohne Bezug zur Realität.

Damit ist das Ziel der vorliegenden Arbeit skizziert. Ihr Aufbau kann wie folgt charakterisiert werden:

- Der *erste Teil* befaßt sich mit den Grundproblemen einer rationalen Regionalpolitik. Diese sollen den allgemeinen Rahmen abstecken, innerhalb dessen die analytischen Problemstellungen später vertieft untersucht werden.

  Zu diesem Zweck werden gleichfalls im ersten Teil die Grundzüge einer auf die spezifischen Verhältnisse der Schweiz zugeschnittenen raumordnungspolitischen Gesamtkonzeption entwickelt, um darauf ausgerichtet Ansatzpunkte für geeignete Analyseninstrumente zu finden.

- Der *zweite Teil* befaßt sich mit theoretischen Grundlagen. In diesem wird ein realitätsbezogenes theoretisches Fundament entwickelt, das die wichtigsten struktur- und entwicklungsbestimmenden Faktoren des teilräumlichen Geschehens sowie deren gegenseitige Beziehungen aufzeigt. Wegleitend für die Ausgestaltung dieses Gesamtsystems bleibt die Absicht, die Wirklichkeit in einer zur Lösung der anstehenden Probleme geeigneten Art und Weise einzufangen. Es dient somit im Sinne eines allgemeinen Ausgangs- und Bezugssystems als Basis für die Ableitung operationaler Methoden zur Erfassung und Erklärung regionaler Entwicklungsprozesse.

— Im *dritten Teil* schließlich wird nach den Methoden und Verfahren gefragt, die zu einer realitätsbezogenen, raumordnungspolitisch relevanten und der praktischen Politik zugänglichen Analyse der regionalen Entwicklung führen.

In einem ersten Abschnitt werden Probleme zur Erfassung und Darstellung teilräumlicher Gesamtaggregate aufgeworfen, die zur *Charakterisierung des regionalen Entwicklungsstandes und Entwicklungspotentials* dienen. Konkrete regionale Volkseinkommensberechnungen in der Schweiz veranschaulichen realisierbare Lösungsmöglichkeiten.

Drei weitere Abschnitte befassen sich schließlich mit Analysemöglichkeiten in ausgewählten Strukturbereichen, die aus dem theoretischen Basismodell abgeleitet und aus einer raumordnungspolitisch relevanten Perspektive untersucht werden. Es sind dies die *regionale Produktions-, Faktor- und Siedlungsstruktur*, deren Art und Ausgestaltung das gesamte Leistungspotential einer Region prägen. Ausgehend von den wichtigsten Bestimmungsfaktoren dieser Strukturbereiche gilt es dann, die mannigfachen Erklärungsmodelle und Untersuchungsmethoden, die heute in Theorie und Praxis der Regionalforschung angeboten werden, auf ihre Aussagefähigkeit und Eignung für realitätsbezogene Analysen zu prüfen. Auf diese Weise sollen die gesuchten Ansatzpunkte gefunden werden, die sich zur Lösung der anstehenden Probleme eignen. Wo solche noch fehlen, werden mögliche Wege aufgezeigt, die es inskünftig einzuschlagen gilt, um die bestehenden Lücken der Regionalforschung aufzufüllen.

Trotz der gegenseitigen Interdependenzen, die zwischen den allgemeinen Grundproblemen (erster Teil), den theoretischen Grundlagen (zweiter Teil) und den Analysemöglichkeiten in ausgewählten Strukturbereichen (dritter Teil) bestehen, werden die einzelnen Hauptabschnitte möglichst abschließend behandelt und deren Ergebnisse in jeweiligen Zusammenfassungen festgehalten. Auf diese Weise soll dem nur an Teilbereichen interessierten Leser der Gesamtüberblick erleichtert werden. Für den Leser der gesamten Arbeit ergeben sich daraus unvermeidlich gewisse Wiederholungen.

Ferner macht die erklärte Zielsetzung, im Sinne einer allgemeinen Standortbestimmung mögliche Beiträge der Wissenschaft für realitätsbezogene Regionalanalysen aufzuzeigen, eine relativ breit angelegte Betrachtungsweise des teilräumlichen Geschehens notwendig. Dies wiederum zwingt zu gewissen Einschränkungen in bezug auf die wünschbare Tiefe, in der den aufgeworfenen Problemstellungen nachgegangen werden kann. Aus diesem Grunde ist keine abschließende Beurteilung relevanter Einzelprobleme zu erwarten. Dies muß gezielten Partialanalysen vorbehalten bleiben, wofür jedoch die vorliegende Untersuchung aus der raumordnungspolitischen Gesamtperspektive Richtlinien aufzeigen und Ansatzpunkte vermitteln will.

Auch muß darauf verzichtet werden, im Rahmen dieser Arbeit auf die Ebene konkreter Maßnahmen vorzustoßen. Dadurch werden zwar entscheidende Grundfragen im analytischen Bereich ausgeklammert. Denn neben der Kenntnis der regionalen Strukturzusammenhänge müssen für eine wirksame Politik auch die Auswirkungen regionalpolitischer Instrumente bekannt sein. Doch gilt es zu bedenken, daß eine erfolgversprechende Anwendung konkreter Maßnahmen erst dann möglich wird, wenn man weiß, wo die Ursachen unerwünschter Entwicklungsprozesse liegen. Das setzt zunächst umfassendere Kenntnisse über die wichtigsten Kausalzusammenhänge der teilräumlichen Entwicklung und deren Beeinflußbarkeit voraus. Es ist allerdings vorgesehen, gestützt auf die hier erarbeiteten Grundlagen, in einer folgenden Arbeit die gewonnenen Erkenntnisse in *allgemeine Grundsätze* einer rationalen Regionalpolitik zu konkretisieren. Dann wird auch der Frage nach den Auswirkungen alternativer Instrumente nachzugehen sein.

3. Begriffliche Grundlegung

Die vorliegende Arbeit will Grundlagen für eine rationale Regionalpolitik vermitteln, die im Gegensatz zur herkömmlichen Betrachtungsweise bewußt in den erweiterten Rahmen der sogenannten Raumordnungspolitik gestellt wird. Dies setzt zunächst konkrete Vorstellungen über Inhalt und Auslegung einer Reihe damit zusammenhängender Begriffe voraus, weil hierüber im gegenwärtigen Zeitpunkt noch keine durchwegs einheitlichen Auffassungen bestehen.

Bis anhin sprach man in der Schweiz von regionaler Wirtschaftspolitik einerseits und Orts-, Regional- und Landesplanung anderseits, ohne die gemeinsamen und verbindenden Elemente beider Anliegen zur teilräumlichen Gestaltung direkt hervorzuheben. Das erste schien ein Privileg der Ökonomen (schwergewichtig ausgerichtet auf industrielle Standortpolitik), das zweite jenes der Planer (primär Erstellung von Nutzungsplänen) zu sein. Beide Anliegen führen auf diesen engen und isolierten Wegen niemals zum Ziel. Mit der Formulierung einer Raumordnung (und damit zusammenhängend der Raumordnungspolitik und der Raumplanung) wird ein *einheitliches Begriffssystem* übernommen, das sich in andern deutschsprachigen Ländern bereits durchgesetzt hat. Auf diese Weise wird nicht nur der herkömmliche Begriffswirrwarr isolierter Fachperspektiven überwunden, sondern gleichzeitig der Weg frei für die eingangs geforderte, erweiterte Betrachtungsweise einer wirtschafts- und gesellschaftspolitisch ausgerichteten Regionalpolitik.

Infolgedessen werden einleitend die wichtigsten Grundbegriffe erläutert und deren Übereinstimmung bzw. Abweichung gegenüber den bis anhin üblichen Bezeichnungen dargelegt [7].

---

[7] Die nachfolgenden Begriffe werden soweit möglich in Anlehnung an jene im Bericht der Arbeitsgruppe Kim über die Raumplanung Schweiz formuliert, damit inskünftig aus allen Perspektiven über die Raumordnung und Raumordnungspolitik die gleiche Sprache gesprochen wird. Vgl. hierzu und im folgenden: Arbeitsgruppe des Bundes für die Raumplanung – Raumplanung Schweiz, Hauptbericht, Dezember 1970. Insbesondere Kapitel 2, Seite 28–32. Wörtliche Zitate werden in Anführungszeichen gesetzt, ohne im einzelnen wiederholend auf diese Quelle zu verweisen. Die vorgelegten Begriffserläuterungen decken sich im übrigen weitgehend mit den gegenwärtig herrschenden Vorstellungen in der Bundesrepublik Deutschland. Vgl. Bundesminister des Innern (Hrsg.): Informationsbriefe für Raumordnung und Städtebau, Nr. 1.1.1 und Nr. 1.3.1, Stuttgart 1970.

- Das gemeinsame Element der folgenden Begriffe ist der *Raum*. Gemeint ist damit das, „was geordnet, dessen Ordnung geplant werden soll: Der Lebensraum oder die Umwelt, worin der Mensch lebt". Diese wird von Wirtschaft und Gesellschaft maßgeblich mitgeprägt, da „physische Umwelt, Gesellschaft und Wirtschaft eng miteinander verflochten sind". Der Begriff „Raum" kennzeichnet demnach nicht nur ein Stück Erdoberfläche, sondern umfaßt das gesamte Beziehungsgefüge einer optimalen Zuordnung zwischen Gesellschaft, Wirtschaft und physischem Raum.
- Verschiedene Sinngehalte hat der Begriff *Raumordnung*. Dieser kann als Tätigkeit verstanden werden, im Sinne der „Raumgestaltung", oder aber als Zustand, im Sinne der „räumlichen Ordnung". In der zweiten Interpretation kann weiter differenziert werden zwischen räumlicher Ordnung als Idealzustand (das wäre ein leitbildgerechter, anzustrebender Zustand eines Raums), oder als tatsächlich vorhandener Zustand. Im folgenden wird – in Übereinstimmung mit der Arbeitsgruppe Kim – „Raumordnung" ausschließlich als Zustand, als das (jeweilige) Ergebnis der ordnenden Tätigkeit verstanden. Diese Auslegung des Begriffs „Raumordnung als Zustand" ist dann gleichzeitig als Ziel der anzustrebenden Politik zu verstehen, wie dies im Text der Bundesverfassung in Artikel 22quater zwar nicht wörtlich, aber sinngemäß umschrieben wird: Schaffung einer zweckmäßigen Nutzung des Bodens und eine geordnete Besiedlung des Landes.
- Die *Raumordnungspolitik* ergibt sich jetzt als jene Tätigkeit, die zur genannten Raumordnung im Sinne eines leitbildgerechten Zustandes hinführen soll. Sie befaßt sich mit der „laufenden, praktischen Handhabung der von der Raumplanung konzipierten Maßnahmen", d. h. mit den „Maßnahmen der Raumgestaltung", die schließlich der Verwirklichung raumplanerischer Konzepte dienen soll. In ihrer Ausgestaltung soll die Raumordnungspolitik – wie jedes politische Handeln – *rational* sein. Diese Anforderung verlangt, daß die Politik „planmäßig auf die Verwirklichung eines umfassenden, wohldurchdachten und in sich ausgewogenen Zielsystems gerichtet ist und dabei den höchsten Erfolggrad erreicht, der unter den jeweiligen Umständen möglich ist" [8].
- Damit ist die *Raumplanung* als Grundlage einer sachbezogenen, rationalen Politik angesprochen. Planung generell bedeutet: „Überlegte Vorbereitung von Maßnahmen, um ein bestimmtes Ziel mit möglichst angemessenem Aufwand zu erreichen". Ist dieses Ziel die anzustrebende räumliche Ordnung, so lautet die darauf gerichtete Planung „Raumplanung". Diese umfaßt die Gesamtheit aller zur Erarbeitung und Durchsetzung der erstrebten räumlichen Ordnung eingesetzten planerischen Mittel. In diesem Sinn kann die Raumplanung als umfassender Oberbegriff für Gebietsplanungen (Orts-, Regional- und Landesplanung) und für Sachplanungen (Verkehrsplan, Schulplanungen usw.) verstanden werden. Sie ist ihrerseits Teil einer rationalen Raumordnungspolitik.

Ihrem Wesen nach soll die Raumplanung „Rahmenkonzepte" liefern, die zur Festlegung „materieller Grundsätze" und zur Ausgestaltung eigentlicher „Raumordnungsprogramme" hinführen soll. Rahmenkonzepte geben somit Richtlinien für Pla-

---

[8] *H. Giersch*, Allgemeine Wirtschaftspolitik, Band I: Grundlagen. Wiesbaden 1961. S. 22. Eine nähere Umschreibung des Begriffs des „Rationalen" findet sich u. a. bei *K. Kleps*, Wohnungsmarktpolitik in der Schweiz, Bern und Stuttgart 1969, Seite 287 ff.

nungsträger, regeln aber keine Einzelfälle. Die Arbeitsgruppe Kim bezeichnet als Rahmenkonzept „die Gesamtheit aller längerfristigen Untersuchungen über die zukünftige Entwicklung des Landes". Es ist ein „laufend anzupassendes Ergebnis der geistigen Auseinandersetzung mit der Zukunft und insofern weder ein statisches Gebilde noch ein Programm". Ihr Ziel ist es, Einzeluntersuchungen, z. B. über die Entwicklung von Bevölkerung, Wirtschaft, Gesellschaft und Besiedlung, in einen Gesamtzusammenhang zu bringen.

Rahmenkonzepte sollen aber nicht nur zusammenfassend und in den Grundzügen die angestrebte Entwicklung darlegen, sondern gleichzeitig Handlungsprinzipien aufzeigen, die den Charakter allgemeiner Grundsätze der Raumordnung tragen, die für die konkrete Raumplanung richtungsweisend sind. Dies setzt Leitbildvorstellungen über die zukünftig wünschbare räumliche Entwicklung voraus.

— *Leitbilder* beschreiben „künftige, auf bestimmte Ziele ausgerichtete Zustände (räumliche Ordnungen), welche durch zweckmäßiges Handeln und Verhalten (Raumordnungspolitik) erreicht werden können". Solche müssen einmal „in sich widerspruchsfrei und in den Grundzügen realisierbar", zum andern „auf die räumlichen, gesellschaftlichen, wirtschaftlichen und technischen Entwicklungen bezogen und an ihnen überprüfbar" sein.

— Zur Verwirklichung dieser Leitbildvorstellungen sind — wie erwähnt — *materielle Grundsätze* notwendig. Sie bezeichnen „Ziele und zu ergreifende Maßnahmen" und gelten als Anweisungen dafür, „wie das Planungsermessen im Sinne der Ziele zu handhaben und die Maßnahmen zu ergreifen sind". Im Unterschied zu den oben erwähnten allgemeinen Grundsätzen einer raumordnungspolitischen Konzeptionen spricht die Arbeitsgruppe Kim von „materiellen" Grundsätzen, wenn diese auf dem Wege der Gesetzgebung festgelegt und damit für die Träger der Raumordnungspolitik und Raumplanung verbindlich sind. Eine solche materielle Basis ist aber bis heute noch nicht erarbeitet worden: Erste Leitbildformulierungen liegen zwar vor[9], doch steht deren Konkretisierung in allgemeine bzw. materielle Grundsätze noch aus.

— Als *Raumordnungsprogramm* wird — im Vergleich zum Rahmenkonzept — eine konkretere Ausgestaltung der materiellen Grundsätze zur Verwirklichung der Raumplanung verstanden, im Sinne eines zeitlich und örtlich aufeinander abgestimmten Programms raumwirksamer Maßnahmen. Zweckmäßigerweise kann ein solches nur für einen überblickbaren, mittelfristigen Zeitraum erstellt werden und sollte mit der Finanzplanung einerseits und einem Regierungsprogramm andererseits verknüpft sein.

— Nach dem bisher gesagten gilt es, nunmehr auch umfassend die sogenannte *Raumforschung* zu definieren. Diese kann als die „Wissenschaft von der Raumordnung" verstanden werden, gleichsam als wissenschaftliche Vorstufe zur Raumordnungspolitik und Raumplanung. Diese soll letztlich aus der hier angestrebten Perspektive für das praktisch-politische Handeln Entscheidungshilfen liefern. Ihre Kernfrage

---

[9] Man vergleiche hierzu die Leitbildstudien, die im Institut für Orts-, Regional- und Landesplanung an der ETHZ gegenwärtig ausgearbeitet werden. Vgl. hierzu: Institut für Orts-, Regional- und Landesplanung an der ETHZ (Hrsg.): Landesplanerische Leitbilder der Schweiz, Erster Zwischenbericht, November 1969, ferner Zweiter Zwischenbericht, Dezember 1970, sowie: Schlußbericht, Dezember 1971. (Letzterer ist nach Abschluß der vorliegenden Arbeit veröffentlicht worden.)

lautet, abgestimmt auf den in unserem Lande verfassungsmäßig verankerten Text: Wie sind die teilräumlichen Strukturen zu gestalten, damit eine den Vorstellungen von Gesellschaft und Wirtschaft bestmöglichst entsprechende „zweckmäßige Nutzung des Bodens und geordnete Besiedlung des Landes" erreicht werden kann? Die Wissenschaft der Raumordnung wird somit zur „Wissenschaft von der geplanten strukturräumlichen Entwicklung" [10].

Abschließend bleibt noch darzulegen, wie *Regionalpolitik* und *regionale Wirtschaftspolitik* zur Raumordnungspolitik stehen und wie der Begriff der *Region* grundsätzlich zu verstehen ist.

– In der einschlägigen Literatur wird im allgemeinen die Regionalpolitik oder regionale Wirtschaftspolitik als „ökonomischer Bereich der Raumordnungspolitik" bezeichnet. Nach Jürgensen umfaßt dieser „die Summe wirtschaftspolitischer Maßnahmen, die in den einzelnen Wirtschaftsräumen gesellschaftspolitische Leitbilder realisieren sollen" [11]. Das setzt allerdings voraus, daß sich ökonomische und nichtwirtschaftliche Bereiche der Raumordnungspolitik eindeutig unterscheiden lassen bzw. irgendwelche Maßnahmen als „wirtschaftspolitische" von andern Maßnahmen abgetrennt werden können.

Ein solches Heraustrennen einer „regionalen Wirtschaftspolitik" aus dem Gesamtrahmen der Raumordnungspolitik ist allerdings *fragwürdig* und wird in der neueren Forschung zunehmend als unzweckmäßig erkannt [12]. Denn sie führt insgesamt zu einer falschen, weil einseitigen Betrachtungsweise, aus der das teilräumliche Geschehen und damit die mannigfachen Interdependenzen wirtschaftlicher und nichtwirtschaftlicher Art zwischen Wirtschaft, Gesellschaft und Raum weder umfassend erkannt und erklärt, noch wirksam gestaltend beeinflußt werden können. Die vorstehende Definition der Raumordnungspolitik läßt erkennen, daß diese nicht neben der Wirtschafts-, Sozial- oder Kulturpolitik steht, sondern als Teil der Gesellschaftspolitik all diese Bereiche durchdringt. Entsprechend umfassend müssen auch die Ansatzpunkte einer wirksamen Politik sein, angefangen bei den Zielvorstellungen über die Analyse teilräumlicher Strukturen bis hin zu konkreten raumordnungspolitischen Maßnahmen. In all diesen Bereichen erscheint eine isolierte Aussonderung eines spezifisch ökonomischen Bereichs fragwürdig – nicht aber die zentrale *Bedeutung*, die den ökonomischen Überlegungen bei allen Maßnahmen einer rationalen Raumordnungspolitik zukommt; darauf wurde bereits an anderer Stelle hingewiesen.

Unter Regionalpolitik wird deshalb im folgenden nicht regionale *Wirtschaftspolitik* verstanden, sondern *Raumordnungspolitik* im vorstehend definierten Sinn, allerdings unter besonderer Berücksichtigung der regionalen Perspektive.

– Damit ist bereits die *Region* in allgemeinster Form als Teilgebiet eines Landes bezeichnet worden, ohne näher zu berücksichtigen, nach welchen Kriterien diese Gebiete

---

[10] Sie wird jedoch nicht zur Wissenschaft von der Planung strukturräumlicher Entwicklungen, weil damit nur ein Teilgebiet, die eigentliche Planungstechnik, erfaßt würde. Vgl. *D. Partzsch*, Aufgaben und Aufbau der Raumforschung. Informationsbriefe Nr. 1.1.1, aaO, S. 3.

[11] *H. Jürgensen*, Produktivitätsorientierte Regionalpolitik als Wachstumsstrategie Hamburgs, Göttingen 1965, S. 11.

[12] Siehe dazu *J. H. Müller*, Wirtschaftliche Grundprobleme der Raumordnungspolitik, Berlin 1969, S. 13 ff.

Begriffliche Grundlegung

in Theorie und Praxis abgegrenzt werden. Auch hier hat die neuere Regionalforschung zu veränderten Betrachtungsweisen geführt. Weder rein geographische Gesichtspunkte, noch ausschließlich die bestehende politische Gliederung führen zu einer sinnvollen regionalen Gliederung. Entscheidend hiefür sind vielmehr raumordnungspolitisch relevante Sachverhalte, nämlich eine bedarfsgerechte und funktionsfähige räumliche Zuordnung der menschlichen Tätigkeiten in bezug auf Arbeit, Wohnen, Bildung, Erholung, Versorgung, Verkehr und Kommunikation in allen Landesteilen.

Gestützt auf das Prinzip funktionaler Raumeinheiten können *typische Gebietsstufen* unterschieden werden, deren Größe und Zusammensetzung zwar je nach den konkreten Planungsaufgaben und ihren Schwerpunkten unterschiedlich sein werden, die jedoch das Grundmuster der raumordnungspolitischen Betrachtung bilden. Es sind dies – erneut in Anlehnung an die Arbeitsgruppe Kim – als unterste Stufe die sogenannte *Siedlungseinheit*, in der Regel eine Ortschaft, „in der die einzelnen Nutzungsbedürfnisse konkret aufeinander prallen". Eine zweite Stufe bilden die eigentlichen *Regionen*, die sich aus mehreren Siedlungseinheiten zusammensetzen können und „als Basis der wirtschaftlichen Tätigkeit und als Bereich, auf den die Hauptteile der Infrastruktur bezogen werden müssen", charakterisiert werden können. Als dritte Stufe schließlich steht „das Land als übergreifende Einheit des Ganzen" da[13].

Diese Betrachtungsweise macht deutlich, daß es gar nicht möglich ist, alle raumordnungspolitisch relevanten Gesichtspunkte aus dem Blickwinkel fest abgegrenzter Regionen abschließend zu beurteilen. Auf jeder Stufe stellen sich zwar Gestaltungsprobleme, die nur innerhalb derselben sinnvoll gelöst werden können. Andere Sachverhalte und Aufgaben laufen aber quer durch alle Stufen (so z. B. das Verkehrs- und Versorgungswesen), so daß deren Lösung zweckmäßigerweise aus der Gesamtperspektive des Landes erfolgen muß. Dies illustriert erneut den engen Zusammenhang, der zwischen Regional- und Raumordnungspolitik beachtet werden muß und der dieser Arbeit zugrunde gelegt wird.

---

[13] Arbeitsgruppe des Bundes für die Raumplanung, aaO, S. 36.

Erster Teil

GRUNDPROBLEME EINER RATIONALEN REGIONALPOLITIK

I. Anforderungen an eine rationale Regionalpolitik

Um alle wichtigen Elemente und Zusammenhänge der Regionalpolitik systematisch aufzudecken, gehen wir von einem theoretisch rationalen Verfahren zur Lösung regionaler Probleme aus. Folgt man hernach den einzelnen Schritten dieses Vorgehens und konfrontiert sie mit der politischen Wirklichkeit, so treten die Lücken und Mängel der bisherigen Politik hervor. Daraus können schließlich die Grundprobleme einer wirksamen Regionalpolitik abgeleitet werden.

A. Grundsätzliches Verfahren zur Lösung regionaler Probleme

Aufgabe der Regionalpolitik ist es, aus der Analyse der Lage und der bisherigen Entwicklung der relevanten Sachverhalte unerwünschte Zukunftsperspektiven, die sich aus „status quo" Projektionen abzeichnen, durch geeignete Maßnahmen in leitbildgerechte Bahnen zu lenken. Schematisch kann diese wie folgt veranschaulicht werden:

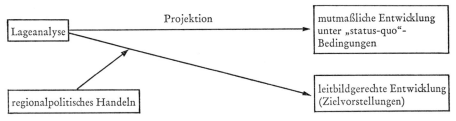

Grundsätzlich braucht es hierzu *dreierlei:* Kenntnis der Lage, klare Zielvorstellungen, optimalen Mitteleinsatz. Diese Elemente, die insgesamt die Basis der Regionalpolitik bilden, stehen aber nicht isoliert da, sondern greifen stark ineinander. Denn je nach der Lageanalyse treten unterschiedliche Probleme hervor, zu deren Lösung sich alternative Ziel-Mittel-Kombinationen anbieten: Ohne klare Zielbestimmung ist deshalb kein optimaler Mitteleinsatz denkbar, und eine realistische Zielbestimmung ist nicht möglich ohne vorangehende Lageanalyse.

Um diesen Zusammenhängen gerecht zu werden und die Regionalpolitik effizient und wirksam zu gestalten, sind die folgenden nunmehr darzulegenden Schritte notwendig.

1. Lageanalyse und „status quo" Projektionen

An erster Stelle bedarf es einer umfassenden *Lageanalyse*. Diese soll die Ausgangssituation und die bisherige Entwicklung einer Region erfassen sowie jene Entwicklungsperspektiven aufzeigen, die zu erwarten sind, wenn keine bzw. eine im Vergleich zu bisher gleichbleibende regionalpolitische Tätigkeit unterstellt wird (Entwicklungsperspektiven unter „status quo" Bedingungen).

Zu diesem Zweck müssen zunächst *Entwicklungsstand und Entwicklungspotential* der Teilgebiete ermittelt sowie all jene Ursachen und Faktoren untersucht werden, die diese schwergewichtig beeinflussen. Dies setzt voraus, daß man die *wichtigsten Bestimmungsfaktoren der regionalen Entwicklung* sowie deren Wirkungsweise und Beeinflußbarkeit auf regionaler Ebene kennt. Denn das teilräumliche Geschehen wird von einer Vielzahl von Faktoren bestimmt. Ein Teil davon kann aber vom Einzelnen oder vom Staat nicht unmittelbar beeinflußt werden; diese stellen deshalb „autonome" Variablen dar, die von der Regionalpolitik als Datum hingenommen werden müssen.

Andere Bestimmungsfaktoren sind dagegen wirtschafts- und gesellschaftspolitisch beeinflußbar; das sind die *Instrumentvariablen* der Raumordnungspolitik. Hierbei ist weiter zu unterscheiden zwischen jenen, die auf nationaler Ebene und jenen, die regional gesteuert werden. Die ersteren bilden einen Teil der Gesamtpolitik für Wirtschaft und Gesellschaft, im Sinne der staats-, wirtschafts- und gesellschaftspolitischen Leitbilder über die Ziele und das erwünschte Maß staatlicher Einflußnahme auf Wirtschaft und Gesellschaft. Sie setzen somit die Rahmenbedingungen, die aus regionaler Sicht gleichfalls als vorgegeben zu betrachten sind. Es sind aber keine „autonomen" Faktoren, weil diese Rahmenbedingungen je nach den herrschenden Auffassungen bzw. der jeweiligen politischen Kräftekonstellation verändert werden können.

Andere Instrumentvariablen sind hingegen auf regionaler Ebene beeinflußbar und können demzufolge als *regionale Instrumentvariablen* bezeichnet werden. Diese stellen ein zwar eingeschränktes, aber dennoch ein breites und sehr heterogenes Betätigungsfeld der Regionalpolitik dar.

Diese Dreiteilung der regionalen Bestimmungsfaktoren macht deutlich, welche Voraussetzungen für die Erstellung der erwähnten „status quo" Projektionen notwendig sind. Um zu erkennen, wohin die teilräumliche Entwicklung bei unveränderter Regionalpolitik führen würde (gleichbleibende regionale Instrumentvariablen), müssen gewisse Annahmen über die autonomen Faktoren sowie über die auf nationaler Ebene festgelegten Rahmenbedingungen getroffen werden[1]. Man vergleiche hierzu das nach-

---

[1] In einer differenzierteren Betrachtungsweise müßten in einem ersten Schritt anhand bestimmter Annahmen über die autonomen Faktoren und alternativer, möglicher Rahmenbedingungen verschiedene, realistische Entwicklungsperspektiven erstellt werden (Perspektivmodelle im Sinne einer gedanklichen Auseinandersetzung mit verschiedenen Zukunftsmöglichkeiten). Als eigentliche Prognose wäre dann in einer zweiten Phase jene Variante zu bezeichnen, die dem Analytiker als die plausibelste erscheint, gestützt auf bestimmte Annahmen sowohl über die autonomen Variablen als auch über den Per-Saldo-Einfluß der sogenannten Rahmenbedingungen auf die teilräumliche Entwicklung. Vgl. hierzu: Arbeitsgruppe Perspektivstudien: *F. Kneschaurek* (Hrsg.), Entwicklungsperspektiven der Schweizerischen Volkswirtschaft bis zum Jahre 2000. Teil II: Gesamtwirtschaftliche Entwicklungsperspektiven, St. Gallen, Mai 1970, S. 10 ff.

folgende Schema, das den Zusammenhang zwischen Lageanalyse, Zielbestimmung und Mitteleinsatz veranschaulicht.

Schema: Zusammenhang zwischen Lageanalyse, Zielbestimmung und Mitteleinsatz

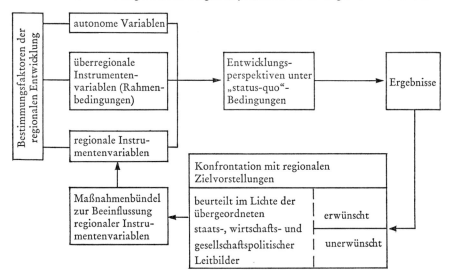

2. Regionale Zielbestimmung

Wie aus dem vorstehenden Schema ersichtlich ist, müssen die Ergebnisse der „status quo" Projektionen mit den regionalen Zielvorstellungen konfrontiert werden. Dies setzt zunächst klare Ziele der erwünschten Entwicklung voraus, auf die die regionalpolitische Tätigkeit auszurichten ist. Diese müssen im *Rahmen der Gesamtpolitik für Wirtschaft und Gesellschaft* erarbeitet und im Lichte der übergeordneten staats-, wirtschafts- und gesellschaftspolitischen Leitbilder beurteilt werden. Diese Leitbilder beschreiben — wie einleitend definiert wurde — künftige, auf bestimmte Ziele ausgerichtete Ordnungszustände, die durch zweckmäßiges Handeln und Verhalten erreicht werden sollen. Spezifische Vorstellungen über die räumliche Verteilung von Wirtschaft und Bevölkerung bilden dabei integrierte Bestandteile dieser übergeordneten Leitbilder.

Der Vergleich der Entwicklungsperspektiven unter „status quo" Bedingungen mit den leitbildgerechten, regionalen Zielen läßt dann erkennen, inwieweit die mutmaßliche Entwicklung bei unveränderter Regionalpolitik erwünscht ist oder nicht. Weicht die prognostizierte Entwicklung von den Zielvorstellungen ab, so bildet dies Anlaß für eine gegenüber bisher neuzugestaltende Regionalpolitik; es gilt die regionalen, eventuell aber auch die nationalen Instrumentvariablen durch geeignete Maßnahmen entsprechend zu verändern, um die Entwicklung in leitbildgerechte Bahnen zu lenken.

3. Optimaler Mitteleinsatz

Um das Prädikat „rational" zu verdienen, muß die Regionalpolitik aber nicht nur planmäßig auf die Verwirklichung der festgelegten Ziele ausgerichtet werden, sondern hat auch den höchsten Erfolgsgrad zu erreichen, der unter den jeweiligen Umständen möglich ist. Aus diesem Grunde gilt es jenes Maßnahmebündel auszuwählen und durchzusetzen, das unter Berücksichtigung der gegebenen Voraussetzungen und Möglichkeiten eine bestmögliche Lösung des jeweiligen Regionalproblems verspricht. Ferner müssen die zu ergreifenden Maßnahmen sachlich, zeitlich und örtlich aufeinander abgestimmt werden.

Um dies zu gewährleisten, benötigt man ein *regionales Entwicklungskonzept*, innerhalb dessen die Ziele und Maßnahmen aufeinander abgestimmt sind. Dieses muß gleichzeitig in Übereinstimmung mit einer raumordnungspolitischen Gesamtkonzeption stehen, wobei die letztere aus den räumlichen Leitbildern abzuleiten ist.

Zur Erzielung eines optimalen Mitteleinsatzes können somit drei gedankliche Stufen unterschieden werden: am Anfang steht das Leitbild, am Ende das regionale Entwicklungskonzept (Entwicklungsprogramm); dazwischen befindet sich die raumordnungspolitische Gesamtkonzeption.

– Über die *Leitbilder* wurde bereits gesprochen: Während es aber vorhin primär um die Art der räumlichen Ordnung im Rahmen der Gesamtpolitik für Wirtschaft und Gesellschaft ging, steht jetzt die Frage nach der Strategie der Raumordnungspolitik im Vordergrund. Gemeint ist damit der einzuschlagende Weg, auf dem eine leitbildgerechte regionale Verteilung von Wirtschaft und Bevölkerung angestrebt werden soll.

– Hierzu benötigt man eine *raumordnungspolitische Gesamtkonzeption*. Als solche bezeichnet man den rationalen Zusammenhang von Zielen, Grundsätzen und Methoden der Politik, wobei die Verknüpfung dieser Elemente möglichst widerspruchsfrei und das Ganze systemkonform und realisierbar sein muß[2]. In ihrem Mittelpunkt steht die Ziel-Mittel-Diskussion: Welches sind die geeignetsten Mittel für die bestmögliche Verwirklichung bestimmter raumordnungspolitischer Ziele. Auch die Fragen über die zulässigen Instrumente sowie über die Grenzen des Mitteleinsatzes können hier einbezogen werden. Eine solche Gesamtkonzeption stellt demnach ein System von Handlungsanweisungen dar, die den Charakter allgemeiner (oder materieller) Grundsätze der Raumordnung aufweisen und den einleitend genannten Kriterien zu genügen haben. Im Vergleich zu den räumlichen Leitbildvorstellungen zeichnen sich diese Grundsätze durch ihren konkreteren Gehalt aus.

– Im Unterschied zu diesem System allgemeiner Grundsätze werden bei der Ausarbeitung des *regionalen Entwicklungskonzepts* nunmehr die konkreten Gegebenheiten und Probleme spezifischer Teilgebiete mitberücksichtigt. Mit anderen Worten greift man jetzt aus der übergeordneten raumordnungspolitischen Gesamtkonzeption jene Ziel-Mittel-Kombination heraus, die eine optimale Lösung des anstehenden Problems verspricht.

---

[2] Vgl. dazu *T. Pütz*, Die wirtschaftspolitische Konzeption. In: Zur Grundlegung wirtschaftspolitischer Konzeptionen. Schriften des Vereins für Socialpolitik, Neue Folge, Band 18, Berlin 1960, S. 11. Ferner *G. Neuhauser*, Die wirtschaftspolitische Konzeption als Problem der theoretischen Wirtschaftspolitik, in: Schriften des Vereins für Socialpolitik, N. F. Band 18, Berlin 1960, S. 23. Neuhauser charakterisiert die wirtschaftspolitische Konzeption als einen „Handlungsplan, in dem der wirtschaftspolitische Weg vorgezeichnet ist, der eingeschlagen und verfolgt werden muß, wenn bestimmte wirtschaftliche und soziale Ziel- und Ordnungsvorstellungen, die als gültig vorausgesetzt sind, verwirklicht werden sollen" (S. 25).

Dieses Entwicklungskonzept ist schließlich in die Raumplanung umzusetzen und zu realisieren. Zu dem Zweck müssen die ausgewählten Maßnahmen nach einem Programm durchgeführt werden. Hierzu gilt es Schwerpunkte zu bilden und Prioritäten festzulegen, um die einzelnen Maßnahmen nach ihrer Wichtigkeit und Dringlichkeit zu ordnen. Ferner wurde bereits einleitend festgehalten, daß ein solches Konzept zweckmäßigerweise mit der Finanzplanung und einem (regionalen) Regierungsprogramm in Zusammenhang gebracht werden sollte.

Als letztes bedarf es schließlich einer Erfolgskontrolle über die ausgewählten und durchgesetzten Maßnahmen. Dieser Problemkreis bleibt hier ausgeklammert, weil – wie einleitend festgehalten wurde – in dieser Arbeit nicht auf die Ebene konkreter Einzelmaßnahmen vorgestoßen werden kann.

Damit sind die wesentlichen Elemente eines regionalpolitisch rationalen Verfahrens aufgezeigt. Dieses Vorgehen soll nunmehr mit der praktischen Wirklichkeit konfrontiert werden, um die Unzulänglichkeiten der bisherigen Regionalpolitik aufzudecken.

B. Das Ungenügen der herkömmlichen Regionalpolitik

1. Unzulänglichkeiten im Bereich der Lageanalyse

Empfindliche Mängel der bisherigen Regionalpolitik werden bereits bei der Lageanalyse sichtbar. Da es bisher der Wissenschaft nicht gelungen ist, die Ursachen regionaler Entwicklungen befriedigend und umfassend darzulegen, fehlen auch geeignete Methoden und Instrumente, die es der praktischen Regionalpolitik ermöglichen würden, die relevanten Zusammenhänge des teilräumlichen Geschehens optimal zu erfassen und zu durchleuchten.

Eine fundierte Lageanalyse setzt voraus, daß Entwicklungsstand und Entwicklungspotential einer Region sowie deren Entwicklungsmöglichkeiten befriedigend erfaßt werden können. Hierzu müssen auch die wichtigsten Bestimmungsfaktoren des teilräumlichen Geschehens sowie die Art und Intensität ihrer Wirkungsweisen bekannt sein. Schließlich benötigt man fundierte Kenntnisse über deren Beeinflußbarkeit auf regionaler Ebene. Obschon verschiedene Erklärungsversuche und Analyseverfahren angeboten werden, mit denen einzelne Aspekte der regionalen Entwicklung untersucht werden können, sind noch viele Fragen ungeklärt. Die gleichen Unzulänglichkeiten beeinträchtigen auch die Erstellung sinnvoller Entwicklungsperspektiven unter „status quo" Bedingungen. Diese ungenügende wissenschaftliche Fundierung zwingt die Praxis, auf pragmatisch entwickelte Vorstellungen und Hilfsinstrumente zurückzugreifen, was auf die Dauer nicht befriedigt.

2. Mangelhafte Leitbilder

Ein weiterer Mangel der bisherigen Regionalpolitik ist auf das Fehlen allgemein anerkannter, verbindlich formulierter Leitbilder über die räumliche Verteilung von Wirtschaft und Bevölkerung zurückzuführen. Zwar hat die Erarbeitung „landesplanerischer

Leitbilder" auch in unserem Land auf breiter Front eingesetzt[3]. Allerdings sind damit erst theoretisch-abstrakte Vorstellungen über alternative Siedlungsdispositive greifbar, die als verbindliche Basis der Regionalpolitik noch nicht ausreichen. Um allgemeine Gültigkeit zu erlangen, müssen diese im Prozeß der politischen Willensbildung konkretisiert werden und ihren Niederschlag in allgemeinen Grundsätzen der Raumplanung finden.

Das Fehlen solcher Leitbilder (und daraus abgeleiteter, allgemeiner Grundsätze) hat mancherlei Unzulänglichkeiten zur Folge. Einmal wird dadurch die bekannte Politik unkoordinierter ad-hoc Maßnahmen begünstigt. Diese führt zu Entscheidungen, deren Auswirkungen eher kurzfristig und vielfach nur insoweit geprüft und berücksichtigt werden, als sie im eigenen Zuständigkeitsbereich der lokalen Entscheidungsinstanzen anfallen. In einer solchen Situation wird aber auch ein aus der Gesamtperspektive ökonomisch optimaler Einsatz der verfügbaren Mittel gefährdet. Denn die einzelnen regionalen Instanzen werden dazu angehalten, anstelle einer funktionalen Teilnahme an der übergeordneten Gesamtentwicklung von Wirtschaft und Gesellschaft lediglich ihre eigenen Entwicklungsmöglichkeiten aus isolierter Perspektive zu sehen.

Auf diese Weise ist keine rationale Regionalpolitik denkbar. Eine solche setzt vielmehr eine *raumordnungspolitische Gesamtkonzeption* voraus, die im Sinne eines allgemeinen Orientierungs- und Bezugssystems für die Lösung regionaler und lokaler Sonderprobleme richtungsweisend sein muß. Zu deren Erstellung braucht es aber – wie erwähnt – klare Leitbilder, die in ihrer räumlichen Ausprägung im Rahmen der Gesamtpolitik für Wirtschaft und Gesellschaft zu erarbeiten sind.

3. Schwierigkeiten bei der Erarbeitung regionaler Entwicklungskonzepte

Auch bei der Erarbeitung regionaler Entwicklungskonzepte stößt man auf eine Reihe ungelöster Problemkreise: angefangen bei der regionalen Zielbestimmung über die optimale Mittelauswahl bis zur Umsetzung dieser Konzepte in die Raumplanung und deren Realisierung.

– Bei der *regionalen Zielbestimmung* treten erfahrungsgemäß erhebliche Konflikte auf: Einmal entstehen solche zwischen den verschiedenartigen Anliegen innerhalb einer Region; zum anderen verfolgen die einzelnen Regionen je nach ihrer Ausgangslage unterschiedliche Ziele; und schließlich stimmen die regionalen Anliegen durchaus nicht immer mit den nationalen staats-, wirtschafts- und gesellschaftspolitischen Zielen überein.

Eine rationale Regionalpolitik setzt aber voraus, daß solche Konflikte behoben werden. Zu diesem Zweck müssen zunächst die einzelnen regionalpolitischen Anliegen selbst gesichtet werden. Dann ist deren Vereinbarkeit mit den übergeordneten, raumordnungspolitischen Zielen zu prüfen. Funck schlägt vor, diese schließlich in praktisch realisierbare, hierarchisch gegliederte Zielsysteme einzuordnen, um die regionalen Anliegen mit den Grundsätzen und Vorstellungen der übergeordneten Ziele in Einklang zu bringen[3a]. Dabei ist zu beachten, daß innerhalb eines solchen hierarchischen

---

[3] Vgl. hierzu: Institut für Orts-, Regional- und Landesplanung (Hrsg.): Landesplanerische Leitbilder der Schweiz, aaO.

[3a] Vgl. *R. Funck*, Instrumente der Regionalpolitik, insbesondere Kapitel A: Das Ziel-Mittel-Verhältnis in der Regionalpolitik, in: Beiträge zur Regionalpolitik, aaO, S. 111 ff.

Zielsystems die Übergänge von Zielen zu Maßnahmen fließend sind, indem jede Maßnahme gleichzeitig wieder Ziel sein kann. Aus diesem Grunde empfiehlt sich die früher geforderte Erarbeitung einer raumordnungspolitischen Gesamtkonzeption, innerhalb welcher die Ziel-Mittel-Probleme durch Festlegung allgemeiner (bzw. materieller) Grundsätze geordnet werden. Auf diese Weise können viele Zielkonflikte behoben und verbleibende im Lichte dieser Grundsätze zweckmäßiger beurteilt werden.

– Bei alternativen Zielen, aber auch zur Lösung eines konkreten regionalen Problems, sind *alternative Maßnahmen* denkbar. Deshalb stellt sich die Frage nach der optimalen Mittelwahl. Auch hier treten erhebliche Lücken in Erscheinung: Noch fehlen weitgehend Maßstäbe und Verfahren, mit denen man beurteilen könnte, welche Maßnahmen (und Maßnahmenbündel) in einem konkreten Fall die vergleichsweise besten wären. Dies gilt insbesondere dann, wenn neben den direkten auch die indirekten Wirkungen (z. B. auf das gesamtwirtschaftliche Wachstum), die alternative Maßnahmen in bezug auf die anvisierten Ziele haben können, in Rechnung gestellt werden sollten[4]. Es ist offensichtlich, daß eine mangelhafte Kenntnis über die Wirkungsweise alternativer Maßnahmen eine rationale Politik ganz erheblich beeinträchtigt.

– Mit besonderer Schärfe stellt sich schließlich bei der Umsetzung regionaler Entwicklungskonzepte in die Raumplanung und deren Realisierung[5] das Problem der *Koordination* zwischen den verschiedenen regionalpolitischen Entscheidungsinstanzen. Denn neben dem Bund sind gleichzeitig die Kantone und die Gemeinden regionalpolitisch tätig. Sie haben unterschiedliche Kompetenzen, oft divergierende Interessen und bemühen sich, in ihrem jeweiligen Hoheitsgebiet verschiedenartige Ziele mit unterschiedlichen Mitteln zu realisieren. Erfahrungsgemäß läßt sich jedoch eine wachsende Zahl raumordnungspolitischer Probleme nicht mehr innerhalb der überlieferten administrativen Grenzen sinnvoll lösen. Hinzu kommt, daß die lokale Entwicklung durch regionalpolitische Initiativen in Nachbargebieten oder durch solche übergeordneter Instanzen beträchtlich tangiert werden kann. Diese können die Wirkung lokaler Maßnahmen fördern, aber auch empfindlich beeinträchtigen.

Diese Umstände müssen Bund, Kantone und Gemeinden in zweifacher Hinsicht zu vermehrter Zusammenarbeit zwingen: Einmal in bezug auf die *institutionelle Organisation*, zum anderen aber auch in bezug auf das anzustrebende Arbeitsverfahren *(Planungsverfahren)*. Eine sachliche, räumliche und zeitliche Abstimmung der regionalpolitisch bedeutsamen Entscheidungen wird dringend notwendig. Diese hat zudem bewußt vorausschauend zu erfolgen. Eine solche *ex-ante-Koordination*[6] stellt

---

[4] Vgl. dazu *H. K. Schneider*, Modelle für die Regionalpolitik. In: Beiträge zur Regionalpolitik, Schriften des Vereins für Socialpolitik N. F. Band 41, Berlin 1968, S. 63.

[5] Als Instrumente hierzu sind im Entwurf zum „Bundesgesetz über die Raumplanung" vorgesehen: materielle Grundsätze des Bundes, kantonale Gesamt- und Teilrichtpläne sowie Nutzungspläne. Vgl. Bundesgesetz über die Raumplanung. Entwurf der Expertenkommission vom 14. Oktober 1970, Manuskript.

[6] Vgl. dazu *N. Kloten*, Alternative Konzeptionen für die Regionalpolitik, in: Beiträge zur Regionalpolitik, aaO, S. 18 ff.; sowie *W. A. Jöhr*, Planung als Mittel rationaler Wirtschaftspolitik in der Marktwirtschaft? In: Rationale Wirtschaftspolitik und Planung in der Wirtschaft von heute. Schriften des Vereins für Socialpolitik, Neue Folge, Band 45, Berlin 1967, S. 74 ff.

vielfältige Koordinationsprobleme, einmal horizontaler Art (zwischen benachbarten Gebietskörperschaften), zum andern auch vertikaler Art (zwischen über- und untergeordneten Instanzen). Und schließlich muß selbst innerhalb der einzelnen Körperschaften eine vermehrte Abstimmung raumwirksamer Maßnahmen (zwischen einzelnen Ressorts) angestrebt werden [7]. Es ist offensichtlich, daß namentlich in föderalistischen Staaten ein solches Planungsverfahren im Bereich der Regionalpolitik für die Wirksamkeit der zu treffenden Maßnahmen von ausschlaggebender Bedeutung ist.

In diesem Zusammenhang bleibt festzuhalten, daß von der Arbeitsgruppe des Bundes für die Raumplanung (Arbeitsgruppe Kim) zur Lösung der institutionellen Probleme bereits *konkrete Vorschläge* ausgearbeitet worden sind. Dabei handelt es sich um alternative Möglichkeiten für eine durchgehende Raumplanungsorganisation [8].

C. Die Grundprobleme einer rationalen Regionalpolitik

Die Schweiz steht heute vor bedeutsamen regionalpolitischen Aufgaben. Eine erfolgreiche Bewältigung derselben setzt aber voraus, daß eine klare und abgerundete *raumordnungspolitische Gesamtkonzeption* erarbeitet wird.

Der Weg hierzu ist nunmehr bekannt: Ausgehend von den übergeordneten Zielvorstellungen des Bundes muß dieser über verbindlich formulierte Leitbilder einer räumlich erwünschten Verteilung von Wirtschaft und Bevölkerung zu einem System von allgemeinen Grundsätzen hinführen. Diese müssen den Rahmen für die Erarbeitung regionaler Entwicklungskonzepte festlegen, welche dann in die Raumplanung umzusetzen und zu realisieren sind.

Die vorstehenden Erörterungen lassen jedoch erkennen, daß die materielle Basis hierzu noch unzureichend ist, und zwar in bezug auf alle Grundelemente der Regionalpolitik wie Lageanalyse, Zielbestimmung und Mitteleinsatz.

Um diese Mängel zu beheben, sind eine Reihe von Problembereichen zu klären, die im folgenden Schema sachlich geordnet zusammengefaßt werden.

Diese Übersicht der wichtigsten Grundprobleme darf allerdings nicht zur Ansicht verleiten, die einzelnen Fragenkomplexe seien unabhängig voneinander und könnten isoliert betrachtet und gelöst werden. Vielmehr bestehen zwischen diesen erhebliche gegenseitige Beziehungen; und da sie letztlich zu einer umfassenden, raumordnungspolitischen Gesamtkonzeption beitragen sollen, ist es offensichtlich, daß die Lösungen der einzelnen Probleme aufeinander abgestimmt werden müssen.

Diese Feststellung ist für die weitere Untersuchung bedeutsam. Denn innerhalb dieses umfassenden Bezugsrahmens soll das Schwergewicht der vorliegenden Arbeit auf die *analytischen Probleme* gelegt werden, um Ansatzpunkte für realitätsbezogene und der praktischen Analyse zugängliche Analyseninstrumente aufzuzeigen. Dies kann je-

---

[7] Vgl. dazu *H. K. Schneider*, Plankoordinierung in der Regionalpolitik. In: Rationale Wirtschaftspolitik und Planung in der Wirtschaft von heute, aaO, S. 239 ff.; sowie *H. Seidenfus*, Koordinationsprobleme und aktuelle Hemmnisse der Regionalpolitik. In: Beiträge zur Regionalpolitik, aaO, S. 126 ff.

[8] Vgl. Arbeitsgruppe des Bundes für die Raumplanung (Hrsg.): Raumplanung Schweiz, Hauptbericht, aaO, S. 94 ff.

Schema: Die Grundprobleme einer rationalen Regionalpolitik

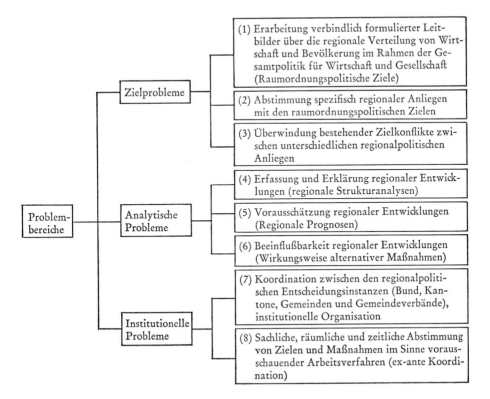

doch nicht losgelöst von gewissen Vorstellungen über die anvisierte Gesamtkonzeption erfolgen. Denn insbesondere die darin zu verankernden Leitbilder über die zukünftige räumliche Verteilung von Bevölkerung und Wirtschaft sowie die Art und Weise, wie diese angestrebt werden soll, beeinflussen die Erarbeitung zweckmäßiger Analyseinstrumente.

Daraus erhellt, daß vorerst die Grundzüge einer auf die Verhältnisse der Schweiz zugeschnittenen, raumordnungspolitischen Gesamtkonzeption zu entwickeln sind, um die spätere Analyse darauf ausrichten zu können.

II. Grundzüge einer raumordnungspolitischen Gesamtkonzeption

Wir erwähnten, daß eine raumordnungspolitische Gesamtkonzeption die *Ziele, Grundsätze und Methoden* der anzustrebenden Politik festhalten muß. Hierzu bedarf es zunächst allgemein anerkannter, raumordnungspolitischer Ziele. Da solche noch weitgehend ausstehen, ist zu untersuchen, wie das breite Spektrum der wirtschafts- und gesellschaftspolitischen Oberziele einerseits und die mannigfachen regionalen Anliegen andererseits miteinander in Einklang gebracht und zu einem raumordnungspolitisch relevanten Zielsystem verdichtet werden können. Aus diesem sind dann die Grundsätze und Methoden der Regionalpolitik abzuleiten.

A. Ziele der Regionalpolitik

Die herkömmliche Regionalpolitik wird geprägt durch mannigfache Zielkonflikte, die auf verschiedenen Ursachen beruhen. Einmal findet man, zunächst auf *regionaler Ebene* selbst, unterschiedliche Zielsetzungen. Neben rein wirtschaftlichen Anliegen werden solche sozialer und gesellschaftlicher Art geltend gemacht, die nicht durchwegs in harmonischem Verhältnis zueinander stehen, sondern zum Teil scharf miteinander rivalisieren. Dies trifft selbst im rein wirtschaftlichen Bereich zu. In diesem reichen beispielsweise die Forderungen von einer Nivellierung interregionaler Einkommensunterschiede bis zur Maximierung des regionalen Sozialprodukts – um nur die extremsten wirtschaftlichen Ziele zu nennen.

Zum andern stehen den regionalen Anliegen übergeordnete, wirtschafts- und gesellschaftspolitische Ziele gegenüber, die nicht immer leicht in Einklang mit den regionalen Zielsetzungen zu bringen sind. Denn auch auf dieser Ebene bestehen vielfältige Konfliktmöglichkeiten, weil sich auch die Oberziele teils gegenseitig bedingen und teils gegenseitig begrenzen. Da diese Konflikte zudem in voller Schärfe auf die regionale Ebene übertragen werden, wird die gesamte Zielproblematik noch komplexer.

Aus diesem Grunde bietet es Mühe, durchwegs klare Beziehungen zwischen den übergeordneten Zielen und den spezifisch regionalen Anliegen zu finden [9]. Eine solche Verbindung ist jedoch für eine rationale Regionalpolitik notwendig. Zu diesem Zweck müssen die einzelnen Ziele entsprechend ihrer Bedeutung in ein hierarchisch gegliedertes Zielsystem eingestuft werden. Dies setzt aber auf *Werturteilen beruhende politische Entscheidungen* voraus, die je nach den herrschenden Auffassungen bzw. der geltenden politischen Kräftekonstellation unterschiedlich ausfallen werden. Es ist deshalb praktisch unmöglich, ohne Bezugnahme auf die politischen Realitäten zu einem allgemeingültigen, raumordnungspolitischen Zielsystem zu gelangen. Ein solches muß sich deshalb in räumlichen Leitbildern niederschlagen. Hierzu hat die Wissenschaft Leitbildvarianten vorzulegen, die hernach im Prozeß der politischen Willensbildung zu einem allgemeingültigen Zielsystem führen müssen.

Wegen der engen Beziehungen, die zwischen den Zielen und der Analyse im Rahmen

---

[9] Davon zeugen nicht zuletzt die mannigfachen, in der einschlägigen Literatur anzutreffenden Bemühungen, die Regionalpolitik aus ihrer zielpolitischen Verstrickung herauszuheben. Exemplarisch sei verwiesen auf *H. Jürgensen*, Antinomien in der Regionalpolitik. In: *H. Jürgensen* (Hrsg.), Gestaltungsprobleme der Weltwirtschaft, Göttingen 1964, S. 401 ff.; ferner: *K. H. Hansmeyer*, Ziele und Träger der regionalen Wirtschaftspolitik, in: Beiträge zur Regionalpolitik, aaO, S. 36; sowie *H. K. Schneider*, Über die Notwendigkeit regionaler Wirtschaftspolitik, in: Beiträge zur Regionalpolitik, aaO, S. 3 ff.; *J. H. Müller*, Wirtschaftliche Grundprobleme der Raumordnungspolitik, aaO, S. 55 ff.; *H. Zimmermann*, Öffentliche Ausgaben und regionale Wirtschaftsentwicklung, Basel und Tübingen 1970, S. 12 ff.

einer rationalen Politik bestehen [10], muß der Ableitung praktikabler Analysemethoden ein bestimmtes Zielsystem vorgegeben werden, auch wenn dieses rein hypothetischer Art wäre. Wenn deshalb nach dem Einfluß der übergeordnete Ziele auf die regionalen Anliegen und nach den Konsequenzen gefragt werden muß, die sich daraus für die Ausgestaltung der Politik ergeben, so sind nach unserem Dafürhalten auch *aus der wissenschaftlichen Perspektive begründete Werturteile zu fällen,* soweit diese zu einer Klärung der Probleme beizutragen vermögen [11].

Ein solches Werturteil wird der nachfolgenden Zieldiskussion vorangestellt. Wir gehen davon aus, daß die Regionalpolitik nicht länger als autonomer Bereich wirtschaftspolitischer Tätigkeit verstanden werden darf, sondern als *Bestandteil der Gesamtpolitik für Wirtschaft und Gesellschaft* interpretiert und auf die raumordnungspolitischen Ziele ausgerichtet werden muß. Eine solche Interpretation hat für die konkrete Ausgestaltung der Regionalpolitik erhebliche Konsequenzen, indem der Bereich regionalpolitischer Tätigkeit stark eingeengt wird:

– Als Teil der globalen Gesamtpolitik für Wirtschaft und Gesellschaft nimmt sie nurmehr den *Charakter eines Instrumentes* dieser Politik an. Die regionalen Ziele verlieren ihre Autonomie und werden den übergeordneten wirtschafts- und gesellschaftspolitischen Zielen klar untergeordnet; sie müssen aus diesen abgeleitet werden.

– Die raumordnungspolitische Ausrichtung verlangt, daß bei der Beurteilung regionaler Anliegen die *funktionale Teilnahme einzelner Gebiete* an der Entwicklung des Gesamtgebietes vor der Verfolgung lokaler Sonderinteressen stehen muß. Die Ordnung der Einzelräume muß sich in jene des Gesamtraumes einfügen, wobei bei der Ordnung des Gesamtraumes die Gegebenheiten und Erfordernisse der Teilräume zu berücksichtigen sind.

Diese Einschränkungen sind der Preis, der für die Erzielung einer rationalen Regionalpolitik bezahlt werden muß. Für eine solche Politik sind dann die folgenden Zielüberlegungen wegweisend.

1. Der Einfluß übergeordneter Ziele

Damit die Regionalpolitik einheitlich, widerspruchsfrei und systemgerecht ist, muß sie den zentralen Ziel- und Wertvorstellungen entsprechen, die unserer freiheitlichen Wirtschafts- und Gesellschaftsordnung zugrunde liegen. Dies bedeutet zweierlei:

– Einmal muß sie den *gesellschaftspolitischen Ziel- und Wertvorstellungen* entsprechen, die durch die sogenannten ‚obersten' Ziele charakterisiert werden: individuelle Freiheit, soziale Sicherheit und soziale Gerechtigkeit. Dazu zählt auch die Erhaltung einer menschenwürdigen Umwelt im Sinne der einleitend definierten räumlichen Ordnung.

– Zum andern muß sie mit dem Zielsystem und den *Grundsätzen der allgemeinen Wirtschaftspolitik* übereinstimmen: Wahrung eines steten und möglichst gleichgewich-

---

[10] Eine rationale Analyse ist nicht unabhängig von den Zielen, und auch die Ziele können durch die Analyse modifiziert werden. Vgl. hierzu *P. G. Jansen,* Infrastrukturinvestitionen als Mittel der Regionalpolitik, Beiträge zur Raumplanung, hrsg. vom Zentralinstitut für Raumplanung an der Universität Münster, Band 3, Gütersloh (o. J.), S. 32 f.

[11] Generell basiert jede realistische Leitbildvariante auf gewissen Werturteilen, ohne daß dadurch die politische Meinungsbildung präjudiziert wird.

tigen Wirtschaftswachstums, unter Berücksichtigung von Vollbeschäftigung, Preisstabilität und Zahlungsbilanzausgleich [12].

Nun ist es allerdings nicht möglich, diese „obersten" Ziele der Gesamtpolitik für Wirtschaft und Gesellschaft konkret zu erfassen. Denn Ziele wie Freiheit, Sicherheit und Gerechtigkeit, Erhaltung einer menschenwürdigen Umwelt, können gar nicht endgültig verfolgt werden. Im Gegensatz zu den wirtschaftspolitischen Zielen, die sich eher quantitativ formulieren lassen, können die ersteren nur „in spezieller Ausprägung zum Gegenstand der Politik erhoben" werden [13]. Aus diesem Grunde spricht man von einem sogenannten „Zielsystem", das „optimal" verwirklicht werden soll. Dies bedeutet, daß die einzelnen dieser „obersten" Ziele (Freiheit, Sicherheit, Gerechtigkeit, Wohlstand und Wohlfahrt) nur „soweit wie möglich und mit der geringsten Beeinträchtigung untereinander" realisiert werden sollen [14]. Wo aber diese optimale Zielverwirklichung liegt, kann nicht quantitativ festgelegt werden, sondern setzt politische Entscheidungen voraus, die sich in den genannten Leitbildern über die zukünftige Ordnung von Wirtschaft und Gesellschaft niederschlagen müssen. Auf diese Weise können die Zielkonflikte auf dieser Ebene überwunden und die wirtschafts- und gesellschaftspolitischen Oberziele in ihrer Gesamtheit politisch konkretisiert werden [15].

Ähnlich ist zu argumentieren, wenn wir nach den *regionalen Ausprägungen* dieses übergeordneten Zielsystems fragen. Offenbar hat man zu diesem Zweck von den Leitbildern auszugehen, die im Rahmen der Gesamtpolitik für Wirtschaft und Gesellschaft erarbeitet werden. Dann müssen darauf ausgerichtete, optimale Lösungsmöglichkeiten der verschiedenen regionalen Anliegen gefunden werden. Da aber auch diese einheitlich, widerspruchsfrei und systemgerecht sein müssen, haben sich die unterschiedlichen regionalen Ziele erneut in Leitbildern zu verdichten – jetzt in Teilleitbildern über die regionale Verteilung von Wirtschaft und Bevölkerung, die zur gesuchten räumlichen Gesamtkonzeption hinführen sollen. Zur Konkretisierung dieser Konzeption sind deshalb zwei Wege einzuschlagen:

– Einmal müssen von oben her betrachtet *Leitbilder* über die *Art der räumlichen Verteilung* von Wirtschaft und Bevölkerung abgeleitet werden, die in Einklang mit den Zielen der Gesamtpolitik für Wirtschaft und Gesellschaft stehen (im Sinne der landesplanerischen Leitbilder.)

---

[12] Ob die Wohlstandszielsetzung ihrer gegenwärtigen Bedeutung wegen gleichfalls den ‚obersten' gesellschaftspolitischen Zielen zugeordnet wird oder – wie Giersch dies tut – diese als Unterziel aufgefaßt wird, die ihren Wert erst von den andern Zielsetzungen her empfängt, ist in diesem Zusammenhang unwichtig. Vgl. dazu *H. Giersch*, Allgemeine Wirtschaftspolitik, aaO, S. 87.

[13] *H. Zimmermann*, Öffentliche Ausgaben und regionale Wirtschaftspolitik, aaO, S. 45.

[14] *F. Voigt* und andere, Wirtschaftliche Entleerungsgebiete in Industrieländern. Forschungsberichte des Landes Nordrhein-Westfalen, Köln und Opladen, 1969, S. 163; für eine ausführliche Diskussion über die Beziehungen zwischen den einzelnen Zielen vgl. man *H. Giersch*, Allgemeine Wirtschaftspolitik, aaO, S. 77 ff.

[15] Liegen solche Leitbilder vor, so behalten sie dennoch relativen Charakter. Denn selbst innerhalb eines festgelegten Wirtschaftssystems – in unserem Fall in einer freiheitlichen Wirtschafts- und Gesellschaftsordnung – unterliegen die Wert- und Zielvorstellungen im Zuge der allgemeinen gesellschaftlichen und wirtschaftlichen Entwicklung Veränderungen. Leitbilder sind deshalb je nach den Wandlungen von Wirtschaft, Gesellschaft und Technik laufend zu überprüfen. Vgl. dazu Landesplanerische Leitbilder der Schweiz, Erster Zwischenbericht, aaO, S. 2.

— Zum andern müssen von unten her die wichtigsten regionalen Anliegen gesichtet und deren Übereinstimmung mit den räumlichen Leitbildern geprüft werden. Dabei ist zu beachten, daß die *regionalen Ziele* bei der Konkretisierung der räumlichen Gesamtkonzeption den *Charakter von Mitteln* annehmen, im Sinne der Strategie, mit der die raumordnungspolitischen Ziele realisiert werden sollen.

Auf diesem Weg der gegenseitigen Abstimmung und Einordnung müssen aus der Zielperspektive die Leitlinien einer wirtschafts- und gesellschaftspolitisch erwünschten Regionalpolitik gefunden werden. Dies ermöglicht schließlich, dem genannten Grundsatz zu entsprechen, daß sich die Ordnung der Einzelräume bestmöglich in jene des Gesamtraums einfügen muß, unter Berücksichtigung der Gegebenheiten und Erfordernisse der Teilräume bei der Festlegung der gesamträumlichen Ordnung.

2. Hauptrichtungen regionaler Ziele

Auf eine ausführliche Darstellung der unterschiedlichen Ziele, die in der bisherigen Regionalpolitik erhoben wurden, kann hier verzichtet werden[16]. Denn aus der Sicht der Gesamtpolitik für Wirtschaft und Gesellschaft lassen sich diese zu *drei Hauptrichtungen* zusammenfassen.

— Die erste ist *sozialpolitisch motiviert*. Nach dieser soll das interregionale Wohlstandsgefälle möglichst ausgeglichen werden, um in allen Teilgebieten eines Landes eine gewisse „Einheitlichkeit der Lebensverhältnisse" zu gewährleisten[17].

Im Vordergrund dieser Zielsetzung steht ein Verteilungsproblem, gewissermaßen eine regionale ‚Distributionspolitik', zu deren Begründung sozialpolitische Argumente vor ökonomischen Überlegungen stehen. Diese aus dem übergeordneten Anliegen nach sozialer Gerechtigkeit abgeleitete Forderung läßt je nach der Bedeutung, die dem Egalitätsprinzip beigemessen wird, verschiedene Interpretationsmöglichkeiten zu: angefangen bei der Forderung der Vermeidung wachsender Wohlstandsunterschiede bis zum Anliegen nach einem völligen Ausgleich der regionalen Durchschnittseinkommen.

— Eine zweite Zielrichtung stellt demgegenüber *ökonomische Gesichtspunkte* ins Zentrum. Nach dieser hat die Regionalpolitik für eine wachstumsoptimale Faktorallokation im Raum zu sorgen, die es ermöglicht, ein „maximales Sozialprodukt und/oder ein möglichst kräftiges Wachstum der Gesamtwirtschaft" zu erreichen[18]. Im Vordergrund dieser Zielsetzung steht ein Allokationsproblem, zu dessen Begründung das übergeordnete Anliegen nach wirtschaftlichem Wachstum vor sozialen und gesellschaftspolitischen Forderungen steht. Dieses Anliegen entspricht dem regionalen Aspekt einer im allgemeinen mehr sektoral orientierten Wachstumspolitik: nicht nur sektoral, sondern auch regional sind die Voraussetzungen dafür zu schaffen, daß die

---

[16] Über unterschiedliche Ziele aus regionaler Perspektive vgl. u. a. *F. Voigt* und andere, Wirtschaftliche Entleerungsgebiete in Industrieländern, aaO, S. 161 ff.

[17] Diese Forderung entspricht auf internationaler Ebene auch den früheren Vorstellungen der EWG. Vgl. dazu EWG-Kommission, Dokumente der Konferenz über Fragen der regionalen Wirtschaft, 3 Bände, Brüssel 1961.

[18] *H. Giersch*, Das ökonomische Grundproblem der Regionalpolitik, in: *H. Jürgensen* (Hrsg.), Gestaltungsprobleme der Weltwirtschaft, aaO, S. 387.

Produktionsfaktoren Arbeit, Boden und Kapital so produktiv und wachstumsgerecht wie möglich eingesetzt werden können.

Aus regionaler Sicht sind grundsätzlich zwei Interpretationsmöglichkeiten denkbar: Einerseits die Forderung nach einem regional maximalen Wachstum, anderseits das Anliegen nach einem gesamtwirtschaftlich optimalen Wachstum, zu dem die Teilgebiete nur nach Maßgabe ihres jeweiligen Entwicklungspotentials [19] beitragen sollten.

– Die dritte Hauptrichtung regionaler Ziele – und diese deckt sich mit der einleitend geforderten Ausrichtung der Regionalpolitik – kann umfassend als *primär gesellschaftspolitisch* orientiert bezeichnet werden. Hier geht es weder um extreme sozialpolitische Forderungen noch um eine einseitig auf maximales Wirtschaftswachstum ausgerichtete Politik, sondern um eine den *Bedürfnissen und Ansprüchen unserer Gesellschaft entsprechende,* umfassendere Gestaltung des Lebensraumes der Menschen [20]. Diese Zielsetzung lehnt sich insofern an die vorgenannte an, als bei der teilräumlichen Gestaltung wirtschaftlichen Überlegungen hohes Gewicht beigemessen wird. Im Zentrum steht aber nicht nur die rein wirtschaftliche Aktivität, die aus der gesellschaftlichen Perspektive durch die Funktion „Arbeit" charakterisiert wird, sondern gleichermaßen eine regional optimale Zuordnung der übrigen Daseinsfunktionen der Menschen (Wohnen, Erholung, Bildung, Versorgung, Verkehr und Kommunikation). Eine sinnvolle Ordnung all dieser Bereiche kann als immaterielle Wohlstandskomponente aufgefaßt werden, da sie zur „Wohlfahrt" der Menschen beiträgt. Hinter diesen Überlegungen stehen nicht etwa sozialromantische Vorstellungen. Sie gehen vielmehr von der wachsenden Erkenntnis aus, daß in hochentwickelten Volkswirtschaften die Schaffung räumlicher Lebensverhältnisse, die den Bedürfnissen einer „urbanen" Lebensweise entsprechen, zu einer immer wichtiger werdenden Voraussetzung für – auch rein wirtschaftlich gesehen – prosperierende Teilgebiete werden. Denn nur auf diese Weise kann erreicht werden, daß die verfügbaren Produktivkräfte – insbesondere die Arbeitskräfte – in quantitativ und qualitativ erwünschtem Ausmaß regional gebunden werden können.

Diese Hauptrichtungen regionaler Ziele illustrieren recht anschaulich die unterschiedliche Bedeutung, die der Regionalpolitik in der jüngsten Vergangenheit beigemessen wurde. Es zeigt sich hier eine erste Umorientierung von einer regionalen Sozialpolitik zu einer ökonomisch interpretierten regionalen Wachstums- und Strukturpolitik, die jetzt in den umfassenderen Rahmen einer Raumordnungspolitik gestellt werden soll.

– Die *ursprüngliche Auffassung* über die Ziele der Regionalpolitik manifestierte sich in der Forderung nach einer ‚harmonischen und ausgewogenen' Entwicklung aller Teilgebiete eines Landes, die weit mehr auf sozialromantischen Vorstellungen als auf wirtschaftlichem Sachverstand basierte. ‚Ausgleich der Lebensbedingungen' lautete die Parole, hinter der sich eine Art Weltanschauung verbarg, charakterisiert durch

---

[19] Unter regionalem Entwicklungspotential versteht man die langfristige Entwicklungsfähigkeit einer Region, die durch die Menge der ökonomischen und außerökonomischen Faktoren bestimmt wird, die das Wirtschaftswachstum einer Region beeinflussen. Vgl. *M. M. Al-Homssi,* Economic Growth Potential. A Study in Comparative Economic Development, Diss. Rotterdam 1962. Über die Bestimmung des Entwicklungspotentials vgl. ferner: *H. Giersch,* Das ökonomische Grundproblem der Regionalpolitik, aaO, S. 393 ff.

[20] In der verfassungsmäßig verankerten Formulierung bedeutet dies „zweckmäßige Nutzung des Bodens" und „geordnete Besiedlung des Landes". Vgl. BV Art. 22quater.

emotionale Parolen wie ‚Recht auf Heimat', ‚Volk ohne Raum' usw. Anvisiert wurde die Erhaltung überlieferter, aus der Epoche der bäuerlichen Familienherrschaft stammender Vorstellungen einer möglichst gleichmäßigen räumlichen Bevölkerungsverteilung. Zudem sollte die Wirtschaft in allen Landesteilen so entwickelt werden, daß alle arbeitswilligen Menschen an ihrem Wohnort jene Lebensbedingungen und Einkommensmöglichkeiten vorfinden, die in andern Landesteilen angeboten werden. Da die räumliche Konsequenz einer dynamischen Entwicklung von Wirtschaft und Gesellschaft, nämlich die fortschreitende Konzentration, diesem Ideal widersprach, sollte es Aufgabe der Regionalpolitik sein, die verlorene Harmonie wiederherzustellen. Damit wurde die Regionalpolitik zu einer „Sozialpolitik für arme Gebiete" gestempelt, wie dies Klaassen treffend formulierte [21].

Eine solche Zielsetzung ist im Lichte der heutigen Erkenntnisse *unhaltbar* geworden, weil sie an ökonomischen Realitäten scheitert. Wirtschaftswachstum und räumliche Konzentrationstendenzen sind – zumindest bis zu einem gewissen Ausmaß – untrennbar miteinander verbunden: man kann nicht das eine bejahen und das andere ablehnen.

– Mit der zunehmenden Erforschung der räumlichen Konsequenzen einer wachsenden Wirtschaft begann man einzusehen, daß die Ballungskräfte von Wirtschaft und Bevölkerung nicht negiert, deren Auswirkungen aber in *überschaubaren Grenzen* gehalten werden sollten. Man forderte deshalb ausgeglichenere Regionalstrukturen, verbunden mit weniger extremen Zielsetzungen, wie ‚Vermeidung allzu krasser Wohlstandsunterschiede', ‚Schaffung gleichwertiger Lebensbedingungen' usw. Wie diese Anliegen konkret zu interpretieren sind, wurde allerdings nie exakt festgehalten. Man versuchte, mit dieser Einstellung nach wie vor primär den Zielen nach sozialer Gerechtigkeit und individueller Freiheit zu entsprechen, ohne dabei die ökonomischen Realitäten völlig außer acht zu lassen. Die Realisierungsmöglichkeiten dieser Zielsetzungen sowie die Frage, inwieweit die Verfolgung immaterieller Wohlfahrtskomponenten mit einer Einbuße an potentiellen, materiellen Wachstumsmöglichkeiten erkauft werden müßte, wurde nie eingehend untersucht. Man begnügte sich mit abstrakt formulierten Zielen.

– In dem Maße, wie in der allgemeinen Wirtschaftspolitik die Wachstumsprobleme den Vorrang vor denen der Konjunktur erhielten, begann man auch vermehrt nach den Anforderungen einer *wachstumsgerechten Regionalpolitik* zu fragen. Um konkrete Aussagen zu ermöglichen, bemühte man sich – vorerst unter Ausklammerung sozial- und gesellschaftspolitischer Ziele – die Bedingungen aufzuzeigen, die rein wirtschaftlich gesehen zu einer wachstumsoptimalen Raumstruktur und/oder zu einer Maximierung des Sozialprodukts führen. Ökonomische Belange wurden ins Zentrum gerückt, während die sozial- und gesellschaftspolitischen Anliegen wohl anerkannt, aber zu Randbedingungen abgewertet wurden, die in einem bestimmten Minimum zu gewährleisten sind.

---

[21] *L. H. Klaassen*, Kurzfristige Sozialösungen kontra langfristige Regionalpolitik, ein Dilemma der westlichen Demokratie. Bergedorfer Gesprächskreis zu Fragen der freien industriellen Gesellschaft, Protokoll Nr. 20, Hamburg 1965. Siehe dazu den Kommentar von *F. Proballer*, Wirtschaftswachstum und Regionalpolitik. In: Wirtschaftspolitische Blätter, 13. Jg., 1966, Heft 1, S. 72 ff.

Obschon auch diese extreme Zielsetzung eines Wachstums à tout prix abgelehnt werden muß, haben die Überlegungen einer wachstums- und produktivitätsorientierten Regionalpolitik zu einer Reihe neuer Erkenntnisse (und auch zu einer Klärung allzu sozialromantischer Zielvorstellungen) geführt. Das Hauptverdienst dieser Betrachtungsweise liegt wohl darin, daß die Forderung nach einer *Produktivität der Raumnutzung* erhoben und in den Mittelpunkt der teilräumlichen Analyse gestellt wurde. Damit sind auch für eine gesellschaftspolitisch ausgerichtete Regionalpolitik wesentliche Grundlagen erarbeitet worden.

– Indessen ist mit Nachdruck festzuhalten, daß *weder rein ökonomisches Modelldenken* (charakterisiert durch die Forderung nach Maximierung des Sozialprodukts) *noch die Illusion einer falsch verstandenen Sozialpolitik* (Ausgleich der interregionalen Einkommensunterschiede) zu einer realistischen Zielsetzung und damit zu einer wirksamen Politik führen. Denn in beiden Fällen werden entscheidende Gesichtspunkte eines räumlich relevanten Zielsystems vernachlässigt. Um die notwendige Gesamtperspektive zu finden, ist ein Weg einzuschlagen, für den die erwähnte raumordnungspolitische Perspektive geeignete Ansatzpunkte liefert.

3. Die Grundzüge eines räumlich relevanten Zielsystems

Aus den vorstehenden Ausführungen geht hervor, daß generell eine Regionalpolitik anzustreben ist, die

– *erstens* als integrierter Teil der Gesamtpolitik für Wirtschaft und Gesellschaft verstanden wird,
– *zweitens* auf gesamträumliche Ordnungsvorstellungen ausgerichtet werden muß, sowie
– *drittens* innerhalb dieses Rahmens ökonomisch optimale Lösungsmöglichkeiten der raumordnungspolitischen Anliegen zu realisieren hat.

Damit wird ein *Zielsystem* vorgeschlagen, das sich bewußt *von primär sozialpolitischen Motivationen abhebt, ökonomische Gesichtspunkte in den Vordergrund* schiebt, aber über den engeren Wirtschaftsraum hinaus *den gesamten Lebensraum der Menschen* zu erfassen sucht, im Sinne der dargelegten raumordnungspolitischen Gesamtperspektive.

Dieses generell und abstrakt formulierte Zielsystem muß in wesentlichen Punkten noch näher erläutert werden.

– Einmal wirft die *Ein- bzw. Unterordnung der Regionalpolitik in die Gesamtpolitik für Wirtschaft und Gesellschaft* die Frage auf, wie sich das zentrale wirtschaftspolitische Oberziel nach Aufrechterhaltung eines optimalen Wirtschaftswachstums in der teilräumlichen Perspektive niederschlagen soll. Heute ist unverkennbar, daß der Mythos einer rein materiell interpretierten maximalen Wohlstandssteigerung abklingt und immaterielle Komponenten der sogenannten *Wohlfahrt*[22] vermehrt ins

---

[22] Während ‚Wohlstand' im allgemeinen dem Versorgungsgrad an materiellen Gütern gleichgesetzt wird, zählen zur Wohlfahrt „die Erhaltung und Förderung der übrigen für die menschliche Entfaltung wichtigen Voraussetzungen wie Schaffung von genügend Freizeit und Möglichkeiten der Freizeitgestaltung, Gleichgewicht zwischen persönlicher Freiheit und sozialer Bindung und Geborgenheit, Garantierung von genügend Platz und Ruhe, Erhaltung von Naturschönheiten usw.". Vgl. *A. Nydegger*, Teilleitbild Volkswirtschaft, Primärteil, 1. Fassung. Gutachten

gesellschaftliche Bewußtsein treten. Dennoch hat sich der Stilwandel der allgemeinen Wirtschaftspolitik, der von einer kurzfristig konjunkturellen zu einer mehr langfristigen, wachstumsorientierten Betrachtungsweise führte, auch auf die Regionalpolitik ausgewirkt. Man erkannte, daß wachsende Volkswirtschaften grundlegenden Strukturwandlungen unterliegen. Denn einmal entwickeln sich die wichtigsten Bestimmungsfaktoren (Arbeit, Kapital, technischer Fortschritt) nicht gleichmäßig, sondern treten in stets veränderter Zusammensetzung auf. Aus diesem Grunde bedeutet wachstumsorientierte Politik – wie immer auch diese interpretiert wird – stets auch strukturorientierte Politik. Und weil das Strukturproblem nicht nur einen sektoralen, sondern angesichts der Individualität der Teilräume immer auch einen regionalen Aspekt beinhaltet, muß eine wirksame Regionalpolitik – als Teil der Gesamtpolitik für Wirtschaft und Gesellschaft – gleichfalls *wachstums- und strukturorientiert* sein.

Zum andern resultiert aus der fortschreitenden Wohlstandssteigerung ein steter *Wandel der Konsumentenwünsche*. Dieser führt zu veränderten Ansprüchen der Menschen in bezug auf die daseinsrelevanten Grundbedürfnisse, die sich in den immateriellen Komponenten der sogenannten „Wohlfahrt" manifestieren. Wir erwähnten, daß diese nicht durchwegs quantitativ gemessen werden können, sondern qualitativ durch die jeweiligen Lebensbedingungen im Sinne einer wünschbaren räumlichen Ordnung zum Ausdruck kommen. Sind diese Verhältnisse erheblich gestört – wie dies einleitend dargestellt wurde – besteht die Gefahr, daß sie sich zum Schaden der allgemeinen Wohlfahrt auswirken.

Aus diesem Grunde kann eine sinnvoll interpretierte, gesellschaftspolitisch erwünschte Wohlstandsförderung *keine* Wachstumspolitik *à tout prix* mit dem Ziel einer Maximierung des Sozialprodukts bedeuten. Vielmehr müssen beide Aspekte, die materiellen und immateriellen Wohlstands- bzw. Wohlfahrtskomponenten angemessen berücksichtigt werden, wobei die Erhaltung der immer wichtiger werdenden immateriellen Wohlfahrt durch eine *Einbuße an materieller* Wohlstandszunahme erkauft werden muß. Hinter einer derart verstandenen wachstumsfördernden Zielsetzung steht aber die begründete Annahme, daß die Erhaltung und Förderung immaterieller Wohlfahrtskomponenten am besten bei einer steten Erhöhung der materiellen Wirtschaftskraft erreicht werden kann. Denn in einer wachsenden Wirtschaft (und der damit einhergehenden, allgemeinen Wohlstandssteigerung) können diese Anliegen leichter verwirklicht werden als bei stagnierender Entwicklung.

Übertragen auf die teilräumliche Perspektive folgt daraus, daß auch regional *keine* Maximierung des Sozialproduktes angestrebt werden soll. Vielmehr muß die Regionalpolitik in bescheidener, dafür realistischer Art und Weise wachstumsorientiert sein: Sie soll in ihrer *Ausgestaltung dem ökonomischen Prinzip* und *den Bedürfnissen einer wachsenden Wirtschaft hohe Priorität* einräumen – unter Berücksichtigung der oben erwähnten Einschränkungen.

Dies erfordert, daß die regionalpolitische Tätigkeit – wie jeder Bereich menschlichen Handelns – die *Knappheit der verfügbaren Mittel* berücksichtigt. Diese sind

---

des Schweizerischen Instituts für Außenwirtschafts-, Struktur- und Marktforschung im Auftrag des ORL-Instituts der ETH, gemäß Bundesgesetz über Maßnahmen zur Förderung des Wohnungsbaus 1965. Vervielfältigung.

so einzusetzen, daß ein möglichst hoher Ertrag resultiert. Davon wird gleich noch zu sprechen sein. Weiter bedeutet diese Forderung, daß die regionale Wirtschaftsstruktur auf die Erzielung einer *wachstumsoptimalen Faktorallokation* ausgerichtet werden muß; „optimal" im Rahmen der noch darzulegenden Grundzüge der regionalen Entwicklungsstrategie. Damit soll auf lange Sicht ein den regionalen Gegebenheiten entsprechender, möglichst nachfragegerechter und ergiebiger Einsatz der verfügbaren Produktivkräfte erreicht werden. Dies wiederum setzt voraus, daß die Regionalpolitik nicht auf eine Erhaltung überkommener Strukturen abzielt; sie muß statt dessen die Voraussetzungen dafür schaffen, daß die teilräumlichen Strukturen mit den wirtschaftlichen, technologischen und gesellschaftlichen Umschichtungen Schritt halten können. Ähnliches gilt für die Gestaltung des umfassenderen Lebensraums der Menschen; auch in diesem Bereich muß die Regionalpolitik auf die zukünftige Raumbeanspruchung von Wirtschaft und Gesellschaft abstellen und darf sich nicht an überkommene Vorstellungen halten. Denn auch diese unterliegen grundlegenden Veränderungen, worauf im theoretischen Teil dieser Arbeit zurückzukommen sein wird.

– Die geforderte Ausrichtung der Regionalpolitik auf *gesamträumliche Ordnungsvorstellungen* setzt einer falsch verstandenen wachstumsorientierten Politik zusätzliche Schranken. Wir erwähnten, daß bei der Beurteilung lokaler Sonderprobleme eine funktionale Teilnahme der Einzelräume im Rahmen ihrer jeweiligen Nutzungsmöglichkeiten an der Ordnung des Gesamtraumes angestrebt werden müsse. Dies setzt konkrete Vorstellungen über die Ausgestaltung des Gesamtraumes im Sinne raumordnungspolitischer Leitbilder voraus, worauf an anderer Stelle näher eingegangen wird. Hier ist jedoch festzuhalten, daß diese gesamträumliche Ausrichtung ein regional maximales Wirtschaftswachstum als erklärte Zielsetzung von vornherein verbietet. Denn angesichts der mannigfachen interregionalen Verflechtungen müßte ein Streben nach maximalem Wachstum an jedem Ort unausweichlich zu einem suboptimalen Einsatz und damit zu einer Fehllenkung von Produktivkräften führen. Dies kann jedoch nicht der Sinn einer rationalen Regionalpolitik sein.

Als Alternative hierzu verfechten die Anhänger einer produktivitätsorientierten Regionalpolitik die These, nicht die regionale, sondern die *gesamtwirtschaftliche* Effizienz sollte Maßstab der regionalen Wachstumsförderung sein. Dementsprechend hätten die Teilgebiete „nur" nach Maßgabe ihres Entwicklungspotentials und unter Beachtung der regionalen Produktivität zu einem gesamtwirtschaftlich erwünschten Wachstum beizutragen.

Bei näherem Hinsehen erweist sich aber auch diese Strategie als unrealistisch. Denn einmal müßten entsprechende Beurteilungskriterien verfügbar sein, mit denen das so verstandene „Entwicklungspotential" und die „regionale Produktivität" gemessen werden könnten. Beides ist bisher noch nicht befriedigend gelungen [23]. Zum andern

---

[23] Von den Vertretern einer produktivitätsorientierten Regionalpolitik werden zwar solche Kriterien angeboten. Marx hat einen regionalen Produktivitätskoeffizienten entwickelt, mit dem wachstumsoptimale Standorte ermittelt und damit auch eine wachstumsoptimale Verteilung der Produktionsfaktoren erreicht werden können. Vgl. *D. Marx*, Wachstumsorientierte Regionalpolitik, Göttingen 1964, S. 16. Giersch seinerseits hat vorgeschlagen als Indikator für einen wachstumsoptimalen Mitteleinsatz auf die „Durchschnittsproduktivität der Investitionen in

würde auf diese Weise eine zu einseitige, weil rein wirtschaftliche, Betrachtungsweise anvisiert, wodurch entscheidende raumordnungspolitische Gesichtspunkte vernachlässigt blieben.

Bei konsequenter Verfolgung dieses Prinzips müßten beispielsweise für alle Teilgebiete mit wirtschaftlich ungünstigen Entwicklungsmöglichkeiten unter Umständen negative Wachstumsraten in Kauf genommen werden, damit die notwendige Konsistenz zwischen der wirtschaftlichen Entwicklung aller Teilgebiete und jener des Gesamtraums gewahrt bliebe[24]. Es ist fraglich, ob dieser Weg insbesondere in föderalistischen Staaten zu politisch realisierbaren und sinnvollen Lösungen führt.

Angesichts der vorgebrachten Einschränkungen sind deshalb beide Strategien der extremen Verfolgung eines regionalen und/oder gesamtwirtschaftlich maximalen Wachstums abzulehnen. An ihre Stelle muß die umfassendere Raumordnungspolitik treten, wobei es wegen der Individualität der Teilräume unmöglich ist, für die praktische Regionalpolitik den jeweils zu verfolgenden optimalen Wachstumspfad generell vorzugeben. Dieser liegt irgendwo zwischen den genannten Extremvarianten, wobei richtungsweisend festgehalten werden kann, daß die Wirtschaftsförderung in einer bestimmten Region auch das gesamträumlich erwünschte Wachstum begünstigen, bzw. zumindest nicht beeinträchtigen sollte. Das sind – zugebenermaßen – recht vage Anhaltspunkte. Konkretere Festlegungen sind aber in allgemeingültiger Form nicht möglich.

Wählt man anstelle der rein wirtschaftlichen Betrachtungsweise umfassendere, raumordnungspolitische Ansatzpunkte, so können auch wirtschaftlich benachteiligte Gebiete entsprechend ihrer jeweiligen Nutzungsmöglichkeiten (z. B. bevorzugte Wohnlagen, Erholungsgebiete usw.) funktional sinnvoll in einen übergeordneten Rahmen eingegliedert werden, der den gesamträumlichen Leitbildern entspricht. Allerdings muß dabei vor übertriebenen Illusionen gewarnt werden. Denn die Regionalpolitik vermag *niemals* an jedem beliebigen Ort eines Landes die gleichen Wachstumsmöglichkeiten zu erschließen, ansonsten sie an ökonomischen Realitäten scheitern müßte. Dies führt uns direkt zur nächsten Eingrenzung des generellen Zielsystems.

– Als drittes Grundelement des vorstehend formulierten Zielsystems wurde die Notwendigkeit genannt, bei der Verfolgung gesellschaftlicher bzw. raumordnungspolitischer Anliegen *möglichst ökonomische Lösungen* anzustreben. Damit werden nach dem bisher gesagten zwei weitere Gesichtspunkte berührt: Einmal die sozialpolitisch motivierten Anliegen eines wirtschaftlichen und sozialen Ausgleichs zwischen den Regionen, zum andern die bereits aufgeworfene Frage nach der Priorität, die dem ökonomischen Prinzip bei der Ausgestaltung der Regionalpolitik beizumessen ist.

In bezug auf die sozialpolitisch motivierten Anliegen verlangt die Forderung nach

---

einem optimal dimensionierten Entwicklungsplan" abzustellen. Vgl. *H. Giersch*, Das ökonomische Grundproblem der Regionalpolitik, aaO, S. 394. Beide Kriterien sind aber umstritten. Sie setzen u. a. eine Quantifizierung der sozialen Kosten und Erträge voraus, sowie die Durchführung umfassender Cost-Benefit-Analysen, wofür die notwendigen statistischen Unterlagen meistens fehlen. Über die Problematik dieser Instrumente vgl. die Kritik von *J. Starbatty*, Regionale Strukturpolitik in der sozialen Marktwirtschaft, Diss. Köln 1967, S. 70 ff.

[24] Darauf weist Jansen hin: *P. G. Jansen*, Infrastrukturinvestitionen als Mittel der Regionalpolitik, aaO, S. 21.

ökonomischen Lösungen eine Abkehr von einer rein formal verstandenen sozialen Gleichheit und Gerechtigkeit zu einer mehr *funktionalen* Interpretation dieser Ziele. Dies bedeutet, daß die einzelnen Teilräume nur hinsichtlich ihrer jeweiligen Nutzungsmöglichkeiten ihren gegenseitigen wirtschaftlichen und sozialen Ausgleich finden können. Das Wirtschaftswachstum ist immer mit Strukturwandlungen verbunden, wobei diese infolge der unterschiedlichen Ausgangssituation der einzelnen Gebiete zwangsläufig zu räumlichen Differenzierungen führen. Gewisse Ungleichgewichte in der regionalen Verteilung von Bevölkerung und Wirtschaft und damit auch gewisse Wohlstandsunterschiede zwischen den Regionen eines Landes sind deshalb als Wesensmerkmal einer hochentwickelten Industriegesellschaft einfach in Kauf zu nehmen [25]. Aus der teilräumlichen Perspektive bedeutet dies, daß nicht in jedes Dorf Industrie gebracht werden kann. Vielmehr müssen auch Teilgebiete mit guter landwirtschaftlicher Struktur, solche mit günstigen Voraussetzungen für Erholung und Fremdenverkehr usw. erhalten bleiben. Aus der Perspektive des Einzelnen bedeutet ein funktionaler Einkommensausgleich, daß es jedermann freisteht, dort zu leben, wo man das höchste Einkommen erzielen kann, oder dorthin zu ziehen, wo man den persönlichen Neigungen entsprechend am angenehmsten zu leben vermag. Dagegen ist es unmöglich, jedermann das Einkommensmaximum an jedem beliebigen Ort zu garantieren.

Wie nötig es ist, dem ökonomischen Prinzip hohe Priorität beizumessen, zeigt die *Infrastrukturpolitik* als wohl wichtigster Bereich regionalpolitischer Tätigkeit. Daß die Infrastruktur mit dem geringsten Aufwand bereitgestellt werden muß ist leicht zu begründen. Denn je weniger Arbeit und Kapital durch die Bereitstellung der Infrastruktur gebunden wird, desto mehr Produktivkräfte können für private Investitionen bzw. zur Erzeugung von Konsumgütern – und damit zur Steigerung des allgemeinen Wohlstands – eingesetzt werden. Der Infrastrukturaufwand wird aber je nach der angestrebten räumlichen Verteilung von Wirtschaft und Bevölkerung sehr unterschiedlich sein. Wirtschaftlichkeitsüberlegungen verlangen deshalb Lösungen, bei denen die notwendigen Infrastrukturleistungen *je Einwohner und Arbeitsplatz möglichst niedrig* gehalten werden können. Heute herrscht die Auffassung vor, daß diesem Postulat am ehesten dann entsprochen werden kann, wenn sich Bevölkerung und Wirtschaft in Agglomerationen mittlerer Größe konzentrieren [26]. Diese Vorstellungen beruhen auf der Erfahrung, daß sowohl eine übermäßige Konzentration als auch eine extreme Dezentralisation zu ökonomischen Fehlinvestitionen und damit zu einer Verschleuderung produktiver Kräfte führt. Wo allerdings die anzustrebende Agglomerationsgröße liegt, kann ohne Bezugnahme auf die konkrete Siedlungsstruktur nicht abschließend beurteilt werden. Unsere spätere Analyse wird zeigen, inwieweit sich hiefür Anhaltspunkte ermitteln lassen [27]. Damit werden die Grenzen sichtbar, die einer gesellschaftspolitisch orientierten Regionalpolitik durch ökonomische Realitäten gesetzt werden.

Die Forderung nach ökonomisch „optimalen" Lösungen weist darauf hin, daß das

---

[25] Siehe dazu *F. Voigt* und andere, Wirtschaftliche Entleerungsgebiete in Industrieländern, aaO, S. 17 ff.
[26] Vgl. dazu *A. Nydegger*, Teilleitbild Volkswirtschaft, aaO, S. 53.
[27] Vgl. hierzu die Ausführungen über Analysemöglichkeiten im Bereich der Siedlungsstruktur.

wirtschaftliche Prinzip *nicht ausschließlich* verfolgt werden kann. Vielmehr geht es bei der anzustrebenden räumlichen Verteilung von Wirtschaft und Bevölkerung darum, ein möglichst günstiges Verhältnis zwischen Gesamtaufwand und Gesamtnutzen zu finden. Diese Größen setzen sich aber nicht nur aus quantitativ meßbaren, sondern auch aus qualitativen, immateriellen Komponenten zusammen. Darauf wurde bereits hingewiesen. Die notwendige Berücksichtigung derselben führt deshalb zwangsläufig zu mehr oder weniger starken Abweichungen vom rein ökonomischen Prinzip. Dies schließt nicht aus, daß im Bereich der quantitativ erfaßbaren Aufwand/Nutzenkombinationen Wirtschaftlichkeitsüberlegungen wegleitend sein müssen. Inwieweit man im einzelnen vom rein wirtschaftlichen Prinzip zugunsten der Erfüllung gesellschaftspolitischer Anliegen abweichen soll, hängt dann von der herrschenden politischen Auffassung ab, die sich – wie erwähnt – in räumlichen Leitbildern niederschlagen muß.

Damit sind die *Grundelemente* des Zielsystems einer rationalen Regionalpolitik näher umschrieben. Sie konnten zwar erst vage formuliert werden, müssen aber in dieser Form für die Regionalpolitik richtungsweisend sein. Einmal lassen sie jenen Spielraum offen, der notwendig ist, um der Regionalpolitik unter angemessener Berücksichtigung der teilräumlichen Besonderheiten eine jeweils unterschiedliche konkrete Ausgestaltung zu ermöglichen. Zum andern lassen sie die Grenzen erkennen, die dem regionalen Handeln aus der Gesamtperspektive der allgemeinen Wirtschafts- und Gesellschaftspolitik gesetzt werden. Es ist nunmehr zu fragen, inwieweit sich dieses Zielsystem in teilräumlichen Leitbildern niederschlagen soll, die ihrerseits im Sinne einer allgemeinen regionalpolitischen Strategie richtungsweisend für die Ableitung von Grundsätzen und Methoden der anzustrebenden Politik sein müssen.

B. Ansätze räumlicher Leitbilder

1. Zur Interpretation einer regionalpolitischen Strategie

Räumliche Leitbilder beschreiben – wie einleitend definiert – zukünftige, auf bestimmte Ziele ausgerichtete Zustände (räumliche Ordnungen), die durch zweckmäßiges Handeln und Verhalten (Raumordnungspolitik) realisiert werden sollen. Bei relativ breiter Interpretation werden damit aus der regionalpolitischen Perspektive zwei Fragen aufgeworfen: Wie soll die Art der gesamträumlichen Verteilung von Wirtschaft und Bevölkerung sein und auf welche Weise soll diese in den Teilgebieten realisiert werden?

In der Schweiz liegen allgemein anerkannte und verbindlich formulierte räumliche Leitbilder noch nicht vor. Erste Grundlagen hierzu sind jedoch im Institut für Orts-, Regional- und Landesplanung an der ETHZ erarbeitet worden [28].

Diese illustrieren aus der landesplanerischen Gesamtperspektive Modellvarianten möglicher Siedlungskonzepte, die aus Teilleitbildern über eine Reihe von Planungssachbereichen entwickelt wurden.

Allerdings darf nicht übersehen werden, daß die zugrunde gelegten Teilleitbilder

---

[28] Vgl. Institut für Orts-, Regional- und Landesplanung (Hrsg.): Landesplanerische Leitbilder der Schweiz, erster und zweiter Zwischenbericht, sowie Schlußbericht, aaO.

sehr technisch orientiert und abstrakter Natur sind. Rein planerische Belange stehen zu einseitig im Vordergrund. Insbesondere sind die übergeordneten, allgemeinen wirtschafts-, gesellschafts- und staatspolitischen Ziele einer räumlichen Ordnung nur insoweit berücksichtigt und konkretisiert worden, als sie zur Prüfung und Beurteilung der planerischen Ideen im Sinne von Randbedingungen unbedingt notwendig waren [29]. Aus diesem Grunde sind die erarbeiteten Siedlungskonzepte aus der regionalen Perspektive als Basis einer räumlichen Gesamtkonzeption noch unzureichend. Sie zeigen wohl planerisch mögliche Zustände auf, vernachlässigen aber die Bedingungen ihrer wirtschafts- und gesellschaftspolitischen Realisierungsmöglichkeiten. In die räumlichen Leitbilder müssen neben rein planerischen Modellvorstellungen vermehrt auch jene Einschränkungen einfließen, die der Regionalpolitik aus den übergeordneten Ziel- und Wertvorstellungen der Gesamtpolitik für Wirtschaft und Gesellschaft auferlegt werden.

Für die Formulierung räumlicher Leitbilder reicht aber das vorstehend entwickelte Zielsystem noch nicht aus. Ergänzend müssen gewisse Grundsätze einer wirtschafts- und gesellschaftsgerechten Siedlungsstruktur mitberücksichtigt werden. Denn die Regionalpolitik hat ja letztlich zu einer zweckmäßigen Besiedelung hinzuführen, die die räumlichen Voraussetzungen für einen möglichst reibungslosen Ablauf aller menschlichen Aktivitäten schaffen soll. Damit verbunden sind eine Reihe gesellschaftlicher Anliegen, wie familiengerechtes Wohnen in menschenwürdiger Umwelt, zumutbare Entfernung zwischen Arbeits- und Wohnort, ausreichendes Angebot an Arbeitsplätzen, Bildungs- und Versorgungseinrichtungen sowie an Erholungs- und Verkehrsflächen. Die vom Institut für Orts-, Regional- und Landesplanung an der ETHZ erarbeiteten Siedlungskonzepte zeigen zwar mögliche Varianten auf, in welcher Weise diese Raumansprüche einander zugeordnet werden können. Für die Erarbeitung konkreter Grundsätze sind jedoch vertiefte Analysen über die Bestimmungsfaktoren der Siedlungsstruktur, ihrer Wirkungsweisen und Beeinflußbarkeit notwendig. Dies muß allerdings dem dritten Teil unserer Arbeit vorbehalten bleiben, weil erst nach Vorliegen der theoretischen Grundlagen (zweiter Teil) im einzelnen geprüft werden kann, inwieweit sich diese raumbeanspruchenden Bedürfnisse untereinander und mit der ökonomischen Rationalität des Gesamtsystems vertragen.

Aus diesem Grunde können an dieser Stelle nur erste Ansätze räumlicher Leitbilder dargelegt werden. Diese sind gewissermaßen als Umrisse einer *regionalpolitischen Gesamtstrategie* aufzufassen, die aus wirtschafts-, gesellschafts- und staatspolitischen, aber auch aus finanzpolitischen Gründen realistisch erscheint. Als solche bietet sich – ausgerichtet auf das vorstehend entwickelte Zielsystem – die Strategie einer „Regionalisierung mit Schwerpunktbildung" an.

2. Die Strategie einer Regionalisierung mit Schwerpunktbildung

Diese geht von der begründeten Annahme aus, daß eine räumliche Verteilung von Wirtschaft und Bevölkerung, die irgendwo zwischen einer übermäßigen Konzentration und einer extremen Dezentralisation liegt, sowohl aus wirtschaftlichen wie aus gesellschaftlichen Gründen vorteilhaft erscheint: *Erstens* führen im rein wirtschaftlichen Be-

---

[29] Vgl. hierzu den Kommentar in: Arbeitsgruppe des Bundes für Raumplanung (Hrsg.): Raumplanung Schweiz, aaO, S. 85 ff.

reich vielfältige Agglomerationsvorteile zu einer produktiven Leistungserstellung, die aber erst bei einer minimalen Konzentration von Wirtschaft und Bevölkerung wirksam werden. *Zweitens* stehen die Aufwendungen der notwendigen Infrastrukturleistungen erst ab einer gewissen Agglomerationsgröße in einem sinnvollen, d. h. ökonomischen Verhältnis zum erreichbaren volkswirtschaftlichen Ertrag. Und *drittens* können gleichfalls nur bei einer gewissen Konzentration von Wirtschaft und Bevölkerung jene urbanen Lebensverhältnisse geschaffen werden, die den Ansprüchen einer Wohlstandsgesellschaft entsprechen. Gesellschaftspolitische und ökonomische Argumente scheinen sich hier vorteilhaft zu vereinen. Diese Strategie kann in ihren Grundzügen wie folgt charakterisiert werden[30]:

— Einmal fordert sie eine *Siedlungskonzeption von begrenzten Agglomerationen* unterschiedlicher Größe, gegliedert in Hauptzentren, Subzentren und Randgemeinden. Dabei soll keine Reißbrettlösung anvisiert, sondern auf das historisch gewachsene, bestehende Siedlungsgefüge der Schweiz abgestellt werden.

Hauptzentren werden die bereits heute bestehenden Großstädte bleiben. Sie müssen ein Höchstangebot an zentralen Diensten aufweisen.

Als Subzentren müssen sogenannte *Regionalzentren* ausgewählt werden, die schwergewichtig mit Infrastrukturinvestitionen zu fördern sind. Diese müßten einmal im Einzugsgebiet der Hauptzentren liegen, damit in den Regionalzentren selbst nicht alle zentralen Dienste angeboten werden müssen, diese aber in zumutbarer Entfernung (in den Hauptzentren) erreichbar sind. Zum anderen müßten diese Regionalzentren räumlich derart gestreut liegen, daß außerhalb ihrer Einzugsgebiete – mit Ausnahme reiner Erholungsgebiete – möglichst wenig Randgemeinden übrigbleiben.

Dieser Strategie einer Regionalisierung mit Schwerpunktbildung liegt die Überlegung zugrunde, daß durch gezielte, volkswirtschaftlich tragbare Infrastrukturinvestitionen nicht nur die Regionalzentren selbst begünstigt werden, sondern auch eine Reihe weiterer, kleinerer Ortschaften, die sich im Einzugsbereich der Subzentren befinden. Die Infrastrukturleistungen könnten jedoch in diesen Ortschaften bescheiden bleiben, ohne daß sie Gefahr laufen, zu verkümmern. Sie würden vielmehr dadurch eine gewisse Attraktivität behalten, daß in nächster Nähe ein Subzentrum liegt, in welchem die erforderlichen Agglomerationsvorteile geboten werden. Dies entspricht dem *Leitmotiv* eines konzentrierten Einsatzes der Mittel bei gleichzeitig möglichst breiter Nutzenstreuung.

— Zum andern soll diese Strategie einer Regionalisierung mit Schwerpunktbildung zur Ausgestaltung echter *funktionaler Raumeinheiten* im einleitend definierten Sinn hinführen. Ohne die Ergebnisse unserer späteren Analyse im Bereich der regionalen Siedlungsstruktur vorwegzunehmen, ist diese Vorstellung hier kurz zu skizzieren: Die funktionale räumliche Ordnung strebt Raumeinheiten an, innerhalb derer die raumrelevanten Grundbedürfnisse der Menschen in bezug auf Arbeiten, Wohnen, Bildung, Freizeit, Versorgung, Verkehr und Kommunikation ihren bestmöglichen Ausgleich finden und sich in sinnvoller Weise zu einem Ganzen ergänzen. Sinnvoll bedeutet, daß einmal in Siedlungseinheiten selbst (in den sogenannten Versorgungsnahbereichen) die konkret aufeinander prallenden Nutzungsbedürfnisse bestmög-

---

[30] Vgl. hierzu und im folgenden A. *Nydegger*, Regionale Strukturpolitik – Illusionen und Möglichkeiten. In: Mitteilungsblatt des Delegierten für Konjunkturfragen, Heft 4, 1968, S. 54 ff.

lichst geregelt, d. h. bei standörtlicher Trennung einander bedarfs- und funktionsgerecht zugeordnet werden. Zum andern bedeutet dies, daß in größeren Raumeinheiten (geprägt durch die Regionalzentren und ihre Einzugsgebiete) einzelne Ortschaften und Randgemeinden ihren funktionellen Möglichkeiten entsprechend auf die Bedürfnisse des Gesamtraumes (Region) ausgerichtet und in diesen einzugliedern sind.

Diese Idealvorstellung einer Regionalisierung mit Schwerpunktbildung müßte allerdings Wunschbild bleiben, wenn sie allzu schematisch interpretiert würde. Sie ist vielmehr den gegebenen siedlungspolitischen Verhältnissen anzupassen, was zu folgenden Konsequenzen führt:

— Erstens ist es unmöglich, sämtliche Randgemeinden in den Einzugsgebieten der Regionalzentren zu erfassen. Denn angesichts der geographischen und topographischen Verhältnisse in der Schweiz müßte zu diesem Zweck eine zu große Anzahl von Ortschaften in den Rang von Regionalzentren erhoben werden. Dadurch würde die angestrebte Politik einer Schwerpunktbildung wieder in Frage gestellt (zu kleine Einzugsgebiete, zu hohe volkswirtschaftliche Kosten). Wohl können durch eine geschickte Auswahl der regionalen Zentren sowie durch die Schaffung günstiger Verkehrs- und Versorgungsverbindungen die Einzugsgebiete der Subzentren ausgeweitet werden. Doch werden bei realistischer Betrachtung *stets gewisse Randgebiete* außerhalb der Einzugsbereiche der Regionalzentren verbleiben, in erster Linie solche landwirtschaftlicher Art im Voralpen- und Alpengebiet. Dies ist unvermeidlich. Allerdings muß dabei unterschieden werden zwischen Randgebieten mit eigenen Entwicklungsmöglichkeiten (z. B. Erholungsregionen, Fremdenverkehrsorte) und solchen, die keine potentiellen Entwicklungschancen aufweisen.

Vom Gesichtspunkt einer wachstumsorientierten Regionalpolitik aus kann der Bevölkerung dieser Kategorie von Randgebieten im allgemeinen wirksamer geholfen werden, wenn in Nachbargebiete mit guten Entwicklungsmöglichkeiten investiert und die regionale Mobilität der Arbeitskräfte gefördert wird. Damit würde man sich jenen Entwicklungstendenzen anpassen, die ohnehin ihren Fortgang nehmen werden. Dies schließt nicht aus, daß im Rahmen einer solchen Politik soziale Härten, die in Randgebieten entstehen, durch Anpassungs- und Umstellungshilfen gemildert werden. Solche Übergangssubventionen sind auf lange Sicht in Gebieten ohne potentielle Entwicklungschancen ökonomischer als der Versuch, Strukturen aufrecht zu erhalten, die im Zuge der weiteren Entwicklung anachronistisch zu werden drohen.

Insgesamt ist jedoch festzuhalten, daß die Strategie einer Regionalisierung mit Schwerpunktbildung zu einem Siedlungskonzept führt, das im Gegensatz zu extremeren räumlichen Leitbildvorstellungen mehr Menschen ermöglicht, in kleineren Ortschaften wohnen und arbeiten zu können, ohne auf die immer wichtiger werdenden Agglomerationsvorteile verzichten zu müssen [31].

— Zweitens kann es nicht Ziel der dargelegten Strategie sein, eine gleichmäßige, hier-

---

[31] Nydegger hat im Rahmen des zitierten Teilleitbildes „Volkswirtschaft" auf die wirtschaftliche und soziale Unterlegenheit räumlicher Extremvarianten hingewiesen. Es handelt sich dabei einerseits um das Leitbild einer uneingeschränkten Maximierung des Sozialprodukts sowie andererseits um das Leitbild einer Erhaltung aller bestehenden Gemeinden. Vgl. dazu A. *Nydegger*, Teilleitbild Volkswirtschaft, Primärteil, 1. Fassung, aaO, S. 52 ff.

archisch gegliederte Verteilung städtischer Mittelpunkte unterschiedlicher Zentralität anzustreben. Die bestehende Siedlungsstruktur schließt derart schematische Vorstellungen von vornherein aus. Es ist offensichtlich, daß das Prinzip funktionaler Raumeinheiten in den bestehenden großen Agglomerationen und ihren unmittelbaren Einzugsgebieten einer *anderen Ausprägung* bedarf als in ländlichen, abseits dieser Verdichtungsgebiete gelegenen Regionen. In den Verdichtungsgebieten zeichnen sich denn auch bereits heute anders geartete Bildungsprinzipien der Siedlungsstruktur ab. Es sind dies mehr oder weniger breite *Verdichtungsbänder*, die sich zwischen den städtischen Hauptzentren entlang günstiger Verkehrsverbindungen entwickeln und gewissermaßen das hierarchische Zentralitätsgefüge überlagern. Im Rahmen der Regionalisierung mit Schwerpunktbildung verdienen auch diese Verdichtungsbänder und deren funktionale Ausgestaltung höchste Beachtung. Denn das Leitmotiv dieser Strategie heißt nicht etwa „Verhinderung weiterer Konzentration schlechthin", sondern lautet „sinnvolle Verteilung derselben über den Raum". Hierzu bedarf es offenbar zweierlei: Einmal müssen in gewissen Gebieten unerwünschte Auswirkungen übermäßiger Konzentration vermieden, in andern dagegen diese selbst in erwünschtem Ausmaß gefördert werden. Zum zweiten müssen diese beiden Arten von Gebietstypen – fälschlicherweise spricht man immer noch vom „Stadt-Land-Gegensatz" – bestmöglichst miteinander verflochten werden. Aus dieser Gesamtperspektive ist die Strategie der Regionalisierung mit Schwerpunktbildung zu verstehen. Ihr Ziel ist es, in möglichst allen Landesteilen durch die Schaffung *funktional optimaler Raumstrukturen urbane Lebensmöglichkeiten* zu gewährleisten.

Damit sind die Grundzüge dieser Strategie angedeutet, die im folgenden als raumordnungspolitisches Leitprinzip der anzustrebenden Politik zugrunde gelegt wird.

3. Realisierbarkeit dieser Strategie aus staatspolitischer Sicht

Es bleibt noch zu prüfen, inwieweit sich diese primär aus wirtschafts- und gesellschaftspolitischer Perspektive abgeleitete Strategie mit den staatspolitischen Realitäten in unserem Land verträgt.

Man wird einwenden, das vorgeschlagene Leitbild sei unrealistisch, weil weder die Bevölkerung noch die Behörden der scheinbar benachteiligten Gebiete einem solchen zustimmen würden. Dieser Ansicht muß tatsächlich beigepflichtet werden, sofern man einem falsch verstandenen Föderalismus huldigt. In der Schweiz haben Bund, Kantone und Gemeinden wenn auch unterschiedliche, so doch bedeutsame regionalpolitische Kompetenzen, wobei diesbezüglich die Kantone eine Vorrangstellung einnehmen. Eine sinnvolle Aufrechterhaltung der föderalistischen Staatsstruktur muß aber *über die bestehenden politischen Grenzen hinweggehen* – sowohl im wirtschaftlichen als auch in andern Bereichen. Ein übertriebener „Kantönligeist" muß kooperativen Formen der interkantonalen Zusammenarbeit weichen. Dasselbe gilt für die Beziehungen zwischen Bund und Kantonen, zwischen Kantonen und Gemeinden sowie ganz besonders zwischen benachbarten Gemeinden. Es stellen sich hier die eingangs skizzierten institutionellen Probleme einer rationalen Regionalpolitik, auf die wir nicht näher eintreten[32].

---

[32] Vgl. hierzu Arbeitsgruppe des Bundes für die Raumplanung (Hrsg.): Raumplanung Schweiz, aaO.

Indessen bleibt festzuhalten, daß die vorherrschende Praxis, die überkommenen politischen Strukturen als verpflichtend für eine zweckmäßige Lösung der regionalen Frage zu betrachten, neu durchdacht werden muß. Denn viele raumordnungspolitische Probleme können gar nicht mehr innerhalb der bestehenden Gemeinde- oder Kantonsgrenzen sinnvoll gelöst werden.

Zur Überwindung dieser unzweckmäßigen politischen Strukturen ist aber die Regionalisierung mit Schwerpunktbildung besonders geeignet. Denn zur Lösung der teilräumlichen Probleme muß die Sache selbst, das *gesellschaftliche und wirtschaftliche Geschehen* und dessen Zweck, das *materielle und immaterielle Wohlergehen der Menschen,* ins Zentrum gerückt werden. Dies führt zwangsläufig zu funktionalen Abgrenzungskriterien. Aus diesem Grunde muß sich diese räumliche Ordnung früher oder später durchsetzen, gleichgültig, ob man die regionale Entwicklung aus der Bundes-, Kantons- oder Gemeindeperspektive betrachtet.

Hinzu kommt ein weiteres. Funktional echte Raumeinheiten sind keine starren Gebilde, sondern verändern sich im Zeitablauf. Denn im Zuge der wirtschaftlichen Entwicklung und der damit einhergehenden, ökonomischen, sozialen und gesellschaftlichen Strukturwandlungen unterliegen auch die typischen Raumansprüche bezüglich der einzelnen Daseinsfunktionen steten Wandlungen. Aus diesem Grunde verschieben sich die Grenzen funktionaler Regionen: Einmal festgelegte Teilgebiete müssen dem räumlichen Strukturwandel dauernd angepaßt werden. Dieser Notwendigkeit stehen jedoch starre, administrative Grenzen gegenüber. Infolge dieser Diskrepanz zwischen Wirtschafts- und Verwaltungsräumen fordern sowohl Sachverstand als auch politische Vernunft eine kooperative Zusammenarbeit der verschiedenen staatlichen Behörden, deren Hoheitsgebiete (oder Teile davon) funktional echte Raumeinheiten bilden. Ein festgefügtes Schema der regionalen Gliederung in der Schweiz wäre deshalb wenig sinnvoll. Die konkrete Abgrenzung einzelner Regionen setzt vielmehr von Fall zu Fall eingehende Untersuchungen über eine bestmögliche funktionale Zuordnung der Grundfunktionen der Menschen (Arbeiten, Wohnen, Bildung, Versorgung, Erholung, Verkehr und Kommunikation) voraus, unter Berücksichtigung des bereits bestehenden Siedlungsgefüges. Solche funktionale Abgrenzungskriterien müssen schließlich zur Festlegung eigentlicher *Planungsräume* als Ausgangspunkt der regionalpolitischen Maßnahmen führen. Auf diesem Weg der funktionalen Raumaufteilung muß es gelingen, zu allgemeingültigen, anerkannten Maßstäben einer Regionalisierung zu gelangen. Dann erscheint die Politik einer Regionalisierung mit Schwerpunktbildung politisch nicht mehr so unrealistisch, wie dies auf den ersten Blick den Anschein haben könnte. Um die Vorzüge des empfohlenen Leitbildes ins rechte Licht zu rücken, sollte man sich zudem die Konsequenzen ausmalen, die bei der Verfolgung extremer Leitbildvorstellungen in Kauf zu nehmen wären. Sowohl die Forderung nach uneingeschränkter Maximierung des Sozialprodukts als auch jene nach Förderung und damit Erhaltung aller bestehenden Gemeinden wäre nicht nur wirtschafts- und gesellschaftspolitisch dem Leitbild der Regionalisierung mit Schwerpunktbildung unterlegen. Diese Leitbildvarianten hätten auf lange Sicht auch *staatspolitisch viel einschneidendere* Konsequenzen.

Bei der Beurteilung der politischen Realisierungsmöglichkeit dieser Strategie spielen auch *finanzpolitische Erwägungen* eine entscheidende Rolle. Eine Übereinstimmung zwischen einer solchen Regionalpolitik und den finanziellen Möglichkeiten muß dabei in erster Linie über die zeitliche Staffelung der zu ergreifenden Maßnahmen bzw. der einzusetzenden Mittel erreicht werden. Eine zu rasche Umstellung der räumlichen Verteilung von Wirtschaft und Bevölkerung würde immense Infrastrukturaufwendungen voraussetzen, was den Produktionsapparat überfordern und die Wirtschaft noch mehr der Inflation ausliefern würde. Eine zu langsame Anpassung wäre dagegen mit empfindlichen Einbußen an potentiellen Wachstumsmöglichkeiten verbunden. Wo liegt der gangbare, gesamtwirtschaftlich optimale Mittelweg?

Offenbar wird dieser dann erreicht, wenn „die laufenden Ersparnisse der Volkswirtschaft und die von der öffentlichen Hand aufgrund langfristiger Finanzpläne bereitgestellten Mittel gerade noch ausreichen, um sowohl die strukturbedingten, als auch die übrigen Investitionen und Ausgaben zu finanzieren"[33]. Hieraus wird erneut der Zusammenhang mit den erwähnten institutionellen Grundproblemen einer rationalen Regionalpolitik sichtbar: Zur Lösung der gestellten Aufgabe bedarf es eines bewußt *vorausschauenden Planungsverfahrens*, um einen im Hinblick auf die regionale Schwerpunktbildung auf längere Sicht optimal dosierten Einsatz der verfügbaren Mittel zu erreichen. Auch aus dieser Perspektive erscheint dann das vorgeschlagene Leitbild als politisch realisierbar. Im Rahmen eines solchen finanzpolitisch tragbaren Ausmaßes muß den Ansprüchen von Wirtschaft und Gesellschaft zielgerichtet entsprochen werden[34].

C. Grundsätze und Methoden der Regionalpolitik

In Ergänzung der Zieldiskussion und der Formulierung räumlicher Leitbilder sind noch Ausführungen über die *Grundsätze und Methoden* der anzustrebenden Politik angebracht. Dabei können wir uns kurz fassen. Einmal haben diese bei der Charakterisierung der Strategie einer Regionalisierung mit Schwerpunktbildung bereits angeklungen. Zum andern können hier lediglich einige wichtige *Prinzipien* dargelegt werden, die den Weg zur Realisierung dieser Strategie näher eingrenzen und für die spätere Analyse in ausgewählten Strukturbereichen richtungsweisend sein müssen. Dagegen sind hier keine Anweisungen über spezifische Maßnahmen zu erwarten, die bei der Lösung konkreter Einzelfälle anwendbar wären.

Durchgeht man die einschlägige Literatur, so lassen sich drei unterschiedliche Auffassungen über Grundsätze und Methoden erkennen, nach denen das teilräumliche Geschehen beeinflußt werden kann. Diese werden im folgenden kurz dargelegt und daraufhin geprüft, inwieweit sie sich mit der Strategie einer Regionalisierung mit Schwerpunktbildung vertragen.

1. Die klassische These

Nach der klassischen Theorie sind räumliche Ungleichgewichte – soweit sie nicht natürliche Standortvorteile widerspiegeln – darauf zurückzuführen, daß sich die *Selbstregulierungskräfte des Marktmechanismus* infolge unerwünschter Hemmnisse

---

[33] *A. Nydegger*, Teilleitbild Volkswirtschaft, aaO, S. 56.
[34] Über die Konsequenzen, die hieraus für eine rationale Aus- bzw. Umgestaltung des Finanzausgleichs zu ziehen sind, wird gleich nachfolgend berichtet.

nicht entfalten können. Aus dieser Perspektive lautet deshalb die Strategie zur teilräumlichen Beeinflussung: Abbau aller Markthemmnisse und größtmögliche Annäherung an die Bedingungen des vollkommenen Wettbewerbs [35]. Als Mittel zur Erreichung dieses Ziels werden genannt: Erhöhung der Markttransparenz, Erhöhung der Mobilität von Arbeit und Kapital sowie Abbau der Wettbewerbsschranken im regionalen Handel und Verkehr. Insgesamt sollte eine möglichst hohe Flexibilität des Marktes erreicht werden [36].

Diese Auffassung wird von jenen Regionalforschern vertreten, deren Vorstellungen auf der Theorie des internationalen Handels beruhen. Nach dieser müßte ein räumliches Gleichgewicht durch die Faktorwanderungen (Arbeit und Kapital) erreicht werden [37].

Verschiedene Gründe sprechen *gegen* die Stichhaltigkeit dieser These:
- Zunächst bleibt nach wie vor unbewiesen, daß eine mangelhafte räumliche Mobilität der Produktionsfaktoren alleinige oder zumindest hauptsächliche Ursache wachsender interregionaler Wohlstandsunterschiede ist. Es ist eher zu vermuten, daß andere Faktoren, gewisse der *wirtschaft- und gesellschaftlichen Entwicklung inhärente Kräfte* (interne und externe Effekte, Divergenz zwischen privaten und sozialen Kosten) dafür verantwortlich zeichnen.
- Ferner ist unbestritten, daß die Entwicklung eines Gebietes in hohem Maße von der jeweiligen *Ausstattung mit öffentlichen Grundleistungen* abhängt. Das Fehlen einer ausreichenden Infrastruktur kann trotz (oder gerade wegen) hoher Transparenz und Mobilität Wanderungsbewegungen in der erwünschten Richtung verhindern. So ist es durchaus möglich, daß bei hoher Mobilität in rückständigen Gebieten nicht zwangsläufig ein erhofftes Gleichgewicht bei verminderter Zahl von Arbeitskräften eintritt, sondern vielmehr ein kumulativer Prozeß nach unten einzusetzen droht. Denn erfahrungsgemäß werden aus solchen Gebieten in erster Linie die dynamischen, jungen und qualifizierten Arbeitskräfte abwandern. Damit werden aber gerade jene Kräfte entzogen, die einen wesentlichen Teil der potentiellen Entwicklungsfähigkeit eines Gebietes ausmachen. Inwieweit ein solcher Auslaugungsprozeß durch den Zufluß von Kapital verhindert werden kann, bleibt *umstritten*.
- Eine regionalpolitische Strategie nach der klassischen These könnte schließlich die öffentliche Hand in bezug auf ihre Infrastrukturpolitik dazu verleiten, die begrenzten öffentlichen Mittel schwergewichtig zur Beseitigung infrastruktureller Engpässe in den hochentwickelten Zuwanderungsgebieten einzusetzen, um auf diese Weise die spontanen Wanderungsbewegungen nicht ins Stocken geraten zu lassen. Dann besteht die Gefahr, daß alternative Projekte, die auf längere Sicht zur Bildung neuer Schwerpunkte wirtschaftlicher Aktivität und damit zu einer Entlastung der Ballungszentren beitragen könnten, immer wieder auf die lange Bank geschoben

---

[35] Vgl. *J. Starbatty*, Regionale Strukturpolitik, laissez-faire-System und soziale Marktwirtschaft, aaO, S. 111 ff.

[36] Ebenda, S. 113.

[37] Auch in der neo-klassischen Wachstumstheorie steht die These der Faktormobilität im Zentrum, wenn man versucht, diese Modelle für die Analyse des regionalen Wirtschaftswachstums umzuformen. Inwieweit die daraus abgeleitete Theorie der Konvergenz regionaler Einkommen auf ungesicherten Füßen steht, hat Richardson nachgewiesen. Vgl. *H. W. Richardson*, Elements of Regional Economics, Penguin modern economics, Harmondsworth 1969, S. 53.

werden [38]. Eine derartige Ausrichtung der Infrastrukturpolitik würde aber einseitig die Konzentration von Wirtschaft und Bevölkerung in den Hauptzentren fördern und deshalb den erarbeiteten räumlichen Leitbildvorstellungen widersprechen.

Daraus folgt, daß die *klassische These* zur Lösung des Regionalproblems *ungeeignet* ist. Eine Förderung der Mobilität verdient zwar auch aus der Sicht einer Regionalisierung mit Schwerpunktbildung hohe Priorität. Die ausschließliche Strategie, das freie Spiel der Marktkräfte bestmöglichst zur Entfaltung zu bringen, wird aber kaum zum angestrebten wirtschaftlichen und sozialen Ausgleich der Teilräume führen. Denn die Voraussetzungen hierfür sind in dynamischen, hochentwickelten Industriegesellschaften einfach nicht gegeben [39].

2. Die Einkommensumverteilungsthese

Eine andere regionalpolitische Strategie sieht gleichfalls von einer unmittelbaren Beeinflussung der regionalen Verteilung von Wirtschaft und Bevölkerung ab. Sie versucht, ihr Ziel über eine *Politik der Einkommensumverteilung* zu erreichen. Im Mittelpunkt dieser Vorstellungen stehen naturgemäß Finanzausgleichsmaßnahmen: Der Zentralstaat soll durch entsprechende Stützungsmaßnahmen (Finanzzuweisungen, Agrarsubventionen usw.) für einen wirtschaftlichen und sozialen Ausgleich zwischen den Regionen sorgen. Wie verträgt sich diese Auffassung mit der Verwirklichung unseres Leitbilds?

– Zunächst ist in Erinnerung zu rufen, daß für die ursprüngliche Ausgestaltung des Finanzausgleichs nicht die interregionale Einkommensnivellierung im Vordergrund stand, sondern vielmehr der finanzielle Zweck, nämlich die *Erfüllung der öffentlichen Aufgaben*. Der vertikale Finanzausgleich sollte, unabhängig vom Aufkommen der örtlichen Mittel, den Vollzug der gesetzlichen Verpflichtungen des Staates ermöglichen, der horizontale Ausgleich ein Minimum an Verwaltungsstandard gewährleisten [40].

Mit der Ausweitung der öffentlichen Aufgaben in der Nachkriegszeit haben sich jedoch Umfang und Ausmaß des Finanzausgleichs in praktisch allen Industriestaaten wesentlich erhöht und nehmen heute eine nicht mehr wegzudenkende Rolle ein. Mit Recht weist Isenberg darauf hin, daß der Finanzausgleich von allen regionalpolitischen Maßnahmen heute diejenige ist, „die auf die regionale Verteilung der Bevölkerung und ihres Wohlstandes den mit weitem Abstand größten Einfluß ausübt" [41]. Diese Entwicklung kann jedoch nicht einhellig begrüßt werden, jedenfalls nicht im Rahmen einer Strategie der Einkommensumverteilungspolitik. Dafür lassen sich eine Reihe von Gründen anführen.

– Wenn der Finanzausgleich lediglich zu einem *Korrektiv regionaler Einkommensunterschiede* mißbraucht würde mit dem Ziel, einen interregionalen Einkommens-

---

[38] Darauf hat insbesondere Giersch recht deutlich hingewiesen. Vgl. *H. Giersch*, Das ökonomische Grundproblem der Regionalpolitik, aaO, insbesondere S. 390 ff.
[39] Eine Begründung hierfür findet sich bei *H. W. Richardson*, Elements of Regional Economics, aaO, S. 53.
[40] Vgl. *G. Isenberg*, Regionale Wohlstandsunterschiede, Finanzausgleich und Raumordnung. In: Finanzarchiv, Bd. 17 (1956), S. 95.
[41] *G. Isenberg*, aaO, S. 94.

ausgleich zu erreichen, so müßte dieser ein Ausmaß annehmen, das seine Funktionsfähigkeit in Frage stellen würde. Denn übertriebene Zwangsübertragungen von Mitteln führen erfahrungsgemäß zu wachsenden Widerständen seitens derjenigen, die zu Leistungen herangezogen werden [42], und parallel dazu zu steigenden volkswirtschaftlichen Fehlleistungen. Zudem müßte eine solche Regelung zu einer unerträglichen Abhängigkeit der unterentwickelten Gebiete von der Zentralgewalt und überdies zu einem Nachlassen der Anstrengungen dieser Gebiete führen, ihre Finanzkraft zu heben [43]. Sie würden wohl unterstützt, gleichzeitig aber politisch ausgehöhlt und zu einem „Volk von Subventionsempfängern" degradiert werden.

– Ein weiterer Einwand wiegt noch schwerer: Eine Einkommensumverteilungspolitik läuft immer Gefahr, zu einer Politik der *Strukturerhaltung* auszuarten. Kurzfristig kann es unter Umständen vertretbar sein, wachstumsnotwendige Strukturwandlungen aus sozialen Gesichtspunkten zu verzögern. Langfristig muß aber die Regionalpolitik eindeutig strukturanpassend und strukturfördernd wirken. Ob dafür eine Einkommensumverteilungspolitik den zweckmäßigen Weg darstellt, ist fraglich.

– Die mit einer Einkommensumverteilungspolitik angesprochene Gewährung von Transfereinkommen an die privaten Haushalte führt uns zu einem dritten Einwand. Denn Einkommensübertragungen an private Haushalte als alleinige Strategie würden mit der Forderung nach möglichst ökonomischem Einsatz der verfügbaren Mittel unweigerlich in Konflikt geraten. Die eingesetzten Mittel sollten nämlich Initialzündungen von Entwicklungen sein, die sich auf die Dauer selbst tragen [44]. Die Vermutung ist aber naheliegend, daß selbsttragende Entwicklungsprozesse durch Einkommenstransfer ohne bestimmte produktionsorientierte bzw. raumordnungspolitisch begründete Auflagen wohl kaum erreicht werden können [45].

Um dies zu erreichen, sind zwar Finanzausgleichsmaßnahmen unerläßlich. Doch müssen diese *neu gestaltet* und *vermehrt* als bisher *regionalpolitisch koordiniert* und auf raumordnungspolitische Bedürfnisse abgestimmt werden. Denn als alleinige Einkommensumverteilungspolitik können Transferzahlungen niemals zu einer rationalen Lösung und zur Verwirklichung der angestrebten Regionalisierung mit Schwerpunktbildung führen. Vielmehr ist hierzu der nachfolgend erläuterte Weg einzuschlagen.

3. Die Einkommensentstehungsthese

Nach der Einkommensentstehungsthese kann ein befriedigender Ausgleich zwischen den Landesteilen bei gleichzeitiger Aufrechterhaltung von quantitativ und qualitativ wünschbaren Entwicklungsmöglichkeiten auf lange Sicht nur erreicht werden, wenn sich in den benachteiligten Landesteilen *selbsttragende Entwicklungsmöglichkeiten* er-

---

[42] Ebenda, S. 96.

[43] Vgl. *T. Keller*, Artikel Finanzausgleich. In: Handwörterbuch der Sozialwissenschaften, Bd. 3, Stuttgart–München–Göttingen 1961, S. 546.

[44] Ähnlich äußert sich auch Müller, wenn er meint, daß „auf die Dauer nur jener Mitteleinsatz als erfolgreich" bezeichnet werden könne, „der ohne eine langfristige Unterstützung von seiten der wirtschaftspolitischen Träger Bestand hat". Vgl. *J. H. Müller*, Wirtschaftliche Grundprobleme der Raumordnungspolitik, aaO, S. 5; ferner *J. Starbatty*, aaO, S. 84.

[45] Vgl. *H. Zimmermann*, Öffentliche Ausgaben und regionale Wirtschaftsentwicklung, aaO, S. 261.

öffnen. Dies setzt voraus, daß in diesen Regionen neue Entwicklungskräfte erschlossen und/oder solche dorthin verpflanzt werden. Aus der Perspektive der Einkommensentstehungspolitik ist deshalb eine dezentralisierte Wirtschaftsförderung zu begrüßen, allerdings verbunden mit einer raumordnungspolitisch ausgerichteten Infrastrukturpolitik im weitesten Sinn, sowohl im technischen wie im sozialen und kulturellen Bereich. Zur Diskussion steht auch keine Dezentralisierung um jeden Preis, sondern eine konzentrierte Ausrichtung auf *potentielle Entwicklungsschwerpunkte*. Ferner darf diese Förderung nicht als alleinige Industrieansiedlungspolitik interpretiert werden, bei der es um jeden Preis darum geht, neue, möglichst wachstumsbegünstigte Produktionsbetriebe regional einzupflanzen[46]. Vielmehr muß diese auf die Schaffung und Förderung echter funktionaler Raumeinheiten ausgerichtet werden, damit neben der Bereitstellung von attraktiven Arbeitsplätzen auch *entsprechende Lebensverhältnisse gewährleistet werden*. Erst dann gelingt es, die benötigten Arbeitskräfte regional zu binden und damit die Voraussetzungen für eine gedeihliche Entwicklung aller Landesteile zu schaffen.

Diese Politik deckt sich somit mit der früher abgeleiteten Regionalisierung mit Schwerpunktbildung. Denn im Sinne der Strategie der Einkommensentstehungspolitik liegt es ja, die natürlichen, *produktivitätsfördernden Agglomerationstendenzen* zu steuern, Anpassungsschwierigkeiten zu mildern und potentiell produktive Teilgebiete zu fördern. Anderseits bedeutet dies nicht, daß nur die Wachstumskerne und die Steuerung der Agglomerationszentren im Vordergrund stehen, wohl aber, daß für die benachteiligten Teilgebiete möglichst ökonomische Lösungen gefunden werden müssen[47].

Abschließend ist kurz auf die *Neuorientierung des Finanzausgleichs* zurückzukommen. Denn bei realistischer Betrachtung wird deutlich, daß die Verwirklichung der hier empfohlenen Strategie ganz erheblich von dessen Ausgestaltung abhängt. Der Finanzausgleich soll zu einer *räumlich ausgewogenen Verteilung der Lasten* beitragen, die aus den Aufwendungen zur Schaffung echter funktionaler Raumeinheiten (insbesondere durch öffentliche Infrastrukturinvestitionen im weitesten Sinn) resultieren. Das setzt allerdings eine Umgestaltung sowohl der geltenden Finanzausgleichsregelungen zwischen Bund und Kantonen, als auch zwischen Kantonen und Gemeinden, hauptsächlich aber *zwischen benachbarten Gemeinden* voraus.

Einmal ist davon auszugehen, daß die gesamten Infrastrukturaufwendungen von Bund, Kantonen und Gemeinden ein volkswirtschaftlich tragbares Maß nicht übersteigen sollten. Dem stehen jedoch quantitativ und qualitativ steigende infrastrukturelle Ansprüche gegenüber. Dies zwingt ganz allgemein zu einem räumlich konzentrierten und zeitlich gestaffelten Einsatz der knapp verfügbaren Mittel, was nur auf dem Weg einer verstärkten regionalen Koordination erreicht werden kann. Zum andern führt die anzustrebende funktionale räumliche Gliederung von bedarfsgerechten und funktionsfähigen Wirtschafts- und Siedlungsstrukturen zu einer *Aufgabenteilung zwischen benachbarten Gemeinden* (im Sinne einer Aufteilung in Zentrums-, Vorortund Erholungsgemeinden, oder aber in primär industriell bzw. landwirtschaftlich genutzte

---

[46] Über die Problematik alternativer Taktiken zur Industrieförderung vgl. *H. Zimmermann*, Öffentliche Ausgaben und regionale Wirtschaftsentwicklung, aaO, insbesondere S. 265 ff.

[47] Diese Auffassung deckt sich u. a. mit derjenigen von Klaassen. Vgl. *F. Proballer*, Wirtschaftswachstum und Regionalpolitik, aaO, S. 73 f.

Gebiete). Eine ausgewogene Verflechtung der standörtlich zwar getrennten, einander aber sinnvoll ergänzenden teilräumlichen Nutzungsmöglichkeiten macht aber auf jeden Fall einen verstärkten Finanzausgleich zwischen benachbarten Gemeinden innerhalb funktionaler Regionen unumgänglich. Es leuchtet ein, daß dieser in vielen Fällen auch über die kantonalen Grenzen hinausgreifen wird.

Schließlich sollte auch der Finanzausgleich zwischen Bund und Kantonen auf eine neue Basis gestellt werden, wobei aus der raumordnungspolitischen Perspektive eine größtmögliche *Annäherung* der *unterschiedlichen Steuerlasten* auf nationaler Ebene erreicht werden muß.

Das gegenwärtig in Bearbeitung stehende Bundesgesetz zur Raumplanung wird die Notwendigkeit eines solchen Finanzausgleichs noch erheblich unterstreichen.

III. Zusammenfassung: Ergebnisse für die Regionalpolitik

1. Der erste Teil dieser Arbeit befaßte sich mit den Grundproblemen der Regionalpolitik. Zunächst wurden die Mängel und Lücken aufgedeckt, die bisher eine wirksame Regionalpolitik beeinträchtigten. Daraus konnten dann die wichtigsten Problembereiche abgeleitet werden, die in einer rationalen, d. h. einheitlich ausgerichteten, widerspruchsfreien und systemgerechten Politik zu lösen sind.

2. Als eine wesentliche Voraussetzung für die geforderte Neuorientierung bezeichneten wir die Erarbeitung einer raumordnungspolitischen Gesamtkonzeption. Eine solche muß im Sinne allgemeiner Handlungsanweisungen, die den Charakter von Grundsätzen der Raumordnung tragen, den einzuschlagenden Weg vorzeichnen, auf dem regionale und lokale Sonderprobleme zu lösen sind.

   Zu diesem Zweck mußten die Ziele, Grundsätze und Methoden einer Regionalpolitik entwickelt werden, die in Übereinstimmung mit der geltenden Gesamtpolitik für Wirtschaft und Gesellschaft steht. Ferner wurden Ansätze räumlicher Leitbilder erarbeitet, die sich insgesamt in einer Strategie der Regionalisierung mit Schwerpunktbildung niederschlagen.

3. Für die Ausgestaltung einer rationalen Regionalpolitik sind dann die folgenden Überlegungen wegleitend: Aufgabe der Regionalpolitik ist es, im Rahmen unserer freiheitlichen Wirtschafts- und Gesellschaftsordnung sowohl die Existenzbedingungen der Wirtschaft als auch die Daseinsbedingungen der Bevölkerung im weitesten Sinn, materiell und immateriell, bestmöglich zu fördern. Im Zentrum hat nicht die Maximierung des Wohlstands, sondern vielmehr diejenige der Wohlfahrt der Menschen zu stehen.

   Um dies zu erreichen, muß die Regionalpolitik als integrierter Teil der Gesamtpolitik für Wirtschaft und Gesellschaft verstanden und auf gesamträumliche Ordnungsvorstellungen ausgerichtet werden. Zudem muß sie innerhalb dieses Rahmens ökonomisch optimale Lösungen anstreben – auch bei der Verfolgung gesellschaftspolitischer Anliegen. Dies bedeutet, daß sie in ihrer Ausgestaltung dem ökonomischen Prinzip und den Bedürfnissen einer wachsenden Wirtschaft hohe Priorität einräumen muß.

4. Das Leitbild der Regionalisierung mit Schwerpunktbildung verspricht die ökono-

misch und gesellschaftlich beste Lösung der teilräumlichen Probleme. Dieses ist auf die Schaffung echter, funktionaler Raumeinheiten ausgerichtet, in denen sich die menschlichen Grundbedürfnisse (Arbeit, Wohnen, Bildung, Erholung, Versorgung, Verkehr und Kommunikation) bestmöglich zu einem sinnvollen Ganzen ergänzen. Die Ordnung der Einzelräume muß sich in jene des Gesamtraums einfügen. Dies setzt voraus, daß die Teilgebiete ihren Ausgleich entsprechend ihren konkreten Nutzungsmöglichkeiten untereinander und ausgerichtet auf die wirtschaftlichen und gesellschaftlichen Gesamtbedürfnisse innerhalb solcher Raumeinheiten finden müssen.

5. Zur Realisierung dieses Leitbildes muß eine Einkommensentstehungspolitik verfolgt werden, damit sich in sämtlichen funktionalen Raumeinheiten Möglichkeiten selbsttragender Entwicklungen eröffnen. Dies kann durch die Erschließung neuer Entwicklungskräfte in den Teilgebieten selbst und/oder durch die Einpflanzung derselben in potentielle Entwicklungsschwerpunkte erreicht werden. Insgesamt geht es darum, die natürlichen, produktivitätssteigernden Agglomerationstendenzen zu fördern, Anpassungsschwierigkeiten zu mildern und wirtschaftlich produktive, gesellschaftlich bedarfsgerechte und funktionsfähige regionale Strukturen zu schaffen.

Zweiter Teil

THEORETISCHE GRUNDLAGEN ZUR ERFASSUNG UND ERKLÄRUNG REGIONALER ENTWICKLUNGSPROZESSE

Für eine rationale Regionalpolitik ist die Erarbeitung einer allgemeinen raumordnungspolitischen Gesamtkonzeption nur ein erster Schritt. Nicht weniger wichtig ist die eingehende Analyse der struktur- und entwicklungsbestimmenden Faktoren sowie deren Wirkungsweisen und Beeinflußbarkeit auf regionaler Ebene. Das dazu nötige theoretische Fundament hat, wie erwähnt, ganz besonderen Anforderungen zu genügen.

Es muß so wirklichkeitsnahe sein, daß es zur praktischen Lösung der regionalen Probleme geeignet ist. Vor allem müssen jene Aspekte der teilräumlichen wirtschaftlichen und gesellschaftlichen Dynamik herausgearbeitet werden, die für die Regionalpolitik besonders wichtig sind.

Ein solches Fundament wird nachfolgend entwickelt und zur Diskussion gestellt. Zunächst werden die grundsätzlichen Schwierigkeiten eines solchen Unterfangens erläutert. Sie resultieren vornehmlich aus der Tatsache, daß es noch keine allgemeine Regionaltheorie gibt, die den erwähnten Anforderungen entspricht. Auch die maßgeblichen Ursachen hiefür werden aufgezeigt. Dann gilt es Form und Inhalt des geforderten Fundamentes abzustecken. Schließlich wird ein Modell vorgelegt, das ein Ausgangs- und Bezugssystem für die Ableitung operationaler Methoden der teilräumlichen Analyse bildet.

I. Das Fehlen einer allgemeinen operationalen Regionaltheorie

Üblicherweise wird die regionale Entwicklung als *Zunahme des Sozialprodukts oder des Volkseinkommens* definiert. Als Theorie der regionalen Entwicklung wäre dann ein logisches Bezugssystem von Sätzen zu verstehen, das zu erklären vermag, wie sich dieses Sozialprodukt bzw. Volkseinkommen im Zeitablauf aus dem Zusammenwirken seiner maßgeblichen Bestimmungsfaktoren erhöht.

Diese *rein wirtschaftliche* Betrachtungsweise hat zwar den Vorteil, daß die globalen Indikatoren operational sind: Das Volkseinkommen kann quantitativ gemessen, im Zeitablauf verfolgt und interregional verglichen werden [1]. Zu diesem Zweck sind diese Größen zweifellos von erheblichem Wert. Indessen bleiben *sämtliche außerwirtschaftlichen Gesichtspunkte ausgeklammert*. Das Volkseinkommen ist kein Maß für die *Wohlfahrt*, auf die es letzten Endes ankommt, sondern nur eine *Hilfsgröße*.

---

[1] Vgl. hierzu die Ausführungen im dritten Teil dieser Arbeit.

Ähnliches gilt für die oben definierte Entwicklungstheorie. Auch diese muß neben den wirtschaftlichen die außerökonomischen Bestimmungsfaktoren berücksichtigen, um das teilräumliche Geschehen wirklichkeitsnah erklären zu können.

Indessen fehlt vorläufig noch eine *allgemeingültige Theorie der räumlichen Entwicklung*[2]. Durchgeht man die einschlägige Literatur, so stößt man lediglich auf eine Vielzahl partieller Erklärungsversuche. Diese beschränken sich fast ausschließlich auf den wirtschaftlichen Bereich, wobei zwei Hauptrichtungen unterschieden werden können:

– Einerseits findet man verschiedene modelltheoretische Ansätze der *Standort-, Produktions- und Außenhandelstheorie*. Das Schwergewicht dieser Theorien liegt in der Ableitung formal strenger und konsistenter Modelle. Sie führen zu theoretisch oft bestechenden Verfahren, weisen aber im allgemeinen einen derart hohen Abstraktionsgrad auf, daß sie keine generellen, sondern praktisch nur beschränkt anwendbare Lösungen anbieten.

Zu diesen Partialtheorien zählen sowohl die von Christaller und Lösch entwickelten Systeme der Landschaftsstruktur als auch die im Rahmen der „Regional Science" erarbeiteten Analysemodelle[3]. Exemplarisch seien genannt: Interregionale Multiplikatoranalysen, regionale und interregionale Input-Output-Modelle, Industriekomplex-Analysen, interregionale lineare Programmierungsverfahren u. a. m.[4].

– Andererseits stößt man auf eine Vielzahl *empirischer Einzelfallstudien,* die sich primär um eine pragmatische Lösung konkreter Probleme in ausgewählten Regionen bemühen. Sie bedienen sich im allgemeinen weniger anspruchsvoller Modellkonstruktionen und beruhen vielfach auf der Bestimmung sogenannter Standort- und Strukturfaktoren oder auf der Ermittlung regionalspezifischer Kennziffern. Viele dieser Regionalstudien sind jedoch zur Analyse regionaler Entwicklungsprozesse schon deshalb ungeeignet, weil sie vorwiegend *deskriptiver* Natur sind und *keinen genügenden analytischen Gehalt* aufweisen. Wichtige Bestimmungsfaktoren der teilräumlichen Entwicklung werden vernachlässigt oder bleiben völlig unberücksichtigt. Zudem sind empirische Einzelfallstudien auf Sonderprobleme ausgerichtet und lassen deshalb nur selten Verallgemeinerungen zu.

Für das Fehlen einer allgemeinen räumlichen Entwicklungstheorie lassen sich eine Reihe von Gründen ins Feld führen. Zum Teil sind es die Komplexität und der spezifi-

---

[2] Eine Ausnahme hierzu bildet das neueste Standardwerk von Isard, in welchem der Begründer der modernen ‚Regional Science' erste Ansätze zu einer allgemeinen, interdisziplinären Regionaltheorie bietet, die jedoch noch statisch ausgerichtet ist und auch noch keine praktikablen Analysemethoden bietet. Vgl. *W. Isard,* General Theory, Social, Political, Economic and Regional, M. I. T. Press, Cambridge/Massachusetts 1969.

Ferner hat auch Böventer in seiner Theorie des räumlichen Gleichgewichts versucht, ein gesamtwirtschaftliches Totalmodell über eine Wirtschaft mit räumlicher Ausdehnung zu formulieren, das jedoch nicht operational ist. Vgl. *E. v. Böventer,* Theorie des räumlichen Gleichgewichts, Tübingen 1962.

[3] Vgl. *W. Christaller,* Die zentralen Orte in Süddeutschland, Jena 1933, sowie *A. Lösch,* Die räumliche Ordnung der Wirtschaft, 2. Auflage, Jena 1944. Über die im Rahmen der als „Regional Science" charakterisierten Analysemodelle vgl. *W. Isard,* Methods of Regional Analysis: an Introduction to Regional Science, M. I. T. Press, New York 1960.

[4] Vgl. *W. Isard,* Methods of Regional Analysis. An Introduction to Regional Science, New York 1960.

sche Charakter der Untersuchungsobjekte, zum Teil aber auch die überlieferten Forschungsmethoden der klassischen Nationalökonomie. Erst in jüngster Zeit bahnt sich hier ein grundlegender Wandel an.

A. Realitäten, welche die Bildung einer teilräumlichen Theorie erschweren

1. Der spezifische Charakter regionaler Wirtschaftsgebiete

Regionen sind keine verkleinerte Abbilder nationaler Volkswirtschaften, sondern *Teilräume eigener Prägung*. Sie sind gewissermaßen „offene" Wirtschaftsgebiete, denen im Gegensatz zu nationalen Wirtschaftsräumen ökonomische Grenzen (und eine darauf ausgerichtete Datensammlung) fehlen[5]. Dies führt bei der Analyse beider Wirtschaftsräume zu Unterschieden, die nicht nur gradueller, sondern grundsätzlicher Art sind[6].

– So kommt den *interregionalen Wirtschaftsverflechtungen* eine wesentlich andere Bedeutung zu als den internationalen Wirtschaftsbeziehungen. Sie sind viel komplexer, unterliegen im allgemeinen andern wirtschaftlichen Gesetzmäßigkeiten und beeinflussen die regionale Entwicklung stärker als zwischenstaatliche Beziehungen die nationalen Volkswirtschaften.
– Der spezifische Charakter der Regionen äußert sich auch darin, daß deren Entwicklung durch eine Reihe von Faktoren *maßgeblich mitbestimmt* wird, die auf volkswirtschaftlicher Ebene eine *eher untergeordnete Rolle* spielen und deshalb bei nationalen Analysen vernachlässigt werden können. Aus diesem Grunde sind viele der in der allgemeinen Wachstumstheorie nicht berücksichtigten (bzw. als Teil des Datenkranzes der reinen Theorie betrachteten) Faktoren für die Erklärung regionaler Entwicklungsprozesse äußerst wichtig. Dies führt dazu, daß die allgemeine Wachstumstheorie, die hauptsächlich mit Globalaggregaten arbeitet, keine tieferen Einsichten in teilräumliche Entwicklungsprozesse vermittelt.

2. Ökonomische und gesellschaftliche raumprägende Faktoren

Obschon bereits die wirtschaftliche Analyse von Regionen andere Ansätze als jene ganzer Volkswirtschaften verlangt, genügt selbst dies zur Erklärung des komplexen teilräumlichen Geschehens *nicht*; denn neben die wirtschaftlichen treten eine Reihe *gesellschaftlicher, politischer und institutioneller Faktoren*, die die regionale Entwicklung entscheidend mitprägen.

Bleiben wir aber zunächst im ökonomischen Bereich: Hier haben Christaller und Lösch gezeigt, daß selbst unter rigorosen Ausgangsbedingungen (wie völliger Homogenität des Raumes und anfangs gleichmäßiger Verteilung der Ressourcen) gewisse ökonomische Faktoren zu räumlichen Differenzierungen in der Verteilung von Wirtschaft und Bevölkerung führen. Es sind dies die von Böventers „Theorie des räumlichen Gleichgewichts" zugrunde gelegten und heute in der Raumwirtschaftstheorie als die

---

[5] Was insbesondere die statistische Erfassung der interregionalen Wirtschaftsbeziehungen sehr erschwert.
[6] Vgl. *G. Fischer*, Probleme regionaler Volkseinkommens- und Sozialproduktschätzungen, Zürich und St. Gallen 1964, S. 57 ff.

„ökonomischen raumdifferenzierenden Faktoren" bezeichneten *internen und externen Ersparnisse, die Transportkosten* sowie die besondere Bedeutung des *Produktionsfaktors Boden* im Vergleich zu den andern Produktionsfaktoren [7].

Heute beginnt man einzusehen, daß diese Erklärung *unvollständig und zu eng* ist; außerökonomische Faktoren müssen mit einbezogen werden. Als solche treten insbesondere gesellschaftliche Verhaltensweisen in den Vordergrund, geprägt durch *persönliche Präferenzen der Menschen* in bezug auf die raumrelevanten Grundbedürfnisse (Arbeit, Wohnen, Bildung, Erholung Versorgung, Verkehr und Kommunikation). Denn daraus resultieren unterschiedliche Ansprüche an die Siedlungsstruktur, welche die teilräumliche Entwicklung gleichfalls entscheidend mitbestimmen.

— Friedmann und Alonso haben darauf hingewiesen, daß man in bezug auf diese persönlichen Präferenzen gleichsam von einem „*typischen Raumverhalten*" der Menschen sprechen könne und daß dieses als eine *Funktion des Entwicklungsstandes* eines Landes aufzufassen sei, welches sich im Zuge des wirtschaftlichen Wachstums ständig wandle. Daraus folgt, daß offenbar auch der Einfluß des typischen Raumverhaltens auf die regionale Entwicklung einem steten Wandel unterliegt: „Spatial patterns will change with shifts in the structure of demand and of production, in the level of technology, and in the social and political organisation of the nation. The economic and social development of the nation is reflected in its patterns of settlement; its systems of flow and exchange of commodities, money and information; its patterns of commuting and migration; and its reticulation of areas of urban influence" [8].

— Neue empirische Untersuchungen lassen zudem erkennen, daß diese gesellschaftlichen Raumansprüche in hochentwickelten Volkswirtschaften im Vergleich zu den „ökonomischen" raumdifferenzierenden Faktoren an Bedeutung gewinnen. Denn sie beeinflussen in wachsendem Ausmaß auch entscheidende Ursachen der rein ökonomischen Entwicklung, so die regionale Verfügbarkeit von Arbeitskräften, aber auch die Standortentscheide der Unternehmungen.

Die hier angedeuteten Zusammenhänge zeigen die Schwierigkeiten eines umfassenden Lösungsansatzes, der neben den ökonomischen auch die gesellschaftlichen raumprägenden Faktoren mitzuberücksichtigen hat.

3. Individualität der Teilräume infolge unterschiedlicher Ausgangsstrukturen

Ein weiterer Grund, der die Erarbeitung einer allgemeinen Entwicklungstheorie erschwert, liegt in der ausgesprochenen Individualität der Teilgebiete.

— Diese äußert sich nicht nur in der regional *verschiedenartigen natürlichen Ausstattung* (Bodenqualitäten, Bodenschätze, Topographie, Klima), sondern vor allem in einer unterschiedlichen Beschaffenheit der *vom Menschen geschaffenen Grundlagen* (Art und Ausgestaltung der Standortstruktur, Produktionsstruktur und Siedlungsstruktur), die ihrerseits wieder in hohem Grade auf Unterschieden in der Mentalität und im wirtschaftlichen Verhalten der Bevölkerung beruhen.

— Diese *Individualität* der Teilräume, die sich aus dem Zusammenspiel von natür-

---

[7] Vgl. dazu *E. v. Böventer*, Theorie des räumlichen Gleichgewichts, aaO, S. 14.
[8] *J. Friedmann* and *W. Alonso*, Regional Development and Planning, A Reader, M. I. T. Press Massachusetts 1964, S. 2.

lichen und vom Menschen geschaffenen Grundlagen ergibt, wirft erneut Probleme auf: Miksch[9], der diese Zusammenhänge eingehend analysierte, wies nach, daß die räumliche Verteilung der in früheren Perioden geschaffenen Kapitalgüter (produzierte Produktionsmittel), die sich beispielsweise infolge natürlicher Standortvorteile ergab, die nachfolgenden Standortentscheide maßgeblich beeinflußt, weil sich jeder neue Standortsuchende an den vorgegebenen Daten orientiert. Miksch folgerte hieraus, daß eine einmal geprägte Raumstruktur deshalb die Tendenz aufweist, in gewissem Sinne zu erstarren und dadurch neue strukturelle Änderungen stark erschwert.

Obschon später nachgewiesen werden wird, daß mit wachsendem Entwicklungsstand eines Landes der Einfluß solcher Standortbedingungen zusehends abnimmt, ist diese generelle Neigung zur *raumstrukturellen Erstarrung* für die Erklärung regionaler Entwicklungsprozesse von entscheidender Bedeutung. Sie führt dazu, daß die einzelnen Teilgebiete eine sehr unterschiedliche Fähigkeit aufweisen, am volkswirtschaftlichen Entwicklungsprozeß teilzuhaben. Denn je nach der Art und Ausgestaltung der spezifischen Ausgangsstruktur werden die durch die raumdifferenzierenden Faktoren *ausgelösten Mechanismen* zu *regional unterschiedlichen Entwicklungsmöglichkeiten* führen und werden die „typischen" Präferenzen der Wirtschaftssubjekte regional unterschiedliche Konsequenzen haben.

B. Die Mängel der überlieferten Theorien

Wir erwähnten, daß auch die Art und Weise, in der die theoretische Forschung der traditionellen Nationalökonomie vorging, die Entwicklung einer operationalen Regionaltheorie erschwert. Es war einfach unmöglich, das teilräumliche Geschehen umfassend in die überlieferten Denkschemata einzuordnen, denn diese beruhen auf einer Reihe „heroischer" Annahmen, die mit der geschilderten Komplexität der regionalen Entwicklung nicht vereinbar sind.

Die hauptsächlichsten Mängel der traditionellen Theorie liegen erstens in der allgemeinen Vernachlässigung von Raum und Zeit, zweitens in der sogenannten Gleichgewichtsdoktrin, sowie drittens in der Ausklammerung der nichtwirtschaftlichen Faktoren. Soweit diese Aspekte für die weitere Gedankenführung bedeutsam sind, muß kurz darauf eingetreten werden.

1. Die Vernachlässigung von Raum und Zeit

Die traditionelle Wirtschaftstheorie – von Adam Smith und David Ricardo bis zu John Maynard Keynes – hat die räumlichen Aspekte völlig ignoriert und ihre formalen Analysen überwiegend auf eine raumlose und zugleich statische Welt ausgerichtet. Dies hat u. a. Isard veranlaßt, von einem „Wunderland ohne räumliche Dimension" zu sprechen[10]. In jenen Fachdisziplinen, die ihrer Natur nach enge Beziehungen zum

---

[9] Vgl. *L. Miksch*, Zur Theorie des räumlichen Gleichgewichts. In: Weltwirtschaftliches Archiv, Band 66, 1951, Heft 1, S. 5 ff., insbesondere S. 21.
[10] *W. Isard*, Location and Space-Economy, A General Theory Relating to Industrial Location, Market Areas, Land Use and Urban Structure, New York and London 1956.

Raumproblem aufweisen, führte dies zwangsläufig zu unrealistischen, weil viel zu restriktiven Annahmen, wodurch wesentliche Bestimmungsfaktoren der teilräumlichen Entwicklung aus der Analyse ausgeschlossen blieben.

a) Die *Theorie des internationalen Handels* wurde entwickelt, ohne die Kosten der Raumüberwindung in irgendeiner ökonomisch relevanten Form (z. B. als Transport- oder Distanzkosten) einzubeziehen. Die handeltreibenden Gebiete wurden als abstrakte Einheiten, als *Punkte ohne räumliche Dimension* betrachtet, weshalb neben den Transportkosten auch die übrigen raumdifferenzierenden Faktoren in dieser Theorie keinen Platz fanden. Versucht man, regionale Entwicklungsprozesse mittels einer Anpassung der Theorie des internationalen Handels an die Austauschbeziehungen zwischen Regionen (Teilgebiete nationaler Volkswirtschaften) zu erklären [11], so stößt man auf die Schwierigkeit, daß das grundlegende Theorem vom „Gesetz der komparativen Kosten" im interregionalen Handel *keine generelle Gültigkeit* besitzt, weil vielfach die *Voraussetzungen hiefür nicht gegeben* sind. Dieser Einwand gilt besonders in hochentwickelten und vollbeschäftigten Volkswirtschaften. Wegen der innerhalb solcher Länder hohen Mobilität der Produktionsfaktoren Arbeit und Kapital (im Vergleich zum internationalen Wirtschaftsverkehr), besteht nach den Annahmen der klassischen Theorie eine ausgesprochene Tendenz zu einem interregionalen Ausgleich der Faktorentschädigungen. Ist dies der Fall, so kann gar kein Handel mehr auf der Basis komparativer Vorteile stattfinden, es sei denn als Ergebnis bestehender absoluter Vorteile, worauf McCrone hinwies [12]. Dennoch hat die Theorie des internationalen Handels zu Ansätzen zumindest partieller Erklärungsversuche geführt, wovon später die Rede sein wird.

b) Die *traditionelle Standorttheorie*, die sich eher abseits der allgemeinen ökonomischen Theorie entwickelte, war im Grunde genommen eine Theorie der einzelnen Unternehmung und des einzelnen Betriebs. In ihren Anfängen konzentrierte sie sich auf die Bestimmung des optimalen Standorts bei vorgegebenen Bezugs- und Absatzpunkten [13], wobei verschiedene Entwicklungsstufen unterschieden werden können [14]. Zunächst wurde der optimale Standort unter Berücksichtigung der überlieferten Gewinnmaximierungshypothese dort gesehen, wo die Transportkosten am geringsten sind (Weber), später wurden auch andere Produktionskosten mitberücksichtigt (Minimierung der gesamten Stückkosten). In einer nächsten Phase wandte man sich den räumlichen Nachfrageunterschieden zu (Maximierung des Umsatzes), bis schließlich Lösch einen Ansatz brachte, der auf die Maximierung der Differenz zwischen Umsatz und Kosten hinzielte. Als Theorie der einzelnen Unternehmung waren diese traditionellen Standortlehren schon von ihrer Fragestellung her gesehen *außerstande*, die regionale Wirtschaftsstruktur und die räumliche Verteilung der wirtschaftlichen Tätigkeiten zu erklären. Zudem muß angesichts der heute rückläufigen Bedeutung der traditionellen Standortfaktoren (Transport- und Energie-

---

[11] Ein erster Versuch dieser Art geht auf Ohlin zurück. Vgl. dazu *B. Ohlin*, Inter-regional and International Trade, Cambridge/Massachusetts 1933.

[12] Vgl. *D. McCrone*, Regional Policy in Britain, London 1969, S. 77 f.

[13] Exemplarisch seien genannt: *A. Weber*, Über den Standort der Industrien, Tübingen 1909 (als Exponent der industriellen Standortlehre), sowie *J. v. Thünen*, Der isolierte Staat, Neudruck, Jena 1910 (als Vertreter der landwirtschaftlichen Standortlehre).

[14] Vgl. dazu *H. W. Richardson*, Regional Economics, London 1969, S. 95.

kosten) zugunsten gesellschaftlicher Standortanforderungen die Gültigkeit der Gewinnmaximierungshypothese (als der allein entscheidenden Verhaltensweise der Unternehmer bei Standortentscheidungen) angezweifelt werden. Zwar sind auch umfassendere und differenziertere standorttheoretische Ansätze entwickelt worden, mit denen man versuchte, anstelle der individuellen Standortwahl die räumliche Verteilung der wirtschaftlichen Aktivitäten zu erklären. Als Pionierleistungen sind die erwähnten Landschaftsstrukturmodelle von Lösch und Christaller zu nennen[15]. Diese Modelle haben wohl zu neuen Erkenntnissen geführt, insbesondere die von Christaller erkannte „Zentralität der Orte" als ein wesentlicher Teilaspekt der räumlichen Differenzierung. Wegen ihrer restriktiven Ausgangsbedingungen weisen aber auch die Landschaftsstrukturmodelle nur einen beschränkten Erklärungswert auf[16]. Ihr Hauptmangel liegt wohl darin, daß sie die historischen Tatbestände nicht zu erklären vermögen und damit keinen Bezug nehmen auf jene dynamischen Faktoren, die die regional unterschiedlichen Ausgangsstrukturen formten. Diese völlige Loslösung vom historischen Ablauf des Wirtschaftsgeschehens war der Preis, den die Landschaftsstrukturmodelle wegen der Klarheit und Exaktheit ihrer Ableitungen in Kauf nehmen mußten[17].

Angesichts dieser Unzulänglichkeiten der traditionellen Theorien hat schließlich Isard versucht, eine *Synthese* zwischen Standorttheorie und Theorie des internationalen Handels unter gleichzeitiger Berücksichtigung der räumlichen Dimension (in der Form sogenannter Transport-Inputs) zu finden[18]. Seine umfangreichen Forschungen fanden schließlich ihren Niederschlag in einem ersten Standardwerk[19], in welchem er die verschiedenen standort- und raumtheoretischen Ansätze zusammenfaßte und entscheidende Fortschritte auf dem Weg zu einer allgemeinen Theorie der räumlichen Entwicklung erzielte. In einer weiteren Veröffentlichung[20] wandte sich Isard dann spezifischen Analysetechniken zu, im Bemühen, seine früheren theoretischen Erkenntnisse auf konkrete Regionalprobleme anzuwenden. Er bedient sich dabei weitgehend *formal strenger, mathematisch formulierter Modelle*, die wegen ihres Abstraktionsgrades vielfach (noch) nicht operational sind, aber dennoch zu vertieften Einsichten in die Funktionsweise gewisser räumlicher Mechanismen führten.

c) Mit der Hinwendung zur *allgemeinen Wachstumstheorie* wurde zwar die komparativ statische Analyse, die weitgehend die klassische Nationalökonomie beherrschte, überwunden und der bisher vernachlässigte Faktor Zeit zur strategischen Größe erhoben. Der Faktor Raum blieb indessen weiterhin mehrheitlich unberücksichtigt. Im Zentrum stand die Frage nach der gesamtwirtschaftlichen Entwicklung nationaler Volkswirtschaften, wobei die räumliche Verteilung von Bevölkerung und Wirtschaft innerhalb eines Landes wenig interessierte.

---

[15] A. Lösch, Die räumliche Ordnung der Wirtschaft, 2. Aufl., Jena 1944, sowie W. Christaller, Die zentralen Orte in Süddeutschland, Jena 1933.
[16] Vgl. dazu E. v. Böventer, Theorie des räumlichen Gleichgewichts, aaO, S. 3.
[17] Vgl. J. H. Müller, Wirtschaftliche Grundprobleme der Raumordnungspolitik, Berlin 1969, S. 49.
[18] Vgl. W. Isard and M. J. Reck, Location Theory and International and Interregional Trade Theory. In: The Quarterly Journal of Economics, Februar 1954, S. 97–114.
[19] W. Isard, Location and Space-Economy, aaO.
[20] W. Isard, Methods of Regional Analysis, aaO.

Soweit dennoch teilräumliche Entwicklungsanalysen durchgeführt wurden, ist es verständlich, daß hierzu die theoretischen Bezugspunkte primär den globalen Wachstumstheorien entnommen wurden [21]. Allerdings zeigte sich sehr bald, daß die Unzulänglichkeiten, die nach weitverbreiteter Auffassung auch die heute vorherrschenden Wachstumsmodelle kennzeichnen, bei der teilräumlichen Analyse *noch verstärkt* ins Gewicht fallen [22]. Ein wesentlicher Grund hiefür liegt in der bekannten Ausrichtung der modernen Wachstumstheorie: Sie bevorzugt überwiegend die Ableitung formal strenger Modelle mit dem zentralen Anliegen, die Bedingungen eines in gewisser Hinsicht gleichgewichtigen Wachstums aufzuzeigen [23]. Im Gegensatz dazu hat jedoch bereits Hirschmann in überzeugender Weise dargelegt, daß sich die teilräumliche Entwicklung eher in einer „Kette regionaler Ungleichgewichte" vollzieht [24]. Angesichts der Individualität der Teilgebiete und ihrer dadurch geprägten unterschiedlichen Fähigkeit, globale Wachstumsimpulse in regionale Entwicklungsprozesse zu transformieren, erscheint Hirschmanns These realistisch. Offenbar sind deshalb *andere Denkmodelle* erforderlich, um die regionale Entwicklung umfassend in den Griff zu bekommen.

Neben dieser Voreingenommenheit für gleichgewichtiges Wachstum und der Vernachlässigung des Faktors Raum erfaßt die moderne Wachstumstheorie die Bestimmungsfaktoren der Entwicklung auf hoher Aggregationsstufe. Auch dies erweist sich als Nachteil für teilräumliche Analysen, weil *vertiefte Einblicke* in das *Wirkungsgefüge* der regionalen Bestimmungsfaktoren *versperrt* bleiben. Doch davon war bereits in anderem Zusammenhang die Rede. Trotz dieser gewichtigen Einwände hat die moderne Wachstumstheorie zu verschiedenen Ansätzen geführt, mit denen gewisse Teilaspekte der räumlichen Entwicklung erfaßt und erklärt werden können. Neben der etwas farblosen Sektortheorie (Fourastié und Clark) ist insbesondere die auf Perroux zurückgehende Theorie der Wachstumspole zu nennen. Im übrigen neigt Richardson zur Ansicht, daß sich die wachstumstheoretischen Ansätze vom Typ Harrod-Domar und der neoklassischen Modelle als genügend flexibel erweisen, um für die Erklärung regionaler Entwicklungsprozesse angepaßt bzw. erweitert werden zu können [25]. Eine solche Erweiterung hat neuerdings Siebert vorgelegt [26].

2. *Die überlieferte ‚Gleichgewichts-Doktrin'*

Ein weiterer Grund, der sich nachteilig auf die Entwicklung einer allgemeinen Regionaltheorie auswirkte, war die im traditionellen Wirtschaftsdenken geradezu zur

---

[21] Vgl. z. B. *G. H. Borts* und *J. L. Stein,* Economic Growth in a Free Market, New York, Columbia University Press, 1964, sowie *J. T. Romans,* Capital Exports and Growth among US-Regions, Wesleyan University Press, Middletown/Conn. 1965.

[22] Vgl. *H. W. Richardson,* Regional Economics, aaO, S. 321.

[23] Vgl. *E. Schneider,* Einführung in die Wirtschaftstheorie, Bd. III, 4. Aufl., Tübingen 1957, S. 233.

[24] *A. O. Hirschmann,* Die Strategie der wirtschaftlichen Entwicklung, Deutsche Ausgabe, Stuttgart 1967, S. 61.

[25] Vgl. *H. W. Richardson,* Elements of Regional Economics, aaO, insbesondere S. 45–65.

[26] Vgl. *H. Siebert,* Zur Theorie des regionalen Wirtschaftswachstums, Tübingen 1967.

Doktrin erhobene Idee eines (vorerst) stabilen Gleichgewichts. In ihrer einfachsten Form besagt diese, daß „jede Störung eine Reaktion des Systems hervorruft, was eine Bewegung zu einem neuen Zustand des Gleichgewichts einleitet, und daß jede Aktion und Reaktion sich in ein und demselben Raumpunkt vollziehen"[27]. Dieser Grundgedanke vom Gleichgewicht war zweifellos eine zweckmäßige Vereinfachung, die es ermöglichte, die allgemeine Interdependenz aller Faktoren in einem ökonomischen System auf logische Art und Weise darzulegen. Als Beispiel hiefür sei auf das *Modell der vollkommenen Konkurrenz* verwiesen, dem dieser Gleichgewichtsgedanke zugrunde liegt, und das – obschon der Wirklichkeit bewußt widersprechend – zu den wesentlichsten Aussagen der klassischen Nationalökonomie führte.

Nun ist gleich beizufügen, daß ein solches Gedankengebäude zur Erklärung teilräumlicher Entwicklungsprozesse ungeeignet ist. Geht man nämlich von den traditionellen klassischen Annahmen aus, so wären Störungen regionaler Gleichgewichte gar nicht denkbar. Denn infolge der vorausgesetzten Preis- und Lohnflexibilität und der Mobilität der Produktionsfaktoren innerhalb eines Landes könnten räumliche Preis-, Lohn- und Kostenunterschiede gar nicht auftreten – es sei denn infolge von Transportkostenunterschieden. Um die Gleichgewichtsdoktrin zu sichern, genügte es, die *Transportkosten als null* zu betrachten, und das klassische System blieb *unangetastet*. Dies geschah denn auch in der Theorie des internationalen Handels, die ja von Anbeginn an als allgemeine Gleichgewichtstheorie konzipiert war.

Heute weiß man, daß sich die Raumüberwindung in ökonomisch relevanten Kosten niederschlägt (es brauchen nicht unbedingt Transportkosten im herkömmlichen Sinn zu sein), und daß auch weitere Annahmen der traditionellen Gleichgewichtstheorie in einer räumlichen Wirtschaft nicht gegeben sind. Einmal herrschen vielfältige Unvollkommenheiten im Wettbewerb[28], und zum andern bestehen sowohl ökonomische, als auch außerwirtschaftliche Widerstände gegen eine völlige Faktormobilität. Besonders die Analyse der Mobilität der Produktionsfaktoren (Arbeit und Kapital) gewinnt in der modernen Regionalforschung zusehends an Gewicht, worauf an anderer Stelle eingegangen wird.

Myrdal, der sich vehement gegen die Gleichgewichtsdoktrin wandte, tat dies aus einer etwas anderen Perspektive, die für die Analyse regionaler Entwicklungsprozesse gleichfalls von Bedeutung ist. Er wies darauf hin, daß die Wirklichkeit nicht nur als ein ökonomisches, sondern auch als soziales System gesehen werden müsse, und daß gerade jener Teil der sozialen Wirklichkeit, der von der ökonomischen Analyse ausgeschlossen bleibe, die Gleichgewichtsannahme ad absurdum führe. Denn das soziale System „bewegt sich von sich aus nicht in Richtung auf irgendein Gleichgewicht der

---

[27] G. Myrdal, Ökonomische Theorie und unterentwickelte Regionen, deutsche Übersetzung, Stuttgart 1959, S. 7.
[28] Dies hat auch Böventer, der sich um eine räumliche Erweiterung des Gleichgewichtssystems bemühte, zur Feststellung veranlaßt, daß die vollkommene Konkurrenz – allerdings unter sehr restriktiven Bedingungen – in einer Ein-Punkt-Wirtschaft als Normalfall betrachtet und damit als Ausgangspunkt einer solchen Analyse angesehen werden könne. Dagegen sei in einer Wirtschaft mit räumlicher Ausdehnung die unvollkommene Konkurrenz als Normalfall zu betrachten, weil bei räumlicher Entfernung zwischen einzelnen Anbietern und einzelnen Nachfragern vollkommene Konkurrenz praktisch ausgeschlossen sei. Vgl. *E. v. Böventer,* Theorie des räumlichen Gleichgewichts, aaO, S. 4 f.

Kräfte, sondern ganz im Gegenteil davon weg. Gewöhnlich ruft eine Veränderung eben keine Reaktion in der Gegenrichtung hervor, sondern andere Veränderungen, die in der gleichen Richtung wirken und das System auf dem eingeschlagenen Wege weitertreiben" [29]. Anhand dieser als „Prinzip der zirkulären und kumulativen Verursachung" [30] bezeichneten Phänomene weist Myrdal die „Unfähigkeit unserer ererbten Theorien" nach, die Mechanismen zu erklären, die innerhalb eines Landes, vor allem aber auf internationaler Ebene, zu wirtschaftlicher Ungleichheit führen.

Trotz dieser gewichtigen Einwände liegt der Gleichgewichtsgedanke – allerdings in modifizierter Form – auch der modernen *Raumwirtschaftstheorie* zugrunde. Diese geht von der Annahme aus, daß eine optimale räumliche Verteilung existiere, bei der sich das ökonomische System bei gegebener Verteilung der Ressourcen unter Berücksichtigung der raumdifferenzierenden Faktoren im Gleichgewicht befinde. Hauptsächlichster Vertreter dieser Forschungsrichtung ist Böventer mit seiner „Theorie des räumlichen Gleichgewichts" [31]. Er versucht, in einer erweiterten Art von neo-klassischer Gleichgewichtsanalyse eine möglichst allgemeine Formulierung der gleichgewichtigen Wirtschaft mit räumlicher Ausdehnung zu finden. Ausgangspunkt bildet das Walras-Modell, das beträchtlich modifiziert und räumlich erweitert wird [32], indem auch Transportkosten und die andern ökonomischen raumdifferenzierenden Faktoren berücksichtigt werden.

Obschon solche Gleichgewichtsmodelle zur gedanklichen Durchdringung des wirtschaftlichen Geschehens wertvoll sind, weist selbst Böventer darauf hin, daß die theoretische Lösung eines solchen Systems „nur unter sehr stark vereinfachten Annahmen möglich" ist und selbst dann noch immer derart kompliziert sei, daß die daraus ableitbaren Erklärungsmodelle „non-operational, d. h. für die Lösung praktischer Probleme unbrauchbar sind" [33].

Ein entscheidender Grund hiefür liegt in der Art des Walrasschen Theorems, dessen *tautologischer Charakter* eine empirische Ableitung des Systems von vornherein *verunmöglicht* [34]. Ein weiterer Grund muß darin gesehen werden, daß auch in diesem Gleichgewichtsmodell die nichtwirtschaftlichen Faktoren unberücksichtigt bleiben. Dies führt uns zur dritten Kritik an der traditionellen Theorie.

3. Die Vernachlässigung nichtwirtschaftlicher Gesichtspunkte

Eng verwandt mit dem traditionellen Denken in Gleichgewichten ist das überlieferte Verfahren, eine bestimmte Gruppe von Erscheinungen als ‚ökonomische' Faktoren zu definieren und andere, nichtwirtschaftliche Erscheinungen als irrelevant aus der Analyse auszuschließen. Dieser typisch neo-klassische Denkstil, der die ökonomische Theorie auch heute noch weitgehend beherrscht, führt zu einer *weitgehenden Abstraktion von sozialen Phänomenen*, obschon – wie Albert betont – der soziologische Charakter aller ökonomischen Probleme doch relativ leicht sichtbar ist. Sofern man die National-

---

[29] *G. Myrdal*, Ökonomische Theorie und unterentwickelte Regionen, aaO, S. 11.
[30] *G. Myrdal*, aaO, S. 9 ff.
[31] *E. v. Böventer*, Theorie des räumlichen Gleichgewichts, aaO.
[32] Vgl. *E. v. Böventer*, aaO, S. 12.   [33] *E. v. Böventer*, aaO, S. 11.
[34] Vgl. dazu *H. Albert*, Modell-Platonismus. Der neo-klassische Stil des ökonomischen Denkens in kritischer Beleuchtung. In: Topitsch (Hrsg.), Logik der Sozialwissenschaften, 6. Aufl., Köln und Berlin 1970, S. 416.

ökonomie als Realwissenschaft auffaßt, wird man wohl zur Einsicht gelangen, daß „sich letzten Endes alle in ihr untersuchten Erscheinungen im wesentlichen auf menschliches Verhalten, auf die Stellungnahmen, Entscheidungen und Handlungen von Personen zurückführen lassen"[35].

Zwar hat die Beschränkung der theoretischen Analyse auf ‚ökonomische' Faktoren und die Untersuchung ihrer Wechselbeziehungen zweifellos zu wesentlichen Erkenntnissen über das wirtschaftliche Geschehen geführt. Die Tatsache jedoch, daß den abgeleiteten ökonomischen Lehrsätzen oft ein *universeller Gültigkeitsanspruch* beigemessen wurde, ist seit jeher Gegenstand heftiger Reaktionen gewesen (z. B. seitens der deutschen historischen Schule). Neuerdings wird diese von den Vertretern der modernen Soziologie wiederum stark kritisiert. Man wirft der reinen Ökonomie vor, sie würde ihre „Teilerkenntnisse" der Wirklichkeit verabsolutieren und sei zu wenig bereit, ihren fragmentarischen Charakter herauszustellen, wenn es darum gehe, eine auf das Ganze der Gesellschaft zielende „Gesamt-Erkenntnis" zu finden. Zudem neige sie zu einer Art „Modell-Platonismus" und führe zu einer „Immunisierung" ihrer Aussagen gegenüber der Wirklichkeit und sei deshalb nicht in der Lage, diese zu erklären[36].

Angesichts der Ausführungen im ersten Teil unserer Arbeit erübrigt es sich, ausführlicher auf diesen Methodenstreit einzutreten. Es bleibt lediglich zu wiederholen, daß diese klassische Denkweise die Entwicklung einer allgemeinen Regionaltheorie erschwert hat.

Allerdings wurde in der allgemeinen Theorie wie in der traditionellen Standorttheorie die Bedeutung nichtwirtschaftlicher Faktoren nicht durchwegs verkannt. So hat bereits Alfred Weber in seinem Standardwerk über den Standort der Industrien darauf aufmerksam gemacht, daß die Standortwahl der Unternehmer nicht nur von natürlich-technischen Faktoren bestimmt werde, denen man in der allgemeinen Standorttheorie vollste Aufmerksamkeit widmete, sondern auch von gesellschaftlichen Gegebenheiten. Doch hat Weber diese Gesichtspunkte nicht systematisch in seine Analyse einbezogen[37].

Will man die für die Regionalforschung relevanten Zusammenhänge aufdecken, so muß offenbar eine *Synthese zwischen ökonomisch abstrakter und empirischer Sozialforschung* gefunden werden, worauf bereits Meyer in seinem grundlegenden Exposé über regionale Ökonomik hinwies[38]. Dies schließt nicht aus, daß die Trennungslinie zwischen den einzelnen Faktorgruppen von Fall zu Fall an unterschiedlicher Stelle liegt und die Abhängigkeit zwischen ökonomischen und gesellschaftlichen Faktoren je nach der spezifischen Problemstellung sehr variieren kann. Es wird somit Aufgabe der

---

[35] Vgl. *H. Albert*, Modell-Platonismus, aaO, S. 406.
[36] Vgl. *H. Albert*, aaO, S. 406–424. Anhand ausgewählter Lehrsätze wie Nachfragegesetz, Quantitätstheorie sowie Modellbildung im Bereich der Wachstumstheorie illustriert Albert seine Kritik. Er zeigt, daß zur Überwindung der Neoklassik eine Soziologisierung des ökonomischen Denkens unerläßlich ist.
[37] Vgl. dazu *K. Töpfer*, Regionalpolitik und Standortentscheidung, Bielefeld 1969, S. 36; *D. E. C. Eversley*, Social and Psychological Factors in the Determination of Industrial Location. In: Papers on Regional Development, Supplement to the Journal of Industrial Economics. Oxford 1965, S. 102 ff.
[38] Vgl. *J. Meyer*, Regional Economics: A Survey. In: The American Economic Review, Vol. LIII, March 1963, S. 19 ff.

zukünftigen Regionalforschung sein, ausgehend von den jeweils geeigneten Elementen der beiden Forschungsrichtungen zu noch besseren, verständlicheren Erklärungsmodellen zu gelangen.

Es muß wohl als ein Hauptverdienst Isards bezeichnet werden, im Rahmen der von ihm begründeten „Regional Science" von Anbeginn an auf diese notwendige Integration zwischen der Nationalökonomie und weiteren am regionalen Problem interessierten Fachdisziplinen (Soziologie, Geographie, politische Wissenschaften) hingewiesen zu haben. Nach seiner Auffassung besteht nur aufgrund einer solchen interdisziplinären Zusammenarbeit sowohl in Theorie und Praxis Aussicht, die Komplexität des teilräumlichen Geschehens operational in den Griff zu bekommen. Davon zeugt sein neuestes Standardwerk, in welchem er versucht, durch eine Zusammenfassung von Elementen der verschiedensten Fachdisziplinen eine allgemeine Theorie der sozialen, politischen und wirtschaftlichen Struktur und Funktionsweise eines Systems von Regionen zu konzipieren [39]. Zu diesem Zweck hat Isard den üblichen Bezugsrahmen eines wettbewerbsorientierten Gleichgewichtsmodells in ein umfassenderes System ausgeweitet, innerhalb dessen auch soziale und politische Güter neben wirtschaftlichen Gütern berücksichtigt werden. Sein „soziales System" wird dabei durch verschiedene Typen von Verhaltens- und Entscheidungseinheiten formiert, wobei insbesondere solche nichtwirtschaftlicher Art mitberücksichtigt werden, die typischerweise von der bisherigen Regionaltheorie ausgeklammert blieben. Auf diese Weise gelingt es Isard, viele nichtwirtschaftliche Probleme, die für die regionale Entwicklung relevant sind, in seine Analyse einzubeziehen. Da er insbesondere der Rolle der Entscheidungsprozesse der verschiedenen Verhaltenseinheiten besondere Wichtigkeit beimißt, hat er seine Theorie zur Hauptsache im Rahmen einer umfassenden *Verhaltens- und Entscheidungstheorie* konzipiert. Isard selbst weist im Vorwort seines neuesten Standardwerkes allerdings darauf hin, daß dessen Ergebnisse noch zu abstrakt und damit noch nicht operational seien, weshalb eine systematische Erarbeitung geeigneter Analysetechniken noch folgen müsse [40]. Indessen bleibt kaum verborgen, welche Richtung die zukünftige ‚Regional Science' einschlagen wird: Es ist dies eine umfassende, für die fortschreitende Erkenntnisfindung zweifellos unerläßliche Synthese zwischen den eigentlichen Sozialwissenschaften.

II. Ansätze für ein realitätsbezogenes theoretisches Fundament

Versucht man abzuklären, welchen Beitrag die Wissenschaft gegenwärtig zur Lösung der regionalpolitischen Probleme und zur Unterstützung der praktischen Regionalpolitik zu leisten im Stande wäre, so scheint es, daß trotz des begrenzten Erkenntnisstandes auf *viele relevante Fragen zweckmäßige Antworten* erteilt werden könnten. Voraussetzung hiefür ist allerdings, daß man den vorstehend erhobenen Einwendungen Rechnung trägt. Dies leitet über zur Frage nach der Form und nach dem Inhalt eines den gestellten Anforderungen entsprechenden theoretischen Fundaments.

---

[39] Vgl. W. *Isard*, General Theory, Social, Political, Economic and Regional, aaO.
[40] Vgl. W. *Isard*, aaO, Vorwort S. XII.

A. Über die Form des theoretischen Fundaments

Eine *erste Konsequenz*, die es vom methodischen Standpunkt aus zu ziehen gilt, ist die Forderung nach einer *stärkeren Synthese zwischen der rein wissenschaftlich-abstrakten und einer praktisch-politischen Betrachtungsweise* des teilräumlichen Geschehens. Denn nur auf diese Weise kann erreicht werden, daß „die Aussagen des Theoretikers" wieder vermehrt „praktische Relevanz erhalten" [41].

Diese Forderung nach vermehrter Realitätsbezogenheit muß allerdings auf Kosten der Exaktheit in der Ableitung theoretischer Erklärungsmodelle erkauft werden. Hier ist Böventer beizupflichten, der darauf hinweist, daß es bei jeder Theoriebildung letzten Endes darum geht, einen „Kompromiß zu schließen zwischen der Möglichkeit der inhaltlichen Aussage, der Realitätsbezogenheit der Annahmen sowie der Exaktheit der Ableitungen" [42]. Während die reine Theorie – so auch Böventers Theorie des räumlichen Gleichgewichts – „größere Exaktheit durch restriktivere Annahmen und/oder verminderte Möglichkeiten der inhaltlichen Aussage" [43] anstrebt, muß für unser Ziel, der praktischen Regionalpolitik geeignete Analyseninstrumente anzubieten, die *Forderung nach Realitätsbezogenheit* im Vordergrund stehen.

Eine *zweite Konsequenz* über die anzustrebende Form des theoretischen Fundaments ergibt sich aus der *Komplexität des teilräumlichen Geschehens einschließlich der vielerlei Interdependenzen*, die zwischen den verschiedenartigen Bestimmungsfaktoren bestehen. An sich zwingt diese Vielfalt, bei einer vertieften Strukturanalyse partial vorzugehen, indem Teilprobleme herausgegriffen und speziell durchleuchtet werden müssen. Doch hat dies innerhalb eines *umfassenden* und *zusammenhängenden Gesamtsystems* zu erfolgen, um die Interdependenz aller Faktoren gebührend berücksichtigen zu können.

Aus diesem Grunde setzt eine erfolgreiche analytische Durchdringung des teilräumlichen Geschehens voraus, daß die zu klärenden Sachverhalte zunächst in einem solchen Gesamtmodell eingefangen werden [44]. Dieses theoretische Fundament muß einmal in Form eines kohärenten Bezugs- und Orientierungssystems die *wichtigsten ökonomischen und außerwirtschaftlichen Bestimmungsfaktoren der regionalen Entwicklung sowie deren gegenseitige Abhängigkeiten* gesamthaft zum Ausdruck bringen. Zum andern ist dieses Gesamtmodell so aufzubauen, daß es in eine Reihe *zusammenhängender Teilmodelle zerlegt* werden kann, die aus der raumordnungspolitischen Perspektive jeweils relevante Strukturbereiche erfassen.

Der Vorteil eines derart gestalteten Gesamtmodells ist offensichtlich: Es gestattet, je nach der Art der zu lösenden Einzelprobleme, das Schwergewicht der Analyse auf unterschiedliche Strukturzusammenhänge zu verlagern. Aus dem vorgegebenen Ge-

---

[41] *H. K. Schneider*, Vorwort zu Regionalplanung. Beiträge und Untersuchungen des Instituts für Siedlungs- und Wohnungswesen an der Universität Münster, Band 63, Köln-Braunsfeld 1966, S. 7.
[42] *E. v. Böventer*, Theorie des räumlichen Gleichgewichts, aaO, S. 3.
[43] Ebenda.
[44] Ähnlich argumentiert Schneider, allerdings für ein seines Erachtens zweckmäßiges Vorgehen in der Regionalplanung. Vgl. *H. K. Schneider*, Über einige Probleme und Methoden regionaler Analyse und Prognose. In: Regionalplanung, aaO, S. 108.

samtkomplex der regionalen entwicklungs- und strukturbestimmenden Faktoren wird hierzu ein ausgewähltes Faktorbündel herausgegriffen und tiefer ausgeleuchtet, ohne dabei den Gesamtzusammenhang mit den andern Determinantenkomplexen aus den Augen zu verlieren. Ein solches Vorgehen ermöglicht auch die Anwendung unterschiedlicher, zur Erfassung und Erklärung der ausgewählten Strukturbereiche jeweils *bestgeeigneter* Analysemethoden – also auch partialanalytische Verfahren. Geschieht dies ausgerichtet auf das Gesamtmodell, so wird vermieden, daß die regionale Entwicklung fälschlicherweise einseitig und aus isolierter Fachperspektive unter Vernachlässigung der Interdependenz aller Faktoren betrachtet und zu erklären versucht wird.

Die angestrebte Form des Ausgangsmodells kann durch die in der modernen Soziologie gebräuchliche Bezeichnung einer „Theorie der mittleren Reichweite" näher charakterisiert werden[45]. Bezogen auf unsere Problemstellung ist unter *„mittlerer Reichweite"* folgendes zu verstehen:

– *Erstens* benötigen wir ein theoretisches Fundament, das genügend Einblicke in die relevanten Strukturzusammenhänge ermöglicht. Aus diesem Grunde muß sich dieses im *analytischen Gehalt* deutlich von *rein deskriptiven* Einzelfallstudien *abheben*. Im Vergleich zur theoretischen Fundierung der raumwirtschaftlichen Gleichgewichtstheorien (Böventer) kann es aber anspruchsloser sein.

– *Zweitens* soll das Fundament sowohl Elemente der theoretisch abstrakten als auch der empirischen Regionalforschung berücksichtigen, wobei aber einerseits auf *wirklichkeitsfremde Abstraktionen* (im Sinne des von Albert kritisierten neoklassischen Modell-Platonismus) sowie anderseits auf *streng überprüfbare Miniaturhypothesen* (Popper) zu verzichten ist[46]. Dies bedeutet, daß auch in bezug auf die *Wirklichkeitsnähe* eine Art „mittlere Reichweite" angestrebt werden soll.

– *Drittens* soll der Theoriebereich über eine willkürliche Auswahl unzusammenhängender Sätze hinausgehen, aber nicht die Form eines formal strengen, exakt ableitbaren Modells aufweisen. Das theoretische Fundament soll statt dessen ein System von Aussagen beinhalten, die teils auf empirisch verifizierbaren Hypothesen über relevante Verhaltensweisen, teils aber auch auf statistisch ermittelten ex-post-Werten beruhen können[47]. Wesentlich ist, daß diese in ihrer Gesamtheit *ein kohärentes Bezugssystem* über die wichtigsten Bestimmungsfaktoren der teilräumlichen Entwicklung ergeben.

Beizufügen wäre, daß mit dieser Form ein gewissermaßen *„offenes" Bezugssystem*

---

[45] Damit hat Merton eine Forschungsrichtung bezeichnet, deren Arbeitsweise auf begrenztem Datenbereich basiert. Vgl. dazu *R. K. Merton*, Social Theory and Social Structure, Glencoe 1957, zitiert aus: *W. Langenheder*, Ansatz zu einer allgemeinen Verhaltenstheorie in den Sozialwissenschaften, Köln und Opladen, 1968, S. 13, sowie Fußnote Nr. 6 auf S. 184. Neuerdings hat auch Zimmermann auf Anregung von Perloff diese Bezeichnung in den Bereich der Regionalforschung getragen, um damit die Art und Weise zu charakterisieren, wie die Rolle der öffentlichen Ausgaben innerhalb der Theorie der Regionalpolitik zu behandeln ist. Vgl. *H. Zimmermann*, Öffentliche Ausgaben und regionale Wirtschaftsentwicklung, Basel und Tübingen 1970, S. 251 ff.

[46] Die unterstellten Verhaltenshypothesen müssen lediglich im Sinne des Popper-Kriteriums grundsätzlich falsifizierbar sein.

[47] Vgl. hierzu *H. Zimmermann*, Öffentliche Ausgaben und regionale Wirtschaftsentwicklung, aaO, S. 254.

angestrebt wird, das sich mit fortschreitendem Erkenntnisstand jederzeit *erweitern* und *vervollständigen* läßt.

Damit ist die Form des theoretischen Fundaments und ihre als „mittlere Reichweite" charakterisierte Eigenschaft hinreichend erklärt.

B. Über den Inhalt des theoretischen Fundaments

Für die Festlegung des Inhaltes des theoretischen Fundaments gilt es, aus der wirtschaftlichen und gesellschaftlichen Wirklichkeit *jene Elemente herauszuschälen*, die zur *Erklärung* raumordnungspolitisch relevanter Zusammenhänge von *besonderer Bedeutung* sind. Denn die Komplexität des teilräumlichen Geschehens einschließlich der mannigfachen Interdependenzen zwingt zu einer Beschränkung auf die wichtigsten Faktoren und Zusammenhänge.

Grundsätzlich ist festzuhalten, daß jede Analyse der wirtschaftlichen und gesellschaftlichen Wirklichkeit aus den vorstehend genannten Gründen eine bewußte *Vereinfachung der Realität* darstellt. Dabei hat man, gestützt auf Ziel und Zweck der Untersuchung, eine *begründete* Auswahl darüber zu treffen, welche Erscheinungen zu berücksichtigen sind und welche aus der Analyse ausgeklammert werden sollen. Eine gewisse Abstraktion ist somit in jedem Fall unerläßlich, um die vielfältigen Zusammenhänge in den Griff zu bekommen. Aus diesem Grunde stellt sich ein *Selektionsproblem* und damit die Frage nach geeigneten Kriterien für eine begründete Auswahl bestimmter Zusammenhänge.

An Stelle der bisher üblichen Abgrenzung in ökonomische und außerwirtschaftliche Faktoren, die wir als nicht problemgerecht ablehnen, ist zu fragen, welche Faktoren für die teilräumliche, wirtschaftliche und gesellschaftliche Entwicklung wichtig und welche weniger wichtig sind, sowie – ausgerichtet auf die erklärte Zielsetzung der Analyse – welche der wichtigen Faktoren für eine der praktischen Politik dienende Regionalforschung von besonderer Bedeutung sind.

Obschon die Frage nach den wichtigsten Bestimmungsfaktoren wohl kaum generell und allgemeingültig beantwortet werden kann, gibt es *Hinweise,* die für die allgemeine Forschung *richtungsweisend* sind. Sie ergeben sich aus den Berührungspunkten zwischen Theorie und Praxis, genauer gesagt, aus den *relevanten Fragestellungen der praktischen Regionalpolitik*. Im Gegensatz zu theoretisch abstrakten Analysen, die von theoretisch interessanten Fragestellungen ausgehen und Einschränkungen ihres Untersuchungsobjektes nach den Erfordernissen einer exakten Ableitung vornehmen, wird die Auswahl der hier zu berücksichtigenden Tatbestände und Zusammenhänge von der *praktischen Regionalpolitik vorgegeben*. Auf diese Weise kann die Forschung vermehrt auf jene Phänomene gelenkt werden, die zur Lösung regionalpolitischer Probleme von besonderer Bedeutung sind [48].

---

[48] Dies aus der Überlegung, daß eine adäquate Lösung unserer Zielsetzung erfahrungswissenschaftlicher Arbeitsmethoden bedarf, wobei diese in engem Zusammenhang mit der regionalpolitischen Praxis zu entwickeln sind. Aufgrund des bisherigen Erkenntnis- und Erfahrungswissens lassen sich nämlich durch zweckgerichtete Fragestellungen entscheidende Impulse für die wissenschaftliche Behandlung des regionalen Problems geben. Siehe dazu die Ansicht von *H. K. Schneider,* Über einige Probleme und Methoden der regionalen Analyse, aaO, S. 95 f.

Im folgenden wird deshalb anhand einer derart ausgerichteten Fragestellung und gestützt auf das bisher angesammelte Erfahrungswissen der Inhalt des theoretischen Fundaments eingegrenzt. *Richtungsweisend* ist hierzu die im ersten Teil erläuterte Zielsetzung einer rationalen Regionalpolitik. Zudem werden die aus der vorstehenden Kritik über die bisherigen Theorien abgeleiteten Folgerungen mitberücksichtigt, um der Komplexität des Untersuchungsobjektes gebührend Rechnung zu tragen.

Methodisch wird so vorgegangen, daß insgesamt sechs *Thesen* über relevante Zusammenhänge der regionalen Entwicklung aufgestellt werden, die schließlich zum gesuchten Gesamtmodell hinführen sollen. Diese lauten wie folgt.

C. Thesen zur Erklärung teilräumlicher Entwicklungsprozesse

These 1: Regionale Entwicklungsprozesse werden sowohl durch ökonomische, als auch durch gesellschaftliche, politische und institutionelle Faktoren bestimmt.

These 2: Entscheidende Triebkräfte der wirtschaftlichen und gesellschaftlichen Dynamik sind überregionaler Natur, weshalb die teilräumliche Entwicklung hauptsächlich exogen bestimmt wird.

These 3: Die überregionalen Entwicklungsfaktoren stellen irreversible Veränderungen dar und sind von der Regionalpolitik als „Datum" zu betrachten.

These 4: Regionale Entwicklungsprozesse werden durch die gegebene, meist historisch gewachsene Ausgangsstruktur der Teilgebiete maßgeblich mitbestimmt.

These 5: Entscheidend für die regionalen Entwicklungsmöglichkeiten ist die Anpassungsfähigkeit der teilräumlichen Ausgangsstrukturen an die sich verändernden exogenen Bestimmungsfaktoren.

These 6: Die Anpassungsfähigkeit der teilräumlichen Ausgangsstrukturen kann durch eine bewußt gestaltete Regionalpolitik in wachsendem Ausmaß erhöht werden.

Diese Thesen sind nunmehr im einzelnen zu erläutern.

1. Regionale Entwicklungsprozesse werden sowohl durch ökonomische, als auch durch gesellschaftliche, politische und institutionelle Faktoren bestimmt

Diese erste These verweist zunächst auf die wiederholt erhobene Forderung nach einer *umfassenderen Analyse* des teilräumlichen Geschehens, als dies im Rahmen der herkömmlichen Regionalforschung im allgemeinen der Fall war. Insbesondere die in der einschlägigen Literatur vorherrschende Abgrenzung zwischen einer Raumordnungspolitik, die den gesamten Lebensraum umfassen soll und der eigentlichen Regionalpolitik, die sich ausschließlich auf den Wirtschaftsraum beschränkt [49], ist nicht länger haltbar [50]. Denn einmal gehen von der Wirtschaft im engeren Sinn nurmehr einige – zwar wesentliche – Faktoren aus, die die teilräumliche Entwicklung neben zahl-

---

[49] Vgl. *E. v. Böventer*, Artikel „Raumwirtschaftstheorie". In: Handbuch der Sozialwissenschaften, Göttingen 1964, S. 704 ff.

[50] Bereits unsere Erörterungen über das Zielsystem der Regionalpolitik haben ergeben, daß auch aus der teilräumlichen Perspektive eine raumordnungspolitische Ausrichtung notwendig ist, die über den engeren rein wirtschaftlichen Bereich hinaus gesellschaftliche Zeilsetzungen mitberücksichtigen muß.

reichen anderen, ebenso wichtigen Faktoren, bestimmen. Zum andern bestehen zwischen den ökonomischen und den nichtwirtschaftlichen Faktoren zahlreiche *Interdependenzen*, so daß sich eine isolierte Analyse des rein wirtschaftlichen Bereichs ohne Berücksichtigung der ökonomischen Relevanz nichtwirtschaftlicher Faktoren von vornherein verbietet.

Wir erwähnten, daß diese erweiterte Betrachtungsweise die regionale Analyse ganz erheblich erschwert. Denn einerseits sind die *Grenzen* zwischen wirtschaftlichen und nichtwirtschaftlichen Einflußfaktoren *fließend*, und anderseits entziehen sich diverse nichtwirtschaftliche Bestimmungsgründe einem *quantitativen* Zugriff. Das nachstehende Schema verdeutlicht dieses Ineinandergreifen wirtschaftlicher und nichtwirtschaftlicher Faktoren und deren Einfluß auf die teilräumliche Entwicklung.

Schema: Zusammenhänge zwischen wirtschaftlichen und nichtwirtschaftlichen Faktoren und Strukturen der teilräumlichen Entwicklung

		Regionale Strukturen und Entwicklungsprozesse	
		wirtschaftlicher Art	nichtwirtschaftlicher Art*
Struktur- und entwicklungsbestimmende Faktoren	wirtschaftliche Bestimmungsfaktoren	I	II b
	nichtwirtschaftliche Bestimmungsfaktoren*	II a	III

* Nichtwirtschaftliche Bestimmungsfaktoren und Strukturen können sozialer, soziologischer, politischer, institutioneller, naturräumlicher oder historischer Art sein.

In diesem Schema werden in Matrixform die Bestimmungsfaktoren den teilräumlichen Strukturen und Prozessen gegenübergestellt, jeweils getrennt in solche wirtschaftlicher und nichtwirtschaftlicher Art. Auf diese Weise gelangt man zu vier Feldern, die wie folgt zu interpretieren sind:
— Feld (I) entspricht dem *rein wirtschaftlichen Forschungsbereich*. Erkenntnisobjekt ist hier die Wirtschaft im engeren Sinn, insbesondere die Produktionsstruktur. Dazu zählen die Betriebe und Unternehmungen der Landwirtschaft, der Industrie und der Dienstleistungszweige. Die wichtigsten Bestimmungsfaktoren sind einmal die Produktionsfaktoren Arbeit, Kapital und technischer Fortschritt, zum andern die sogenannten ökonomischen raumdifferenzierenden Faktoren wie Transportkosten, interne und externe Ersparnisse (ökonomische Agglomerationsvorteile). Aus der raumordnungspolitischen Perspektive interessieren in diesem Bereich neben der regionalen Verfügbarkeit der Produktivkräfte vor allem deren möglichst produktiver Einsatz zur Erstellung wirtschaftlicher Leistungen.
— Feld (II a) veranschaulicht den *Bereich*, innerhalb dessen wirtschaftliche und nichtwirtschaftliche Gesichtspunkte ineinandergreifen. Erkenntnisobjekt ist hier wie bei (I) die Wirtschaftsstruktur. Doch treten nunmehr *außerwirtschaftliche* Bestimmungs-

gründe in Erscheinung, die die Wirtschaft mehr oder weniger stark positiv oder negativ beeinflussen. Als solche gelten die durch den Staat festgelegten Rahmenbedingungen, die, gestützt auf die Gesamtpolitik für Wirtschaft und Gesellschaft, als politisch-institutionelle Faktoren die Wirtschaftstätigkeit beeinflussen; ferner zählen dazu soziale, soziologische und gesellschaftliche Einflüsse, die sich in der *Qualität* und damit in der *Produktivität* des Produktionsfaktors Arbeit niederschlagen. Aus der raumordnungspolitischen Perspektive steht hier – ähnlich wie in (II b) – das *raumrelevante Verhalten* der Menschen, insbesondere ihre Anforderungen an den Arbeits- und Wohnort im Vordergrund. Denn diese beeinflussen die regionale Verteilung von Wirtschaft und Bevölkerung ganz erheblich.

– Auch das Feld (II b) zählt zum erwähnten Grenzbereich, doch werden jetzt die Einflüsse der ökonomischen Bestimmungsfaktoren auf die nichtwirtschaftlichen Strukturen und Entwicklungen angesprochen, insbesondere auf die Art und Ausgestaltung der *Siedlungsstruktur* sowie auf die *Erhaltung einer menschenwürdigen Umwelt* (natürliche Lebensgrundlagen wie Wasser, Luft, Landschaft).

– Feld (III) betrifft all jene Forschungsbereiche, die sich weder auf die ökonomischen Bestimmungsfaktoren noch auf die Wirtschaftsstruktur beziehen. Wiederum steht hier die *Siedlungsstruktur* im Vordergrund, jetzt aber mit ihren nichtwirtschaftlichen Bestimmungsgrößen. Dazu zählen erneut die *vielfältigen Ansprüche der Menschen* an eine bedarfgerechte und funktionsfähige Ordnung des gesamten Lebensraumes.

Die vorstehenden Erörterungen lassen erkennen, daß im Grenzbereich zwischen ökonomischen und nichtwirtschaftlichen Zusammenhängen die *Bevölkerung* als entscheidende *Kernvariable* der teilräumlichen Entwicklung steht, und zwar in *zweifacher Bedeutung:* Einmal als *Anbieter des Produktionsfaktors Arbeit,* zum andern als *Nachfrager nach wirtschaftlichen Gütern und Dienstleistungen,* insbesondere aber nach infrastrukturellen Einrichtungen und Leistungen aller Art.

In der Rolle des *Anbieters von Arbeitskraft* ist die Bevölkerung besonders in Zeiten akuten Arbeitskräftemangels ein entscheidender Bestimmungsfaktor der Wirtschaft, weshalb es für die regionale Entwicklung von ausschlaggebender Bedeutung ist, inwieweit der Produktionsfaktor Arbeit in ausreichender Menge und Qualität *regional gebunden* werden kann. Dies hängt aber nicht nur vom regionalen Angebot an Arbeitsplätzen ab, wie dies lange Zeit geglaubt wurde. Denn auch hier wird die Entwicklung nicht nur vom Angebot, sondern auch von der Nachfrage bestimmt. Man muß deshalb auch die Bestimmungsfaktoren der Nachfrage nach Arbeitsplätzen berücksichtigen. Hier spielen aber nicht nur wirtschaftliche Motive eine Rolle. Vielmehr ist zu vermuten, daß diesbezüglich außerökonomische Beweggründe in vermehrtem Ausmaß den Ausschlag geben. Um diese in den Griff zu bekommen, muß der Frage nachgegangen werden, welches die Anforderungen sind, die die Menschen in ihrer zweiten Bedeutung, d. h. als *Nachfrager von Gütern und Dienstleistungen* (insbesondere infrastruktureller Art) *an ihren Arbeits- und Wohnort* stellen. Auf diese Weise wird die enge Verflechtung zwischen Wirtschafts- und Siedlungsstruktur ersichtlich. In hochentwickelten Wohlstandsgesellschaften gewinnt diese für die teilräumliche Entwicklung zunehmend an Bedeutung. Denn mit fortschreitendem Wachstum und der damit einhergehenden, allgemeinen Wohlstandssteigerung, zeichnen sich *grundlegende Umschichtungen* in der Bedeutung dieser Angebots- und Nachfragefaktoren ab. Dies gilt nicht nur für die

Bevölkerung in ihrer doppelten Funktion, sondern gleichermaßen auch für die produzierenden Bereiche. Von den Ursachen dieser Veränderungen wird noch zu sprechen sein.

2. *Entscheidende Triebkräfte der wirtschaftlichen und gesellschaftlichen Dynamik sind überregionaler Natur, weshalb die teilräumliche Entwicklung hauptsächlich exogen bestimmt wird*

Diese zweite These lehnt sich insofern an die vorgenannte an, als sie zu vertieften Einblicken in die Art der wichtigsten Bestimmungsfaktoren der teilräumlichen Entwicklung führt.

Zu diesem Zweck ist zweierlei in Erinnerung zu rufen. Einmal charakterisierten wir – aus der vorwiegend wirtschaftlichen Perspektive – die Teilgebiete eines Landes als „offene" Wirtschaftsräume, weil innerhalb nationaler Volkswirtschaften keine ökonomischen Grenzen bestehen. Zum andern erwähnten wir, daß entscheidende teilräumliche Entwicklungsimpulse überregionaler Natur seien und durch gesamträumliche Veränderungsprozesse wirtschaftlicher und gesellschaftlicher Art geprägt würden, die sich in hochentwickelten Wohlstandsgesellschaften vollziehen. Da jedoch die regionale Entwicklung zweifellos nicht nur „von außen" erklärt werden kann, ist bei realistischer Betrachtung zu untersuchen, inwieweit die wichtigsten wirtschaftlichen und gesellschaftlichen Bestimmungsfaktoren *grundsätzlich von innerhalb oder aber von außerhalb* einer bestimmten Region aus gesehen wirksam werden, und wie man deren gegenseitigen Abhängigkeiten Rechnung tragen kann.

In der wirtschaftswissenschaftlichen Literatur findet man *beide* Arten isolierter Betrachtungsweisen, entsprechend dem ausgewählten Teilaspekt der regionalen Entwicklung, auf den die einzelnen Erklärungsversuche ausgerichtet sind. Bei einer Betrachtung von „innen" wird die Region als ein „geschlossener" Wirtschaftsraum betrachtet wie bei der Analyse nationaler Volkswirtschaften. Man konzentriert sich dann auf eine Untersuchung der relevanten Wirtschaftsgrößen und der zwischen diesen bestehenden Interdependenzen innerhalb eines abgegrenzten Gebietes. Bei einer Betrachtung von „außen" liegt das Schwergewicht der Untersuchung im allgemeinen auf der Analyse der Übertragungsmechanismen der räumlichen Entwicklung. Im Vordergrund steht dann die Frage, wie sich das Wirtschaftswachstum von einer Region auf die andere ausbreitet. Ein wesentlicher Unterschied zwischen diesen beiden Theorietypen liegt darin, daß die jeweils nicht berücksichtigten wirtschaftlichen Bestimmungsfaktoren entweder außerhalb oder aber innerhalb der Region liegen [51].

Es erübrigt sich, darüber zu streiten, welche der beiden grundsätzlichen Betrachtungsweisen wohl die richtige sei. Denn in einer allgemeinen, realitätsbezogenen Analyse müssen *sowohl die innerregionalen als auch die außerregionalen Bestimmungsgründe* mitberücksichtigt werden, soweit diese für die Erklärung der teilräumlichen Entwicklung von Bedeutung sind.

Diese notwendige Unterteilung führt zu weiteren Schwierigkeiten. Denn einmal lassen sich diese zwei Kategorien von Bestimmungsfaktoren nicht eindeutig abgrenzen.

---

[51] Vgl. dazu *J. Hilhorst*, La théorie du développement régional. Un essai de synthèse. In: Aspects multidisciplinaires du développement régional, OECD, Paris 1969, S. 23.

Erneut sind die *Übergänge fließend,* indem gewisse Faktoren der teilräumlichen Entwicklung sowohl inner- als auch außerregionaler Natur sein können[52]. Dem wurde mit der Bezeichnung ‚*überregionale* Bestimmungsfaktoren' in der Thesenformulierung Rechnung getragen. Zum andern ist diese Unterscheidung aber von eminenter Wichtigkeit, weil die beiden Kategorien von Bestimmungsfaktoren für die regionale Entwicklung zu *unterschiedlichen Konsequenzen* führen. Um diese zu erkennen, interessiert uns nicht nur, von wo aus die einzelnen Bestimmungskräfte wirken; zusätzlich muß gefragt werden, ob diese Faktoren auf teilräumlicher Ebene *durch regionalpolitische Maßnahmen* überhaupt *wirksam beeinflußt* werden können oder nicht. Diese Fragestellung führt zu einer vertieften Gliederung des bei der Erörterung von These 1 entwickelten Schemas, das nunmehr folgendes Aussehen erhält:

Schema: Gliederung in inner- und außerregionale, beeinflußbare und nichtbeeinflußbare Faktoren der teilräumlichen Entwicklung

		Regionale Strukturen und Entwicklungsprozesse*	
		innerregionaler Art	außer- (bzw. über-) regionaler Art
Struktur- und entwicklungs-bestimmende Faktoren*	innerregional wirksam (= endogene Faktoren)	beeinflußbar nicht beeinflußbar	
	außer- bzw. überregional wirksam (= exogene Faktoren)	beeinflußbar nicht beeinflußbar	

* Ökonomischer und nichtwirtschaftlicher Art, gemäß These 1.

Aus dem vorstehenden Schema wird ersichtlich, daß man sowohl bei den innerregionalen als auch bei den außerregionalen Bestimmungsfaktoren *grundsätzlich* beeinflußbare von nichtbeeinflußbaren Größen unterscheiden muß. Bezogen auf diese einzelnen Kategorien sind dann die folgenden Überlegungen für eine wirksame Regionalforschung und Regionalpolitik wegleitend.

---

[52] Zudem findet man über diese Art der Wirkungsweise einzelner Bestimmungsfaktoren noch kontroverse Ansichten. Während beispielsweise das technische Wissen im allgemeinen als ein überall gleichmäßig verfügbares Gut (und damit als überregionaler Bestimmungsfaktor) angesehen wird – so z. B. von Marx –, hat Siebert die These aufgestellt, der technische Fortschritt sei regional gebunden und somit als endogener Faktor zu betrachten. Realistischerweise wird man indessen zugeben müssen, daß der technische Fortschritt in beiden der genannten Funktionen auftreten und wirksam werden kann. Vgl. *D. Marx,* Wachstumsorientierte Regionalpolitik, Göttingen 1966, S. 20; sowie *H. Siebert,* Zur Theorie des regionalen Wirtschaftswachstums, aaO, S. 70 ff.

– Die *außer- (bzw. über-)regionalen Bestimmungsfaktoren* sowie deren Wirkungsweisen auf regional relevante Entwicklungsprozesse müssen aus der teilräumlichen Perspektive als nicht wirksam beeinflußbar betrachtet werden. Aus diesem Grunde sind sie im vorstehenden Schema ergänzend als *exogene Faktoren* bezeichnet worden [53].

Dann zählen einmal eine Reihe *entwicklungsbedingter Umschichtungsprozesse,* die sich im Zuge der Gesamtentwicklung von Wirtschaft und Gesellschaft vollziehen. Sie schlagen sich sowohl in veränderten Produktionsbedingungen und -möglichkeiten im Wirtschaftsbereich nieder, als auch in veränderten Raumansprüchen der Menschen in bezug auf die elementaren Lebensbereiche (Siedlungsstruktur, urbane Lebensweise). Es sind dies nicht beeinflußbare, überregionale Bestimmungsfaktoren (vgl. These 3).

Davon können aus der gesamträumlichen Perspektive überregional beeinflußbare Bestimmungsfaktoren unterschieden werden. Es sind dies die bereits erwähnten politisch-institutionellen Rahmenbedingungen. Diese können zwar je nach der vorherrschenden politischen Kräftekonstellation Veränderungen unterliegen (sind also beeinflußbar), werden aber für alle Teilgebiete einheitlich festgelegt. Aus der regionalen Perspektive sind sie deshalb auch nicht (direkt) beeinflußbar.

Im folgenden werden all diese Wirkungskräfte aus der teilräumlichen Perspektive als *überregionale, exogene Bestimmungsfaktoren* bezeichnet. Ihr charakteristisches Merkmal liegt darin, daß diese nicht regional differenziert auftreten, sondern (zunächst) in gleicher Weise auf alle Teilgebiete eines Landes ausstrahlen.

– Hiervon sind die *innerregionalen,* im Gegensatz zu den exogenen Größen als *endogen* bezeichneten Bestimmungskräfte zu unterscheiden. Darunter hat man generell all jene Entwicklungsfaktoren zu verstehen, die von Region zu Region verschieden ausgestaltet sein können und einen unterschiedlichen Einfluß auf die jeweilige teilräumliche Entwicklung ausüben. Es handelt sich um die Faktoren, die das *Leistungspotential* der Teilräume prägen; darauf wird noch zurückzukommen sein. Auch hier sind beeinflußbare Größen von solchen zu unterscheiden, die sich einem wirksamen regionalpolitischen Zugriff entziehen. Daraus folgt, daß die regional beeinflußbaren, endogenen Bestimmungsfaktoren der teilräumlichen Entwicklung die entscheidenden Ansatzpunkte einer wirksamen Regionalpolitik bilden – allerdings unter Berücksichtigung der überregionalen Raumdaten!

Obschon eine klare Trennung in inner- und außerregionale Bestimmungsfaktoren im einzelnen Schwierigkeiten bietet, weil zwischen ihren Wirkungsweisen zum Teil enge gegenseitige Abhängigkeiten bestehen, erweist sich ein solches Vorgehen als überaus nützlich. Denn dieses läßt erkennen, daß die *regionale Entwicklung* aus dem *Zusammenspiel der beiden Faktorgruppen erklärt* werden muß; – erst dieses führt zu einer realistischen Betrachtungsweise des teilräumlichen Geschehens. Man geht davon aus, daß die überregionalen, exogenen Faktoren zunächst in gleicher Weise über das Gesamtgebiet eines Landes ausstrahlen. Da sie jedoch in den einzelnen Teilgebieten auf unterschiedliche Ausgangsstrukturen treffen, die ihrerseits durch die endogenen Bestimmungsfaktoren geprägt werden, führt dies zwangsläufig zu regional differenzierten Entwicklungen. Denn die jeweilige Art und Aus-

---

[53] Diese sind bereits im ersten Teil der vorliegenden Arbeit anläßlich der Erörterungen über „status quo"-Projektionen angesprochen worden.

gestaltung der regionalen Ausgangsstrukturen entscheidet darüber, inwieweit die einzelnen Teilgebiete eines Landes die globalen Entwicklungsimpulse der überregionalen Faktoren zu empfangen und diese in lokale Entwicklungsprozesse zu transformieren vermögen [54].

Eine solche Betrachtungsweise muß deshalb als realistisch bezeichnet werden, weil erfahrungsgemäß in hochentwickelten, vollbeschäftigten Volkswirtschaften angesichts der mannigfachen räumlichen Verflechtungen *keine regionale Entwicklungsautonomie* besteht. Dies verbietet eine ausschließliche Erklärung der teilräumlichen Entwicklung aus sich selbst heraus. Vielmehr muß diese in Abhängigkeit von derjenigen des übergeordneten Gesamtraums, aber auch von der Entwicklung der Nachbarräume gesehen und erklärt werden. Die vorstehende These weist darauf hin, daß innerhalb dieses Zusammenspiels zwischen inner- und außerregionalen Bestimmungsfaktoren die *entscheidenden* Entwicklungsimpulse *überregionaler Natur* sind und im Vergleich zu lokalen Sondereinflüssen überwiegen. Deshalb sind die regionalen Entwicklungen hauptsächlich exogen bestimmt.

Damit ist die grundsätzliche Betrachtungsweise der Bestimmungsfaktoren des teilräumlichen Geschehens erläutert. Es gilt nunmehr, die einzelnen über- und innerregionalen Faktoren näher zu untersuchen.

3. Die überregionalen Entwicklungsfaktoren stellen irreversible Veränderungen dar und sind von der Regionalpolitik als „Datum" zu betrachten

Wir erwähnten, daß sich im Zuge der Gesamtentwicklung von Wirtschaft und Gesellschaft eine Reihe typischer Veränderungsprozesse vollziehen, die sich insgesamt in neuen Ansprüchen und Bedürfnissen sowohl der Wirtschaft als auch der Menschen im Bereich der raumrelevanten elementaren Lebensbereiche niederschlagen. Um diese in den Griff zu bekommen, wollen wir zunächst aus der wirtschaftlichen Perspektive von den wichtigsten Bestimmungsfaktoren des globalen Wirtschaftswachstums eines Landes ausgehen und jene Aspekte tiefer ausleuchten, die zur Erklärung regionaler Entwicklungsprozesse von besonderer Bedeutung sind. Dann gilt es, die sozialen, soziologischen und gesellschaftlichen Veränderungsprozesse darzulegen, die für die teilräumliche Entwicklung relevant sind. Als letztes ist dann noch auf die politisch-institutionellen Rahmenbedingungen einzugehen.

a) Entwicklungsbedingte Veränderungsprozesse wirtschaftlicher und technischer Art

Bestimmend für die gesamtwirtschaftliche Entwicklung sind die *verfügbaren Produktionsfaktoren* Boden, Arbeit und Kapital (in quantitativer und qualitativer Hinsicht) sowie die *menschlichen Bedürfnisse* und das *technische Wissen* und *Können*. Erfahrungsgemäß vollzieht sich der aus dem Zusammenspiel dieser Faktoren resultierende Wachstumsprozeß nicht gleichmäßig, sondern wird von *grundlegenden Strukturwandlungen sektoraler, betrieblicher, räumlicher* und anderer Art begleitet. Diese beruhen auf ungleichmäßigen Veränderungen der einzelnen Bestimmungsfaktoren und sind sowohl Voraussetzung als auch Folge der gesamtwirtschaftlichen Entwicklung: Die Strukturen ändern sich, damit die Wirtschaft wächst, und während die Wirtschaft

---

[54] Vgl. *H. Jürgensen*, Produktivitätsorientierte Regionalpolitik, aaO, S. 79.

wächst, ändern sich ihre Strukturen. Die wichtigsten *Veränderungen* dieser Art sind:
- eine ungleiche Zunahme der Nachfrage nach einzelnen Produkten und Produktgruppen,
- eine ungleiche Zunahme des Faktorangebots und der Faktornachfrage, sowie
- eine ungleiche Aufnahmefähigkeit der einzelnen Wirtschaftszweige, Branchen und Betriebe in bezug auf den technischen Fortschritt.

Diese Veränderungen führen im Zuge der gesamtwirtschaftlichen Entwicklung zu einem *sich wechselseitig beeinflussenden Wandel* der gesamten Bedarfs- und Produktionsstruktur, den bereits Schumpeter als Prozeß einer „schöpferischen Zerstörung" bezeichnete, der „unaufhörlich die Wirtschaftsstruktur von innen heraus revolutioniert, unaufhörlich die alte Struktur zerstört und unaufhörlich eine neue schafft"[55].

Im Gefolge dieser Strukturwandlungsprozesse zeichnet sich unter anderem eine *ständige Substitution von Arbeit durch Kapital* ab, ferner ein *ständiger Verdrängungsprozeß* zwischen *Gütern und Produktionsverfahren* sowie, eng damit verbunden, *typische Wandlungen* in den *Lebens- und Verbrauchergewohnheiten*. Diese Erscheinungen führen zu *immer neuen Formen in Wirtschaft, Technologie, Siedlung und Gesellschaft* und beeinflussen die regionale Verteilung von Bevölkerung und Wirtschaft nachhaltig. Sie haben insgesamt zu Umschichtungen der Standortvariablen sowohl der produzierenden Bereiche als auch der Arbeits- und Wohnortwünsche der Menschen geführt und damit die Bestimmungsfaktoren des gesamtwirtschaftlichen Standortaufbaus grundlegend verändert. Die Hauptzüge dieser Veränderungstendenzen sind die folgenden:
- Der *technische Fortschritt* verhilft uns zu immer besseren und leistungsfähigeren Produktionsverfahren, aber auch zu immer neuen und qualitativ hochwertigeren Produkten. Gleichzeitig verändern sich dabei die gesamten *Produktionsverhältnisse* grundlegend. Insbesondere verlieren die technisch-natürlichen Standortfaktoren (Rohstoff- und Energieversorgung, Transportkosten), denen die traditionelle Standorttheorie die entscheidende Rolle zuwies, zusehends an Bedeutung. Neue Möglichkeiten der Materialsubstitution und der Materialeinsparung je Produktionseinheit, zunehmende arbeitsteilige Spezialisierung der Produktionsprozesse, aber auch die erzielten Fortschritte in der Energiewirtschaft und in der Transporttechnik haben einen eigentlichen Prozeß der Standortbefreiung ausgelöst. Eine wachsende Zahl von Unternehmungen und Betrieben, insbesondere der verarbeitenden Industriezweige, werden im Sinne der traditionellen Standorttheorie zu standortunabhängigen „foot-loose industries"[56], bei denen die klassischen Standortvoraussetzungen praktisch bedeutungslos werden[57].
- Dieser wachsende Anteil von „foot-loose industries" bedeutet allerdings nicht, daß immer mehr produzierende Bereiche ihren Standort nunmehr „frei" wählen können. Denn parallel zum tendenziellen Bedeutungsrückgang der traditionellen Standortfaktoren sind *andere* Erscheinungen in den Vordergrund gerückt, die einen wach-

---
[55] *J. A. Schumpeter*, Kapitalismus, Sozialismus und Demokratie, 2. Aufl., Bern 1950, S. 137.
[56] Vgl. *C. Clark*, Industrial Location and Economic Potential. In: Lloyds Bank Review, October 1966, No. 82, S. 6.
[57] Die traditionellen Standortvoraussetzungen gelten nurmehr für die eigentliche Grundstoffindustrie, der in unserem Lande, gemessen an der Gesamtindustrie, nur geringe Bedeutung zukommt.

senden Einfluß auf die Standortwahl namentlich dieser „foot-loose industries" ausüben. Es sind dies *interne und externe Effekte,* die im allgemeinen in interne und externe Ersparnisse bzw. interne und externe Kosten unterteilt werden, je nachdem, ob sich diese Effekte positiv oder negativ auf die Produktionsleistung auswirken [58].

Als positive (oder negative) *interne Ersparnisse* bezeichnet man jene Wirkungen, die bei einer Produktionsausdehnung innerhalb eines Betriebes zu sinkenden (bzw. steigenden) Stückkosten führen [59]. Solche können einmal auf Unteilbarkeiten (z. B. der Produktionsanlagen) zurückgeführt werden; zum andern können aber auch eine bessere Unternehmungsorganisation und/oder ein effizienterer Einsatz der Produktionsfaktoren zu positiven internen Effekten führen [60]. *Externe Effekte* werden unterschiedlich definiert. Für die nachfolgenden Überlegungen genügt die allgemein gehaltene Abgrenzung, wonach *externe Ersparnisse* (positive externe Effekte) zu einer *Senkung der Produktions- oder Absatzkosten* führen, die aus der Tätigkeit anderer Wirtschaftseinheiten (privater und öffentlicher Natur) hervorgehen. Exemplarisch seien genannt: gemeinsame Nutzung von Infrastruktureinrichtungen, „Fühlungsvorteile" infolge der räumlichen Nachbarschaft von Betrieben derselben Branche (localization economies) oder von Betrieben verschiedener Branchen (urbanization economies). Unter negativen externen Effekten hat man sich entsprechende Wirkungen entgegengesetzter Art vorzustellen. Es sind dies *externe Kosten,* die teilweise mit den sozialen Kosten übereinstimmen, worauf an anderer Stelle eingegangen wird [61]. Die vorstehend genannten „localization und urbanization economies" entsprechen den bereits von Alfred Weber aufgezeigten Agglomerationsvorteilen. Infolge der geschilderten zunehmenden Spezialisierung der Produktionsprozesse verstärken sich zwangsläufig die mannigfachen intra- und intersektoralen Interdependenzen. Dies erklärt die zunehmende Bedeutung, die diese verschiedenen Effekte, insbesondere die internen und externen Ersparnisse, für die betriebliche Standortwahl gewinnen. Sie hängen letztlich entscheidend davon ab, inwieweit solche Standortvorteile, die durch geplante oder bereits getätigte Investitionen von andern Unternehmungen oder vom Staat geschaffen werden, an einem potentiellen Standort wirksam werden. Für die betriebliche Standortwahl ist somit weniger das Vorhandensein technisch-natürlicher Gegebenheiten, als vielmehr das Bestehen *solcher Produktionsvoraussetzungen* notwendig, die *hohe interne und externe Ersparnisse* erwarten lassen. Für die Regionalpolitik kann daraus gefolgert werden, daß sich ihr Spielraum für die Beeinflussung der betrieblichen Standortstrukturen erhöht (vgl. These 6).

Dieser Wandel in den *betrieblichen Standortanforderungen* ist jedoch nur *eine Seite* des Problems. Denn der gesamtwirtschaftliche Standortaufbau wird durch ähnlich grundlegende Veränderungen in den *Lebens- und Verbrauchergewohnheiten der Menschen* bestimmt, die ihrerseits beträchtlich auf die rein betriebliche Standortwahl ausstrahlen.

---

[58] *J. H. Müller,* Wirtschaftliche Grundprobleme der Raumordnungspolitik, aaO, S. 23.
[59] *E. v. Böventer,* Theorie des räumlichen Gleichgewichts, aaO, S. 14.
[60] Siehe *J. H. Müller,* aaO, S. 23.
[61] Vgl. hierzu die Ausführungen über die Analysemöglichkeiten im Bereich der Siedlungsstruktur.

b) Entwicklungsbedingte Veränderungsprozesse soziologischer und gesellschaftlicher Art

Im Zuge des gesamtwirtschaftlichen Wachstums eines Landes und der damit einhergehenden allgemeinen Wohlstandssteigerung zeichnen sich auch *typisch wohlstandsbedingte Umschichtungen* in den *Konsumentenpräferenzen* ab. Sie sind primär soziologisch und gesellschaftlich motiviert, haben jedoch für die regionale Entwicklung *erhebliche ökonomische Relevanz*. Es sind dies Bestimmungsfaktoren der teilräumlichen Entwicklung, deren Auswirkungen sich nicht direkt positiv oder negativ auf das monetäre Ergebnis der unternehmerischen Tätigkeit niederschlagen; sie müssen als entscheidende Determinanten der *immateriellen Wohlfahrt* aufgefaßt werden. Mit steigendem Lebensstandard, sinkender Arbeitszeit und – damit verbunden – einem wachsenden „Freizeitbewußtsein" werden die Arbeitskräfte (namentlich die Führungskräfte) immer wählerischer in bezug auf ihren Arbeits- *und* Wohnort[62]. Mit diesem „Freizeitbewußtsein" ist eine sehr heterogene Gruppe von Wohnortwünschen der Menschen verbunden, die im angelsächsischen Sprachgebrauch als sogenannte „amenities"[63] bezeichnet werden. Dazu zählen unter anderem das Klima, landschaftliche Reize (schöne Wohnlagen), aber auch die mannigfachen Versorgungs-, Bildungs- und Kultureinrichtungen, persönliche Kontaktmöglichkeiten (Fühlungsvorteile) sowie die „gesellschaftliche Atmosphäre"[64] einer Region.

– Es ist zu vermuten, daß diese „amenities" mit fortschreitender Wohlstandssteigerung zunehmend wichtiger werden. Neben die *volkswirtschaftliche Produktivität* und den *Lohnwert* einer Region treten neue Eigenschaften, die Jürgensen treffend als *Wohn- und Freizeitwert* eines Gebietes bezeichnet hat[65]. Diese Bereiche von Standortvoraussetzungen prägen die *Attraktivität* einer Region und beeinflussen die teilräumlichen Entwicklungsmöglichkeiten immer mehr. Das Problem liegt allerdings weniger im Erkennen dieser Umschichtungsprozesse, als vielmehr im bisherigen Unvermögen, diese *qualitativen* Standortpräferenzen – im Gegensatz zu den traditionellen Standortfaktoren – in geeigneter Weise *quantitativ* zu erfassen.

Töpfer meint deshalb zu Recht, daß die Möglichkeit für deren exakte Erfassung „im umgekehrten Verhältnis zu ihrer Bedeutung für die Standortwahl" steht[66].

– In engem Zusammenhang mit den wohlstandsbedingten Umschichtungen der Bedarfsstruktur steht eine weitere Erscheinung, die die regionale Verteilung von Bevölkerung und Wirtschaft nachhaltig beeinflußt: Die fortschreitende *Urbanisierung*. Immer mehr Menschen drängen in die größeren Agglomerationen und ihre unmittelbaren

---

[62] Vgl. *D. Schröder*, Der Mensch: Objekt oder Subjekt der Standortwahl? In: Polis und Regio, von der Stadt- zur Regionalplanung, Frankfurter Gespräche der List Gesellschaft, Tübingen 1967, S. 52.
[63] *E. M. Hoover*, Some Old and New Issues in Regional Development. In: US Department of Commerce (Hrsg.): Regional Economic Development in the United States, Washington, o. J., Part 1, Abschnitt IV, Seite 22.
[64] Vgl. *K. Töpfer*, Überlegungen zur Quantifizierung qualitativer Standortfaktoren. In: Zur Theorie der allgemeinen und regionalen Planung, Bielefeld 1969, S. 170/171.
[65] Jürgensen hat diese Eigenschaften geradezu als „magisches Viereck der Landesplanung" bezeichnet. Siehe *H. Jürgensen*, Lohnwert, Wohnwert und Freizeitwert. Optimierungsparameter einer produktivitätsorientierten Regionalpolitik, Hamburg 1966, S. 11.
[66] *K. Töpfer*, aaO, S. 171. Vgl. hierzu die Ausführungen zur Analyse im Bereich der Faktorstruktur.

Einzugsgebiete, weil sich viele der durch den Wohlstand geprägten Lebensbedürfnisse nur in solchen Gebieten befriedigen lassen: *Erstens* vermögen nur größere Ortschaften eine den wachsenden Ansprüchen des gehobenen Wahl- und Spezialbedarfs entsprechende Auswahl von Ladengeschäften und Zugang zu Spezialdiensten zu bieten; *zweitens* offerieren solche Zentren im allgemeinen mehr Bildungsmöglichkeiten für Kinder und Erwachsene; und *drittens* wirken größere Zentren deshalb anziehend, weil viele Menschen darin jenes soziale Milieu zu finden glauben, das ihnen anziehender erscheint als ein Leben abseits der Agglomerationen [67].

Diese *zunehmende Attraktivität der Städte bzw. ihrer Vororte* beeinflußt aber nur deshalb den gesamtwirtschaftlichen Standortaufbau derart grundlegend, weil sich auch die Betriebe zusehends genötigt sehen, ihre Standorte agglomerationsnah zu wählen: *Erstens* finden viele Betriebe nur in der Stadt genügend Absatz, vor allem solche, die sich auf die Deckung des Wahlbedarfs spezialisiert haben; *zweitens* bieten Agglomerationen auch auf der Beschaffungsseite Fühlungsvorteile (externe Ersparnisse); und *drittens* müssen immer mehr Betriebe ihren Standort dort wählen, wo die benötigten Arbeitskräfte in genügendem quantitativem und qualitativem Ausmaß vorhanden sind [68]. Dies wird je länger desto ausgeprägter nurmehr dort der Fall sein, wo die Wohn- und Lebensverhältnisse genügend Anreiz für Zuwanderer bieten – also wiederum in Agglomerationsnähe. Ganz besonders gilt dies in Zeiten chronischen Arbeitskräftemangels, was auch in nächster Zukunft auf dem gesamtschweizerischen Arbeitsmarkt die Normalsituation sein wird. Aus diesen Überlegungen ist zu folgern, daß in hochentwickelten Wohlstandsgesellschaften die Konsumentenwünsche eine *immer bedeutendere Rolle* einnehmen, wobei die angedeuteten gesellschaftlichen Standortpräferenzen das Gewicht der rein wirtschaftlichen Standortvorteile (ausgedrückt in Preisen und Löhnen) zunehmend verringern. Immer mehr Arbeitskräfte, insbesondere die hochqualifizierten Führungskräfte, werden immer weniger dorthin ziehen, wo sie am meisten verdienen, sondern jene Wohn- und Arbeitsstandorte bevorzugen, die ihren persönlichen Neigungen entsprechend die angenehmste Lebensweise ermöglichen [69].

– Wir pflichten deshalb Schröder bei, der darauf hinweist, daß sich der Mensch vom Objekt zum Subjekt der Standortwahl aufzuschwingen beginnt: „So wie ... in der zweiten Hälfte des 19. Jahrhunderts ... die damals dominierende Grundstoffindustrie ... ihre kostengünstigsten Standorte suchte, suchen heute in der zweiten Hälfte des 20. Jahrhunderts die Arbeitskräfte der heute dominierenden weiterverarbeitenden Industrien die freizeitgünstigsten Wohnorte". Und weiter: „So wie damals bei latenter Arbeitslosigkeit die Arbeitskräfte den Standortwünschen der Grundstoffindustrie mehr oder weniger bedingungslos folgen mußten, müssen sich in Zukunft bei stets latenter Überbeschäftigung Industrie- und Dienstleistungsbetriebe den Wohnortwünschen der Arbeitskräfte, vor allem der knappen Führungskräfte beugen" [70].

---

[67] So bei *A. Nydegger*, Regionale Strukturpolitik – Illusionen und Möglichkeiten, aaO, S. 54.
[68] Ebenda.
[69] So auch *O. Boustedt*, Die Verhaltensweise der Bevölkerung als ein Faktor der Standortbestimmung. In: Beiträge zur Raumforschung. Schriftenreihe der Österreichischen Gesellschaft zur Förderung von Landesforschung und Landesplanung, Band 2, 1964, S. 9 ff.
[70] *D. Schröder*, Der Mensch: Objekt oder Subjekt der Standortwahl?, aaO, S. 53.

Die bisher dargelegten technologischen, wirtschaftlichen und gesellschaftlichen Veränderungsprozesse führen im einzelnen, vor allem aber in ihrem Zusammenwirken zu *neuen und erhöhten Anforderungen an die Quantität und Qualität der infrastrukturellen Ausstattung* im weitesten Sinne[71]. Diese Ansprüche sind sehr vielschichtig und reichen von öffentlichen Investitionen im Bereich von Bildung, Gesundheitswesen, Sport und Erholung bis zu den Investitionsleistungen im Rahmen einer spezifisch wirtschaftlichen Standorterschließung (Verkehrs-, Energie- und Wasserversorgung). Diese Anforderungen sind insgesamt als die typischen Ansprüche und Bedürfnisse einer modernen Industriegesellschaft an den gesamten Lebensraum aufzufassen, die sich in konkreten Gestaltungsaufgaben zur Schaffung einer *bedarfsgerechten und funktionsfähigen räumlichen Wirtschafts- und Siedlungsstruktur* niederschlagen: Für die Wirtschaft steht die Realisierung interner und externer Ersparnisse im Vordergrund. Dies zwingt zu einer *Konzentration* im Sinne eines *produktivitätsfördernden Verbunds*. Die Bevölkerung drängt nach einer urbanen Lebensweise, geprägt durch eine bestmögliche räumliche Ordnung in bezug auf die elementaren Lebensbedürfnisse (Arbeit, Wohnen, Bildung, Erholung, Versorgung, Verkehr und Kommunikation). Auch dies setzt *Konzentration* voraus, jetzt im Sinne eines *entfernungsverkürzenden* und *versorgungssteigernden Verbunds*. Darin manifestieren sich die wachsenden quantitativen und qualitativen Ansprüche an die infrastrukturelle Ausstattung im weitesten Sinn. Aus diesem Grunde stellt denn auch die Infrastrukturpolitik, allerdings in modifizierter Ausprägung, den wohl wichtigsten Bereich einer wirksamen Regionalpolitik dar; davon wird an anderer Stelle noch ausführlich zu sprechen sein.

c) Politisch-institutionelle Rahmenbedingungen

Eine weitere Gruppe überregionaler und somit aus der teilräumlichen Perspektive exogener Bestimmungsfaktoren stellen die politisch-institutionellen Rahmenbedingungen dar. Dabei handelt es sich um jene direkten und indirekten Einflußnahmen überregionaler Entscheidungsinstanzen, die im Rahmen unserer freiheitlichen Wirtschafts- und Gesellschaftsordnung nach Maßgabe der verfassungsmäßig verankerten Wertvorstellungen und der dem Staat übertragenen Aufgaben festgelegt werden.
- *Direkte Einflußnahmen* ergeben sich einmal im Bereich der Finanzpolitik (Einnahmen- und Ausgabenpolitik), wobei insbesondere die *Ausgestaltung des Finanzausgleichs* zu regionalpolitisch bedeutsamen Konsequenzen führt.
- *Indirekte Einflußnahmen* resultieren aus der Gesamtpolitik für Wirtschaft und Gesellschaft. Neben den spezifisch wirtschaftspolitischen Regelungen (im Bereich der Wachstums- und Konjunkturpolitik, Wettbewerbspolitik, Geldpolitik usw.) werden im Bereich der gesellschaftlichen Anliegen (soziale Sicherheit und Gerechtigkeit, individuelle Freiheit) inskünftig *verschärfte Rahmenbedingungen* in bezug auf den *Umweltschutz* unvermeidlich sein. Solche müßten Bestandteil der noch ausstehenden materiellen Grundsätze einer zu formulierenden Raumordnungspolitik sein, wofür die gesetzlichen Grundlagen gegenwärtig erarbeitet werden[72]. Für unsere weiteren Überlegungen ist es allerdings nicht notwendig, an dieser Stelle näher auf die politisch-institutionellen Rahmenbedingungen einzugehen.

---

[71] Vgl. *H. Jürgensen*, Lohnwert, Wohnwert, Freizeitwert, aaO, S. 10.
[72] Gemäß BV Art. 22ter und 22quater.

Zusammenfassend bleibt festzuhalten, daß die bisher geschilderten entwicklungsbedingten Veränderungen der Standortanforderungen der Betriebe und der Wohn- und Freizeitwünsche der Menschen mit all den daraus resultierenden räumlichen Konsequenzen die *Kernbereiche der überregionalen Entwicklungsfaktoren* umfassen. Die entscheidenden Zusammenhänge, die zu diesen überregionalen Bestimmungsfaktoren führen, können schematisch wie folgt festgehalten werden. Sie dienen uns als Ausgangsbasis für die weitere Analyse.

Schema: Gliederung der überregionalen Bestimmungsfaktoren
der teilräumlichen Entwicklung

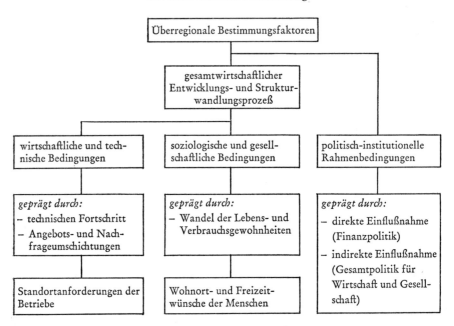

Aus der Wirkungsweise der überregionalen Faktoren hat die Regionalpolitik die *Schlußfolgerung* zu ziehen, daß diese in ihrem Zusammenspiel irreversible Entwicklungen auslösen, die von der Struktur- und Entwicklungsgestaltung als *vorgegebene Daten* zu betrachten sind und bewußt in den Dienst dieser Politik gestellt werden müssen.

Neben die überregionalen Faktoren treten jedoch zusätzlich die innerregionalen Bestimmungskräfte. Darauf verweist die vierte These.

4. Regionale Entwicklungsprozesse werden durch die gegebene, meist historisch gewachsene Ausgangsstruktur der Teilgebiete maßgeblich mitbestimmt

Regionale Theorien, die sich auf einen wie immer auch gearteten abstrakten Raum beziehen, sind für realitätsbezogene teilräumliche Strukturanalysen ungeeignet. Die vorstehende These impliziert deshalb, daß die meist historisch *vorgeformte Ausgangs*-

struktur der Teilgebiete gleichsam *als vorgegeben betrachtet und mit in Berücksichtigung gezogen* werden muß. Denn ihre jeweilige Art und Ausgestaltung legt im Zusammenspiel mit den überregionalen Entwicklungstendenzen die teilräumlichen Entwicklungsmöglichkeiten fest. Aus diesem Grunde ist eine eingehende Analyse der *innerregionalen* Strukturbereiche und der diese bestimmenden Faktoren ebensowichtig wie die Kenntnis der überregionalen Entwicklungstendenzen. Im Vordergrund stehen jene Faktoren, die in ihrer Gesamtheit das *regionale Leistungspotential* der Teilräume prägen. Um die Bestimmungsgründe des Leistungspotentials in einer für die praktische Analyse geeigneten Art und Weise einzufangen, drängt sich eine primäre Gliederung der teilräumlichen Ausgangsstruktur in die folgenden Strukturbereiche auf.

– An erster Stelle ist die Art und Ausgestaltung der *regionalen Produktionsstruktur* als Ausdruck der teilräumlichen Wirtschaftsstruktur zu nennen. Wesentliche Zusammenhänge bilden in diesem Strukturbereich neben der branchenmäßigen Zusammensetzung des Produktionssektors hauptsächlich die *betrieblichen* Absatz- und Bezugsstrukturen, weil von deren Art und Ausgestaltung die Erzielung einer produktiven Leistungserstellung abhängt. Entscheidende Strukturmerkmale sind ferner die *Flexibilität der Produktionsstruktur,* verstanden als Anpassungsfähigkeit der Produktionsfaktoren an die sich verändernden Marktverhältnisse, sowie die standörtliche Verteilung derselben, weil die Art der räumlichen Gliederung der Produktionsbetriebe die Realisierungsmöglichkeiten produktivitätsfördernder interner und externer Ersparnisse beeinflußt (Agglomerationsverhältnisse).

– Ein zweiter Bereich stellt die Art und Ausgestaltung der *regionalen Faktorstruktur* dar. Gemeint ist damit die *Quantität und Qualität der regional verfügbaren Produktivkräfte*: Arbeit, Boden, Kapital und technisches Wissen. Von besonderer Bedeutung sind die Arbeitskräfte und deren regionale Präferenzen in bezug auf den Lohnwert einerseits und den Wohn- und Freizeitwert andererseits. Es sind dies jene Einstellungen, Bedürfnisse und Verhaltensweisen der Menschen, die die *Mobilität* des *Produktionsfaktors* Arbeit bestimmen.

– Der dritte Bereich stellt die Art und Ausgestaltung der *Siedlungsstruktur* dar. Hier geht es einmal um die *quantitative und qualitative infrastrukturelle Ausgestaltung* in bezug auf die elementaren Lebensbedürfnisse der Menschen (Arbeit, Wohnen, Bildung, Erholung, Versorgung, Verkehr und Kommunikation) sowie um eine *bedarfsgerechte und funktionsfähige Zuordnung* dieser Einrichtungen innerhalb funktional ausgewogener Raumeinheiten.

– Schließlich könnten als weiterer Strukturbereich die *natürlichen Standortvoraussetzungen* genannt werden (Klima, natürlicher Freizeitwert im Sinne der Naherholung, Umwelteinflüsse, wie saubere Luft und Wasser usw.). Doch werden diese Strukturmerkmale teils im Bereich der Faktorstruktur, teils bei der Siedlungsstruktur mitberücksichtigt.

Damit sind die *drei grundlegenden, innerregionalen Strukturbereiche* sowie die wichtigsten der sie bestimmenden Determinantenkomplexe aufgezählt, deren analytischer Durchdringung wir uns im weiteren Verlauf dieser Arbeit vertieft zuwenden werden. Diese Zusammenhänge werden durch das nachfolgende Schema veranschaulicht.

Allerdings darf diese als methodisch und analytisch zweckmäßig erachtete Aufspaltung der regionalen Ausgangsstruktur nicht darüber hinwegtäuschen, daß zwischen diesen Strukturbereichen und den ihnen zugrunde liegenden Bestimmungsfaktoren *zahlreiche Interdependenzen* bestehen. Diesen ist auch bei strukturellen Teilanalysen stets Rechnung zu tragen. Denn erst aus dem Zusammenspiel *aller* Strukturbereiche resultiert letztlich eine jeweils typische *regionale Eigendynamik*, die Ausdruck des teilräumlichen Leistungspotentials ist. Dabei ist zu beachten, daß dieses Leistungspotential

Schema: Gliederung der innerregionalen Bestimmungsfaktoren
der teilräumlichen Entwicklung

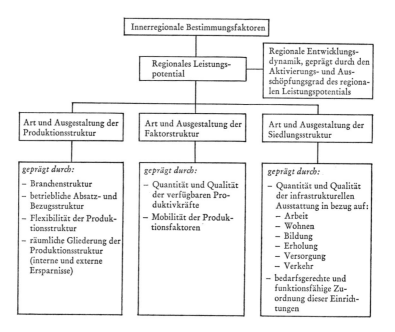

nicht allein durch die Menge der quantitativ und qualitativ verfügbaren Produktivkräfte bestimmt wird. Entscheidend mitgeprägt wird diese Entwicklungsdynamik durch die *eigenständige Art und Weise*, in der das regionale Leistungspotential *aktiviert und ausgeschöpft* wird.

Dies hängt aber nicht nur von einer effizienten Faktorallokation ab, sondern wird auch in hohem Maße durch die unterschiedliche Mentalität und durch das jeweilige wirtschaftliche Verhalten der heimischen Bevölkerung, der Unternehmerinitiative, und nicht zuletzt durch die Entwicklungsdynamik der regionalen öffentlichen Institutionen mitbestimmt. Die jeweilige Entwicklungsdynamik prägt somit die erwähnte unterschiedliche Fähigkeit der Teilgebiete eines Landes, *überregionale Entwicklungsimpulse in regionale Entwicklungsprozesse* zu transformieren.

Es genügt indessen nicht, die *regionale Ausgangsstruktur* als gegebene und vorausbestimmte Größe aufzufassen. Wir müssen auch nach den Kräften fragen, die in Richtung einer Veränderung derselben wirken, wobei zwei unterschiedliche Arten von Veränderungsfaktoren zu berücksichtigen sind:
— Einmal sind *potentielle Entwicklungskräfte* denkbar, die in der gegebenen Ausgangsstruktur *bereits mitenthalten* sind und auf eine Veränderung derselben hinwirken. Solche können auf früher gefällten Investitionsentscheidungen beruhen (z. B. infrastrukturelle Großprojekte), die sich jedoch erst mit zeitlicher Verzögerung auswirken und deshalb die zukünftige Strukturentwicklung teilweise bereits vorausbestimmen.
— Zum andern ist an die *exogenen Entwicklungsimpulse* zu erinnern, die auf die regionale Ausgangsstruktur einwirken und gleichsam von außen her innerregionale Veränderungsprozesse auslösen.

In beiden Fällen hängt die Aktivierung und Ausschöpfung des Leistungspotentials und damit die regionale Entwicklungsdynamik von der *Anpassungsfähigkeit* der teilräumlichen Ausgangsstrukturen ab. Entscheidend für die regionale Entwicklung ist somit die *Flexibilität* der Produktions-, Faktor- und Siedlungsstruktur, hauptsächlich geprägt durch die Mobilität der Produktionsfaktoren Arbeit und Kapital sowie durch die Initiative der Unternehmer und der regionalen öffentlichen Institutionen. Ungünstigerweise wirkt diesem Erfordernis die früher genannte Tatsache entgegen, wonach einmal geprägte Regionalstrukturen im allgemeinen die immanente Tendenz aufweisen, zu erstarren. Aus diesem Grunde wird die Flexibilität der Regionalstruktur zu einer *strategischen* Größe der Regionalpolitik: Ist diese mangelhaft, werden der Regionalpolitik Grenzen gesetzt, die sie unter Umständen trotz Einsatz erheblicher Mittel nicht überwinden kann [73]. Dies führt uns direkt zur nächsten These.

5. Entscheidend für die regionalen Entwicklungsmöglichkeiten ist die Anpassungsfähigkeit der teilräumlichen Ausgangsstrukturen an die sich verändernden exogenen Bestimmungsfaktoren

Aus dem dargelegten Zusammenspiel zwischen regionalen und überregionalen Bestimmungsfaktoren sowie der zentralen Bedeutung, die den exogenen Entwicklungskräften beizumessen ist, muß gefolgert werden, daß die Gebiete eines Landes unter Berücksichtigung ihres jeweiligen Leistungspotentials ihre höchsten Entwicklungschancen dann wahrnehmen, wenn es gelingt, *die gegebenen Ausgangsstrukturen bestmöglichst den überregionalen Entwicklungstendenzen in Wirtschaft und Gesellschaft anzupassen.*

Es muß deshalb untersucht werden, wie die technischen, wirtschaftlichen und gesellschaftlichen Entwicklungstendenzen die regionalen Ausgangsstrukturen beeinflussen, bzw. welche Ansprüche daraus an eine wachstums- und standortgerechte Regionalstruktur resultieren. Aus einer solchen Konfrontation gilt es dann jene Anpassungen abzuleiten, die im Hinblick auf einen raumordnungspolitisch optimalen, jedoch möglichst ergiebigen Einsatz des regionalen Leistungspotentials notwendig werden. Dies ist gleichbedeutend mit der im ersten Teil dieser Arbeit abgeleiteten Forderung nach einer *wachstumsgerechten Faktorallokation,* d. h. einer Kombination der verfügbaren Pro-

---
[73] Vgl. dazu *J. H. Müller,* Wirtschaftliche Grundprobleme der Regionalpolitik, aaO, S. 21.

duktivkräfte in der Weise, daß diese den Anforderungen einer wachsenden Wirtschaft bestmöglich entsprechen.

In diesem Zusammenhang ist auf Jürgensen zu verweisen, der darauf aufmerksam machte, daß die teilräumliche Anpassungsfähigkeit der Ausgangsstruktur sowohl ein *datengerechtes Verhalten der produzierenden Bereiche* (also der Unternehmungen und Betriebe in Landwirtschaft, Industrie und Dienstleistungszweigen), als auch *der regionalpolitischen Körperschaften* selbst voraussetzt [74].

Dieses Verhalten ist deshalb in bezug auf die vorstehend genannten Teilbereiche der regionalen Ausgangsstruktur zu prüfen. Das nachstehende Schema illustriert diese Zusammenhänge.

Schema: Kernbereiche regionaler Anpassungsprozesse

		Regionale Akteure	
		Produzierende Bereiche	Regionalpolitische Instanzen
Regionale Ausgangsstrukturen	Produktionsstruktur	Betriebliche Anpassung der Bezugs-, Produktions- und Absatzstrukturen an veränderte Angebots- und Nachfragebedingungen	flankierende Maßnahmen (Förderung der Arbeitskräftemobilität)
			Anpassung der unternehmungsorientierten Infrastruktur an die veränderten Standortanforderungen der Betriebe
	Faktorstruktur	flankierende Maßnahmen (Attraktive Arbeitsplatzbedingungen)	Anpassung der haushaltorientierten Infrastruktur an die veränderten Wohnortwünsche der Arbeitskräfte
	Siedlungsstruktur	flankierende Maßnahmen (Vermeidung und Beseitigung umweltgefährdender Immissionen)	Bedarfsgerechte und funktionsfähige Ausgestaltung der Siedlungsstruktur in bezug auf die raumrelevanten menschlichen Grundbedürfnisse

Daraus ist folgendes ersichtlich:
- Die notwendigen Anpassungsprozesse der *produzierenden Bereiche* erstrecken sich primär auf die eigentliche Produktionsstruktur. Einmal müssen sie sich bestmöglichst den *entwicklungsbedingten Nachfrageumschichtungen* anpassen, was die produzierenden Bereiche zu einer laufenden Abstimmung ihrer Absatzstruktur an die veränderten Marktbedingungen zwingt. Zum andern müssen sie gleichfalls ihre *Pro-*

---

[74] Vgl. *H. Jürgensen*, Produktivitätsorientierte Regionalpolitik als Wachstumsstrategie Hamburgs, aaO, S. 84.

duktionsstruktur den *veränderten Produktionsbedingungen* anpassen, die durch den technischen Fortschritt und die damit zusammenhängenden Umschichtungen der betrieblichen Standortfaktoren geschaffen werden. Diese Anpassungsfähigkeit und -bereitschaft eines modernen Unternehmens ist *entscheidend* für die regionale Entwicklung. In ihr liegt die *Hauptantriebskraft für eine wachstumsgerechte Aktivierung des Leistungspotentials*. Die Regionalpolitik vermag diese selbst lediglich durch flankierende Maßnahmen zu unterstützen – bei zweckmäßiger Ausrichtung allerdings mit beträchtlichem Erfolg.

– Im Gegensatz zur soeben angesprochenen Produktionsstruktur liegt das Schwergewicht notwendiger Anpassungen im Bereich der Faktor- und Siedlungsstruktur eher bei den regionalpolitischen Instanzen. Immerhin sind auch in diesen Strukturbereichen flankierende Maßnahmen der produzierenden Bereiche höchst bedeutsam. Bezogen auf die Faktorstruktur betrifft dies eine *attraktive Arbeitsplatzgestaltung* (breites Angebot an gut bezahlten Arbeitsplätzen, Aufstiegsmöglichkeiten, innerbetriebliche Weiterbildungsmöglichkeiten usw., Voraussetzungen also, die den Lohnwert einer Region prägen). Bezogen auf die Siedlungsstruktur geht es – bei Einbezug der naturräumlichen Standortqualitäten – darum, bestehende bzw. potentielle *umweltgefährdende Einflüsse*, die aus der Produktionstätigkeit resultieren, zu beseitigen bzw. gar nicht erst entstehen zu lassen (Determinanten des Wohn- und Freizeitwertes einer Region).

– Die für die *regionalen Instanzen entscheidenden Anpassungsprobleme* liegen generell in einer bestmöglichen *Ausrichtung* ihrer (hauptsächlich) *infrastrukturellen Investitionspolitik* auf die *veränderten Standortanforderungen der Betriebe* und die *gesellschaftlichen Wohnortansprüche*. Denn diese schlagen sich in *erhöhten Anforderungen an die quantitative und qualitative infrastrukturelle Ausstattung* bezüglich aller elementaren Lebensbereiche der Menschen nieder.

In diesem Zusammenhang empfiehlt sich die Unterscheidung von *unternehmungsorientierter Infrastruktur* (die speziell auf die veränderten Bedürfnisse der Standortanforderungen der Betriebe ausgerichtet sind) und *haushaltorientierter Infrastruktur;* das sind jene Leistungen und Einrichtungen, die von den privaten Haushalten als öffentliche Konsumgüter genutzt werden[75]. Diese Untersuchung macht deutlich, daß die infrastrukturellen Anpassungsprozesse nicht ausschließlich auf *einen* der vorgenannten Strukturbereiche bezogen werden können. Mit der haushaltorientierten Infrastruktur wird zwar primär die Siedlungsstruktur angesprochen, bei der es um eine bedarfsgerechte Ausstattung und funktionsfähige Zuordnung dieser Infrastrukturleistungen, bezogen auf die elementaren Grundbedürfnisse der Menschen, geht. Sie beeinflußt aber auch die Faktorstruktur – im Sinne einer regionalen Bindung der verfügbaren Arbeitskräfte – und damit indirekt auch die Produktionsstruktur. Ähnliche Querbeziehungen bestehen im Bereich der unternehmungsorientierten Infrastruktur.

Wichtig ist, daß diese Infrastrukturleistungen vermehrt auf die *veränderten Ansprüche der Betriebe und der Menschen* ausgerichtet werden. Dabei ist zu vermuten,

---

[75] Nähere Einzelheiten über die unterschiedlichen Wirkungsweisen und gegenseitigen Abhängigkeiten dieser verschiedenen Infrastrukturen finden sich im Kapitel über die Analyse der Siedlungsstruktur.

daß den haushaltorientierten Infrastrukturaufwendungen inskünftig wachsende Bedeutung zukommen wird.
- Der Regionalpolitik erwächst indessen ein weiteres, überaus wichtiges Anpassungsproblem. Denn neben die direkte Anpassung der regionalen Siedlungsstruktur tritt die indirekte *Förderung der betrieblichen Anpassungsfähigkeit*. Diese ist im obenstehenden Schema mit „flankierenden Maßnahmen" im Bereich der Produktionsstruktur angedeutet, erstreckt sich aber auch auf die Faktorstruktur. Hier handelt es sich um geeignete Maßnahmen zur *Erhöhung der Strukturflexibilität*, insbesondere der beruflichen, räumlichen, sozialen und geistigen Mobilität und Flexibilität der Arbeitskräfte (Bildungspolitik). Bei ungenügender Arbeitsmobilität entstehen Engpässe und Überkapazitäten, die zu einem unwirtschaftlichen Einsatz des regionalen Leistungspotentials führen. Dies muß unter allen Umständen vermieden werden. Denn in Zeiten akuten Arbeitskräftemangels besitzen die Teilgebiete vollbeschäftigter Volkswirtschaften nurmehr Wachstumsmöglichkeiten aus eigener Kraft. Aus diesem Grunde muß die Regionalpolitik das regionale Leistungspotential bestmöglich aktivieren, vorab durch solche Maßnahmen, die die Strukturflexibilität erhöhen. Auf diese Weise kann die Anpassungsfähigkeit der regionalen Ausgangsstrukturen an die überregionalen Entwicklungen in Wirtschaft und Gesellschaft erhöht werden, was für die Realisierung potentieller Entwicklungsmöglichkeiten entscheidend ist.

Damit sind die wichtigsten Anpassungsprobleme erläutert. Es muß aber beigefügt werden, daß diese nicht *isoliert* aus betrieblicher Sicht, oder aber aus derjenigen der regionalpolitischen Instanzen beurteilt werden dürfen; vielmehr müssen gleichzeitig beide Perspektiven betrachtet und entsprechende Anpassungsvorgänge *gemeinsam* in Gang gesetzt werden. Dies schließt nicht aus, daß entsprechend der jeweiligen Ausgangsstruktur einer Region die einzelnen Anpassungsprobleme von unterschiedlicher Bedeutung sind.

6. Die Anpassungsfähigkeit der teilräumlichen Ausgangsstrukturen kann durch eine bewußt gestaltete Regionalpolitik in wachsendem Ausmaß erhöht werden

Weil die Bestimmungsfaktoren des gesamtwirtschaftlichen Standortaufbaus tiefgreifend verändert und umgewichtet worden sind, hat sich der *Spielraum* der Regionalpolitik *beträchtlich erhöht*. Dies kann wie folgt begründet werden. Historisch ist festzustellen, daß in der vorindustriellen Zeit wegen der geringen Ertragsfähigkeit des Bodens die Landwirtschaft (und damit auch die Bevölkerung) räumlich sehr dispers verteilt war. Mit einsetzender Industrialisierung setzte ein fortschreitender Konzentrationsprozeß ein, der Wirtschaft und Bevölkerung zunächst an jene Standorte lenkte, die über die wichtigsten industriellen Rohstoffe verfügten und/oder naturbedingt bevorzugte Verkehrsknotenpunkte und Handelsumschlagplätze waren. Dieser Prozeß wurde wegen der Bedeutung der Transportkosten, aber auch aus dem Drang, interne und externe Ersparnisse zu realisieren, gefördert. Allerdings hat der ständig sinkende Beschäftigtenanteil im Agrarsektor, der immer mehr landwirtschaftliche Bevölkerung freisetzte, die fortschreitende Konzentration überhaupt erst ermöglicht. Da erfahrungsgemäß die historisch geprägten Raumstrukturen die Tendenz aufweisen, zu erstarren, hat der weitere Industrialisierungsprozeß auch in späteren Phasen die früher bevorzugten Standorte gegenüber den weniger entwickelten Regionen im allgemeinen weiterhin begünstigt.

Diese historisch nachweisbare Entwicklung in der bisherigen räumlichen Verteilung von Wirtschaft und Bevölkerung braucht aber nicht weiterhin in den gleichen Bahnen zu verlaufen, da diese inskünftig vermehrt beeinflußbar wird.

Wir erwähnten, daß der technische Fortschritt zu einer wachsenden betrieblichen Standortbefreiung geführt hat und immer mehr Unternehmungen und Betriebe im Sinne der klassischen Standortbedingungen zu sogenannten „foot-loose-industries" werden ließ. Schröder vertritt sogar die Ansicht, daß sich ähnliche Tendenzen inskünftig auch in vielen Bereichen der Dienstleistungszweige durchsetzen werden, weil die konzentrationsfördernden Bedürfnisse dieser erfahrungsgemäß sehr distanzempfindlichen Wirtschaftszweige allmählich durch neue Technologien (technische Vervollkommnung der Kommunikationsmittel wie Telefon, Fernschreiben, Television, Flugzeuge usw.) neutralisiert würden [76]. Man kann sich deshalb fragen, ob die bisher erfolgte Konzentration auf gleichsam bevorzugte Teilgebiete eines Landes „möglicherweise als eine vorübergehende Begleiterscheinung der ersten Industrialisierungsphase" angesehen werden muß, „als eine Konzentrationsschwelle, die zunächst erst einmal überschritten werden mußte" [77].

Dies bedeutet allerdings nicht, daß der generelle *Trend zur Konzentration,* der zum produktivitäts- und versorgungssteigernden Verbund führt, unterbrochen würde. Im Gegenteil! Immer weniger Menschen werden bereit sein, agglomerationsfern zu wohnen, und für immer mehr Betriebe werden die Agglomerationsvorteile zur strategischen Größe der Standortwahl. Zudem zwingen die steigenden Ansprüche von Wirtschaft und Bevölkerung an die Quantität und Qualität der infrastrukturellen Ausstattung zu einer gewissen Verdichtung der Siedlungsweise. Denn viele der geforderten Leistungen können aus produktionsbedingten Unteilbarkeiten erst von einer bestimmten Mindestgröße an wirtschaftlich erstellt werden.

Die Schlußfolgerung, die sich aus den dargelegten Veränderungstendenzen aufdrängt, ist vielmehr eine andere: Als *attraktive* und damit *entwicklungsbegünstigte Standorte* werden inskünftig nur solche Teilräume in Frage kommen, die den betrieblichen Standortanforderungen *und* den Wohn- und Freizeitwünschen der Bevölkerung mehr oder weniger *„en bloc"* entsprechen. Wegen der zunehmenden Standortbefreiung werden aber immer mehr Gebiete in die Lage versetzt, diese Bedingungen ausnahmslos zu erfüllen [78]. Denn diese sind *grundsätzlich gestaltbar* und können durch eine zweckmäßige Regionalpolitik geschaffen werden. Dies gilt in besonderem Ausmaß für haushaltorientierte Infrastrukturbereiche, denen im Rahmen *aller* standortrelevanten Faktoren wachsende Bedeutung zukommt.

In dieser *erweiterten Gestaltbarkeit und Lenkbarkeit* der räumlichen Verteilung von Wirtschaft und Bevölkerung muß der wachsende Spielraum und damit die Chance der

---

[76] Vgl. *D. Schröder,* Strukturwandel, Standortwahl und regionales Wachstum, PROGNOS Studien 3, Stuttgart 1968, S. 51 ff.

[77] *D. Schröder,* aaO, S. 52.

[78] Vgl. dazu *H. Jürgensen,* Produktivitätsorientierte Regionalpolitik als Wachstumsstrategie Hamburgs, aaO, S. 75.

Regionalpolitik erblickt werden, die teilräumlichen Ausgangsstrukturen an die überregionalen Entwicklungen in Wirtschaft und Gesellschaft anzupassen, um auf diesem Weg potentielle Entwicklungsmöglichkeiten in allen Landesteilen zu schaffen.

III. Zusammenfassung: Ergebnisse für die Regionalpolitik

Mit den vorstehenden Thesen wurden jene Zusammenhänge der teilräumlichen Entwicklung erörtert, die wir als die *zentralen Bereiche der Regionalforschung und Regionalpolitik* erachten. Daraus lassen sich gleichzeitig die Ansatzpunkte einer realitätsbezogenen, teilräumlichen Entwicklungspolitik erkennen, die zusammenfassend wie folgt dargelegt werden können.

1. Ausgangsmodell für regionale Strukturanalysen

Zur Erfassung und Erklärung teilräumlicher Entwicklungsprozesse wurde ein Gesamtmodell erarbeitet, das im Sinne eines allgemeinen Ausgangs- und Bezugssystems die wichtigsten struktur- und entwicklungsbestimmenden Faktoren sowie deren gegenseitige Interdependenzen aufzeigt.

Das *nachstehende Schema* veranschaulicht dieses *Ausgangsmodell*, das wie folgt erläutert werden kann:

Zunächst werden die wichtigsten Bestimmungsfaktoren darnach unterteilt, ob sie von außerhalb oder aber von innerhalb einer gegebenen Region aus wirksam sind. Dies aus der Überlegung, daß die teilräumliche Entwicklung aus dem *Zusammenspiel überregionaler und innerregionaler Entwicklungsfaktoren* erklärt werden muß (These 2), wobei beide Faktorgruppen für die Regionalpolitik zu ganz unterschiedlichen Konsequenzen führen.

- Als *überregionale, exogene Triebkräfte* bezeichneten wir eine Reihe von Entwicklungsprozessen, die sich im Zuge der Gesamtentwicklung von Wirtschaft und Gesellschaft in hochentwickelten Industriestaaten vollziehen. Dazu zählen wirtschaftlich-technische Faktoren, geprägt durch das fortschreitende technische Wissen und die daraus resultierenden wirtschaftlichen Angebots- und Nachfrageumschichtungen. Sie führen insgesamt zu veränderten Standortanforderungen der Betriebe. Eine zweite Faktorgruppe ist soziologisch-gesellschaftlichen Ursprungs. Sie wird geprägt durch den Wandel der Lebens- und Verbrauchsgewohnheiten der Menschen und schlägt sich in veränderten Wohnort- und Freizeitwünschen der Bevölkerung nieder. Weitere überregionale Faktoren stellen die politisch-institutionellen Rahmenbedingungen dar, einerseits als direkte Einflußnahmen übergeordneter Entscheidungsinstanzen im Rahmen der Finanzpolitik, andererseits als indirekte Einflußnahmen im Rahmen der Gesamtpolitik für Wirtschaft und Gesellschaft.
  All diese Wirkungskräfte wurden als *exogene* Faktoren bezeichnet, weil sie gleichsam irreversible Entwicklungsprozesse darstellen, die aus der regionalen Perspektive

nicht wirksam beeinflußt werden können und deshalb als „Datum" betrachtet und bewußt in den Dienst der Regionalpolitik gestellt werden müssen. Die Bezeichnung „*überregionaler Natur*" deutet an, daß diese Faktoren grundsätzlich in gleicher Weise auf alle Teilgebiete eines Landes ausstrahlen; da sie jedoch auf unterschiedliche

Schema: Ausgangsmodell für regionale Strukturanalysen

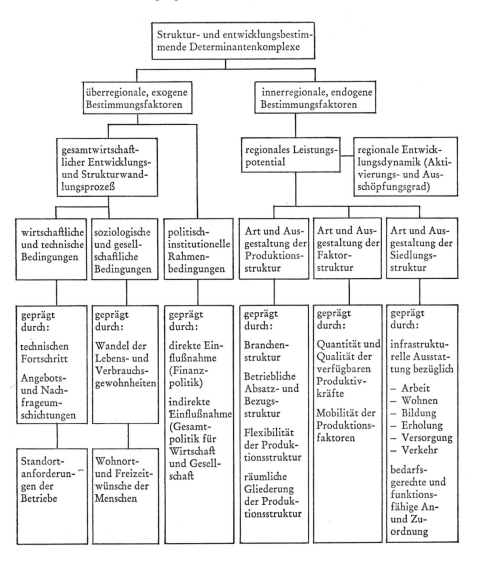

regionale Ausgangsstrukturen treffen, lösen sie in den einzelnen Teilräumen differenzierte Entwicklungsprozesse aus (These 3).

– Hiervon werden *innerregionale, endogene Faktoren* unterschieden. Es sind dies jene Entwicklungskräfte, die von Region zu Region variieren, grundsätzlich durch regionalpolitische Maßnahmen beeinflußbar sind und in ihrer Gesamtheit das *regionale Leistungspotential* prägen. Dessen jeweiliger Ausschöpfungs- bzw. Aktivierungsgrad bestimmt die teilräumliche Entwicklungsdynamik.

Die *wichtigsten Strukturzusammenhänge* und *Schlüsselgrößen* des regionalen Leistungspotentials werden in drei raumordnungspolitisch relevante Teilbereiche aufgespalten (These 4). Es sind dies die *Art und Ausgestaltung der Produktionsstruktur*, wobei innerhalb derselben die Branchenstruktur, die betriebliche Absatz- und Bezugsstruktur, die Flexibilität sowie die räumliche Gliederung der Produktionsstruktur im Vordergrund stehen; ferner die *Art und Ausgestaltung der Faktorstruktur*, d. h. die Quantität und Qualität der verfügbaren Produktivkräfte sowie insbesondere die Mobilität des Produktionsfaktors Arbeit; schließlich die *Art und Ausgestaltung der Siedlungsstruktur*, innerhalb derer die quantitative und qualitative infrastrukturelle Ausstattung im Hinblick auf die elementaren Lebensbedürfnisse der Menschen sowie eine bedarfsgerechte und funktionsfähige An- bzw. Zuordnung dieser öffentlichen Einrichtungen im Zentrum stehen.

Damit ist das Ausgangsmodell in groben Zügen charakterisiert. Es zeigt uns die entwicklungsrelevanten Strukturzusammenhänge auf und bietet *Ansatzpunkte* für *tiefergehende Wirkungsanalysen* in ausgewählten Strukturbereichen. Solche sind unbedingt notwendig, da dieses Bezugssystem *keine abschließenden Aussagen* über eine Reihe wichtiger Fragen zu geben vermag: Erstens sind nicht alle Querbeziehungen aufgeführt, die in Form gegenseitiger Abhängigkeiten zwischen den einzelnen Strukturbereichen bestehen. Zweitens fehlen Aussagen über die konkrete Wirkungs*stärke* der einzelnen Bestimmungsfaktoren in diesen Strukturbereichen. Allerdings ist festzuhalten, daß auch in vertieften Partialanalysen die Ermittlung derselben für alle Einflußfaktoren und deren Einordnung in eine allgemein gültige Rangfolge praktisch *unmöglich* ist. Denn neben die wirtschaftlichen Beziehungen treten eine Vielzahl soziologischer und gesellschaftlicher Einflußfaktoren, deren Wirkungsweise zwar offensichtlich ist, deren Wirkungsstärke aber (noch) nicht quantifiziert werden kann. Ferner bewirken die gegenseitigen Abhängigkeiten zwischen den mannigfachen Entwicklungskräften, daß sich die Wirkungsweisen (und damit die Bedeutung) der einzelnen Faktoren teils ergänzen und verstärken, teils aber auch begrenzen und abschwächen, je nach der gegebenen Art und Ausgestaltung der regionalen Strukturen. Schließlich kommt hinzu, daß sich die Gewichte der einzelnen Bestimmungsgrößen in zeitlicher und räumlicher Hinsicht ständig verschieben, so daß selbst eine isolierte Analyse einzelner Faktoren kaum zu einem generellen, abschließenden Ergebnis führen kann.

Trotz der Komplexität all dieser Interdependenzen ist *der per-Saldo-Einfluß* aller regionalen Entwicklungskräfte dagegen meßbar. Denn dieser schlägt sich gesamthaft im *regionalen Leistungspotential* nieder und kann durch den *Entwicklungsstand* einer Region quantifiziert und anhand dessen Veränderung im Zeitablauf verfolgt werden. Als Maßstab hierzu benötigt man regionale Globalindikatoren, entsprechend der auf Landesebene verfügbaren Größen (Volkseinkommen, Sozialprodukt). Wir erwähnten, daß diese Indikatoren Behelfsmaßstäbe darstellen, weil sie nur den *materiellen, meß-*

baren Wohlstand zum Ausdruck bringen und eine Reihe immaterieller Wohlfahrtskomponenten außer acht lassen. Trotz dieser Einschränkung bilden regionale Einkommensaggregate für die praktische Analyse einen *unerläßlichen Ausgangspunkt* zur Beurteilung von Entwicklungsstand und Entwicklungsvermögen der Teilräume eines Landes. Neben diese globale Erfassung des Leistungspotentials haben dann ergänzend vertiefte Kausalanalysen in ausgewählten Strukturbereichen zu treten. Davon handelt der dritte Teil unserer Arbeit.

2. Analyse der Wohnort- und Standortpräferenzen als Grundlagenproblem der Regionalforschung

In These 2 wurde festgehalten, daß der gesamtwirtschaftliche Standortaufbau – und damit die räumliche Verteilung von Wirtschaft und Bevölkerung – tiefgreifenden Veränderungen unterliegt und in wachsendem Ausmaß von nichtwirtschaftlichen Bestimmungsfaktoren mitgeprägt wird.

Im Grenzbereich zwischen der ökonomischen und der nichtwirtschaftlichen Sphäre erkannten wir – als entscheidende Kernvariable der Regionalpolitik – den *Menschen* und sein *materielles und immaterielles Wohlergehen*. Um dieser abstrakten Formulierung konkreten Inhalt zu geben und auf eine der praktischen Analyse zugängliche Ebene zu projizieren, erfaßten wir die Bevölkerung in ihrer zweifachen Bedeutung: Einmal als Anbieter von Arbeitskraft, zum andern als Nachfrager nach wirtschaftlichen Gütern und Dienstleistungen, insbesondere aber nach infrastrukturellen Einrichtungen und Leistungen aller Art. Auf diese Weise konnten die engen Interdependenzen veranschaulicht werden, die insbesondere zwischen der Produktions- und der Siedlungsstruktur bestehen: Für die *regionale Produktionstätigkeit* (und damit für die wirtschaftliche Entwicklung) stellt sich die entscheidende Frage, inwieweit es gelingt, den knappen Produktionsfaktor Arbeit in quantitativ und qualitativ erwünschtem Ausmaß regional zu binden. Wir hielten fest, daß hierfür das Angebot an regional attraktiven Arbeitsplätzen eine wohl notwendige, aber keine hinreichende Voraussetzung darstellt. Ebenso wichtig ist auch die Nachfrage nach regionalen Arbeitsplätzen. Diese hängt aber weitgehend davon ab, inwieweit die teilräumlichen Standortqualitäten neben den Ansprüchen an den Arbeitsplatz auch den menschlichen Anforderungen und Bedürfnissen in bezug auf die anderen elementaren Lebensbedürfnisse zu entsprechen vermögen. Dies setzt – gesamthaft betrachtet – eine teilräumlich bedarfsgerechte und funktionsfähige Siedlungsstruktur voraus. Das nachstehende Schema bringt diese Querbeziehungen zwischen den beiden Strukturbereichen gesamthaft zur Darstellung. Festzuhalten bleibt, daß wegen der erklärten Umgewichtung der Bestimmungsfaktoren des gesamtwirtschaftlichen Standortaufbaus diese Verflechtungen inskünftig noch an Bedeutung gewinnen werden. Wir folgerten, daß diese Entwicklungstendenzen für die Regionalpolitik in dreierlei Hinsicht zu erheblichen Konsequenzen führen.

– *Erstens* ergeben sich daraus veränderte, insgesamt jedoch *steigende quantitative und qualitative Ansprüche* an die *infrastrukturelle Ausstattung* im weitesten Sinn (vgl. nachstehendes Schema).

Schema: Zusammenhang zwischen regionaler Produktions- und Siedlungsstruktur bezogen auf die elementaren Grundbedürfnisse der Menschen

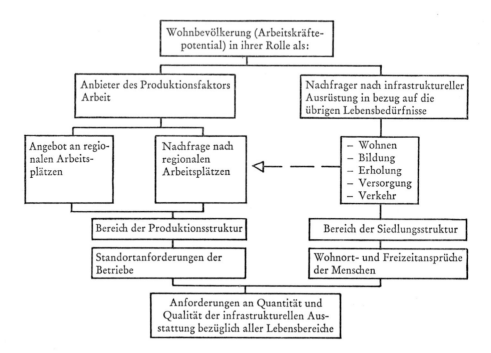

- *Zweitens* fordern die veränderten Konsumentenwünsche eine *verdichtete Siedlungsweise* und damit eine gewisse *Konzentration* von Wirtschaft und Bevölkerung. Denn erst eine solche führt zu einem entfernungsverkürzenden produktivitäts- und versorgungssteigernden Verbund bezüglich aller Lebensbereiche. Dies erklärt die Bevorzugung von Agglomerationen und deren unmittelbaren Einzugsgebiete als Wohnort und Produktionsstandort zugleich.
- *Drittens* wurde festgehalten, daß diese Veränderungen der Wohnortwünsche der Menschen und der Standortanforderungen der Betriebe gleichsam *irreversible Entwicklungsprozesse* darstellen. Sie können von der Regionalpolitik nicht wirksam beeinflußt werden und müssen als eigentliche „Raumdaten" betrachtet werden.

Wohl werden heute die Ursachen dieser Umschichtungen zunehmend erkannt; allgemeingültige, gesicherte Aussagen über deren Wirkungsweisen liegen aber noch nicht vor. Aus diesem Grunde wird eine umfassende, empirische Verifizierung dieser thesenartig formulierten Entwicklungstendenzen zum *zentralen Grundlagenproblem* einer wirksamen Regionalpolitik. Notwendig wären insbesondere vertiefte Kenntnisse über folgende Fragestellungen:

(1) Welches sind die gegenwärtigen und inskünftig zu erwartenden raumrelevanten Ansprüche der Menschen in bezug auf die elementaren Lebensbereiche (Arbeit, Wohnen, Bildung, Erholung, Versorgung, Verkehr und Kommunikation)?
(2) Welches sind die gegenwärtigen und inskünftig zu erwartenden regionalen Präferenzen der Arbeitskräfte in bezug auf den Arbeits- und Wohnort?
(3) Welches sind die gegenwärtigen und inskünftig zu erwartenden regionalen Präferenzen der Betriebe in bezug auf den Produktionsstandort?

Die erste Fragestellung muß zu jenen Kenntnissen führen, von denen letztlich die *Ausgestaltung einer bedarfsgerechten und funktionsfähigen teilräumlichen Siedlungsstruktur* abhängt. Die beiden anderen Fragestellungen müssen über die *räumlich relevanten Verhaltensweisen der Wohnbevölkerung und der Unternehmerschaft*, über ihre Motivationsstrukturen bei Wohnort- und Standortentscheidungen Aufschluß geben, soweit diese für die räumliche Verteilung von Bevölkerung und Wirtschaft relevant sind. Insgesamt geht es darum, jene Faktoren aufzudecken, die die enormen *interregionalen Wanderungsbewegungen* verursachen, welche bereits heute in Ausmaß und Richtung ein sowohl ökonomisch als auch raumordnungspolitisch erwünschbares Ausmaß bei weitem übersteigen. Vertiefte Kenntnisse hierüber sind im Rahmen einer realwissenschaftlichen Standorttheorie zu erarbeiten, unter Anwendung der Methoden der empirischen Sozialforschung. Davon wird bei der Analyse der Faktorstruktur noch eingehend zu sprechen sein [79].

3. Förderung der Anpassungsfähigkeit räumlicher Ausgangsstrukturen als Kernproblem der Regionalpolitik

Jede funktional sinnvoll abgegrenzte Region hat *Entwicklungsmöglichkeiten aus eigener Kraft.* Aufgabe der Regionalpolitik muß es sein, das regionale Leistungspotential derart zu aktivieren, daß die einzelnen Teilräume, ihren jeweiligen Möglichkeiten entsprechend, die gegebenen Entwicklungschancen zu realisieren vermögen. Dies ist gleichbedeutend mit der erklärten Zielsetzung, im Rahmen der Gesamtpolitik für Wirtschaft und Gesellschaft und auf gesamträumliche Ordnungsvorstellungen ausgerichtet einen möglichst wachstumsgerechten Einsatz der regional verfügbaren Produktivkräfte anzustreben.

Wegen der engen Interdependenzen, die zwischen den innerregionalen und den überregionalen Bestimmungsfaktoren als entscheidende Determinanten der teilräumlichen Entwicklung bestehen, folgerten wir, daß die sich bietenden Entwicklungschancen offenbar dann am ehesten wahrgenommen werden, wenn es gelingt, die *regionalen Ausgangsstrukturen bestmöglich den überregionalen Entwicklungen von Wirtschaft und Gesellschaft anzupassen.* Darin liegt das Kernproblem der Regionalpolitik: Sie hat zu fragen,

---

[79] Neuerdings hat Töpfer Ansätze für eine derart konzipierte Standorttheorie entwickelt. Man vgl. *K. Töpfer*, Regionalpolitik und Standortentscheidung, Bielefeld 1969; sowie *derselbe,* Überlegungen zur Quantifizierung qualitativer Standortfaktoren, aaO, S. 166–193.
Auch Zimmermann kommt zu ähnlichen Ergebnissen, wenn er die Frage nach der regionalen Mobilität sowie die Erarbeitung einer empirisch gehaltvollen Standorttheorie als vordringlichste Grundsatzuntersuchungen der Regionalpolitik betrachtet. Vgl. *H. Zimmermann*, Programmstudie Regionalpolitik, Vorschläge für Grundsatzuntersuchungen, Hrsg. von: Gesellschaft für Regionale Strukturentwicklung, September 1969, o. O.

welche Ansprüche aus den überregionalen, exogenen Bestimmungsfaktoren an eine wachstums- und standortgerechte Regionalstruktur resultieren und diese mit der gegebenen Ausgangssituation der Teilgebiete zu konfrontieren. Daraus sind dann die notwendigen Anpassungen abzuleiten, die durch die Regionalpolitik unterstützt und gefördert werden müssen.

Unsere Hypothesendiskussion führte zu einer Reihe grundlegender Anpassungsprobleme, die zwar je nach der konkreten Art und Ausgestaltung der regionalen Ausgangsstrukturen unterschiedliche Bedeutung erlangen, generell jedoch stets im Vordergrund stehen (These 5):

- Im *Bereich der Produktionsstruktur* soll die Regionalpolitik in erster Linie durch geeignete Maßnahmen die *Anpassungsbereitschaft und -willigkeit der privaten Unternehmer* fördern und unterstützen. Denn den produzierenden Bereichen obliegt es, ihre Produktions- und Absatzstrukturen unaufhörlich mit den entwicklungsbedingten Veränderungen der jeweiligen Marktkonstellationen bestmöglich abzustimmen. Ziel ist es, einen Faktoreinsatz zu erreichen, der eine *möglichst produktive Leistungserstellung* der lokalen Produktionseinheiten gewährleistet.
- Im *Bereich der Faktorstruktur* geht es darum, ausgerichtet auf die Flexibilität der Produktionsstruktur, die berufliche, soziale, geistige und regionale Mobilität des Produktionsfaktors Arbeit in *ökonomisch und raumordnungspolitisch sinnvollem Ausmaß* zu fördern. Denn auch die Arbeitskräfte müssen mit den entwicklungsbedingten Veränderungen Schritt halten können, was insbesondere an deren berufliche Mobilität hohe Anforderungen stellt. Damit sollen mögliche Engpässe und Überkapazitäten bei der Leistungserstellung und ein daraus resultierender unwirtschaftlicher Einsatz der verfügbaren Produktivkräfte vermieden werden, soweit dieser auf eine mangelhafte Arbeitsmobilität zurückzuführen ist. Generell steht jedoch die Frage im Mittelpunkt, inwieweit die verfügbaren Produktivkräfte in quantitativ und qualitativ erwünschtem Ausmaß *regional gebunden* werden können.
- Dies setzt in erster Linie geeignete Anpassungsmaßnahmen im Bereich der *Siedlungsstruktur* voraus. Hier geht es darum, durch eine *geeignete Infrastrukturpolitik* im weitesten Sinn die infrastrukturelle Ausstattung bezüglich aller Lebensbereiche der Menschen bestmöglich den veränderten Ansprüchen und Bedürfnissen einer sich wandelnden Wirtschaft und Gesellschaft anzupassen. Neben die *unternehmungsorientierte* Infrastrukturpolitik (ausgerichtet auf das Grundbedürfnis Arbeit, bei der die Standortwünsche der Betriebe im Vordergrund stehen), tritt eine *haushaltsorientierte* Infrastrukturpolitik (ausgerichtet auf die Wohn-, Versorgungs-, Bildungs- und Freizeitwünsche der Menschen). *Ziel ist es, eine bedarfsgerechte* und *funktionsfähige* räumliche Anordnung und gegenseitige Zuordnung (Verkehr!) der infrastrukturellen Einrichtungen zu erreichen, im Rahmen der erklärten Strategie einer *Regionalisierung mit Schwerpunktbildung.*

In These 6 wurde schließlich postuliert, daß sich der *Spielraum der Regionalpolitik wesentlich erhöht,* weil die in den Vordergrund drängenden gesellschaftlichen Standortanforderungen grundsätzlich gestaltbar sind. Um diese Chance zu nutzen, bedarf es allerdings einer *prospektiven Blickrichtung.* Dies bedeutet, daß bei der Konfrontation zwischen der regionalen Ausgangsstruktur und den überregionalen Veränderungen in

Wirtschaft und Gesellschaft nicht nur auf Vergangenheit und Gegenwart abgestellt werden kann. Um die notwendigen Strukturanpassungen zu erkennen, benötigt man zweierlei:

(1) Es müssen die gegenwärtigen und *inskünftig zu erwartenden Veränderungen* der überregionalen Entwicklungsprozesse, soweit diese bereits heute voraussehbar sind, in Rechnung gestellt werden. (Prospektivanalysen über die Standort- und Wohnortwünsche von Menschen und Betrieben.)
(2) Ferner müssen die inskünftig zu erwartenden, *regional verfügbaren Produktivkräfte* realistisch vorausgeschätzt werden (im Sinne der einleitend genannten status-quo-Projektionen).

Die *Kernfrage*, die es zu beantworten gilt, lautet demnach: *Wie kann eine optimale Anpassung der regionalen Ausgangsstruktur an die überregionalen Entwicklungsbedingungen von morgen erreicht werden, unter Berücksichtigung der dann zu erwartenden, regional verfügbaren Ressourcen?*

Dies illustriert die enge Verknüpfung, die zwischen der Analyse und der Prognose teilräumlicher Entwicklungsprozesse als Grundlage einer wirksamen Regionalpolitik besteht [80].

---

[80] Einleitend wurde erwähnt, daß die Probleme teilräumlicher Entwicklungsprognosen in der vorliegenden Arbeit ausgeklammert bleiben. Eine vertiefte Analyse über die Möglichkeiten und Grenzen regionaler Prospektivanalysen wird im Rahmen eines Fortsetzungsberichtes veröffentlicht werden, der gegenwärtig im Entwurf vorliegt. Vgl. hierzu *F. Jaeger*, Methoden und Probleme der Regionalprospektive, Manuskript, St. Gallen 1971.

Dritter Teil

METHODEN DER ANALYSE
TEILRÄUMLICHER ENTWICKLUNGSPROZESSE

Für den weiteren Aufbau dieser Arbeit sind die vorstehend ermittelten theoretischen Grundlagen wegleitend. Sie geben uns im Sinne eines allgemeinen Ausgangs- und Bezugssystems die notwendige *Basis zur Ableitung raumordnungspolitisch relevanter, realitätsbezogener und der praktischen Analyse zugänglicher* Untersuchungsmethoden der teilräumlichen Entwicklung.

Aus dieser Perspektive sind jetzt die mannigfachen Erklärungsmodelle und Untersuchungsverfahren, die heute in Theorie und Praxis der Regionalforschung angeboten werden, daraufhin zu prüfen, inwieweit diese aussagefähig und geeignet sind, zu einer den gestellten Anforderungen entsprechenden Regionalanalyse beizutragen. Ausgerichtet wird dieser analytische Teil auf jene Problembereiche, die gemäß dem erarbeiteten Ausgangsmodell regionalpolitisch von besonderer Bedeutung sind. Dazu zählen:

– Erfassungsmöglichkeiten von *Entwicklungsstand* und *Entwicklungspotential* der Teilgebiete (im Sinne eines globalen per-Saldo-Einflusses aller innerregionalen Entwicklungskräfte);
– Analysemöglichkeiten im Bereich der *Produktionsstruktur*,
– Analysemöglichkeiten im Bereich der *Faktorstruktur*,
– Analysemöglichkeiten im Bereich der *Siedlungsstruktur*.

Zur Erfassung des regionalen Leistungspotentials fehlen in der Schweiz – im Gegensatz zu anderen Industriestaaten – offiziell ausgewiesene, teilräumliche Globalaggregate wie Volkseinkommen und Sozialprodukt. Da diese Lücke in der amtlichen Regionalstatistik für die praktische Politik einen empfindlichen Mangel darstellt, wird in einer vertieften Analyse den Möglichkeiten und Grenzen nachgegangen, die eine Berechnung solcher Globalaggregate bietet. Es wird ein *möglicher Lösungsweg* aufgezeigt und dieser anhand konkreter, *kantonaler Volkseinkommensberechnungen* ausführlich erläutert und zur Diskussion gestellt.

Bei der Analyse einzelner Strukturbereiche (Produktions-, Faktor- und Siedlungsstruktur) wird das Schwergewicht auf Erfassungs- und Erklärungsmöglichkeiten jener *struktur-* und *entwicklungsbestimmenden Faktoren* gelegt, die aus der Gesamtperspektive des regionalen Leistungspotentials von besonderer Bedeutung sind bzw. dieses schwergewichtig beeinflussen. Gleichzeitig werden die wechselseitigen *Interdependenzen* aufgezeigt, die zwischen den ausgewählten Strukturbereichen bestehen, um diesen soweit wie möglich Rechnung zu tragen.

Da wir die nachfolgenden Ausführungen nicht nach der *Art* möglicher Analysenmethoden gliedern, sondern *problemorientiert* nach relevanten Strukturbereichen vorgehen, wird den Teilanalysen zunächst eine kurze *Charakterisierung* der *gebräuchlichen Analysemethoden* vorangestellt, soweit dies für das weitere Vorgehen nützlich erscheint.

I. Charakterisierung der gebräuchlichsten Analyseverfahren

A. Zur Problematik regionaler Strukturanalysen

Den nachfolgenden Untersuchungsmethoden in ausgewählten Strukturbereichen seien einige grundsätzliche Gesichtspunkte vorangestellt, die die *eigentliche Problematik* regionaler Strukturanalysen verdeutlichen. Es handelt sich um *grundsätzliche* und um *praktische Schwierigkeiten*, die beim Versuch einer empirischen Erfassung des teilräumlichen Geschehens fast immer auftreten.

- Erstens haben die vorstehenden Ausführungen ergeben, daß die Komplexität und der spezifische Charakter des regionalen Geschehens die Ableitung eines allgemeinen theoretischen Ansatzes mit generellem Gültigkeitsanspruch von vornherein *unmöglich* macht. Denn jeder Erklärungsversuch der teilräumlichen Entwicklung muß – sofern dieser den Erfordernissen einer realitätsbezogenen Analyse entsprechen soll – auf die *Individualität der Teilnahme* und ihre meist historisch vorgeformte Ausgangsstruktur Bezug nehmen. Deren unterschiedliche Ausgestaltung führt dazu, daß den einzelnen Bestimmungsfaktoren der regionalen Entwicklung je nach der konkreten Ausgangsstruktur und der sich stellenden Einzelprobleme sehr unterschiedliches Gewicht zukommt. Wegen der unumgänglichen Beschränkung jeder Analyse auf die jeweils wichtigsten Bestimmungsfaktoren wäre es deshalb – so verlockend dies aus theoretischer Sicht auch sein mag – unzweckmäßig, von einem generellen, formal strengen Erklärungsmodell auszugehen, in der fälschlichen Annahme, daß sich dieses dann für alle Regionen in gleich guter Weise eignen würde [1].

Aus diesem Grunde wird der Analytiker gezwungen, das Schwergewicht der Analyse, ausgerichtet auf den jeweiligen konkreten Einzelfall, auf unterschiedliche Strukturzusammenhänge und der diese bestimmenden Faktoren zu verlagern. Dieses Vorgehen führt naturgemäß zur Anwendung *partieller Analysemethoden*. Deshalb wurde auch ein theoretisches Ausgangsmodell erarbeitet, das diesen Gesichtspunkten Rechnung trägt und eine sinnvolle Anwendung von Partialanalysen ermöglicht, ohne dabei den Gesamtzusammenhang aller Entwicklungsfaktoren aus den Augen zu verlieren.

---

[1] Dies ist – neben den früher aufgeführten Einschränkungen – ein weiterer Grund, weshalb sich gesamtwirtschaftliche Totalmodelle, wie etwa die Landschaftsstrukturmodelle von Christaller, Lösch und von Böventer, zur Lösung der Entwicklungsprobleme einzelner Regionen nicht eignen. Inwieweit diese abstrakten Modellansätze dennoch wesentliche Determinanten der regionalen Verteilung von Wirtschaft und Bevölkerung aufzeigen und damit bestimmte Tendenzen der räumlichen Entwicklung im groben zu erkennen helfen, wird bei der Analyse der Siedlungsstruktur noch eingehend zur Sprache kommen.

– Eine zweite grundsätzliche Schwierigkeit, die sich auch bei Partialanalysen stellt, liegt in der Unmöglichkeit, neben den generellen *Wirkungsweisen* auch die *Einflußstärke* aller relevanten Entwicklungsfaktoren sowie deren gegenseitige Abhängigkeiten quantitativ erfassen zu können. Wir erwähnten, daß dies beim gegenwärtigen Erkenntnisstand und den verfügbaren Meßtechniken einfach nicht möglich ist. Insbesondere im Bereich der *nichtwirtschaftlichen* Einflußfaktoren (z. B. gesellschaftliche Präferenzen in bezug auf den Wohn- und Freizeitwert einer Region), aber auch im Bereich der wirtschaftlichen Faktoren *qualitativer Art* (z. B. die Einflußstärke gewisser Agglomerationswirkungen) stellen sich noch ungelöste Meßprobleme. Man wird deshalb aufgrund der bisherigen Kenntnis über die wichtigsten Bestimmungsfaktoren teils mit statistisch meßbaren Hilfsgrößen arbeiten müssen, teils sich sogar mit ersten a priori Gewichtungen einzelner Wirkungskräfte zu begnügen haben, ohne daß die postulierten Wirkungsweisen im Detail empirisch verifiziert werden können.

Neben diese grundsätzlichen Schwierigkeiten treten *praktische Hindernisse*, die namentlich bei kleinräumlichen Analysen oft noch entscheidender ins Gewicht fallen. Gemeint ist damit die wiederholte und berechtigte Klage über den für analytische Zwecke völlig *ungenügenden Auf- und Ausbau* der Regionalstatistik. In der Tat hat die Theorie zu einer Reihe von Analyseverfahren geführt, die grundsätzlich anwendbar wären, jedoch am fehlenden und/oder ungenügenden statistischen Basismaterial scheitern. Leider werden wir bei den nachfolgenden Ausführungen nur allzuoft auf diesen unliebsamen Tatbestand aufmerksam machen müssen. Diese grundsätzlichen und praktischen Schwierigkeiten grenzen die Möglichkeiten aussagefähiger regionaler Strukturanalysen erfahrungsgemäß sehr stark ein.

B. Gliederung der regionalen Analyseverfahren

Überblickt man aus dieser Perspektive das gegenwärtig verfügbare Instrumentarium der Regionalforschung und greift jene Methoden heraus, die sich für eine realitätsbezogene und praktisch realisierbare Analyse anbieten, so können diese in einer *ersten Charakterisierung* wie folgt gegliedert werden[2].

---

[2] Als Standardwerke regionaler Strukturanalysen seien genannt: *Boustedt/Ranz*, Regionale Struktur- und Wirtschaftsforschung, Aufgaben und Methoden, Bremen-Horn 1957; ferner *W. Isard*, Methods of Regional Analysis. An Introduction to Regional Science, New York, 1960. Neuere Beiträge über praktikable Analysemethoden finden sich u. a. bei *H. K. Schneider*, Modelle für die Regionalpolitik, aaO [In: Beiträge zur Regionalpolitik, Schriften des Vereins für Socialpolitik, N. F., Band 41, Berlin 1968], S. 63 ff.; *J. H. Müller*, Neuere Methoden der Regionalanalyse und ihre Anwendbarkeit auf kleinere Räume, Diss. Bonn 1968, S. 86 ff., ferner *derselbe*, Wirtschaftliche Grundprobleme der Raumordnungspolitik, aaO, insbesondere S. 68–88. *H. K. Schneider*, Über einige Probleme und Methoden regionaler Analyse und Prognose, in: Regionalplanung, aaO, S. 95. Schließlich: *H. Mehrländer*, Methoden und Ergebnisse der Regionalplanung, Diss. Bonn 1968; *E. Lauschmann*, Grundlagen einer Theorie der Regionalpolitik, Hannover 1970.

1. Ermittlung globaler Indikatoren zur Charakterisierung von Entwicklungsstand und -potential einer Region

Zu den *globalen Indikatoren* zählen verschiedene Meßziffern, anhand derer man auf den *Entwicklungsstand* und die *Entwicklungsfähigkeit* einer Region zu schließen versucht. An erster Stelle sind hier volkswirtschaftliche Globalgrößen zu nennen (Volkseinkommen, Sozialprodukt, Bruttoinlandsprodukt usw.), die für nationale Volkswirtschaften in praktisch allen Ländern verfügbar sind und periodisch ermittelt werden. Da jedoch auf regionaler Ebene selbst diese grundlegenden Globalziffern häufig fehlen (d. h. mangels statistischer Unterlagen nicht aufbereitet werden können), greift man im allgemeinen auf *Ersatzgrößen* zurück (Industriebesatz, Realsteuerkraft, gewisse demographische Kennziffern, wie Bevölkerungsdichte und Bevölkerungsbewegungen usw.). Auf die sehr *unterschiedliche* Eignung dieser Indikatoren zur Charakterisierung von Entwicklungsstand und Entwicklungspotential wird an anderer Stelle einzugehen sein. Hier ist lediglich festzuhalten, daß diese Meßziffern generell rein *deskriptive* Informationsinstrumente darstellen, die in ihren einfachsten Formen weder Einblick in die Strukturzusammenhänge noch Aufschluß über die Wirkungsweise bestimmter Entwicklungskräfte zu geben vermögen. Auch die Versuche, durch eine geeignete Kombination mehrerer solcher Kennziffern zu vertieften Einsichten in das regionale Geschehen zu gelangen, führt nicht über das rein Deskriptive hinaus.

Anders verhält es sich dann, wenn die *volkswirtschaftlichen* Globalgrößen (wie Volkseinkommen und Sozialprodukt) nicht in globaler Form, sondern detaillierter in erweiterten Volkseinkommensstatistiken vorliegen, die beispielsweise Aufschluß über die Zusammensetzung nach Einkommensarten oder eine Gegenüberstellung der Entstehungs-, Verteilungs- und Verwendungsrechnung ermöglichen. In diesen Fällen sind Einblicke in spezifische Strukturzusammenhänge möglich.

Trotz dieser gewichtigen Einschränkungen sind volkswirtschaftliche Globalindikatoren nicht etwa wertlos, sondern von *erheblicher praktischer Bedeutung*. Denn sie gestatten eine *systematische* und *übersichtliche* Darstellung der Ausgangslage (Entwicklungsniveau) einer Region und vermitteln bei entsprechender Ausgestaltung auch erste Anhaltspunkte für eine naturgemäß noch oberflächliche Beurteilung regionaler Entwicklungsmöglichkeiten. Davon wird noch eingehend zu sprechen sein.

2. Ermittlung spezieller Indikatoren zur Charakterisierung regionaler Besonderheiten

Auch bei diesen Analysemethoden geht es vornehmlich um eine statistische Durchleuchtung regionaler Strukturzusammenhänge, die im allgemeinen noch *keine Erklärung der Wirkungsmechanismen* zwischen bestimmten Entwicklungskräften erlaubt.

— Dazu zählt zunächst die simple *Erfassung regionaler Standortkomponenten* im Sinne einer detaillierten Bestandesaufnahme, von der die meisten Regionalanalysen ausgehen. Am gebräuchlichsten ist eine nach dem Faktorenprinzip gegliederte Zusammenstellung von Lage und Entwicklung der Bevölkerung, des Realkapitals, des Bodens, des technischen und organisatorischen Wissens [3]. Häufig wird diese Globalbetrachtung verfeinert, so beispielsweise die Bevölkerung nach natürlicher Entwick-

---

[3] *J. H. Müller,* Neuere Methoden der Regionalanalyse, aaO, S. 88.

lung und Wanderung dargestellt, das Kapital nach Infrastruktur und Privatkapital getrennt erfaßt usw. In weiteren Vertiefungen werden diese Komponenten auch vielfach auf ihre sektorale Zusammensetzung hin untersucht. Es ist naheliegend, daß für jede konkrete Regionalanalyse dieses Basismaterial *möglichst umfassend* und detailliert zusammengetragen werden muß.

— Aus diesem statistischen Grundmaterial versucht man dann, *spezielle regionale Strukturkennziffern* zu ermitteln. Diese Verfahren sollen die teilräumlichen Strukturen und deren Abweichungen von vergleichbaren Regionen sowie vom übergeordneten nationalen Gesamtraum transparent machen. Dazu zählen verschiedene, von Isard entwickelte Strukturkoeffizienten (Standortkoeffizient, Standortquotient, Lokalisierungskoeffizient, Spezialisierungskoeffizient)[4]. Diese rein deskriptiven Instrumente zeigen somit „typische" Strukturmerkmale einer Region im Vergleich zur Gesamtwirtschaft auf: Während beispielsweise die Berechnungen von Standortquotienten, die auf die regionalen Besonderheiten der Branchenstruktur abstellen, eine zusammenfassende Aussage über die Konzentration einzelner Wirtschaftszweige in einem Teilgebiet ermöglichen, lassen sich durch Spezialisierungskoeffizienten instruktive Aussagen über den Grad der strukturellen Einseitigkeiten einer Region machen[5].

Diese teilräumlichen Strukturkennziffern weisen, da sie nur geringe Anforderungen an das Datenmaterial stellen, *erhebliche praktische Vorteile* auf. Gerade deswegen ist die Gefahr einer Überschätzung ihrer Aussagefähigkeit nicht von der Hand zu weisen[6]. Man muß sich darüber im klaren bleiben, daß diese Analyseinstrumente nicht bis zu den relevanten Ursachenkomplexen vordringen. Sie zeigen interessante Strukturmerkmale auf und liefern damit erste Anzeichen, um den Ursachen starker Abweichungen nachzugehen, vermögen aber deren Zustandekommen nicht zu erklären. Auch gestatten sie keinerlei Prognosen, sondern dienen nur der Beschreibung und einer teilweisen Erklärung der Vergangenheitsentwicklung.

Vielfach werden solche Strukturkennziffern nicht nur für Querschnittsvergleiche benützt, sondern ergänzend auch als *Längsschnittanalysen* durchgeführt (d. h. als Strukturvergleiche zu verschiedenen Zeitpunkten). Dann erhält man zwar zusätzliche Anhaltspunkte über die Richtung struktureller Veränderungsprozesse (im Vergleich zum übergeordneten Gesamtraum). Dennoch liegt das Schwergewicht solcher Verfahren nach wie vor in der *Beschreibung* und nicht in einer Erklärung regionaler Entwicklungsprozesse.

Ähnliches gilt für eine spezielle Art von Abweichungsanalysen, die sich großer Beliebtheit erfreuen. Gerfin hat einen sogenannten *Regionalfaktor* entwickelt, der die tatsächliche Entwicklung einer Region (gemessen etwa am Bruttoinlandprodukt oder an der Zahl der Beschäftigten) der tatsächlichen Entwicklung der Gesamtwirtschaft im gleichen Zeitabschnitt gegenüberstellt[7]. Die dabei zum Vorschein tretenden Entwicklungsunterschiede werden dann zum Teil einem *Strukturfaktor* (resultierend aus

---

[4] Vgl. *W. Isard*, Methods of Regional Analysis, aaO, S. 252 ff.
[5] Siehe dazu *J. H. Müller*, Wirtschaftliche Grundprobleme der Raumordnungspolitik, aaO, S. 75 f.
[6] Siehe dazu *H. K. Schneider*, Modelle für die Regionalpolitik, aaO, S. 64.
[7] *H. Gerfin*, Gesamtwirtschaftliches Wachstum und regionale Entwicklung. In: Kyklos, Vol. 17 (1964), S. 580 ff.

den Unterschieden in der Branchenstruktur zwischen Teil- und Gesamtgebiet) und teilweise einem *Standortfaktor* (unterschiedliche Standortgunst der Teilgebiete) zugeschrieben[8]. So originell dieses Verfahren auch anmutet, gestattet es gleichfalls keine unmittelbaren Aussagen über die *Ursachen* regionaler Entwicklungsprozesse. Als deskriptives Informationsinstrument liefert es zwar erste Anhaltspunkte für die praktische Regionalforschung. Für eine gezielte Regionalpolitik sind aber die damit erreichbaren Struktureinblicke noch ungenügend. Auch darauf wird zurückzukommen sein.

3. Ableitung partieller Erklärungsmodelle

Als partielle Erklärungsmodelle gelten jene Analyseverfahren, die mit der strukturellen Durchleuchtung einer Region zugleich *Erklärungsversuche für die Wirkungsweise* einzelner oder mehrerer Bestimmungsfaktoren anbieten.

Gemäß unserer Klassifikation zählen hierzu all jene Verfahren, die weder den vorstehend genannten zwei Kategorien zugeordnet noch als umfassende Totalmodelle bezeichnet werden können. *Totalmodelle* müßten *sämtliche* struktur- und entwicklungsbestimmende Faktoren beinhalten und deren Wirkungsweisen aufzeigen, die gemäß unserem Ausgangsmodell die teilräumliche Entwicklung erklären[9]. Wir erwähnten, daß die Ableitung realitätsbezogener Totalmodelle wegen der Komplexität des Untersuchungsobjektes und der Interdependenzen aller Faktoren praktisch unmöglich ist.

Die so definierten partiellen Erklärungsmodelle sind dadurch gekennzeichnet, daß sie aus der Gesamtmenge der regionalen Entwicklungsfaktoren jeweils eine bestimmte Faktorgruppe herausgreifen und deren Wirkungsweisen zu analysieren versuchen. Angesichts der mannigfachen Auswahlmöglichkeiten stellen diese Verfahren eine sehr heterogene Gruppe dar, die hier nicht abschließend aufgeführt werden können. Exemplarisch sei auf einige typische Methoden dieser Art hingewiesen.

Als mögliche Ausgangspunkte partieller Erklärungsmodelle bieten sich an: Erstens ein erkannter oder vermuteter *Entwicklungs*faktor (sogenannter Schlüsselfaktor), dessen Wirkungsweise möglichst gut herausgearbeitet werden soll; zweitens ein *regionales Subsystem* (z. B. die Produktionsstruktur, die Faktorstruktur, die Siedlungsstruktur oder gewisse Teilaspekte davon), wobei man versucht, die wichtigsten Bestimmungs-

---

[8] Über die formale Ausgestaltung dieses Analyseinstrumentes vgl. *H. Gerfin*, aaO.

[9] Um Mißverständnisse zu vermeiden, sei folgendes beigefügt: In der einschlägigen Literatur trifft man im allgemeinen auf die Unterscheidung von ‚partialregionalen‘ und ‚totalregionalen‘ Explikationsmodellen. Zu den ersteren werden jene Verfahren gerechnet, die sich auf die Erfassung, Beschreibung und Erklärung eines Subsystems der Regionen beschränken, z. B. auf eine einzelne Unternehmung (Standortmodell) oder auch mehrere Unternehmungen (Industriekomplexmodell). Zur zweiten Kategorie zählen jene Modelle, die sich mit der Region als Ganzes befassen (z. B. regionale Input-Output-Modelle, regionale volkswirtschaftliche Gesamtrechnungen). Vgl. *H. K. Schneider*, Modelle für die Regionalpolitik, aaO, S. 67.

An sich ist es müßig, über verschiedene Einteilungssysteme zu streiten. Dennoch muß darauf hingewiesen werden, daß für unsere Gedankenfolge diese übliche Unterscheidung unzweckmäßig ist. Denn nach unserer Definition sind auch die hier als totalregionale Modelle bezeichneten Analyseverfahren nur partielle Erklärungsversuche, weil sie sich auf die Erfassung und Erklärung einzelner Bestimmungsfaktoren beschränken, andere, gleichfalls bedeutsame Entwicklungskräfte, aber außer acht lassen.

faktoren dieser Teilstrukturen herauszuarbeiten und deren Wirkungsweisen zu erfassen.

Typische Regionalanlysen der erstgenannten Art sind beispielsweise:

— *Regionale Multiplikatorenanalysen*, mit denen die *multiplikativen Wirkungen* einer *Veränderung regionaler Kreislaufgrößen* untersucht werden (so z. B. Konsumausgaben, öffentliche Ausgaben, Investitionen, Steuereinnahmen und Transfereinkommen, Einkommensverteilung [10];
— *Bestimmung der economic-base*, mit der untersucht wird, inwieweit die *regionalen Außenbeziehungen* sowie deren Veränderungen die teilräumliche Entwicklung beeinflussen [11];
— *interregionale Mobilitätsanalysen*, mit denen untersucht wird, wie die Mobilität der Produktionsfaktoren Arbeit und Kapital die regionale Entwicklung beeinflussen [12].

Als typische Analysemethoden der zweiten Art gelten:

— *Standortmodelle*, mit denen man versucht, die *Standortanforderungen der Betriebe*, oder die Arbeits- und *Wohnortwünsche der Menschen* und deren Wirkungsweise auf die regionale Entwicklung zu erfassen [13];
— *Industriekomplex-Analysen*, die dazu dienen, die *Interdependenzen* verschiedener *Industriezweige* und -betriebe an einem Ort, deren optimale Zusammensetzung sowie deren Rückwirkungen auf die regionale Entwicklung aufzuzeigen [14];
— *regionale (und interregionale) Input-Output-Modelle*, mit denen man versucht, die *produktionsbedingten Verflechtungen* der verschiedenen Wirtschaftsbereiche innerhalb eines Gebietes sowie zwischen benachbarten Regionen und dem übergeordneten Gesamtraum aufzuzeichnen und deren Wirkungsweisen zu erklären [15];
— *regionale volkswirtschaftliche Gesamtrechnungen*, mit denen man in Anlehnung an die entsprechenden gesamtwirtschaftlichen Modelle versucht, den *regionalen Einkommenskreislauf* von der Entstehungs-, Verteilungs- und Verwendungsseite her zu beleuchten [16].

Die aufgeführten Beispiele illustrieren das breite Spektrum verfügbarer partieller Analyseverfahren. Ihr gemeinsames Merkmal liegt darin, daß sie neben beschreibenden immer auch *erklärende Elemente* aufweisen, wobei das jeweilige Gewicht dieser beiden Aspekte sehr unterschiedlich sein kann. Aus diesem Grunde sind auch die gewählten Abgrenzungen zwischen den dargelegten Analysegruppen *nicht starr* zu interpretieren. Die Übergänge von einem Analyseverfahren mit hohem explikativen Ge-

---

[10] Über die Methoden und praktischen Anwendungsmöglichkeiten regionaler Multiplikatoranalysen vgl. *H. Mehrländer*, aaO, S. 300 ff.
[11] Vgl. *K. Rittenbruch*, Zur Anwendbarkeit der Exportbasiskonzepte im Rahmen von Regionalstudien, Berlin 1969.
[12] Vgl. dazu *H. Siebert*, Zur Theorie des regionalen Wirtschaftswachstums, aaO.
[13] Ansätze hierzu finden sich bei *D. Schröder*, Strukturwandel, Standortwahl und regionales Wachstum, PROGNOS Studien, Band 3, aaO.
[14] Vgl. *W. Isard, E. W. Schooler* und *T. Vietorisz*, Industrial Complex Analysis and Regional Development, New York 1959.
[15] Vgl. dazu *G. Strassert*, Möglichkeiten und Grenzen der Erstellung und Auswertung regionaler Input-Output-Tabellen, Berlin 1968.
[16] Vgl. dazu *E. Lauschmann*, Grundlagen einer Theorie der Regionalpolitik, aaO, insbesondere S. 179 ff.

halt zu einem solchen mit vorwiegend deskriptiven bzw. zu solchen mit ausschließlich beschreibenden Eigenschaften sind eher fließend. Für die praktische Regionalforschung ist es aber *eminent wichtig*, diese *unterschiedliche Aussagefähigkeit* der einzelnen Methoden *zu erkennen*. Sonst besteht die Gefahr, daß jenen Verfahren, die über die grundsätzlichen und praktischen Schwierigkeiten hinweg überhaupt noch anwendbar sind, ein explikativer Gehalt beigemessen wird, der diesen gar nicht zusteht. Erfahrungsgemäß führt dies bei konkreten Regionaluntersuchungen oft zum Ergebnis, daß die *eigentliche Erklärungsaufgabe nicht erkannt* und demzufolge auch nicht in Angriff genommen wird. Dieser Gesichtspunkt war gemeint, als zu Beginn der vorstehenden theoretischen Erörterungen festgehalten wurde, daß sich viele der bekannten Regionaluntersuchungen im rein Deskriptiven erschöpfen.

II. Erfassung und Darstellung von Entwicklungsstand und Entwicklungspotential einer Region

A. Regionale Globalindikatoren

In diesem Abschnitt geht es darum, geeignete Globalindikatoren zu finden, mit denen *Entwicklungsstand* und *Entwicklungspotential* einer Region charakterisiert werden können. Während mit dem Entwicklungsstand *das effektive Leistungsvermögen bzw. der Wohlstand* einer Region gemessen werden soll, versucht man mit dem Entwicklungspotential die *langfristige Entwicklungsfähigkeit* einer Region zu charakterisieren. Bestimmt wird dieses Entwicklungspotential durch die Menge der ökonomischen und nichtwirtschaftlichen Faktoren, die das Wirtschaftswachstum einer Region beeinflussen[1]. Die gesuchte Maßgröße sollte demnach den *gesamten per-Saldo-Einfluß* der regionalen Entwicklungskräfte zum Ausdruck bringen.

- Zur *Messung des Entwicklungsstandes* bieten sich grundsätzlich die auch auf nationaler Ebene gebräuchlichen Wohlstandsindikatoren an. Im Vordergrund stehen somit *volkswirtschaftliche Globalgrößen* wie Volkseinkommen, Sozialprodukt, Bruttoinlandprodukt usw., die absolut oder je Einwohner bzw. je Beschäftigter berechnet werden und hier auf ihre Eignung im regionalen Rahmen zu untersuchen sind.
- Die *Erfassung der Entwicklungsfähigkeit* einer Region ist umstritten. Es liegen verschiedene Versuche vor, diese mit Hilfe von *Produktivitätsmessungen* zu schätzen. Giersch hat angeregt, die Entwicklungschancen einer Region an der „Produktivität alternativer, in sich wohlgefügter Entwicklungs- und Investitionspläne" abzulesen und empfiehlt als Indikator hiefür die „Durchschnittsproduktivität der Investitionen in einem optimal dimensionierten Entwicklungsplan"[2]. Marx geht von einem regionalen Produktionsvergleich mittelbar standortgebundener Industriebetriebe aus und versucht, auf diesem Weg Orientierungspunkte der regionalen Produktivität zu finden[3]. Siebert weist darauf hin, daß das Entwicklungspotential im Prinzip mit

---

[1] Vgl. *M. M. Al-Homssi*, Economic Growth Potential. A Study in Comparative Economic Development, aaO.

[2] *H. Giersch*, Das ökonomische Grundproblem der Regionalpolitik, aaO, S. 386 ff. (insbesondere S. 394). Ähnlich argumentiert ferner *H. Jürgensen*, Produktivitätsorientierte Regionalpolitik, aaO, S. 12.

[3] *D. Marx,* Wachstumsorientierte Regionalpolitik, aaO, S. 51.

Hilfe regionaler Produktionsfunktionen ermittelt werden könnte[4]. Er verweist unter anderem auf die Arbeit von Al-Homssi, der das Wachstumspotential eines Landes mit Hilfe des Kapitalkoeffizienten und verschiedener Versionen von Cobb-Douglas-Funktionen zu bestimmen sucht[5]. All diesen Vorschlägen ist jedoch gemeinsam, daß *neben teils grundsätzlichen* insbesondere *praktische Hemmnisse* eine konkrete Anwendung dieser Kriterien noch verunmöglichen[6].

Für die praktische Analyse wird man deshalb zu drastischen *Vereinfachungen* gezwungen[7]. Verfügt man zur Charakterisierung des Entwicklungsstandes einer Region über hierzu geeignete volkswirtschaftliche Globalgrößen, so wird man versuchen müssen, das Entwicklungspotential behelfsmäßig aus der Entwicklung dieser Größen abzuschätzen. Wir werden deshalb prüfen, inwieweit die volkswirtschaftlichen Globalindikatoren (als Maßstab des regionalen Entwicklungsstandes) *gleichzeitig* zur Charakterisierung des Entwicklungspotentials herangezogen werden können, und was diese Behelfsmaßstäbe auszusagen vermögen.

1. Volkseinkommen und Brutto-Inlandsprodukt

Zur Charakterisierung des Entwicklungsstandes sind auf regionaler Ebene zwei volkswirtschaftliche Globalgrößen von besonderem Interesse: das *Volkseinkommen* und das *Brutto-Inlandsprodukt*. Beide sind eng mit dem gebräuchlichen Sozialprodukt verwandt, unterscheiden sich aber von diesem in Umfang und Bewertung. Um die Stellung dieser Größen zu charakterisieren, seien zunächst die wichtigsten Grundbegriffe einer Volkseinkommens- und Sozialproduktsstatistik näher erläutert. Wir stützen uns dabei auf die internationalen Konventionen entsprechenden Definitionen volkswirtschaftlicher Globalgrößen. Diese werden heute in praktisch allen Industriestaaten – allerdings auf Landesebene – im Rahmen der nationalen Buchhaltung ausgewiesen[8].

Generell gilt, daß das Volkseinkommen bzw. das Sozialprodukt das *gesamtwirtschaftliche Geschehen* eines Gebietes zusammenfassend darstellen soll:

– Das *Volkseinkommen* entspricht der *Summe der im Zuge des Wirtschaftsprozesses erhaltenen Einkommen*, also der insgesamt verdienten und vor Abzug der direkten Steuern, Sozialversicherungsbeiträgen usw. berechneten Löhne und Gehälter, Zinsen, Mieten und Gewinne. Es stellt somit die Summe aller Entgelte an die Produktionsfaktoren Arbeit, Kapital (einschließlich Grund und Boden) und Unternehmerleistung dar. Üblicherweise wählt man das Volkseinkommen (je Einwohner gerechnet) als Maß des *durchschnittlichen Wohlstands*.

---

[4] *H. Siebert*, Zur Theorie des regionalen Wirtschaftswachstums, aaO, S. 127.

[5] Vgl. *H. H. Al-Homssi*, Economic Growth Potential, aaO.

[6] Vgl. dazu die kritischen Bemerkungen von *P. G. Jansen*, Infrastrukturinvestitionen als Mittel der Regionalpolitik, aaO, S. 80 ff.; ferner *J. Starbatty*, Zum Problem der Realisierung einer wachstumsorientierten Regionalstruktur. In: Wirtschaftspolitische Chronik, Heft 3, 1968, S. 23–55.

[7] Ein pragmatischer Ansatz, der das Entwicklungspotential aus dem Arbeitskräftepotential und der Arbeitsproduktivität erklärt, wird später behandelt.

[8] Vgl. United Nations: A System of National Accounts, Studies in Methods Series F, No. 2, Rev. 3, New York 1968. Siehe dazu für die Schweiz: Eidgenössisches Statistisches Amt: Konzeption, Methoden und Quellen der Nationalen Buchhaltung der Schweiz. Beiträge zur Schweizerischen Statistik, Heft 36, Bern 1967. Ferner *G. Fischer*, Probleme regionaler Volkseinkommens- und Sozialproduktsschätzungen, aaO (und die dort aufgeführte Literatur).

– Das *Sozialprodukt* entspricht dem Geldwert der durch die Volkswirtschaft neu geschaffenen *Güter und Dienstleistungen,* die entweder in den letzten Verbrauch gehen (Haushalt und Staat), investiert, oder gegen ausländische Produkte (oder Forderungen gegen das Ausland) eingetauscht werden. Im allgemeinen wählt man dieses Aggregat als *Maß der Wirtschaftskraft* eines Landes.

Da beide Aggregate eine Maßzahl für das *Gesamtergebnis* der wirtschaftlichen Tätigkeit darstellen, das lediglich von zwei Gesichtspunkten aus betrachtet und gemessen wird (einmal von der Einkommensseite her zum andern von der Güterseite aus), sollten sie in ihrer Summe grundsätzlich identisch sein. Praktisch unterscheidet man allerdings *verschiedene Sozialproduktsbegriffe,* denen zur besseren Charakterisierung der vielfältigen Wirtschaftstätigkeit jeweils in Umfang und Bewertung voneinander abweichende Erhebungskonzeptionen zugrunde liegen. Das Volkseinkommen entspricht nur einem der verschiedenen Sozialproduktskonzeptionen, und zwar dem *Nettosozialprodukt zu Faktorkosten.* Das folgende Schema illustriert den Zusammenhang zwischen den verschiedenen Sozialproduktskonzeptionen:

Schema: Zusammenhang zwischen den wichtigsten volkswirtschaftlichen Globalgrößen

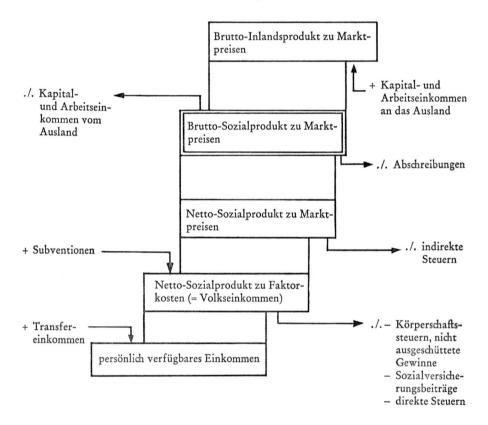

— Im Zentrum steht das *Brutto-Sozialprodukt* zu *Marktpreisen*. Um von diesem zum Volkseinkommen zu gelangen, sind die im Schema aufgeführten Operationen notwendig: Abzug der Abschreibungen (= Kapitalverschleiß), um zum Nettosozialprodukt zu Marktpreisen zu gelangen, ferner Abzug der indirekten Steuern (vermindert um die Subventionen auf Konsumverbilligungen). Daraus resultiert das Nettosozialprodukt zu Faktorkosten, das dem gesuchten *Volkseinkommen* entspricht.

— Die Differenz zwischen dem Sozialprodukt und dem Inlandsprodukt resultiert aus einer unterschiedlichen Abgrenzung jener wirtschaftlichen Tätigkeiten, die im konkreten Fall zu den einzelnen Aggregaten gezählt werden. Das *Sozialprodukt* (oder Volkseinkommen) bezieht sich immer auf die *Leistung* aller den sogenannten „*Inländern*" zugehörigen *Produktionsfaktoren*, gleichgültig, ob diese innerhalb oder außerhalb des betrachteten Wirtschaftsgebietes eingesetzt sind. Als Inländer gelten — wiederum internationalen Konventionen entsprechend — jene Wirtschaftssubjekte, die den Schwerpunkt ihrer wirtschaftlichen Existenz im Wohnsitzland haben. Im Falle der Schweiz werden Niedergelassene und kontrollpflichtige Ausländer in der nationalen Buchhaltung als Inländer betrachtet, nicht dagegen die Grenzgänger.

Das *Inlandsprodukt* (oder Inlandseinkommen) bezieht sich dagegen *nur* auf die *Leistungen der im Inland domizilierten Produktionsfaktoren*, gleichgültig ob diese Inländern oder Ausländern gehören.

Die *Differenz* zwischen den beiden Konzeptionen bilden somit die zwischen dem In- und Ausland *ausgetauschten Faktoreinkommen*. Um vom Brutto-Sozialprodukt zu Marktpreisen zum Brutto-Inlandsprodukt zu gelangen, müssen folglich die Einkommen der Inländer aus Erwerbstätigkeit und Vermögensbesitz (Arbeits- und Kapitaleinkommen) im Ausland abgezogen und jenes Arbeits- und Kapitaleinkommen hinzugefügt werden, das Ausländern aus Erwerbstätigkeit und Vermögensbesitz im Inland zufließt. Die in der Schweiz verdienten Einkommen der früher erwähnten Grenzgänger (die nicht zum Sozialprodukt zählen) bilden somit Bestandteil des Inlandseinkommens.

Diese *Unterscheidung* ist auf *regionaler Ebene* höchst *bedeutsam*. Während auf nationaler Ebene die Differenz zwischen Sozialprodukt und Inlandsprodukt im allgemeinen sehr bescheiden ausfällt (in der Schweiz betrug diese im Verlaufe der letzten 10 Jahre weniger als 3 %), können die absoluten Werte dieser Globalindikatoren in den Teilräumen *sehr stark voneinander abweichen*. Denn im Gegensatz zu den internationalen Wirtschaftsbeziehungen sind die interregionalen Wirtschaftsverflechtungen innerhalb eines Landes wegen der fehlenden ökonomischen Grenzen viel komplexer und fallen — gemessen am regionalen Einkommen — weit stärker ins Gewicht. Man denke beispielsweise an das regionale Auseinanderfallen von Arbeits- und Wohnort vieler Arbeitskräfte (Pendler), an das Hinausgreifen großer Unternehmungen mit ihren Zweigniederlassungen über die regionalen Grenzen hinweg, schließlich an die interregionalen Transferströme der öffentlichen Hand, die auf internationaler Ebene praktisch kaum ins Gewicht fallen.

Wenn es gelänge, für alle Regionen eines Landes *außenwirtschaftliche Bilanzen* zu erstellen, so ließe sich feststellen, daß diese in den meisten Teilräumen sehr unausgeglichen ausfallen: Ballungsgebiete würden tendenziell stark positive, Entleerungsgebiete dagegen stark negative Salden aufweisen. Ein interregional unausgeglichener Faktoraustausch führt aber definitionsgemäß zu entsprechenden Abweichungen zwischen regionalem Volkseinkommen und Inlandsprodukt. Diese dürften im allgemeinen um so höher ausfallen, je kleiner die einzelnen Teilräume abgegrenzt werden.

Weil sich die beiden Globalaggregate regional auf eine *unterschiedliche Grundgesamtheit von Wirtschaftssubjekten* und deren Tätigkeiten erstrecken, beinhalten sie auch eine *unterschiedliche Aussagefähigkeit* und informieren über verschiedene Sachverhalte. Sie sind deshalb nicht in gleicher Weise als Indikator für Entwicklungsstand und Entwicklungspotential einer Region geeignet. Um dies zu verdeutlichen, müssen diese Globalgrößen hinsichtlich ihres Aufbaus, ihrer Berechnungsweise und der daraus resultierenden Aussagefähigkeit näher erläutert werden.

2. Das Brutto-Inlandsprodukt je Erwerbstätigen als Produktivitätsmaßstab

Das Brutto-Inlandsprodukt umfaßt den Wert der innerhalb eines Gebietes in einem bestimmten Zeitraum erstellten Güter und Leistungen, unabhängig davon, wer diese Produktion erbrachte. Diese Globalgröße charakterisiert somit gewissermaßen die *Brutto-Eigenleistung* der Wirtschaft in einem bestimmten Gebiet; es handelt sich um eine typische Leistungsgröße.

Zur Erfassung dieser Leistungsgröße wird im allgemeinen von ihrer Entstehungsseite ausgegangen, indem man die Summe der Produktionsleistung aller regionalen Produktionsbereiche mißt. Herkömmlicherweise geht man von den nach Branchen gegliederten Produktionsbereichen aus (Landwirtschaft, Industrie, Handel, Banken, Versicherungen usw.) und mißt den Güter- und Leistungsstrom, der von diesen Bereichen wegfließt. Dieser entspricht dem gesamten *Produktionswert*, der sich grundsätzlich aus vier Komponenten zusammensetzt[9].

- *Vorleistungen:* Das sind jene Güter, Dienstleistungen und Kapitalnutzungen, die wohl in der Produktionsleistung einer bestimmten Wirtschaftseinheit enthalten sind, jedoch von andern Produktionsbereichen übernommen und somit von jenen erbracht worden sind (Rohstoffe, Zwischenfabrikate usw.).
- *Abschreibungen:* Diese wiederspiegeln den geldmäßigen Ausdruck des laufenden, durchschnittlichen Verschleißes an dauerhaften Produktionsmitteln.
- *Indirekte Steuern* (abzüglich Subventionen): Es sind dies die von den Unternehmern zu bezahlenden, meist jedoch auf die Preise überwälzten Kosten- und Aufwandsteuern, die in der zu Marktpreisen bewerteten Produktionsleistung mitenthalten sind. Da von den Subventionen auf Konsumverbilligungen der gegenteilige Effekt ausgeht (sie wirken preisbegünstigend), sind sie in Abzug zu bringen.
- *Wertschöpfung:* Diese entspricht dem *realen Wertzuwachs* der Produktionstätigkeit der einzelnen Bereiche und deckt sich – von der Einkommensseite her gesehen – mit der Summe der Leistungsentgelte, die den Produktionsfaktoren für ihre Beteiligung am Produktionsprozeß in Form von Löhnen, Gehältern, Zinsen und Gewinnen vergütet werden.

---

[9] Vgl. dazu G. *Fischer,* Probleme regionaler Volkseinkommens- und Sozialproduktsschätzungen, aaO.

Um *Doppelzählungen* zu vermeiden, sind bei der Zusammenfassung aller Produktionsleistungen die *Vorleistungen auszuschalten*. Der eigentliche Beitrag der einzelnen Produktionsbereiche zum Brutto-Inlandsprodukt entspricht somit der Differenz zwischen dem gesamten Produktionswert und den darin enthaltenen Vorleistungen, berechnet zu Marktpreisen.

Es ist durchaus denkbar, das Brutto-Inlandsprodukt durch Addition der die Wertschöpfung widerspiegelnden Entschädigungen an die einzelnen Produktionsfaktoren zu ermitteln (also im Sinne der Einkommensentstehungsrechnung). Daraus würde zunächst das Netto-Inlandsprodukt zu Faktorkosten resultieren (Inlandseinkommen). Durch Hinzufügen der um die Subventionen verminderten indirekten Steuern einerseits und der Abschreibungen anderseits käme man dann zum gesuchten Brutto-Inlandsprodukt. Tatsächlich werden beide Berechnungsarten durchgeführt, wobei sich aus praktischen Gründen die jeweilige Verfahrensweise nach den verfügbaren statistischen Unterlagen richtet. Exemplarisch sei auf entsprechende Berechnung in der Bundesrepublik Deutschland und in Österreich verwiesen:

– In der *Bundesrepublik Deutschland* wird bis auf die Ebene der kreisfreien Städte und Landkreise das *regionale Brutto-Inlandsprodukt* ausgewiesen, gegliedert nach zusammengefaßten Wirtschaftsbereichen [10]. Als Grundlage hiefür dienen weitreichende Erhebungen über die Kostenstruktur, die repräsentativ für das gesamte Bundesgebiet durchgeführt werden. Während die länderweisen Sozialprodukte teilweise originär, teilweise aus den Sozialproduktsberechnungen für das gesamte Bundesgebiet abgeleitet werden, sind die Brutto-Inlandsprodukte der Kreise schwergewichtig aus dem Sozialprodukt des jeweiligen Landes anhand komplizierter Zurechnungsverfahren ermittelt worden [11]. Hier wurde somit der Weg über die Berechnung der Brutto-Produktionswerte von der Entstehungsseite aus gewählt.
– In *Österreich* begann man in den Sechzigerjahren mit dem Versuch, volkswirtschaftliche Globalgrößen zunächst nach Bundesländern, später auch nach politischen Bezirken gegliedert, auszuweisen [12]. Hier wählte man den Weg über die Einkommensseite und regionalisierte, ausgehend vom nationalen Volkseinkommen, das Netto-Inlandsprodukt zu Faktorkosten [13].

In der Schweiz sind bisher von amtlicher Seite keine teilräumlichen Berechnungen solcher Globalgrößen durchgeführt worden.

---

[10] Die Ergebnisse dieser Sozialproduktsberechnungen wurden verschiedentlich als Gemeinschaftsveröffentlichung der statistischen Landesämter herausgegeben, erstmals 1964. Vgl. Das Brutto-Inlandsprodukt der kreisfreien Städte und Landkreise in der Bundesrepublik Deutschland, Sozialproduktsberechnungen der Länder, Heft 1, Wiesbaden 1964. Inzwischen sind zwei weitere Veröffentlichungen erfolgt, in denen das Brutto-Inlandsprodukt neu für 1964 und 1966 ausgewiesen und die älteren Daten aufgrund neuer statistischer Unterlagen korrigiert wurden. Näheres darüber siehe bei *G. Müller*, Bruttoinlandsprodukt der kreisfreien Städte und Landkreise. Informationsbriefe für Raumordnung R 1.5.4., (Hrsg.), Bundesminister des Innern, Wiesbaden 1967. [11] Vgl. dazu *G. Müller*, ebenda, S. 4.
[12] Vgl. Die Verteilung des Volkseinkommens nach Bundesländern, Beilage 66 zu den Monatsberichten des Österreichischen Institutes für Wirtschaftsforschung, Dezember 1959.
[13] Näheres findet sich bei *H. Seidel* u. a., Die regionale Dynamik der österreichischen Wirtschaft. Studien und Analysen, Nr. 1. Österreichisches Institut für Wirtschaftsforschung, Wien 1966.

Will man diese absoluten Globalindikatoren für einen Vergleich mit anderen Regionen (oder mit dem übergeordneten, nationalen Wirtschaftsraum) heranziehen, bedarf es einer *gemeinsamen Bezugsgröße*. Dabei wäre es unzweckmäßig, das Brutto-Inlandsprodukt je Einwohner zu berechnen, weil gar nicht alle regionalen Einwohner zu diesem Produktionswert beitragen. Dies gilt besonders für die Arbeitspendler, die wohl in der beobachteten Region wohnen, aber in andern, benachbarten Teilräumen arbeiten. Das Brutto-Inlandsprodukt muß vielmehr auf jenen Bevölkerungskreis bezogen werden, der an der Erbringung dieses Leistungswertes auch tatsächlich beteiligt war.

Hiefür bieten sich zwei Möglichkeiten an: Einerseits die sogenannte Wirtschaftsbevölkerung, andererseits die Zahl der Erwerbstätigen, sofern diese aufgrund einer Arbeitsstätten- und nicht einer Wohnortzählung erhoben wird. Beide Bezugsgrößen sind daraufhin zu prüfen, inwieweit deren Anwendung zu einem aussagekräftigen Maßstab für Entwicklungsstand und Entwicklungsvermögen der Teilgebiete führt.

– Mit der *Konzeption der Wirtschaftsbevölkerung* versucht man, die effektive Wohnbevölkerung bestmöglichst auf das Inlandskonzept der volkswirtschaftlichen Globalgröße abzustimmen [14]. In der Bundesrepublik Deutschland, in der man diese Bezugsgröße für das Brutto-Inlandsprodukt wählte, wurde von der Annahme ausgegangen, daß die im Landesdurchschnitt ermittelte Erwerbsquote von ungefähr 50 % der Bevölkerung generell, also sowohl regional als auch bei den Pendlern, gleich groß sei. Gestützt auf diese Annahme kann diese Wirtschaftsbevölkerung durch eine *Berichtigung* der regionalen Wohnbevölkerung um den *zweifachen Pendlersaldo* errechnet werden. Allerdings nimmt man mit dieser pauschalen Zuordnung einer nicht erwerbstätigen Person je Pendler erhebliche Unsicherheitsfaktoren in Kauf. Die damit gewonnene Relation Brutto-Inlandsprodukt/Wirtschaftsbevölkerung gibt nunmehr Aufschluß über die *regional unterschiedlichen Erwerbsintensitäten* und *Leistungseffekte*. Sie gestattet, die einzelnen Regionen nach dem Inlandskonzept miteinander zu vergleichen, sowie die verschiedenen Teilgebiete je nach Bedarf in verschiedene Kategorien einzuordnen.

Fragt man nach der *Eignung* dieser Relation zur Charakterisierung von Entwicklungsstand und Entwicklungspotential, so ist folgendes zu beachten: Das Brutto-Inlandsprodukt erfaßt nur jene Leistungen, die innerhalb eines bestimmten Gebietes erbracht worden sind, ohne zu berücksichtigen, wer an der Leistungserstellung beteiligt war. Deshalb vermag dieser Indikator nichts darüber auszusagen, wem das Inlandsprodukt letztlich zugute kommt. Die *Verteilungs- und Verwendungsseite* des Leistungspotentials bleiben also *unberücksichtigt*. Insofern eignet sich diese Globalgröße *nicht als Wohlstandsmaßstab* und damit auch nicht besonders gut zur Charakterisierung des Entwicklungsstandes (im Sinne des allgemeinen Wohlstandsniveaus). Hingegen vermag das Brutto-Inlandsprodukt, bezogen auf die Wirtschaftsbevölkerung, die *wirtschaftliche Leistungskraft* einer Region gut zu charakterisieren. Einschränkend ist allerdings festzuhalten, daß zur Beurteilung der Wirtschaftskraft noch ergänzende regionale Indikatoren beigezogen werden sollten. Schließlich stellt sich die weitere Frage, ob das Brutto-Inlandsprodukt, bezogen auf die Wirtschafts-

---

[14] Vgl. G. *Müller*, Brutto-Inlandsprodukt für kreisfreie Städte und Landkreise, aaO, S. 10.

bevölkerung, im Sinne einer regionalen Produktivitätskennziffer Anhaltspunkte über das Entwicklungs*vermögen* einer Region vermitteln könnte. Hier ist zu bedenken, daß diese Beziehungszahl nur bei gleichen Erwerbsquoten in allen Teilgebieten regionale Produktivitätsunterschiede anzeigen würde[15]. Diese Voraussetzung ist aber praktisch *nicht* gegeben.

— Als *zweite Möglichkeit* einer geeigneten Bezugsgröße nannten wir das *Brutto-Inlandsprodukt je Erwerbstätigen,* sofern diese nach dem Arbeitsort und nicht nach dem Wohnort erfaßt und ausgewiesen werden[16]. Wiederum ist zu prüfen, inwieweit sich diese Relation zur Charakterisierung von Entwicklungsstand und Entwicklungspotential eignet.

Zunächst ist offensichtlich, daß sich diese Größe als *Wohlstandsmaßstab* (und damit zur Charakterisierung des Entwicklungsstandes) *noch weniger* eignet als das Inlandsprodukt, bezogen auf die Wirtschaftsbevölkerung. Zur Charakterisierung der *regionalen Produktivität* kann jedoch das Inlandsprodukt je Erwerbstätigen als *erste Orientierungshilfe* dienen, sofern man sich der *folgenden Einschränkungen* bewußt bleibt. Einmal wird der regionale Leistungswert ausschließlich auf den Produktionsfaktor *Arbeit* bezogen; tatsächlich entsteht aber die regionale Produktionsleistung aus dem Zusammenwirken aller Produktionsfaktoren, also auch des Kapitals und der Unternehmerleistung. Zum andern wird lediglich auf die Zahl der Beschäftigten abgestellt, nicht aber auf die geleisteten Arbeitsstunden. Die unterschiedliche Arbeitszeit bleibt dadurch unberücksichtigt.

Aus diesem Grunde eignet sich diese Bezugsgröße als Produktivitätskennziffer weniger zur Aufdeckung regionaler Niveauunterschiede, als vielmehr zur Beobachtung gewisser Entwicklungen im Zeitablauf. Damit ist allerdings noch nicht geklärt, inwieweit sich diese Arbeitsproduktivitätsziffer als Grundlage zur Beurteilung des regionalen Entwicklungspotentials eignet. Hier ist an die vorstehend erwähnte Feststellung zu erinnern, wonach die Entwicklungsfähigkeit grundsätzlich mit Hilfe von Produktivitätsmessungen geschätzt werden sollte. Deshalb könnte man zur Ansicht neigen, daß das *Brutto-Inlandsprodukt je Erwerbstätigen* hiefür geeignete Anhaltspunkte vermittelt. Allerdings muß erneut beachtet werden, daß eine globale Ziffer, die dazu noch ein sehr *grobes Durchschnittsmaß* darstellt, kaum ausreicht. Müller hat darauf hingewiesen, daß Schätzungen der Entwicklungsfähigkeit im Idealfall auf Grenzproduktivitätskurven basieren müßten. „Auch grobe Näherungsaussagen lassen sich mit Durchschnittsproduktivitätsziffern nicht treffen, wenn man nicht weiß, welche Lage eine ermittelte Maßzahl auf den geltenden Durchschnittsertragskurven einnimmt."[17] Hinzu kommt der weitere Einwand, daß die Entwicklungsfähigkeit eines Teilraumes ja nicht nur von der Höhe der Grenzproduktivität einer bestimmten Region abhängt, sondern auch von ihrem Verhältnis zu den Grenzproduktivitäten der übrigen Teilräume.

Trotz dieser gewichtigen Vorbehalte wird man die Beziehung *Brutto-Inlandsprodukt*

---

[15] Vgl. Das Brutto-Inlandsprodukt der kreisfreien Städte und Landkreise in der Bundesrepublik Deutschland, aaO, S. XII.

[16] Im Falle der Schweiz verfügt man über periodische Erhebungen nach beiden der genannten Gesichtspunkte. So stellt die Eidgenössische Betriebszählung auf den Arbeitsort, die Eidgenössische Volkszählung auf den Wohnort der Erwerbstätigen ab.

[17] *J. H. Müller,* Wirtschaftliche Grundlagen der Raumordnungspolitik, aaO, S. 71.

je Erwerbstätigen als ein taugliches – und zumeist einzig verfügbares – Produktivitätsmaß bezeichnen dürfen, das *erste Anhaltspunkte* über die Entwicklungsfähigkeit einer Region vermittelt. Dies gilt besonders dann, wenn zusätzliche Kriterien ergänzend in Betracht gezogen werden. Anspruchsvollere Produktivitätsmaße sind wegen grundsätzlichen und praktischen Berechnungsschwierigkeiten in nächster Zukunft kaum zu erwarten. Zur Charakterisierung des Entwicklungs*standes* (im Sinne eines allgemeinen Wohlstandsniveaus) eignet sich aber die nachfolgende Globalgröße besser.

3. Das Volkseinkommen je Einwohner als Wohlstandsmaßstab

Da der Begriff des Wohlstands stärker an das Einkommen einer Person als an die Leistungsfähigkeit eines Gebietes anknüpft, drängt sich als Indikator hiefür das *Netto-Sozialprodukt zu Faktorkosten* als Einkommensgröße geradezu auf. Auch ist es sinnvoll, aus dem genannten Grund eine auf dem Inländerkonzept beruhende Maßgröße zu wählen: Das Volkseinkommen gibt an, wie hoch der durchschnittliche Wohlstand der Bevölkerung ist, die in einem bestimmten Gebiet ihren Wohnsitz hat.

Zur Charakterisierung dieser Globalgröße stellt man im allgemeinen auf die *Einkommensverteilungsrechnung* ab [18], in der das Volkseinkommen als Summe der Leistungsentgelte der Produktionsfaktoren nach Einkommensarten gegliedert ist. Als wichtigste Komponenten dieser Größe [19] stehen die folgenden Einkommensarten im Vordergrund:

- *Arbeitnehmereinkommen:* Es sind dies die Löhne und Gehälter der unselbständig Erwerbenden (inklusive der Sozialversicherungsbeiträge der Arbeitgeber). Nicht dazu zählen die an natürliche Personen fließenden Kapitalerträge, die im Kapitaleinkommen ausgewiesen werden.
- *Geschäftseinkommen der Selbständigen:* Dieses umfaßt den Unternehmerlohn und -gewinn sowie den Zinsertrag des Eigenkapitals (vor Abzug der direkten Steuern). Als Selbständigerwerbende gelten Einzelfirmen, Kollektiv- und Kommanditgesellschaften, nicht jedoch die juristischen Personen.
- *Kapitaleinkommen:* Dazu zählen die Zinsen, die direkt an die natürlichen Personen, an Versicherungs- und Fürsorgeeinrichtungen sowie an öffentliche und gemeinnützige Körperschaften fließen (also Zinseinnahmen von Spargeldern und Kassaobligationen, von langfristigen Obligationen und Darlehen sowie das Einkommen aus Grundbesitz). Hinzu kommen die eigentlichen Unternehmungsgewinne (ohne die bereits im Geschäftseinkommen berücksichtigten Reingewinne der Einzelfirmen). Im einzelnen handelt es sich um Dividendenausschüttungen, Reinerträge der öffentlichen Betriebe sowie um die nicht ausgeschütteten Gewinne der Aktiengesellschaften.

Diese Gliederung nach Einkommensarten wird von Land zu Land mehr oder weniger stark variieren, entsprechend dem länderweisen Auf- und Ausbau der nationalen

---

[18] Auf die unterschiedliche Struktur und Zusammensetzung des Volkseinkommens in der Entstehungs-, Verteilungs- und Verwendungsrechnung im Rahmen einer volkswirtschaftlichen Gesamtrechnung wird an anderer Stelle eingegangen.

[19] Vgl. G. *Fischer,* Probleme regionaler Volkseinkommens- und Sozialproduktsschätzungen, aaO, S. 49 ff.

Volkseinkommensstatistik. Die hier genannte Klassifikation deckt sich mit derjenigen der Schweizerischen Volkseinkommensstatistik [20].

Grundsätzlich sind *alternative Berechnungsmöglichkeiten* des Volkseinkommens denkbar. Das Hervorstreichen der Einkommensverteilungsrechnung (im Gegensatz zur Einkommensentstehungs- bzw. Einkommensverwendungsrechnung) erfolgt aus *praktischen* Überlegungen. Denn im Falle dieser Berechnungsweise bieten sich auch auf regionaler Ebene grundsätzlich immer *zwei* Erfassungsquellen an. So können die einzelnen Einkommensarten einmal als „produzierte Einkommen" am Ort ihrer Auszahlung (Einkommenszahlungen der Produktionsbereiche), zum andern als „erhaltene Einkommen" bei den Einkommensempfängern (hauptsächlich die privaten Haushalte) erhoben werden. Obschon diese Auswahlmöglichkeit die konkrete Erhebung regionaler Volkseinkommensaggregate grundsätzlich erleichtert, stellen sich gleichwohl enorme *praktische Berechnungsschwierigkeiten*, weil die erforderlichen statistischen Unterlagen im allgemeinen fehlen bzw. nicht in der erwünschten regionalen Tiefengliederung vorliegen. Diesem Umstand ist auch zuzuschreiben, daß in den meisten Ländern eine solche Basisstatistik fehlt, trotz ihrer anerkannten Bedeutung für die Regionalforschung und Regionalpolitik [21]. Dasselbe trifft auch für die Schweiz zu.

Die absoluten Werte regionaler Volkseinkommen sagen an sich noch wenig aus. Für interregionale Vergleichszwecke, oder um Unterschiede zwischen einem Gebiet und dem übergeordneten, nationalen Wirtschaftsraum erkennen zu können, muß man auf *entsprechende Durchschnittswerte* abstellen. Zu diesem Zweck wird man das Volkseinkommen auf die regionale *Wohnbevölkerung* beziehen. Das resultierende *Volkseinkommen je Einwohner* kann dann als eine geeignete Globalgröße zur Charakterisierung des *durchschnittlichen materiellen Wohlstands* (und damit des Entwicklungsniveaus einer Region) betrachtet werden. Zur Charakterisierung des Entwicklungspotentials scheidet indessen diese Größe aus. Hiefür wäre das Brutto-Inlandsprodukt geeigneter, wenn man davon ausgeht, daß die regionale Entwicklungsfähigkeit mit Hilfe von Produktivitätsmaßstäben gemessen werden muß.

Ist jedoch diese Globalgröße regional nicht verfügbar, dann stellt sich gleichwohl die Frage, ob zumindest als Behelfsmaßstab auf das Volkseinkommen zurückgegriffen werden soll. In diesem Fall müßte allerdings das Volkseinkommen nicht auf die Bevölkerung, sondern auf die Zahl der Erwerbstätigen bezogen werden. Und ferner müßten jene Fehlerquellen einkalkuliert werden, die auf regionaler Ebene durch das mögliche Auseinanderfallen von Volkseinkommen und Inlandsprodukt entstehen können. Aus diesem Grunde ist es unumgänglich, bei einem notwendigen Rückgriff auf das Volkseinkommen (zur Charakterisierung der regionalen Entwicklungsfähigkeit) zusätzliche Indikatoren mitzuberücksichtigen.

---

[20] Vgl. Eidgenössisches Statistisches Amt: Konzeption, Methoden und Quellen der Nationalen Buchhaltung der Schweiz, aaO.
[21] Auf den österreichischen Versuch, ein derart aggregiertes Volkseinkommen nach Bundesländern auszuweisen, wurde bereits hingewiesen. Vgl. *H. Seidel* u. a., Die regionale Dynamik der österreichischen Wirtschaft, aaO, S. 41 ff.

4. Lohneinkommen und persönliches Einkommen

Aus dem nach Einkommensarten gegliederten Volkseinkommen lassen sich zwei weitere volkswirtschaftlich relevante Globalgrößen ableiten: Das *Lohneinkommen* und das *persönliche* (bzw. persönlich verfügbare) *Einkommen*. Zwar eignen sich diese Größen weniger zur Charakterisierung von Entwicklungsstand und -potential. Da sie jedoch für gewisse regionalpolitische Problemstellungen bedeutsam sind und eng mit dem Volkseinkommen zusammenhängen, soll an dieser Stelle kurz darauf eingegangen werden.

– Das *Lohneinkommen* entspricht jenem Teil des Volkseinkommens, der auf die Arbeitnehmer entfällt. Es ist dies die wichtigste aller Einkommensarten. Konkrete Berechnungen über die kantonalen Volkseinkommen in ausgewählten Jahren haben ergeben, daß das Lohneinkommen von erklärbaren Ausnahmen abgesehen, in den untersuchten Teilräumen 60–70 % des gesamten Volkseinkommens erreichte [22]. Ferner ist zu beachten, daß zumindest im Falle der Schweiz das regionale Lohneinkommen statistisch weit besser als die übrigen Einkommensarten und mit *hinreichender Genauigkeit* erfaßt werden kann. Denn die hierzu notwendigen Basisdaten liegen in einer genügenden regionalen Tiefengliederung vor. In Ermangelung umfassender Volkseinkommensstatistiken könnte man sich deshalb in einem ersten Schritt auf die regionale Berechnung des Lohneinkommens konzentrieren, im Sinne eines Behelfsindikators für den Entwicklungsstand einer Region. Verfügt man indessen über beide Größen – Volkseinkommen und Lohneinkommen –, so ermöglicht das jeweilige Verhältnis Lohneinkommen zu Nicht-Lohneinkommen aufschlußreiche Struktureinblicke in das teilräumliche Geschehen.

– Eine weitere regional relevante Einkommensgröße ist das *persönliche* oder das *persönlich verfügbare Einkommen*. Diese Aggregate setzen sich aus jenen Teilen des Arbeits- und Transfereinkommens sowie des Vermögensertrages zusammen, die der Wohnbevölkerung einer Region für Konsum- und Sparzwecke zur Verfügung stehen – im Falle der persönlichen Einkommen vor, beim persönlich verfügbaren Einkommen nach Abzug der direkten Steuern.

Vom Volkseinkommen gelangt man zum persönlichen Einkommen, indem einerseits die von den nicht physischen Personen beanspruchten Mittel (nichtausgeschüttete Gewinne, Körperschaftssteuern, Sozialversicherungsbeiträge sowie die Einkommen der öffentlichen Haushalte aus Besitz und Unternehmung) abgezogen und anderseits die Transferzahlungen an Private (Pensionen, Renten, Unterstützungen) hinzuaddiert werden. Man vergleiche hierzu das vorstehende Schema [23]. Werden hiervon noch die direkten Steuern der privaten Haushalte ausgeschaltet, resultiert das persönlich verfügbare Einkommen.

---

[22] Vgl. *G. Fischer*, Berechnung und Voraussschätzung regionaler Volkseinkommenszahlen in der Schweiz. In: Struktur- und regionalwirtschaftliche Studien, Band 3, St. Gallen 1969, S. 26.

[23] Wir erwähnen dies deshalb, weil in den Vereinigten Staaten die persönlichen Einkommen, gegliedert nach Einkommensarten, jährlich für alle Staaten und für Staatengruppen berechnet ausgewiesen werden. Über die Konzeption und Berechnung dieser regionalen Einkommensstatistik vgl. US Department of Commerce: Personal Income by States since 1929. A Supplement to the Survey of Current Business, Washington 1956.

Diese Einkommensgröße ist deshalb von Interesse, weil sie Rückschlüsse auf die *regionale Konsum- und Kaufkraft* der Bevölkerung gestattet. Allerdings benötigt man dazu noch weitere Kenntnisse, vorab über das Sparverhalten verschiedener sozialer Schichten.

Die Beziehungen zwischen dem Volkseinkommen und der regionalen Kaufkraft sind allerdings oft unklar, weil *verschiedene Kaufkraftkonzeptionen* unterschieden werden. Aus diesem Grunde übersieht man vielfach die Grenzen, die einer Ableitung der Kaufkraft aus dem Volkseinkommen gezogen sind. Folgende Zusammenhänge müssen beachtet werden [24]. Das persönliche Einkommen entspricht der sogenannten ‚*potentiellen*‘ Kaufkraft; es ist dies die Summe aller Geldmittel, die der Wohnbevölkerung einer Region für Konsum- und andere Zwecke zur Verfügung stehen. Davon unterscheidet man die ‚*konsumtive*‘ Kaufkraft, welche nur jenem Teil der verfügbaren Geldmittel entspricht, die effektiv für Konsumzwecke ausgegeben werden. Statistisch schlagen sich diese in den „Konsumausgaben der privaten Haushalte" nieder. Vom persönlichen Einkommen gelangt man zu dieser Größe durch den Abzug der direkten Steuern (persönlich verfügbares Einkommen) und durch die weitere Ausschaltung des Sparens. Eine weitere Unterscheidung ist notwendig: Die bisher genannten Größen messen die Kaufpotenz einer Region aufgrund der ansässigen Bevölkerung; sie sind also gewissermaßen *wohnsitzorientiert*. Von größerem Interesse ist jedoch meistens die *umsatzorientierte* Kaufkraft eines Gebietes, die sich – wie ihre Bezeichnung andeutet – in den Umsätzen des regionalen Detailhandels sowie der Gewerbe- und Dienstleistungsbetriebe niederschlägt. Die Differenz zwischen diesen beiden Kaufkraftkonzeptionen bilden die *interregionalen Kaufkraftströme*, die je nach der Art der untersuchten Region per Saldo positiv oder negativ ins Gewicht fallen.

Aus dem Volkseinkommen *direkt* ableitbar ist somit nur die regionale, *wohnsitzorientierte Kaufkraft*. Die räumlichen Kaufkraftströme folgen andern Bestimmungsfaktoren und hängen weitgehend von den regionalen Agglomerationsverhältnissen ab. Für kleinere Gebietseinheiten (z. B. einzelne Gemeinden oder Gemeindegruppen) ist deren Lage bzw. Entfernung von zentralen Orten weitgehend entscheidend für die räumlichen Kaufkraftströme, da – wie Oesterle nachgewiesen hat – ein beträchtlicher Teil der Konsumausgaben nicht örtlich gebunden, sondern zentrumsgerichtet ist [25].

B. Regionale Hilfsindikatoren für Wohlstand und Wirtschaftskraft

Unsere vorstehenden Ausführungen machten deutlich, daß von wenigen Ausnahmen abgesehen, die meisten Industriestaaten noch keine ausgebaute regionale Volkseinkommens- und Sozialproduktsstatistik kennen. Deshalb ist es verständlich, daß man in der praktischen Regionalforschung nach *geeigneten Ersatzgrößen* zur Charakterisierung von Wohlstand und Wirtschaftskraft Ausschau hielt. Grundsätzlich geht es bei diesen

---

[24] Vgl. dazu *B. Oesterle*, Regionale Kaufkraftströme und ihr Einfluß auf die Orts-, Regional- und Landesplanung, Diss. St. Gallen 1970.
[25] Vgl. ebenda.

Versuchen um die Ableitung regional verfügbarer, sekundärer Indikatoren, die in mehr oder weniger enger Beziehung zum Wirtschaftsgeschehen eines Gebietes stehen. Hilfsindikatoren dieser Art sind das Steueraufkommen der Bevölkerung, Industriebesatzziffern, sowie verschiedene Kombinationen von Dichteziffern ausgewählter Konsumgüter des gehobenen Bedarfs (z. B. Motorfahrzeuge, elektrische Haushaltapparate usw.). Diesen Ersatzgrößen ist gemeinsam, daß sie jeweils nur ganz bestimmte Aspekte der regionalen Entwicklung zu charakterisieren vermögen und deshalb von begrenzter Aussagefähigkeit sind. Hinzu kommt, daß auf diesem Weg lediglich globale Zahlen abgeleitet werden können, die keinerlei Einblicke in strukturrelevante Zusammenhänge gestatten. Als *wirklich repräsentativ* für die gesamte Wirtschaftstätigkeit (entsprechend dem Volkseinkommen oder dem Inlandsprodukt) kann deshalb *keine* dieser Hilfsgrößen bezeichnet werden. Um ihre Problematik und begrenzte Aussagefähigkeit zu verdeutlichen, soll näher darauf eingegangen werden [26].

- Wählt man das *regionale Steueraufkommen* als Indikator für die Leistungsfähigkeit oder den Wohlstand einer Region, so sind die folgenden Einschränkungen zu beachten. Für die gesamte wirtschaftliche Leistungskraft eines Gebietes (im Sinne des Inlandsproduktes) ist das Steueraufkommen deshalb nicht repräsentativ, weil die in einer Region steuerlich erfaßten Leistungsströme nicht mit der effektiven regionalen Leistungserstellung übereinstimmen [27]. Als Indikator des durchschnittlichen Wohlstands sind gleichfalls Bedenken anzumelden, weil Volkseinkommen und Steuersubstanz nicht identisch sind. Um dies zu verdeutlichen, braucht man sich lediglich zwei verschiedene Regionen mit gleichem Volkseinkommen und gleicher Steuerbelastung vorzustellen, in denen jedoch divergierende Steuersysteme (und auch eine unterschiedliche Veranlagungspraxis) zur Anwendung gelangen [28]. Beides wird zu einer unterschiedlichen Steuerkraft der beiden Regionen führen. Hinzu kommt, daß die Steuerkraft wegen der Steuerprogression nicht so sehr vom Durchschnittseinkommen, als vielmehr von der Einkommensverteilung abhängt. Dies bedeutet, daß selbst unter der Annahme einer identischen Steuerprogression in den beiden Regionen eine unterschiedliche personelle Einkommensverteilung (unterschiedliche Anteile der einzelnen Einkommensgrößenklassen) zu einem verschiedenen Steueranfall führt. Daraus ist zu folgern, daß das Steueraufkommen zwar ohne Zweifel mit dem Wohlstand in Zusammenhang steht, diesen jedoch unter einem *ganz spezifischen Aspekt* beleuchtet. Es ist ein geeigneter Maßstab für die *finanzielle* Leistungsfähigkeit einer Region, nicht aber für die umfassendere, wirtschaftliche Leistungsfähigkeit, die sich mit der erstgenannten nicht zu decken braucht.
- Auch die oft angewandte *Industriedichteziffer* (Anzahl Beschäftigte in der Industrie

---

[26] Kritisch äußert sich dazu auch Müller. Vgl. *J. H. Müller*, Wirtschaftliche Grundprobleme der Raumordnungspolitik, aaO, S. 71 ff.

[27] Zur Erläuterung sei an die Eidgenössische Wehrsteuer erinnert, die allein schon deshalb kein Maßstab für den Produktionswert sein kann, weil sie auf die Verteilungsseite abstellt. Zudem führt auch die hohe Freigrenze der unteren Einkommen zu interregionalen Verzerrungen.

[28] Vgl. *G. Fischer*, Methoden und Ergebnisse kantonaler Volkseinkommensschätzungen als Instrumente des bundesstaatlichen Finanzausgleichs. In: Schweizerische Zeitschrift für Volkswirtschaft und Statistik, 106. Jg., Heft 2, 1970, S. 253.

je 1 000 Einwohner) eignet sich schlecht zur Charakterisierung des regionalen Entwicklungsstandes. Denn die dieser Ziffer zugrunde gelegte Aussage, wonach eine hohe Industriedichte auf eine hohe regionalwirtschaftliche Leistung bzw. eine geringe Dichte auf einen niedrigen Entwicklungsstand schließen lasse, ist nicht generell haltbar. Sie kann sogar zu einer *völligen Fehleinschätzung* der Lage führen, wenn nicht gleichzeitig die Bedeutung der Beschäftigten in den andern Wirtschaftsbereichen, insbesondere im tertiären Sektor, mitberücksichtigt wird. Konkrete Einzeluntersuchungen in der Schweiz haben ergeben, daß namentlich in kleinen Teilräumen ein überdurchschnittlicher Beschäftigtenanteil des Industriesektors auch auf ein Nachhinken des tertiären Sektors und damit auf einen regionalen Entwicklungsrückstand hinweisen kann. Zudem ist leicht einzusehen, daß verschiedene Regionen mit gleichem Industriebesatz sehr unterschiedliche Leistungen erzielen können. Namentlich in ausgeprägten Fremdenverkehrsregionen hängt der Wohlstand wohl kaum sehr stark von der Höhe des Industriebesatzes ab. Als sinnvolle Hilfsgröße der regionalen Leistungsfähigkeit ist deshalb diese Ziffer abzulehnen.

— Zur Charakterisierung des Wohlstands (und auch der regionalen Kaufkraft) haben verschiedene in- und ausländische Forschungsinstitute versucht, durch eine geeignete Gewichtung und Kombination verschiedener sekundärer Indikatoren, insbesondere der Dichte mehrerer Produkte des gehobenen Bedarfs, eine entsprechende Hilfsgröße zu ermitteln [29]. In Frankreich werden beispielsweise auf diesem Weg Anhaltspunkte über regionale Wohlstandsunterschiede ermittelt [30].

Gegenüber solchen Kennziffern ist *grundsätzlich Vorsicht* geboten. Speziell ist diese immer dann angebracht, wenn detaillierte Angaben über die Voraussetzungen und Annahmen fehlen, die den jeweiligen Berechnungen zugrunde liegen. Vielfach erweist sich die Aussagefähigkeit solcher Dichteziffern allein deshalb als höchst problematisch, weil den ausgewählten Produkten des sogenannten „gehobenen" Bedarfs (z. B. Motorisierungsgrad, Zahl der Telefonanschlüsse usw.) eine wohlstandsprägende Eigenschaft beigemessen wird, die diese angesichts der allgemeinen Wohlstandssteigerung *längst eingebüßt* haben. Mehr als äußerst grobe Anhaltspunkte über das interregionale Wohlstandsgefälle können von solchen Indikatoren nicht erwartet werden. Keinesfalls sind damit repräsentative Aussagen über das absolute Wohlstandsniveau möglich. Im übrigen gelten auch hier die zu Beginn dieses Abschnittes erhobenen Einwände über die Aussagefähigkeit solcher Kennziffern.

---

[29] Einen zusammenfassenden Überblick über Stand und Entwicklung der Berechnung regionaler Kaufkraftkennziffern in den verschiedenen Ländern findet sich bei *W. K. A. Disch*, Regionale Kaufkraftkennziffern im Europamarkt. In: Wirtschaftsdienst, 42. Jg., Heft 1, 1962, S. V–XV.

[30] Exemplarisch sei verwiesen auf: Projet de Loi de Finances pour 1967 Annexe: Régionalisation du Budget d'Equipement pour 1967 et Aménagement du Territoire, Tome III, Paris 1966 (zitiert in: *J. H. Müller*, Wirtschaftliche Grundprobleme der Raumordnungspolitik, aaO, S. 71.)

C. Regionale volkswirtschaftliche Gesamtrechnungen

Die bisher diskutierten Möglichkeiten zur Charakterisierung von Entwicklungsstand und Entwicklungspotential einer Region lassen erkennen, daß auf regionaler Ebene als Maß des Entwicklungsstandes und des durchschnittlichen Wohlstands das Volkseinkommen je Einwohner gerechnet und als Maß der Wirtschaftskraft und der regionalen Produktivität das Inlandsprodukt je Erwerbstätigen im Vordergrund stehen. Obschon diese globalen Ziffern geeignete Indikatoren für die wirtschaftliche Entwicklung darstellen, liegt das Hauptinteresse der Regionalforschung bei den strukturellen Aspekten. Ihre volle Bedeutung und Aussagefähigkeit erlangen deshalb diese regionalen Globalgrößen erst dann, wenn ihre *strukturelle Zusammensetzung* erkennbar wird, also beispielsweise das Volkseinkommen nach Einkommensarten bzw. das Inlandsprodukt nach Produktionsbereichen gegliedert vorliegt.

Aus diesem Grunde ist die Frage naheliegend, ob nicht durch eine gleichzeitige Berechnung und Gegenüberstellung der unterschiedlichen strukturellen Zusammensetzung der regionalen Globalgrößen ein optimaler Einblick in die regionale Wirtschaftsstruktur erreicht werden könnte. Gedacht wird dabei an eine analog der nationalen Buchhaltung aufgebaute systematische und geschlossene Darstellung des regionalen Wirtschaftsgeschehens in verschiedenen Kreislaufphasen. Danach würde das Sozialprodukt (bzw. das Volkseinkommen)

– in der *Entstehungsrechnung* als die Summe der Wertschöpfung der einzelnen Produktionseinheiten,
– in der *Verteilungsrechnung* als die Summe der Leistungsentgelte der bei der Wertschöpfung beteiligten Produktionsfaktoren und
– in der *Verwendungsrechnung* als die Summe der Ausgaben für Verbrauch und Kapitalbildung

in Erscheinung treten [31].

Um diese für den inskünftigen Auf- und Ausbau der Regionalstatistik entscheidende Frage zu beantworten, sind zwei Grundprobleme abzuklären. Einmal ist zu fragen, ob *volkswirtschaftliche Gesamtrechnungen* für regionale Strukturanalysen, insbesondere

---

[31] Die Technik der nationalen Buchhaltung liegt bekanntlich darin, das Wirtschaftsgeschehen eines Gebietes in bestimmten Phasen aufgrund eines einheitlichen Kreislaufschemas statistisch so aufzuzeichnen, daß alle erfaßten Größen – als Teile des Wirtschaftskreislaufes – logisch zueinander passen. Dann werden die vielfältigen Wirtschaftstransaktionen nach bestimmten Merkmalen gruppiert und – in verschiedenen Kreislaufphasen erfaßt – in einem geschlossenen Kontensystem nach dem Prinzip der doppelten Buchhaltung zueinander in Beziehung gesetzt. Vgl. G. *Fischer*, Probleme regionaler Volkseinkommen, aaO, S. 12.

Grundsätzlich unterscheidet man verschiedene volkswirtschaftliche Gesamtrechnungen: die nationale Buchhaltung, die in erster Linie die Darstellung des volkswirtschaftlichen Einkommenskreislaufes bezweckt; die Input-Output-Analyse, die sich auf eine Analyse und Darstellung der zwischenindustriellen Beziehungen beschränkt; sowie die Geldfluß-Systeme, deren Anliegen in der Erfassung der finanziellen Transaktionen besteht. Im folgenden beschränken wir uns auf die nationale Buchhaltung, weil diese Berechnungsweise aus praktischen Gründen im Vordergrund steht. Über die Input-Output-Rechnung wird später berichtet. Die Geldfluß-Systeme werden nicht behandelt, da deren Anwendung auf regionaler Ebene unzweckmäßig ist.

zur Erklärung und Vorausschätzung regionaler Entwicklungsprozesse überhaupt problemgerecht sind. Zum andern muß untersucht werden, ob die nationale Buchhaltung ein geeignetes Vorbild für den Auf- und Ausbau einer regionalen Volkseinkommens- und Sozialproduktsstatistik darstellt.

Durchgeht man die einschlägige in- und ausländische Literatur, so finden sich verschiedene Versuche, regionale volkswirtschaftliche Gesamtrechnungen in Anlehnung an das System der nationalen Buchhaltung zu erstellen. Exemplarisch seien genannt: In den Vereinigten Staaten die Arbeiten von Hochwald[32], Leven[33], Ruggles[34] und die von der National Planning Association veröffentlichten Arbeiten[35]; in Großbritannien die Versuche von Stone[36] und Nevin[37] sowie in Frankreich die Untersuchungen von Mérigot[38], Le Noane[39] und Ousset[40]. Ferner haben wir eigene Versuche zur Erstellung einer regionalen Volkseinkommens- und Sozialproduktsstatistik am Beispiel des Kantons St. Gallen durchgeführt[41]. Die bisherigen Erfahrungen haben in bezug auf die zwei Grundfragen ergeben, daß die Zweckmäßigkeit einer regionalen Gesamtrechnung an sich unbestritten ist, gegen eine unveränderte Übernahme des auf nationaler Ebene erarbeiteten tabellarischen Aufbaus jedoch *grundsätzliche Vorbehalte* anzubringen sind.

— Die Zweckmäßigkeit einer regionalen Gesamtrechnung — zunächst ungeachtet ihres kontenmäßigen Aufbaus — liegt darin, daß ein solches Instrument nicht nur das Ergebnis der wirtschaftlichen Tätigkeit eines Gebietes zahlenmäßig festhalten kann, sondern gleichzeitig die relevanten Vorgänge und Zusammenhänge aufzeigt, die zu diesem Ergebnis geführt haben. Die Verfügbarkeit eines solchen Instrumentes würde sowohl der theoretischen Forschung als auch der regionalpolitischen Praxis unschätzbare Dienste erweisen und der regionalen Wirtschaftsanalyse beträchtlich weiter-

---

[32] *W. Hochwald* (Hrsg.), Design of Regional Accounts, Papers presented at the Conference on Regional Accounts, Baltimore 1961; sowie *derselbe*, Conceptual Issues of Regional Income Estimation, in: Regional Income, Studies in Income and Wealth, Vol. 21, Princeton 1957, S. 9.

[33] *C. L. Leven*, Theory and Method of Income and Product Account for Metropolitan Areas, Including the Elgin-Dundee Area as a Case Study, Diss. Northwestern University, USA, 1958 (Reprint of the Original Edition, University Microfilms Inc., Michigan 1962). Ferner *derselbe*, A Theory of Regional Social Accounting, in: Papers and Proceedings of the Regional Science Association, Vol. 4, 1958, S. 221.

[34] *R. Ruggles* and *N. D. Ruggles*, Regional Breakdowns of National Economic Accounts. In: *W. Hochwald* (ed.), Design of Regional Accounts, aaO, S. 121.

[35] National Planning Association: Local Impact of Foreign Trade. A Study in Methods of Local Economic Accounting, A Staff Report, Washington D. C. 1960 (inkl. Technical Supplements A–E).

[36] *J. R. Stone*, Social Accounts at the Regional Level: A Survey. In: *W. Isard* und *J. H. Cumberland*, Regional Economic Planning, Techniques of Analysis for Less Developed Areas, OECD o. O., 1961, S. 263.

[37] *E. Nevin*, Gross National Product of Wales, 1950. In: Bulletin of the Oxford University, Institute of Statistics, 1956, S. 61.

[38] *J. G. Mérigot*, Sur la Voie de Recherches Nouvelles: Les Comptabilités Régionales, leur Nécessité. In: Revue de Science Financière, 1959, S. 60.

[39] *J. Le Noane*, Note sur les méthodes d'élaboration des comptes économiques régionaux, Ministère des Finances, Service des Etudes Economiques et Financières (Manuskript), Paris 1956.

[40] *J. Ousset*, Les Comptes du Département de l'Hérault, Essai d'application de la méthode de la Comptabilité Nationale Française à la Région, Montpellier 1962.

[41] *G. Fischer*, Probleme regionaler Volkseinkommens- und Sozialproduktsschätzungen, aaO.

helfen. Denn die geschlossene und systematische Darstellung des Wirtschaftskreislaufes nach dem Prinzip der doppelten Buchhaltung führt dazu, daß – im Gegensatz zu den herkömmlichen Volkseinkommens- und Sozialproduktsstatistiken – einzelne wirtschaftliche Vorgänge nicht isoliert betrachtet werden. Diese treten stets im Hinblick auf *ihre gesamtwirtschaftliche Bedeutung* und in *ihrer Abhängigkeit zu den übrigen Wirtschaftsvorgängen* in Erscheinung. Auf diesem Weg kann der Hauptmangel der traditionellen Volkseinkommensschätzungen, nämlich ihre fehlende Systematik, überwunden werden. Die mannigfachen, isoliert und unkoordiniert anfallenden und verfügbaren Teilstatistiken können innerhalb eines zusammenhängenden Bezugssystems in ein wirkliches Gesamtbild eingeordnet werden. „C'est précisement l'un des avantages de la présentation comptable", schreibt Mérigot, „que, en retenant schématiquement les éléments constitutifs de l'économique régionale, assure la cohérence des données recueillies et le recoupement des statistiques existantes, permet une connaissance quantitative, synthétique et liée du complex régional et de ses composantes."[42]

Schließlich müssen auch die eher *technischen Vorteile* einer solchen Gesamtstatistik beachtet werden. Man würde über ein Rahmenwerk verfügen, innerhalb dessen ein systematischer Auf- und Ausbau der Regionalstatistik sichergestellt werden könnte. Wegen der verschiedenen Kontrollmöglichkeiten ließe sich eine exaktere definitorische Abgrenzung der einzelnen Kreislaufaggregate erzielen und fehlende Teilgrößen könnten besser geschätzt werden als bei isolierter Betrachtungsweise. Diese Gesichtspunkte sind heute unbestritten, was für das zweite Grundproblem nicht unbedingt zutrifft.

– Eine regionale volkswirtschaftliche Gesamtrechnung kann niemals Selbstzweck sein. Ihre Notwendigkeit und Nützlichkeit äußert sich erst in ihren *Verwendungsmöglichkeiten* als Instrument der theoretischen Forschung und der praktischen Regionalanalyse. Demzufolge muß der *Aufbau* und die *innere Struktur* einer solchen statistischen Gesamtrechnung den *spezifischen Fragestellungen* der Regionalforschung angepaßt sein. Diese weichen aber teilweise erheblich von denjenigen ab, die sich auf nationaler Ebene stellen. Damit wandeln sich zwangsläufig auch die Ansprüche, die an den Aufbau einer regionalen Gesamtrechnung gestellt werden müssen.

Das System der nationalen Buchhaltung wurde entwickelt, um ein geeignetes Rahmenwerk zur Quantifizierung jener strategischen Größen zu erhalten, die die makroökonomische Analyse im Rahmen der Konjunktur- und Wachstumstheorie benötigte. Erforderlich war einmal die Kenntnis des globalen Niveaus der Wirtschaftstätigkeit, zum andern jene über die Wechselbeziehungen zwischen verschiedenen privaten und öffentlichen Sektoren (institutionelle Beziehungen). Im weiteren benötigte man gesamtwirtschaftliche Parameter, so unter anderem die Konsum- und Sparneigung, Produktions- und Investitionsfunktionen, Kapitalkoeffizient (funktionale Beziehungen). Eine auf diese Zusammenhänge gerichtete Betrachtungsweise der wirtschaftlichen Entwicklung eignet sich vorzüglich für „geschlossene" Volkswirtschaften. Im System der nationalen Buchhaltung kann diese „Schließung" auf einfache Weise über das Außenkonto sichergestellt werden. In diesem lassen sich die internationalen Wirt-

---

[42] *J. G. Mérigot*, Sur la Voie de Recherches Nouvelles: Les Comptabilités Régionales, aaO, S. 65.

schaftsbeziehungen konsolidiert ausweisen, wobei die einzelnen Posten dieses Kontos *nötigenfalls auf dem Weg simpler Saldierungen* gefunden und quantifiziert werden können. Dies ist durchaus statthaft und beeinträchtigt die makroökonomische Analyse in keiner Weise. Denn sie stellt primär auf globale Größen und zwischen diesen bestehende Beziehungen innerhalb eines Landes ab, die unabhängig von den Außenbeziehungen bestimmt und ermittelt werden können.

Für *teilräumliche Strukturanalysen* ist jedoch ein solches Vorgehen nicht mehr geeignet. Denn auf der regionalen Ebene haben wir es mit „offenen" Wirtschaftsgebieten zu tun, für die die überregionalen Verflechtungen entscheidend sind [43]. Ohne Berücksichtigung derselben kann eine Analyse, die nur auf innerregionale Gesamtgrößen und Beziehungen abstellen würde, die teilräumliche Entwicklung *nicht signifikant* erklären. Dies geht aus den vorstehenden Grundhypothesen zur Formulierung eines theoretischen Ausgangsmodells unmißverständlich hervor.

Notwendig wäre deshalb ein Kontenschema, das nicht nur die Wechselbeziehungen zwischen innerregionalen Größen und Faktoren aufzeigt und die Außenbeziehungen nur „en bloc" aufführt, sondern schwergewichtig auf die *Verflechtungen* zwischen *inner- und außerregionalen* Entwicklungsfaktoren ausgerichtet ist. Von der Konzeption einer solchen regionalen Gesamtrechnung ist man aber noch weit entfernt.

Die bisherigen Bemühungen, regionale Gesamtrechnungen zu erstellen, waren in erster Linie darauf ausgerichtet, das regionale Außenkonto (verglichen mit dem System der nationalen Buchhaltung) in differenzierterer Form auszugestalten [44].

Es ist jedoch *fraglich*, ob auf diesem Weg die wichtigsten interregionalen Verflechtungserscheinungen jemals in einer für die teilräumliche Analyse relevanten Art und Weise eingefangen werden können. Denn neben die grundsätzlichen Vorbehalte treten eine Reihe erheblicher *praktischer* Schwierigkeiten.

— Einmal ist festzuhalten, daß die rein rechnerischen Möglichkeiten einfacher Saldierungen auf regionaler Ebene nicht mehr statthaft sind. Es wäre vom analytischen Gesichtspunkt aus gesehen *fragwürdig*, wollte man die wichtigsten Erklärungsfaktoren der regionalen Entwicklung lediglich als „Restposten" berücksichtigen. Ein solches Außenkonto wäre nicht aussagefähig und für die regionale Analyse unbrauchbar, weil vertiefte Einsichten in die Wirkungsweise ihrer Komponenten versperrt blieben. Zum andern stellt aber eine differenziertere, vollständige Erfassung und kontenmäßige Darstellung der teilräumlich relevanten Außenbeziehungen enorme Anforderungen an das hierzu notwendige statistische Grundmaterial. Diesen vermag die schweizerische Regionalstatistik angesichts ihres derzeitigen Auf- und Ausbaus in keiner Weise zu genügen [45]. Ähnliches gilt auch für andere Industriestaaten. Aus

---

[43] Dies gilt besonders in hochentwickelten Volkswirtschaften, die sich im Gegensatz zu den Entwicklungsländern im allgemeinen durch eine hohe interregionale Verflechtung ihrer Teilgebiete auszeichnen.

[44] Einen gedrängten Überblick zum derzeitigen Stand regionaler Gesamtrechnungen bietet E. *Lauschmann*, Grundlagen einer Theorie der Regionalpolitik, aaO, S. 179–185. Vgl. dazu ferner G. *Fischer*, Probleme regionaler Volkseinkommens- und Sozialproduktsschätzungen, aaO.

[45] Die Aufzeichnung der interregionalen Wirtschaftsbeziehungen wird im Vergleich zum nationalen Außenkonto nicht nur wegen der fehlenden ökonomischen Grenzen und einer darauf ausgerichteten Datensammlung erschwert. Hinzu kommt, daß auf interregionaler Ebene zusätzliche Einkommensströme fließen, die im internationalen Wirtschaftsverkehr praktisch fehlen

diesem Grunde wären umfassende, periodisch zu wiederholende Primärerhebungen unerläßlich, um ein aussagefähiges Außenkonto empirisch aufzufüllen. Dies setzt einem *solchen Vorgehen* erfahrungsgemäß *enge Grenzen*, was die Frage nach weniger aufwendigen Lösungsmöglichkeiten als berechtigt erscheinen läßt.

– Um einen Ausweg aus diesem Dilemma zu finden, genügt es nicht, lediglich die Unterschiede herauszuschälen, die aus regionaler und nationaler Sicht an eine zweckmäßige Ausgestaltung einer solchen Gesamtrechnung zu stellen sind. Ergänzend muß nach *jenen Bestandteilen* der nationalen Buchhaltung gefragt werden, die für *beide* Analyseebenen nutzbringend angewendet werden können. Denn die Feststellung, daß diese als Ganzes betrachtet in der herkömmlichen Form auf regionaler Ebene unzweckmäßig ist, will nicht bedeuten, daß gewisse Teile der nationalen Buchhaltung auch für die regionale Analyse sehr nützlich sein könnten.

Aus dieser Sicht rückt erneut die vorstehend erkannte, primäre Bedeutung der zwei *regionalen Globalgrößen Volkseinkommen und Inlandsprodukt* zur Charakterisierung von Entwicklungsstand und Entwicklungspotential in den Vordergrund. Kreislauftheoretisch (im Sinne der nationalen Buchhaltung) bedeutet dies, daß zur Analyse regionaler Entwicklungsprozesse die *Entstehungsseite* (die zum Inlandsprodukt führt) und die *Verteilungsrechnung* (aus der das Volkseinkommen resultiert) ergiebiger sind als die Verwendungsrechnung. Anstelle einer geschlossenen Kreislaufrechnung ist es deshalb zweckmäßiger, den Auf- und Ausbau der Regionalstatistik dahingehend voranzutreiben, daß einerseits das *Inlandsprodukt nach der Entstehungsseite* und anderseits das *Volkseinkommen nach der Verwendungsrechnung* in einer *möglichst weitreichenden, sachlichen und regionalen Tiefengliederung* erarbeitet werden. Denn aus der unterschiedlichen Zusammensetzung und aus dem abweichenden Gesamttotal dieser zwei regionalen Basisgrößen lassen sich für die Regionalforschung eine Menge wertvoller Erkenntnisse ableiten. Dabei muß soweit als möglich von den auf nationaler Ebene verfügbaren Gesamtrechnungen ausgegangen werden, um diese Globalaggregate in der gleichen strukturellen Zusammensetzung zu regionalisieren. Denn die Übernahme der gleichen Methodik und Konzeption dieser Teilrechnungen einer nationalen Buchhaltung bietet nicht nur eine Vielzahl definitorischer und rechnerischer Vorteile. Auf diese Weise wird die Vergleichbarkeit der Globalgrößen und ihrer Teilkomponenten in allen Landesteilen sichergestellt, was für die praktische Regionalforschung von erheblichem Wert ist [46]. Selbstverständlich schließt dies nicht aus, daß neben diesem Programm zusätzliche, regionalspezifische Sondererhebungen durchgeführt werden. Darauf wird an anderer Stelle näher eingegangen.

Zusammenfassend bleibt festzuhalten, daß bisher in keinem Land gleichzeitig regionale Volkseinkommen und Inlandsprodukte in der erwünschten Form ausgewiesen werden. Dies ist um so bedauerlicher, als in erster Linie nicht grundsätzlich-methodische, sondern *rein praktische* Hindernisse, nämlich ungenügende statistische Unterlagen, einem solchen Vorhaben entgegenstehen. Die Schwierigkeiten, die bei einer Berechnung regio-

---

(so z. B. die Transferzahlungen des Staates, die Aufschlüsselung der Leistungsentschädigungen multiregionaler Produktionsbereiche). Vgl. *G. Fischer*, Probleme, aaO, S. 104 ff.

[46] Aus diesem Grunde empfehlen auch Ruggles/Ruggles eine zumindest partielle Regionalisierung der nationalen Buchhaltung. Vgl. dazu *R. Ruggles* and *N. D. Ruggles*, Regional Breakdowns of National Accounts. In: W. Hochwald (Hrsg.), Design of Regional Accounts, aaO, S. 141.

naler Volkseinkommen auftreten, werden nachfolgend anhand konkreter Beispiele dargelegt.

D. Exkurs: Probleme und Ergebnisse kantonaler Volkseinkommensberechnungen

Wir erwähnten, daß in der Schweiz offiziell ausgewiesene regionale Volkseinkommenszahlen fehlen, was angesichts der Bedeutung solcher Globalaggregate für Theorie und Praxis der Regionalforschung als empfindlicher Mangel empfunden wird[47]. Um diese Lücke in der amtlichen Regionalstatistik zu schließen, versuchten wir, die Möglichkeiten und Grenzen kantonaler Volkseinkommens- und Sozialproduktsberechnungen abzuklären und gangbare Lösungswege aufzuzeigen. Über erste Ergebnisse dieser Berechnungen wurde bereits berichtet[48]. Diese erstrecken sich auf die Jahre 1950, 1960 und 1965. Ursprünglich war vorgesehen, im Rahmen der vorliegenden Arbeit die Ergebnisse einer neuesten Erhebung für das Stichjahr 1970 vorzulegen. Die entsprechenden Vorarbeiten hierzu sind im Gange, konnten jedoch nicht abgeschlossen werden, weil notwendige Basisstatistiken (insbesondere Detailerhebungen aus der Eidgenössischen Volkszählung 1970) noch ausstehen. Um die Drucklegung der vorliegenden Arbeit nicht weiter zu verzögern, werden diese neuesten Erhebungen kantonaler Volkseinkommen später zur Diskussion gestellt.

Wir beschränken uns deshalb auf eine zusammenfassende Darstellung der wichtigsten Grundprobleme und der Ergebnisse der vorliegenden Berechnungen; für Detailfragen sei auf die erwähnten Veröffentlichungen verwiesen. An dieser Stelle soll die Frage ins Zentrum gerückt werden, welche *Aussagefähigkeit* und welche *Anwendungsmöglichkeiten* die kantonalen Volkseinkommen als Informations- und analytische Arbeitsinstrumente für die praktische Regionalforschung zu bieten vermögen.

1. Grundsätzliche Berechnungsmöglichkeiten regionaler Volkseinkommen in der Schweiz

Gesamtwirtschaftliche Globalgrößen können grundsätzlich in verschiedenen Phasen des volkswirtschaftlichen Kreislaufes ermittelt und gemessen werden. Im Rahmen der nationalen Buchhaltung erfolgt dies in der Entstehungs-, Verteilungs- und Verwendungsphase. Infolge der verschiedenartigen strukturellen Zusammensetzung der in den einzelnen Kreislaufphasen errechneten Globalgrößen sind diese von *unterschiedlicher Aussagefähigkeit*. Unsere vorstehenden Ausführungen ließen erkennen, daß für die Zwecke einer teilräumlichen Analyse die *Entstehungsrechnung* (die den Gesamtwert der Produktionsleistungen aller Produktionsbereiche zum Ausdruck bringt) sowie die

---

[47] Das Eidgenössische Statistische Amt hat wohl bekanntgegeben, daß die Berechnung regionaler Volkseinkommen auf dem langfristigen Arbeitsprogramm stehe, weist aber gleichzeitig darauf hin, daß die Möglichkeit solcher Rechnungen noch davon abhänge, inwieweit zusätzliches und detailliertes Zahlenmaterial verfügbar gemacht werden könne. In nächster Zeit ist somit kaum mit amtlichen regionalen Daten zu rechnen. Vgl. Eidg. Statistisches Amt: Nationale Buchhaltung der Schweiz, 1969. In: Die Volkswirtschaft, Heft 9, 1970, S. 476.

[48] *G. Fischer*, Das Volkseinkommen der Kantone 1950–1965. In: Wirtschaft und Recht, Heft 4, 1967, S. 229 ff., ferner *derselbe*, Berechnung und Vorausschätzung regionaler Volkseinkommenszahlen in der Schweiz, 1950–1980, aaO.

Verteilungsrechnung (welche über die Einkommensbildung der am Produktionsprozeß beteiligten Wirtschaftssubjekte Auskunft gibt) von besonderem Interesse sind. Einschränkend muß gleich beigefügt werden, daß im konkreten Fall der Schweiz eine Berechnung des Inlandprodukts nach der Entstehungsseite *außer Betracht* fällt. Denn im Gegensatz zu andern Ländern beschränkt sich die vom Eidgenössischen Statistischen Amt seit einigen Jahren veröffentlichte „Nationale Buchhaltung der Schweiz" auf die Darstellung der Verteilungs- und Verwendungsrechnung. Als Grund für die fehlende Entstehungsrechnung werden ungenügende statistische Unterlagen, insbesondere fehlende Detailerhebungen über die makroökonomische Kostenstruktur, angegeben [49]. Ohne entsprechende Basisrechnung auf nationaler Ebene ist aber an eine Regionalisierung der Entstehungsrechnung nicht zu denken. Beizufügen wäre, daß selbst die Verwendungsrechnung, sofern diese auf regionaler Ebene erwünscht wäre, noch nicht regionalisiert werden könnte. Denn diese wird in der nationalen Buchhaltung zu grob ausgewiesen. Somit verbleibt im gegenwärtigen Zeitpunkt als einzige praktisch realisierbare Möglichkeit die Berechnung nach der *Verteilungsphase*.

Bei einer Aufbereitung regionaler Volkseinkommensstatistiken sind – ungeachtet der zugrunde gelegten Kreislaufphase – *zwei unterschiedliche Erfassungsmethoden* streng auseinander zu halten: einerseits die direkte und anderseits eine indirekte (globale und komponentenmäßige) Erhebung.

- Grundsätzlich wäre es wünschenswert, daß der Gesamtwert aller Einkommen einer Region *direkt* aus originären, d. h. lokalen Quellen ermittelt werden könnte. Eine solche Erhebungsweise erfordert allerdings viel Rechenarbeit und stellt zudem erhebliche Ansprüche an den Auf- und Ausbau der Regionalstatistik. Da das regional verfügbare Basismaterial diesen Anforderungen nicht zu entsprechen vermag, scheidet diese Möglichkeit aus.
- Aus diesem Grunde muß man behelfsmäßig auf *indirekte* Erhebungsmethoden zurückgreifen und versuchen, über geeignete *Behelfsindikatoren* zu den erwünschten regionalen Einkommensgrößen zu gelangen. Ausgangspunkt bilden nicht originäre regionale Einkommensstatistiken, sondern die in der nationalen Buchhaltung ausgewiesenen Einkommensgrößen. Diese müssen durch signifikante Verteilungsschlüssel, die aus den Behelfsindikatoren abzuleiten sind, regionalisiert werden.

Von einer *indirekten Globalmethode* spricht man dann, wenn das totale Volkseinkommen gesamthaft über einen *einzigen* Behelfsindikator regionalisiert wird. Schätzungen dieser Art sind in der Schweiz von privater Seite durchgeführt worden [50].

---

[49] Erste Versuche einer Entstehungsrechnung wurden zwar vom Eidg. Statistischen Amt für die Jahre 1964 und 1967 provisorisch ausgewiesen, doch wird das verfügbare Grundmaterial als noch zu lückenhaft betrachtet, um diese Berechnungsweise in der jährlich veröffentlichten Nationalen Buchhaltung zu integrieren. Vgl. Eidg. Statistisches Amt: Versuch einer Erfassung des Sozialprodukts von der Entstehungsseite her. In: Die Volkswirtschaft, Heft 11, 1969, S. 564 ff.

[50] Rosen hat versucht, mittels einer solchen indirekten Globalmethode über die kantonalen Postscheckumsätze regionale Sozialprodukte abzuleiten. Vgl. *J. Rosen*, Das Schweizerische Sozialprodukt nach Kantonen, 1948–1965. In: Kleine Schriften Nr. 97 des VSK, Basel 1965. Ferner wurde versucht, über das regionale Wehrsteueraufkommen das Volkseinkommen der Kantone zu schätzen. Vgl. Schweiz. Bankgesellschaft (Hrsg.): Die Schweiz in Zahlen. Über die Problematik solcher Schätzungen siehe *G. Fischer*, Berechnungen und Vorausschätzungen regionaler Volkseinkommenszahlen in der Schweiz, aaO, S. 42 ff.

Davon ist die *indirekte Komponentenmethode* zu unterscheiden. Auch bei diesem Verfahren werden die gesuchten regionalen Einkommenszahlen über den Umweg von Hilfsgrößen abgeleitet. Im Unterschied zur Globalmethode ermittelt man aber hier für die *einzelnen* in der nationalen Buchhaltung ausgewiesenen *Einkommensarten* jeweils *spezielle* signifikante Bezugsgrößen, so daß die verschiedenen Komponenten des Volkseinkommens anhand unterschiedlicher Verteilungsschlüssel regionalisiert werden können.

Zwischen der Global- und Komponentenmethode bestehen nicht nur graduelle Unterschiede, wie man zunächst annehmen könnte. Diese sind vielmehr grundsätzlicher Art. Dies erhellt, wenn die unterschiedlichen Vor- und Nachteile der beiden Verfahren näher betrachtet werden. Während die *indirekte Globalmethode* den unbestrittenen Vorteil aufweist, ohne viel Rechenaufwand in kürzester Frist zu greifbaren Resultaten zu führen, wiegen deren Nachteile schwer. *Erstens* vermögen Globalindikatoren die komplexen Wirtschaftsvorgänge, aus denen schließlich das Volkseinkommen resultiert, niemals umfassend und signifikant aufzuzeigen. *Zweitens* wäre es ein Trugschluß, zu glauben, daß ein einzelner Behelfsindikator gerade jene von Region zu Region verschiedenartigen strukturellen Besonderheiten zu charakterisieren vermag, auf die letztlich eine regional unterschiedliche wirtschaftliche Leistungsfähigkeit und damit die interregionalen Wohlstandsunterschiede zurückzuführen sind. *Drittens* führt dieses Verfahren lediglich zu einer globalen Volkseinkommensgröße und vermag nichts über deren Zusammensetzung auszusagen. Damit bleiben Einblicke in die spezifischen Wirtschafts- und Einkommensstrukturen der Teilgebiete versperrt.

Die *Komponentenmethode* ist im Vergleich zum Globalverfahren viel aufwendiger, bietet dafür eine Reihe analytischer Vorteile. Denn diese Methode liefert nicht nur eine globale Volkseinkommenszahl, sondern vermittelt gleichzeitig ein Bild der regionalen Einkommens*struktur*. Ferner ermöglicht die Komponentenmethode eine *kombinierte Anwendung* direkter und indirekter Erhebungsmöglichkeiten. Für jene Einkommensarten, die aus lokalen Daten aufbereitet werden können, kann direkt auf die regionalen Anteile der entsprechenden Komponenten des nationalen Volkseinkommens geschlossen werden. Andernfalls kann der Umweg über signifikante Behelfsindikatoren bzw. Verteilungsschlüssel beschritten werden, wobei zu vermuten ist, daß für einzelne Komponenten des Volkseinkommens eher signifikante Indikatoren gefunden werden können als für die gesamte Globalgröße. Schließlich bietet die Komponentenmethode jederzeit die Möglichkeit, im Zuge des weiteren Ausbaus der Regionalstatistik die Schätzungen einzelner Einkommensarten laufend zu verbessern.

Da auch die indirekte Komponentenmethode erhebliche Ansprüche an das statistische Ausgangsmaterial stellt, scheitert dieses Verfahren bei einer *allzu starken* regionalen Tiefengliederung. Dies haben unsere konkreten Volkseinkommensberechnungen in der Schweiz bestätigt. Während es auf Kantonsebene gelang, das Volkseinkommen nach der Komponentenmethode zu ermitteln, blieb dieser Weg auf der Stufe der Gemeinden versperrt. Für eine tiefere Regionalisierung müßte man auf eine indirekte Globalmethode zurückgreifen, was nicht befriedigt. Zudem bieten sich gegenwärtig auf der Gemeindeebene als mögliche Verteilungsschlüssel nur Steuerquellen an, die zur Charakterisierung der wirtschaftlichen Leistungsfähigkeit ohnehin problematisch sind. Da die angestellten Berechnungen auf Gemeindeebene noch zu wenig aussagekräftig ausgefallen sind, beschränken wir uns im folgenden auf eine Darstellung der *kantonalen* Volkseinkommensergebnisse [51].

2. Ergebnisse kantonaler Volkseinkommensschätzungen in den Jahren 1950–1965

Methodisch beruhen die kantonalen Volkseinkommensschätzungen (in Anlehnung an die Einkommensverteilungsrechnung) auf einer *Kombination* von *direkter und indirekter Berechnungsweise* nach der *Komponentenmethode*.

Ausgangspunkt bildet das *schweizerische Volkseinkommen*, gegliedert nach Einkommensarten, das im Rahmen der nationalen Buchhaltung der Schweiz jährlich ausgewiesen wird (vgl. *Tabelle 1*). Aus rechnerischen Gründen mußte diese sachliche Gliederung *geringfügig modifiziert* werden, um eine für die Regionalisierung geeignete Ausgangsbasis zu erhalten. Darüber orientiert *Tabelle 2*.

Tabelle 1: Das Volkseinkommen der Schweiz 1950, 1960 und 1965 (gegliedert nach Einkommensarten) in Mio. Fr. zu laufenden Preisen

Einkommensarten	1950	1960	1965
1. Arbeitnehmereinkommen	10 485	18 995	32 090
1.1. Löhne und Gehälter	9 535	17 095	28 960
1.2. Sozialbeiträge der Arbeitgeber	880	1 810	3 010
1.3. Wehrmannseinkommen	70	90	120
2. Geschäftseinkommen der Selbständigen	3 730	5 940	8 765
2.1. Landwirtschaft	1 270	1 810	2 440
2.2. Industrie, Handwerk	1 340	2 210	3 660
2.3. Handel, Bank, Versicherung	570	910	1 340
2.4. Gastgewerbe, Verkehr	210	460	610
2.5. Erziehung, Kultur, Hygiene	340	550	715
3. Vermögenseinkommen der Haushalte	1 720	2 745	4 065
3.1. Zinsen	530	970	1 605
3.2. Mieten	695	920	1 250
3.3. Dividenden	520	910	1 300
3.4. abzüglich Zinsen der Konsumentenschuld	−25	−55	−90
4. Unverteiltes Einkommen der privaten Unternehmungen	550	1 615	2 255
5. Unverteiltes Einkommen der öffentlichen Unternehmungen	45	235	180
6. Direkte Steuern der Unternehmungen	390	705	1 220
7. Vermögens- und Erwerbseinkommen des Staates	520	895	1 060
8. abzüglich Zinsen der öffentlichen Schuld	−445	−550	−735
9. Vermögenseinkommen der Sozialversicherung	225	705	1 215
10. Gesamtes Volkseinkommen	17 250	31 285	50 115

Quellen: Für 1950: Die Volkswirtschaft 1964, Heft 9, S. 430. Für 1960 und 1965: Die Volkswirtschaft 1966, Heft 9, S. 447.

---

[51] Über mögliche Volkseinkommensschätzungen nach Gemeinden vgl. *G. Fischer*, Berechnung und Vorausschätzung regionaler Volkseinkommenszahlen in der Schweiz, 1950–1980, aaO, S. 62 ff.

Im folgenden galt es für jeden Einkommensposten, der nicht direkt aus kantonalen Unterlagen ermittelt werden konnte, einen *strukturspezifischen Schlüsselfaktor* zu finden. Dieser muß grundsätzlich so beschaffen sein, daß er den kantonalen Besonderheiten der jeweiligen Einkommensart bestmöglich Rechnung trägt. Aufgrund dieser Verteilungsschlüssel konnten dann die einzelnen Einkommensposten der nationalen Buchhaltung regionalisiert werden, wobei die Addition der regionalen Einkommensanteile schließlich zum gesuchten kantonalen Volkseinkommen führte.

Tabelle 2: Das Volkseinkommen der Schweiz im Jahre 1965 (gegliedert nach Einkommensarten als Basis für die Regionalisierung) in Mio. Fr. zu laufenden Preisen

1. *Arbeitnehmereinkommen* (= Einkommen der unselbständig Erwerbenden)			32 090
2. *Geschäftseinkommen* der Selbständigen			8 765
2.1. Landwirtschaft		2 440	
2.2. Industrie und Handwerk		3 660	
221. Nahrungsmittel, Getränke, Tabak	425		
222. Textilindustrie und Bekleidung	300		
223. Bearbeitung von Holz und Kork	360		
224. Papierindustrie, Graphisches Gewerbe	100		
225. Metall- und Maschinenindustrie	980		
226. Uhren und Bijouterie	135		
227. Baugewerbe	1 140		
228. Übrige	220		
2.3. Handel, Bank, Versicherung		1 340	
231. Handel	1 040		
232. Bank, Versicherung	300		
2.4. Gastgewerbe, Verkehr		610	
241. Gastgewerbe	495		
242. Verkehr	115		
2.5. Erziehung, Kultur, Hygiene		715	
3. *Kapitaleinkommen*			9 260
3.1. Zinsen und Dividenden der natürlichen Personen (abzüglich Zinsen der Konsumentenschuld)		2 815	
3.2. Mieten		1 250	
3.3. Unverteiltes Einkommen der privaten Unternehmungen		2 255	
3.4. Direkte Steuern der privaten Unternehmungen		1 220	
3.5. Vermögens- und Erwerbseinkommen des Staates und unverteiltes Einkommen der öffentlichen Unternehmungen (abzüglich Zinsen der öffentlichen Schuld)		505	
3.6. Vermögenseinkommen der Sozialversicherung		1 215	
4. Gesamtes Volkseinkommen			50 115

Zur *Charakterisierung* der angewandten Arbeitsweise sei auf die nachfolgende, zusammenfassende Übersicht verwiesen. In dieser wird die Ermittlung der wichtigsten strukturspezifischen Schlüsselfaktoren stichwortartig angedeutet[52]. Wir folgen dabei den in *Tabelle 2* aufgeführten Einkommensposten. Die jeweiligen Zahlenwerte (in Millionen Franken) dienen zur Veranschaulichung der Größenverhältnisse; sie entsprechen der schweizerischen Volkseinkommensstatistik des Jahres 1965[53].

Stichwortartige Erläuterung zur Ermittlung einzelner Verteilungsschlüssel

1. *Arbeitnehmereinkommen* (enthaltend: Löhne und Gehälter, Sozialbeiträge der Arbeitgeber sowie Wehrmannseinkommen, total 32 090 Mio. Fr.).

– Als Basis wurde das gesamtschweizerische Durchschnittseinkommen je Unselbständigerwerbenden genommen und die kantonalen Unterschiede der Durchschnittsentlöhnung durch einen Struktur- und Standortfaktor (als Abweichung vom gesamtschweizerischen Durchschnitt) ermittelt.
– Zur Ermittlung des Standortfaktors, (der das generelle regionale Lohngefälle erfassen soll, wurde auf Dreijahresdurchschnitte der von der SUVA ausgewiesenen Stundenverdienste verunfallter Arbeiter zurückgegriffen.
– Zur Ermittlung des Strukturfaktors, (der jene Einkommensunterschiede messen soll, die sich aus der unterschiedlichen kantonalen Branchenstruktur ergeben), stützten wir uns auf die Lohn- und Gehaltserhebungen des BIGA sowie auf zusätzliche Direktinformationen einerseits, auf die branchenmäßigen Beschäftigungsanteile gemäß der Volkszählung 1960 anderseits.

2. *Geschäftseinkommen der Selbständigerwerbenden* (total 8 765 Mio. Fr.).

– Landwirtschaft: Es wurde ein Strukturschlüssel errechnet auf Grund des landwirtschaftlichen Einkommens nach Betriebsgrößenklassen und der jeweiligen Betriebsgrößenstruktur (gemäß eidgenössischer Betriebszählung) in den einzelnen Kantonen.
– Übrige Branchen: Hier mußte als Notlösung das durchschnittliche Geschäftseinkommen je Unselbständigerwerbenden (unter Berücksichtigung der Zahl der Selbständigen nach den Hauptbranchen) zur Errechnung des kantonalen Verteilungsschlüssels berücksichtigt werden.

3. *Kapitaleinkommen* (total 9 260 Mio. Fr.)
Diese Einkommen wurden in die folgenden Posten aufgeteilt:
– *Zinsen und Dividenden* der natürlichen Personen, abzüglich Zinsen der Konsumentenschuld (2 815 Mio. Fr.). Als Schlüsselfaktor berücksichtigten wir die Spareinlagen nach Kantonen, wie diese jährlich von der Schweizerischen Nationalbank ausgewiesen werden.
– *Mieten* (total 1 250 Mio. Fr.).
Für die Regionalisierung dieses Einkommenspostens wurde ein Schlüsselfaktor errechnet unter Berücksichtigung der Wohnungszählung und der Mietpreiserhebung (kantonal) gemäß der Volkszählung 1960, aktualisiert für das Berechnungsjahr 1965.
– *Unverteiltes Einkommen der privaten Unternehmungen* (total 2 250 Mio. Fr.).
Hier mußte in Ermangelung geeigneter Quellen auf die Wehrsteuerstatistik zurückgegriffen werden, was die folgenden Annahmen impliziert:
Zwischen ausgewiesenem Reingewinn und den nicht ausgeschütteten Gewinnen besteht branchenintern eine bestimmte Relation.
Die Verhältnisse der Aktiengesellschaften sind repräsentativ für alle privaten Unternehmungen.

---

[52] Für nähere Erläuterungen über die eingeschlagenen Berechnungsverfahren vgl. *G. Fischer*, Berechnung und Vorausschätzung regionaler Volkseinkommenszahlen in der Schweiz 1950–1980, aaO, S. 10 ff.
[53] Vgl. Die Volkswirtschaft 1966, Heft 9, S. 447.

Erfassung und Darstellung von Entwicklungsstand und Entwicklungspotential 123

Eine spezielle Regelung konnte dank interner Angaben für die sogenannten Holding-Gesellschaften angewendet werden.
- *Direkte Steuern der privaten Unternehmungen* (total 1 220 Mio. Fr.).
Dieser Einkommensposten ließ sich unschwer direkt aus den einschlägigen kantonalen und eidgenössischen Steuerstatistiken zusammentragen.
- *Vermögens- und Erwerbseinkommen des Staates* (zuzüglich der unverteilten Einkommen der öffentlichen Unternehmungen, abzüglich der Zinsen der öffentlichen Schuld, total 505 Mio. Fr.).
Hier schließt sich eine direkte Erfassung nach Kantonen aus. Da jedoch dieser Posten nur 1,6 % des gesamten Volkseinkommens ausmacht, wurde unter der Annahme, eine gleichmäßige Pro-Kopf-Verteilung sei für diese staatliche Aktivität vertretbar, der gesamte Posten gemäß der Bevölkerungsanteile kantonal aufgeteilt.
- *Vermögenseinkommen der Sozialversicherung* (total 1 218 Mio. Fr.).
Die Vermögensbildung der Sozialversicherung steht in Zusammenhang mit der Leistung der Versicherten, und letztere hängt vom Arbeitseinkommen ab. Auf Grund dieser Überlegung wurde dieser Einkommensposten gemäß den Prozentanteilen des gesamten Arbeitseinkommens der Unselbständigerwerbenden kantonal aufgeteilt.

Über die *Ergebnisse* dieser Volkseinkommensrechnungen für das Jahr 1965 orientiert *Tabelle 3*. Diese zeigt das absolute Volkseinkommen der Kantone, gegliedert nach Einkommensarten, sowie das jeweilige Volkseinkommen je Einwohner. Ferner sind daraus die prozentualen Abweichungen der kantonalen Ergebnisse vom gesamtschweizerischen Durchschnitt ersichtlich. Weitere Einzelheiten können aus *Abbildung 1* entnommen werden, welche die Einkommensverhältnisse in den Kantonen im Vergleich zum gesamtschweizerischen Wohlstandsniveau illustriert.

Abb. 1: Das Volkseinkommen pro Kopf der Bevölkerung
in den Kantonen im Jahre 1965

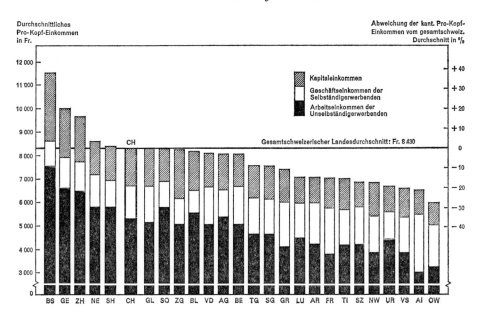

Tabelle 3: Das Volkseinkommen der Kantone im Jahre 1965
(gegliedert nach Einkommensarten)

	Volkseinkommen total		davon:			Volkseinkommen je Einwohner		
	in Mio. Fr.	in %, wenn CH = 100 %	EK der Unselbständigerwerbenden Mio. Fr.	EK der Selbständigerwerbenden Mio. Fr.	Kapitaleinkommen Mio. Fr.	in Fr. total	Abweichung vom gesamtschw. Durchschnitt in %	Rangfolge
Ch	50 115,0	100,00	32 090,0	8 765,0	9 260,0	8 430	–	–
ZH	10 225,7	20,40	6 824,9	1 382,1	2 018,7	9 757	+ 15,75	3
BE	7 755,0	15,47	4 904,5	1 565,0	1 285,5	8 095	– 3,96	12
LU	1 985,4	3,96	1 232,3	432,1	321,0	7 246	– 14,06	16
UR	224,4	0,45	147,6	41,2	35,6	6 800	– 19,35	22
SZ	589,1	1,18	353,0	140,4	95,7	6 980	– 17,22	20
OW	153,6	0,31	83,4	46,6	23,6	6 144	– 27,13	25
NW	173,4	0,35	99,5	38,9	35,0	6 936	– 17,74	21
GL	353,8	0,71	221,4	62,0	70,4	8 424	– 0,09	6
ZG	508,5	1,01	311,3	71,7	125,5	8 336	– 1,14	8
FR	1 172,0	2,34	648,2	307,0	216,8	7 190	– 14,73	18
SO	1 844,1	3,68	1 270,8	262,2	311,1	8 382	– 0,59	7
BS	2 755,2	5,50	1 800,2	257,9	697,1	11 611	+ 37,71	1
BL	1 456,2	2,91	991,6	188,4	276,2	8 185	– 2,93	9
SH	612,3	1,22	417,2	93,3	101,8	8 504	+ 0,86	5
AR	363,4	0,72	215,0	97,1	51,3	7 196	– 14,66	17
AI	89,3	0,18	41,7	34,6	13,0	6 615	– 21,55	24
SG	2 750,2	5,49	1 700,8	563,8	485,6	7 576	– 10,15	14
GR	1 163,8	2,32	657,8	295,5	210,5	7 508	– 10,96	15
AG	3 220,5	6,42	2 127,6	504,0	588,9	8 112	– 3,79	11
TG	1 389,2	2,77	853,6	301,7	233,9	7 591	– 9,97	13
TI	1 569,7	3,13	930,1	327,9	311,7	7 135	– 15,36	19
VD	3 976,3	7,93	2 512,6	802,2	661,5	8 182	– 2,96	10
VS	1 287,2	2,57	754,1	302,8	230,3	6 739	– 20,08	23
NE	1 402,1	2,80	946,7	233,9	221,5	8 709	+ 3,29	4
GE	3 094,6	6,18	2 044,1	412,7	637,8	10 166	+ 20,57	2

Auf die gleiche Weise sind die kantonalen Volkseinkommen auch für die Jahre 1950 und 1960 berechnet worden [54]. Wir beschränken uns an dieser Stelle auf eine summarische Darlegung der Resultate. *Tabelle 4* zeigt die Entwicklung der kantonalen Pro-

---

[54] Über die Berechnungsweise dieser Volkseinkommen sei verwiesen auf G. *Fischer,* Berechnung und Vorausschätzung regionaler Volkseinkommenszahlen in der Schweiz 1950–1980, aaO.

Kopf-Einkommen 1950 bis 1965, zu laufenden und zu konstanten Preisen von 1965 gerechnet[55]. Schließlich illustriert *Abbildung 2* die Entwicklung der kantonalen Pro-Kopf-Einkommen, ausgedrückt in Prozenten des jeweiligen Landesmittels.

Tabelle 4: Das Volkseinkommen der Kantone pro Kopf der Bevölkerung in den Jahren 1950, 1960 und 1965 (zu laufenden und zu konstanten Preisen von 1965)

	Volkseinkommen pro Kopf zu laufenden Preisen (gerundet auf Fr. 5.–)			Volkseinkommen pro Kopf zu konstanten Preisen von 1965 (gerundet auf Fr. 5.–)		
	1950	1960	1965	1950	1960	1965
CH	3 660	5 760	8 430	5 535	7 205	8 430
ZH	4 305	6 685	9 755	6 510	8 365	9 755
BE	3 525	5 515	8 095	5 330	6 900	8 095
LU	3 135	4 925	7 245	4 740	6 160	7 245
UR	2 865	4 330	6 800	4 330	5 415	6 800
SZ	2 915	4 600	6 980	4 405	5 755	6 980
OW	2 580	4 120	6 145	3 900	5 155	6 145
NW	3 260	4 870	6 935	4 930	6 090	6 935
GL	3 640	5 635	8 425	5 505	7 050	8 425
ZG	3 545	5 695	8 335	5 360	7 125	8 335
FR	2 735	4 475	7 190	4 135	5 600	7 190
SO	3 780	5 830	8 380	5 715	7 295	8 380
BS	5 080	7 450	11 610	7 680	9 320	11 610
BL	3 845	5 970	8 185	5 815	7 470	8 185
SH	3 690	5 840	8 505	5 580	7 305	8 505
AR	2 915	4 700	7 195	4 405	5 880	7 195
AI	2 575	4 390	6 615	3 895	5 490	6 615
SG	3 380	5 080	7 575	5 110	6 355	7 575
GR	2 850	4 815	7 510	4 310	6 025	7 510
AG	3 540	5 565	8 110	5 350	6 960	8 110
TG	3 440	5 235	7 590	5 200	6 550	7 590
TI	3 035	4 820	7 135	4 590	6 030	7 135
VD	3 670	5 835	8 180	5 550	7 300	8 180
VS	2 355	4 530	6 740	3 560	5 665	6 740
NE	4 360	6 245	8 710	6 590	7 810	8 710
GE	4 635	7 440	10 165	7 010	9 310	10 165

---

[55] Die Preisbereinigung erfolgte aufgrund des vom Eidg. Statistischen Amt ausgewiesenen Preisindexes des Brutto-Sozialprodukts zu Marktpreisen. Siehe dazu: Die Volkswirtschaft, 1966, S. 446.

Abb. 2: Vergleich des Pro-Kopf-Einkommens der einzelnen Kantone in den Jahren 1950 und 1965, ausgedrückt in Prozenten des jeweiligen Landesmittels
(Schweiz = 100 %)

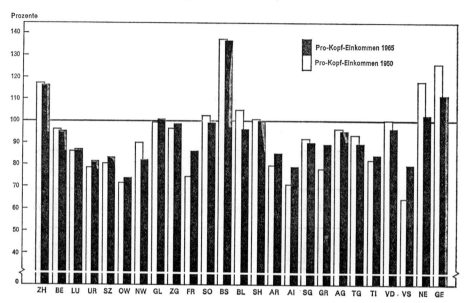

3. Beurteilung der Ergebnisse als Informations- und Analyseinstrumente im Dienste der Regionalforschung

Da im Rahmen der vorliegenden Arbeit besonders die Frage interessiert, was solche Volkseinkommenszahlen als *Informations-* und *analytisches Arbeitsinstrument* der praktischen Regionalforschung im allgemeinen und zur *Charakterisierung von Entwicklungsstand und Entwicklungspotential* im besonderen zu bieten vermögen, wird die nachfolgende Beurteilung der kantonalen Volkseinkommensergebnisse auf diese Gesichtspunkte ausgerichtet [56].

Im Vordergrund stehen *drei* Grundfragen:

a) Was vermögen die *einzelnen Globalgrößen* (absolutes Volkseinkommen und regionales Pro-Kopf-Einkommen) für sich allein betrachtet auszusagen?
b) Gestattet eine *kombinierte Analyse* beider Indikatoren im Rahmen einer interregionalen Querschnittsanalyse vertiefte Einsichten?
c) Welche Erkenntnisse können der *Struktur* der regionalen Volkseinkommen (gegliedert nach Einkommensarten) entnommen werden?

---

[56] Auf eine Beurteilung des Berechnungsverfahrens wird an dieser Stelle verzichtet. Eine gründliche Darlegung findet sich bei *G. Fischer,* Berechnung und Vorausschätzung regionaler Volkseinkommenszahlen in der Schweiz 1950–1980, aaO, S. 37 ff.

Bevor wir im einzelnen auf diese Beurteilung eingehen, sind *generell einige Gesichtspunkte* in Erinnerung zu rufen, auf die im theoretischen Teil dieser Arbeit teilweise bereits aufmerksam gemacht worden ist.
- Einmal ist zu beachten, daß das Volkseinkommen wohl eine operationale Maßgröße zur Charakterisierung der teilräumlichen Entwicklung darstellt, dabei aber nur die *quantifizierbaren, materiellen Wohlstandskomponenten* umfaßt. Zwischen diesen und der umfassenderen Größe der sogenannten *Wohlfahrt*, auf die es letztlich ankommt, können regional unterschiedliche Abweichungen bestehen, worüber die kantonalen Volkseinkommen keinen Aufschluß geben.
- Zum andern mußte die Regionalisierung aus praktischen Gründen (Verfügbarkeit der statistischen Unterlagen) auf die *Kantonsgebiete* abstellen. Wohl in den wenigsten Fällen werden aber die Kantone mit jenen Teilräumen übereinstimmen, zu denen man aufgrund funktionaler Abgrenzungskriterien im Sinne der *Bildung echter funktionaler Raumeinheiten* gelangen würde. Regionale Volkseinkommen von funktional abgegrenzten Teilgebieten wären jedoch analytisch interessanter und aussagekräftiger als kantonale Globalaggregate. Gegenwärtig untersuchen wir, ob man über das Volkseinkommen nach Gemeinden (als teilräumlicher Zwischenstufe) eine den funktionalen Gesichtspunkten besser Rechnung tragende Regionalisierung erreichen könnte, indem die Gemeindeergebnisse dann für regionalpolitisch relevante Teilräume (z. B. Zentrumsgemeinde, inkl. die umliegenden Vororts- und Erholungsgemeinden) zusammengerechnet würden. Über erste Ansatzpunkte sind wir aber noch nicht hinausgekommen [57].
- Schließlich ist festzuhalten, daß sich die vorgelegten Volkseinkommenszahlen nur bis zum Jahre 1965 erstrecken und somit die neuesten teilräumlichen Entwicklungstendenzen nicht mehr zu erfassen vermögen. Dieses zeitliche Nachhinken einer regionalen Basisstatistik ist bedauerlich, jedoch aus den erwähnten Gründen gegenwärtig nicht zu umgehen. Mit dem Vorliegen der Rechnung 1970 wird dieser Nachteil teilweise behoben sein. Allerdings beeinflußt ein gewisses zeitliches Nachhinken den analytischen Gehalt dieses Instrumentes kaum. Denn damit sollen ja in erster Linie grundlegende teilräumliche Entwicklungs*tendenzen* erfaßt werden. Erfahrungsgemäß verändern sich diese gesamthaft betrachtet im Zeitablauf nicht kurzfristig abrupt, sondern eher allmählich, über mehrere Jahre hinweg. Aus diesem Grunde ist die Verfügbarkeit vergleichbarer Volkseinkommensdaten über einen längeren Zeitraum hinweg analytisch wertvoller als eine isolierte Einkommensrechnung allerneuesten Datums.

Ausgehend von diesen generellen Einschränkungen wollen wir uns nunmehr den vorstehend erwähnten Fragestellungen zuwenden.

a. Aussagefähigkeit der absoluten Kantonsergebnisse

Zunächst ist abzuklären, was die ermittelten Globalgrößen (absolutes Volkseinkommen und Pro-Kopf-Einkommen der Kantone) auszusagen vermögen. Weil derzeit eine Regionalisierung der Entstehungsseite des Sozialprodukts im konkreten Fall der

---

[57] Vgl. *G. Fischer*, Berechnung und Vorausschätzung regionaler Volkseinkommenszahlen in der Schweiz, aaO, S. 62 ff.

Schweiz nicht möglich ist, kann das erwünschte regionale Brutto-Inlandsprodukt als Maßstab der Wirtschaftskraft nicht ausgewiesen werden. Deshalb muß man sich mit dem gesamten *Volkseinkommen* als Ersatzgröße für das *kantonale Wirtschaftspotential* begnügen [58]. Dagegen liefert uns das *Volkseinkommen je Einwohner* gerechnet ein aussagefähiges Maß des regionalen (materiellen) *Wohlstandsniveaus*.

Betrachten wir zunächst die einzelnen Globalindikatoren, sowohl niveau- als auch entwicklungsmäßig, dann zeigt sich folgendes Bild:

– In bezug auf die *absoluten Kantonsergebnisse* kann aus *Tabelle 3* entnommen werden, daß das Volkseinkommen der Schweiz (und damit das regionale Wirtschaftspotential) ausgesprochen ungleichmäßig auf die einzelnen Teilgebiete unseres Landes verteilt ist. Mit 20 % bzw. 15 % des gesamtschweizerischen Volkseinkommens stehen die Kantone Zürich und Bern weitaus an der Spitze aller Stände. Sie beanspruchen zusammen mehr als ein Drittel des nationalen Totals. Rechnet man hierzu die weiteren fünf Kantone Waadt, Aargau, Genf, Basel-Stadt und St. Gallen, die jeweils mehr als 5 % des schweizerischen Volkseinkommens erreichen, so steigt der Anteil dieser sieben Stände bereits auf über zwei Drittel. Die verbleibenden 18 Kantone und Halbkantone müssen sich mit dem letzten Drittel begnügen, wobei die sieben Stände mit den geringsten Anteilen, nämlich Zug, Appenzell-Außerrhoden, Glarus, Uri, Nidwalden, Obwalden und Appenzell-Innerrhoden, zusammen nicht einmal 4 % des gesamtschweizerischen Volkseinkommens erreichen.

– Markante regionale Entwicklungsunterschiede lassen sich im *Zeitvergleich* erkennen (vgl. *Tabelle 4*). Im Verlaufe der untersuchten 15 Jahre stieg das gesamtschweizerische Volkseinkommen (zu konstanten Preisen gerechnet) insgesamt um 92 %, was nahezu einer Verdoppelung entspricht. Mehr als verdoppelt hat sich das Volkseinkommen in den Kantonen Basel-Land, Zug, Genf, Zürich, Nidwalden und Wallis, wobei Basel-Land mit einem Zuwachs von 133 % die relativ höchste Steigerung verzeichnete. Während sich Graubünden und das Tessin im Rahmen des Landesdurchschnitts entwickelten, blieben die restlichen Stände hinter dem gesamtschweizerischen Wachstum zurück. Am ausgeprägtesten gilt dies für St. Gallen, die beiden Appenzell, Glarus, Neuenburg und Obwalden in dieser Reihenfolge.

– Ein anderes Bild vermitteln die *regionalen Pro-Kopf-Einkommen* als Maßstab des durchschnittlichen Wohlstands. Ein Querschnittsvergleich läßt zunächst beträchtliche Wohlstandsunterschiede erkennen. An der Spitze aller Kantone steht Basel-Stadt mit einem durchschnittlichen Wohlstandsniveau von über 11 600 Franken je Einwohner (im Jahre 1965), während Obwalden mit dem niedrigsten Pro-Kopf-Einkommen nur die Hälfte des Basler Niveaus erreicht [59]. Über dem Landesmittel liegen nurmehr Genf, Zürich, Neuenburg und Schaffhausen. Glarus, Solothurn, Zug und

---

[58] Wenn es gelänge, alle Einkommensarten gleichzeitig am Ort ihrer Entstehung (im Sinne produzierter Einkommen) und am Ort ihrer Auszahlung (im Sinne von erhaltenen Einkommen) direkt zu erfassen, könnte aus dem Volkseinkommen unschwer das sogenannte Inlandseinkommen abgeleitet werden. Denn auf diesem Umweg ließen sich die interregionalen Einkommensströme per Saldo erfassen. Davon sind wir allerdings infolge statistischer Unzulänglichkeiten noch weit entfernt.

[59] Auf Gemeindeebene fällt das interkommunale Wohlstandsgefälle noch wesentlich stärker aus.

Basel-Land liegen knapp, die restlichen Stände teilweise beträchtlich unter dieser Grenze.
- Auch beim Pro-Kopf-Einkommen führt ein *Zeitvergleich* zu interessanten Feststellungen. Halten wir vorerst fest, daß für die Schweiz gesamthaft betrachtet das durchschnittliche Pro-Kopf-Einkommen zwischen 1950 und 1965 – wiederum zu konstanten Preisen gerechnet – auf das Anderthalbfache anstieg, was einer durchschnittlichen realen Zuwachsrate von 2,9 % pro Jahr entspricht. Dabei gelang es mehr als der Hälfte aller Kantone, diese gesamtschweizerische Entwicklungsrate zu übertreffen. Auf den ersten Blick mag dies höchst erfreulich sein, um so mehr, als die wirtschaftlich schwächeren Regionen im allgemeinen die höchsten Zuwachsraten realisierten. So haben beispielsweise die beiden Halbkantone Appenzell-Ausserrhoden und Innerrhoden ihr durchschnittliches Pro-Kopf-Einkommen um jährlich 3,6 bzw. 3,3 % zu erhöhen vermocht. Demgegenüber mußten sich die großen Agglomerationen wie Basel, Zürich und Genf mit bescheideneren Expansionsraten von 2,5–2,8 % begnügen.

Eine isolierte Betrachtungsweise der Zuwachsraten des absoluten Volkseinkommens, oder aber des durchschnittlichen Pro-Kopf-Einkommens als Grundlage des Entwicklungsvermögens der einzelnen Regionen ist allerdings problematisch und kann zu *Fehlinterpretationen* führen. Erfahrungsgemäß wird beispielsweise aus der alleinigen Zugrundelegung der relativen Zunahme des Pro-Kopf-Einkommens wiederholt die *voreilige* und wirtschaftspolitisch gefährliche Schlußfolgerung gezogen, angesichts der geschilderten Perspektiven finde zwischen den wirtschaftlich starken und den wirtschaftlich weniger begünstigten Landesteilen eine *fortschreitende Angleichung* im Sinne einer Nivellierung der interregionalen Wohlstandsunterschiede statt. Daß diese zwar wünschenswerte Tendenz fraglich erscheint, läßt nicht nur die fortschreitende Konzentration von Wirtschaft und Bevölkerung in die wenigen Wachstumszentren vermuten. Auch die empirischen Daten widerlegen dies, wenn man auf absolute Größen zurückgreift.

- Zählt man beispielsweise jene Kantone mit den jeweils höchsten und niedrigsten Pro-Kopf-Einkommen derart zusammen, daß beide Extremgruppen – um repräsentativ zu sein – ungefähr 10 % der schweizerischen Gesamtbevölkerung umfassen, so verhalten sich die beiden Wohlstandsextreme im Jahre 1965 wie 1:1,75. Fünfzehn Jahre früher betrug die entsprechende Relation 1:1,9. Wenngleich sich somit die extremen Durchschnittswerte geringfügig angenähert haben, kann *wohl kaum von einer ins Gewicht fallenden Nivellierung* gesprochen werden. Hier wird oft übersehen, daß ein Vergleich von relativen Entwicklungsraten wegen der absoluten Niveauunterschiede noch nichts endgültiges über eine Wohlstandsnivellierung auszusagen vermag. Die ärmeren Kantone sind im Verlaufe der Untersuchungsperiode wohl reicher geworden, doch haben gleichzeitig auch die wohlhabenden Regionen ihren Wohlstand beträchtlich zu erhöhen vermocht. Eine gleichzeitige Gegenüberstellung der relativen und der absoluten Wohlstandszunahme läßt dies deutlich erkennen.

- Ein weiterer Nachteil einer isolierten Interpretation der Entwicklung der Pro-Kopf-Einkommen (als Maß der regionalen Entwicklungsfähigkeit) liegt in der *Ausklammerung* der räumlich gleichfalls *sehr unterschiedlichen Bevölkerungsentwicklung*.

Auch dies kann zu groben Fehlinterpretationen führen. Erinnern wir uns der beiden appenzellischen Halbkantone. Diese zwei Stände stehen in bezug auf ihre relative Zunahme des Pro-Kopf-Einkommens im interregionalen Vergleich zwar an vorderster Front. Doch ist dies weitgehend darauf zurückzuführen, daß im Bemessungszeitraum die appenzellische Wohnbevölkerung praktisch stagnierte! Gemessen am Zuwachs des gesamten Volkseinkommens liegen nämlich Appenzell-Ausserrhoden und Innerrhoden an 21. bzw. 22. Stelle der 25 Stände. Ob diese Entwicklung als eine „Gesundschrumpfung" oder als ein „Auslaugungsprozeß" betrachtet werden muß, soll hier nicht beurteilt werden, doch ist dies für die Entwicklungsfähigkeit einer Region ohne Zweifel von grundlegender Bedeutung.

— Ein entgegengesetztes Beispiel bietet *Basel-Land*. Gemessen an der prozentualen Zunahme des Pro-Kopf-Einkommens weist dieser Stand beinahe das geringste Wachstumsvermögen aller Kantone aus, obschon das gesamte Volkseinkommen von Basel-Land im Vergleich zu den übrigen Landesteilen weitaus am stärksten angestiegen ist. Wiederum finden diese unterschiedlichen Entwicklungstendenzen ihre Erklärung in der Bevölkerungsentwicklung (interregionale Wanderungsvorgänge). Zwischen 1950 und 1965 verzeichnete Basel-Land einen massiven Bevölkerungszuwachs von mehr als 65 %, während die gesamtschweizerische Wohnbevölkerung im gleichen Zeitraum „nur" um 26 % anstieg!

In dieser *regional sehr differenzierten* Bevölkerungsentwicklung liegt eine entscheidende Ursache, weshalb die regionalen Wachstumsintensitäten in vielen Kantonen sehr unterschiedlich ausfallen, wenn man einerseits auf den relativen Zuwachs des gesamten Volkseinkommens und anderseits auf das Pro-Kopf-Einkommen abstellt. Gelänge es, entsprechende Globalgrößen für funktional abgegrenzte Teilgebiete auszuweisen, würden diese Abweichungen viel geringer sein.

b. Aussagefähigkeit interkantonaler Querschnittsanalysen

Um die Risiken solcher Fehlinterpretationen über die Entwicklungsfähigkeit der Teilgebiete auszuschließen, ist es zweckmäßig, beide Indikatoren, also das gesamte Volkseinkommen und das Pro-Kopf-Einkommen, gleichzeitig miteinander kombiniert sowohl niveau- als auch entwicklungsmäßig zu analysieren. Aus einer solchen Gegenüberstellung der unterschiedlichen Entwicklung beider Globalgrößen lassen sich in einem interkantonalen Querschnittsvergleich zudem vertiefte Einsichten in die regional differenzierte Wirtschaftsentwicklung gewinnen.

Um die *Zusammenhänge zwischen Entwicklungsstand und Entwicklungsvermögen* der einzelnen Regionen erkenntlich zu machen, haben wir die einzelnen Kantone nach bestimmten Merkmalen erfaßt und in Form von *Streuungsdiagrammen* wie folgt aufgezeichnet (vgl. die Abbildungen A und B):

— In einem ersten Streuungsdiagramm *(Klassifizierungsschema A)* wird als Maßstab der X-Achse der Entwicklungsstand der einzelnen Regionen gewählt, charakterisiert durch das *durchschnittliche Pro-Kopf-Einkommen* im Jahre 1965, ausgedrückt in prozentualen Abweichungen vom entsprechenden Landesmittel. Als Maßstab des Wachstumsvermögens (Y-Achse) gilt hier die *jährliche Zuwachsrate des gesamten Volkseinkommens* im Durchschnitt der Jahre 1950 bis 1965, ausgedrückt in Prozenten.

- Dem zweiten Streuungsdiagramm *(Klassifizierungsschema B)* liegt der gleiche Maßstab zur Charakterisierung des regionalen Entwicklungsstandes zugrunde wie im Schema A. Dagegen wird nunmehr das *Wachstumsvermögen* durch den jährlichen Zuwachs des jeweiligen *Pro-Kopf-Einkommens* gemessen, wiederum im Durchschnitt der Jahre 1950–1965 berechnet und in Prozenten ausgedrückt.

Klassifizierungsschema A: Gliederung der schweizerischen Kantone nach Wachstumsvermögen und wirtschaftlichem Wohlstand*)

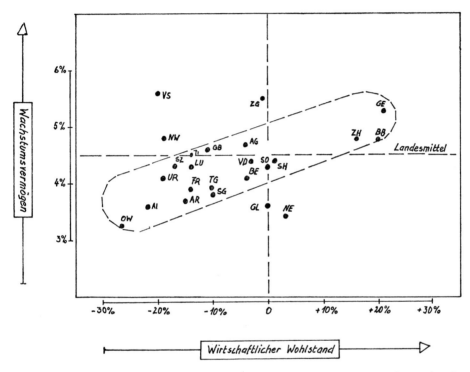

* Wachstumsvermögen: ausgedrückt durch die durchschnittliche jährliche Zuwachsrate der absoluten kantonalen Volkseinkommen in den Jahren 1950 bis 1965.

Wirtschaftliches
Wachstum: ausgedrückt in prozentualen Abweichungen der kantonalen Pro-Kopf-Einkommen vom gesamtschweizerischen Durchschnitt im Jahre 1965.

Abkürzungsliste

ZH = Zürich	OW = Obwalden	SO = Solothurn	SG = St. Gallen	VD = Waadt
BE = Bern		BB = Basel Stadt und Land	GR = Graubünden	VS = Wallis
LU = Luzern	NW = Nidwalden			NE = Neuenburg
UR = Uri		SH = Schaffhausen	AG = Aargau	
SZ = Schwyz	GL = Glarus	AR = Appenzell A. Rh.	TG = Thurgau	GE = Genf
	ZG = Zug		TI = Tessin	
	FR = Freiburg	AI = Appenzell I. Rh.		

Klassifizierungsschema B: Gliederung der schweizerischen Kantone nach Wachstumsvermögen und wirtschaftlichem Wohlstand *)

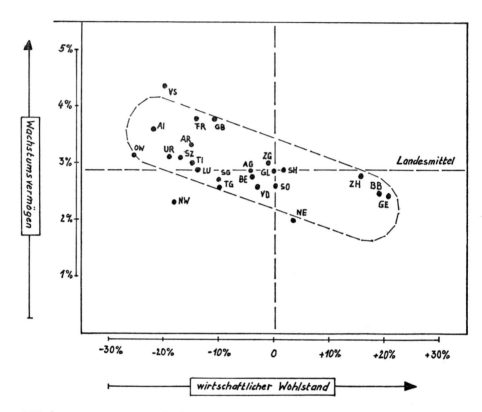

* Wachstumsvermögen: ausgedrückt durch die durchschnittliche jährliche Zuwachsrate der kantonalen Pro-Kopf-Einkommen in den Jahren 1950 bis 1965

Wirtschaftlicher
Wohlstand: ausgedrückt in prozentualen Abweichungen der kantonalen Pro-Kopf-Einkommen vom gesamtschweizerischen Durchschnitt im Jahre 1965

Die aufgeführten Bezugspunkte geben somit für jeden Kanton an, welche *Wachstumsintensität* im Verlaufe der untersuchten 15 Jahre – *bezogen auf den erreichten Entwicklungsstand* im Jahre 1965 – erzielt wurde: im Klassifizierungsschema A gemessen an der Entwicklung des gesamten Volkseinkommens, im Schema B am regionalen Pro-Kopf-Einkommen. Die resultierenden Streuungsdiagramme sind aufschlußreich und lassen eine Reihe interessanter Feststellungen zu.

– Im *Klassifizierungsschema A* erstrecken sich die kantonalen Bezugspunkte längs eines „typischen" *Entwicklungsbandes,* das sich in leicht gekrümmter Form von links unten nach rechts oben hinzieht. Aus dem Rahmen fallen einzig die Kantone Wallis, Nidwalden und Zug einerseits, sowie Glarus und Neuenburg anderseits. Abgesehen von diesen begründbaren Extremfällen vermag man zu erkennen, daß die einzelnen Kantone im *allgemeinen* um so *höhere Zuwachsraten* des gesamten Volkseinkommens realisierten, je *höher ihr durchschnittliches Wohlstandsniveau* (am Ende des Analysezeitraums) war. Es überrascht kaum, daß dabei die großen Agglomerationen Zürich, beide Basel zusammengerechnet und Genf von den übrigen Ständen deutlich abgerückt auf der rechten Seite des Streuungsbildes zu finden sind. Es sind dies jene Wachstumszentren, die einen hohen Entwicklungsstand und hohe Zuwachsraten des gesamten Volkseinkommens auszuweisen vermögen. Auf der linken Seite finden wir die wirtschaftlich benachteiligten Landesteile, die bei *relativ niedrigem Entwicklungsstand* nur *geringe Wachstumsraten* verzeichneten. Hier scheint sich eine gewisse *Gesetzmäßigkeit* abzuzeichnen, wobei der leicht gekrümmte Verlauf des Entwicklungsbandes darauf hinweist, daß die hochentwickelten Agglomerationszentren in ihrem weiteren Wachstum von gewissen „Sättigungserscheinungen" befallen werden. Aus der atypischen Lage der erwähnten Extremfälle kann man – allein aufgrund der hier benützten Globalindikatoren – bereits auf gewisse *spezifische Strukturverhältnisse* in jenen Gebieten schließen, die sich per Saldo entweder positiv oder negativ im Volkseinkommen niederschlagen [60]. Um diesen nachzuspüren, sind allerdings ergänzende und vertiefte Strukturanalysen notwendig.

- Ein *völlig anderes* Bild zeigt das *Klassifizierungsschema B,* in dem das Wachstumsvermögen nicht durch die relative Zunahme des gesamten Volkseinkommens, sondern durch diejenige des *Pro-Kopf-Einkommens* gemessen wird. Hier gruppieren sich die kantonalen Bezugspunkte längs eines von links oben nach rechts unten leicht gekrümmt verlaufenden Entwicklungsbandes, wobei jetzt die wirtschaftlich benachteiligten Gebiete (mit relativ niedrigem Entwicklungsstand) zum Teil recht hohe Zuwachsraten aufweisen, während die großen Agglomerationen (mit relativ hohem Entwicklungsstand) ein schwächeres Wachstumvermögen erkennen lassen. Erneut sind gewisse *Extremfälle* vorhanden, so die Kantone Wallis, Nidwalden und Neuenburg. Bei näherem Zusehen findet man allerdings eine Reihe von Kantonen, deren Entwicklungsniveau zwar hinter demjenigen der Agglomerationszentren liegt, die aber dennoch keine höheren Pro-Kopf-Zuwachsraten erreichten als Zürich, Basel und Genf. Es betrifft dies vor allem die Kantone Thurgau, St. Gallen, Waadt und Neuenburg.

Aufgrund dieser Feststellung könnte man versucht sein, die wirtschaftlich weniger begünstigten Landesteile in *zwei Gruppen* einzuteilen: In eine erste mit hohem Wachstumsvermögen (bzw. hohem Entwicklungspotential) und in eine zweite mit schwachen Entwicklungsaussichten. Eine solche Unterscheidung wäre für die regio-

---

[60] Zum Teil muß die extreme Lage einzelner Kantone auch auf erfassungstechnische Mängel der Volkseinkommensberechnung zurückgeführt werden, weil die ermittelten regionalen Verteilungsschlüssel für einzelne Einkommensposten aus solchen statistischen Unterlagen abgeleitet werden mußten, die die spezifischen Verhältnisse in gewissen Kantonen verzerrt zum Ausdruck bringen. Dies gilt in bezug auf das Kapitaleinkommen insbesondere für die Kantone Zug und Nidwalden (Holding-Kantone); aber auch das Volkseinkommen des Wallis wird durch die gewählte Durchschnittsrechnung beim Einkommen der selbständig Erwerbenden stark überbewertet.
Die ungünstige Lage von Glarus und Neuenburg weist dagegen auf bestehende Strukturschwächen, insbesondere im Industriesektor, hin.

nale Entwicklungspolitik höchst aufschlußreich. Dies wiederum wirft die Frage auf, ob nicht auch die wirtschaftlich fortgeschrittenen Regionen in gleicher Weise unterteilt werden könnten, nämlich in eine Gruppe mit hohem und in eine solche mit geringem Entwicklungsvermögen.

Diese Gliederungskriterien führen uns zu einer eigentlichen *Typologie der Teilräume*, ähnlich einer von Klaassen vorgeschlagenen Systematisierung [61]. Zu diesem Zweck kann das vorstehende Klassifizierungsschema B wie folgt umgeformt werden:

Schema: Typologie der Teilräume

		Regionaler Entwicklungsstand **	
		über dem Landes-durchschnitt (hoch)	unter dem Landes-durchschnitt (tief)
Regionales Entwicklungs-vermögen *	über dem Landes-durchschnitt (hoch)	I	III
	unter dem Landes-durchschnitt (tief)	II	IV

* Gemessen durch die im Durchschnitt der Jahre 1950–1965 erreichten jährlichen Zuwachsraten des Pro-Kopf-Einkommens.
** Gemessen durch die prozentualen Abweichungen des Pro-Kopf-Einkommens der Teilgebiete vom entsprechenden Landesmittel im Jahre 1965.

In diesem Schema werden *Entwicklungsstand* und *Entwicklungsvermögen* der Teilgebiete einander gegenübergestellt, jeweils darnach unterteilt, ob die gewählten Merkmale das entsprechende Landesmittel übertreffen oder auch darunter liegen. Es resultieren vier Quadranten bzw. typische Kategorien von Regionen, die folgende Eigenschaften aufweisen:

(I) Gebiete mit *hohem Entwicklungsstand* und *hohen Entwicklungsaussichten* (beide Merkmale über dem Landesmittel);

(II) Gebiete mit *hohem Entwicklungsstand*, aber *niedrigem Entwicklungsvermögen* (letzteres unter dem Landesmittel);

(III) Gebiete mit *niedrigem Entwicklungsstand*, aber *hohem Entwicklungsvermögen* (letzteres über dem Landesmittel) sowie

(IV) Gebiete mit *niedrigem Entwicklungsstand* und *geringem Entwicklungsvermögen* (beide Merkmale unter dem Landesmittel).

Während die Gruppe (IV) die eigentlichen *Problemgebiete* darstellt, die sowohl lage- als auch entwicklungsmäßig ungünstig beurteilt werden müssen, umfaßt die Gruppe (I) die eigentlichen *Wachstumszentren*. Regionen der Gruppe (II) können als

---

[61] Klaassen hat anhand des Brutto-Sozialprodukts je Einwohner und der prognostizierten Zuwachsrate dieser Größen für 11 belgische Regionen eine solche Typologie aufgestellt und je nach Regionstyp eine unterschiedliche Ausrichtung der Entwicklungspolitik empfohlen. Vgl. L. H. *Klaassen*, Area Economic and Social Redevelopment, OECD, Paris 1965, insbesondere S. 27 ff.

‚potentielle Problemgebiete' aufgefaßt werden, während die Gruppe (III) niveaumäßig zwar benachteiligte, jedoch stark *entwicklungsfähige Regionen* aufweist.

Konfrontieren wir diese schematische Darstellung mit dem Klassifizierungsschema B, so zeigt sich, daß die kantonalen Bezugspunkte nicht unbedingt „typisch" gestreut sind. Im Feld III beispielsweise steht kein einziger Kanton.

Es wäre nun allerdings voreilig, hieraus den Schluß zu ziehen, daß die vorstehende Typologie deshalb wertlos sei. Vielmehr ist an unsere erwähnte generelle Einschränkung zu erinnern: Zweifellos ergäbe sich ein wesentlich *besser strukturiertes* Bild, wenn anstelle der Kantone das Volkseinkommen *funktional abgegrenzter Regionen* vorliegen würde, weil die politische Grenzziehung zu Verzerrungen führt. Für funktional abgegrenzte Regionen wäre eine solche Typologie sehr aufschlußreich für die Beurteilung der Entwicklungschancen aller Landesteile[62]. Wir erwähnten jedoch, daß beim gegenwärtigen Stand der Regionalstatistik eine Berechnung regionaler Volkseinkommen für funktionale Raumeinheiten an praktischen Schwierigkeiten scheitert. Indessen erachten wir eine solche Betrachtungsweise auch auf Kantonsebene als recht nützlich, wenn infolge der genannten Einschränkungen die Aussagefähigkeit dieser Methode nicht überschätzt wird: *Erstens* sind die Gruppengrenzen nicht starr, sondern fließend zu interpretieren (nur Tendenzaussagen sind sinnvoll!) und *zweitens* muß die Stellung der einzelnen Kantone in beiden Darstellungen (Klassifikationsschema A und B) berücksichtigt und miteinander verglichen werden. Dann gestattet dieses Verfahren mit relativ wenig Aufwand, die Stellung der einzelnen Regionen – gewissermaßen ihren *Entwicklungscharakter* – im *Rahmen der gesamtwirtschaftlichen Entwicklung* eines Landes zu beurteilen und daraus entsprechende wirtschaftspolitische Schlußfolgerungen zu ziehen.

c. Aussagefähigkeit der Struktur der Volkseinkommensaggregate

Auch der Struktur der kantonalen Volkseinkommen (Gliederung nach Einkommensarten) können durch interkantonale Querschnittsanalysen interessante Erkenntnisse entnommen werden. Betrachtet man die Zusammensetzung der kantonalen Volkseinkommen nach den drei *Haupteinkommensgruppen* (Arbeitseinkommen der unselbständig Erwerbenden, Geschäftseinkommen der Selbständigen und Kapitaleinkommen), so zeigt sich, daß, von wenigen Extremfällen abgesehen, das *Lohneinkommen* (Einkommen der unselbständig Erwerbenden) je nach Entwicklungsstand einer Region zwischen 60 % und 70 % des gesamten Volkseinkommens ausmacht. Der Rest verteilt sich auf die beiden übrigen Einkommensarten, wobei auf das Geschäfts- und Kapitaleinkommen im Landesmittel je rund 18 % entfallen. Eine *interkantonale Querschnittsanalyse* läßt die Tendenz erkennen, daß mit *wachsendem Entwicklungsstand* eines Kantons der *Anteil des Kapitaleinkommens überdurchschnittlich ansteigt,* zur Hauptsache auf Kosten des Geschäftseinkommens. Umgekehrt liegen die Verhältnisse in den wirtschaftlich weniger begünstigten Regionen. Je *niedriger* das *durchschnittliche Pro-Kopf-Einkommen,* desto *geringer* ist der *Anteil des Kapitaleinkommens,* desto höher dafür

---

[62] Die soeben erwähnte Einschränkung muß unseres Erachtens auch gegenüber dem von Klaassen vorgelegten Gliederungsschema gemacht werden. Vgl. *L. H. Klaassen,* aaO.

jener des Geschäftseinkommens. Hier scheint sich eine eigentliche *Gesetzmäßigkeit* abzuzeichnen, die nicht nur zahlenmäßig belegt, sondern auch graphisch festgehalten werden kann:
- Während beispielsweise in den drei Kantonen mit dem höchsten Pro-Kopf-Einkommen (Basel, Zürich und Genf) das Kapitaleinkommen 1965 insgesamt 22 %, das Geschäftseinkommen jedoch nur 12 % des gesamten Volkseinkommens erreichte, liegt in den drei Kantonen mit dem tiefsten Wohlstandsniveau (Wallis, Appenzell-Innerrhoden und Obwalden) der Anteil des Kapitaleinkommens bei 16 %, jener des Geschäftseinkommens dafür bei über 30 %.
- Graphisch kann dieser Sachverhalt erneut durch ein Streuungsdiagramm veranschaulicht werden (vgl. *Klassifizierungsschema C*). In diesem Streuungsdiagramm wurde auf der horizontalen Achse (als Maßstab des regionalen Entwicklungsniveaus) das Pro-Kopf-Einkommen gewählt, ausgedrückt in prozentualen Abweichungen vom Landesmittel. Auf der vertikalen Achse finden sich die *prozentualen Anteile* einerseits des Einkommens der Selbständigerwerbenden (untere Bildhälfte) sowie anderseits des Kapitaleinkommens (obere Bildhälfte), gemessen am jeweiligen Gesamteinkommen im Jahre 1965.

Die resultierende *Scherenbewegung* der beiden Streuungsdiagramme bringt die postulierte Gesetzmäßigkeit recht deutlich zum Ausdruck [63].

Betrachtet man statt dessen nur das *Lohneinkommen*, so ergibt sich im Zeitvergleich eine *enge Beziehung* zwischen der Entwicklung des Lohneinkommens und derjenigen des gesamten Volkseinkommens. Dies mag zwar vom analytischen Standpunkt aus wenig interessant erscheinen. Doch können aus diesem Zusammenhang erhebliche *praktische Vorteile* abgeleitet werden: *Erstens* gestattet dies, beim Fehlen regionaler Volkseinkommen auf das Lohneinkommen als repräsentative Ersatzgröße zurückzugreifen. Davon war bereits die Rede. *Zweitens* bietet sich die Möglichkeit, aufgrund der regionalen Lohneinkommen die nur in Stichjahren errechenbaren Volkseinkommenszahlen jährlich fortzuschreiben. Denn im Gegensatz zu andern Komponenten des Volkseinkommens liegt das statistische Basismaterial für die Berechnung des Lohneinkommens in der Schweiz in einer Form vor, die nur geringfügiger Änderungen bedürfte, um diese Einkommen regionalisieren zu können.

---

[63] Im Streuungsbild der Anteile der Kapitaleinkommen fallen die Kantone Nidwalden und Zug wegen der rechnungstechnisch bedingten Überbewertung der Kapitaleinkommen erneut aus dem Rahmen.

Klassifizierungsschema C: Gliederung der schweizerischen Kantone nach ausgewählten Einkommensarten und wirtschaftlichem Wohlstand *)

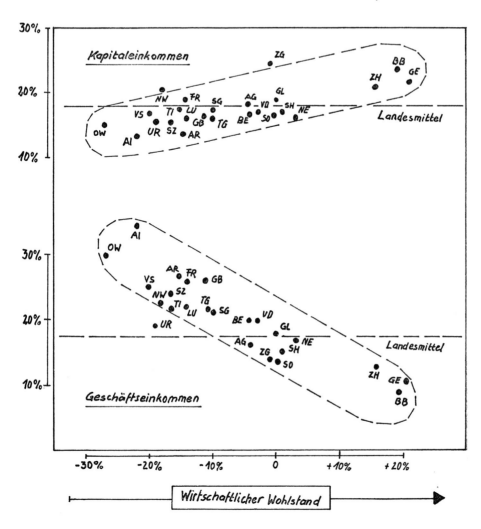

* Kapitaleinkommen:	ausgedrückt durch den prozentualen Anteil des Kapitaleinkommens am gesamten kantonalen Volkseinkommen im Jahre 1965
Geschäftseinkommen:	ausgedrückt durch den prozentualen Anteil des Geschäftseinkommens am gesamten kantonalen Volkseinkommen im Jahre 1965
Wirtschaftlicher Wohlstand:	ausgedrückt in prozentualen Abweichungen der kantonalen Pro-Kopf-Einkommen vom gesamtschweizerischen Durchschnitt im Jahre 1965

E. Zusammenfassung: Ergebnisse für die Regionalpolitik

Die vorstehenden Erörterungen über die Erfassungs- und Darstellungsmöglichkeiten von regionalem Entwicklungsstand und Entwicklungspotential haben zu den folgenden Ergebnissen geführt:

1. Sowohl die theoretische als auch die praktische Regionalforschung benötigen geeignete Globalaggregate, mit denen Entwicklungsstand und Entwicklungspotential der Teilgebiete eines Landes in einer der praktischen Analyse zugänglichen Art und Weise erfaßt werden können. Diese sollten gewissermaßen den gesamten per-Saldo-Einfluß aller Einwirkungskräfte zum Ausdruck bringen, die das teilräumliche Geschehen bestimmen. Wir wiesen nach, daß hiefür zwei volkswirtschaftliche Maßgrößen im Vordergrund stehen. Einmal das Volkseinkommen je Einwohner gerechnet (als Maßstab des durchschnittlichen Wohlstandes), zum andern das Inlandsprodukt je Erwerbstätigen gerechnet (als Bezugsgröße für die Wirtschaftskraft im Sinne des Leistungspotentials und der regionalen Produktivität). Liegen diese Gesamtaggregate in geeigneter struktureller Gliederung vor, so ermöglichen sie zusätzliche wertvolle Einblicke in die teilräumliche Einkommens- und Produktionsstrukturen.

2. In den meisten Ländern fehlen diese Basisdaten. Dies zwingt die praktische Regionalforschung, auf problematische Hilfsindikatoren (wie das regionale Steueraufkommen, Industriebesatzziffern oder andere Dichteziffern von Konsumgütern des gehobenen Bedarfs) zurückzugreifen, deren Aussagefähigkeit von fragwürdigem Wert ist. Man vermag damit bestenfalls das interregionale Wohlstandsgefälle einigermaßen zu charakterisieren. Über das Entwicklungspotential vermögen diese Daten jedoch nichts auszusagen; sie gestatten auch keinerlei strukturelle Einblicke in das regionale Wirtschaftsgeschehen.

3. Aus diesem Grunde bleibt es ein dringendes Anliegen der Regionalforschung, daß die Regionalstatistik in ihrem zukünftigen Auf- und Ausbau schwergewichtig auf die Erarbeitung der genannten Globalaggregate ausgerichtet wird. Dabei sollte auf regionaler Ebene weniger die Aufstellung umfassender volkswirtschaftlicher Gesamtrechnungen im Sinne der nationalen Buchhaltung im Vordergrund stehen, sondern vielmehr eine zwar teilweise isolierte, der Regionalforschung aber besser dienende Berechnung des Volkseinkommens nach Einkommensarten und des Inlandsprodukts nach Produktionsbereichen. Ferner sollten diese Aggregate für raumordnungspolitisch relevante, d. h. funktional abgegrenzte Teilräume ermittelt werden.

4. Für die praktische Regionalforschung in der Schweiz wäre bereits die Verfügbarkeit eines dieser beiden Globalaggregate ein Gewinn, da im Gegensatz zu anderen Ländern weder das Volkseinkommen noch das Inlandsprodukt offiziell ausgewiesen werden. Aus diesem Grunde prüften wir die Möglichkeiten und Grenzen alternativer Berechnungs- und Schätzungsverfahren zur Ermittlung solcher Globalaggregate. Als realisierbare Lösungsmöglichkeit konnten kantonale Volkseinkommensberechnungen vorgelegt werden. Im weiteren wurden anhand dieser Ergebnisse Aussagefähigkeit und Anwendungsmöglichkeiten des Volkseinkommens als Informations- und analytische Arbeitsinstrumente der praktischen Regionalforschung untersucht. Dabei er-

gab sich, daß bei kombinierter Analyse von Stand und Entwicklung des gesamten und des je Einwohner gerechneten Volkseinkommens sowohl über Entwicklungsstand als auch über das Entwicklungsvermögen aussagefähige Anhaltspunkte gefunden werden können.
5. Mit einer solchen Charakterisierung der Teilgebiete im Rahmen der gesamtwirtschaftlichen Entwicklung eines Landes ist für konkrete Regionalanalysen ein erster, allerdings nicht unwesentlicher Schritt getan. Zusätzliche, vertiefte Analysen in ausgewählten Strukturbereichen sind aber unerläßlich. Den hierzu sich bietenden Möglichkeiten gilt es im folgenden nachzugehen.

III. Analysemöglichkeiten im Bereich der Produktionsstruktur

A. Regionalpolitisch relevante Zusammenhänge im Bereich der Produktionsstruktur

Die regionalpolitisch relevanten Zusammenhänge im Bereich der Produktionsstruktur sind im vorstehenden theoretischen Teil dargelegt worden. Wir erkannten, daß generell die *Anpassungsfähigkeit der produzierenden Bereiche* an die sich verändernden überregionalen Veränderungen in Wirtschaft und Gesellschaft ausschlaggebend ist. Dabei werden in erster Linie die *Unternehmer selbst* angesprochen. Denn diese entscheiden maßgeblich über den Einsatz der verfügbaren Produktivkräfte (Arbeit, Boden, Kapital, technischer Fortschritt) in ihren Betrieben und damit über die Art und Weise der teilräumlichen Leistungserstellung (regionales Leistungspotential).

Eine wirksame Regionalpolitik setzt deshalb die Kenntnis jener Zusammenhänge und Faktoren voraus, die diese Anpassungsfähigkeit und -willigkeit schwergewichtig beeinflussen. Denn davon hängt ab, inwieweit eine *möglichst produktive Leistungserstellung* als wohl entscheidende Voraussetzung zur Realisierung eines hohen Entwicklungsvermögens erreicht und sichergestellt werden kann.

Wir erwähnten, daß dies vom Zusammenspiel einer Reihe außer- und innerregionaler Faktoren und ihrer unterschiedlichen Wirkungsweisen abhängt. Als entscheidende Determinantenkomplexe innerregionaler Art wurden genannt:
- die *Flexibilität der Produktionsstruktur*, geprägt durch die Mobilität insbesondere der Produktionsfaktoren Arbeit und Kapital (im Sinne einer möglichst friktionslosen Wanderung zum jeweils besten, d. h. produktivsten Betrieb);
- die *räumliche Verteilung* der produzierenden Bereiche (deren Art und Ausgestaltung die Realisierungsmöglichkeiten produktivitätssteigernder interner und externer Ersparnisse bestimmt);
- aus der branchen- und betrieblichen Perspektive die *Anpassungsmöglichkeiten der Absatz- und Bezugsstruktur* der produzierenden Einheiten an veränderte, entwicklungsbedingte Marktdaten.

Diese Faktoren sind nunmehr tiefer auszuleuchten. Es wird sich zeigen, daß für alle Bestimmungskräfte der regionalen Produktivität bei Weiterverfolgung der Kausalketten immer wieder *regionale Standortbedingungen* im weitesten Sinn in den Vordergrund treten. Denn diese beeinflussen sowohl die Mobilität und damit die *regionale*

Verfügbarkeit der Produktivkräfte als auch die räumliche Verteilung der Produktionseinheiten. Und schließlich sind sie für die Anpassungsfähigkeit der betrieblichen Absatz- und Bezugsstruktur ganz offensichtlich von entscheidender Bedeutung. In der Gestaltbarkeit relevanter Standortvoraussetzungen liegt denn auch ein *Hauptbetätigungsfeld* der Regionalpolitik zur Förderung der teilräumlichen Entwicklung.

Im folgenden werden zunächst die bestehenden Theorieansätze und daraus abgeleitete Erklärungsversuche auf ihre Eignung zur Analyse der Produktionsstruktur untersucht. Dann ist zu fragen, welche praktikablen Verfahren als geeignete Analyseinstrumente angesprochen werden können.

B. Theoretische Ansatzpunkte und deren Aussagefähigkeit

Mit der regionalen Produktionsstruktur ist die eigentliche *Wirtschaftsstruktur* angesprochen. Eine Analyse ihrer Entwicklungskräfte wirft die naheliegende Frage auf, inwieweit die allgemeine Wirtschafts- bzw. Wachstumstheorie zur Erfassung und Erklärung derselben geeignet ist. Anläßlich unserer Kritik über die Art und Weise der überlieferten Theorien wurden hierzu bereits gewichtige Vorbehalte angebracht, die an dieser Stelle nicht im Detail zu wiederholen sind. Wir erwähnten, daß die moderne Wachstumstheorie generell

- bevorzugt auf die *Ableitung formal strenger und abstrakter Gleichgewichtsmodelle* ausgerichtet ist, deren empirische Auffüllung Schwierigkeiten bietet;
- die *Wachstumsdeterminanten auf zu hoher Aggregationsstufe* erfaßt, wodurch vertiefte Einblicke in ihr Wirkungsgefüge versperrt bleiben, sowie
- *entscheidende Bestimmungsfaktoren* der teilräumlichen Entwicklung *ausklammert* bzw. als Teil des Datenkranzes der allgemeinen Theorie betrachtet und dadurch an Realitätsnähe einbüßt.

Um dies zu verdeutlichen, sei kurz auf die Hauptrichtung der empirischen Wachstumsforschung hingewiesen. Die mannigfachen Versuche, die gesamtwirtschaftliche Entwicklung eines Landes auch quantitativ zu analysieren (und zu prognostizieren), basieren auf *angebotsorientierten* Ansätzen. Bei diesen wird das gesamte System der Produktion in Form einer *gesamtwirtschaftlich aggregierten Produktionsfunktion* erfaßt[1]. In einfachster Schreibweise hat diese folgendes Aussehen:

$$P = f(A, K, T)$$

wobei (P) das reale Sozialprodukt bedeutet, dessen Zustandekommen als Funktion der Bestimmungsfaktoren Arbeit (A), Kapital (K) und „technischer Fortschritt" (T) erklärt wird[2]. Der so definierte *technische Fortschritt* entspricht gleichsam einem Rest-

---

[1] Es liegt auf der Hand, daß für eine dynamische gesamtwirtschaftliche Analyse diesem angebotsorientierten gleichzeitig ein nachfrageorientierter Ansatz gegenüberzustellen ist, um das Wirtschaftswachstum vollständig erklären zu können. Im hier diskutierten Zusammenhang ist aber der angebotsorientierte Ansatz wichtiger.

Über die Problematik der rein angebotsorientierten Betrachtungsweise (für gesamtwirtschaftliche Analysen) vgl. *D. Schröder*, Strukturwandel, Standortwahl und regionales Wachstum. Prognose Studien 3, aaO, S. 38 ff.

[2] In den Wachstumsmodellen wird dieser Zusammenhang im allgemeinen durch die sogenannte „Cobb-Douglas-Funktion" dargestellt.

faktor, der den per-Saldo-Einfluß all jener wachstumsrelevanten Wirkungskräfte zum Ausdruck bringt, die nicht direkt durch eine quantitative Veränderung der beiden „klassischen" Produktionsfaktoren Arbeit und Kapital erfaßt bzw. erklärt werden können.

Mit der Zeit erkannte man, daß hinter dieser „Residualgröße" eine sehr *heterogene* und *wirkungsmäßig überraschend starke* Gruppe von Einflußfaktoren[3] steht, die nur zum Teil dem effektiven technischen Fortschritt zugeschrieben werden können. Dazu zählen neben qualitativen Veränderungen der Faktoren Arbeit und Kapital (die sich in ihrer höheren Effizienz niederschlagen) insbesondere auch Veränderungen der Wirtschaftsstruktur und der sozio-ökonomischen und politischen Rahmenbedingungen. Die verschiedenen Bemühungen, diesen „Restfaktor" aufzuspalten, haben in der Folge die weitere Wachstumstheorie *stark befruchtet:* Einmal im Sinne einer vertieften Hinwendung zu Untersuchungen über den technischen Fortschritt selbst, seine sozialen und gesellschaftlichen Konsequenzen, zum andern im Bereich der Bildungsökonomie und der Strukturforschung[4]. Trotzdem ist es erst in Ansätzen gelungen, diesen Residualfaktor in seine wichtigsten Komponenten aufzuspalten und deren Einflußstärken auf die gesamtwirtschaftliche Entwicklung abschließend quantitativ zu messen.

Diese summarischen Hinweise lassen erkennen, daß die globale Wachstumstheorie nicht geeignet ist, die regionale Entwicklung in der hier anvisierten realitätsbezogenen Perspektive umfassend zu erklären. Notwendig ist vielmehr eine *weitere,* viel *stärkere aggregative Auflockerung,* um die fundamentalen Triebkräfte im speziellen Bereich der regionalen Produktionsstruktur in den Griff zu bekommen.

Trotz dieser Einwendungen bleibt festzuhalten, daß gerade die fortgesetzte, kritische Auseinandersetzung mit den offensichtlichsten Mängeln der Wachstumstheorie zu verschiedenen Ansatzpunkten geführt hat, mit denen gewisse *Teilaspekte* der Produktionsstruktur erfaßt und tiefer ausgeleuchtet werden können. Dazu zählen die Sektortheorie, die Exportbasis-Theorie, die Theorie der Wachstumspole sowie der sogenannte Industriestruktur-Approach. Auch hatte sich in der empirischen Wachstumsforschung die Analyse mittels vereinfachten Produktionsfunktionen, (die primär nur auf *einen* Bestimmungsfaktor abstellen und alle übrigen Einwirkungskräfte „per Saldo" durch die sogenannte *Produktivität* desselben messen), als praktisch realisierbar erwiesen. Es ist zu prüfen, inwieweit diese Erklärungsversuche geeignet sind, regionalpolitisch relevante Zusammenhänge innerhalb der Produktionsstruktur aufzudecken.

---

[3] So hat beispielsweise Correa anhand empirischer Untersuchungen nachzuweisen vermocht, daß der Zuwachs des Sozialprodukts in den USA in der ersten Hälfte des 20. Jahrhunderts nur zu rund 30 %> aus dem Zuwachs von Arbeitskraft und Realkapital erklärt werden kann, somit zu über zwei Dritteln dem Einfluß der durch die „Residualgröße" erfaßten Faktoren zugeschrieben werden muß. Vgl. *H. Correa,* The Economies of Human Resources, Amsterdam 1963, S. 162.

[4] Neueste wachstumstheoretische Untersuchungen haben beispielsweise ergeben, daß mindestens ein Drittel der gesamtwirtschaftlichen Wachstumsrate auf strukturelle Einflüsse und Veränderungen der sozio-ökonomischen und politischen Rahmenbedingungen zurückzuführen ist. Vgl. hierzu *E. Denison,* Why Growth Rates Differ, Postwar Experience in Nine Western Countries, Washington 1967, sowie *B. L. Stoleru,* L'équilibre et la croissance économique, Paris 1969.

1. Die Sektor-Theorie

Die Sektor-Theorie, im Prinzip Ausdruck der von Fourastié postulierten Gesetzmäßigkeiten, versucht Wachstumsimpulse aufzuzeigen, die auf *strukturelle Verschiebungen* der drei „klassischen" Wirtschaftssektoren zurückzuführen sind.

Fourastié[5] hat bekanntlich die These aufgestellt, daß sich die Beschäftigtenstruktur einer Volkswirtschaft im Verlauf des wirtschaftlichen Wachstums wie folgt verändert:

– Einmal wird sich der Anteil der Beschäftigten im *primären Sektor* (Land- und Forstwirtschaft) von einem Stand von 70–80 % bei einsetzender Industrialisierung im Verlaufe des wirtschaftlichen Wachstums bis auf ein Minimum von 10 % aller Beschäftigten zurückbilden und sich in diesem Zustand einer „reifen" Wirtschaft auf jener Höhe stabilisieren.

– Zum andern wird der Anteil der Beschäftigten im *sekundären Sektor* (Industrie, Handwerk und Baugewerbe) mit zunehmender Industrialisierung eines Landes vorerst bis auf ein Höchstmaß von ungefähr 40 % aller Beschäftigten ansteigen, hernach gleichfalls auf einen Anteil von 10 % aller Beschäftigten absinken.

– Schließlich wird der Anteil der Beschäftigten im *tertiären Sektor* im Verlaufe des wirtschaftlichen Wachstumsprozesses von einem bescheidenen Stand von ca. 10 % vor einsetzender Industrialisierung auf insgesamt 80 % aller Beschäftigten ansteigen (Zustand der „reifen" Wirtschaft).

Diese Wandlungen in der Beschäftigtenstruktur, deren Ursachen im *Zusammenspiel von sektoral unterschiedlicher Nachfrageentwicklung* und *möglicher Steigerung der Arbeitsproduktivität* liegen, sind nach Fourastié für jede Volkswirtschaft gültig. Das schließt nicht aus, daß die einzelnen Länder zu verschiedenen Zeitpunkten in jene Übergangsperiode eintreten, in der der Beschäftigtenanteil im Industriesektor wieder abnimmt. Immerhin hat die empirische Verifikation dieser Überlegung anhand der Beschäftigtenstruktur in wirtschaftlich fortgeschrittenen Ländern (USA, Deutschland und Frankreich) bestätigt, daß hier tatsächlich so etwas wie ein *„Entwicklungsgesetz"* vorzuliegen scheint, wonach der Entwicklungsstand oder der „Reifegrad" einer Volkswirtschaft und damit deren weiterer Verlauf jederzeit an der Entwicklung der Anteile der drei Wirtschaftssektoren „abgelesen" werden könne[6].

Gestützt auf diese Fourastié'schen Erkenntnisse wird bei konkreten Regionalanalysen des öftern unterstellt, *ähnliche* Aussagen über den Entwicklungsstand und die Entwicklungsmöglichkeiten ließen sich *auch auf regionaler Ebene* der sektoralen Beschäf-

---

[5] *J. Fourastié*, Le Grand Espoir du 20ᵉ Siècle, 3. Aufl., Paris 1952.

[6] Die Schweiz bildet diesbezüglich einen Sonderfall. Anstelle des von Fourastié prognostizierten strukturellen Umschlagspunktes (Rückgang der Beschäftigten im sekundären Sektor, starke Zunahme im tertiären Sektor) hat sich in der Nachkriegszeit der sekundäre Sektor in der Schweiz beschäftigungsmäßig wieder ausgeweitet (bis über 50 %) bei gleichzeitig relativer Stagnation des tertiären Sektors. Die Gründe für dieses atypische Verhalten sind aber offensichtlich: Erstens konnte der Sättigungspunkt des Industriesektors wegen der hohen Exportintensität über den inländischen Marktcharakter angehoben und damit zeitlich hinausgezögert werden; zweitens führte die hohe Exportintensität zu einer vermehrten Ausrichtung auf qualitativ hochwertige Produktionserzeugnisse, die im Vergleich zur Massenproduktion eine arbeitsintensivere industrielle Fertigung verlangte; und drittens konnte diese Überdimensionierung des sekundären Sektors nur dank eines massiven Zustroms von Fremdarbeitern realisiert werden. Diese Faktoren haben zusammen zu einem kumulativen Prozeß geführt.

tigungsstruktur entnehmen. Gegen eine solche Übertragung dieser für gesamte Volkswirtschaften erkannten Entwicklungsgesetze auf die regionale Ebene sind aber wegen der Individualität und des spezifischen Charakters der Teilräume *erhebliche Vorbehalte* anzubringen. Sie wiegen um so schwerer, je kleiner das analysierte Gebiet ist.

Bei der Beurteilung der Fourastié'schen Thesen muß beachtet werden, daß die ermittelten Gesetzmäßigkeiten auf einer *rein mengenmäßigen* Betrachtungsweise beruhen. Der Einfluß der unterschiedlichen Produktivitätsentwicklung in den drei Sektoren wird lediglich aus der Veränderung der Zahl der Beschäftigten „abgelesen". Für gesamte Volkswirtschaften mag diese Betrachtungsweise angehen, weil wegen der hohen Aggregationsebene im internationalen Vergleich qualitative Unterschiede per Saldo nicht zu starken Verzerrungen führen. Auf regionaler Ebene ist dieses Vorgehen aber nicht statthaft. Ohne ergänzende Berücksichtigung von *qualitativen* Gesichtspunkten kann die Sektor-Analyse zu *völlig falschen Ergebnissen* führen. Denn bestimmend für die unterschiedlichen Wohlstands- und Entwicklungsmöglichkeiten der Teilgebiete eines Landes sind weniger die rein quantitativ gemessenen Beschäftigtenanteile der drei Sektoren. Entscheidend sind vielmehr qualitative Gesichtspunkte, insbesondere die *produktive Leistungsfähigkeit der regionalen Produktionsbetriebe* und *Unternehmungen,* gleichgültig, zu welchen Sektoren diese zählen.

Ein weiterer grundsätzlicher Vorbehalt gegenüber dem Erklärungswert der Sektor-Theorie für regionale Entwicklungsprozesse ergibt sich aus der Tatsache, daß dieser Ansatz *ausschließlich* auf die *interne Entwicklung* eines Wirtschaftsraumes abstellt. Die Sektortheorie ist deshalb in erster Linie auf „geschlossene" Volkswirtschaften, weniger aber auf „offene" Wirtschaftsgebiete zugeschnitten. Der Sonderfall Schweiz hat gezeigt, daß selbst auf nationaler Ebene bei relativ starker Außenhandelsverflochtenheit die postulierten Gesetzmäßigkeiten umgestoßen werden können. Noch ausgeprägter wird dies bei der teilräumlichen Entwicklung der Fall sein. Die jeweilige Individualität einer Region (z. B. ausgesprochene Fremdenverkehrsgebiete, verdichtete Industriestandorte oder Agglomerationszentren) sowie die damit verbundene spezifische Art und Ausgestaltung der interregionalen Wirtschaftsverflechtungen werden sich sehr unterschiedlich auf die jeweilige Beschäftigungsstruktur auswirken. Dies kann zu mehr oder weniger starken Abweichungen von den Fourastié'schen Gesetzmäßigkeiten führen.

Daraus folgt, daß den Entwicklungsgesetzen der Sektortheorie auf teilräumlicher Ebene *keine generelle Gültigkeit* zugesprochen werden kann. Einmal ist durchaus denkbar, daß die einzelnen Regionen eines Landes gemessen an ihren konkreten Beschäftigtenstrukturen nicht jene Wohlstands- bzw. Entwicklungsunterschiede aufweisen, die gemäß Fourastié als „typisch" bezeichnet werden müßten. Zum andern können verschiedene Regionen mit *gleicher* Beschäftigtenstruktur ein jeweils *sehr unterschiedliches* Leistungsvermögen aufweisen — ein Tatbestand, den die Sektortheorie überhaupt nicht zu erklären vermag.

Für die Analyse der teilräumlichen Produktionsstruktur ist deshalb die in konkreten Regionaluntersuchungen bevorzugte sektorale Betrachtungsweise gemäß Fourastié zu aggregativ und verdeckt entscheidende Strukturmerkmale.

2. Die Exportbasis-Theorie

Die Exportbasis-Theorie stellt einen sehr einfachen Erklärungsversuch für regionales Wirtschaftswachstum dar. Zunächst glaubte man, mit diesem Ansatzpunkt sowohl eine adäquate Theorie der regionalen Entwicklung als auch eine praktisch anwendbare Konzeption zur Ermittlung der regionalen Wachstumsmöglichkeiten gefunden zu haben[7]. Sie geht zurück auf die Autoren North und Andrews[8], die diese für eine Region als Subsystem einer Volkswirtschaft (North) bzw. für eine Stadtregion (Andrews) entwickelten.

Die *Grundthesen* der Exportbasis-Theorie lauten wie folgt: *Erstens* hängt das Wachstum einer Region von der Entwicklung ihrer Exportindustrie ab, und *zweitens* ist die außer-regionale Nachfrageausweitung der Hauptfaktor des regionalen Wachstums. Im Prinzip erklärt diese Theorie das regionale Wachstum im Sinne der klassischen Außenhandelstheorie. Damit das Realeinkommen eines Wirtschaftsgebietes erhöht werden kann, müssen die verfügbaren Produktionsfaktoren durch interregionale Arbeitsteilung produktiver genutzt werden[9]. Für die regionale Entwicklung ist die Ausweitung der regionalen Exportbasis deshalb notwendig, weil unterstellt wird, daß die innerregionale Nachfrage nicht ausreiche, um die vorhandenen Ressourcen einer Region voll auszunutzen. Erst durch zusätzliche, außerregionale Nachfrage wird – im Sinne dieser Theorie – die Produktion von Exportgütern steigen, was dann zu einer induzierten Zunahme der Produktion von Gütern und Dienstleistungen des innerregionalen Bedarfs führt.

Um diese theoretischen Vorstellungen der regionalen Entwicklung in ein praktikables Konzept zu transformieren, werden die regionalen Produktionsbereiche in *zwei Aktivitätsgruppen* unterteilt. Von den *primären*, sogenannten „*basic*" *Aktivitäten* (das sind all jene Produktionsbereiche, die in ihren Absatzbeziehungen fernorientiert sind, also über die regionalen Grenzen hinweg exportieren) unterscheidet man die *sekundären*, „*nonbasic*" *Aktivitäten* (das sind die nahorientierten Produktionseinheiten, die nur regionale Güter und Dienstleistungen bereitstellen). Die Exportbasis einer Region umfaßt demnach alle „basic" Aktivitäten[10].

---

[7] So wird etwa die Ansicht vertreten, daß diese Konzeption „nahezu Allgemeingut der Forschung ... geworden ist, so daß unterstellt werden darf, die sorgfältige Prüfung der Wirtschaftsstruktur unter diesen Aspekten gehöre grundsätzlich zur Aufgabenstellung der Strukturanalyse". Vgl. *G. Specht, N. J. Lenort, K. Otto*, Das Verhältnis zwischen primären und sekundären Erwerbszweigen und seine Bedeutung für Wirtschaftspolitik und Landesplanung (als Manuskript gedruckt), Forschungsberichte des Landes Nordrhein-Westfalen, Köln und Opladen 1962, S. 13.

[8] Siehe *D. C. North*, Location and Regional Economic Growth, Journal of Political Economy, Vol. LXIII, 1955, S. 13, sowie *R. B. Andrews*, Mechanics of the Urban Economic Base. In: Land Economics, verschiedene Beiträge in Vol. XIX (1953) bis Vol. XXXII (1956).

[9] Vgl. *D. Marx*, Raumordnungsprobleme bei wirtschaftlichem Wachstum. In: Zeitschrift für die gesamte Staatswissenschaft, 121. Band, Heft 1, S. 145 f.

[10] Eine solche Trennung stößt allerdings auf erhebliche praktische Schwierigkeiten. Denn diese geht nicht nur quer durch alle Wirtschaftsbereiche, sondern kann sogar durch einzelne Betriebe verlaufen, wenn diese gleichzeitig regionale und Exportprodukte herstellen. Sie ist damit nicht identisch mit der herkömmlichen Gliederung der Wirtschaftsstatistik. Auch wäre es völlig verfehlt, beispielsweise die Grundstoff- und Produktionsgüterindustrien generell dem basic und die Dienstleistungszweige dem nonbasic Sektor zuzuweisen. Dienstleistungen über die regionalen Grenzen hinweg (z. B. der Theaterbesuch eines Touristen) zählen zum basic Sektor, weil

Diese Exportbasis wird nunmehr als *entscheidend* für die regionale Entwicklung betrachtet. Sie bestimmt nicht nur das Produktionswachstum, sondern auch die regionale Einkommensbildung: „It is the ability to develop an export base which determines regional growth"[11]. Da im weitern unterstellt wird, daß die wirtschaftlichen Aktivitäten des „nonbasic" Sektors ausschließlich durch eine Zu- oder Abnahme des „basic" Sektors induziert werden, lassen sich aus dem Verhältnis der beiden Aktivitätengruppen *Multiplikatorzusammenhänge* ableiten. Das *Gesamteinkommen* einer Region ergibt sich dann als die Summe der aus dem primären (basic) Sektor verdienten Einkommen (abzüglich der Ausgaben für Importe als Vorleistungen des basic Sektors) und den durch die innerregionalen Einkommensausgaben via Multiplikatoreffekt zusätzlich erzeugten Einkommen im sekundären (nonbasic) Sektor. Auf diese Weise leiten die Verfechter dieser Theorie das Regionaleinkommen als eine Funktion des Exporteinkommens ab[12].

Da regionale Einkommensstatistiken nach der hier notwendigen Gliederung zumeist fehlen, werden für die praktische Analyse die *Einkommens*relationen kurzerhand in *Beschäftigtenrelationen* überführt. Wiederum wird unterstellt, daß die Zahl der „nonbasic" Beschäftigten vom Umfang der „basic" Beschäftigung abhängt.

In ihrer praktischen Anwendung geht die Exportbasis-Theorie noch einen Schritt weiter, indem gewisse *Gesetzmäßigkeiten über Verhältniszahlen der Beschäftigtenanteile* der beiden Sektoren postuliert werden. Die Ausgangsrelation bildet die sogenannte „basic-nonbasic-ratio"[13]. Ausgehend von dieser Grundrelation werden weitere Beziehungen abgeleitet, die folgendes Aussehen haben[14]:

(1) Basic Beschäftigung zu nonbasic Beschäftigung = 1 : 2
    (basic-nonbasic-ratio)
(2) Basic Beschäftigung zu Gesamtbeschäftigung   = 1 : 3
(3) Gesamtbeschäftigung zu Gesamtbevölkerung   = 1 : 2
(4) Basic Beschäftigung zu Gesamtbevölkerung   = 1 : 6

Selbstverständlich sind diese Richtwerte als *grobe Durchschnitte* aufzufassen; größere Abweichungen weisen bei konkreten Analysen auf strukturelle Besonderheiten hin.

Dieses Instrumentarium gestattet nach Ansicht der Verfechter dieser Theorie nicht nur eine regionalpolitisch relevante Erfassung der Wirtschaftsstruktur, insbesondere kleiner Teilgebiete. Vielmehr soll dieses gleichzeitig ermöglichen, künftig zu erwartende Veränderungen der Regionalstruktur in geeigneter Weise vorauszuschätzen. Im Vordergrund stehen Prognosen über Beschäftigungs- und Bevölkerungsveränderungen, die bei bestimmter Entwicklung der Exportaktivitäten wahrscheinlich sind.

---

dadurch Exporterlöse, d. h. Einkommen in die Region fließen. Darauf hat insbesondere Rittenbruch aufmerksam gemacht. Vgl. *K. Rittenbruch,* Zur Anwendbarkeit der Exportbasiskonzepte im Rahmen von Regionalstudien, aaO, S. 22.

[11] *Ch. M. Tiebaut,* Exports and Regional Economic Growth. In: The Journal of Political Economy, Vol. LXIV (1956), S. 164.
[12] Siehe dazu im einzelnen *K. Rittenbruch,* aaO, S. 19 ff.
[13] Vgl. dazu im einzelnen *K. Rittenbruch,* aaO, S. 24 ff.
[14] Diese Beziehungen wurden dargelegt von *R. B. Andrews,* Mechanics of the Urban Economic Base: The Concept of Base Ratios. In: Land Economics, Bd. 31, 1955, S. 48, zitiert in: *K. Rittenbruch,* aaO, S. 29.

Bei der *Beurteilung* dieser Theorie muß von der Frage ausgegangen werden, ob aus der vorgeschlagenen Gliederung in basic und nonbasic Aktivitäten und den zwischen diesen postulierten funktionalen Zusammenhängen *wirklich bedeutsame* und *gültige Rückschlüsse* auf die regionale Entwicklung gezogen werden können. Trotz den ursprünglich recht hohen Erwartungen, die man dieser Analysemethode entgegenbrachte, muß diese Frage *verneint* werden. Denn zur Erklärung der regionalen Entwicklung ist die Exportbasis-Theorie *zu oberflächlich* und enthält eine Reihe *fundamentaler Mängel*, auf die neuerdings Siebert und Richardson hingewiesen haben [15].

– Unbefriedigend ist einmal die Tatsache, daß bei dieser Theorie *ausschließlich die Exporttätigkeit* als *alleinige Nachfragekomponente* in Betracht gezogen wird. Zwar steht außer Zweifel, daß der Exportsektor die regionale Entwicklung maßgeblich beeinflußt. Doch wird diese auch von innerregionalen Nachfragekomponenten und ihrer Zusammensetzung bestimmt, die nicht durch die Exportnachfrage induziert werden. Wesentliche Bestimmungsfaktoren der teilräumlichen Entwicklung (Umschichtungen in den Konsumfunktionen, innerregionale Investitionen, staatliche Ausgabentätigkeit usw.) bleiben deshalb unberücksichtigt.

– Aber auch die *Entwicklung* der als strategisch erachteten Wachstumsdeterminante, der *außerregionalen Nachfrage*, kann mit der Exportbasis-Theorie *nicht erklärt werden*. Denn diese wird als exogen bestimmt in die Analyse einbezogen. Ohne Berücksichtigung der Einflußfaktoren der außerregionalen Nachfrageentwicklung können aber die Wachstums- und Entwicklungsmöglichkeiten einer Region *kaum sinnvoll* bestimmt werden. Es ist naheliegend, daß sowohl Verschiebungen der Präferenzstrukturen als auch Veränderungen der Produktionsbedingungen in den einzelnen Teilgebieten selbst die Wettbewerbsfähigkeit und damit die regionale Exportbasis ganz entscheidend beeinflussen. Alle diese Zusammenhänge werden jedoch von der Exportbasis-Theorie nicht berücksichtigt.

– Die *isolierte* und zudem nur *partielle Betrachtung der Nachfrageseite* der regionalen Entwicklung ist auch deshalb unbefriedigend, weil dadurch alle Probleme der *Angebotsstruktur* – vorab die Frage der Verfügbarkeit und Anpassungsfähigkeit der regionalen Produktivkräfte – völlig ausgeklammert bleiben. Auch die interindustrielle Verflechtung und die davon ausgehenden Wachstumsimpulse (externe Effekte) werden nicht in Betracht gezogen. Demgegenüber haben unsere theoretischen Erörterungen ergeben, daß gerade in dieser Anpassungsfähigkeit eine entscheidende, wenn nicht sogar die strategische Wachstumsdeterminante der regionalen Entwicklung liegt. Das sind gewichtige Vorbehalte gegen eine Erklärung des regionalen Wachstums anhand einer einseitigen Nachfrageanalyse, die zudem noch unvollständig ist.

– Wenden wir uns abschließend noch den unterstellten *Grundrelationen* zu, so zeigt sich, daß auch diese zur Vorausschätzung der regionalen Entwicklung ungeeignet sind. Denn eine Reihe von Gründen lassen die postulierte Konstanz dieser Beziehungen als fragwürdig erscheinen [16]. An erster Stelle gilt hier der Einwand von Rittenbruch, wonach der jeweilige Wert der basic-nonbasic-ratio *entscheidend von der*

---

[15] Vgl. dazu H. *Siebert*, Zur Theorie des regionalen Wirtschaftswachstums, aaO, S. 90 ff., sowie H. W. *Richardson*, Regional Economics, aaO, S. 336 ff.

[16] Vgl. J. H. *Müller*, Neuere Methoden der Regionalanalyse und ihre Anwendbarkeit auf kleinere Räume. In: Beiträge zur Regionalpolitik, aaO, S. 100 f.

gewählten Regionsgröße abhängt[17]. Allein durch Veränderungen in der regionalen Abgrenzung können die zwischen den Wirtschaftseinheiten unterstellten Beziehungen ins Gegenteil umschlagen. Diese Überlegungen veranschaulichen die Problematik der Exportbasis-Theorie, deren Aussagefähigkeit dadurch erheblich vermindert wird.

Befriedigend könnte das Problem der Exportbasis nur im Rahmen einer umfassenden regionalen Wachstumstheorie geklärt werden. Denn trotz den erwähnten Einschränkungen ist der *Grundgedanke* der Export-Theorie *an sich richtig*: Gewisse Aktivitäten sind Träger der regionalen Entwicklung. Von diesen können entscheidende Wachstumsimpulse ausstrahlen, in deren Sog andere Wirtschaftsbereiche nachgezogen werden. Dieser Grundgedanke liegt auch dem nachfolgend zu besprechenden Theorieansatz zugrunde.

3. Die Theorie der Wachstumspole

Tiefere Einsichten in die regionale Produktionsstruktur bietet die *Theorie der Wachstumspole*, obschon auch diese, analog der Exportbasis-Theorie, *nicht* zu den eigentlichen Ursachen des Wachstumsprozesses vorstößt, dafür aber einige *wichtige Erscheinungsformen* der teilräumlichen Entwicklung *realistisch zum Ausdruck bringt*. Dieser Ansatzpunkt wurde im besonderen von den französischen und belgischen Autoren *Perroux*[18] und *Davin*[19] entwickelt. Die *Grundthesen* lauten wie folgt: *Erstens* vollzieht sich das räumliche Wirtschaftswachstum nicht gleichmäßig, sondern manifestiert sich in *sogenannten Wachstumspolen* unterschiedlicher Intensität und breitet sich über vielfältige Beziehungen mit verschiedenartigen Endeffekten auf die Gesamtwirtschaft aus. *Zweitens* sind es die sogenannten „*motorischen*" Wirtschaftsbereiche (firme motrice oder industrie motrice), die die Grundlage eines Wachstumspols bilden. Diese zeichnen sich dadurch aus, daß von ihnen *überwiegend einseitige* Wachstumseffekte auf andere regionale Wirtschaftsbereiche ausstrahlen. Die Beschreibung dieser Effekte, in der französischen Literatur als Polarisierung bezeichnet, bildet den Inhalt dieser Theorie.

Das besondere Verdienst dieses Ansatzes liegt unseres Erachtens darin, daß mit diesen räumlich wirksamen Ausstrahlungseffekten gewisse Aspekte der sogenannten *Agglomerationswirkungen*[20] in den Vordergrund gerückt werden. Es sind dies die bereits genannten internen und externen Ersparnisse, die sich aus der räumlichen Konzentration von Wirtschaftseinheiten und Produktionsfaktoren am gleichen Standort ergeben. Zwar gelingt es auch diesem Ansatz nicht, diese Effekte vollständig und quan-

---

[17] Vgl. *K. Rittenbruch*, aaO, S. 48 ff. Anhand eines Rechenbeispiels weist Rittenbruch nach, daß durch die sukzessive Erweiterung der regionalen Grenzen die basic Aktivitäten zu non basic Aktivitäten werden.

[18] Vgl. dazu die verschiedenen Beiträge von Perroux, in: *F. Perroux*, L'économie du XXe siècle, 2e édition augmentée, Paris 1964, sowie *J. R. Boudeville* (Hrsg.), L'espace et les pôles de croissance, Presses universitaires de France, Paris 1968.

[19] *L. E. Davin*, Les conditions de croissance des économies régionales dans les pays développés. In: Théorie et Politique de l'Expansion Régionale, Bruxelles 1961, S. 1–50.

[20] Mit der Konzeption der Wachstumspole hat Perroux an sich nichts Neues geschaffen. (Entwicklungskonzeption unter Berücksichtigung der internen und externen Effekte.) Doch zeigt die von Perroux gewählte Formulierung gewisse Aspekte auf, die früher übersehen wurden. Vgl. *G. McCrone*, Regional Policy in Britain, aaO, S. 73.

titativ zu erfassen[21]. Doch werden gewisse *soziologische* und *institutionelle* Faktoren zumindest teilweise in ihrer *ökonomischen Ausprägung* als „Fühlungsvorteile" zur Darstellung gebracht und deren Wirkungsweise auf das regionale Wachstum beschrieben. Es empfiehlt sich deshalb, etwas näher auf diese Polarisierungseffekte einzugehen.

Die Theorie der Wachstumspole unterscheidet vier Gruppen interdependenter Polarisierungseffekte, die wie folgt charakterisiert werden können[22]:

– Als *technische Polarisierung* werden die vertikalen intersektoralen Verflechtungswirkungen bezeichnet, die sich im Zuge des Produktionsprozesses (durch Einpflanzung neuer oder Erweiterung bestehender motorischer Aktivitäten) einstellen. Diese Effekte entsprechen den von Hirschmann in seiner Theorie des unausgewogenen Wachstums bezeichneten „backward" und „forward linkages"[23]. *Forward linkages* (vorwärtsgerichtete Wirkungen) liegen vor, wenn jene Produktionsbereiche, die die Produkte der motorischen Aktivitäten als Vorleistungen verwenden, in ihrem Wachstum angeregt werden; entsprechend werden als *backward linkages* jene Wirkungen bezeichnet, die die Zulieferindustrien durch erhöhte Inputanforderungen seitens der expandierenden motorischen Aktivitäten zur Mehrproduktion anregen. Generell kann man sagen, daß die Rückwärtsverflechtungen im Hinblick auf die Induzierung neuer Produktionsbereiche sehr viel wirksamer sind. Ergänzend sei festgehalten, daß diese eher technischen Beziehungen zwischen vor- und nachgelagerten Produktionsbereichen auch Gegenstand der von Isard entwickelten Industrie-Komplex-Analyse bilden[24].

– Als *Polarisierung der Einkommen* werden jene multiplikatorischen Effekte bezeichnet, die von den Einkommensauszahlungen in den motorischen Bereichen auf die nicht motorischen, insbesondere konsumnahen Wirtschaftszweige ausstrahlen (regionale Dienstleistungen). Hier zeigt sich eine enge Anlehnung an die dargelegten Exportbasis-Konzepte bzw. deren Gliederung in basic und nonbasic Sektoren[25].

– Als *psychologische Polarisierungseffekte* werden im Gegensatz zu den eher technischen Beziehungen jene Wirkungen bezeichnet, die die menschlichen Verhaltensweisen, insbesondere die Investitionsentscheidungen der Unternehmer, beeinflussen. Erfahrungsgemäß sind diese bei mittleren und kleinen Unternehmungen oft als *Nachahmung* aufzufassen und hängen von der Investitionsfreudigkeit bzw. der Dynamik der motorischen Betriebe ab. Die durch den Wachstumspol hervorgerufene Aktivität kann somit auch über psychologische Effekte neue Aktivitäten induzieren. Es sei

---

[21] Bereits Böventer hatte mit Recht darauf hingewiesen, daß die mangelhafte Erfassung der Agglomerationseffekte einen „der wichtigsten Engpässe für die Formulierung einer rationalen Raumwirtschaftspolitik" darstelle. Vgl. *E. v. Böventer*: Art. Raumwirtschaftstheorie, in: Handwörterbuch der Sozialwissenschaften, aaO, S. 705.

[22] Vgl. dazu *J. R. Boudeville*, L'univers rural et la planification, Presses universitaires de France, Paris 1968, insbesondere Kapitel II: Analyse quantitative de certains phénomènes du développement régional polarisé, S. 123 ff.

[23] *A. O. Hirschmann*, aaO, S. 92 ff.

[24] Vgl. *W. Isard, E. W. Schooler, T. Vietorisz*, Industrial Complex Analysis and Regional Development: A Study of Refinery-Petrochemical-Synthetic-Fiber Complexes and Puerto Rico, aaO.

[25] Dies wiederum zeigt, wie eng aus der Sicht der Theorie der Wachstumspole die Exportbasis-Konzepte sind. Sie beschränken sich bekanntlich allein auf den hier angesprochenen Effekt. Siehe dazu *K. Rittenbruch*, aaO, S. 102.

beigefügt, daß diese Wirkungen durch eine aktive Regionalpolitik (Informationspolitik, regionale Entwicklungsprogramme usw.) entscheidend verstärkt werden können.
- Schließlich wird die *geographische Polarisierung* genannt, gewissermaßen als *räumliche Verdichtung* der andern Effekte. Diese entsprechen den Weberschen Agglomerationsvorteilen, die Isard einerseits als „localization economies" (das sind externe Ersparnisse, die durch das Vorhandensein mehrerer Betriebe der gleichen Branche am selben Ort entstehen) und anderseits als „urbanization economies" (externe Ersparnisse infolge des räumlichen Verbunds mehrerer Betriebe verschiedener Branchen) bezeichnete [26].

Diese externen Effekte, die Scitovski in technologische und pekuniäre externe Ersparnisse gliedert [27], spielen bei sämtlichen Polarisierungswirkungen eine Rolle. Darauf hat Thumm [28] hingewiesen: Im Zuge der technischen Polarisierung treten unter anderem pekuniäre externe Ersparnisse auf, wenn Produktionserhöhungen im motorischen Bereich Produktionssteigerungen bei den Zulieferindustrien induzieren und bei diesen Produkten (über interne Ersparnisse) zu Stückkosten- und Preisreduktionen führen, die wiederum günstige Rückwirkungen auf den motorischen Bereich ausüben. Aber auch im Zuge der Polarisierung durch die Einkommen treten pekuniäre externe Ersparnisse auf, da diese Einkommen – sofern sie regional verausgabt werden – eine Erweiterung des Marktes und damit eine Erhöhung der lokalen Güterproduktion induzieren. Als technologische, externe Ersparnisse können die psychologischen Polarisierungswirkungen verstanden werden: „Investitionsentscheidungen der ‚Pionierunternehmen' vermindern das Risiko der Nachzügler: diese erhalten also unentgeltliche Leistungen: ein gutes Investitionsklima, einen ausgebauten Markt" [29]. Bei der geographischen Polarisierung schließlich treten technologische externe Ersparnisse im Rahmen der allgemeinen Agglomerationswirkungen auf.

Diese gedrängten Hinweise machen deutlich, daß die *Theorie der Wachstumspole* mit den *einfachsten Formen der angebotsorientierten Wachstumstheorie* eng verwandt ist. Im Zentrum steht der Kapazitätseffekt von Investitionen als Bestimmungsfaktor der Entwicklung, wobei hier betont wird, daß *die Effizienz* dieser Determinante entscheidend durch die *räumliche und sektorale Verteilung*, d. h. durch eine *Konzentration in Wachstumspolen*, beeinflußt wird. Wegen der Berücksichtigung der internen und externen Ersparnisse [30], deren Hervorbringung – nach Perroux – die Stärke, Konkurrenzfähigkeit und Vitalität eines Wachstumspols prägt, ist dieser Ansatz im Ver-

---

[26] Vgl. W. *Isard*, Location and Space-Economy, aaO, S. 172.

[27] Technologische externe Ersparnisse resultieren durch die Produktion eines Gutes, die diejenige eines andern Produktes günstig beeinflußt. Bei pekuniären externen Ersparnissen führt eine Erhöhung der Produktion eines Gutes über sinkende Stückkosten (interne Ersparnisse) zu einer Preisreduktion, woraus positive Effekte auf den Gewinn einer andern Güterproduktion, die das erste Gut als Input verwendet, entstehen. Vgl. T. *Scitovski*, Two Concepts of External Economies, Journal of Political Economy, Vol. 62 (1954), S. 143 ff.

[28] Vgl. U. *Thumm*, Die Regionalpolitik als Instrument der französischen Wirtschaftspolitik, Berlin 1968, S. 55 f.

[29] U. *Thumm*, aaO, S. 56.

[30] Diese sind hier allerdings zu eng erfaßt, worauf an anderer Stelle zurückzukommen sein wird.

gleich zur Exportbasis-Theorie *breiter angelegt* und *realistischer konzipiert*. Auch hier werden zwar die motorischen Bereiche vornehmlich exportierende Industrien sein (sie müssen es aber nicht!); hinzu kommt jedoch die weitere Bedingung einer engen interindustriellen Verflechtung im räumlichen Verbund, ein Wesensmerkmal, das von der Exportbasis-Theorie völlig vernachlässigt wird. Ein weiterer Vorteil der Konzeption der Wachstumspole liegt darin, daß diese im Gegensatz zur Analyse der Exportbasis nicht von der jeweiligen geographischen Abgrenzung der Teilräume abhängt.

Allerdings hat die Theorie der Wachstumspole auch *Schwächen*. Diesen ist es wohl zuzuschreiben, daß dieser Erklärungsversuch *nie über erste Ansatzpunkte hinweggekommen* ist. So vermag beispielsweise diese Theorie die räumliche Verteilung der wirtschaftlichen Aktivitäten *nicht abschließend zu erklären*. Sie zeigt lediglich auf, daß diese mit fortschreitender wirtschaftlicher Entwicklung eines Landes die Tendenz aufweisen, sich in Industriekomplexen zu *konzentrieren*. Zum andern vermittelt dieser Ansatz keine konkreten Aussagen über die *Wirkungsstärke* der *einzelnen Polarisierungseffekte*. Es werden lediglich deren Erscheinungsformen und Wirkungs*weisen* beschrieben. Schließlich ist unbefriedigend, daß die Zusammenhänge zwischen der Bevölkerungsverteilung und den postulierten Verhaltensweisen der wirtschaftlichen Aktivitäten unberücksichtigt bleiben. Die Bevölkerung wird als unabhängig und exogen bestimmt betrachtet, obschon diese doch beides, regionales Markt- und Arbeitspotential, entscheidend mitbestimmt [31]. Anläßlich unserer theoretischen Erörterungen über das Ausgangsmodell zur Erklärung des teilräumlichen Geschehens wurde festgehalten, daß die regionale Entwicklung maßgeblich von der Mobilität der Produktionsfaktoren Arbeit und Kapital geprägt wird. Hier wäre *beizufügen*, daß diese Mobilität der Produktionsfaktoren auch entscheidend mitbestimmt, inwieweit die *Polarisierungseffekte regional zum Tragen* kommen.

Trotz diesen Einschränkungen liefert die Theorie der Wachstumspole im Sinne einer Teilanalyse realistische Ansatzpunkte für eine strukturelle Durchleuchtung des regionalen Produktionssektors und vermag – *auf diesen Bereich eingeschränkt* – relevante Einblicke in entwicklungsbestimmende Zusammenhänge zu geben.

Über *Anwendungsmöglichkeiten* der Konzeption der Wachstumspole haben in erster Linie französische Autoren berichtet. Bekannt sind konkrete Untersuchungen von Boudeville über den Wachstumspol Minas Gerais (Brasilien), ebenso die Arbeiten von Rosenfeld und Paelinck über die italienische Provinz Turin, den französischen Industriekomplex von Lacq sowie über ähnliche Analysen der Stadtregion Lyon [32]. Ziel dieser Untersuchungen war es, die *Entwicklungsmöglichkeiten und -aussichten typischer Wachstumspole* aufgrund ihrer inter-industriellen Verflechtung aufzuzeigen. Zu diesem Zweck wurden zunächst die motorischen Schlüsselindustrien bestimmt, die gewissermaßen den Wachstums*kern* der regionalen Entwicklung bilden. Hernach galt es, die Intensität ihrer Wachstumseffekte (effets d'entraînement) auf die übrigen regionalen

---

[31] Darauf hat insbesondere McCrone hingewiesen. Vgl. *derselbe*, aaO, S. 74.

[32] Vgl. dazu die verschiedenen Arbeitsberichte in: *J. R. Boudeville* (Hrsg.), L'univers rural et la planification, Presses universitaires de France, Paris 1968, insbesondere die folgenden Beiträge: *F. Rosenfeld*, Les firmes motrices et la comptabilité régionale, S. 111 ff.; *J. Paelinck*, Analyse quantitative de certains phénomènes du développement régional polarisé, S. 123 ff., sowie *J. R. Boudeville*, Un modèle de croissance polarisée fondé sur le complexe agricole du Rio Grande do Sul, S. 170 ff.

Bereiche zu messen sowie schließlich den Abhängigkeitsgrad der nicht motorischen Bereiche von den motorischen Industrien festzulegen. Um das Konzept der Wachstumspole in ein operationales und quantifizierbares Analyseinstrument zu transformieren, werden die interindustriellen Beziehungen in einer Strukturmatrix dargestellt, ähnlich dem Vorgehen bei Input-Output-Analysen [33]. Exemplarisch sei dies an einem Beispiel illustriert, das von *Rosenfeld* stammt. Dieser empfiehlt die folgende Gliederung des Industriesektors in vier Bereiche. Zunächst werden autonome von nicht-autonomen Industrien unterschieden. Die ersteren sind solche mit hohem Exportanteil, die ihrerseits in motorische Industrien (die einen hohen Inputbedarf bei regionalen Zulieferindustrien decken) und nicht motorische Industrien gegliedert werden. Auch die nicht-autonomen Bereiche werden unterteilt, einerseits in komplementäre Betriebe (die einen bedeutenden Anteil ihrer Produktion an die motorischen Bereiche liefern), anderseits in „banale" Industrien, die vom Gesichtspunkt der Theorie der Wachstumspole aus von untergeordneter Bedeutung sind. Eine solche Matrix hat dann folgendes Aussehen [34]:

Input \ Output	Industrien			
	autonome		nicht-autonome	
	motorische (1)	nicht motorische (2)	komplementäre (3)	banale (4)
autonome (1)				
autonome (2)				
nicht-autonome (3)				
nicht-autonome (4)				

Aufgrund dieser oder ähnlich strukturierter Ausgangsmodelle – deren empirische Auffüllung allerdings beträchtliche Probleme grundsätzlicher und praktischer Art aufwirft [35] – versucht man dann, mit Hilfe von *Simulationsverfahren* alternative Entwicklungsvarianten des Wachstumspols durchzuspielen. Ziel ist es, die jeweiligen Aus- und Rückwirkungen simulierter Wirtschaftssituationen auf die zugrunde gelegte Region zu ermitteln. Die anfallenden Informationen dienen schließlich zur Fixierung eines optimalen regionalpolitischen Entwicklungsplans und/oder zur Ableitung jener wirtschaftspolitisch relevanten Maßnahmen, mit denen unerwünschte Entwicklungsperspektiven unterbunden werden können [36].

[33] Vgl. *J. Paelinck*, Analyse quantitative de certains phénomènes du développement régional, aaO, S. 123.

[34] *F. Rosenfeld*, Les firmes motrices et la comptabilité régionale, aaO, S. 114. Das gleiche Beispiel wird auch von Thumm vorgelegt. *U. Thumm*, Die Regionalpolitik als Instrument der französischen Wirtschaftspolitik, aaO, S. 51.

[35] Über die technischen Probleme vgl. *J. Paelinck*, aaO, S. 161 ff.

[36] Die Erfahrungen, die mit solchen Simulationsverfahren im Bereich der Regionalanalyse gemacht wurden, sind im ganzen ermutigend, doch sind sie noch nicht soweit entwickelt worden, daß sie bereits heute als allgemeines praktikables Analyse- und Planungsverfahren vorgestellt werden können. Dies schließt allerdings nicht aus, daß diese Lösungstechnik auch in der Regionalplanung einmal eine große Bedeutung erlangen wird. Vgl. *H. K. Schneider*, Über einige Probleme und Methoden regionaler Analyse und Prognose. In: Regionalplanung, aaO, S. 110.

Die hier vorgestellten Anwendungsmöglichkeiten sind *sehr aufwendig* und scheitern vielfach an den fehlenden statistischen Basisinformationen. Sie sind zudem insofern *einseitig*, als sie nur eine beschränkte Auswahl der regionalen Bestimmungsfaktoren, die im Produktionsbereich wirksam werden, in ihre Analyse einbeziehen. Es wird zu zeigen sein, daß weniger ambitiöse, dafür realistischere und breiter angelegte Strukturanalysen, die jedoch auf die Idee der Wachstumspole bzw. der motorischen Betriebe zurückgreifen, durchaus möglich sind.

In diesem Sinn ist der nachfolgende Theorieansatz zu verstehen.

4. Der Industriestruktur-Approach

Dieser Ansatz zur Erfassung und Erklärung regionaler Entwicklungsprozesse basiert auf dem sogenannten „industrial structure approach", der von den Autoren Perloff, Dunn, Lampard und Muth [37] entwickelt und in einer Vielzahl von empirischen Untersuchungen über die Regionen in den USA erhärtet und getestet wurde. *Typisch* für diese Autoren und deren Vorgehen ist die Tatsache, daß ihr Interesse nicht primär der Entwicklung einer formalen Theorie des regionalen Wachstums galt, sondern ihr *Analysenkonzept sehr stark auf die empirische Untersuchung* zugeschnitten wurde. Dieses Verfahren ist deshalb *realitätsbezogen* und von *hohem operationalem* Wert.

Ausgehend von der Feststellung, daß „the regional-growth-industrial-location framework of analysis provides a relatively comprehensive and consistent context for understanding and evaluating subnational economic and physical development" [38], versuchen diese Autoren, regionale Wachstumsunterschiede primär aus der *Dynamik der Industriestruktur* und der hinter dieser stehenden Kräfte zu erklären [39].

Die *Grundthesen* dieses Ansatzes lauten wie folgt: *Erstens* liegen die entscheidenden Triebkräfte der wirtschaftlichen Dynamik in den *Standort- und Produktionsentscheidungen der einzelnen Betriebe und Unternehmungen,* die diese im Hinblick auf die sich verändernden Beschaffungs- und Absatzbedingungen der entsprechenden Industriezweige fällen; *zweitens* hängt das Ausmaß dieser Dynamik sehr stark von der jeweiligen *Fähigkeit* der einzelnen Industrien ab, sich den Anforderungen einer optimalen Absatz- und Bezugsstruktur (zu konkurrenzfähigen Kosten) anzupassen.

Ausgangspunkt der Analyse bildet deshalb die nach *Branchen* gegliederte regionale *Industriestruktur* [40], wobei die teilräumlichen Entwicklungsunterschiede gewissermaßen als *per-Saldo-Effekt* aus den unterschiedlichen Standort- und Produktions-

---

[37] Vgl. *H. S. Perloff, E. S. Dunn Jr., E. E. Lampard* und *R. F. Muth,* Regions, Resources and Economic Growth, 2. Aufl., Baltimore (Maryland) 1961.

[38] *H. S. Perloff,* Relative Regional Economic Growth: An Approach to Regional Accounts. In: *Hochwald* (Hrsg.), Design of Regional Accounts, Baltimore (Maryland) 1961, S. 39.

[39] Perloff betont allerdings zu Recht, daß der Ausdruck Industriestandort stellvertretend für die Standortentscheidungen aller wirtschaftlichen Aktivitäten im Bereich der Produktion und Konsumtion aufzufassen sei, weil aus der Analyse der ersteren auch gültige Rückschlüsse für die nicht-industriellen Bereiche gezogen werden können. Vgl. *H. S. Perloff,* aaO, S. 39.

[40] Dieser Grundgedanke, unterschiedliche Wachstumsimpulse aus der verschiedenartigen regionalen Industriestruktur zu erklären, kommt auch im Zitat von Green zum Ausdruck: „Historically, urban development occured as a result of the existing ‚mix of the base'." Vgl. *J. L. Green,* Metropolitan Economic Republics. A Case Study in Regional Economic Growth, Athens 1965, S. 15.

entscheidungen abgeleitet werden. Um diese Ausgangsthesen in operationale Analysemethoden umzuformen, gehen die Autoren wie folgt vor:
- Zur Messung der *interregionalen Entwicklungsunterschiede* greifen sie auf verschiedene Formen von *Abweichungsanalysen* (shift analysis) zurück.
- Die *Abweichungen selbst* werden als das *Ergebnis einer Reihe von Standortvor- und -nachteilen* der jeweiligen Industriebranchen interpretiert und danach beurteilt, ob diese auf der Inputseite (Bezugsstruktur) oder aber auf der Outputseite (Absatzstruktur) wirksam sind (input-output-access) [41].

Diese Verfahrensweisen gilt es näher zu charakterisieren.

Beginnen wir mit der Darstellung der *Shift-Analysen*. Mit dieser Methode wird zunächst (im Sinne eines Längs- und Querschnittvergleichs) die *gesamte Abweichung* des Wachstums der Teilgebiete vom gesamtwirtschaftlichen Wachstum eines Landes gemessen, indem die Entwicklung hiefür geeigneter Indikatoren (zumeist die Zahl der Beschäftigten nach Industriebranchen) über einen bestimmten Zeitpunkt hinweg in den beiden Raumeinheiten miteinander verglichen wird. Diese Gesamtabweichung mißt somit die Differenz zwischen der effektiven regionalen Entwicklung und der effektiven Entwicklung auf Landesebene (durchschnittliche Entwicklung). Diese Gesamtabweichung wird nunmehr auf *zwei verschiedene Gruppen von Verursachungsfaktoren* zurückgeführt, deren Wirkungen jeweils per Saldo in einem sogenannten „*proportionality-shift*" und einem „*differential-shift*" getrennt zum Ausdruck gebracht werden. Dies aus der Überlegung, daß sich im Zuge des gesamtwirtschaftlichen Wachstums die einzelnen Industriebranchen auf Landesebene betrachtet zwar sehr unterschiedlich entwickeln, (z. B. beschäftigungsmäßig expandieren stagnieren oder aber schrumpfen), jedoch über einen begrenzten Zeitraum hinweg, trotz steter Umschichtung in den allgemeinen Produktions- und Nachfragebedingungen, ein *relativ konstantes*, gleichsam „typisches" Verhalten aufzeigen: Ausgesprochene Wachstumsindustrien mit überdurchschnittlichen Entwicklungsmöglichkeiten stehen eigentlichen „Schrumpfindustrien" gegenüber, und dazwischen können eine Reihe weiterer Industriegruppen mit jeweils typischen Entwicklungstendenzen unterschieden werden (durchschnittlich bzw. unterdurchschnittlich wachsende, sowie stagnierende Branchen). Regionale Wachstumsunterschiede können deshalb – so wird gefolgert – offensichtlich zu einem gewissen Teil auf die *verschiedenartige branchenmäßige Zusammensetzung* der Industriestruktur zurückgeführt werden. Es ist anzunehmen, daß Teilgebiete mit einem überdurchschnittlichen Anteil an Wachstumsindustrien tendenziell ein größeres Entwicklungspotential erreichen als Regionen, die vornehmlich stagnierende oder schrumpfende Industriezweige aufweisen. Regionale Wachstumsunterschiede, die auf solche Ursachen zurückzuführen sind, werden mit dem „*proportionality-shift*" erfaßt. Dieser mißt somit die regionalen (hypothetischen) Abweichungen zur effektiven, gesamtwirtschaftlichen Entwicklung, die sich eingestellt hätten, wenn die regionalen Industriezweige im Beobachtungszeitraum den gleichen Veränderungen unterlegen wären, die diese im Landesdurchschnitt verzeichneten.

---

[41] Dieser Input-Output-Ansatz ist nicht mit einer Input-Output-Analyse zu verwechseln, mit der die technischen interindustriellen Beziehungen gemessen werden. Es stellt vielmehr ein gedankliches Gliederungsschema zur näheren Beurteilung der Standortvor- und -nachteile dar.

Erfahrungsgemäß lassen sich aber nicht alle regionalen Wachstumsunterschiede auf die unterschiedliche Branchenzusammensetzung zurückführen. Vielmehr zeigt sich, daß die regionalen Industrien einer und derselben Branche normalerweise in den Teilgebieten *unterschiedliche* Wachstumsraten erzielen. Es ist durchaus denkbar, daß im Landesdurchschnitt stagnierende Branchen in bestimmten Regionen aufgrund spezifischer, lokaler (Standort-) Vorteile besondere Entwicklungschancen wahrnehmen können und dort expandieren. Wenn also die einzelnen Industrien in den verschiedenen Teilgebieten ungleichmäßig wachsen, so werden auch daraus regionale Wachstumsunterschiede resultieren. Diese Effekte werden mit dem „*differential-shift*" erfaßt. Er mißt somit die Abweichung zwischen der tatsächlichen Entwicklung einer Region und einer hypothetischen, die dann resultiert hätte, wenn alle regionalen Industriezweige den gleichen Veränderungen unterliegen wären, die diese im Landesdurchschnitt verzeichneten.

Solche *Abweichungsanalysen* finden bei konkreten Regionaluntersuchungen in verschiedener Form Anwendung. Denn sie sind relativ einfach durchzuführen, und die hiefür benötigten statistischen Unterlagen – zumindest Beschäftigtenzahlen – liegen im allgemeinen vor. Auch die *formale Trennung* der beiden Effekte bietet keinerlei Schwierigkeiten. Da die Gesamtentwicklung von derjenigen zweier Variablen (differential und proportionality-shift) abhängig gemacht wird, kann man die eine dadurch isoliert erfassen, daß jeweils die andere Variable über den Beobachtungszeitraum hinweg konstant gehalten wird (hypothetische Entwicklung). Weil zudem definitionsgemäß beide Effekte zusammen der regionalen Gesamtabweichung entsprechen (letztere wird ja rein tautologisch aufgespalten), ergibt sich rechnerisch z. B. der differential-shift aus dem Quotienten aus Gesamtabweichung und proportionality-shift [42].

Solche Abweichungsanalysen sind, abgesehen von den erwähnten amerikanischen Berechnungen, auch in Europa durchgeführt worden. So hat beispielsweise Gerfin [43] ein ähnliches Verfahren zur Messung der regionalen Entwicklungsunterschiede auf die Länder der Bundesrepublik Deutschland angewendet, worauf bereits in anderem Zusammenhang hingewiesen wurde. Er spricht von einem *Regionalfaktor* (der die Gesamtabweichung der tatsächlichen regionalen von der tatsächlichen gesamtwirtschaftlichen Entwicklung mißt) und spaltet diesen in zwei Komponenten auf, einerseits in einen *Strukturfaktor* (der dem proportionality-shift entspricht) und anderseits in einen *Standortfaktor* (differential-shift). Entsprechende Untersuchungen haben Beaud [44] in Frankreich und Dörig [45] in der Schweiz durchgeführt. Dörig hat in Anlehnung an Gerfin für *alle Kantone einen Regional-, Standort- und Strukturfaktor* berechnet, einmal aufgrund der Beschäftigten im Industriesektor, zum andern anhand der Beschäftigten aller drei Sektoren [46]. Eine differenziertere, dafür auch kompliziertere Be-

---

[42] Zur Berechnungsweise vgl. *H. H. Bergschmidt*, Zur Messung und Erklärung von regionalen Wachstumsunterschieden in der Bundesrepublik. In: Jahrbücher für Nationalökonomie und Statistik, Heft 6 (1962), S. 519 f.

[43] *H. Gerfin*, aaO, insbesondere S. 580 ff.

[44] *M. Beaud*, Une analyse des disparités régionales de croissance. In: Revue Economique, 1966, S. 57 ff.

[45] Vgl. *H. U. Dörig*, Der staatliche Einfluß auf die regionale Verteilung von Bevölkerung und Wirtschaft (Diss.) St. Gallen, 1968, S. 36 ff.

[46] Ebenda.

rechnungsweise hat *Baumgart*[47] vorgeschlagen. Im Gegensatz zu Gerfin, der als Ausgangspunkt die tatsächliche Abweichung in der Region von der effektiven gesamtwirtschaftlichen Entwicklung (Regionalfaktor) mißt und diese hernach in eine Struktur- und Standortkomponente aufteilt, geht Baumgart von einem *gesamten Struktureffekt* aus. Dieser wird dann in einen Standort- und Branchenstruktureffekt zerlegt. Den gesamten Struktureffekt ermittelt Baumgart als Abweichung zwischen der tatsächlichen regionalen Entwicklung und einer hypothetischen, die sich bei gleicher Entwicklung in Gesamt- und Teilraum ergeben hätte. Er geht also von der Annahme einer gleichen branchenmäßigen Ausgangsstruktur und gleicher branchenspezifischer Wachstumsraten aus[48]. Auf diese Weise gelingt es ihm, die Standort- und Struktureffekte *auch branchenspezifisch* auszuweisen. Die Gerfinsche Berechnungsweise führt dagegen lediglich zu gesamtregionalen Abweichungsziffern.

Trotz, oder gerade wegen ihrer großen Beliebtheit stoßen die Abweichungsanalysen auf heftige Kritik. Zwar vermögen diese Verfahren aufzuzeigen, inwieweit sich strukturelle Besonderheiten und/oder eine regional unterschiedliche Standortgunst (im Sinne von relativen Standortverlagerungseffekten) in räumlichen Differenzierungen des Wachstumsprozesses manifestiert haben[49]. Auch muß anerkannt werden, daß durch die vorgeschlagene Aufspaltung in proportionality und differential-shift die regionalen Standorteinflüsse *erstmals* überhaupt *aggregativ gemessen* werden konnten[50]. *Mehr vermögen jedoch die Abweichungsanalysen ohne ergänzende Kausalanalysen nicht zu bieten.* Insbesondere ist es unmöglich, daraus konkrete Aussagen über die unmittelbaren Ursachen der Abweichungen und damit der regionalen Entwicklungsunterschiede abzuleiten.

Die *rein praktischen Vorzüge* dieser Methode (minimale Anforderungen an das Datenmaterial, problemlose Berechnung) führen deshalb oft zu einer krassen Verkennung ihrer Aussagefähigkeit[51]. Da regionale Produktionsdaten nach Branchen meistens fehlen, sieht man sich im allgemeinen gezwungen, auf *Beschäftigungszahlen* zurückzugreifen. In all diesen Fällen sind ähnliche Bedenken anzumelden, die bereits gegenüber der Sektortheorie (Fourastié) vorgebracht wurden. Durch die rein *mengenmäßige* Betrachtungsweise werden die *qualitativen Aspekte* weitgehend *vernachlässigt,* insbesondere die regional unterschiedliche produktive Leistungsfähigkeit der einzelnen Unternehmungen und Betriebe. Schlägt man den Weg über den *Regionalfaktor* ein, so ist weiter zu beachten, daß die Standortvor- und -nachteile, die dieser Faktor gesamthaft zum Ausdruck bringt, *analytisch wertlos* sind. Denn diese variieren nicht nur von Branche zu Branche, sondern von Betrieb zu Betrieb derart stark, daß deren Gegenüberstellung im Einzelfall zwar höchst aufschlußreich wäre, nicht jedoch aggregiert gemessen für eine gesamte Region.

Schließlich kommen weitere Unzulänglichkeiten hinzu, die aus der *Art der prakti-*

---

[47] Vgl. *E. R. Baumgart*, Der Einfluß von Strukturänderungen auf die Entwicklung der nordrhein-westfälischen Industrie seit 1950. Sonderheft Nr. 70 des Deutschen Instituts für Wirtschaftsforschung, Berlin 1965.
[48] Vgl. *E. R. Baumgart*, aaO, S. 60 ff.
[49] Vgl. *J. H. Müller*, Wirtschaftliche Grundprobleme der Raumordnungspolitik, aaO, S. 82.
[50] Vgl. *H. Gerfin*, aaO, S. 587.
[51] Vgl. *H. K. Schneider*, Modelle für die Regionalpolitik. In: Beiträge zur Regionalpolitik, aaO, S. 64.

schen Berechnung resultieren. Üblicherweise wird der Standortfaktor nicht direkt, sondern auf dem *Weg simpler Saldierung* aus der Differenz zwischen Regional- und Strukturfaktor abgeleitet. Dies führt dazu, daß alle jene Struktureinflüsse, die bei der Isolierung des Strukturfaktors nicht explizit erfaßt werden, in der Folge als Standorteffekte im Standortfaktor in Erscheinung treten. Hierin liegt eine oft unterschätzte Fehlerquelle.

Die vorstehenden Kritikpunkte – dies sei deutlich unterstrichen – richten sich zur Hauptsache gegen den vielfach unterstellten *analytischen Gehalt* der Abweichungsanalysen. Wenn diese als rein deskriptive Ausgangspunkte für ergänzende Kausalanalysen dienen, können sie recht aufschlußreich sein [52].

Aus diesem Grunde wäre es voreilig, den gesamten Industriestruktur-Approach als fragwürdig abzulehnen. Denn erstens haben die Begründer dieses Verfahrens selbst auf die *Notwendigkeit ergänzender bzw. vertiefter Kausalanalysen* hingewiesen (im Rahmen ihres Input-Output-access); und zweitens erfüllen beim Industriestruktur-Approach die zugrunde gelegten Abweichungsanalysen ja lediglich den soeben erwähnten Zweck: Sie dienen als plausible, empirisch nachweisbare Untermauerung der Überlegung, daß bei der teilräumlichen industriellen Entwicklung zwei unterschiedliche Faktorgruppen mitspielen, die bei realitätsbezogenen Analysen gleichzeitig tiefer auszuleuchten sind: „To understand the proportionality effect we need to focus on forces affecting the composition of output on the national scene. Dominant among these are productivity changes on the supply side initiating resource transfer from low to high productivity sectors and income elasticities of demand on the demand side. These reflect other influences such as technological change, the introduction of new products, changes in tastes, etc., all of which affect the overall composition of national output. It is then necessary to analyse the advantages of each region for the national fast-growing or slow-growing industries." Und weiter: „The differential effect is explained by the fact that some regions gain over time a relative advantage compared with other regions in their access to markets and/or inputs in relation to specific industries. This necessitates detailed analysis of local factors" [53].

Diese Argumentation macht deutlich, daß sich die zwar enge, weil auf die *Industriestruktur beschränkte,* Erklärungsweise von Perloff und seinen Mitautoren in den *Grundzügen* mit jenen Vorstellungen deckt, die den im zweiten Teil dieser Arbeit entwickelten *theoretischen Ausgangshypothesen* zur Erklärung der teilräumlichen Entwicklung zugrunde liegen. Gemäß unserer Terminologie sind es im Prinzip überregionale Entwicklungsfaktoren, die im industriellen Bereich zum „proportionality-shift" führen, während sich innerregionale Bestimmungsfaktoren (charakterisiert durch die regionale Ausgangsstruktur) im „differential-shift" niederschlagen.

Eingeschränkt auf den industriellen Bereich lautet nunmehr die weitere Argumentation von Perloff wie folgt [54]: In erster Linie führt die *unterschiedliche Anpassungs-*

---

[52] So ist beispielsweise Lauschmann beizupflichten, wenn sie in Würdigung der Abweichungsanalysen zum Schluß gelangt, daß der Strukturfaktor Ausgangspunkt für regionale Prognosen, der Standortfaktor dagegen Ansatzpunkt der regionalen Politik darstellt. Vgl. *E. Lauschmann,* aaO, S. 117.
[53] Zitiert aus *H. W. Richardson,* Regional Economics, aaO, S. 345.
[54] Vgl. *H. S. Perloff* (und andere), Regions, Resources and Economic Growth, aaO, S. 93.

fähigkeit der regionalen Industriezweige an die sich verändernden Gegegebenheiten auf ihren Beschaffungs- und Absatzmärkten (industrielle Input- bzw. Outputstruktur) zu einem teilräumlich differenzierten Wachstumsvermögen. Und dieses wiederum läßt sich am besten durch die relativen Vor- und Nachteile interpretieren, die regional in bezug auf diese Anpassungsfähigkeit der wichtigsten Industriezweige bestehen. Da die mannigfachen Einwirkungskräfte, die sich letztlich in relativen Standortvor- und Nachteilen niederschlagen, nicht durchwegs quantitativ ermittelt werden können, vermag auch der Industriestruktur-Approach kein formal geschlossenes Analysemodell anzubieten. Stattdessen wird vorgeschlagen, zumindest die *erkennbaren Einflußfaktoren* im Rahmen eines umfassenden „Input-Output-Access" systematisch einzufangen. Dies bedeutet, daß zunächst die möglichen Bestimmungsfaktoren darnach unterschieden werden, ob sie sich auf der Inputseite (Beschaffungs- und Produktionssphäre) oder aber auf der Outputseite (Absatzsphäre) ausgewählter Industriebranchen als relative Standortvor- bzw. -nachteile niederschlagen. Dann gilt es, die jeweils wichtigsten erkennbaren Einflußfaktoren, die standortmäßig positiv oder negativ ins Gewicht fallen, einander gegenüberzustellen und deren Wirkungsweisen gegeneinander abzuwägen. Auf diese Weise soll dem Analytiker erleichtert werden, die relativen Wachstums- und Entwicklungsmöglichkeiten industrieller Branchen in konkreten Teilgebieten eines Landes annäherungsweise in den Griff zu bekommen.

Eine solche Betrachtungsweise bietet in der Tat *erhebliche* Vorteile: Einmal weist dieser Ansatz auf die *hohe Bedeutung der regionalen Standortvorteile* für die teilräumliche Entwicklung hin. Zum andern wird dadurch deutlich, daß das Wachstumspotential einer Region nicht primär von der gegebenen Zusammensetzung des Industriesektors abhängt, sondern von einer Reihe anderer Kräfte, die sich *per Saldo in der Anpassungsfähigkeit* der regionalen Produktionsstätten niederschlagen. Damit kann die notwendige Brücke zwischen einer *rein produktionsorientierten* Betrachtungsweise *zu andern, regional relevanten Strukturaspekten* geschlagen werden, insbesondere zur Faktor- und Siedlungsstruktur (und den darin zum Ausdruck kommenden regionalen Standortgegebenheiten). Zwar wird es auf diese Weise kaum gelingen, die Wirkungs*stärke* der einzelnen Bestimmungsfaktoren exakt zu messen. Es genügt indessen, zumindest *Größenvorstellungen über die relevanten Zusammenhänge* zu erkennen, um das Wachstumsvermögen und die Entwicklungsperspektiven einer Region abzuschätzen. Auch bietet dieser Ansatz Raum für mannigfache Verfeinerungen der Analyse nach verschiedenen denkbaren Richtungen. Er gestattet somit, je nach den konkreten Verhältnissen einer Region, unterschiedliche Schwerpunkte für eine tiefergehende Kausalanalyse zu setzen. Davon wird noch zu sprechen sein.

C. *Praktikable Analyseansätze im Bereich der Produktionsstruktur*

Typisch für die bisher dargelegten Theorienansätze ist die Tatsache, daß sich diese jeweils auf eine *bestimmte Auswahl relevanter Entwicklungsfaktoren* konzentrieren, dabei andere, gleichfalls wichtige Bestimmungsgründe außer acht lassen. Deshalb vermag keiner der vorgestellten Theorieansätze die regionale Entwicklung – hier speziell im Bereich des Produktionssektors – abschließend zu erklären:

- Die *Sektor-Theorie* (die in bezug auf die regionale Entwicklung wohl am wenigsten auszusagen vermag) betont die Wachstumsimpulse, die aus der Verschiebung der Anteile der drei großen Wirtschaftssektoren resultieren.
- Die *Exportbasis-Theorie* macht – trotz ihrer Mängel – auf die große Bedeutung aufmerksam, die den fernorientierten Schlüsselindustrien für die Entwicklung der Region gesamthaft betrachtet und für diejenige der nahorientierten (sekundären) Bereiche zukommen kann.
- Die *Theorie der Wachstumspole* läßt erkennen, daß durch räumliche Konzentration mehrerer Produktionsbereiche verschiedene Arten externer Effekte entstehen, die wachstumsverstärkend wirken und somit einem Wachstumspol höhere Entwicklungsmöglichkeiten eröffnen als bei regionaler Dispersion.
- Der *Industriestruktur-Approach* schließlich weist auf die Notwendigkeit hoher Anpassungsfähigkeit der regionalen Produktionsbereiche an veränderte Marktbedingungen hin und zeigt, wie diese im Sinne relativer Standortvor- und -nachteile aufgefaßt und der Analyse zugänglich gemacht werden können.

Beurteilt man diese Theorieansätze im Lichte des entwickelten Ausgangsmodells, so scheint *in erster Linie der Industriestruktur-Approach* geeignete Wege für eine realitätsbezogene und der praktischen Analyse zugängliche Vorgehensweise aufzuzeigen. Denn dieser Ansatz stellt die auch im theoretischen Fundament als *entscheidend erkannten Determinantenkomplexe* in den Mittelpunkt der Analyse. Zudem ist dieser von seiner Anlage her am ehesten geeignet, gleichzeitig die wichtigsten Interdependenzen zwischen der Produktionsstruktur und der Faktor- und Siedlungsstruktur einzufangen. Allerdings bedarf der Industriestruktur-Approach in *zweifacher Hinsicht* einer Vertiefung bzw. Erweiterung.

- Eine *Vertiefung* ist in bezug auf die *Analyse der relativen Standortvor- und -nachteile* notwendig, d. h. jener Faktoren, die die Anpassungsfähigkeit der produzierenden Bereiche bestimmen und damit die Voraussetzungen für eine produktive Leistungserstellung schaffen. Hier ist es unumgänglich, von der dem Industriestruktur-Approach zugrunde liegenden *branchenmäßigen* Betrachtungsweise *abzurücken* und auf die *Ebene einzelner Betriebe* vorzustoßen. Im Zentrum der Analyse steht dann die Frage, inwieweit *einzelne Betriebe* (als Ausdruck ihrer Anpassungsfähigkeit) *potentielle Produktivitätsfortschritte zu realisieren vermögen*.

Dies ist das wohl *entscheidende* Kriterium für die regionale Entwicklung im Bereich der Produktionsstruktur. Erfahrungsgemäß variieren jedoch diese Möglichkeiten innerhalb einzelner Industriebranchen von Betrieb zu Betrieb außerordentlich stark, so daß im Vergleich zu der als ungenügend erachteten sektoralen Betrachtungsweise (Fourastié) selbst die Branchenebene eine zu hohe Aggregationsstufe darstellt, weil auch diese für die regionale Analyse entscheidende Zusammenhänge verdeckt [55].

---

[55] Aus diesem Grunde sind hochaggregierte (z. B. gesamtwirtschaftliche oder branchenspezifische) Produktionsfunktionen für die regionale Analyse ungeeignet. Es wird zwar vielfach versucht, die regionale Entwicklung durch einfachste produktionstheoretische Definitionsschemata zu erklären, indem beispielsweise die Gesamtentwicklung einer Region aus der Veränderung ihres Leistungspotentials und deren Produktivität, oder sogar nur aufgrund eines einzelnen Produktionsfaktors (Arbeit oder Kapital) erfaßt wird. Davon ist abzuraten. Geht man beispielsweise vom Produktionsfaktor Arbeit aus und erklärt die Zunahme des regionalen Sozial-

— Eine *Ausweitung* des Industriestruktur-Approach ist insofern notwendig, als sich die Analyse über den engeren Bereich des Industriesektors hinaus auf die Unternehmungen und Betriebe *aller Produktionszweige*, auch derjenigen im primären und tertiären Sektor, erstrecken muß. Ferner müssen die Interdependenzen, die zwischen Wirtschaft und Bevölkerung zu beachten sind, *vermehrt in die betriebliche Analyse* einfließen. Gemeint sind damit jene Standortvoraussetzungen, die primär aus der Sicht der Arbeitskräfte relevant sind, indirekt aber auch für die Anpassungsfähigkeit der produzierenden Bereiche eine wichtige Rolle spielen.

Insgesamt geht es somit darum, bei einer Vertiefung der Analyse im Bereich der Produktionsstruktur die *Fähigkeit der einzelnen Betriebe, Produktivitätsfortschritte zu erzielen, ins Zentrum zu rücken. Charakterisiert wird diese durch die betriebliche Anpassungsfähigkeit an veränderte wirtschaftliche und gesellschaftliche Ausgangsbedingungen im weitesten Sinn, die sich gesamthaft in relativen Standortvor- und -nachteilen niederschlagen bzw. als solche aufgefaßt, der empirischen Analyse zugänglich werden.*

Im folgenden ist zu prüfen, welche *konkreten Möglichkeiten* sich für eine derart ausgerichtete Analyse der regionalen Produktionsstruktur anbieten.

1. *Die zentrale Bedeutung der betrieblichen Produktivität*

a) Bedingungen einer produktivitätsorientierten Faktorallokation als Ausgangspunkt der Analyse

Rückt man die betriebliche Produktivität im soeben erläuterten Sinn und deren Bestimmungsfaktoren ins Zentrum der Analyse der regionalen Produktionsstruktur, so ist von den *gemeinsamen Berührungspunkten* auszugehen, die zwischen dieser Betrachtungsweise und den Anforderungen bestehen, die an eine wachstumsoptimale Faktorallokation aus der zwar engeren, weil rein ökonomisch begründeten, Perspektive gestellt werden.

Frägt man nach den Voraussetzungen, die gemäß den Bedingungen einer wachstums- und standortoptimalen Wirtschaftsstruktur erfüllt sein müssen, um eine solche in den Teilgebieten eines Landes bestmöglichst zu verwirklichen[56], so stößt man auf die gleichen fundamentalen Zusammenhänge, die auch beim erweiterten und vertieften Industriestruktur-Approach den *Kern der Analyse* ausmachen: Die strategische Größe zur Realisierung potentieller Entwicklungsmöglichkeiten liegt in der Fähigkeit der regionalen Produktionsbereiche, durch eine optimale Anpassung ihrer Input- und Output-

---

produkts aus der Zunahme des Arbeitspotentials und derjenigen ihrer Produktivität (Sozialprodukt je Erwerbstätiger), so entspricht die so definierte Arbeitsproduktivität einem per-Saldo-Einfluß all jener Wachstumseffekte, die nicht durch die rein mengenmäßige Veränderung des eingesetzten Arbeitskräftepotentials gemessen werden können. Ohne tiefere Kausalanalysen über die wichtigsten Faktoren und deren betriebliche Wirkungsweisen, die in die so definierte Produktivität eingehen, sind auf regionaler Ebene keine sinnvollen Aussagen möglich. Diese Kritik richtet sich allerdings nicht gegen den Globalindikator Sozialprodukt je Einwohner, wenn dieser als behelfsmäßiger Indikator zur Charakterisierung von Entwicklungsstand und Entwicklungspotential benutzt wird.

[56] Diese Frage hat Giersch treffend als das „ökonomische Grundproblem" der Regionalpolitik bezeichnet. Vgl. *H. Giersch*, Das ökonomische Grundproblem der Regionalpolitik, in: Gestaltungsprobleme der Weltwirtschaft, aaO, S. 387.

strukturen an die sich wandelnden Produktions- und Absatzverhältnisse die volkswirtschaftliche Produktivität des regionalen Faktorpotentials zu steigern [57].

Aus *dieser Perspektive* wird dann die regionale Entwicklung wie folgt erklärt: Alle auf eine Wirtschaftsregion einwirkenden Wachstumsimpulse können danach unterschieden werden, ob sie auf die Bestimmungsfaktoren der regionalen Inputstruktur oder aber auf diejenigen der Outputstruktur einwirken. „Die eine Gruppe umfaßt alle Determinanten der Standortfaktoren, der Strukturflexibilität und des Faktorpotentials der Regionen. Die Veränderungen dieser Determinanten bestimmen die Entwicklungsmöglichkeiten der regionalen Produktions- oder Inputstruktur. In der andern Gruppe finden sich alle Bestimmungsgrößen für den Absatz der regionalen Produktion und damit für die Outputstruktur der Regionen. Beide Faktorengruppen zusammen bestimmen die regionale Wirtschaftsstruktur vollständig; und ihre Veränderungen determinieren gemeinsam mit dem jeweiligen Beschäftigungsstand die wirtschaftlichen Wachstumsmöglichkeiten einer Region." [58]

Im ersten Teil der vorliegenden Arbeit wurde diese rein wirtschaftlich ausgerichtete Zielsetzung einer wachstumsoptimalen Faktorallokation als umfassende regionale Entwicklungsstrategie zwar abgelehnt. *Eingeschränkt* auf den *Bereich der Produktionsstruktur* vermögen jedoch diese Erklärungsweise und die ihr zugrunde liegenden ökonomischen Gesetzmäßigkeiten *als Kern der Analyse* wertvolle Kriterien zu liefern, anhand deren die Möglichkeiten und Fähigkeiten einzelner Betriebe, Produktivitätsfortschritte zu erzielen, beurteilt werden können. Dies bedeutet, daß die *rein ökonomischen Beurteilungskriterien* nur erste, allerdings *entscheidende* Anhaltspunkte liefern, die dann im Rahmen eines *erweiterten Bezugssystems* durch den Einbezug nicht-wirtschaftlicher Faktoren, die die Produktivität positiv oder negativ beeinflussen, zu ergänzen sind (Berücksichtigung der wechselseitigen Interdependenzen zur Faktor- und Siedlungsstruktur). Darauf ist nachfolgend näher einzugehen.

b) Grundmodell zur Beurteilung erzielbarer betrieblicher Produktivitätsfortschritte

Um erste Anhaltspunkte über die *Anpassungsfähigkeit* der regionalen Produktionseinheiten zu erhalten, wird auf grundsätzlich *ökonomische* Voraussetzungen zur Realisierung von Produktivitätsfortschritten abgestellt. Für diese Überlegungen sind folgende Gesichtspunkte maßgebend:

---

[57] Bekanntlich argumentieren die Vertreter einer wachstumsoptimalen Faktorallokation wie folgt: Regionen mit einer vollbeschäftigten Wirtschaft haben nurmehr Wachstumsmöglichkeiten aus eigener Kraft. Um diese zu realisieren, müssen die regional verfügbaren Produktivkräfte auf lange Sicht auf die ergiebigste und zugleich nachfragegerechteste Art und Weise so eingesetzt werden, daß durch keine andere Faktorallokation ein höheres Wirtschaftswachstum erreicht werden könnte. Für die Beurteilung der Ergiebigkeit ist nicht die privatwirtschaftliche Rentabilität entscheidend, sondern vielmehr die volkswirtschaftliche Produktivität, die neben dem rein privatwirtschaftlichen Aufwand/Ertragsverhältnis zusätzlich die externen Ersparnisse und die sozialen Kosten mit in Berücksichtigung zieht. Denn nur auf diese Weise ist es rein wirtschaftlich gesehen möglich, ein nicht nur regional, sondern gleichzeitig gesamtwirtschaftlich-optimales Wachstum zu erreichen. Vgl. D. Marx, Wachstumsorientierte Regionalpolitik, aaO.

Über die Bedingungen einer wachstumsgerechten Produktionsstruktur siehe *D. Marx*, Raumordnungsprobleme bei wirtschaftlichem Wachstum, in: Zeitschrift für die gesamte Staatswissenschaft, 121. Band (1965), S. 144 ff.

[58] *H. Jürgensen,* Produktivitätsorientierte Regionalpolitik als Wachstumsstrategie Hamburgs, Göttingen 1965, S. 80.

- Produktivitätsfortschritte können gemäß der zweifachen Ausprägung des *wirtschaftlichen Prinzips* dadurch erzielt werden, daß die regionalen Produktionsbereiche ihre Relation von Output zu Faktoreinsatz durch *Steigerung der Verkaufserlöse* und/oder durch *Reduktion des Faktoreinsatzes* (Senkung der Durchschnittskosten) verbessern.
- Aus der betrieblichen Perspektive liegen somit die Ansatzpunkte für mögliche Produktivitätsfortschritte sowohl auf der *Inputseite* (Bezugsstruktur) als auch auf der *Outputseite* (Absatzstruktur), wobei diese durch *jeweils völlig verschiedenartige* Faktoren wirtschaftlicher und nichtwirtschaftlicher Art beeinflußt werden.

Aus diesem Grunde wird es notwendig, von den verschiedenen Möglichkeiten zur Erzielung von Produktivitätsfortschritten auszugehen und die einzelnen Betriebe darnach zu unterscheiden, inwieweit diese fähig sind, diese grundsätzlichen Möglichkeiten auszunutzen.

Für die *praktische Regionalforschung* wäre es allerdings unzweckmäßig, im einzelnen allen denkbaren Varianten nachzugehen. Statt dessen sollen lediglich gewisse *Extrem- oder Grenzfälle herausgestrichen werden*, an denen die entwicklungsstrategische Bedeutung einzelner Betriebstypen beurteilt werden kann. Auf diese Weise vermag man der Regionalpolitik eine *überschaubare Wertungsskala* bereitzustellen, die eine Beurteilung regionalpolitisch wichtiger Betriebsstätten ermöglicht.

Eine solche betriebliche Grundstruktur hat *Jürgensen* vorgelegt, wobei er von folgenden Überlegungen ausgeht [59]:

- Ansatzpunkte für Produktivitätsfortschritte bieten sich – wie erwähnt – auf der Input- und Outputseite an. Zur Verbesserung der *Outputseite* führen verschiedene Möglichkeiten der *Absatzausweitung:* Erhöhung des Marktanteils gegenüber außerregionalen Konkurrenten sowie Erschließung neuer Absatzmärkte innerhalb und außerhalb der Region. Auf diese Weise realisierte Produktivitätsfortschritte können behelfsmäßig durch eine *Erhöhung der Verkaufserlöse* gemessen werden [60]. Auf der *Inputseite* können Produktivitätsfortschritte erzielt werden durch eine vermehrte Substitution von Arbeit durch Kapital, durch eine bessere Nutzung der technischen Entwicklung (rationellere Produktionsverfahren, neue Produkte), durch eine Verbesserung der qualitativen Unternehmerleistung, sowie ferner durch eine verbesserte betriebliche und zwischenbetriebliche Arbeitsteilung. Es sind dies Maßnahmen, die zu einer Verbesserung des Faktoreinsatzes je Ausbringungseinheit führen und sich in einer *Senkung der Durchschnittskosten* niederschlagen.
- Um die unterschiedliche betriebliche Fähigkeit zur Realisierung solcher Produktivitätsfortschritte messen zu können, schlägt Jürgensen vor, zunächst aufgrund der ge-

---

[59] Vgl. *H. Jürgensen*, Produktivitätsorientierte Regionalpolitik als Wachstumsstrategie Hamburgs, aaO, S. 88 ff. Die folgenden Ausführungen stützen sich im wesentlichen auf diese Arbeit von Jürgensen. Sie bietet wesentliche Ansatzpunkte für eine derart ausgerichtete Regionalanalyse, die im Rahmen umfangreicher Regionalforschungen im Institut für europäische Wirtschaftspolitik der Universität Hamburg entwickelt wurde. Man vergleiche hierzu die ergänzenden Beiträge von *D. Marx*, Wachstumsorientierte Regionalpolitik, aaO, ferner *C. Sigvard*, Die Flexibilität der volkswirtschaftlichen Produktionsstruktur, Göttingen 1966, sowie *S. Eckhardt*, Räumliche Aktivitätsanalysen, Göttingen 1966 (alle erschienen in der Reihe „Wirtschaftspolitische Studien" des genannten Instituts).

[60] Behelfsmäßig deshalb, weil damit nicht unterschieden wird, inwieweit erhöhte Verkaufserlöse tatsächlich auf Produktivitätsfortschritte oder aber nur auf Preissteigerungen zurückgeführt werden müssen.

nannten Merkmale (Veränderung der Absatzerlöse bzw. der Durchschnittskosten) typische Betriebsarten im Sinne theoretischer Extremfälle zu unterscheiden (wobei zur Vereinfachung alle Zwischenstufen mit gleichbleibenden Nachfrage- und Kostenstrukturen vernachlässigt werden).

Schematisch kann dies wie folgt illustriert werden:

Grundschema zur Beurteilung möglicher Produktivitätsfortschritte

		Veränderung der Absatzerlöse	
		steigend	sinkend
Veränderung der Durchschnittskosten	sinkend	Betriebstyp I	Betriebstyp III
	steigend	Betriebstyp II	Betriebstyp IV

Auf diese Weise können vier Grundtypen unterschieden werden [61]:
- Der *Typ I* entspricht jenen Betrieben, die *rein wirtschaftlich* betrachtet als die *stärksten Träger* der regionalen Entwicklung bezeichnet werden können. Es sind dies ausgesprochene *Wachstumsbetriebe,* die eine überdurchschnittliche Nachfrageausweitung und hohe Rationalisierungsmöglichkeiten aufweisen.
- Der *Typ II* entspricht jenen Produktionseinheiten, die sich zwar einer wachstumsbedingt steigenden Nachfrage erfreuen, die aber nur *geringe Möglichkeiten* für technische Fortschritte und betriebliche Rationalisierung aufweisen. Typisch hiefür sind verschiedene Betriebe der Dienstleistungszweige und des Handwerks.
- Der *Typ III* charakterisiert Betriebe, die zwar einer stagnierenden oder gar rückläufigen wachstumsbedingten Nachfrageentwicklung gegenüberstehen, dafür *gute Rationalisierungsmöglichkeiten* aufweisen. Zu dieser Kategorie können viele Betriebe der wachstumsbenachteiligten Branchen gezählt werden.
- Der *Typ IV* schließlich entspricht jenen Produktionseinheiten, die im Zuge der Entwicklung zu *Grenzbetrieben* geworden sind.

Mit diesem betrieblichen Grundschema ist der *Ausgangspunkt* für die Analyse der Produktionsstruktur gegeben, die sich in verschiedener Hinsicht erweitern und vertiefen läßt. Das vorstehende Schema stellt nur den ersten Schritt einer solchen Analyse dar. Immerhin können daraus bereits regionalpolitisch relevante Schlußfolgerungen gezogen werden. So kann die regionale Produktionsstruktur zunächst aufgrund rein wirtschaftlicher Produktivitätskriterien daraufhin untersucht werden, inwieweit die vorhandenen lokalen Betriebe die regionale Entwicklung grundsätzlich fördern oder aber hemmen. Man vermag beispielsweise zu erkennen, daß offenbar die vielvertretene Ansicht, nur ausgesprochene Wachstumsbranchen seien für die regionale Entwicklung entscheidend, *nicht haltbar* ist. Nach dem vorstehenden Schema sind einzig die Betriebe vom Typ IV entwicklungshemmend. Alle übrigen können ihren spezifischen Beitrag zur Entwicklung leisten [62].

---

[61] Vgl. *H. Jürgensen,* aaO, S. 88.
[62] Durch den Einbezug zusätzlicher Betriebsmerkmale kann diese zunächst grobe Aussage noch erheblich verfeinert werden.

Die jeweilige Zusammensetzung der regionalen Produktionsstruktur nach diesen Betriebstypen läßt deshalb erste Anhaltspunkte über die gegenwärtige und zukünftige *Ergiebigkeit des regionalen Leistungspotentials* zu [63], sofern man Anhaltspunkte über die folgenden Zusammenhänge zu gewinnen vermag:
- Kenntnis über Veränderungen der betrieblichen Absatzerlöse und Durchschnittskosten;
- Kenntnis der Entwicklungstendenzen der überregionalen und regionalen Nachfrageentwicklungen, sowie
- Kenntnis der Entwicklungstendenzen der Produktionskosten und Rationalisierungsmöglichkeiten der regionalen Betriebe.

Die Aufbereitung solcher Daten wird zweifellos mit Schwierigkeiten verbunden sein. Erleichternd fällt allerdings ins Gewicht, daß der Regionalpolitik schon dann geholfen ist, wenn es gelingt, zumindest *Anhaltspunkte über die Größenordnung, Gliederung und Entwicklung* der beiden *Extremtypen I und IV* zu erhalten [64].

Der vorgestellte Ansatzpunkt erschöpft sich indessen nicht in einer rein wirtschaftlichen Beurteilung der betrieblichen Produktivität. Er gestattet vielmehr, jene regionalpolitisch relevanten Querbeziehungen einzuflechten, die zwischen der Produktionsstruktur und der Faktor- und Siedlungsstruktur bestehen. Diese Querverbindungen sind deshalb außerordentlich wichtig, weil die Möglichkeiten, Produktivitätsfortschritte zu erzielen, *nicht nur* durch *überregionale Bestimmungsfaktoren* (entwicklungsbedingte Veränderungsprozesse der Angebots- und Nachfragestruktur) und durch die *Anpassungswilligkeit und -fähigkeit der Unternehmer selbst* bestimmt werden, sondern in maßgeblicher Weise auch durch die *Art und Ausgestaltung der Faktor- und Siedlungsstruktur*. Dahinter stehen all jene Einwirkungsfaktoren auf die betriebliche Produktivität, die sich letztlich in den *regionalen Standortbedingungen* niederschlagen.

Die Berücksichtigung dieser Querbeziehungen stellt gewissermaßen den *zweiten Schritt* der betrieblichen Produktivitätsanalyse dar: Durch den Einbezug weiterer Merkmale in die betriebliche Grundstruktur können die unterschiedlichen Auswirkungen bzw. Ansprüche dargelegt werden, die von den vier Grundtypen an die Faktor- und Siedlungsstruktur gestellt werden. Durch eine Konfrontation dieser generellen Betriebsbedingungen mit der regional gegebenen Art und Ausgestaltung der Faktor- und Siedlungsstruktur bzw. den Veränderungen, denen diese selbst infolge der sich wandelnden gesellschaftlichen Ansprüche unterliegen, müssen die erforderlichen Rückschlüsse abgeleitet werden, die zur Beurteilung der entwicklungsmäßigen Bedeutung, aber auch für eine entwicklungsgerechte Beeinflussung der Produktionsstruktur (insbesondere über eine Anpassung der Standortbedingungen) notwendig sind. Ohne den späteren Ausführungen über spezielle Analysenmethoden im Bereich der Faktor- und der Siedlungsstruktur vorzugreifen, drängt sich aus der Sicht einer regionalpolitisch relevanten Analyse der regionalen Produktionsstruktur eine schwergewichtige Vertiefung in *dreierlei* Hinsicht auf:

---

[63] Zudem bieten diese Kriterien eine wertvolle Beurteilungsgrundlage für eine selektive, regionale Industrieansiedlungs- und Industrieförderungspolitik.
[64] Vgl. *H. Jürgensen*, aaO, S. 96.

— In bezug auf die *Produktionsstruktur selbst* empfiehlt sich eine zusätzliche Gliederung der einzelnen Betriebe nach ihren Hauptabsatzmärkten in *fern- und nahorientierte* Gruppen. Auf die Zweckmäßigkeit einer solchen Unterscheidung macht die vorstehend erläuterte Exportbasis-Theorie aufmerksam, wobei verschiedene Gründe ins Gewicht fallen: *Erstens* weisen die fernorientierten Betriebe im allgemeinen optimale Möglichkeiten zur Realisierung von Produktivitätsfortschritten auf. Dies gilt insbesondere für die Outputseite, da *potentiellen Absatzausweitungen* innerhalb einer Region (also bei den nahorientierten Betrieben) in jedem Fall engere Grenzen gesetzt sind als bei Exportbetrieben. Aber auch von der Inputseite her betrachtet werden fernorientierte Betriebe im allgemeinen *höhere Rationalisierungsanstrengungen* unternehmen, um ihre Wettbewerbsstellung im überregionalen Konkurrenzkampf halten bzw. verbessern zu können. Aus diesem Grund wirken die *fernorientierten Betriebe* in zweifacher Hinsicht als *Motor der regionalen Entwicklung:* Durch Absatzausweitungen lösen sie die von der Exportbasis-Theorie erkannten Einkommenswirkungen mit Multiplikatoreffekten aus; durch Rationalisierungsfortschritte erreichen sie nicht nur eine Verbesserung ihrer Wettbewerbsfähigkeit auf den Absatzmärkten, sondern setzen gleichzeitig für die nahorientierten Betriebe neue Produktivitätsmaßstäbe. Denn das knappe Angebot an Produktionsfaktoren (Arbeitskräfte) zwingt auch die regionalen Betriebe zu vermehrten Rationalisierungsanstrengungen, um regional vergleichbar hohe Löhne und Gehälter bezahlen zu können[65]. Aber auch *nahorientierte* Betriebe müssen in ausreichender Menge und Zusammensetzung vorhanden sein. Sind diese *untervertreten*, besteht die Gefahr, daß die *Fühlungsvorteile* der regional ansässigen Betriebe geschmälert und damit die Attraktivität der Region für standortsuchende Betriebe und Arbeitnehmer vermindert wird. Sind die nahorientierten Betriebe *überdotiert*, können sie das regionale Wachstum dadurch gefährden, daß ein *zu hoher Anteil* des verfügbaren Faktorpotentials *gebunden* und auf diese Weise die Entwicklung der produktiveren, fernorientierten Wirtschaftszweige geschmälert wird. Um die regionale Produktionsstruktur nach diesen ergänzenden Merkmalen zu beurteilen, kann das vorstehend entwickelte Schema der betrieblichen Grundstruktur unschwer erweitert und als zweckmäßiges Analyseinstrument verwendet werden.

— Eine weitere Vertiefung ist notwendig, um die *Beziehungen zur Faktorstruktur* zu erfassen. Damit eine Region in der Lage ist, *potentielle Entwicklungsmöglichkeiten aus eigener Kraft* zu realisieren, muß ihre Produktionsstruktur derart flexibel sein, daß die verfügbaren Produktivkräfte (insbesondere die knappen Arbeitskräfte) *tendenziell stets zum besten, d. h. produktivsten Betrieb* wandern. Sieht man vom Zuzug außerregionaler Arbeitskräfte ab, muß ein *steter innerregionaler Faktorkreislauf* stattfinden. Dies wiederum setzt voraus, daß neben expandierenden Betrieben mit zusätzlicher Faktornachfrage auch solche vorhanden sind, welche Arbeitskräfte freisetzen. Neben einer gewissen Mischung von nah- und fernorientierten Betrieben muß folglich auch eine solche zwischen Betrieben mit *steigender und abnehmender* Faktornachfrage vorhanden sein. Diese Flexibilität der Wirtschaftsstruktur hängt in hohem Maße von der Marktstruktur der einzelnen Betriebe auf den regionalen

---

[65] Vgl. *H. Jürgensen*, aaO.

Absatz- und Faktormärkten ab. Wiederum kann eine Erweiterung des ursprünglich entwickelten betrieblichen Grundschemas um diese Merkmale der regionalpolitischen Analyse weiterhelfen.
— Schließlich bedarf es einer dritten Vertiefung der Analyse der Produktionsstruktur in bezug auf jene Aspekte, die die *regionale Siedlungsstruktur* im weitesten Sinn tangieren. Im Vordergrund stehen hier die unterschiedlichen direkten und indirekten Ansprüche, die von den regionalen Produktionsbereichen an die *Quantität und Qualität der öffentlichen Infrastrukturleistungen* gestellt werden.

Die *direkten Ansprüche* schlagen sich in veränderten *Standortanforderungen der Betriebe* nieder, die aus der Anpassung ihrer Input- und Outputstruktur resultieren. Diese können am zweckmäßigsten durch die Aufstellung eines sogenannten *Standortkataloges* erfaßt werden. Darauf wird zurückzukommen sein.

Indirekte Auswirkungen ergeben sich namentlich in bezug auf den *Versorgungsgrad* mit öffentlichen Infrastrukturleistungen. Überwiegen beispielsweise regionale Wachstumsbetriebe mit zunehmender Faktornachfrage im Vergleich zu Betrieben mit Faktorfreisetzungen, so kann dies (je nach dem Attraktivitätsgrad einer Region) zu einem massiven *Arbeitskräfte- und Bevölkerungszustrom* und damit zu *Engpaßproblemen* bei den öffentlichen Versorgungseinrichtungen führen. Aber auch der entgegengesetze Vorgang ist denkbar: Bei starker Abwanderung der regionalen Bevölkerung können die bestehenden Versorgungseinrichtungen nicht mehr voll ausgelastet werden. Beides ist für die regionale Entwicklung auf lange Sicht unerwünscht. Aus diesem Grunde muß auch *zwischen Ausnutzungsgrad und Ausbau der öffentlichen Versorgungseinrichtungen und dem Bestand und Zustrom von Bevölkerung* ein gewisser Ausgleich stattfinden[66].

Während die soeben erwähnten Interdependenzen zwischen Produktions- und Siedlungsstruktur bei der speziellen Analyse im Bereich der Siedlungsstruktur wieder aufgegriffen werden, soll nachfolgend veranschaulicht werden, welche praktischen Möglichkeiten zur angedeuteten Vertiefung im Bereich der Produktionsstruktur selbst bestehen und welche regionalpolitisch relevanten Aussagen diesen entnommen werden können. Als erstes soll die vorgeschlagene Erweiterung des betrieblichen Grundschemas erläutert werden; dann folgen einige Überlegungen zur Aufstellung regionaler Standortkataloge.

2. Erweiterungsmöglichkeiten der betrieblichen Strukturanalyse

Jürgensen[67] hat ein im angedeuteten Sinn erweitertes Grundmodell zur betrieblichen Strukturanalyse vorgeschlagen, das hier vorgestellt und beurteilt werden soll.

Ausgangspunkt bildet das vorstehend dargelegte Grundschema von 4 Betriebstypen mit jeweils unterschiedlichen Fähigkeiten, Produktivitätsfortschritte zu erzielen. Ergänzend wird jetzt unterschieden nach nah- und fernorientierten Betrieben sowie nach deren Marktstellung auf den regionalen Absatz- und Faktormärkten. Wiederum werden vereinfachend denkbare Extremfälle, unter Vernachlässigung möglicher Zwischentypen, herausgestrichen. Auf diese Weise gelangt man zu *24 Grundtypen*, die durch das folgende Schema illustriert werden:

---

[66] Vgl. *H. Jürgensen*, aaO, S. 87.
[67] Vgl. *H. Jürgensen*, aaO, S. 90 ff.

Erweitertes Grundschema der regionalen Produktionsbetriebe

Betriebs-typen*	Fernorientierte Betriebe			Nahorientierte Betriebe		
	ohne Mono-polstellungen	mit Monopolstellung auf:		ohne Mono-polstellungen	mit Monopolstellung auf:	
		Faktor-märkten	Absatz-märkten		Faktor-märkten	Absatz-märkten
	F/A	F/B	F/C	N/A	N/B	N/C
I						
II						
III						
IV						

* Gemäß dem vorstehend illustrierten Grundschema.

Fragen wir erneut, inwieweit eine solche Schematisierung zu gehaltvollen Aussagen über die regionalpolitische Bedeutung bestimmter Betriebsarten führen kann. *Generell muß davon ausgegangen werden, daß wiederum einzelne dieser Betriebstypen* für die teilräumliche Entwicklung von *strategischer Bedeutung*, andere dagegen *höchst unerwünscht* sind. Ferner bleibt festzuhalten, daß die zusätzlichen Betriebsmerkmale (fern- und nahorientiert, ohne bzw. mit Monopolsituation auf den Faktor- und Absatzmärkten) nicht für alle Betriebstypen gleich wichtig sind. Und schließlich muß berücksichtigt werden, daß die herausgestrichenen Merkmale in der Wirklichkeit von Betrieb zu Betrieb in unterschiedlicher Kombination auftreten. Dennoch gestattet diese Gliederung, wenn man nunmehr von den Bedingungen ausgeht, die an eine wachstums- und standortgerechte Wirtschaftsstruktur zu stellen sind, eine Reihe grundsätzlicher Aussagen [68].

— Von wachstumsstrategisch entscheidender Bedeutung für die regionale Entwicklung sind naturgemäß die *fern- und nahorientierten Betriebe vom Typ I*, insbesondere dann, wenn diese keine Monopolstellungen auf den regionalen Absatz- und Faktormärkten einnehmen (gemäß vorstehendem Schema die Betriebe vom Typ I F/A und I N/A). Definitionsgemäß sind dies *eigentliche Wachstumsbetriebe* mit überdurchschnittlichen Entwicklungsmöglichkeiten auf der Input- und Outputseite. Vom Standpunkt einer wachstumsgerechten Wirtschaftsstruktur wird zudem gefordert, daß die Betriebe vom Typ I F/A ihren Faktoreinsatz pro Ausbringungseinheit senken oder aber konstant halten müssen, daß dieser insgesamt jedoch zunimmt. Für die Betriebe I N/A gilt, daß sowohl ihr Faktoreinsatz je Ausbringungseinheit als auch ihre Gesamtnachfrage nach Produktionsfaktoren sinken oder zumindest konstant bleiben sollten [69].

Im *Idealfall* hätte die regionale Produktionsstruktur nur aus solchen Betrieben zu bestehen, wobei der Strukturanteil der nahorientierten Betriebe so dimensioniert sein müßte, daß er gerade ausreicht, um den angestrebten Lebensstandard der Wohnbevölkerung zu garantieren. Alle übrigen Faktoren müßten den fernorientierten Betrieben zur Verfügung stehen. Nähere Anhaltspunkte über eine solche „*Idealmischung*" können gegebenenfalls aus den Erfahrungswerten abgeleitet werden, die

---

[68] Vgl. *H. Jürgensen*, aaO, S. 90.   [69] Derselbe, S. 94.

im Rahmen der Exportbasis-Theorie erarbeitet worden sind. Eine solche Idealstruktur bleibt allerdings *Wunschbild*. Tatsächlich wird jede Region eine mehr oder weniger glückliche Mischung von weiteren Betrieben der Typen II bis IV aufweisen.
- Damit kommen wir zum *Betriebstyp II*. Hier sind einmal jene nahorientierten Betriebe wachstumspolitisch höchst unerwünscht, die auf den regionalen Absatz- und Faktorenmärkten Monopole bzw. Teilmonopole besitzen. Folgende Überlegungen mögen diese verdeutlichen: Nahorientierte Betriebe vom Typ II mit Monopolstellungen auf den regionalen Absatzmärkten (II N/C) bewirken lediglich Einkommensumverteilungen innerhalb einer Region. Damit erhöhen sie „entweder die Lebenshaltungskosten und erschweren die Anwerbung auswärtiger Arbeitskräfte oder sie schmälern die Konkurrenzfähigkeit der eigenen Industrie durch überhöhte Preise der Vorprodukte" [70]. In beiden Fällen *senken* sie die regionale Produktivität und beeinträchtigen damit das regionale Wachstum.

Noch *weniger erwünscht* sind aber nahorientierte Betriebe vom Typ II, die auf den regionalen *Faktormärkten* Monopolstellungen halten (II N/B), insbesondere wenn sich diese auf große Teile des *regional verfügbaren Arbeitskräftepotentials* oder auf die *industriell nutzbare Bodenfläche* erstrecken. In diesem Fall werden die bereits ansässigen Betriebe nicht nur Betriebsansiedlungen zu verhindern versuchen, die auf ihren Absatzmärkten als potentielle Konkurrenten empfunden werden, sondern neue Betriebsansiedlungen überhaupt. Denn jeder neu hinzukommende Betrieb wird die Monopolstellung der alten Betriebe beeinträchtigen. Diese leisten somit keinen positiven, meist aber einen *negativen* Beitrag zur regionalen Entwicklung. Sie vermögen nämlich auf diese Weise *entwicklungsnotwendige Strukturverbesserungen* gefährlich zu *verzögern*, weshalb eine wachstumsorientierte Regionalpolitik mit allen Mitteln Monopolstellungen auf den regionalen Faktormärkten entgegenwirken sollte.
- Regionalpolitisch besonders interessant sind die Betriebe vom Typ III. Diese zählen durchwegs zu den *wachstumsbenachteiligten* Branchen, deren Absatzmöglichkeiten sich im Laufe der wirtschaftlichen Entwicklung abgeschwächt haben. Sie unterscheiden sich indessen von den Betrieben des Typs IV dadurch, daß sie noch *intakte Lebenschancen* haben, namentlich durch betriebliche und überbetriebliche Rationalisierungsmöglichkeiten auf ihrer Inputseite. Diese Betriebe können entscheidende Beiträge zur regionalen Entwicklung leisten, sofern sie *tatsächlich rationalisierungsfähig und -willig* sind, und auf diese Weise *gleichzeitig* Faktoren freisetzen, die in andere, produktivere Betriebsarten hinüberwechseln können. Jürgensen weist mit Recht darauf hin, daß die Betriebe dieses Typs im allgemeinen nicht nur das Gros, sondern auch die Basis bilden, „von der aus die wachstumsstarken Betriebe des Typ I erst erfolgreich operieren können. Ist diese Basis zu schmal oder geschädigt, so ist das Wirtschaftswachstum der gesamten Region ebenso gefährdet, wie wenn die Betriebe der Wachstumsindustrien fehlen" [71].

Erfahrungsgemäß finden sich unter den Betrieben vom Typ III viele mit Monopolstellungen auf den regionalen (und überregionalen) Absatzmärkten. Solche Monopolstellungen sind *trügerisch* und können im Zuge der technischen Entwicklung durch neue Produkte oder Produktionsverfahren unterwandert werden. Wachstumspoli-

---

[70] H. Jürgensen, aaO, S. 94.   [71] H. Jürgensen, aaO, S. 95.

tisch fällt ins Gewicht, daß solche Betriebe – bei noch intakten Monopolstellungen – kurzfristig zum regionalen Wachstum beitragen können, sich aber auf lange Sicht im allgemeinen nur dann zu behaupten vermögen, wenn sie durch eine Umgestaltung ihrer Produktionsprogramme wieder in *ungesättigte Märkte eindringen* können. Entscheidend ist somit – wie bei den übrigen Betrieben vom Typ III – *ihre Rationalisierungsfähigkeit und -willigkeit*. Diese hängt nicht nur von technischen Faktoren, sondern vielfach in noch größerem Ausmaß von der *Dynamik, der Aufgeschlossenheit und der Risikofreudigkeit* der Unternehmer selbst ab.

Gemäß unserer Betriebstypologie kann man festhalten, daß die Betriebe vom Typ II entweder in die Gruppe I wechseln sollten (wobei der Regionalpolitik hiefür eine Vielzahl von Förderungsmaßnahmen offenstehen, die die Realisierung zusätzlicher Rationalisierungsmöglichkeiten erleichtern), oder aber zu Grenzproduzenten des Betriebstyp IV herabsinken müßten. In diesem Fall gilt das nachstehende.

– Betriebe vom *Typ IV* sind wachstums- und entwicklungspolitisch in jedem Fall *unerwünscht*. Im Gegensatz zu den Betriebstypen I und III leisten sie keinen positiven, *immer aber einen negativen Beitrag* zur regionalen Entwicklung. Diese Betriebe sind auf jeden Fall nicht förderungswürdig. „Soweit der marktwirtschaftliche Ausleseprozeß diese Betriebe ausscheidet, hat die Regionalpolitik in Zeiten der Vollbeschäftigung diesen Prozeß zu beschleunigen und nicht zu hemmen." [72]

Diese gedrängte wachstums- und entwicklungspolitische Beurteilung der Produktionsbetriebe bietet interessante Einsichten in die regionale Produktionsstruktur und ermöglicht eine Reihe regionalpolitisch relevanter Aussagen allgemeiner Natur, die bei konkreten Analysen dann fallweise anzuwenden sind. Zusammenfassend kann folgendes festgehalten werden:

– *Erstens* vermag man zu erkennen, daß für die regionale Entwicklung nicht nur die Förderung ausgesprochener Wachstumsbetriebe notwendig ist, sondern daß – negativ ausgedrückt – diese lediglich durch solche Betriebe gehemmt wird, die „einer stagnierenden oder sogar rückläufigen Nachfrage gegenüberstehen und die darüber hinaus keine Rationalisierungsmöglichkeiten haben, oder die auf innerregionalen Märkten durch monopolistische Praktiken lediglich Einkommensumverteilungen bewirken und/oder durch monopolistische Beherrschung von regionalen Faktormärkten den anderen Betrieben der Region wachstumsnotwendige Betriebserweiterungen und Strukturverbesserungen erschweren". [73]

– *Zweitens* führt die vorgestellte Betriebsanalyse zu relevanten Ansatzpunkten einer regionalpolitischen Beeinflussung im Bereich der Produktionsstruktur. Folgende Aussagen sind möglich: In erster Linie sollten (im Sinne flankierender Maßnahmen) die *generellen Standortbedingungen der bestehenden Betriebe vom Typ I* gefördert werden. Erweist sich eine Industrieansiedlung als notwendig, müßte diese selektiv auf weitere Betriebe dieser Art ausgerichtet erfolgen, die auch in ihren Standortansprüchen *langfristig standort- und strukturgerecht* sind. Im weitern sollte die Regionalpolitik *Rationalisierungsmöglichkeiten aller übrigen Betriebe erleichtern*, sei es durch gezielte Förderungsmaßnahmen oder aber durch die Schaffung entsprechender Rahmenbedingungen. Dagegen wären betriebliche Monopolstellungen auf den regio-

---

[72] *H. Jürgensen*, aaO, S. 95.   [73] *H. Jürgensen*, aaO, S. 87.

nalen Absatz- und insbesondere den Faktormärkten abzubauen (bzw. nicht noch zu unterstützen), während auf die Erhaltung all jener Betriebe verzichtet werden müßte, die im Zuge der Entwicklung zu Grenzproduzenten geworden sind.

Soweit zum Analysemodell von Jürgensen. Wie die bisherigen Ausführungen zeigten, können aufgrund *rein wirtschaftlicher Produktivitätskriterien* die regionale Produktionsstruktur selbst sowie deren Auswirkungen auf die Faktorstruktur *regionalpolitisch relevant* durchleuchtet und beurteilt werden. Zwar sind die Beziehungen zur Faktorstruktur bisher erst grob angedeutet und lediglich in ihren rein quantitativen Auswirkungen auf den innerregionalen, wachstumsnotwendigen Faktorkreislauf beurteilt worden. Selbstverständlich können *qualitative Ansprüche* an das Faktorpotential unschwer miteinbezogen werden. Darauf wird bei der speziellen Analyse im Bereich der Faktorstruktur zurückzukommen sein.

Indessen sind ergänzende Ausführungen über gewisse Beziehungen zur regionalen Siedlungsstruktur notwendig; es betrifft dies jene Faktoren, die sich in einer Reihe relevanter Standortbedingungen niederschlagen. Durch eine Gegenüberstellung der betrieblichen Standortanforderungen und der regionalen Standortgegebenheiten läßt sich das Bild der regionalen Produktionsstruktur noch wesentlich vertiefen und abrunden.

3. Erfassung regionaler Standortbedingungen als ergänzende Analysemethode

Wir erwähnten, daß sich die wichtigsten Querbeziehungen zwischen Produktions- und Siedlungsstruktur in den *betrieblichen Anforderungen an die quantitative und qualitative infrastrukturelle Ausstattung* einer Region niederschlagen und die Regionalpolitik darum bemüht sein müsse, einen gewissen Ausgleich zwischen diesen betrieblichen Standortanforderungen und den regional gegebenen bzw. gestaltbaren Standortbedingungen anzustreben.

Für die Entwicklung einer produktiveren Regionalstruktur sind diese Interdependenzen außerordentlich wichtig. Denn einerseits bestimmt die regionale Wirtschafts-, Wohlstands- und Bevölkerungsentwicklung die Quantität und Qualität der erforderlichen infrastrukturellen Ausstattung; anderseits aber beeinflussen diese selbst in hohem Maße die Entwicklungsmöglichkeiten von Wirtschaft, Wohlstand und Bevölkerung. Man steht hier vor einer nichtabbrechbaren Kausalkette, gewissermaßen einer „Infrastruktur-Wirtschafts-Spirale"[74], deren Ingangsetzung und Inganghaltung für die regionale Entwicklung von ausschlaggebender Bedeutung sind. Dabei muß berücksichtigt werden, daß infolge der dargelegten Umgewichtung der Bestimmungsfaktoren des gesamtwirtschaftlichen Standortaufbaus nicht nur von den produzierenden Bereichen infrastrukturelle Ansprüche an den Produktionsstandort ausgehen. Neben diese betrieblichen Standortanforderungen, die sich im Zuge der technischen Entwicklung rasch verändern, treten infrastrukturelle Ansprüche der Bevölkerung an den Wohn- und Arbeitsort, die auch beim unternehmerischen Standortkalkül wachsende Bedeutung erlangen.

Damit die Regionalpolitik die quantitative und qualitative infrastrukturelle Ausstattung bestmöglich den sich verändernden Ansprüchen von Wirtschaft und Bevölke-

---

[74] Vgl. *A. Nydegger*, Strukturgutachten über den Kanton St. Gallen, Manuskript, St. Gallen 1971, S. 52.

rung anpassen kann, müssen deshalb die Bedürfnisse *beider* Gruppen von Standortnachfragern bekannt sein und berücksichtigt werden. Dieser breite Problemhintergrund, der uns bei der Analyse im Bereich der Siedlungsstruktur noch eingehend beschäftigen wird, muß auch dann beachtet werden, wenn – wie dies hier geschieht – in erster Linie die betrieblichen Standortanforderungen im Verhältnis zu den regionalen Standortbedingungen untersucht werden.

Auch aus der engeren Sicht der Produktionsstruktur kann diese notwendige Berücksichtigung der Querbeziehungen zur Infrastruktur für die Ausgestaltung einer produktiveren Wirtschaft belegt werden: Offensichtlich wäre es unvollständig, bei einer Analyse der Produktionsstruktur die einzelnen Betriebe nur nach ihrer privatwirtschaftlichen Rentabilität zu beurteilen. Denn neben betrieblichen Produktionskosten entstehen volkswirtschaftliche Folgekosten, die nicht in die Kostenrechnung der verursachenden Betriebe eingehen, sondern von Dritten bzw. der Allgemeinheit getragen werden müssen und sich in den regionalen Aufwendungen für die infrastrukturelle Ausstattung niederschlagen. Umgekehrt kann durch einen ziel -und zweckgerichteten Auf- und Ausbau der regionalen Infrastruktur auch die betriebliche Produktivität gefördert werden, indem auf diese Weise die Voraussetzungen geschaffen werden, die notwendig sind, damit externe Wirtschaftlichkeitsvorteile (interne und externe Ersparnisse) besser zum Tragen kommen.

Um diese Zusammenhänge in den Griff zu bekommen, wäre eine empirisch gehaltvolle Theorie über die *räumlich optimale Standortverteilung* notwendig, die alle relevanten Standortfaktoren erfassen und deren Auswirkungen auf die regionale Entwicklung erklären könnte. Eine solche Theorie, die dann zu praktikablen Analyseverfahren führen müßte, steht indessen noch aus. Die praktische Regionalforschung muß deshalb mit *behelfsmäßigen* Analysemethoden auskommen. Als solche bieten sich die sogenannten *Standortkataloge* an, die zwar keine explikativen Aussagen über diese Beziehungen erlauben, dafür bei entsprechender Ausgestaltung von hohem informativem Gehalt sein können und auf diese Weise der Regionalpolitik weiterhelfen. Da diese Standortkataloge nicht nur die infrastrukturellen Auswirkungen, sondern eine umfassendere, standortrelevante Beurteilung einzelner Produktionsbereiche ermöglichen, sind sie als sinnvolle Ergänzung zu den bisher vorgelegten Analysemethoden der regionalen Produktionsstruktur zu betrachten.

a) Erstellung regionaler Standortkataloge

Mit regionalen Standortkatalogen versucht man grundsätzlich Informationen zur Lösung *zweier Probleme* zu gewinnen. Einerseits will man Anhaltspunkte über die Möglichkeiten einer Region erhalten, die diese für die industrielle Produktion bietet (Erfassung der regionalen Standortbedingungen bzw. -qualitäten). Andererseits soll ermittelt werden, welche spezifischen Standorteigenschaften für eine produktive Leistungserstellung der verschiedenen Betriebs- und Produktionszweige notwendig sind. Aus der Gegenüberstellung dieser beiden Faktorgruppen kann dann abgeleitet werden, welche Produktionszweige aufgrund ihrer spezifischen Standortanforderungen unter Berücksichtigung der regional gegebenen bzw. gestaltbaren Standortqualitäten am besten in die Region „passen", um sowohl vom *einzelbetrieblichen* als auch vom *volkswirtschaftlichen* Standpunkt aus die regionale Entwicklung durch eine wachstumsgerechte Nutzung der verfügbaren Produktivkräfte bestmöglich fördern zu können.

Als gedanklichem Schema zur Lösung der hier aufgeworfenen Probleme ist in Anlehnung an den Industriestruktur-Approach von folgenden Fragestellungen auszugehen: Welche Eigenschaften weisen die einzelnen Standorte auf (Angebotsseite), und welche Standorteigenschaften werden nachgefragt (Nachfrageseite)? Man wird deshalb zweckmäßigerweise zunächst eine *Standortangebotsmatrix* und eine solche der *Standortnachfrage* erstellen, wobei im ersten Fall die *angebotenen Standorteigenschaften nach Standorten* erfaßt werden und im zweiten Fall die *nachgefragten Standorteigenschaften nach Betrieben*[75].

Aus der *Gegenüberstellung* von Angebots- und Nachfragematrix können dann – bei gegebener Standortverteilung – fehlende oder überschüssige bzw. nicht genutzte Standorteigenschaften ermittelt werden. Im Falle fehlender Standorteigenschaften kann aus diesen Informationen abgeleitet werden, ob für die gegebene Standortverteilung diese durch regionalpolitische Aktionen überhaupt geschaffen werden können und welche Kosten eine solche Anpassung des Angebots an die Nachfrage verursachen würde. Im Falle überschüssiger Standorteigenschaften läßt sich ableiten, auf welche ungenutzten Standortgegebenheiten welche Betriebe oder Branchen durch gezielte Information hingewiesen werden sollten[76].

Dieses gedankliche Angebots-Nachfrage-Schema als Instrument einer optimalen Standortgestaltung stößt indessen bei der *praktischen Realisierung* auf eine Reihe von *Schwierigkeiten*, die zu Abstrichen von diesem Grundmodell zwingen und damit auch dessen Aussagefähigkeit beeinträchtigen. Allerdings ist zu unterscheiden, ob regionale Standortkataloge primär für standortsuchende Betriebe oder aber als Informationsinstrument der Regionalpolitik ausgestaltet werden. Steht – wie hier – die zweite Zielsetzung im Vordergrund, dann fallen diese Abstriche nicht entscheidend ins Gewicht.

Im Vordergrund stehen zwei Hauptschwierigkeiten, die sowohl bei der Ausgestaltung der Angebotsmatrix als auch bei der Nachfragematrix auftreten: Erstens stellt sich ein *Selektionsproblem*, nämlich die Frage nach den wichtigsten Standorteigenschaften, die – um die Erhebung in überschaubaren Grenzen zu halten – unbedingt berücksichtigt werden müssen. Zweitens stellt sich ein *Quantifizierungsproblem*, nämlich die Frage nach einer quantitativen Erfassung und Gewichtung insbesondere qualitativer Standorteigenschaften. Diese Probleme werden zunächst am Beispiel der *Standortangebotsmatrix* beleuchtet.

---

[75] Eine solche Vorgehensweise hat auch Schneider empfohlen, wobei er versucht, mit diesem Ansatz die generelle Frage nach der wirtschaftlich optimalen Standortverteilung zu beantworten. Vgl. *H. K. Schneider*, Über einige Probleme und Methoden regionaler Analyse und Prognose. In: Regionalplanung, aaO, S. 103 ff. Zu diesem Zweck geht Schneider in seinem gedanklichen System allerdings differenzierter vor, indem er die Nachfragematrix zunächst aus einer Bedarfs- und einer hypothetischen Verteilungsmatrix zusammensetzt und durch wiederholte Gegenüberstellungen mit der Angebotsmatrix von alternativen Standortverteilungen ausgeht, um schließlich die räumlich optimale zu finden.

[76] Vgl. dazu *K. Töpfer*, Regionalpolitik und Standortentscheidung, aaO, S. 94.

b) Standortangebotskataloge

Beim Aufbau der *Standortangebotsmatrix* geht es darum, die relevanten Standortqualitäten einer Region in den Griff zu bekommen. Dabei stellen sich beide der genannten Grundprobleme: Welches sind die wichtigen Standortbedingungen und wie können diese gemessen werden.

– Aus der Sicht der Raumwirtschaftstheorie gelten als die wichtigsten *ökonomischen* Standortfaktoren erstens die internen und externen Ersparnisse, zweitens die Transportkosten, sowie drittens die Bedeutung des Produktionsfaktors Boden im Vergleich zu den andern Produktionsfaktoren [77]. Für die praktische Analyse ist diese Klassifizierung *zu eng,* weshalb andere Schemata entwickelt wurden, die die einzelnen Standortfaktoren differenzierter zum Ausdruck bringen [78]. Aber auch diese Kataloge bleiben solange wirklichkeitsfremd, als nur rein ökonomische Gesichtspunkte berücksichtigt, die nichtwirtschaftlichen Standortfaktoren dagegen vernachlässigt werden.

Um diese zu erkennen, ist an die *Umgewichtung der Bestimmungsfaktoren des gesamtwirtschaftlichen Standortaufbaus* zu erinnern, die im theoretischen Teil der vorliegenden Arbeit erläutert wurde. Darnach sind es in erster Linie die auch von der Raumwirtschaftstheorie genannten *internen und externen Ersparnisse* (in Form der sogenannten Agglomerations- und Fühlungsvorteile) sowie eine Reihe als *positive Wohnortfaktoren* in Erscheinung tretender Determinanten des „physischen" Einkommens [79], die inskünftig an standortprägender Kraft gewinnen.

Um diese heterogene Gruppe von Faktoren systematisch in den Griff zu bekommen, hat Nydegger ein Klassifizierungsschema vorgeschlagen, innerhalb dessen sich sämtliche wirtschaftliche und nichtwirtschaftliche Standortbedingungen einfügen lassen, die nicht nur aus der Sicht der Produktionssphäre, sondern aus der Gesamtperspektive regionalpolitisch relevant sind. Er unterscheidet vier Hauptgruppen, die das nachstehende Grundschema veranschaulicht [80].

Selbstverständlich sind andere Gliederungsschemata denkbar, doch hat sich diese Systematik in konkreten Einzeluntersuchungen bewährt. Von besonderem Interesse sind – aus der Produktionssphäre betrachtet – naturgemäß die Gruppe der *infra-*

---

[77] Vgl. *E. v. Böventer,* Theorie des räumlichen Gleichgewichts, aaO, S. 14.

[78] Exemplarisch sei verwiesen auf Carol, der die folgenden 13 Standortfaktoren unterschied: Arbeitskraft, Verkehr, Bauplatz, Baukosten, Absatzmarkt, Finanzen, Ausgangsmaterial, Kraft und Wärme, Flexibilität, Wasser, Umgebungseinflüsse, strukturelle Zuordnung, Wehrpolitik. Vgl. *H. Carol,* Industrie und Siedlungsplanung. In: Plan, 8. Jg. (1951), S. 208. In den USA wurden 1954 vom US Department of Commerce die folgenden 14 wichtigsten Standortfaktoren genannt: Rohstoffquellen, Arbeitsmarkt, Industriefläche, Brennstoffe, Transportbedingungen, Marktlage, Verteilungsorganisation, Energie, Wasser, allgemeine Lebensbedingungen, Gesetze und Verordnungen, Steuerstruktur, Klima, Konkurrenzsituation. Vgl. Standortwahl und Industrieförderung. Materialsammlung für Unternehmer und Planungsstellen. Auszugsweise Übersetzung des „Community Industrial Development Kit". In: Schriften des Deutschen Verbandes für Wohnungswesen, Städtebau und Raumplanung, Heft 35, Köln 1958.

[79] Dazu zählen eine sehr heterogene Gruppe von Faktoren: angefangen vom Klima eines Standorts bis zu den verschiedenartigen Kultur- und Bildungseinrichtungen; die persönlichen Kontakte (Fühlungsvorteile) und die gesellschaftliche „Atmosphäre". Vgl. *K. Töpfer,* Überlegungen zur Quantifizierung qualitativer Standortfaktoren. In: Zur Theorie der allgemeinen und der regionalen Planung, aaO, S. 170 f.

[80] Vgl. *A. Nydegger,* Strukturgutachten über den Kanton St. Gallen, Manuskript, aaO, S. 56.

strukturellen Standortbedingungen sowie die Gruppe der *Branchen- und Unternehmungsstruktur*. Letztere prägt nicht nur die regionalen Arbeitsmarktverhältnisse, sondern entscheidet zusammen mit gewissen Aspekten der Gruppe „besondere ökonomische Sachverhalte" über *mögliche Agglomerations- und Fühlungsvorteile*, während die Determinanten des sogenannten physischen Einkommens in sämtlichen vier Faktorgruppen mehr oder weniger ausgeprägt in Erscheinung treten. Darauf wird an anderer Stelle noch näher eingegangen [81].

Grundschema zur Gliederung regionalpolitisch relevanter Standortfaktoren

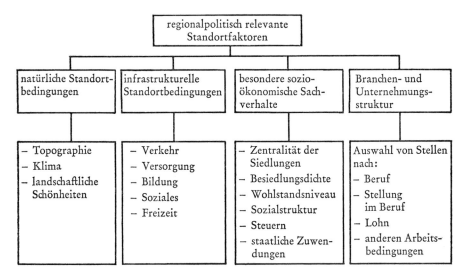

– Das Hervorstreichen dieser verschiedenartigen Standortbedingungen wirtschaftlicher und nichtwirtschaftlicher Art führt uns direkt zum zweiten Grundproblem. Denn im Gegensatz zu den „klassischen" Standortfaktoren haben sich insbesondere die sozio-ökonomischen Sachverhalte (Agglomerations- und Fühlungsvorteile, Wohnortfaktoren) bisher einer *exakten quantitativen Erfassung weitgehend entzogen*. Daran ändert auch die zwar berechtigte Feststellung von Töpfer nichts, daß diese Schwierigkeiten nicht konzeptioneller, sondern nur praktischer Natur sind und durch die Entwicklung geeigneter Meßmethoden sukzessive überwunden werden können [82].

Angesichts dieser Schwierigkeiten hat man verschiedentlich versucht, regionale Standortqualitäten zumindest *behelfsmäßig* quantitativ zu erfassen und zu gewichten. Allen diesen Versuchen ist gemeinsam, daß sie ausgewählte Standorteigenschaften herausgreifen und diesen nach Maßgabe ihrer vermuteten Bedeutung mehr oder weniger willkürlich Gewichtspunkte zuteilen, die dann, aufaddiert, Rückschlüsse über die generelle Standortqualität einer Region ermöglichen sollen.

---

[81] Eine detaillierte Aufgliederung in einzelne Agglomerations- und Fühlungsvorteile sowie in verschiedene Wohnortfaktoren bietet Jaeger an. Vgl. *F. Jaeger*, aaO, S. 145 ff.
[82] Vgl. *K. Töpfer*, Regionalpolitik und Standortentscheidung, aaO, S. 94.

Ein erster Versuch dieser Art stammt von *Esenwein-Rothe*. Ausgangspunkt dieses Ansatzes bilden verschiedene als „beachtlich" bezeichnete Standortmerkmale (so z. B. Wanderungssaldo, Schulausstattung, innere und äußere Verkehrserschließung der Region, verschiedene objektivierbare „basic services" in Einrichtungen des Sozialkomforts)[83]. Diese Standortkomponenten werden in der Folge mit unterschiedlichen Bewertungspunkten gewichtet und zu einem *Index der Industrialisierungsfähigkeit* zusammengefügt, wobei allerdings unklar bleibt, warum gerade auf die genannten Standorteigenschaften abgestellt wird und nach welchen Gesichtspunkten die Merkmalswerte verteilt werden[84].

Einen vertieften Ansatz dieser Art hat die *PROGNOS* vorgelegt[85]. Im Rahmen umfassender empirischer Analysen über die Bestimmungsgründe der regionalen Wachstumsunterschiede von Beschäftigtenzahl und Bevölkerung in der Bundesrepublik Deutschland wurde unter anderem versucht, die wichtigsten Standortfaktoren von Wirtschaft und Bevölkerung zu quantifizieren. Wegleitend erscheint uns der PROGNOS-Bericht deshalb, weil in dieser Untersuchung die erläuterte *Umgewichtung* der Bestimmungsfaktoren des gesamtwirtschaftlichen Standortaufbaus berücksichtigt wird. PROGNOS unterscheidet zwischen standortabhängigen und standortunabhängigen Industrien (weil für deren Standortentscheidung jeweils unterschiedliche Bestimmungsfaktoren maßgebend sind). Für die letzteren werden dann sowohl eine Reihe *betrieblicher Standortfaktoren* als auch eine entsprechende Anzahl sogenannter *Wohnorts- und Attraktivitätsfaktoren* ausgewiesen, die die Wohnortwahl der Arbeitskräfte beeinflussen[86]. Auch in dieser Untersuchung wird der Versuch unternommen, durch ein *Gewichtung einzelner Standortbestimmungsfaktoren* Ansätze für eine *globale Standortbewegung* einer Region zu geben.

Ein drittes Verfahren, das hier kurz erwähnt werden soll, stammt aus der Schweiz und wurde von *Elsasser* im Institut für Orts-, Regional- und Landesplanung an der ETHZ entwickelt[87]. Hier geht es darum, anhand mehrerer Standortvoraussetzungen einen *generellen Eignungskatalog* bestimmter Standorte für die Industrie zu entwerfen, bei dem vier Grundmerkmale in Betracht gezogen werden: Erstens *natürliche Voraus-*

---

[83] Vgl. *I. Esenwein-Rothe*, Über die Möglichkeit einer Quantifizierung von Standortqualitäten. In: Gestaltungsprobleme der Weltwirtschaft, Festschrift für Andreas Predöhl, Göttingen 1964, S. 492 ff.

[84] Darauf hat insbesondere Mehrländer in seiner Kritik am Verfahren von Esenwein-Rothe hingewiesen und davon abgeraten, auf diesem Weg regionale Standortkataloge zu erstellen. Vgl. *H. Mehrländer*, aaO, insbesondere S. 272.

[85] Vgl. *D. Schröder*, Strukturwandel, Standortwahl und regionales Wachstum. PROGNOS-Studien Band 3, aaO.

[86] Als Standortfaktoren wurden gewählt: Steuerbesatz, verfügbare Siedlungsfläche, Schnellverkehrsverbindungen, Versorgung mit zentralen Diensten, Qualität der Infrastruktur, Marktpotential, innerregionale Straßennetzdichte und Energieversorgung. Als Wohnortfaktoren: Wohnungsversorgungsqualität, Klima, Naherholung, Schule, Wohnungsquantität, Kultur, soziale Infrastruktur, Hochschulversorgung, wobei diese aufgrund verschiedener Merkmale gemessen Standort- und Wohnortfaktoren in der genannten Reihenfolge mit absteigenden Gewichten von 8 bis 1 belegt wurden. Auf dieses Modell wird im Rahmen der Analyse der Faktorstruktur noch eingehend zurückzukommen sein. Vgl. *D. Schröder,* aaO, S. 179.

[87] Vgl. *H. Elsasser*, Die Standortvoraussetzungen für die Industrie in der Schweiz. In: Wirtschaftspolitische Mitteilungen, Jahrgang XXVII (1971), Heft 1. (Siehe ferner die weiteren dort angeführten Arbeiten des Instituts für Orts-, Regional- und Landesplanung an der ETHZ.)

setzungen, zweitens die *verkehrsmäßige Erschließung,* drittens *Agglomerations- und Fühlungsvorteile* sowie viertens die *Arbeitsmarktsituation.* Die Eignung der einzelnen Regionen bezüglich dieser Eigenschaften wurde dann mit Noten von 1 (sehr schlecht) bis 5 (sehr gut) bewertet.

Aufgrund verschiedener Untersuchungen über die spezifischen Standortbedürfnisse seitens der Industrie selbst gelangt Elsasser zur folgenden generellen *Gewichtung* dieser vier Grundmerkmale: Natürliche Voraussetzungen: 2 Gewichtspunkte; verkehrsmäßige Erschließung: 4 Gewichtspunkte; Agglomerations- und Fühlungsvorteile sowie Arbeitsmarktsituation: je 3 Gewichtpunkte[88]. Um zu einer abschließenden Gesamtnote für die regionalen Standortvoraussetzungen zu gelangen, werden die jeweiligen Noten der vier Standortvoraussetzungen – multipliziert mit den generellen Merkmalsgewichten – für jede Region aufaddiert und durch die Gesamtzahl der Gewichte (12) dividiert.

Die vorstehend illustrierten Beispiele lassen die *Richtung* erkennen, in der inskünftig eine noch bessere *quantitative Erfassung qualitativer Standorteigenschaften* angestrebt werden kann. Gleichzeitig werden aber auch die *Grenzen* sichtbar, die einer Bewertung solcher Faktoren gezogen sind. Für eine nähere Beurteilung möglicher Quantifizierungsansätze muß nämlich unterschieden werden zwischen der eigentlichen *Messung* und der *Bewertung* qualitativer Faktoren.

– Eine *Bewertung,* d. h. die Festlegung des Gewichtes *relevanter* Standorteigenschaften ist *in jedem Fall* abhängig von den generellen und spezifischen betrieblichen Anforderungen, die je nach der Art der branchen- und betriebsspezifischen Bedürfnisse der verschiedenen Unternehmungen *sehr unterschiedlich* sein werden[89]. Dies bedeutet, daß ohne Berücksichtigung der *Nachfrageseite* (Standortnachfragematrix) eine relevante Gewichtung dieser Faktoren *fragwürdig* bleibt. Denn erst die Ansprüche der Nachfrager legen fest, welche Standortfaktoren als *relevante* Determinanten zu berücksichtigen sind[90].

„So verlockend die Bestimmung einer allgemein gültigen Qualität von Standorten für die Beantwortung vieler wichtiger regionalpolitischer Fragestellungen auch sein mag" schreibt Töpfer, „so muß doch gerade deswegen besonders unterstrichen werden, daß der Informationsgehalt dieses ‚Punktwertes' und damit seine Bedeutung für die Prognose und Erklärung um so geringer wird, je unspezifizierter die Angaben über die Motivations- und Bedürfnisstrukturen sind, die diesem Punktsystem

---

[88] H. *Elsasser,* aaO, S. 12.
[89] Darauf hat auch die PROGNOS hingewiesen und betont, daß eine eindeutige Standortbewertung mit dem Ziel, die generelle Standortgunst einer Region zu messen, praktisch unmöglich ist, weshalb ihre vorgeschlagene Übersicht über den durchschnittlichen Einfluß aller Standortfaktoren lediglich im Sinne einer ersten Orientierungshilfe zu betrachten sei. Vgl. D. *Schröder,* aaO, S. 124.
[90] Bei der Studie des ORL-Instituts wurde zumindest versucht, die Gewichtung der vier Grundvoraussetzungen anhand der relativen Bedeutung, die die Industrie selbst diesen Faktorgruppen beimißt, vorzunehmen. Indessen ist diese Eignungsstudie noch zu grob (zu wenige und zu hoch aggregierte Merkmalsgruppen, lediglich für die Industrie als ganzes und nicht für spezifische Branchen- und Betriebsarten durchgeführt), so daß das Ergebnis lediglich ein erstes Grundmuster über die Verteilung der industriellen Standortgunst abgibt. Darauf hat auch Elsasser selbst deutlich hingewiesen. Vgl. *derselbe,* aaO, S. 12.

zugrunde gelegt worden sind." [91] Davon wird bei der nachfolgenden Behandlung der Standortnachfragematrix wieder zu sprechen sein.

Immerhin vermögen diese Verfahren für die *Messung* qualitativer Standortgegebenheiten trotz den vorstehend erwähnten Einschränkungen *praktikable* und *regionalpolitisch interessante* Ansatzpunkte aufzuzeigen. Denn neben der Frage, in welchem Grad die einzelnen Standortfaktoren für standortsuchende Unternehmungen bedeutsam sind, ist auch abzuklären, in *welchem Umfang* spezifische Standorteigenschaften überhaupt vorhanden sind. Denn beide, Bewertung und Messung qualitativer Standortgegebenheiten, stellen notwendige Voraussetzungen einer rationalen Regionalpolitik und Standortwahl dar.

Dazu ein *Beispiel*: Um die sogenannten *Fühlungsvorteile* und deren Standortrelevanz in den Griff zu bekommen, muß man zunächst feststellen können, wie stark diese an einem gegebenen Standort in Erscheinung treten, bevor in Kenntnis der Bedeutung der Fühlungsvorteile gefolgert werden kann, für welche Betriebsarten bestimmte Standorte speziell geeignet wären bzw. welche regionalpolitischen Maßnahmen ergriffen werden sollten, um eine bestmöglichste Anpassung dieser Fühlungsvorteile an die Ansprüche von Wirtschaft und Gesellschaft zu erzielen. Zu diesem Zweck wird es sich als nützlich erweisen, bei der Aufstellung eines Standortangebotskataloges insbesondere für kleinere Regionen die *standortmäßigen Gegebenheiten* möglichst *detailliert* aufzuführen. Auch eine Zusammenstellung der bereits ansässigen Firmen, der Dienstleistungsbetriebe wie Banken, Versicherungen usw., sowie über den Ausstattungsgrad verschiederener sozio-ökonomischer Sachverhalte, die den Wohnwert charakterisieren, wird man erreichen, die kaum exakt meßbaren externen Ersparnismöglichkeiten sowie die sogenannten Fühlungsvorteile wenigstens *qualitativ etwas sichtbar* zu machen [92].

c) Standortnachfragekataloge

Im folgenden sind noch einige Bemerkungen zur Erstellung einer *Standortnachfragematrix* beizufügen. Hier geht es darum, die branchen- und betriebsspezifischen Standortanforderungen systematisch zu erfassen. Wieder stellt sich ein *Selektions*- und *Quantifizierungsproblem*, wenn auch aus etwas veränderter Perspektive. *Erstens* gilt es abzuklären, welches für die einzelnen Industriezweige und -betriebe die jeweils wichtigsten Standortfaktoren sind und wie diese gemessen werden können; *zweitens* sollte bestimmt werden, welche Bedeutung diese für die Standortentscheidung der einzelnen Branchen und Betriebe haben. Bei einer solchen Bewertung ist weder ein ausgeklügeltes Punktsystem noch die Bestimmung der Qualität einer Region notwendig. Vielmehr genügen mehr oder weniger grobe Angaben (z. B. sehr wichtig, wichtig, unbedeutend usw.). Es ist klar, daß solchen Aussagen für die unternehmerische Standortentscheidung nur indirekte Bedeutung zukommt. Im Vordergrund steht vielmehr das Anliegen, mit einer solchen Zusammenstellung der *regionalen Wirtschaftsförderung und der Industrieansiedlungspolitik* notwendige Informationen als Entscheidungsgrundlagen zu vermitteln.

---

[91] Vgl. *K. Töpfer*, Überlegungen zur Quantifizierung qualitativer Standortfaktoren, aaO, S. 188.

[92] Vgl. dazu *J. H. Müller*, Neuere Methoden der Regionalanalyse und ihre Anwendbarkeit auf kleinere Räume. In: Beiträge zur Regionalpolitik, aaO, S. 102.

Wiederum sind verschiedene Beispiele bekannt, mit denen versucht wurde, eigentliche *Leitfäden* über die wichtigsten Standortfaktoren einzelner Industriezweige aufzustellen. Als solcher war auch der bereits zitierte „*Community Industrial Development Kit*" gedacht[93]. In diesem 1954 vom US Department of Commerce entwickelten Katalog werden rund 400 Industriezweige ausgewiesen, denen 13 relevante Standortfaktoren gegenüberstehen. Die Gewichtung dieser Faktoren nach ihrer branchenspezifischen Bedeutung erfolgt nach 2 Wertmaßstäben: „äußerst wichtig" oder „von allgemeiner Bedeutung". Um gleichzeitig die produktionstechnische Verflechtung erkenntlich zu machen, enthält dieser Leitfaden zusätzlich systematische Hinweise auf Ergänzungsindustrien und -dienste sowie eine schematische Darstellung der Produktionsbeziehungen zwischen verschiedenen Hauptgruppen der Industrie. Allerdings wird damit erst eine recht grobe Beurteilung der spezifischen Standortanforderung erreicht, weil nur 2 Unterscheidungsmerkmale und lediglich 13 Standortfaktoren berücksichtigt werden. Dennoch bildete diese Arbeit eine nützliche Basis für verbesserte Standortanforderungskataloge, die nach entsprechenden Erweiterungen und Modifikationen dieser im Community Industrial Development Kit entwickelten Grundgedanken auch in andern Ländern erstellt wurden. Exemplarisch sei auf einen sehr detaillierten Katalog dieser Art verwiesen, der vor kurzer Zeit im *Österreichischen Institut für Raumplanung* erarbeitet wurde[94]. Dieser Leitfaden bietet eine Übersicht der branchenspezifischen Standortanforderungen der Industrie, wobei eine vierstufige Bewertung von 29 Standortfaktoren für insgesamt 178 industrielle Betriebszweige vorgelegt wird. Nach der Ansicht des Autors sollen aufgrund dieses umfangreichen Basismaterials zwei Aussagen möglich sein: *erstens*, welche Faktoren bei der Standortwahl grundsätzlich zu berücksichtigen sind und welche speziellen Anforderungen ein bestimmter Betrieb (Betriebszweig) an einen Standort stellt; sowie *zweitens*, welche Bedeutung den einzelnen Standortfaktoren für die im Katalog erfaßten Betriebszweige zukommt[95].

Bei der *Beurteilung* dieser Standortanforderungskataloge ist zunächst darauf hinzuweisen, daß die Erstellung eines derart breit angelegten Leitfadens *zeitlich und finanziell sehr aufwendig* ist. *Vereinfachend* kann man der Regionalpolitik aber ebensogute Dienste erweisen, wenn in *konkreten Einzelfällen* die relevanten Standortanforderungen nur für einen bestimmten Industriezweig bzw. für einzelne Betriebe, die für eine regionalpolitische Beurteilung aktuell werden, ermittelt und den regionalen Standortqualitäten gegenübergestellt werden. Auf diese Weise vermag man mit begrenztem Aufwand eine fallweise Beurteilung förderungswürdiger und/oder ansiedlungswilliger Betriebe durchzuführen; und standortsuchende Betriebe können daran ermessen, welche Regionen ihren Wünschen am besten entsprechen.

Obschon umfassende Standortanforderungskataloge bei entsprechender Ausgestaltung wertvolle Basisinformationen liefern, besteht die Gefahr, daß einmal festgelegte

---

[93] Community Industrial Development Kit. Prepared for the Cooperating Offices Program US Department of Commerce by the Area Development Division Offices of Technical Services Business and Defense Services Administration, Washington 1954 (Sammlung von 15 Heften).

[94] Vgl. *H. Schilling*, Standortfaktoren für die Industrieansiedlung. Ein Katalog für die regionale und kommunale Entwicklungspolitik sowie die Standortwahl von Unternehmungen, Veröffentlichung des Österreichischen Instituts für Raumplanung, Nr. 27, Wien 1968.

[95] *H. Schilling*, aaO, S. 2.

Gewichtsverteilungen einzelner Anforderungen durch die technische Entwicklung überholt werden. Deshalb bedarf es einer *laufenden und wiederholten Befragung* von Unternehmungen, Betrieben und Verbänden über allfällig veränderte Standortanforderungen, damit die Materialsammlung repräsentativ gehalten werden kann.

Dies führt uns zu einem weiteren Gesichtspunkt, dem bei der Ausgestaltung und Beurteilung der Standortanforderungskataloge erhebliche Bedeutung zukommt. Es betrifft dies die bereits erwähnte *Notwendigkeit*, bei der Festlegung der *branchen- und betriebsspezifischen „relevanten"* Standortanforderungen auf die *Motivations- und Bedürfnisstrukturen der einzelnen Unternehmungen* abzustellen, um gehaltvolle Informationen über die qualitativen Standortwünsche und deren Bedeutung zu erhalten. Zwar lassen sich viele quantitative, rein ökonomische Standorterfordernisse einzelner Industriezweige aus einer Analyse der allgemeinen Produktionsstruktur und spezifischer Anforderungen der Produktionsverfahren (z. B. an den regionalen Arbeitsmarkt, an die Boden-, Wasser- und Energieversorgung, an vor- und nachgelagerte Wirtschaftszweige) ableiten [96]. Doch ist dies wegen des erwähnten Zusammenspiels zwischen wirtschaftlich rationalen und *nichtwirtschaftlichen, irrationalen Standortdeterminanten* ungenügend. Neuere Untersuchungen lassen erkennen, daß gerade die nichtwirtschaftlichen Gesichtspunkte erhebliche standortprägende Relevanz aufweisen [97].

Um diese Motivations- und Bedürfnisstrukturen in den Griff zu bekommen, sind grundsätzlich zwei Vorgehensweisen denkbar:

– Einmal kann man versuchen, gewissermaßen ex-post durch eine statistische Auswertung *bereits erfolgter* Industrieansiedlungen diese Einflußfaktoren auf die Standortwahl einigermaßen abzuschätzen. Exemplarisch sei auf die eben zitierten Analysen von Christoffel und Katona verwiesen. In der Bundesrepublik Deutschland werden solche Auswertungen periodisch durchgeführt [98]. Mit einer solchen *direkten Befragung* über das Gewicht einzelner Standortbestimmungsfaktoren kann zwar wertvolles Grundlagenmaterial gesammelt werden; doch lassen diese Vergangenheitsanalysen kaum verläßliche Folgerungen über die *zukünftigen* Motivationsstrukturen zu – und gerade *diese* sind für die Regionalpolitik *entscheidend*.

– Um hierüber nähere Anhaltspunkte zu erhalten, muß man sich neuer Methoden der

---

[96] Auf diese Weise hat beispielsweise Mehrländer versucht, die relevanten Standorteigenschaften für die Elektroindustrie zu ermitteln. Vgl. *H. Mehrländer*, aaO, S. 276 ff.

[97] Über die standortrelevante Bedeutung solcher wirtschaftlich irrationaler Faktoren, (die sich in den sogenannten Fühlungsvorteilen niederschlagen und auf Faktoren wie Heimatverbundenheit, Tradition, landschaftliche Reize, persönliche Neigungen und Gewohnheiten sowie nicht zuletzt auf das „image" einer Region zurückgeführt werden können), liegen verschiedene Untersuchungen vor. So hat beispielsweise Christoffel in einer Umfrage über die Faktoren der Standortwahl bei einem Großteil der zwischen 1952 und 1962 in der Schweiz neu errichteten Industriebetriebe festgestellt, daß bei nahezu der Hälfte aller Betriebsgründungen persönliche Motive für die Standortwahl eine ausschlaggebende Rolle spielten. Vgl. *M. Christoffel*, Die industrielle Ballung in der Schweiz, Diss. St. Gallen, 1966, S. 113. Zu ähnlichen Ergebnissen ist auch eine amerikanische Studie gelangt. Vgl. *G. Katona* und *J. N. Morgan*, The Quantitative Study of Factors Determining Business Decisions, in: The Quarterly Journal of Economics, Vol. LXVI, Februar 1952, Nr. 1, S. 75.

[98] Vgl. Bundesministerium für Arbeit und Sozialordnung: Die Standortwahl der Industriebetriebe in der BRD. Verlagerte, neuerrichtete und stillgelegte Industriebetriebe in den Jahren 1966 und 1967, Bonn 1968.

empirischen Sozialforschung bedienen. Durch eine geeignete *Befragungstechnik* könnten nicht nur die unmittelbaren Zukunftserwartungen und die auf die Zukunft bezogenen Einflußgrößen für Standortentscheidungen transparent gemacht, sondern gleichzeitig auch mögliche Reaktionen auf noch nicht vorhandene Tatbestände getestet werden [99]. Auf diese Weise hätte die Regionalpolitik die Möglichkeit, in Aussicht genommene Aktionen zum voraus auf ihre Wirksamkeit prüfen zu können. In bezug auf die infrastrukturelle Ausstattung wäre beispielsweise interessant zu wissen, wie ein Unternehmen auf geplante standörtliche Infrastrukturverbesserungen seitens der Regionalpolitik reagieren würde. *Gesicherte* und *allgemeingültige Informationen* dieser Art liegen jedoch kaum vor. Denn die Befragungs*technik* einer derart ausgerichteten, *empirisch gehaltvollen* Motivationsforschung ist über erste Ansatzpunkte noch nicht hinweggekommen. Es bleibt zu hoffen, daß angesichts der allmählich erkannten Notwendigkeit solcher Untersuchungen die gegenwärtige Unkenntnis über die Bedeutung der differenzierten Standortanforderungen inskünftig auf diesem Weg sukzessive überwunden werden kann [100].

Zusammenfassend ist den vorstehenden Ausführungen zu entnehmen, daß trotz der aufgezeigten *Schwierigkeiten* in bezug auf die *Quantifizierung* und *Gewichtung* der relevanten Standortfaktoren eine systematische Gegenüberstellung von regionalen Standortgegebenheiten mit branchen- und betriebsspezifischen Standortanforderungen im *Rahmen eines gedanklichen Angebot-Nachfrage-Schemas* wertvolle Informationen zu liefern vermag. Dies gilt besonders für eine regionalpolitisch relevante Beurteilung der hier im Vordergrund stehenden *Anpassungsmöglichkeiten* der regionalen Infrastrukturausstattung im weitesten Sinn an die sich wandelnden Ansprüche und Bedürfnisse von Wirtschaft und Bevölkerung. Erstens können daraus notwendige *Entscheidungsgrundlagen für die allgemeine regionale Entwicklungspolitik* abgeleitet werden. So vermag man zu beurteilen, inwieweit die bestehende infrastrukturelle Ausstattung in quantitativer und qualitativer Hinsicht den Ansprüchen der regional ansässigen Wirtschaftsbetriebe entspricht, oder aber welche fehlenden oder ungenügenden Standorteigenschaften geschaffen bzw. verbessert werden müssen, um die regionale Wirtschaftsstruktur produktiver zu gestalten (bestmöglichste Inganghaltung der Wirtschafts-Infrastrukturspirale). Zweitens können aus einer solchen Beurteilung die erforderlichen *Auswahlkriterien für eine selektive Industrieansiedlungspolitik* abgeleitet werden, indem man zu beurteilen vermag, welche ungenutzten Standorteigenschaften aus der regionalen Gesamtperspektive durch die Ansiedlung welcher Betriebszweige besser „ausgelastet" werden könnten. Vom ansiedlungswilligen Betrieb aus gesehen vermögen solche Standortkataloge aufzuzeigen, ob für ihn die notwendige Standorteignung gegeben ist. Sollte dies nicht der Fall sein, müssen die regionalen Instanzen entscheiden, ob mit gesamtwirtschaftlich vertretbarem finanziellem Aufwand fehlende Standort-

---

[99] Darauf hat Zimmermann hingewiesen und mit Nachdruck gefordert, daß im Sinne einer Grundsatzuntersuchung zur Verbesserung der Informationsgrundlagen einer rationalen Regionalpolitik eine derart ausgerichtete Erforschung der regionalen Präferenzen der Industrie bzw. der Standortvorstellungen der Unternehmen unbedingt notwendig sei. Vgl. *H. Zimmermann,* Programmstudie Regionalpolitik, aaO.

[100] Zimmermann verweist in seiner Studie auf erste Versuche dieser Art, die gegenwärtig in der Bundesrepublik Deutschland sowohl vom DIVO-Institut als auch von der Forschungsstelle für empirische Sozialökonomie in Köln durchgeführt werden. Vgl. *derselbe,* aaO, S. 45.

eigenschaften geschaffen werden können, oder ob ein ansiedlungswilliger Betrieb aufgrund seiner spezifischen Standortanforderungen nicht in die regionale Wirtschaftsstruktur „paßt". In beiden Fällen vermögen solche Informationen zu einem *wirtschaftlichen Einsatz* der knappen öffentlichen Mittel beizutragen. Obschon der Informationsgehalt und damit die *Aussagefähigkeit* eines Standortangebots- und -nachfragekataloges sehr stark von den gegebenen Auf- und Ausbaumöglichkeiten dieses Informationsinstrumentes abhängt, vermag ein solches Grundschema selbst bei einfachster Ausgestaltung wertvolle Hilfeleistungen im Sinne eines umfassenden Orientierungs- und Bezugssystems zu bieten. Denn auf diese Weise können die *wichtigsten Faktoren und Zusammenhänge systematisch aufgezeigt* werden, die bei der Lösung dieser regionalpolitischen Aufgabe von besonderer Bedeutung sind.

4. Input-Output-Modelle und Industriekomplex-Analysen

Bisher sind jene Methoden von Verflechtungsanalysen, die im allgemeinen als die erfolgreichsten hingestellt werden, nur am Rande erwähnt worden. Es sind dies die *regionalen* und *interregionalen Input-Output-Modelle* sowie die verschiedenen Formen von *Industriekomplexanalysen*, die im Rahmen der „Regional Science" als regionale Analyseninstrumente entwickelt wurden [101].

Während die verschiedenen Formen der *Input-Output-Analyse* die technischen Interdependenzen zwischen den industriellen Produktionszweigen einer Region (also deren Güter- und Leistungsverflechtungen im Rahmen einer Strukturmatrix) zu erfassen versuchen, soll die *Industriekomplex-Analyse* optimale Wirtschaftskomplexe und deren wirtschaftlich und technisch bedingten Verflechtungen erfassen und bestimmen. Gedacht sind die ersteren als Hilfsmittel für die Beurteilung der Erfolgsaussichten industrieller Entwicklungsprogramme, während die letzteren in der speziellen Form „komparativer" Industriekomplex-Analysen auf die Ableitung von regionalen Planungsmodellen ausgerichtet sind [102].

Grundsätzlich ließen sich diese Verfahren unschwer mit dem vorstehend dargelegten Schema für die Erfassung von Angebot und Nachfrage an Standorteigenschaften *kombinieren* und würden deshalb zu einer *wünschbaren Vertiefung* der Analyse im Bereich der Produktionsstruktur führen. Indessen bieten beide Analyseverfahren nur *begrenzte aktuelle Anwendungsmöglichkeiten* (auf regionaler Ebene). Denn diese Techniken stellen enorme Anforderungen an das statistische Ausgangsmaterial, denen die schweizerische Regionalstatistik angesichts ihres gegenwärtigen Auf- und Ausbaus in *keiner Weise* zu entsprechen vermag.

Neben diese rein praktischen Hemmnisse treten allerdings eine Reihe *grundsätzlicher Einwendungen,* die übertriebene Erwartungen, die man im allgemeinen in diese Analysemethoden setzt, etwas dämpfen mögen. Um diese zu illustrieren, ist von

---

[101] Über die Input-Output-Modelle vgl. *W. Leontief,* Input-Output-Economies, New York 1966; ferner *Ch. M. Tiebaut,* Regional and Interregional Input-Output-Models: An Appraisal. In: Southern Economic Journal, Vol. XXIV (1967) No. 1, S. 142; schließlich *W. Isard,* Interregional and Regional Input-Output-Analysis: A Model of a Space-Economy. In: Review of Economics and Statistics. Vol. XXXIII (1951) No. 4. Über die Industriekomplex-Analyse vgl. *W. Isard, E. W. Schooler* und *Vietorisz,* Industrial Complex and Regional Development, aaO.

[102] Vgl. *E. Lauschmann,* Grundlagen einer Theorie der Regionalpolitik, aaO, S. 153 und 173.

einer *problemorientierten Betrachtungsweise* des teilräumlichen Geschehens auszugehen. Dann sind die folgenden Einwendungen vorzubringen:
- Da die Input-Output-Analyse nur die *inter-industriellen* Beziehungen erfaßt, bleiben die regionalpolitisch entscheidenden *Querbeziehungen zur Infrastruktur* ausgeklammert, ebenso räumliche, nichtwirtschaftliche Faktoren infrastruktureller oder anderer Art. Aus diesem Grunde vermögen die Input-Output-Analysen keine Informationen über die *Agglomerationsvorteile* zu liefern und damit auch keine Antwort auf entscheidende Anpassungsprozesse der regionalen Entwicklung zu erteilen.
- Die Input-Output-Analyse beschränkt sich auf die Beziehungen zwischen Industrie*sektoren* und *Branchen*. Wir zeigten jedoch, daß für eine regionalpolitisch relevante Analyse im Bereich der Produktionsstruktur unbedingt auf die Ebene der einzelnen Betriebe vorgestoßen werden muß. Über die Anforderungen *individueller Betriebe* vermag deshalb dieses Verfahren nichts auszusagen.
- Ferner ist festzuhalten, daß die Bedeutung der innerregionalen industriellen Verflechtung im allgemeinen um so geringer wird, je kleiner die beobachtete Region ist. Bezogen auf die konkreten *kleinräumlichen Verhältnisse* in der Schweiz dürfte deshalb der Informationsgehalt regionaler Input-Output-Analysen selbst bei einer möglichen empirischen Auffüllung nicht allzu hoch veranschlagt werden.

Daraus folgt, daß die Input-Output-Analyse generell über eine Reihe entscheidender Sachverhalte im Bereich der teilräumlichen Produktionsstruktur keine Aussagen bieten kann. Das schließt allerdings nicht aus, daß diese Verfahren in Einzelfällen beim Vorliegen des benötigten statistischen Grundmaterials (insbesondere in industriell stark verflochtenen Gebieten) dennoch zu tieferen Einsichten führen kann.

Noch komplizierter sowohl in Technik und Anwendung ist die *Industriekomplex-Analyse*. Dies macht verständlich, weshalb diese Methode bisher nur in Ausnahmefällen angewendet wurde. *Standardbeispiele* bilden Ansiedlungs- bzw. Erweiterungsprobleme eigentlicher Industriekomplexe im Bereich der Grundstoffindustrien (Raffinerien, Grundchemie, Stahlerzeugung und -verarbeitung). In solchen Fällen gelingt es allerdings, „die wirtschaftlich optimale Industriestruktur und die notwendige Bereitstellung von Industrieflächen allein mit Hilfe dieses Verfahrens" zu ermitteln [103].

Da diese Verfahren der praktischen Analyse gegenwärtig erst beschränkt zugänglich sind, wird nicht näher darauf eingegangen. Welche Rolle einmal die verschiedenen Programmierungsverfahren spielen werden, kann gleichfalls noch nicht abschließend beurteilt werden, da deren Entwicklung und Anwendung auf regionaler Ebene erst in den Anfängen steckt.

D. Zusammenfassung: Ergebnisse für die Regionalpolitik

1. Mit den vorstehenden Ausführungen sind die Möglichkeiten realitätsbezogener und der praktischen Analyse zugänglicher Untersuchungsmethoden im Bereich der Produktionsstruktur diskutiert worden. Versucht man Bilanz zu ziehen, so mag das Ergebnis auf den ersten Blick gesehen enttäuschend sein: Keiner der vorgestellten Theorieansätze führt zu einem generellen Analyseverfahren, das den gestellten An-

---

[103] Vgl. *H. K. Schneider,* Über einige Probleme und Methoden regionaler Analyse und Prognose, aaO, S. 108.

forderungen entsprechend die regionale Produktionsstruktur umfassend zu durchdringen und zu erklären vermag. Daß hiefür in erster Linie die Komplexität des teilräumlichen Geschehens einschließlich all der zu berücksichtigenden Interdependenzen wirtschaftlicher und nichtwirtschaftlicher Art verantwortlich zeichnen, wurde eingehend dargelegt. Lediglich der Industriestruktur-Approach hat Ansatzpunkte für eine praktikable analytische Durchdringung der Produktionsstruktur geliefert und damit eine mögliche Richtung aufgezeigt, in der inskünftig vermehrte und vertiefte Anstrengungen sinnvoll erscheinen. Dabei sind wir zu den folgenden Erkenntnissen gelangt, die einer realitätsbezogenen Regionalanalyse weiterhelfen.

2. Erstens wurde festgehalten, daß eine realistische Analyse im Bereich der Produktionsstruktur auf die Ebene der einzelnen Betriebe vorstoßen muß und zweitens die Fähigkeit derselben, potentielle Produktivitätsfortschritte zu realisieren, ins Zentrum der Untersuchung zu setzen hat. Denn entscheidend für die Realisierung zukünftiger Entwicklungsmöglichkeiten ist und bleibt ein möglichst ergiebiger und nachfragegerechter Einsatz der regional verfügbaren Produktivkräfte, der über eine hohe Flexibilität und Anpassungsfähigkeit der lokalen Unternehmungen und Betriebe aller Wirtschaftszweige an die sich verändernden Marktdaten sichergestellt werden muß.

3. Da es bisher nicht möglich ist, die regionale Produktivität direkt in Form betrieblicher Produktionsfunktionen in geeigneter Art und Weise quantitativ zu erfassen, muß eine realistische Analyse darnach trachten, diese zentrale Problemlösung durch ein systematisches, gegenseitiges Abwägen der jeweils wichtigsten Determinantenkomplexe, die sich positiv oder negativ auf die Produktivität niederschlagen, in den Griff zu bekommen. Als Mittel hierzu wurde ein allgemeines betriebliches Grundschema vorgeschlagen, das die wichtigsten Zusammenhänge aufzeigt, Raum für mannigfache Erweiterungen und Vertiefungen offen läßt und damit für die Analyse der jeweiligen Verhältnisse in konkreten Teilgebieten eines Landes geeignet erscheint. Denn ohne Berücksichtigung der örtlichen Gegebenheiten sind keine regional relevante Aussagen möglich.

4. Im weiteren wurde dargelegt, daß als sinnvolle Ergänzung hierzu regionale Standortkataloge im Rahmen des aufgezeigten Angebots-Nachfrageschemas erstellt werden sollten. Denn erstens schlagen sich die Realisierungsmöglichkeiten potentieller Produktivitätsfortschritte der Betriebe in einer Reihe relativer Standortvor- und -nachteile nieder und können in dieser Form der praktischen Analyse zugänglich gemacht werden; und zweitens gelingt es auf diese Weise, die notwendigen Interdependenzen zur Faktor- und Siedlungsstruktur mit in Betracht zu ziehen. Denn bekanntlich genügt es nicht, eine produktive Leistungserstellung sicherzustellen. Vielmehr muß auch erreicht werden, daß die hierzu verfügbaren Produktivkräfte (insbesondere der Produktionsfaktor Arbeit) in quantitativ und qualitativ ausreichender Menge regional gebunden werden können. Zur Lösung dieses Problems können die nachfolgend darzustellenden Analysemöglichkeiten im speziellen Bereich der Faktor- und der Siedlungsstruktur beitragen, die wegen den wechselseitigen Interdependenzen auch notwendige Ergänzungen zur Beurteilung der Produktionsstruktur darstellen.

5. Mit diesen Ergebnissen werden zweifellos nur erste Ansatzpunkte für eine analytische Durchdringung der regionalen Produktionsstrukturen geboten. Mehr ist jedoch bei realistischer Beurteilung der Lage und angesichts des gegenwärtigen Erkenntnisstan-

des in nächster Zukunft kaum zu erwarten. Das gilt besonders für ambitiöse analytische Verflechtungsmodelle, deren Anwendung zur Zeit weniger an grundsätzlichen, sondern vielmehr an praktischen Schwierigkeiten scheitert, weil das hierfür notwendige regionalstatistische Basismaterial fehlt.

IV. Analysemöglichkeiten im Bereich der Faktorstruktur

A. Regionalpolitisch relevante Zusammenhänge im Bereich der Faktorstruktur

Als weiteren Hauptkomplex für regionale Strukturanalysen bezeichneten wir die *Faktorstruktur*. Darunter ist die Art, Menge und Zusammensetzung der Produktivkräfte zu verstehen (Arbeit, Boden, Kapital und technisches Wissen), die auf regionaler Ebene zur wirtschaftlichen Leistungserstellung verfügbar sind. Neben der Produktionsstruktur sowie der später zu behandelnden Siedlungsstruktur werden das *regionale Leistungspotential* (und damit die Entwicklungsmöglichkeiten eines Gebietes) in hohem Maße auch dadurch bestimmt, inwieweit es gelingt, *Produktivkräfte* in quantitativ und qualitativ erwünschtem Ausmaß *regional zu binden*. Dies wiederum hängt sehr stark von der Mobilität der Produktionsfaktoren Arbeit und Kapital ab, worunter zunächst vereinfachend *Bewegungen der Produktionsfaktoren* zwischen *alternativen Einsatzmöglichkeiten* bei der wirtschaftlichen Leistungserstellung verstanden werden sollen. Das sind die beiden wichtigsten Determinantenkomplexe, die gemäß den im theoretischen Fundament aufgezeigten Zusammenhängen die Art und Ausgestaltung der Faktorstruktur prägen.

Schema: Die Bestimmungsfaktoren des regionalen Arbeitskräftepotentials

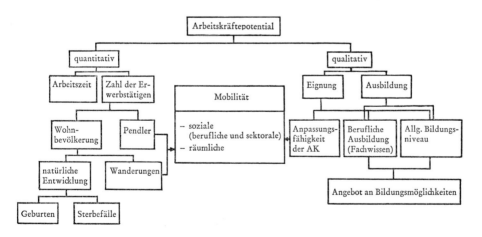

Für die nachfolgende Analyse in diesem Strukturbereich sollen die zentrale Bedeutung der Mobilität und ihre verschiedenen Erscheinungsformen am Beispiel des *Pro-*

duktionsfaktors Arbeit aufgezeigt werden. Zu diesem Zweck sind die Bestimmungsfaktoren des regionalen Arbeitspotentials nach Menge und qualitativer Struktur tiefer auszuleuchten. Dabei stößt man auf die im vorhergehenden Schema festgehaltenen Zusammenhänge.

— Bei einer *isolierten Betrachtung* des *Produktionsfaktors Arbeit* ist es üblich, die Entwicklung der regionalen Wirtschaft als das Produkt aus der Zunahme des Arbeitspotentials und derjenigen der regionalen Produktivität zu definieren. Die so festgelegte „*Produktivität*" (gemessen als reales Sozialprodukt je Arbeitskraft) stellt allerdings eine rein statistische Größe dar, die den per-Saldo-Einfluß aller andern Bestimmungsfaktoren zum Ausdruck bringt, die in dieser „naiven" Form einer angebotsorientierten Produktionsfunktion nicht explizit zum Ausdruck kommen[1].

Unter Vernachlässigung der Einwirkungskräfte der übrigen Produktionsfaktoren kann beim Arbeitspotential selbst eine *quantitative* und *qualitative* Komponente unterschieden werden.

— Quantitativ mißt man das Arbeitspotential im allgemeinen anhand der *Zahl der Erwerbstätigen*. Korrekter wäre es, auf die Zahl der geleisteten Arbeitsstunden abzustellen, wodurch auch die Entwicklung der Arbeitszeit mitberücksichtigt würde. Die Zahl der Erwerbstätigen hängt einmal vom Umfang und der Entwicklung der *Wohnbevölkerung* ab: einerseits von der sogenannten *natürlichen* Reproduktion (bestimmt durch die Altersstruktur und die altersspezifische Geburtenhäufigkeit und Sterblichkeit), sowie anderseits von *interregionalen Wanderungen*. Interregionale Wanderungen (definiert als Wohnortwechsel von einer Region in die andere) sowie die *Berufspendler* (die in der beobachteten Region arbeiten, jedoch in einer Nachbarregion wohnen), sind bestimmte Formen der räumlichen Mobilität[2]. Während auf der nationalen Ebene internationale Wanderungen (abgesehen vom Sonderfall der ausländischen Arbeitskräfte in der Schweiz) im Vergleich zur natürlichen Reproduktionsrate nicht stark ins Gewicht fallen, können auf *regionaler Ebene* interregionale Wanderungsbewegungen eine *entscheidende Rolle* spielen. Denn zwischen den Teilgebieten eines Landes sind Wanderungen nicht durch politische Akte determiniert; vielmehr ist die Bevölkerung relativ frei, in diese oder jene Region ein- bzw. auszuwandern. Sie beeinflussen das verfügbare Arbeitspotential im allgemeinen um so mehr, je kleiner die beobachteten Regionen sind. Darauf wird noch zurückzukommen sein. Hier ist beizufügen, daß interregionale Wanderungen nicht nur die *Quantität* des regionalen Arbeitskräftepotentials, sondern auch deren *qualitative Struktur* beeinflussen können. Dies ist immer dann der Fall, wenn die interregionalen Wanderungsströme in ihrer sozio-ökonomischen Struktur der Bevölkerung von derjenigen in der abgebenden bzw. der empfangenden Region abweichen.

---

[1] Dazu zählen die Investitionstätigkeit (Kapitalakkumulation), die Leistungseffizienz der Arbeitskräfte und des eingesetzten Kapitals, Veränderungen der Wirtschaftsstruktur sowie der sozioökonomischen und politischen Rahmenbedingungen, die den Gang der Wirtschaft mitbestimmen. Davon war bei der Analyse der Produktionsstruktur bereits die Rede.

[2] Hier als Bewegungen zwischen räumlich definierten Einheiten (Regionen). Hiervon sind andere räumliche Mobilitätsformen zu unterscheiden, insbesondere die innerregionalen Faktorbewegungen.

– Betrachten wir nunmehr die *qualitative Struktur* des regionalen Arbeitspotentials, so treten weitere Formen der Arbeitsmobilität in Erscheinung. Zunächst kann die Qualität des Arbeitspotentials als abhängig von der *Ausbildung* und *Eignung* der Arbeitskräfte bezeichnet werden. Bestimmend für die Ausbildung sind das allgemeine Bildungsniveau (erworbene Allgemeinbildung) und die berufliche Ausbildung (Fachwissen, geprägt durch Art und Dauer der beruflichen Weiterbildung). Beides hängt vom Angebot an regionalen Bildungsmöglichkeiten nach Art, Zahl und Qualität ab. Entscheidend ist aber auch die *Anpassungsfähigkeit und -willigkeit der Arbeitskräfte* an entwicklungsbedingte Veränderungsprozesse auf dem Arbeitsmarkt (Eignung). Diese Strukturwandlungen äußern sich in hochentwickelten Industriegesellschaften, die einen immer ausgeprägteren technisch-wissenschaftlichen Charakter annehmen, in *steigenden* Anforderungen an die *allgemeine Bildung, Kenntnis und Erfahrung* der Arbeitskräfte auf allen Stufen. Kneschaurek hat deshalb zu Recht eine stete Aufstockung der „beruflichen Fähigkeitspyramide" auf immer höhere Bildungs-, Kenntnis- und Erfahrungsstufen als eine „conditio sine qua non" eines anhaltenden harmonischen Wirtschaftswachstums bezeichnet [3].

Die Anpassungsfähigkeit des Arbeitspotentials an wachstumsbedingte Veränderungen der qualitativen Beschäftigtenstruktur hängt aber nicht nur von einer vermehrten Schulung und besseren berufstechnischen Ausbildung ab, sondern setzt auch von den Arbeitskräften selbst eine *geistige Bereitschaft zum Arbeitsplatzwechsel* einerseits (Wanderung zum produktivsten Betrieb) und zur *Verbesserung der beruflichen Qualifikation* anderseits (Berufswechsel) voraus. Diese Bereitschaft kann im Gegensatz zur räumlichen als *soziale* Mobilität bezeichnet werden, da sie an entsprechende Wandlungen der sozialen und gesellschaftlichen Strukturen gebunden ist. Aus der *ökonomischen* Perspektive ist es üblich, je nach der Art der Veränderung der Beschäftigtenstruktur und den damit zusammenhängenden unterschiedlichen Auswirkungen auf die Produktivität zwischen einer *beruflichen* und einer *sektoralen* Mobilität zu unterscheiden, wobei die erstere Veränderungen in der jeweiligen Anzahl der Berufsangehörigen und die zweite Wanderungen vom primären zum sekundären und tertiären Sektor charakterisiert [4]. Im Gegensatz zur ökonomischen stellt die *soziologische* Betrachtungsweise auf *andere Merkmale* ab, die als typische Wechselfälle eines Individuums zwischen soziologisch definierten Statusgruppen in Erscheinung treten. Hier geht es in erster Linie um den Wechsel des Arbeitsplatzes, des Berufes und des Wohnorts, wobei diese möglichen Wechselfälle einzeln oder aber kombiniert auftreten können [5]. Je nach der gegebenen Ausgangssituation im Bereich der regionalen

---

[3] Vgl. *F. Kneschaurek,* Wachstumsbedingte Wandlungen der Beschäftigtenstruktur im industriellen Produktionssektor. In: Strukturwandlungen einer wachsenden Wirtschaft. Verein für Socialpolitik, Berlin 1964, S. 732 ff.

[4] Vgl. *F. Fürstenberg,* Die Mobilität der Arbeitskraft als Wachstumsfaktor. In: Schmollers Jahrbuch, 87. Jahrgang (1967), S. 707 ff.

[5] Über die theoretisch möglichen Wechselfälle vgl. *H. J. Harloff,* Der Einfluß psychischer Faktoren auf die Mobilität der Arbeit, Berlin 1970, insbesondere S. 16. In einer differenzierteren Betrachtungsweise schlägt Vanberg vor, je nach Veränderungen innerhalb oder zwischen den definierten Einheiten von Wechselbereichen zu unterscheiden zwischen horizontaler und vertikaler sozialer Mobilität (beim Berufswechsel), zwischen innerbetrieblichen und Arbeitsmarktfluktuationen (beim Arbeitsplatzwechsel), sowie zwischen Umzug und Wanderung (beim Woh-

Produktions-, Faktor- und Siedlungsstruktur kann die soziale Mobilität die Teilgebiete eines Landes sehr unterschiedlich treffen. Sie beeinflußt zudem auch das quantitative Arbeitspotential, nämlich immer dann, wenn die soziale zusammen mit der räumlichen Mobilität zu *interregionalen Faktorwanderungen* führt.

Dieser gedrängte Überblick macht bereits die *zweifache Bedeutung* der Mobilität für die regionale Entwicklung sichtbar. Vorgängig sei allerdings festgehalten, daß entsprechend der angebotsorientierten Wachstumstheorie auch für die teilräumliche Entwicklung die regionale Faktorausstattung (Zunahme des Kapitals- und Arbeitskräftebestandes sowie Erweiterung des technischen Wissens) und deren Kombination bestimmend sind, über deren Ausschöpfung letztlich die Nachfrage bzw. die dahinterstehenden Komponenten entscheiden. Im Gegensatz zu nationalen Volkswirtschaften werden jedoch – bei spezieller Ausrichtung auf die Faktorstruktur – die regionale Verfügbarkeit an Produktivkräften sowie deren Leistungseffizienz *ganz entscheidend* durch die *jeweiligen regionalen Mobilitätsverhältnisse* der einzelnen Faktoren beeinflußt. Dabei ist folgendes zu beachten:

– Einmal hängt sowohl auf regionaler wie auf nationaler Ebene das *Ausmaß* der *Strukturflexibilität* vom Grad der Mobilität der Produktionsfaktoren Arbeit und Kapital ab. Gemeint ist damit die erwähnte Anpassungsfähigkeit der Wirtschaftsstruktur eines Gebietes an entwicklungsbedingte Nachfrageverschiebungen und/oder technischen Fortschritt. Unter diesem Gesichtspunkt tritt die enge Verflechtung zwischen Produktions- und Faktorstruktur hervor: Um die verfügbaren Produktivkräfte so einzusetzen, daß auf lange Sicht eine möglichst ergiebige und nachfragegerechte Leistungserstellung erreicht werden kann, genügt es offenbar nicht, daß die regionalen Produktionsbereiche ihre Input- und Outputstruktur optimal an die sich verändernden Absatz- und Produktionsbedingungen anpassen. Gleichzeitig müssen auch die *Produktivkräfte selbst*, hier insbesondere die Arbeitskräfte, flexibel genug sein, um sich den wachstumsbedingten Strukturwandlungen auf den Arbeitsmärkten anzupassen. Trotz dieses engen Zusammenhanges zwischen der Produktions- und der Faktorstruktur rechtfertigt sich eine getrennte Analyse der beiden Strukturkomplexe – und zwar nicht nur aus praktischen Gründen. Wie noch gezeigt werden wird, wäre es ein Trugschluß, die Mobilität der Produktionsfaktoren als eine ausschließliche Folgeerscheinung ursächlicher Veränderungen im Bereich der Produktionsstruktur zu interpretieren. „Allein die Tatsache", schreibt Fürstenberg, „daß das Ausmaß der tatsächlichen Mobilität der Arbeitskräfte größer ist, als es den volkswirtschaftlichen Wachstumserfordernissen entspricht, weist darauf hin, daß Wandlungen in der Beschäftigtenstruktur sich keineswegs nur nach volkswirtschaftlichen Kriterien und Gesichtspunkten vollziehen" [6]. In der Tat kann man bei der Analyse der Arbeitsmobilität eine erhebliche *Eigendynamik* feststellen, die auf Wanderungsmotiven beruhen, die nicht ökonomischen, sondern *soziologischen Ursprungs* sind und deshalb durch eine *soziologische Betrachtungsweise* geklärt werden müssen. Die bloße Fest-

---

nungswechsel). An dieser Stelle müssen diese differenzierteren Betrachtungsweisen noch nicht berücksichtigt werden. Vgl. *M. Vanberg,* Wanderungsforschung in der Bundesrepublik Deutschland, Arbeitsmanuskript der Arbeitsgruppe für Wanderungsforschung am Institut für Soziologie der T. U. B. Berlin 1970.

[6] Vgl. *F. Fürstenberg,* aaO, S. 711.

stellung, Mobilität sei auf Unvollkommenheiten des Arbeitsmarktes zurückzuführen, ist nicht länger haltbar. Die Ergründung der Bestimmungsfaktoren der Wanderung setzt aber andersgeartete Analysemethoden voraus als jene, die bei der Produktionsstruktur zur Diskussion standen.

— Für die regionale Entwicklung kommt hinzu, daß diese sich innerhalb einer Volkswirtschaft vollziehenden Anpassungsprozesse *nicht regional gebunden* sind. Und weil die Mobilität der Produktionsfaktoren Arbeit und Kapital zwischen den Teilgebieten eines Landes aus einer Reihe von Gründen wesentlich höher ist als auf internationaler Ebene, können Bewegungen der Produktionsfaktoren, die zu interregionalen Wanderungen führen (Arbeitsplatz- oder Berufswechsel verbunden mit Wohnortwechsel in eine andere Region, Kapitaltransfers von einem Gebiet in ein anderes usw.), die *Entwicklungsmöglichkeiten* der Zuwanderungsgebiete stark begünstigen bzw. jene der Abwanderungsgebiete empfindlich beeinträchtigen [7].

Diese Feststellung macht deutlich, daß die *Mobilität der Produktionsfaktoren* für einzelne Teilgebiete eines Landes eine sehr *zweischneidige* Sache sein kann. Wenn beispielsweise im gesamtwirtschaftlichen Interesse eine Steigerung der Mobilität zur Realisierung entwicklungsfördernder Effekte über eine Erhöhung der Strukturflexibilität anvisiert wird, so stellt sich die Frage, welche Voraussetzungen dann auf regionaler Ebene zu schaffen sind, damit einzelne Landesteile durch interregionale Wanderungen vor einem verstärkten Abfluß einheimischer Produktivkräfte bewahrt werden können. Oder wenn die Gesundung einer wirtschaftlich benachteiligten Region im Vordergrund steht, wie kann dann erreicht werden, daß zur wirtschaftlichen Erstarkung bestehende Wanderungsdefizite inskünftig vermieden werden können? Um Antwort auf diese und ähnliche Fragen und damit für eine regionalpolitisch sinnvolle *Beeinflussung der interregionalen Faktorwanderungen* geben zu können, ist offenbar zweierlei notwendig: *Erstens* müssen die Auswirkungen von Wanderungen auf die räumliche Struktur der Wirtschaft und auf die regionale Entwicklung untersucht werden und *zweitens* müssen die Faktoren bekannt sein, die zu Wanderungsvorgängen führen und die die Wanderungsrichtung beeinflussen.

Das *besondere Hervorstreichen* der Arbeitsmobilität und einiger ihrer typischen Erscheinungsformen bedeutet allerdings nicht, daß die Mobilität der anderen Produktionsfaktoren (Kapital und technisches Wissen) für die regionale Entwicklung belanglos wäre. Siebert [8], der sich eingehend mit einer Analyse der interregionalen Mobilität der Produktionsfaktoren beschäftigte, hat vielmehr nachgewiesen, daß von den Wanderungen aller Faktoren beträchtliche, aber *jeweils sehr unterschiedliche* Wirkungen auf die regionale Entwicklung ausgehen. Dennoch lassen sich eine Reihe von Faktoren anführen, die die *besondere* Bedeutung der Arbeitsmobilität für die Entwicklung der Teilgebiete eines Landes unterstreichen:

---

[7] Dies betrifft nicht nur die für die Produktion maßgebliche Frage der regionalen Bindung der benötigten Arbeitskräfte, sondern auch die infrastrukturellen Konsequenzen, die sich als Folge starker Zu- bzw. Abwanderungen ergeben. Vgl. hierzu O. *Boustedt*, Zum Programm für den Aufbau einer laufenden Wanderungsstatistik für die Städte. In: Beiträge zur Frage der räumlichen Bevölkerungsbewegung. Hannover 1970, S. 2 f.

[8] Vgl. H. *Siebert*, Regionales Wirtschaftswachstum und interregionale Mobilität, Tübingen 1970.

– Ein besonderes Problem der Arbeitsmobilität im Vergleich zu derjenigen der übrigen Produktionsfaktoren liegt darin, daß *Arbeitsleistungen bei Vollbeschäftigung* nur *schwer vermehrbar* sind. In den hochentwickelten und vollbeschäftigten westeuropäischen Industriestaaten ist deshalb der Produktionsfaktor Arbeit zum *vordringlichsten Engpaßproblem* zukünftigen Wirtschaftswachstums geworden. Speziell die schweizerische Wirtschaft wird in nächster Zukunft noch stärker als bisher von der Knappheit des Produktionsfaktors Arbeit betroffen werden. Es ist damit zu rechnen, daß das Arbeitspotential der Schweiz, das zwischen 1950 und 1967 um durchschnittlich 1,9 % pro Jahr anstieg, in den folgenden 10–20 Jahren noch höchstens eine Erweiterung von 0,4–0,5 % pro Jahr erreichen wird [9]. Diese Prognose basiert auf der Annahme, daß die politisch bestimmte Zuwachsrate der ausländischen Arbeitskräfte auf null absinken, gleichzeitig aber auch jene der Schweizer niedriger ausfallen wird als bisher. Verantwortlich hiefür zeichnen einerseits die in den nächsten Jahrzehnten zu erwartenden Umschichtungen in der Altersstruktur (fortschreitende Überalterung unserer Bevölkerung) sowie anderseits die Tendenz zu einer Erhöhung der Ausbildungsquote (höherer Anteil der sich in Ausbildung befindlichen erwerbsfähigen Jugendlichen an der Gesamtbevölkerung) [10]. Aus diesen Entwicklungsperspektiven sind *zwei Konsequenzen* zu ziehen. Selbst wenn es gelingen wird, die drohende Verknappung der Arbeitskräfte wenigstens teilweise durch vermehrte Kapitalinvestitionen auszugleichen, wird doch ein Zwang zu einem *rationelleren Einsatz* der Arbeitskräfte bestehen, was unausweichlich zu vermehrten qualitativen Veränderungen der Beschäftigtenstruktur und damit zu einer *Intensivierung der sozialen Mobilität* führen muß. Die zweite Folgerung wiegt noch schwerer. Der sich abzeichnende Konkurrenzkampf um die verfügbaren Arbeitskräfte wird inskünftig, verglichen mit den ohnehin schon prekären Verhältnissen, noch erheblich schärfere Formen annehmen. Davon werden neben der beruflichen und sektoralen auch die räumliche Mobilität – insbesondere die interregionalen Wanderungen – sehr stark betroffen werden. Aus diesem Grunde kann man sagen, daß *Richtung und Ausmaß* interregionaler Wanderungen in zunehmendem Maße über die *potentiellen Entwicklungsmöglichkeiten* der einzelnen Teilgebiete entscheiden werden.

– Eine zweite Sonderstellung nimmt die Mobilität der Arbeit deshalb ein, weil besonders hierüber *verläßliche statistische Unterlagen* in einer auch regional ansprechenden Tiefengliederung vorliegen. Diese gestatten zumindest, die bisherige Entwicklung von Richtung und Ausmaß der sozialen und räumlichen Mobilität festzuhalten. In bezug auf die andern Produktionsfaktoren tappt man hierüber im Dunkeln [11].

– Schließlich ist darauf hinzuweisen, daß Wanderungsbewegungen der Bevölkerung durch geeignete regionalpolitische Maßnahmen *sehr stark beeinflußbar* sind. Dies setzt zwar nicht nur die Kenntnis der bisherigen Wanderungsströme voraus, sondern auch eine Erfassung der Motive potentieller Wanderungsvorgänge. Indessen schlagen sich

---

[9] Vgl. *F. Kneschaurek*, Entwicklungsperspektiven der Schweizerischen Volkswirtschaft bis zum Jahre 2000, Teil II: Gesamtwirtschaftliche Entwicklungsperspektiven, St. Gallen 1970, S. 35 ff.

[10] Ebenda, S. 36.

[11] Aus diesem Grunde sind im Bereich der Faktorstruktur in erster Linie über die Arbeitsmobilität operationale und realitätsbezogene Analyseinstrumente zu erwarten.

diese Wanderungsmotive letzten Endes in einer Reihe von wohnortsbezogenen Standortbedingungen nieder (bzw. im Gefälle dieser Verhältnisse zwischen Herkunfts- und Bestimmungsort), in Faktoren also, die mehrheitlich gestaltbar sind[12].

Diese Hinweise lassen es angezeigt erscheinen, im folgenden auf die Mobilität anderer Produktionsfaktoren nur am Rande einzugehen und das *Schwergewicht* der Analyse im Bereich der Faktorstruktur auf die *Arbeitsmobilität* einzuschränken. Von deren *Erscheinungsformen* interessiert uns in erster Linie die *interregionale* Wanderung. Ausgangspunkt soll wiederum die Frage sein, welche theoretischen Ansätze zur Erklärung dieser Mobilität vorliegen.

B. Theoretische Ansatzpunkte für Mobilitätsanalysen

Fragen wir nach den theoretischen Ansatzpunkten zur Erforschung der Mobilität der Produktionsfaktoren (insbesondere der interregionalen Wanderungen der Arbeitskräfte), so müssen methodisch *zwei Hauptrichtungen* voneinander unterschieden werden:
— Eine erste zeichnet sich dadurch aus, daß die Mobilität ganz allgemein auf *hoher Aggregationsebene* erfaßt und im Rahmen *determinierter Modelle als Funktion eines ökonomisch (oder sozial) definierten Systems* analysiert wird. Mobilitätsprozesse werden dann als primär ökonomisch induziert betrachtet und gewissermaßen als *Anpassungsmechanismen an Störverläufe* innerhalb des definierten Systems erklärt. Typisch hiefür sind all jene Mobilitätstheoreme, die auf den üblichen Modellelementen der Theorie des gleichgewichtigen Wachstums aufbauen. Daneben findet man aber auch verschiedene Funktionsanalysen eher deskriptiv-analytischen Gehalts über bestimmte Erscheinungsformen von Mobilitätsabläufen.
— Eine zweite Forschungsrichtung rückt dagegen beim Produktionsfaktor Arbeit das *Individualverhalten* der Wirtschaftssubjekte ins Zentrum der Analyse und konzentriert sich auf die Erforschung der (individuellen) Beweggründe der Wandernden (empirische Sozialforschung).

Obschon aus der regionalpolitischen Perspektive die *zweitgenannte* Forschungsrichtung zusehends an Interesse und Bedeutung gewinnt, hat sich die Wissenschaft bisher vornehmlich des ersten Ansatzes bedient. Dies hängt erneut mit der Art der klassischen Theoriebildung zusammen und hat dazu geführt, daß die empirische Wanderungsforschung, von der man sich die Lösung einer Reihe noch ungeklärter Probleme erhofft, im gegenwärtigen Zeitpunkt erst richtig eingesetzt hat.

1. Die Bedeutung der Mobilität in wirtschaftstheoretischen Modellen

Versucht man die Bedeutung aufzuzeigen, die der Faktormobilität in *wirtschaftstheoretischen Modellen* zugewiesen wurde, so bietet sich ein insgesamt enttäuschendes Bild. Sowohl die klassische als auch die neoklassische allgemeine *Wirtschafts- und Wachs-*

---

[12] Geprägt werden diese Standortbedingungen einerseits durch die Art und Ausgestaltung der Produktionsstruktur (Angebot an Arbeitsplätzen auf dem lokalen Arbeitsmarkt), sowie anderseits durch die Art und Ausgestaltung der Siedlungsstruktur (Wohn- und Freizeitwert einer Region).

tumstheorie haben die Faktormobilität zwar berücksichtigt, allerdings in einer Art und Weise, die keinerlei realistische Aussagen über die Rolle und Bedeutung der Wanderungen für die teilräumliche Entwicklung ermöglicht. Dies hängt mit der eingangs dargelegten Art der klassischen Theoriebildung zusammen. Im Zentrum der theoretischen Analyse stand die Frage, welche Bedingungen erfüllt sein müssen, damit eine Volkswirtschaft unter Berücksichtigung rein ökonomischer Zusammenhänge in einen allgemeinen Gleichgewichtszustand (bei der statischen Analyse) bzw. in einen gleichgewichtigen Wachstumspfad (bei dynamischer Betrachtung) einmündet und diesen aufrecht erhalten kann.

Die hierzu entwickelten Gleichgewichtsmodelle gingen von einer Reihe bekannter restriktiver Voraussetzungen aus, die dazu führten, daß die Rolle der Faktorwanderungen gar nie direkt zum Gegenstand der Analyse erhoben wurde: Entweder galt die Faktormobilität als *nicht existent*, oder wurde *als vollkommen betrachtet* und – zusammen mit weiteren Annahmen – als Teil des Datenkranzes der reinen Theorie gleichsam vorgegeben.

Vollkommene Mobilität im Sinne der reinen Theorie bedeutet eine sowohl zeitlich wie räumlich *unendlich große Anpassungsgeschwindigkeit* der Produktionsfaktoren an die Bedingungen einer wirtschaftlich optimalen Faktorallokation: Arbeit und Kapital werden an dem Ort und in der Weise eingesetzt, daß ihr Beitrag zum Sozialprodukt maximiert wird[13]. Garantiert wird dieser Automatismus selbstkorrigierender Faktorwanderungen durch die üblichen Modellelemente der Gleichgewichtstheorie, unter denen die folgenden die wohl einschränkendsten sind[14]: *Erstens* die Voraussetzung vollkommener Konkurrenz (so daß die Entlöhnung der Faktoren nach ihren Grenzproduktivitäten erfolgt), *zweitens* die Bedingung linear-homogener Produktionsfunktionen, sowie *drittens* die Annahme, daß keine Transportkosten vorhanden sind (um den vollständigen Preisausgleichsmechanismus aufrecht zu erhalten). Wir wissen, daß diese Voraussetzungen in der Realität in keiner Weise gegeben sind.

Auch die *Theorie des internationalen Handels,* die sich mit den Wirkungen von Faktorbewegungen befaßte, konnte nicht klärend wirken, weil sie von ähnlich restriktiven Gleichgewichtsbedingungen ausging. Wie das Lerner-Samuelson-Theorem vom internationalen Faktorpreisausgleich durch den Handel[15] zeigt, konnte unter diesen restriktiven Annahmen sogar exakt nachgewiesen werden, daß allein der Güteraustausch selbst dann zu einem Ausgleich nicht nur der Güter-, sondern auch der Faktorpreise führen kann, wenn es überhaupt keine internationalen Faktorbewegungen gibt[16].

Bei realistischer Betrachtungsweise hat man davon auszugehen, daß weder die An-

---

[13] Dies entspricht einem Pareto-Optimum, bei dem es unmöglich ist, den Wert irgendeines Outputs an irgendeinem Ort zu erhöhen, ohne gleichzeitig denjenigen eines anderen stärker zu vermindern. Vgl. *H. W. Richardson*, Regional Economics, aaO, S. 288.

[14] Über die allgemeinen Bedingungen zur Erreichung eines optimalen Sozialprodukts vgl. *H. Giersch*, Allgemeine Wirtschaftspolitik – Grundlagen, aaO, S. 106 ff.

[15] Vgl. *P. A. Samuelson*, International trade and the equalization of factor prices. In: The Economic Journal, 1948, S. 163 ff. sowie *Abba P. Lerner*, Essays in Economic Analysis, London 1953, S. 67 ff.

[16] Innerhalb eines Landes wird allerdings vollkommene Mobilität vorausgesetzt! Die Kritik an diesem Theorem hat dann aber auf Umstände aufmerksam gemacht, die diesen Ausgleichsmechanismus hemmen und u. a. interregionale Ungleichgewichte erklären.

nahme einer vollkommenen noch diejenige einer völlig fehlenden Mobilität der Wirklichkeit entsprechen. Im Vergleich zur internationalen Ebene finden wir zwischen den Teilgebieten eines Landes eine *zwar viel höhere, aber keineswegs vollkommene* Faktormobilität.

Ohlin [17] hat diesem Umstand Rechnung getragen, indem er die berühmte These aufstellte, daß der interregionale und der internationale Handel den gleichen Gesetzen unterliegen und letzterer lediglich ein Spezialfall des ersteren sei, geprägt durch höhere Restriktionen sowohl der Güter- als auch der Faktormobilität. Sein Versuch, die Außenhandelstheoreme auf die interregionale Ebene zu übertragen, hat aber in bezug auf die Wirkung von Wanderungen auch nicht weitergeführt. Zwar erkannte Ohlin, daß Faktor- und Güterbewegungen in einem substitutiven Verhältnis zueinander stehen, indem der Güterverkehr um so mehr stimuliert wird, je stärker die Faktormobilität behindert ist. Die nähere Untersuchung von Faktorbewegungen selbst führte indessen erneut zur stark vereinfachten Hypothese, wonach interregionale Wanderungen (als alternative Interaktionsform zu Güterbewegungen) ausschließlich ökonomisch bestimmt sind, d. h. durch interregionale Lohn- bzw. Risiko- und Zinsdifferenzen ausgelöst werden und in ihren Wirkungen (über die Angleichung der Faktorpreise) zu einer interregional gleichgewichtigen Entwicklung führen.

Demgegenüber kann *empirisch nachgewiesen* werden, daß sich die Entwicklung der interregionalen Wanderungen in der jüngsten Vergangenheit nicht gemäß den Voraussetzungen der klassischen und neoklassischen Wirtschaftstheorie vollzogen hat. Wie Harloff darlegt, war die Arbeitsmobilität teils ungenügend, teils jedoch höher, als es um des maximalen Sozialprodukts willen wünschenswert gewesen wäre; d. h., daß die Arbeitskräfte wohl wanderten, aber nicht durchwegs an jene Orte, wo sie die höchste Produktivität hätten erzielen können [18]. Daher ist zu vermuten, daß einerseits Widerstände gegen Faktorwanderungen bestehen, die sowohl ökonomisch als auch nichtwirtschaftlichen Ursprungs sein können, anderseits aber effektive Wanderungen nicht allein ökonomisch induziert, sondern durch andere Faktoren ausgelöst werden, die rein wirtschaftliche Motive *zu überlagern* scheinen.

Da die traditionelle Wirtschafts- und Wachstumstheorie somit von ihrer Anlage her außerstande war, die Ursachen und Wirkungen interregionaler Wanderungen operational zu erfassen und zu erklären, mußten andere Ansätze gefunden werden. Dies führte in der Wanderungsforschung zur Entwicklung einer Reihe von *Gravitationsmodellen*, mit deren Hilfe man reine Wanderungsbewegungen glaubte erklären zu können [19]. Zum andern wurde versucht, die Rolle und Bedeutung interregionaler Faktorwanderungen für die regionale Entwicklung durch eine in räumlicher Hinsicht *strukturelle Auflockerung der traditionellen Wachstumsmodelle* in den Griff zu bekommen. Typisch hiefür sind die von Siebert entwickelten Modellansätze, die zunächst kurz erläutert werden sollen.

---

[17] *B. Ohlin*, Interregional and International Trade, aaO.
[18] Vgl. *H. J. Harloff*, Der Einfluß psychischer Faktoren auf die Mobilität der Arbeitskräfte, aaO, S. 40 ff.
[19] Vgl. hierzu den umfangreichen Überblick bei *M. Termote*, Les modèles de migration. Une perspective d'ensemble. In: Recherches économiques de Louvain, 1967, S. 413–444.

2. Die Mobilitätstheorie von Siebert

In seiner „Theorie des regionalen Wirtschaftswachstums"[20] geht Siebert von den überlieferten Modellbausteinen der angebots- und nachfrageorientierten Wachstumstheorie aus und erweitert das Grundmodell wie folgt:

Neben die *internen Wachstumsfaktoren* (Kapitalakkumulation, Bevölkerungswachstum und technischer Fortschritt) treten in offenen Wirtschaftsgebieten *externe Wachstumsdeterminanten*. Es sind dies die Bestimmungsfaktoren der interregionalen Güter- und Faktorbewegungen, da die letzteren einerseits das regionale Wachstumspotential (verfügbare Produktivkräfte) sowie anderseits das Nachfrageniveau (via Exportnachfrage) mit beeinflussen[21]. Als spezielle Elemente der räumlichen Dimension berücksichtigt Siebert positive und negative externe Effekte (allerdings nur solche pekuniärer Art); ferner läßt er die einschränkende Bedingung fehlender Transportkosten (teilweise) fallen. Letzteres geschieht durch die Annahme einer völligen Mobilität der Güter und Faktoren *innerhalb* der Regionen, *nicht aber zwischen* den Teilgebieten eines Landes. Damit wird die „Ein-Punkt-Wirtschaft" der traditionellen Analyse räumlich zu einer „*Viel-Punkte-Wirtschaft*" disaggregiert bzw. ausgeweitet.

Im Rahmen dieses Ausgangsmodells, das sich aus über 40 Funktionalbeziehungen und einer gleich großen Anzahl von endogenen Variablen zusammensetzt, versucht dann Siebert, mit Hilfe von hypothetischen Relationen in Form „einer Möglichkeitsanalyse gedankliche Wirkungsmechanismen aufzuzeigen, die zur Erklärung der regionalen Expansion herangezogen werden können"[22]. Als entscheidende Erklärungsvariable steht die absolute Zunahme des Regionaleinkommens im Vordergrund, als entscheidende Bestimmungsgröße das potentielle regionale Produktionsvolumen.

Das besondere Verdienst von Siebert liegt darin, daß er im Rahmen seiner Modellanalyse die Mobilitätsverhältnisse *einzelner* Faktor- und Güterkategorien ins Zentrum rückt und dadurch auf eine Reihe *faktorspezifischer Mobilitätshemmnisse* aufmerksam machen kann, die dazu führen, daß von der Mobilität der Produktionsfaktoren nicht nur Nivellierungseffekte, sondern – entgegen der traditionellen Annahme – auch *Differenzierungseffekte* ausgelöst werden. Nach Siebert lassen sich deshalb interregionale Wachstumsunterschiede nicht nur durch Verschiedenheiten der regionalen Faktorausstattungen, sondern gleichzeitig auch durch *partielle Mobilitätshemmnisse* (d. h. unterschiedliche Grade der Mobilität) erklären.

Sieberts Modellüberlegungen führen schließlich zu einer Reihe interessanter Theoreme[23], die nicht nur als Erklärungshilfen bei Ursachenanalysen tatsächlicher Raumstrukturen herangezogen werden können, sondern auch erste Anhaltspunkte für eine regionalpolitisch relevante Ausgestaltung einer *Mobilitätspolitik* vermitteln. Wenn u. a. abgeleitet wird, daß erstens Differenzierungseffekte einer Wachstumsdeterminante um so geringer ausfallen, je höher die interregionale Mobilität des betrachteten Faktors ist (und umgekehrt), und zweitens der Differenzierungseffekt einer immobilen Wachstums-

---

[20] H. Siebert, Zur Theorie des regionalen Wirtschaftswachstums, Tübingen 1967, sowie *derselbe*, Regionales Wirtschaftswachstum und interregionale Mobilität, Tübingen 1970.

[21] Zur Struktur seines Grundmodells vgl. H. Siebert, Zur Theorie des regionalen Wirtschaftswachstums, aaO, S. 119.

[22] H. Siebert, aaO, S. 2.

[23] Diese können hier nicht im Detail diskutiert werden. Vgl. H. Siebert, aaO, S. 128 ff.

determinante durch eine hohe Mobilität der übrigen Faktoren noch verstärkt wird, so kann daraus auf originelle Art und Weise das *Entstehen* bzw. *das Wachstum von Agglomerationen* erklärt werden. Auch unterstützen diese Überlegungen die früher abgeleitete Strategie einer *Regionalisierung mit Schwerpunktbildung*: Durch eine staatliche Förderung einer immobilen Wachstumsdeterminante (z. B. Infrastrukturinvestitionen) in neuen Zentren kann, bei gleichzeitiger Förderung der Mobilität, insbesondere der Arbeitskräfte, eine räumliche Ausbreitung von Wachstumsimpulsen induziert werden [24].

Es bedeutet keine Schmälerung der Leistung Sieberts, wenn festgehalten werden muß, daß diese Theoreme noch *keine praktisch realisierbare Analyseinstrumente* anzubieten vermögen, mit denen die regionale Entwicklung umfassend erklärt werden könnte. Denn um den Anforderungen einer konsistenten Ableitung zu genügen, hat Siebert entscheidende Determinanten der teilräumlichen Entwicklung ausklammern müssen, so insbesondere die Wirkungen von Infrastrukturinvestitionen, die staatliche Aktivität, sowie auch qualitative Aspekte der Mobilität. Dennoch gelingt es ihm, die *entscheidende Bedeutung interregionaler Faktorwanderungen* für die teilräumliche Entwicklung überzeugend darzulegen und – ausgehend von der traditionellen Theorie – tiefere Einsichten in die Ursachen und Wirkungsweisen der Mobilität der Faktoren aufzuzeigen. Da er speziell in bezug auf den Produktionsfaktor Arbeit auch auf *soziologisch bedingte Beharrungsmuster* als Mobilitätshemmnisse aufmerksam macht und den Gründen nachgeht, die diese aufzulösen vermögen, weist Siebert gleichzeitig auf die notwendigen Berührungspunkte zwischen der traditionellen ökonomischen Theorie und soziologisch orientierten Ansätzen der Motivations- und Verhaltensforschung hin. Das Wissen um die entscheidenden Wanderungsmotive – auch wenn diese noch nicht durchwegs quantifizierbar sind – wird im Vergleich zu den vorliegenden ökonomischen Analysemodellen in jedem Fall zumindest in qualitativer Hinsicht zusätzliche Beurteilungsmöglichkeiten bieten.

3. Spezifische Wanderungsmodelle (Gravitationsmodelle)

Auch die hier zu skizzierenden „reinen" Wanderungsmodelle sind den Systemanalysen zuzuordnen. Denn auch sie gehen von stark aggregierten Größen aus und versuchen, Wanderungsströme aufgrund gewisser Gesetzmäßigkeiten zu erklären.

Stellvertretend sei auf die Modelle von *Zipf*[25] und *Stouffer*[26] verwiesen, die – gleich einer Reihe weiterer damit verwandter Ansätze – wegen ihrer Ähnlichkeit mit physikalischen Gesetzen als *Gravitationsmodelle* bezeichnet werden [27]. Die Grundhypothese,

---

[24] Allerdings muß diese globale Aussage darnach differenziert werden, ob die Förderung einer spezifischen Region, die Reduzierung interregionaler Wachstumsdifferenzen, oder aber eine gesamtwirtschaftlich orientierte Wachstumspolitik angestrebt wird. Vgl. *H. Siebert*, Regionales Wirtschaftswachstum und interregionale Mobilität, aaO, S. 241 ff.

[25] Vgl. *G. K. Zipf*, The $\frac{P_1 P_2}{D}$ Hypothesis on the Intensity Movement of Persons. In: American Sociological Review, 1946, S. 677 ff.

[26] Vgl. *S. A. Stouffer*, Intervening Opportunities. A Theory Relating Mobility and Distance. In: American Sociological Review, 1940, S. 845 ff.

[27] Einen umfassenden Überblick über die Gravitationsmodelle bietet *M. Termote*, Les modèles de migration, aaO, S. 413 ff.

von der diese Gravitationsmodelle ausgehen, lautet, daß für Verteilungsprozesse im Raum eine *inverse Beziehung* bestehe zwischen dem *Volumen der Austauschbeziehungen* der Räume untereinander und ihrer *Entfernung* voneinander. Übertragen auf die Wanderung bedeutet dies, daß – gemäß der Zipfschen Formel – ein Wanderungsstrom mit den Einwohnerzahlen im Herkunfts- und Zielgebiet zunimmt und mit der Wanderungsentfernung abnimmt [28].

Während *Zipf* die reine Entfernung als wesentlich für Wanderungsentscheidungen auffaßt, geht *Stouffer* von der räumlichen Verteilung der potentiellen Wanderungsziele als entscheidender Variable aus, ausgedrückt durch das Verhältnis der „opportunities" des Zielortes zu den konkurrierenden „intervening opportunities" aller Orte, die zwischen Herkunfts- und Zielort liegen. In Verfeinerungen seines ursprünglichen Modells zieht er zusätzlich die „competing migrants", sogenannte konkurrierende Wanderungen mit ein, was besagt, daß Wanderungen von einem Herkunfts- zu einem Zielort auch davon abhängen, wie viele Wanderungswillige aus den Orten, die näher beim Ziel- als beim Herkunftsort liegen, in den letzteren ziehen [29].

Obschon besonders das erweiterte Stouffer-Modell häufig mit gutem Erfolg zur Beschreibung effektiver Wanderungsströme herangezogen werden konnte [30], haftet diesen Gravitationsmodellen ein *entscheidender Mangel* an. Sie haben *rein deskriptiven* Charakter, vermögen damit ex post tatsächlich eingetretene Wanderungen sehr gut zu beschreiben, können aber nicht erklären, wieso es zu Wanderungsbewegungen kommt.

Dies hängt mit dem Aufbau der Gravitationsmodelle, speziell mit der gewählten Art der Verknüpfung der einzelnen Variablen und der hingenommenen Variabilität ihrer Reaktionsweisen zusammen. Jansen hat unter anderem darauf aufmerksam gemacht, daß ohne postulierte Konstanz der Parameter mit dem gewählten Funktionstyp *praktisch jeder relevante Kurvenverlauf* gut beschrieben werden kann [31], wobei sich die jeweiligen Werte der Funktionen ex-post anhand der effektiv vorgefundenen Wanderungsströme ergeben. Aufgrund einer umfangreichen Zusammenstellung der unterschiedlichen Funktionswerte der Entfernungsvariablen in verschiedenen empirischen Untersuchungen [32] kommt allerdings Vanberg zum Ergebnis, daß diese Abweichungen nicht etwa unsystematisch wären, sondern „auf historisch und sozial-kulturell bedingte Unterschiede der untersuchten Region einerseits, der einbezogenen Bevölkerung anderseits" hinweisen [33]. So ergaben sich beispielsweise für die Wanderungen von Personen unterschiedlicher sozialer Gruppen, aber auch für Wanderungen in stark industrialisierten oder aber vorwiegend agrarischen Regionen, jeweils *typische* Abweichungen. Daraus

---

[28] Vgl. neuerdings W. *Kau*, Theorie und Anwendung raumwirtschaftlicher Partialmodelle, Tübingen 1970, insbesondere S. 193 ff.

[29] S. A. *Stouffer*, Intervening Opportunities and Competing Migrants. In: Journal of Regional Science, Vol. 2 (1960), S. 1 ff. Eine einfache Beschreibung dieser Modelle findet sich außerdem bei K. *Schwarz*, Analyse der räumlichen Bevölkerungsbewegung, Hannover 1969, S. 42 ff.

[30] Vgl. hierzu die verschiedenen von Jansen zitierten Verifikationsversuche: P. G. *Jansen*, Zur Theorie der Wanderungen. In: Zur Theorie der allgemeinen und der regionalen Planung, Bielefeld 1969, S. 154.

[31] Siehe dazu P. G. *Jansen*, aaO, S. 157.

[32] Eine solche findet sich bei J. *Olsson*, Distance and Human Interaction. A Review and Bibliography, Philadelphia 1961, S. 57 ff.

[33] M. *Vanberg*, Wanderungsforschung in der Bundesrepublik Deutschland, aaO, S. 84 f.

kann zunächst gefolgert werden, daß die Bestimmungsgründe der Wanderung offenbar *räumlich und zeitlich divergieren* und durch eine *monokausale Erklärung*, wie dies im Falle der Gravitationsmodelle im Sinne eines durch Distanzvariablen ausgedrückten „per-Saldo-Einflusses" geschieht, *nicht signifikant* erfaßt werden können. Dies wiederum läßt den Schluß zu, daß die Bestimmungsfaktoren der Wanderungen tiefer ausgeleuchtet werden müssen und nur durch *eigentliche Determinantenkomplexe* einigermaßen erfolgversprechend in den Griff zu bekommen sind. Dies führt uns direkt zur zweiten der eingangs erwähnten Ausrichtung der Wanderungsforschung, mit der das Individualverhalten der Wirtschaftssubjekte bzw. die Beweggründe der Wandernden zu erfassen versucht wird. Denn offenbar vermag erst eine *eingehende Motivations- und Verhaltensforschung* jene Gesichtspunkte aufzudecken, die in aggregierten Modellen zu einer empirisch gültigen Auswahl von Ursachen beigezogen werden sollten. Bereits Rossi hatte darauf aufmerksam gemacht, daß ohne Bezugnahme auf Informationen seitens der *Wandernden selbst* die Auswahl der einzubeziehenden Faktoren mehr oder weniger intuitiv (d. h. gestützt auf Plausibilitätskriterien) erfolge, wodurch stets die Gefahr grober *Fehlschlüsse* bestehe [34]. Ferner weist Vanberg darauf hin, daß hierzu nicht nur *demographische Daten* (im Sinne der geläufigen Thesen über eine unterschiedliche Mobilitätsbereitschaft von Ledigen und Verheirateten, Jüngeren und Älteren, Arbeitern und Intellektuellen usw.) notwendig sind, sondern auch gewisse *Determinanten der familiären Entscheidungssituation* als Bestimmungsgründe des Wanderungsverhaltens berücksichtigt werden müssen [35]. Selbstverständlich hängt aber die *Struktur* dieser Entscheidungsprozesse sehr stark von den erwähnten demographischen Daten und weiterer Umweltbedingungen der potentiellen Wanderer ab. Davon wird noch zu sprechen sein.

4. Individual-theoretische Wanderungsforschung

Im Gegensatz zur vorstehend erläuterten systemtheoretischen Perspektive versucht die *individualtheoretische Forschungsrichtung*, Hypothesen über die Wahrscheinlichkeit des Auftretens von Wanderungen zu finden, in denen diese Wahrscheinlichkeit prinzipiell „auf die im Individuum zusammentreffenden Ursachen des mit der Wanderung bezeichneten Verhaltens" zurückgeführt wird [36]. Da Wanderungen im Sinne dieser Betrachtungsweise als *individuelle Verhaltensweisen* in *Entscheidungssituationen* interpretiert werden, ist es naheliegend, bei deren Analyse auf die Aussagen der *Verhaltens- und Entscheidungstheorie* zurückzugreifen. Obschon auch im deutschsprachigen Raum erste Versuche vorliegen, die vornehmlich von amerikanischen Soziologen und Sozialpsychologen entwickelten verhaltenstheoretischen Konzepte auf Wanderungsvorgänge anzuwenden [37], sind diese Ansätze noch nicht über ein Experimentierstadium hinausgekommen. Aus diesem Grunde werden diese Ansätze nicht *im Detail* weiter verfolgt.

---

[34] Vgl. *P. H. Rossi*, Why Families Move, Glencoe 1955, S. 42 f.
[35] Vgl. *M. Vanberg*, aaO, S. 109.
[36] Vgl. *M. Vanberg*, aaO, S. 20.
[37] Exemplarisch seien genannt W. *Langenheder*, Ansatz zu einer allgemeinen Verhaltenstheorie, Köln und Opladen, 1968; ferner *H. J. Harloff*, Der Einfluß psychischer Faktoren auf die Mobilität der Arbeit, Berlin 1970, sowie *P. Drewe*, Ein Beitrag der Sozialforschung zur Regional- und Stadtplanung, Meisenheim 1968.

Einige wenige Hinweise mögen genügen, um die Entwicklungsrichtung der individualtheoretischen Wanderungsforschung anzudeuten [38]:

– Bei der Frage nach den *Motivationen*, die zu Wanderungsentscheiden eines Einzelnen führen, geht die Verhaltenstheorie von der *These* aus, daß jene letztlich aus dem Wunsche resultieren, die gegenwärtige Situation – ausgedrückt durch das *individuelle Anspruchsniveau* – zu verbessern. Um dies zu erreichen, sind nicht nur *alternative Möglichkeiten* (Opportunitäten) notwendig, sondern es muß auch eine *gewisse Information* gegeben sein, die dem Einzelnen Kenntnis über die interregionalen Unterschiede in den Erfüllungsmöglichkeiten seines individuellen Anspruchsniveaus verschafft.

Damit sind die zwei *grundlegenden Determinantenkomplexe* genannt, denen sich die verhaltenstheoretische Wanderungsforschung zuwendet [39]. Einerseits sind es die *Bestimmungsgründe des Anspruchsniveaus* und anderseits die *Determinanten der Informationsverarbeitung* über die für den Einzelnen relevanten Merkmale alternativer Arbeits- und Wohnorte.

Zur näheren Erläuterung sei Siebert zitiert, der wie folgt argumentiert: „Jeder Anbieter von Arbeitskraft ist durch Rollenerwartungen und soziale Positionen in ein System von Gruppen integriert, die oft regional konzentriert sind. Sein Verhalten, das sich an den Gruppenerwartungen orientiert, ist deshalb durch ein Beharrungsmuster gekennzeichnet, das ihn an seine Gruppen und über die Gruppen an eine Region bindet. Interregionale Mobilität kann daher nur dann vorliegen, wenn soziale oder ökonomische Faktoren wirksam werden, die dieses Beharrungsmuster durchbrechen: Bei den Individuen muß eine latente Bereitschaft verursacht werden, die Gruppe zu verlassen." [40] Um diese Bereitschaft näher analysieren zu können, operiert die Verhaltensforschung mit dem Begriff des *Anspruchniveaus*. Darunter wird eine befriedigende (also keine maximale) Erreichung jener Zielvorstellungen eines Individuums verstanden, die dieses aus der Orientierung gegenüber der Umwelt zu realisieren trachtet [41].

Dieses Anspruchsniveau, das nicht permanent auf bestimmte Zielwerte festgelegt ist, sondern von Erfahrungen in der Vergangenheit und/oder von den erreichten Zielwerten der Individuen der Bezugsgruppe [42] abhängt, gestattet nunmehr, aus dem Vergleich zwischen angestrebten und realisierten Zielwerten Situationen zu beschreiben, die zu Wanderungsentscheidungen führen.

Mögliche Fälle sind nach Siebert *erstens* eine Situation, in der ein Individuum mit seiner Lage zu seiner Bezugsgruppe in der Region unzufrieden ist, also ein höheres Anspruchsniveau zu erzielen trachtet und durch Information über Opportunitäten in anderen Regionen zur Wahl einer neuen, in einer andern Region gelegenen Bezugs-

---

[38] Wir erwähnen dies, weil daraus interessante Rückschlüsse für ein regionalpolitisch relevantes Verhalten in bezug auf interregionale Faktorwanderungen gezogen werden können.
[39] Vgl. *P. G. Jansen*, Zur Theorie der Wanderungen, aaO.
[40] *H. Siebert*, Zur Theorie des regionalen Wirtschaftswachstums, aaO, S. 58 f.
[41] Vgl. dazu *J. Wolpert*, Behavioral Aspects of the Decision to Migrate, Papers and Proceedings of the Regional Science Association, Vol. 15 (1965), S. 159 ff.
[42] Als solche bezeichnet man jene Gruppe von Personen, mit denen sich der einzelne vergleicht. Vgl. *R. K. Merton*, Social Theory and Social Structure, aaO, S. 225.

gruppe, verleitet wird; *zweitens* eine Situation, in der das Individuum ursprünglich mit den realisierten Zielwerten im Vergleich zur regionalen Bezugsgruppe zwar zufrieden war, jedoch durch zusätzliche Information über bessere Opportunitäten in andern Regionen eine neue Bezugsgruppe wählt, was zu einem neuen Anspruchsniveau führen kann [43].

Daraus geht nicht nur die enge Interdependenz zwischen Information und Anspruchsniveau hervor, sondern auch der starke Einfluß, der den interregionalen Informationsströmen beizumessen ist.

Interessant ist nunmehr der Versuch, abgesehen vom Bezugsgruppenverhalten und vom Anspruchsniveau, auch die Informations*verarbeitung* verhaltenstheoretisch zu erklären. Dabei geht es um die Untersuchung der Wahl, Aufnahme und Verarbeitung von Informationen, weil je nach der Verhaltensdisposition des Individuums Informationsimpulse selektiv wahrgenommen und subjektiv unterschiedlich bewertet werden, und diese damit für oder wider eine Wanderungsentscheidung modifiziert werden [44].

Über interregionale Informations- und Kommunikationsbeziehungen liegen erst wenige Untersuchungen und gesicherte Erkenntnisse vor. Siebert beispielsweise kommt zum Ergebnis, daß in bezug auf Wanderungen den *informellen* Informationsströmen (das sind solche, die ohne Organisation der Kommunikation zustande kommen, also von Person zu Person stattfinden) entscheidende Bedeutung zukommt, und daß die Informationseffekte mit *zunehmender Entfernung abnehmen* [45]. Daraus wird unter anderem der Schluß gezogen, daß der negative Zusammenhang zwischen Entfernung und Wanderung weniger auf Raumüberwindungskosten zurückzuführen sei, sondern vielmehr diesem Umstand zugeschrieben werden müsse [46].

– Da in hochentwickelten Industriegesellschaften Bevölkerungsbewegungen nicht mehr das Resultat unmittelbarer Daseinssicherung sind und somit nicht mehr als „ökonomische Zwangswanderungen" aufgefaßt werden können, ist es zweifellos richtig, im Zuge dieser Liberalisierung die Wanderungsprozesse in *vermehrtem Maße* als Ergebnis *individueller Entscheidungen* unter Abwägung verschiedener Handlungsalternativen [47] zu betrachten. Dagegen wäre es *unrealistisch,* von einer *völligen Handlungs- und Willensfreiheit* auszugehen und die individual-theoretische Wanderungsforschung auf *rein sozialpsychologische* Motivationen einzuschränken. Wenngleich nachgewiesen worden ist, daß von der Persönlichkeitsstruktur her besondere Dispositionen zur Mobilität gegeben sind [48], hängt die Struktur des individuellen Entscheidungsprozesses gleichwohl auch von *demographischen* Daten (wie Alter, Geschlecht, Familienstand) und den *Konstellationen der Umweltbedingungen* der Wandernden ab. Hierbei spielen vor allem *sozio-ökonomische* Faktoren eine nicht geringe Rolle (etwa der Wunsch nach schönerem Wohnen, nach besserer Versorgung, nach

---

[43] *H. Siebert*, Regionales Wirtschaftswachstum und interregionale Mobilität, aaO, S. 43.
[44] Vgl. *M. Vanberg*, aaO, S. 124.
[45] Vgl. *H. Siebert*, Regionales Wirtschaftswachstum und interregionale Mobilität, aaO, S. 60.
[46] Vgl. dazu *P. G. Jansen*, aaO, S. 158.
[47] Vgl. *E. W. Buchholz*, Methodische Probleme der Erforschung von Wanderungsmotiven, in: Beiträge zur Frage der räumlichen Bevölkerungsbewegung, Hannover 1970, S. 30.
[48] Vgl. beispielsweise *H. J. Harloff*, Der Einfluß von psychischen Faktoren auf die Mobilität der Arbeit, aaO.

differenzierteren Bildungs-, beruflichen Aufstiegs- sowie Erholungsmöglichkeiten). Es sind dies Faktoren, die sich im *Wohn- und Freizeitwert einer Region* niederschlagen und das individuelle Anspruchsniveau mitprägen bzw. verändern können. Weil jede derartige Wertschätzung sozio-ökonomischer Raumqualitäten nicht bereits *als solche* Wanderungen auslöst, sondern erst über die Wertung des Individuums relevant wird, sind auch diese Motivationskomplexe in individual-theoretischen Entscheidungsprozessen als Wanderungsanlässe *einzubeziehen*[49]. Besonders für eine Vorausschätzung zukünftiger Wanderungsbewegungen zur Beurteilung der regionalen Entwicklungsperspektiven wird das Aufzeigen dieser Zusammenhänge unerläßlich.

Leider steckt auch diesbezüglich die individualtheoretische Wanderungsforschung noch im Anfangsstadium. Wohl haben sich bei der Analyse sozio-ökonomischer Determinantenkomplexe gewisse *Schwerpunkte* herauskristallisiert (etwa bezüglich der Daseinsfunktionen Arbeit, Wohnen, Bildung und Erholung). Doch sind diese Motivkomplexe bzw. deren Niederschlag in den Einstellungen und Verhaltensweisen der Individuen, in ihrer Abhängigkeit zu demographischen Aspekten (Lebenszyklus der Wandernden)[50] bisher weitgehend vernachlässigt worden. Dabei gibt *Buchholz* zu bedenken, daß sozio-ökonomische Motive als *zusätzliche* Wanderungsanlässe zwar mit Aussicht auf Erfolg abgefragt werden können. Die *eigentliche Schwierigkeit*, die sich dabei neu ergibt, sei vielmehr methodischer Art und liege in „der richtigen Gewichtung der verschiedenen Anlässe als primäre oder sekundäre usw., die einzeln auftreten oder insgesamt zusammenwirken, um einen Mobilitätsfall hervorzurufen"[51].

Die Erkenntnis, daß unter den Bedingungen einer hochentwickelten Industriegesellschaft einerseits materiell nicht begründbare Ursachen wie psychische Einflüsse, andererseits aber in zunehmendem Maße auch sozio-ökonomische Sachverhalte Wanderungsentscheidungen beeinflussen, macht eine vermehrte *Motivationsforschung unerläßlich*. Denn nicht nur der Spielraum wächst, innerhalb dessen sich solche Motivationen entfalten können, sondern es treten auch fortwährend zusätzliche Motive in Erscheinung[52].

C. Praktikable Analyseverfahren im Bereich der Faktorstruktur

Der vorstehende Überblick der theoretischen Ansatzpunkte zur Analyse und Erklärung interregionaler Wanderungsprozesse läßt erkennen, daß noch viele Fragen ungeklärt sind. Deshalb wird die Feststellung kaum überraschen, daß angesichts des gegenwärtigen Erkenntnisstandes aus den verfügbaren Theorieansätzen erst *bedingt praktikable Analysemethoden abgeleitet* werden können. Immerhin sind solche Versuche in zweierlei Richtungen durchgeführt worden, von denen nachfolgend berichtet wird. Dabei handelt es sich einmal um den Versuch, *operationale Wanderungsmodelle* zu entwickeln, die sich *direkt* mit der Erklärung der *Wanderung als solcher* befassen. Exemplarisch werden die Modelle von Somermeijer und Jansen dargestellt werden.

Zum andern sind Verfahren entwickelt worden, die nur *indirekt* einen Beitrag zur

---

[49] Siehe dazu *Buchholz*, aaO, S. 31.
[51] *E. W. Buchholz*, aaO, S. 31.
[50] Vgl. *M. Vanberg*, aaO, S. 122.
[52] *Derselbe*, ebenda, S. 36.

Theorie der Wanderungen anvisieren. Im Vordergrund steht vielmehr die *Absicht,* durch die Erarbeitung geeigneter Analyseverfahren, die das *Ausmaß und die Bedeutung interregionaler Wanderungsbewegungen für die regionale Entwicklung* (oder für ein System von Regionen) aufzuzeigen vermögen, notwendige *Informationen* als *Prognose- und Planungsgrundlagen* bereitzustellen. Sofern man sich dabei nicht auf monographische Studien für bestimmte Orte beschränkt, weisen umfassendere Analysen dieser Art naturgemäß eine starke Neigung zu einer *arbeitsmarktorientierten Anlage* auf. Diese Arbeitsmarktmodelle sind – aus der Perspektive unserer erklärten Zielsetzung betrachtet – zweifellos von besonderem Interesse.

Es ist jedoch offensichtlich, daß die erstgenannten Wanderungsanalysen mit fortschreitenden Erkenntnissen über die Motivationskomplexe, die zu Wanderungsbewegungen führen, auch den arbeitsmarktorientierten Analysemodellen weiterhelfen werden. Aus diesem Grunde wenden wir uns zunächst den Methoden von Somermeijer und Jansen zu.

1. Die Wanderungsmodelle von Somermeijer und Jansen

Da systemorientierte, formal determinierte Modelle im Sinne der Gravitationskonzepte nicht befriedigen und die individualtheoretische Motivations- und Verhaltensforschung noch nicht genügend gesicherte Erkenntnisse bietet, haben die obgenannten Autoren versucht, behelfsmäßig eine *Synthese zwischen den beiden Ansatzpunkten* herzustellen. Zu diesem Zweck bedienen sie sich der Instrumente der Systemanalyse und versuchen, neben reinen Distanzfaktoren weitere Variablen in die Analyse einzubeziehen, die aus *Plausibilitätsüberlegungen* auch aus der individualtheoretischen Sicht als *relevant* angenommen werden können.

Methodisch entspricht dieses Vorgehen dem Versuch, gewissermaßen „offene" Modelle zu konstruieren, mit denen ein Weg für den Einbezug und die Prüfung simultan wirkender Ursachenkomplexe gefunden werden soll. Praktisch gesehen entspricht dieses Vorgehen einem *schrittweisen Herantasten* an erklärende, der konkreten Analyse zugängliche Untersuchungsmethoden, wobei man sich auf quantitativ faßbare Sachverhalte (im Sinne von Behelfsindikatoren für die vermuteten Wanderungsursachen) stützt.

Ein erstes Beispiel dieser Art stammt von *Somermeijer*[53], der mit seinem Modell die Wanderungssalden zwischen den niederländischen Provinzen zu erklären versuchte. Ausgangspunkt bildet das Distanzmodell von Zipf, welches um zwei zusätzliche Elemente erweitert wird. Es sind dies *Attraktivitätsunterschiede* einerseits sowie die *soziale Distanz zwischen zwei Orten* anderseits. Um diese Determinantenkomplexe zu *operationalisieren,* wählt Somermeijer als Indikator der sozio-kulturellen Unterschiede die *Religionszugehörigkeit* (als Merkmal für die unabhängig von der reinen Entfernung sich manifestierende sozio-kulturelle Trennungslinie zwischen Regionen)[54] und für die Attraktivitätsunterschiede eine Reihe von Merkmalen: Urbanisie-

---

[53] *W. H. Somermeijer,* Een analyse van de binnenlandse migratie in Nederland tot 1947 en van 1947–1957. In: Statistische en econometrische Onderzoekingen, Heft 3, Zeist 1961, S. 115 ff.
[54] Dies aufgrund der Annahme, daß sich in der Religionszugehörigkeit typische, unterschiedliche Verhaltensweisen und Einstellungen manifestieren.

rungsgrad, Arbeitslosenquote, Qualität der vorhandenen Wohnungen (als Indikator des Wohnwertes), durchschnittlich zur Verfügung stehende Erholungsfläche je Einwohner (als Indikator für den Freizeitwert einer Region). Das Gewicht der einzelnen Faktoren hat Somermeijer dann aufgrund von Regressionsanalysen zu bestimmen versucht, wobei der Faktor *Urbanisierungsgrad* als erklärungskräftigste Ursache in Erscheinung trat [55].

Bei der Beurteilung dieses Verfahrens gilt es zu beachten, daß die Aussagefähigkeit dieses Modells entscheidend davon abhängt, inwieweit es gelingt, die gewählten Hilfsindikatoren der Bestimmungsgründe der Wanderung innerhalb der untersuchten Bevölkerung *korrekt* zu erfassen. Denn diese Beurteilungskriterien variieren nicht nur regional, sondern auch schichtspezifisch, altersmäßig usw., so daß dieses Modell „nur in einem sehr differenzierten Ansatz und nach einer gründlichen Analyse der Determinanten der Wanderungsentscheidung nützlich einzusetzen ist" [56].

Während Somermeijer von einer theoretischen Modellkonstruktion ausgeht und die gewählten Indikatoren hernach mittels Regressionsanalysen zu gewichten versucht, hat *Jansen* den entgegengesetzten Weg eingeschlagen. Im Bemühen, eine praktisch anwendbare Erklärungsfunktion der Wanderungen zu finden, geht er von den *verfügbaren Daten* aus, die – nach Plausibilitätskriterien beurteilt – wanderungsrelevante Sachverhalte zum Ausdruck bringen. Daraus greift er dann jene Indikatoren als die wichtigsten heraus, die im Rahmen von linearen multiplen Korrelationsfunktionen die – allerdings rein statistisch gemessene – *signifikanteste Erklärung* abgeben [57].

Ausgangspunkt dieses Wanderungsmodells bildet die Hypothese, daß Wanderungen von vier Hauptfaktoren abhängig sind: erstens von *interregionalen Unterschieden im Einkommen*, zweitens von den *Wohnverhältnissen*, drittens von den *Freizeitmöglichkeiten* sowie viertens von *gruppenspezifischen Verhaltensweisen*. Um diese Determinantenkomplexe in den Griff zu bekommen, hat Jansen insgesamt neun *Schlüsselgrößen* getestet und hiervon schließlich die vier folgenden ausgewählt [58]:

- als Indikator für „bessere Verdienstmöglichkeiten" das Bruttoinlandsprodukt pro Kopf der Wirtschaftsbevölkerung;
- zur Charakterisierung der „Gestaltungsmöglichkeiten der Freizeit" die Bevölkerungsdichte;

---

[55] Über die mathematische Formulierung des Modells und über die Aussagefähigkeit insbesondere des Faktors „Urbanisierungsgrad" vgl. *W. H. Somermeijer*, aaO, S. 135 f. Siehe dazu auch die von Vanberg angebrachten Vorbehalte, die sich aus der Art der Messung dieser als entscheidend betrachteten Einflußgröße ergeben. *M. Vanberg*, aaO, S. 97 f.

[56] *M. Vanberg*, aaO, S. 94.

[57] Vgl. *P. G. Jansen*, Zur Theorie der Wanderungen, aaO, S. 160 ff.

[58] Die übrigen ursprünglich in Betracht gezogenen Indikatoren waren:
- Für „bessere Verdienstmöglichkeiten": die relative Veränderung des Brutto-Inlandsproduktes gegenüber einem Basisjahr.
- Für den „Wohnwert": erstens der Wohnungsbesatz und zweitens der Anteil der Wohnungen einer (statistisch ausgewiesenen) besonderen Gebäudeklasse an der Gesamtzahl der Normalwohnungen.
- Für „gruppenspezifische Verhaltensweisen": Anteil der 15- bis 45jährigen an der Wohnbevölkerung sowie der Anteil der Eigentümer- und Eigentumswohnungen an den Normalwohnungen. Vgl. *P. G. Jansen*, aaO, S. 160.

– als Schlüsselgrößen für „gruppenspezifisches Wanderungsverhalten" einmal den Anteil der Vertriebenen sowie zum andern denjenigen der Katholiken an der Gesamtbevölkerung.

Aufgrund dieser ausgewählten Merkmale wurden dann die Wanderungsbewegungen auf Kreisebene in Nordrhein-Westfalen in mehreren Stichjahren überprüft[59]. Uns interessiert weniger das Resultat, als vielmehr die Methode. Dazu ist folgendes zu sagen:

Da Jansen – der Not gehorchend – auf die auf Kreisebene nur spärlich verfügbaren statistischen Unterlagen abstellen mußte, bleibt die *Wahl der Schlüsselindikatoren* sowie deren *Aussagewert umstritten*. Dessen ist sich auch Jansen durchaus bewußt. So weist er unter anderem darauf hin, daß Unterschiede in den Verdienstmöglichkeiten für Wanderungen wohl relevant sind, daß sich aber der Einzelne nicht an aggregierten Daten orientiert, sondern an möglichen Verbesserungen seiner individuellen Person interessiert ist. Unterschiede in der Höhe des durchschnittlichen Brutto-Inlandsproduktes, auf das zurückgegriffen werden mußte, sind aber hiefür wohl kaum der bestmögliche Gradmesser. Ferner ist die Charakterisierung der Freizeitmöglichkeiten allein aufgrund der Bevölkerungsdichte *höchst problematisch* und stellt zweifellos das schwächste Glied in der ausgewählten Ursachenkette dar. Hier könnte man wohl unschwer theoretisch sinnvollere Daten einfügen, so beispielsweise die Erholungsfläche, Klimawerte, besondere Verkehrslage (Anschluß an Autobahnnetz), Kultur- und Freizeitwerte (Theater, Schwimmbäder usw.). Interessant ist ferner, daß bei diesem Modell die Schlüsselgrößen für den „Wohnwert" als weniger erklärungskräftige Faktoren in Erscheinung treten, obschon ähnliche Untersuchungen diesem Wanderungsmotiv erhebliche Bedeutung zumessen[60]. Dagegen ist der Einbezug von Indikatoren der gruppenspezifischen Verhaltensweisen *originell* und prinzipiell mit der von Somermeijer berücksichtigten „sozialen Distanz" vergleichbar. Schließlich ist *grundsätzlich* festzuhalten, daß die rein „statistisch" ermittelte Signifikanz der ausgewählten Variablen *an sich* noch *keine gesicherte Aussage* über die effektiven Kausalitätsbeziehungen zuläßt[61]. Damit solchen Erklärungsversuchen tatsächlich ein erklärender und allenfalls auch prognostischer Wert zugesprochen werden kann, müßten sie unbedingt durch eine theoretische Analyse untermauert werden, die sinnvoll erscheint; sonst bleiben sie im rein deskriptiven Bereich stecken.

Trotz diesen Einwendungen[62] dürfte mit dem Beispiel von Jansen ein *praktikabler Weg* vorgezeichnet sein, auf dem man beim gegenwärtigen Stand der Forschung zu konkreten Wanderungsanalysen gelangen kann.

---

[59] Über die Ergebnisse vgl. *P. G. Jansen*, aaO, S. 161.

[60] So ist beispielsweise die PROGNOS AG – allerdings in einer Analyse der räumlichen Mobilität der Bevölkerung in Westdeutschland – zum Ergebnis gelangt, daß zumindest ein Drittel aller Wanderungen aus wohnungsorientierten Motiven erfolgt. Vgl. Struktur und Motive der Wanderungsbewegungen in der Bundesrepublik Deutschland, Bundesminister des Innern (Hrsg.), Basel 1968, S. 99.

[61] Weil Regressionsanalysen keine Kausalrelationen verifizieren können, vgl. dazu die berechtigten Vorbehalte von *M. Vanberg*, aaO, S. 102 f.

[62] Die auch erklären dürften, weshalb der Korrelationskoeffizient der multiplen Regressionsgleichung mit 0,662 sehr niedrig ausgefallen ist. Siehe *P. G. Jansen*, aaO, S. 161.

2. Arbeitsmarktorientierte Wanderungsanalysen

Den bisher dargelegten praktikablen Analyseverfahren ist gemeinsam, daß sie Wanderungsbewegungen gewissermaßen *autonom* zu erklären versuchen.

Dagegen wird von den Vertretern der nachfolgend zu behandelnden Wanderungsanalysen, die mehr im Zusammenhang mit der Erfassung zukünftiger Entwicklungsmöglichkeiten einer Region stehen, eingewendet, daß räumliche Wanderungsvorgänge *nicht losgelöst* von der *wirtschaftlichen Entwicklung* eines Gebietes erklärbar seien. Denn erfahrungsgemäß würden Wanderungen vorzugsweise der wirtschaftlichen Entwicklung folgen und nicht umgekehrt[63]. Das gemeinsame Bindeglied zwischen dieser postulierten Abhängigkeit von demographischen und ökonomischen Prozessen stellen dann die *Arbeitskräfte* dar. Und weil in hochentwickelten Industriegesellschaften die Arbeitskraft (im Vergleich zu den andern Produktivkräften) zusehends *Minimumfaktor* wird, ist bei der Analyse der regionalen Entwicklungsmöglichkeiten die Neigung zu einer arbeitsmarktorientierten Anlage von Wanderungsanalysen an sich gegeben. Denn, abgesehen vom Ausnutzungsgrad der regional verfügbaren Produktivkräfte, werden offenbar die teilräumlichen Entwicklungsmöglichkeiten in hohem Maße durch die Mobilität bzw. Seßhaftigkeit der heimischen Arbeitskäfte beeinflußt.

Diese Problembetrachtung hat zunächst zu einer Reihe *regional begrenzter Einzelfallstudien* geführt, die auch im Zusammenhang mit den regionalen Entwicklungsmöglichkeiten zu sehen sind, aber keine umfassenden Arbeitsmarktmodelle darstellen. Bei diesen Studien mit ausgesprochen monographischem Charakter[64] steht primär die *spezifische Entwicklungsproblematik einer gegebenen Region* bzw. eines gegebenen Ortes im Vordergrund, wobei versucht wird, die regionalen Veränderungen in Bestand, Verteilung und Struktur des Arbeitsangebotes durch Wanderungen zu klären und daraus auf die Entwicklungschancen der untersuchten Region zu schließen. Methodische Instrumente hierzu bilden *Stichprobenerhebungen* und Befragungen von Wandernden und Seßhaften mit dem Ziel, die Abwanderungs- und Zuwanderungsmotive transparent zu machen und die Ergebnisse mit den spezifischen Merkmalen der ökonomischen, sozialen und geographischen Lage einer Region zu konfrontieren. Dahinter steht die regionalpolitisch verständliche Absicht, Unterlagen für eine *Strategie positiver Wanderungssalden* zu gewinnen. Solche Analysen sind aus einer Reihe von Gründen problematisch:

– *Erstens* stellen sich schwerwiegende methodische Probleme, die mit der Befragungstechnik zusammenhängen. Wenn diese, wie bei den üblichen Testkorrelationen zwischen Alter, Geschlecht, Beruf, Ausbildung, Dauer der Ortsbezogenheit usw. oder

---

[63] Diese Argumentation entspricht der von Gerfin postulierten „Sogtheorie", wonach diejenigen Teilgebiete, deren Expansionskraft aus dem eigenen Arbeitsmarkt nicht befriedigt werden kann, einen ständigen Sog entfalten werden, während die wirtschaftlich schwächeren Räume laufend Bevölkerung abgeben werden. Vgl. *H. Gerfin*, aaO, S. 572 f. Dies besagt an sich noch nicht, daß Wanderungen *ausschließlich* ökonomisch induziert sind und Richtung und Ausmaß gemäß der traditionellen Lehre allein durch interregionale Lohnunterschiede bestimmt werden!

[64] Vgl. dazu die von Vanberg exemplarisch aufgeführten und auf ihren Gehalt hin untersuchten neueren Arbeiten in der BRD: *Infas*, Der Zuzug nach München 1961/62, Bad Godesberg 1962; ferner *W. Zühlke*, Zu- und Abwanderung im Ruhrgebiet 1966, hrsg. vom Siedlungsverband Ruhrkohlenbezirk, Essen 1967; ferner Arbeitsamt Dortmund: Wie steht es um die Mobilität der arbeitslosen Arbeitnehmer. Dortmund 1968.

von Wanderungsbereitschaft, -häufigkeit und -entfernung, zu vordergründig ist, bleiben tiefere Einsichten in die eigentlichen Motivationen versperrt [65].
- *Zweitens* ist festzustellen, daß auch methodisch gut fundierte Motivbefragungen mit einer Analyse der konkreten Verhältnisse verbunden werden müssen, wobei Umfang und Richtung von Wanderungsbewegungen *nicht nur* von den Gegebenheiten im Untersuchungsgebiet selbst abhängen, sondern vielmehr von den *relativen Unterschieden* zu den entsprechenden Verhältnissen in allen andern Gebieten, die für Wegziehende offenstehen bzw. von denen Zuwanderer herkommen [66].

Aus diesen Gründen muß festgehalten werden, daß für die *Analyse spezifischer örtlicher Gegebenheiten* im Rahmen innerregionaler, kleinräumlicher Mobilitätsprozesse monographische Analysen bei *entsprechender methodischer Fundierung* zwar aufschlußreich sein können. Zur Charakterisierung interregionaler Wanderungen im Hinblick auf die teilräumlichen Entwicklungschancen sind diese Verfahren aber immer dann problematisch, wenn die Einflüsse der Globalentwicklung (im nationalen Raum) und die Folgen der engen Verflechtung einer Region mit Nachbargebieten unberücksichtigt bleiben oder nur unvollkommen erfaßt werden [67].

Gerade diesen Gesichtspunkten versucht man im Rahmen *umfassender Arbeitsmarktmodelle* gerecht zu werden: Einerseits will man die engen Beziehungen zwischen Wirtschafts- und Bevölkerungsentwicklung, anderseits die Abhängigkeiten einer Region von den Nachbargebieten operational in den Griff bekommen. Als strategische Variablen erscheinen in diesen Modellen das *Angebot von und die Nachfrage nach Arbeitsplätzen, wobei interregionale Wanderungen nicht direkt untersucht, sondern über* diesen noch zu erläuternden Umweg als Residualgröße ex post bestimmt werden. Auf diese Weise werden die Ursachen von Wanderungssalden als Ungleichgewichte von Arbeitskräftebedarf und Arbeitskräftepotential einer Region interpretiert, ein Ansatz, der nur dann *als Notlösung befriedigt,* wenn neben rein ökonomischen *auch gesellschaftliche Determinanten* mitberücksichtigt werden.

In dieser Richtung hat sich insbesondere die PROGNOS mit einer Reihe umfangreicher Regionaluntersuchungen hervorgetan [68]. Ihre Analyse- und Prognosemodelle basieren im allgemeinen auf den regionalwissenschaftlichen Arbeiten von Gerfin [69] und

---

[65] Vanberg hat am Beispiel der oben zitierten Arbeiten auf eine Reihe wiederkehrender Mängel und Unzulänglichkeiten methodischer Art hingewiesen, die die Aussagefähigkeit solcher Untersuchungen teilweise beträchtlich einschränken. Siehe *M. Vanberg,* aaO, S. 49 ff.

[66] Auch einer neuen Untersuchung der PROGNOS AG haften ähnliche methodische Mängel an. Vgl. Struktur und Motive der Wanderungsbewegungen in der BRD. Hrsg. vom Bundesminister des Innern, Basel 1968.

[67] Gerfin hat darauf hingewiesen, daß sich in der Praxis fast jede Region zukünftige Wanderungsgewinne (oder zumindest Beendigung der Wanderungsverluste) ausrechnet, ohne zu überlegen, woher diese kommen könnten. Wanderungsgewinne einer Region müssen immer Wanderungsverlusten anderer Regionen im gleichen Ausmaß gegenüberstehen. Bei fehlender gesamträumlicher Betrachtung führen deshalb regional isolierte Wanderungsanalysen fast immer zu erheblichen Fehlschlüssen. Vgl. *H. Gerfin,* Gesamtwirtschaftliches Wachstum und regionale Entwicklung, aaO, S. 575.

[68] Exemplarisch sei genannt *D. Schröder,* Strukturwandel, Standortwahl und regionales Wachstum, PROGNOS-Studien 3, Stuttgart 1968 (sowie die darin zitierten weiteren Untersuchungen der PROGNOS).

[69] *H. Gerfin,* Gesamtwirtschaftliches Wachstum und regionale Entwicklung, aaO, S. 565 ff.

im besonderen auf einem von Klaassen[70] entwickelten Arbeitsmarktmodell, das die PROGNOS dann schrittweise erweitert und wesentlich verfeinert hat.

Da diese Verfahren – und namentlich die in neuerer Zeit erfolgten Verfeinerungen der ursprünglichen Modelle – einen praktikablen Weg zur Analyse und Prognose regionaler Entwicklungsprozesse aufzeigen, lohnt es sich, etwas ausführlicher darauf einzugehen. Damit greifen wir zwangsläufig über die Probleme im engeren Bereich der Faktorstruktur hinaus und berühren eine Reihe von Interdependenzen, die zwischen der Produktions- und der Faktorstruktur einerseits, zwischen der Faktor- und der Siedlungsstruktur anderseits bestehen. Solche Überschneidungen sind unausweichlich und für eine realistische Analyse sogar von Vorteil, weil sie wiederholt auf die *engen wechselseitigen Abhängigkeiten* aufmerksam machen, die zwischen den aus methodischen Gründen getrennt dargestellten regionalen Strukturbereichen bestehen. Die Einordnung der Arbeitsmarktmodelle in das Kapitel der *Faktorstruktur* rechtfertigt sich deshalb, weil eindeutig der *Produktionsfaktor Arbeit* (bzw. das Angebot und die Nachfrage nach Arbeitsplätzen) als eine *zweifellos strategische Variable* der regionalen Entwicklung im Zentrum steht.

Auch aus der Sicht der spezifischen Wanderungsforschung kann dieses pragmatische Vorgehen akzeptiert werden, obschon sich dieses auf die Variable „Arbeitsplatz" konzentriert und die Wanderungen, um konkrete Ergebnisse erzielen zu können, vornehmlich ökonomisch, d. h. im Zusammenhang mit der regionalen Arbeitsmarktentwicklung, erklärt. Denn damit wird ja eine Variable gewählt, von der man begründet annehmen kann, daß diese „in jeder Konstellation eines Motivationskomplexes aus existentiellen Gründen miteinbezogen wird"[71].

Versucht man diese Arbeitsmarktmodelle in ihrem breiteren Rahmen einer allgemeinen regionalen Entwicklungsanalyse und -prognose zu charakterisieren, so ist von der durch Gerfin[72] formulierten Grundüberlegung auszugehen. Er machte geltend, daß man hierzu ein Modell der räumlichen Verteilung von Wirtschaft und Bevölkerung innerhalb eines Landes benötigt, das an ein *Wachstumsmodell des gesamten Landes angehängt* ist, wobei letzteres allerdings wesentlich *detaillierter konzipiert* sein muß als die üblichen wachstumstheoretischen Globalmodelle. Am Anfang umfassender Arbeitsmarktmodelle müssen deshalb wirtschaftliche und demographische Prognosen der gesamten Volkswirtschaft stehen, die dann in eine Vorausschätzung des Arbeitskräftebedarfs und des Arbeitskräftepotentials ausmünden und hernach zu regionalisieren sind. Für die weitere Analyse und Prognose der regionalisierten Entwicklung bzw. der unterschiedlichen Entwicklungsmöglichkeiten der Teilgebiete (im Vergleich zur nationalen Volkswirtschaft) sind dann verschiedene, stets verfeinerte Methoden vorgeschlagen worden, die nachfolgend dargestellt werden.

a) Der Gerfinsche Angebots-Ansatz

Ursprünglich schlug Gerfin[73] vor, in Anlehnung an die erläuterten Abweichungs-

---

[70] *L. H. Klaassen,* Area Economic and Social Redevelopment, aaO, insbesondere S. 35 ff.
[71] Vgl. *M. Vanberg,* aaO, S. 74.
[72] Siehe dazu *H. Gerfin,* Gesamtwirtschaftliches Wachstum und regionale Entwicklung, aaO, S. 575.
[73] Vgl. *H. Gerfin,* aaO, S. 565 ff.

analysen [74] die teilräumlichen Entwicklungsunterschiede durch einen *Regionalfaktor* zu erfassen, der sich aus einem *Struktur-* und einem *Standorteffekt* zusammensetzt. Dem lag die Überlegung zugrunde, daß die regionalen Unterschiede in der Beschäftigtenentwicklung zur Hauptsache strukturbedingt seien, und diese Struktureinflüsse mehr oder weniger stark modifiziert würden durch den Einfluß der relativen Standortvor- und -nachteile der einzelnen Teilräume.

Während die Ermittlung des Struktureffektes methodisch einfach zu bewältigen und dessen Vorausschätzung, angehängt an eine Branchenprognose im Gesamtraum, leicht möglich ist [75], bot die Bewältigung des Standorteffektes anfänglich erhebliche Schwierigkeiten. Typisch hiefür ist die Aussage von Schröder, wonach „die Ermittlung des Standorteffekts ... zu den schwierigsten und methodisch am wenigsten fundierten Kapiteln der Regionalprognose" zähle und seine Schätzung deshalb „naiv" erfolgen müsse [76].

Allerdings wurde rasch erkannt, daß es unmöglich wäre, mit diesem Ansatz regionale Entwicklungsunterschiede sowohl zu beschreiben, als auch zu prognostizieren [77]. Insbesondere erwies sich die Annahme, daß regionale Wachstumsunterschiede im wesentlichen strukturbedingt seien, als nicht haltbar. Dadurch steigt die Bedeutung des Standorteffektes, der jedoch in der vorgeschlagenen *aggregierten Form* keinen befriedigenden Ansatz für die Analyse der regionalen Entwicklung bietet. Zudem wurde ein entscheidender Nachteil dieses Ansatzes darin erblickt, daß er *einseitig* auf das *Angebot an Arbeitsplätzen* abstellt und die Nachfrageseite völlig vernachlässigt [78].

Dieser letzte Einwand war für die *Weiterentwicklung* der Arbeitsmarktmodelle *entscheidend*. Wenn nämlich davon ausgegangen wird, daß die räumliche Verteilung der Bevölkerung ökonomisch induziert ist (was nicht bedeutet, daß Wanderungen ausschließlich auf ökonomischen Motiven beruhen!), dann muß diese im Zusammenhang mit dem Angebot *und* der Nachfrage nach Arbeitsplätzen gesehen werden. Denn hier stehen sich zwei *unterschiedliche Determinantenkomplexe* gegenüber: Einerseits die Standortwünsche der Unternehmer und anderseits die Wohnortwünsche der Arbeitskräfte. Da diese wohl nie übereinstimmen, sind stets *latente Ungleichgewichte* der regionalen Arbeitsmärkte gegeben. Um diese auszugleichen, müssen entweder „die Arbeitskräfte ihre Wohnortwünsche den Standortwünschen der Unternehmer anpassen oder umgekehrt die Arbeitsplätze den Arbeitskräften folgen" [79]. Dabei hängt es offensichtlich sehr stark von der *generellen Arbeitsmarktsituation* in einer Volkswirtschaft ab, welche der beiden zumeist divergierenden Kräfte sich stärker durchsetzt. Während bei allgemeiner Unterbeschäftigung die Arbeitskräfte mehr oder weniger bedingungslos den sich bietenden Arbeitsmöglichkeiten folgen müssen, ändert sich dies bei allgemeiner Über-

---

[74] Vgl. dazu die Ausführungen im Kapitel „Analysemöglichkeiten im Bereich der Produktionsstruktur".
[75] Allerdings unter der einschränkenden Arbeitshypothese, daß die Zahl der Arbeitsplätze in den einzelnen Branchen eines Teilraumes sich parallel zum Landesdurchschnitt entwickelt.
[76] D. *Schröder*, Regionale Bevölkerungsprognosen aus der Sicht der Nationalökonomie. In: Die Regionale Bevölkerungsprognose, Methoden und Probleme, Hannover 1965, S. 121 f.
[77] Vgl. dazu und im folgenden D. *Schröder*, Strukturwandel, Standortwahl und regionales Wachstum, aaO, S. 64 ff.
[78] D. *Schröder*, aaO, S. 66 f.
[79] D. *Schröder*, aaO, S. 29.

beschäftigung ganz erheblich. Einerseits haben die Arbeitskräfte in solchen Situationen die Möglichkeit, entweder am bisherigen Wohnort neue Arbeitsmöglichkeiten zu finden, oder aber durch Wanderungen persönliche Wünsche in bezug auf Wohn- und Freizeitbedingungen zu realisieren. Anderseits fehlt damit den Betrieben die unbedingte Gewähr, an ihrem bestehenden Standort den benötigten Arbeitskräftebedarf decken zu können. Sie werden zunächst versuchen, durch Lohnerhöhungen zusätzliche Anreize zu bieten und den Arbeitskräftebedarf durch vermehrte Mechanisierungs- und Rationalisierungsanstrengungen so gering wie möglich zu halten. Reichen diese Maßnahmen nicht aus, werden auch sie gezwungen, ihre Standorte in solche Regionen zu verlagern, die aus der Perspektive der Arbeitskräfte bevorzugte Wanderungsziele sind[80]. Da diese Situation aller Voraussicht nach inskünftig die Arbeitsmarktverhältnisse in der Schweiz prägen wird, erhellt, daß ein *einseitig* auf das *Angebot an Arbeitsplätzen* abstellendes Modell *nicht befriedigt*.

b) Der Klaassensche Angebots-Nachfrage-Ansatz

In der Folge hat Klaassen[81] ein Arbeitsmarktmodell entwickelt, welches sowohl das *Angebot von* als auch die *Nachfrage* nach Arbeitsplätzen (bzw. Arbeitskräften) berücksichtigt und – als zusätzliche Ergänzung – die teilräumlichen Entwicklungsunterschiede auf sogenannte *Standortverlagerungseffekte* zurückführt, die durch regionale Lohnunterschiede induziert werden.

Die Grundannahmen dieses Erklärungsversuches sind einfach und einleuchtend zugleich[82]: Das Angebot an *potentiellen Arbeitsplätzen* (bzw. die Nachfrage nach Arbeitskräften) in einer Region hängt – zunächst analog zum Ansatz von Gerfin – von einem *Struktureffekt* ab. Dieser erfaßt die Zahl der Arbeitsplätze, die dann entstünde, wenn jede Branche der Region wie im Landesdurchschnitt wachsen würde. Hinzu kommt, daß das effektive Angebot um einen potentiellen *Standortverlagerungseffekt* erhöht oder vermindert wird, der – nach Klaassen – durch regionale Lohnunterschiede induziert wird[83]. Die *Nachfrage nach Arbeitsplätzen* (bzw. das Angebot an Arbeitskräften) führt Klaassen zunächst auf den sogenannten *Erwerbsfaktor* zurück. Dieser erfaßt das aus der natürlichen Bevölkerungsentwicklung hervorgehende Arbeitskräftepotential, welches – ähnlich der strukturbedingten Angebotsseite – durch einen *Wanderungssaldo* erhöht oder vermindert wird, der durch die Differenz zwischen regionalem und gesamtwirtschaftlichem *Lohnniveau* erklärt wird. Klaassen geht somit von der *simplifizierten Annahme* aus, daß nur das Lohngefälle (welches im Sinne eines per-Saldo-Einflusses aller nicht direkt erfaßten Einflußfaktoren interpretiert werden kann) sowohl für Betriebsverlagerungen und/oder für die Standortwahl von Neugründungen als auch für Wanderungen der Arbeitskräfte maßgeblich sei. Nach diesem An-

---

[80] Vgl. *D. Schröder,* aaO, S. 30.

[81] *L. H. Klaassen,* Area Economic and Social Redevelopment, aaO, insbesondere S. 35 ff.

[82] Über die mathematische Darstellung sowie den Test des Modells am Beispiel belgischer Provinzen sei auf Klaassen verwiesen. Eine vereinfachte Darstellung findet sich ferner bei *D. Schröder,* Zur Methodik der Regionalanalyse, in: *H. K. Schneider* (Hrsg.), Prognostechniken in der Regionalplanung, Münster 1968.

[83] Dieser Standortverlagerungseffekt unterstellt, daß die Unternehmer dort mehr Arbeitsplätze anbieten werden, wo ein durchschnittlich niedriges Lohnniveau besteht und umgekehrt.

satz resultiert das Lohngefälle einzig aus regionalen Ungleichgewichten des Arbeitsmarktes und ist somit Ausdruck bestimmter teilräumlicher Angebots- und Nachfragekonstellationen [84]. Ein Gleichgewicht, bei dem das Angebot der Nachfrage entspricht, wird nach diesem Modell dadurch erreichbar, daß sich nicht nur die Betriebe, sondern auch die Erwerbspersonen entsprechend dem Lohngefälle verteilen.

Durch die Verknüpfung dieser Ausgangsthesen (die mathematisch durch einfache Verhaltensgleichungen ausgedrückt werden können) [85] und der postulierten Gleichgewichtsbedingungen (Angebot = Nachfrage) formuliert Klaassen ein Modell, das die regional verfügbaren Arbeitsplätze (und damit die Entwicklungsmöglichkeiten der Teilgebiete) aus dem *Struktur- und Erwerbsfaktor* erklärt. So läßt sich beispielsweise ableiten, daß die effektive Beschäftigtenzahl einer Region um so höher ist, je höher der Strukturfaktor und der Erwerbsfaktor sind. Die Einflußstärke der beiden erklärenden Faktoren werden durch einen Parameter ausgedrückt, der – nach der Modellannahme – gewissermaßen die *Lohnempfindlichkeit* der Betriebe bzw. der Erwerbstätigen mißt. Verallgemeinert man diese Aussage, so entspricht die Lohnempfindlichkeit der Erwerbstätigen der *Mobilität des Produktionsfaktors Arbeit* und jene der Betriebe der *Mobilität des Kapitals*. Welcher der beiden Faktoren sich jeweils stärker durchsetzt, hängt von der Größe dieser Parameter ab.

Das Hervorstechende dieses originellen Ansatzes von Klaassen liegt in der Berücksichtigung des *Erwerbsfaktors*, was ihm durch die gleichzeitige Verknüpfung von Angebots- und Nachfrageseite gelingt. Dagegen vermag die These, daß allein die Lohnempfindlichkeit Standortverlagerungseffekte sowohl der Betriebe als auch der Erwerbenden bestimmt, *nicht zu überzeugen,* obschon dieser Faktor zweifellos mitspielt. Denn die gegenteilige Annahme einer vollkommenen Lohnunempfindlichkeit sowohl der Betriebe als auch der Arbeitskräfte wäre wohl ebenso unrealistisch, wenn man sich den hohen Personalkostenanteil in der Industrie und die effektiv bestehenden interregionalen Lohnunterschiede vor Augen führt [86]. Vielmehr muß diese „Lohnunempfindlichkeit" bei Klaassen – ähnlich dem hochaggregierten „Standorteffekt" bei Gerfin – in *zusätzliche Elemente aufgegliedert* bzw. weiter desaggregiert werden, um zu einer realistischen Analyse zu gelangen.

c) Das erweiterte Analysemodell der PROGNOS

Gestützt auf die Erkenntnis, daß außer Lohnunterschieden noch andere Faktoren Standortverlagerungen von Betrieben und Wohnortverlagerungen von Arbeitskräften beeinflussen, hat die PROGNOS in einer neuen Studie den methodischen Ansatz von Klaassen übernommen und diesen in *zweifacher Hinsicht* wesentlich verfeinert [87]:

---

[84] Vgl. *W. G. Hoffmann,* Die industriellen Lohnrelationen, in: *H. König* (Hrsg.), Wandlungen der Wirtschaftsstruktur in der Bundesrepublik Deutschland, Berlin 1962, S. 67 ff. (zitiert aus: *D. Schröder,* aaO, S. 12).

[85] Vgl. dazu *D. Schröder,* aaO, S. 11 ff.

[86] Dies kann empirisch unschwer belegt werden. So hat Hoffmann nachgewiesen, daß der durchschnittliche Personalkostenanteil der Industrie in der BRD mehr als 20 % ausmacht. Vgl. *W. G. Hoffmann,* aaO. In der Schweiz dürfte dieser Satz noch höher liegen. Über die interregionalen Lohnunterschiede in der Schweiz sei auf die dargelegten Ergebnisse der kantonalen Volkseinkommensberechnungen verwiesen.

[87] Vgl. PROGNOS Report 3, aaO, insbesondere S. 69 ff.

- Einmal werden die von Klaassen formulierten Verhaltensgleichungen in der Weise erweitert, als neben der „Lohnempfindlichkeit" der Betriebe und der Erwerbstätigen eine spezielle *Attraktivitätsempfindlichkeit der Arbeitskräfte* (unabhängig vom Arbeitsplatzangebot) und eine *Standortempfindlichkeit der Betriebe* (unabhängig von der Verfügbarkeit von Arbeitskräften) mit berücksichtigt werden. Als Ergebnis resultiert ein Ausgangsmodell der regionalen Entwicklung, welches neben dem Struktur- und dem Erwerbsfaktor zusätzlich die *relative Wohnortgunst* (Wohnortfaktor) für Arbeitskräfte und die *relative Standortgunst* (Standortfaktor) für Betriebe direkt zum Gegenstand der Analyse erhebt.
- Anderseits hat man die Wirtschaftszweige (und Betriebe) nach *typischen standortprägenden Eigenschaften* unterteilt, weil das Arbeitsmarktmodell *nur* für solche Branchen und Betriebe einen geeigneten Analyse- und Prognoseansatz bieten kann, deren Standortwahl in *erster Linie* durch die *Arbeitsmarktsituation* bestimmt wird. PROGNOS unterscheidet deshalb nach Grund- und Folgebereichen[88] und innerhalb der Grundbereiche nach standortabhängigen und standortunabhängigen Branchen. Während die non-basic Sektoren (Baugewerbe, Handwerk, Dienstleistungszweige) grundsätzlich der regionalen Beschäftigten- und Bevölkerungsentwicklung folgen und deren Entwicklung deshalb als unabhängig von den basic-Sektoren betrachtet werden kann, müssen von den letzteren selbst die Standortabhängigen (dazu zählt die PROGNOS neben den eigentlichen Grundstoffindustrien auch die Landwirtschaft) ausgeklammert werden. Denn für diese Bereiche spielen Faktoren wie Bodenschätze, Energiepreise und Transportkosten im Vergleich zu den im Arbeitsmarktmodell berücksichtigten Standortbestimmungsfaktoren eine ungleich bedeutsamere Rolle.

Somit verbleiben die *standortunabhängigen Grundbereiche* – im wesentlichen das Gros der verarbeitenden Industrie –, da diese, von einigen Ausnahmen abgesehen, im allgemeinen transportkosten*unempfindlich* sind, dafür aber eine *relative Arbeitsmarktempfindlichkeit* aufweisen. Es sind dies jene Industriebereiche, zu deren Analyse und Prognose sich das Arbeitsmarktmodell eignet. Beschäftigungsmäßig stellen sie immerhin den Hauptanteil des gesamten industriellen Bereichs[89] dar.

Wenden wir uns nochmals der Erweiterung des Analysemodells (Einbezug von Wohnort- und Standortfaktor) und den einzelnen Modellvariablen zu[90]. In vereinfachter Schreibweise kann der postulierte Zusammenhang zwischen regionalen Wachstumsunterschieden in der Beschäftigung und den erklärenden Variablen wie folgt dargestellt werden[91]:

---

[88] Die Unterscheidung in basic und non-basic Sektoren machte auch Klaassen. Darauf wurde bei der Darlegung seines Modells aus Gründen der Vereinfachung nicht eingegangen. Vgl. *L. H. Klaassen*, aaO, S. 43.

[89] Auf die unterschiedliche Analyse- und Prognosemethode der nicht mit dem Arbeitsmarktmodell vorausgeschätzten Bereiche soll hier nicht näher eingegangen werden. Man vergleiche dazu die entsprechenden Erläuterungen im PROGNOS-Bericht selbst. *D. Schröder*, aaO, S. 74 ff.

[90] Über die genaue Definition der Modellvariablen vgl. *D. Schröder*, aaO, S. 177.

[91] Im Modell werden nicht die absoluten Größen, sondern die Logarithmen der Variablen benützt, weil sich dadurch beim statistischen Test bessere Ergebnisse ergaben. *D. Schröder*, aaO, S. 78.

$$Y = a_1x_1 + a_2x_2 + a_3x_3 + a_4x_4$$

Es bedeuten: Y = Regionalfaktor der standortunabhängigen Basisindustrien
x_1 = Strukturfaktor der standortunabhängigen Basisindustrien
x_2 = Erwerbsfaktor der Regionen
x_3 = Standortfaktor
x_4 = Wohnortfaktor
$a_1, a_2 \ldots a_4$ = Parameter, die die Einflußstärke der einzelnen Variablen zum Ausdruck bringen.

Die *Regional-* und *Strukturfaktoren* sind uns aus der von Gerfin übernommenen Abweichungsanalyse bekannt; der *Erwerbsfaktor* wurde beim Modell Klaassen erläutert. Beide Variablen, Struktur- und Erwerbsfaktor, sind rechnerisch leicht zu bewältigen. Sie besagen, daß die regionale Beschäftigtenentwicklung (gemessen als Abweichung von derjenigen im Landesdurchschnitt) von der unterschiedlichen Branchenstruktur der Teilgebiete (Strukturfaktor) und von dem aus der natürlichen Bevölkerungsentwicklung zu erwartenden Arbeitskräftepotential (Erwerbsfaktor) beeinflußt wird.

Unser Interesse gilt im folgenden den beiden übrigen Variablen, dem sogenannten *Standort-* und dem *Wohnortfaktor*. Denn hier entstehen zusätzliche und teilweise noch nicht befriedigend lösbare Meß- und Gewichtungsprobleme[92]. Damit der Einbezug dieser zusätzlichen Erklärungsfaktoren sinnvoll wird, muß es gelingen, *erstens* brauchbare Größen zu finden, mit denen die relative Standort- und Wohnortgunst überhaupt erst gemessen und *zweitens* die Einflußstärke dieser Faktoren richtig gewichtet werden kann. Zu diesem Zweck hat die PROGNOS in einem ersten Schritt den Standort- und Wohnortfaktor in je 9 Teilgrößen aufgespalten und versucht, diese mittels umfangreicher Schätzungs- und Berechnungsverfahren quantitativ zu erfassen[93]. Obschon diese Bemühungen nicht durchwegs befriedigend ausgefallen sind, bieten die dargelegten Ansätze eine Fülle praktisch verwertbarer Anregungen. Im einzelnen wurden die folgenden Standort- und Wohnortfaktoren ausgewählt[94]:

1. Standortfaktoren	Gewicht
1.1. Steuerhebesatz (Steuerfuß)	8
1.2. Verfügbarkeit an Fläche	7
1.3. Schnellverkehrsverbindungen	6
1.4. Versorgung mit zentralen Diensten	5
1.5. Qualität der interregionalen Infrastruktur	4

---

[92] Diese Probleme der Quantifizierung qualitativer Faktoren sind teilweise bereits im Zusammenhang mit der Erstellung regionaler Standortkataloge zur Sprache gekommen.
[93] Die PROGNOS betont zu Recht, daß insbesondere jene Faktoren, die eine Region „attraktiv" machen (also die Wohnortfaktoren), im Grunde genommen durch soziologische oder sozialpsychologische Untersuchungen geklärt werden müßten, daß es indessen für eine erste, grobe Analyse durchaus genüge, eine subjektive Vorauswahl der offensichtlich relevanten Faktoren zu treffen und deren Einfluß dann in der Analyse zu prüfen. Denn das Hauptproblem läge nicht darin, daß wesentliche Faktoren übersehen würden – diese sind ja größtenteils bekannt, sonst wären sie nicht wirksam –, sondern vielmehr im Problem, diese zumeist qualitativen Faktoren in geeigneter Form zu quantifizieren.
[94] Vgl. dazu *D. Schröder,* aaO, S. 179.

1.6. Potentialindex	3
1.7. Innerregionale Straßennetzdichte	2
1.8. Energiepreis	1
1.9. Abweichung von der optimalen Siedlungsdichte	–

2. *Wohnfaktoren*

2.1. Qualität der Wohnungsversorgung	8
2.2. Klimaindex	7
2.3. Naherholung	6
2.4. Schulbildung	5
2.5. Quantitative Wohnungsversorgung	4
2.6. Kultur	3
2.7. Soziale Infrastruktur	2
2.8. Hochschulversorgung	1
2.9. Wohnungsmiete	–

Bot bereits die Quantifizierung dieser Größen erhebliche Schwierigkeiten, so brachte der anschließende Test der einzelnen Faktoren in Regressionsanalysen *keine* brauchbaren Ergebnisse. Weder gelang es, den Einfluß aller Faktoren in einer Mehrfachregression simultan zu bestimmen (was angesichts der Wahrscheinlichkeit hoher Interkorrelationen vieler Faktoren nicht überrascht), noch konnte, von einer Zweifachregression ausgehend und mittels stufenweiser Erweiterung um jeweils eine zusätzliche Variable, eine signifikante Faktorauswahl gefunden werden [95]. Aus diesem Grunde faßte die PROGNOS die einzelnen Standort- und Strukturfaktoren jeweils behelfsmäßig zu einem gewogenen Durchschnitt zusammen, wobei die einzelnen Faktoren nach ihrer erkannten oder vermuteten Bedeutung geordnet und – mangels exakter Anhaltspunkte – mit den oben aufgeführten *Gewichtungen* versehen wurden [96].

Beim anschließenden Test des derart konzipierten Arbeitsmarktmodells in der Bundesrepublik Deutschland in den Jahren 1950–1956 und 1956–1962 ergaben sich dann unterschiedliche, jedoch *typische* und im allgemeinen erwartete Resultate. Die regionalen Wachstumsunterschiede konnten danach wie folgt durch die einzelnen Variablen erklärt werden (gerundete Prozentsätze) [97]:

Einflußfaktoren	1950–1956	1956–1962
	\multicolumn{2}{c}{Einflußstärke in Prozenten}
	in Periode I	in Periode II
Erwerbsfaktor	10	41
Strukturfaktor	60	38
Wohnortfaktor	0	21
Standortfaktor	30	0

Diese Testergebnisse sind – trotz unumgänglichen Unzulänglichkeiten insbesondere bei der Bewertung des Wohnortfaktors – sehr *aufschlußreich*, besonders im Hinblick auf die veränderten Wirkungen der einzelnen Faktoren in den zwei Testperioden.

---

[95] *D. Schröder*, aaO, S. 180 f.
[96] Ebenda, S. 179.
[97] Ebenda, S. 183.

Daraus ist zu entnehmen, daß sich der Wert der einzelnen Parameter ($a_1, a_2 \ldots a_4$) beträchtlich verändert hat. Bei näherem Hinsehen findet man eine *empirische Bestätigung* der Ausgangshypothesen, wonach *erstens* die Wirkung einzelner Variablen sehr stark von der *jeweiligen generellen Arbeitsmarktsituation abhängt,* und *zweitens* sich, auf längere Sicht betrachtet, in hochentwickelten Industriegesellschaften eine *Umgewichtung in den Bestimmungsfaktoren des gesamtwirtschaftlichen Standortaufbaus* durchsetzt, die *typische Züge* trägt.

Die wichtigsten hiervon sind [98]:
- eine *sinkende Lohnempfindlichkeit* der Arbeitskräfte bei steigendem Lohnniveau, entsprechend dem Gesetz des abnehmenden Grenznutzens;
- eine *wachsende Attraktivitätsempfindlichkeit* der Arbeitskräfte bei steigendem Lohnniveau und vermehrter Freizeit, sowie
- eine *abnehmende Standortempfindlichkeit* der Betriebe allein schon aus strukturellen Gründen (wachsender Anteil der standortunabhängigen Branchen an der Gesamtindustrie).

Diese Trends, die immerhin drei der vier im Modell berücksichtigten Parameter betreffen, bewirken im einzelnen, vor allem jedoch in ihrem Zusammenwirken, ein *tendenziell steigende Durchsetzungskraft der Wohnortwünsche* der Arbeitskräfte. Die Ergebnisse der empirischen Überprüfung des Arbeitsmarktmodells bestätigen diese Tendenz: In der zweiten Testperiode ist der Wohnorteinfluß beträchtlich angestiegen.

Allerdings dürfen die starken Veränderungen der Parameter in den zwei Untersuchungszeiträumen nicht allein auf diese typischen Trends zurückgeführt werden. Vielmehr sind diese durch den Einfluß der unterschiedlichen, generellen Arbeitsmarktsituation überlagert. So ist darauf hinzuweisen, daß der gewählte Untersuchungszeitraum in der ersten Periode (1950–1956) eine solche mit hoher Arbeitslosigkeit in der Bundesrepublik Deutschland und in der zweiten Periode (1956–1962) eine solche mit zunehmender Überbeschäftigung erfaßt. Um so deutlicher treten deshalb die unterschiedlichen Auswirkungen zu Tage, die auf die veränderte generelle Arbeitsmarktsituation zurückzuführen sind: In der *ersten* Periode überwiegt der Einfluß des *Struktur- und Standortfaktors,* während derjenige des Erwerbsfaktors gering und der Einfluß des Wohnortfaktors praktisch gleich Null ist. Dies zeigt, daß bei *Unterbeschäftigung* für die tatsächliche Entwicklung die *Nachfrage nach Arbeitsplätzen* entscheidend ist. Anders in der *zweiten* Periode: Jetzt geht der Einfluß des Strukturfaktors stark zurück, dagegen *steigt der Erwerbseinfluß* und insbesondere derjenige des *Wohnortfaktors,* also die typische Situation, bei der nunmehr das *Angebot* an Arbeitskräften über die weitere Entwicklung entscheidet [99].

Zwar bieten diese Überlegungen – wie die PROGNOS selbst betont – keine wesentlich neue Erkenntnisse. Sie belegen indessen, daß sich das entwickelte Arbeitsmarktmodell (für die Analyse und Prognose der standortunabhängigen Industriezweige!) als *realitätskonform* erweist.

Erinnert man sich der früheren Feststellung, wonach die der zweiten Untersuchungsperiode zugrunde liegende generelle Arbeitsmarktsituation auch für die Schweiz ins-

---

[98] Vgl. hierzu die Begründungen bei *D. Schröder,* aaO, S. 70.
[99] Vgl. *D. Schröder,* aaO, S. 71.

künftig die Normalsituation sein wird, so lassen sich daraus höchst bedeutsame Schlußfolgerungen für die regionale Entwicklung in unserem Lande ziehen.

Abschließend kann nunmehr das Vorgehen der PROGNOS zur Analyse und Vorausschätzung der regionalen Wirtschafts- und Bevölkerungsentwicklung wie folgt skizziert werden:

— Am Anfang steht eine vorgelagerte *gesamträumliche* Prognose von Arbeitskräftebedarf und Arbeitskräftepotential, wobei die Bedarfsprognose nach der erwähnten Gliederung erfolgt, d. h. getrennt nach Grund- und Folgebereichen einerseits, sowie nach standortabhängigen und standortunabhängigen Basisindustrien anderseits.

— Auf regionaler Ebene wird dann der Arbeitskräftebedarf zunächst — gestützt auf die gesamträumlichen Entwicklungsprognosen der *standortunabhängigen* Industrien — aus dem Struktureffekt, dem Erwerbsfaktor und der relativen Standort- und Wohnortgunst vorausgeschätzt. Die Beschäftigungsprognose der *standortabhängigen* Industriezweige erfolgt autonom, jene der Folgebereiche als Funktion der Basisindustrien [100].

— Diese teilräumlichen Beschäftigungsprognosen werden in einem nächsten Schritt einer Prognose des Arbeitskräftepotentials gegenübergestellt, die aus der regionalen Bevölkerung (ohne Wanderungen) nach Alter, Geschlecht und altersspezifischer Erwerbsquote abgeleitet wird.

— Aus dem Vergleich von prognostiziertem Arbeitskräftebedarf und Arbeitskräftepotential resultiert schließlich der Wanderungssaldo (Differenz zwischen den beiden Größen)[101]. Liegen diese regionalen Prognosen für alle Teilräume vor — und nur dann rechtfertigt sich dieses aufwendige Vorgehen — so kann abschließend eine Kontrolle des Ausgleichs aller regionalen Wanderungssalden mit der gesamträumlichen Binnenwanderung erfolgen.

Eingangs wurde festgehalten, daß mit diesem Arbeitsmarktmodell ein praktikables Verfahren angeboten werde, das in dieser oder ähnlicher Form nicht nur tiefere Einsichten in die teilräumlichen Wanderungsvorgänge des Produktionsfaktors Arbeit ermögliche, sondern darüber hinaus im Sinne einer ersten, gesamtregionalen Strukturbetrachtung mögliche Entwicklungsperspektiven der Teilgebiete aufzuzeigen vermag. Aus diesem Grunde kann dieses Verfahren von erheblicher regionalpolitischer Relevanz sein, weshalb es sich rechtfertigt, abschließend dessen Vor- und Nachteile noch besonders hervorzuheben.

3. *Beurteilung der Arbeitsmarktmodelle*

Versucht man die Vor- und Nachteile festzuhalten, die das von der PROGNOS vorgelegte Arbeitsmarktmodell zur Erklärung und Vorausschätzung regionaler Entwicklungsprozesse aufweist, so muß von folgenden Überlegungen ausgegangen werden:

---

[100] Vgl. *D. Schröder*, aaO, S. 74 ff. Die erkannten säkularen Trendentwicklungen dienen dann für eine sinnvolle Korrektur der Parameter für den gewählten Prognosezeitraum. Für den Zeitraum 1962–1980 hat die PROGNOS diese (für die Bundesrepublik Deutschland) wie folgt festgelegt: Einfluß von Strukturfaktor 23 %, Erwerbsfaktor 27 %, Wohnortfaktor 50 %. Vgl. *D. Schröder*, aaO, S. 186.

[101] Dabei muß allerdings noch die zu erwartende Pendelwanderung mitberücksichtigt werden, die hier vereinfachend ausgeklammert bleibt.

— Grundvoraussetzungen für die Zuverlässigkeit der auf diese Weise gewonnenen Ergebnisse sind einerseits die richtige Vorausschätzung der *gesamtwirtschaftlichen* und *branchenspezifischen Entwicklung im Gesamtgebiet,* sowie anderseits die richtige *Erfassung und Gewichtung des Einflusses jener Faktoren,* auf die regional unterschiedliche Entwicklungsmöglichkeiten zurückgeführt werden [102].

Dies macht auf zwei unterschiedliche, fundamentale Problembereiche aufmerksam. Einmal ist das vorgeschlagene Analyse- und Prognoseverfahren *sehr aufwendig* und verlangt wegen der vorgeschalteten, gesamträumlichen Prognosen einen enormen Rechenaufwand. Darin liegt ohne Zweifel ein Nachteil dieses Verfahrens[103]. Zum andern stellen sich die erwähnten Bewertungsprobleme, insbesondere bei den Determinantenkomplexen der regional unterschiedlichen *Standort-* und *Wohnortgunst.* Hier ist festzuhalten, daß sowohl Lücken im benötigten Informationsmaterial als auch Unzulänglichkeiten im methodisch verfügbaren Instrumentarium dazu geführt haben, daß bisher weder die rein systemorientierte Betrachtungsweise noch die individualtheoretische Motivationsforschung gebrauchsfertige Analyserezepte vorzulegen vermochte. Da die Regionalforschung jedoch auf konkrete und praktisch verwertbare Aussagen angewiesen ist, muß beim gegenwärtigen Erkenntnisstand ein *wenn auch behelfsmäßiger,* so doch *praktikabler Mittelweg* zwischen den beiden Forschungsrichtungen gesucht und gefunden werden. Gerade dies bietet das PROGNOS-Modell: Zur Diskussion wird ein Ansatz gestellt, mit dem nicht nur die bisher vorliegenden theoretischen Erkenntnisse über die räumliche Verteilung von Wirtschaft und Bevölkerung in einen systematischen Zusammenhang gebracht werden können, sondern der darüber hinaus operational ist und Raum für mannigfache Erweiterungen bietet, weshalb dieses Basismodell mit zunehmendem Erkenntnisstand laufend verbessert werden kann.

Das sind nach unserem Dafürhalten *entscheidend ins Gewicht fallende Vorzüge* dieser Modellanalyse, die zwar nicht über die bestehenden Mängel hinwegzutäuschen vermögen, die erwähnten Nachteile jedoch eindeutig überwiegen.

— Die oft geäußerte Kritik, die Grundannahme von ökonomisch induzierten Wanderungsvorgängen sei falsch und deshalb das ganze Analyseverfahren fragwürdig, erweist sich aus der soeben erläuterten Perspektive als *vordergründig,* in Anbetracht des versuchten Einbezugs der Standort- und insbesondere der Wohnortfaktoren. Wenn diese Bemühungen noch nicht durchwegs befriedigend gelöst werden konnten, so spricht das nicht gegen den *gewählten Ansatz an sich,* sondern illustriert vielmehr das bisherige Unvermögen der spezifischen Wanderungs- und Motivationsforschung, die zweifellos komplizierten, soziologisch und sozialpsychologisch motivierten Entscheidungsvorgänge in meßbare Kategorien zu transformieren und dadurch einer quantitativen Analyse zugänglich zu machen. Fortschreitende Erkenntnisse in der Bewertung der Standort- und Wohnortfaktoren [104] werden deshalb auch zu wesentlichen Verfeinerungen der Arbeitsmarktmodelle führen.

---

[102] Vgl. *K. Schwarz,* Analyse der räumlichen Bevölkerungsbewegung, aaO, S. 118.
[103] Dieser Einwand könnte entscheidend dadurch gemildert werden, daß gesamtwirtschaftliche Globalprognosen, die heute in praktisch allen Industriestaaten von amtlichen und privaten Forschungsstellen erarbeitet werden, in ihrer strukturellen Gliederung vermehrt auf die spezifischen Bedürfnisse der regionalwissenschaftlichen Fragestellungen ausgerichtet würden.
[104] Etwa in der Art, wie sie von Somermeijer und Jansen aufgezeigt worden sind.

- Ein *berechtigter* Einwand gegen das PROGNOS-Verfahren liegt jedoch in der Feststellung, daß die zugrunde liegende Angebotsfunktion an Arbeitsplätzen nur die *quantitativen Aspekte* berücksichtigt und die qualitative Arbeitsplatzstruktur vernachlässigt (z. B. soziale Sicherheit der Arbeitsplätze, Aufstiegsmöglichkeiten usw.) [105]. Allerdings weist die PROGNOS selbst darauf hin, daß eine erwünschte Aufspaltung der Erwerbstätigen nach unterschiedlichen Berufsspezifikationen, (um der Tatsache gerecht zu werden, daß Arbeitsplätze und Erwerbstätige ja nicht beliebig austauschbar sind, vorderhand einzig am fehlenden regionalstatistischen Grundmaterial scheitert [106].
- Ein weiterer Einwand betrifft die Tatsache, daß dieses Analysemodell primär auf die *Industriebeschäftigten* abstellt und den tertiären Sektor recht oberflächlich behandelt. Denn die tertiären Arbeitsplätze werden – weil zum nonbasic Sektor zählend – lediglich in einer Art *Zuschlagsverfahren* zur regionalen Entwicklung der Basisbereiche global in Rechnung gestellt. Dies kann angesichts ihrer wachsenden zahlenmäßigen Bedeutung ohne Zweifel nicht befriedigen. Hier wäre eine Theorie der regionalen Verteilung der Folgebereiche dringend notwendig [107].
- Mit einem letzten, allerdings generellen Vorbehalt soll diese Kritik abgeschlossen werden. Es betrifft dies die eingangs erwähnte Frage nach der „richtigen" Vorausschätzung der vorgelagerten gesamträumlichen Prognosen sowie deren Verknüpfung mit den Teilgebieten eines Landes. Hier muß beachtet werden, daß gesamtwirtschaftliche Entwicklungsperspektiven (so z. B. die branchenmäßige Produktivitäts- und Beschäftigtenprognose) vielfach nur *mittels Trendextrapolationen* unter Berücksichtigung bestimmter wirtschaftspolitischer Rahmenbedingungen [108] erarbeitet werden können. Allfällige Fehlerbereiche der globalen Prognose werden aber *direkt* auf die regionale Ebene übertragen. Auch die durch den Strukturfaktor gemessene Verknüpfung der globalen mit der teilräumlichen Entwicklung basiert auf Trendextrapolationen, die erhebliche Fehlerquellen beinhalten können. Denn es wird ja unterstellt, daß Abweichungen zwischen der regionalen und der gesamträumlichen Vergangenheitsentwicklung auch für die Zukunft gültig bleiben – eine Problematik, die anläßlich der Darstellung der Abweichungs-Analysen im Bereich der Produktionsstruktur eingehend erörtert wurde.

Trotz dieser Vorbehalte muß das PROGNOS-Verfahren als ein gelungener Versuch gewertet werden, jene Richtung aufzuzeigen, in der die zukünftige regionalwissenschaftliche Forschung im Bereich der Faktorstruktur *schwergewichtig* vorangetrieben werden sollte.

D. Zusammenfassung: Ergebnisse für die Regionalpolitik

1. Im vorstehenden Kapitel wurde versucht, Ansätze für praktikable Analyseverfahren im Bereich der Faktorstruktur aufzuzeigen. Wir sind dabei sehr einschränkend vorgegangen und haben uns auf den Faktor Arbeit und eine regionalpolitisch allerdings

---

[105] Vgl. *M. Vanberg,* aaO, S. 74.   [106] *D. Schröder,* aaO, S. 79.
[107] Das Vorgehen der PROGNOS basiert auf der erwähnten Exportbasis-Theorie.
[108] Exemplarisch können – im Falle der Schweiz – die Maßnahmen gegenüber den ausländischen Arbeitskräften erwähnt werden.

bedeutsame Form der Mobilität, nämlich die interregionale Wanderung, konzentriert, wohl wissend, daß auch die regionale Verfügbarkeit der übrigen Produktionsfaktoren (Boden, Kapital, technisches Wissen) nach Art, Menge und Kombination das regionale Leistungspotential bestimmt. Zudem beschränkten wir uns auf die quantitativen Aspekte und zeigten lediglich am Rande auf, welche Bedeutung auch der qualitativen Struktur des verfügbaren Arbeitspotentials zukommt. Hier sei festgehalten, daß die letztere durch den allgemeinen Bildungs- und Ausbildungsstand geprägt wird und dieser seinerseits die Wanderungen sehr stark beeinflußt [109]. Wegen des allgemeinen Trends zu höherer Ausbildung werden deshalb auch von dieser Seite her Umfang und Bedeutung der interregionalen Mobilität der Arbeitskräfte und deren Konsequenzen für die teilräumliche Entwicklung zunehmen.

2. Die erklärte Eingrenzung des Problembereichs erscheint aber sinnvoll. In Zukunft werden aller Voraussicht nach die verfügbaren Arbeitskräfte zum Minimumfaktor der potentiellen Entwicklung. Daher ist die Frage von entscheidender Bedeutung, inwieweit es angesichts der wachsenden Mobilität gelingt, Arbeitskräfte in der benötigten Art, Menge und Qualität regional zu binden. Dies setzt voraus, daß die Auswirkungen von Wanderungen auf die regionale Wirtschaftsstruktur sowie jene Faktoren untersucht werden, die zu Wanderungsvorgängen führen und die die Wanderungsrichtung beeinflussen. Eine gewisse Sonderstellung des Faktors Arbeit ergibt sich zudem aus eher praktischen Erwägungen, weil allein über diesen Produktionsfaktor verläßliche statistische Unterlagen in einer auch regional ansprechenden Tiefengliederung vorliegen. Aus diesen Gründen ist es verständlich, daß realitätsbezogene und der praktischen Analyse zugängliche Untersuchungsmethoden in erster Linie im Bereich des Produktionsfaktors Arbeit und über dessen Mobilität erarbeitet werden sollten.

3. Die Diskussion möglicher theoretischer Ansatzpunkte für Wanderungsanalysen ließ zwei unterschiedliche Forschungsrichtungen erkennen: Einerseits eine eher systembezogene Wanderungsforschung, mit der man versucht, das Ausmaß interregionaler Wanderungsströme im Rahmen quantitativer Modellanalysen als Funktion bestimmter ökonomischer und sozialer Zusammenhänge zu bestimmen; anderseits eine individualtheoretische Wanderungsforschung, die Aufschluß über die persönlichen Wanderungsmotive geben will, seien diese nun sozialer, soziologischer oder sozialpsychologischer Art, oder aber ökonomisch induziert.

Wir zeigten, daß beide Forschungsrichtungen vor einer Vielzahl noch ungeklärter Probleme stehen, die eine abschließende Beurteilung der Wanderungen verunmöglichen. Konkrete Ergebnisse für die praktische Regionalanalyse müssen deshalb beim gegenwärtigen Erkenntnisstand aus einer zunächst behelfsmäßigen Verbindung der beiden Forschungsrichtungen angestrebt werden. Typisch hiefür sind die Arbeitsmarktmodelle, die wir als erfolgversprechende Analyseansätze bezeichneten.

4. Trotz diesen praktisch realisierbaren Analysemöglichkeiten bleibt die individualtheoretische Verhaltens- und Wanderungsforschung für die Regionalpolitik von ganz besonderem Interesse. Denn vertiefte Einsichten in die vielfältigen Motivkomplexe,

---

[109] Neuere Untersuchungen bestätigen, daß die regionale Mobilität u. a. als eine Funktion des allgemeinen Bildungs- und Ausbildungsstandes betrachtet werden kann. Vgl. *R. G. Wietling* und *J. Hübschle*, Struktur und Motive der Wanderungsbewegungen in der BRD. Untersuchung der PROGNOS im Auftrag des Bundesministers des Innern, Basel 1968.

die letztlich zu Wanderungsbewegungen führen, sind für die Weiterentwicklung der Arbeitsmarktmodelle unerläßlich. In erster Linie muß eine signifikantere Erfassung und Bewertung der mannigfachen Arbeits- und Wohnortwünsche der Menschen erreicht werden, da diese angesichts der erklärten Umgewichtung in der Bedeutung der Bestimmungsfaktoren des gesamtwirtschaftlichen Standortaufbaus an raumprägender Kraft gewinnen. Hierzu muß man auf die Methoden der empirischen Sozialforschung zurückgreifen, weil sich nur auf diesem Weg zusätzliche Erkenntnisse über jene Faktoren finden lassen, die das wachsende individuelle Anspruchsniveau immer breiterer Bevölkerungskreise in bezug auf den Wohn- und Freizeitwert einer Region prägen.

5. Vertiefte Einsichten in diese Zusammenhänge werden – als Ergänzung rein wirtschaftlicher Überlegungen – nicht nur zu einer Verbesserung quantitativer Arbeitsmarktmodelle beitragen. Vielmehr sind solche für eine Reihe anderer regionalpolitisch höchst bedeutsamer Fragestellungen einfach unerläßlich. Insbesondere müssen auf diese Weise die notwendigen Informationen für eine indirekte Beeinflussung der interregionalen Wanderungsströme erarbeitet werden. Sofern es gelingt, durch eine vertiefte Erforschung der Wanderungsmotive die dahinterstehenden Bestimmungsgründe der Arbeits- und Wohnortwünsche als entscheidende Determinanten des individuellen Anspruchsniveaus der Menschen sichtbar zu machen, läßt sich daraus ableiten, welche Voraussetzungen regional zu schaffen sind, damit der Bevölkerung in allen Landesteilen eine Realisierung ihrer jeweiligen Ansprüche ermöglicht werden kann. Im Vordergrund steht dann eine darauf ausgerichtete, bestmögliche Ausgestaltung der teilräumlichen Infrastruktur im weitesten Sinn, mit dem Ziel, regional unerwünschten Wanderungsverlusten Einhalt zu gebieten. Die damit angesprochenen, wechselseitigen Interdependenzen zwischen der Faktor- und der Siedlungsstruktur sind höchst bedeutsam. Sofern sich die heute erkennbaren Entwicklungstendenzen in der Umgewichtung der Bestimmungsfaktoren des gesamtwirtschaftlichen Standortaufbaus weiter durchsetzen, muß sich die Regionalpolitik, um erfolgreich operieren zu können, von der traditionellen standörtlichen Betrachtungsweise lösen. Die neu in den Vordergrund drängenden Arbeits- und Wohnortwünsche der Bevölkerung müssen gleichsam als Datum betrachtet werden, von dem die Regionalpolitik auszugehen hat. Deshalb ist zu prüfen, welche gegenseitigen Abhängigkeiten zwischen Wanderungen und Industriestandort bestehen und wie sich beide – Wohnortwünsche der Arbeitnehmer und Standortanforderungen der Betriebe – auf die standörtliche Ausgestaltung der Teilräume als bevorzugte Lebensräume niederschlagen. Damit rückt die Frage nach der optimalen Gestaltung der regionalen Siedlungsstruktur und deren mögliche Beeinflussung durch eine gezielte Infrastrukturpolitik ins Zentrum der Analyse, worauf nachfolgend eingegangen wird.

V. Analysemöglichkeiten im Bereich der Siedlungsstruktur

Mit der Siedlungsstruktur ist der dritte Hauptbereich regionaler Strukturanalysen angesprochen. Darunter versteht man die Art und Weise der räumlichen Verteilung der Wohnsiedlungen und Produktionsstandorte[1]. Obschon sich aus analytisch-praktischen

---

[1] Vgl. *H. W. v. Borries*, Ökonomische Grundlagen der westdeutschen Siedlungsstruktur, Hannover 1969, S. 1.

Erwägungen eine gesonderte Behandlung dieser Strukturzusammenhänge aufdrängt, muß gleich einleitend festgehalten werden, daß die jeweilige Ausprägung der regionalen Siedlungsstruktur in vielfältiger, wechselseitiger Abhängigkeit zur Art und zur Ausgestaltung der Produktions- und der Faktorstruktur steht. Denn die Siedlungsstruktur stellt gleichsam das *Bindeglied zwischen den zwei andern Strukturkomplexen* dar: Stand bei der Produktionsstruktur die Wirtschaft im engeren Sinn (also die Unternehmungen und Betriebe aus Landwirtschaft, Handwerk, Industrie und Dienstleistungszweigen) und deren regionale Entwicklung im Vordergrund, bei der Faktorstruktur jene der Bevölkerung (Arbeitskräftepotential), so sind nunmehr bei der Siedlungsstruktur diese zwei *Grundelemente auf den verfügbaren Raum* und dessen *Beanspruchung zur Befriedigung aller raumrelevanten menschlichen Bedürfnisse* zu projizieren. Dabei werden eine Reihe bisher bewußt vernachlässigter Strukturzusammenhänge aufgegriffen und aus der besonderen siedlungspolitischen Perspektive zur Untersuchung der teilräumlichen Entwicklung herangezogen. Denn auch die Art und Weise der räumlichen Verteilung der Wohnsiedlungen und der Produktionsstandorte beeinflußt das regionale Leistungspotential erheblich.

A. Regionalpolitisch relevante Zusammenhänge im Bereich der Siedlungsstruktur

Gemäß den erörterten theoretischen Grundlagen sind es in erster Linie *zwei Determinantenkomplexe*, die die Art und Ausgestaltung der Siedlungsstruktur prägen und im Zentrum unseres Interesses stehen: Einmal die *Quantität und Qualität der infrastrukturellen Ausrüstung* in bezug auf die Daseinsfunktionen der Menschen, zum andern die *bedarfsgerechte und funktionsfähige Zuordnung* dieser Einrichtungen innerhalb funktional ausgewogener Raumeinheiten. Da praktisch alle relevanten wirtschaftlichen Tätigkeiten und menschlichen Grundbedürfnisse irgendwie raum- bzw. flächenbezogen sind, macht die Analyse der Siedlungsstruktur noch ausgeprägter als die bisherige Durchleuchtung der Produktions- und der Faktorstruktur auf die *engen Interdependenzen* aufmerksam, die zwischen *Bevölkerung, Wirtschaft und Raum* bestehen. Unsere Aufgabe ist es, diese Abhängigkeit aufzuzeigen und in einer regionalpolitisch relevanten Form einzufangen. Zu diesem Zweck ist von folgenden Überlegungen auszugehen:

- *Erstens* ist leicht festzustellen, daß das räumliche Siedlungsgefüge sehr unregelmäßige Formen aufweist und sich in teilweise extremen regionalen Differenzierungen der Bevölkerungsdichte und der Konzentration von Produktionsstätten an offenbar privilegierten Orten äußert. Neben dörflichen Siedlungen findet man kleinere und größere Städte, ja eigentliche Stadtagglomerationen mit unterschiedlicher Wirtschaftsstruktur, die sehr ungleichmäßig auf die besiedlungsfähige Fläche eines Landes verteilt sind.
- *Zweitens* ist zu vermuten, daß die jeweils gegebene Siedlungsstruktur kein stationäres Gebilde darstellt, sondern mannigfachen Veränderungen unterliegt. Ihre *heutige Ausprägung* muß zunächst als Ergebnis teils abgeschlossener, teils aber noch wirksamer, in der Vergangenheit angelegter „historischer" Prozesse betrachtet werden [2].

---

[2] Vgl. *H. W. v. Borries,* aaO, S. 1.

Ferner ist unverkennbar, daß diese auch Veränderungstendenzen unterliegt, die eindeutig durch die *gegenwärtige* und inskünftig sich abzeichnende *Wirtschafts- und Gesellschaftsform* geprägt werden[3]. Wandlungen der Siedlungsstruktur sind somit offenbar als Ausdruck und Ergebnis der *entwicklungsbedingten Veränderungen* zu interpretieren, denen *Wirtschaft und Gesellschaft* unterliegen.

Diese Hinweise lassen erkennen, daß die konkrete Ausprägung der Siedlungsstruktur durch eine Vielzahl von Faktoren beeinflußt wird, die auf verschiedenen Begriffsebenen erfaßt und definiert werden können. Fragt man nach den wichtigsten Ursachen der räumlich differenzierten Siedlungsweise sowie den Kräften ihrer Veränderung, so sind verschiedene Erklärungen denkbar:

– In *populären Abhandlungen* wird die ungleichmäßige Siedlungsstruktur mangels tieferer Ursachenforschung allzugern auf topographische oder physisch-geographische Unterschiede zurückgeführt. Obschon diesen *naturräumlichen Gegebenheiten* gerade in jüngster Zeit wiederum wachsende Bedeutung bei der Ausgestaltung der Siedlungsstruktur zukommt, reichen sie niemals aus, um die Dynamik der räumlichen Verteilung der Wohn- und Produktionsstandorte zu erklären.

– Die *moderne Raumwirtschaftstheorie,* die sich unter dem Begriff der „Struktur der Landschaft" um eine primär ökonomische Erklärung der Siedlungsweise bemüht, führt diese aus der Perspektive der räumlichen Verteilung der Produktionsstandorte auf *wirtschaftlich-technische* Faktoren zurück, die bei der Realisierung unterschiedlicher Bedürfniskategorien zu bestimmten „Raumkosten" bzw. „Raumerträgen" führen. Aus dieser Sicht können drei hauptsächliche Bestimmungsfaktoren unterschieden werden: Erstens die *Flächennutzung,* die sich am Bedürfnis einer möglichst ertragreichen Bodenausbeute orientiert und in unterschiedlichen Bodenkosten (nach Bodengüte, Lage und Ausstattung) ihren ökonomischen Niederschlag findet; zweitens die *Flächen- bzw. Raumüberwindung,* die dem Bedürfnis nach Kommunikation mit andern entspringt und durch die Transport- bzw. Distanzkosten gemessen werden kann; drittens das *Ausstattungsniveau der Zentren,* das sich aus den individuellen Bedürfnissen nach Information, Abwechslung und Vielfalt an Produkten und Dienstleistungen ergibt und in der Form von „externen Effekten" (externe Vor- und Nachteile) ökonomisch zu erfassen versucht wird[4]. Es sind dies die von Böventer bezeichneten *ökonomischen raumdifferenzierenden* Faktoren[5]. Festzuhalten bleibt, daß diese ökonomisch-technische Erklärung auf den Vorstellungen einer primär durch die Kosten der Raumüberwindung geprägten räumlichen Verteilung der Produktionsstätten (und damit auch der Bevölkerung) beruht, wobei andern Faktoren (z. B. naturräumliche Unterschiede) nur komplementäre Bedeutung beigemessen wird.

– Wir wissen, daß angesichts der hier angestrebten, raumordnungspolitischen Betrachtungsweise die *rein ökonomische* Interpretation zwar zu vertieften Einsichten in die

---

[3] Typisch hiefür ist beispielsweise die fortschreitende Verstädterung, die auch in der Schweiz statistisch durch den wachsenden Anteil der in Gemeinden von mehr als 10 000 Einwohner lebenden Bevölkerung einwandfrei nachgewiesen werden kann.

[4] Vgl. *D. Bökemann,* Der Wandel des Siedlungsgefüges, Ursachen und Tendenzen. In: Futurum, Bd. 3, Heft 1, 1970, S. 64 ff.

[5] *E. v. Böventer,* Die Struktur der Landschaft, Versuch einer Synthese und Weiterentwicklung der Modelle J. H. von Thünens, W. Christallers und A. Löschs. In: *E. Schneider* (Hrsg.), Optimales Wachstum und optimale Standortverteilung, Berlin 1962, S. 126 f.

räumliche Verteilung führen kann, für eine regionalpolitisch relevante Durchleuchtung der Siedlungsstruktur aber *zu eng* ist und nicht ausreicht. Denn dadurch werden – abgesehen von den historisch bedingten Abhängigkeiten – eine Reihe soziologischer und gesellschaftlicher Faktoren ausgeklammert, die sich im *räumlichen Verhalten* der Menschen nicht nur als Produzenten, sondern auch als Konsumenten und als Arbeitnehmer niederschlagen.

Damit steht man vor ähnlichen Schwierigkeiten, wie sie bereits bei der Analyse der andern Strukturbereiche aufgetreten sind: Für eine *realitätsbezogene* Durchleuchtung der Siedlungsstruktur ist es unzulässig, deren Entwicklung vereinfachend als das Ergebnis gleichsam „mechanistischer" Prozesse darzustellen[6]. Vielmehr muß davon ausgegangen werden, daß diese sich als Folge einer Vielzahl *individueller* und auch *politischer Entscheidungen* unterschiedlicher Tragweite vollzieht. Sieht man zunächst von politischen Einflußmöglichkeiten ab, so beruht der Wandel des Siedlungsgefüges auf unendlich vielen Entscheidungen Einzelner. Um die Bestimmungsfaktoren der Siedlungsstruktur in relevanter Art und Weise einzufangen, müßten demnach die individuellen Entscheidungen bzw. die diesen zugrunde liegenden Motivationen erfaßt und analysiert werden – ein zweifellos sehr schwieriges Unterfangen.

Dies wiederum macht deutlich, daß die *rein ökonomische* Betrachtungsweise, die zur Umgehung dieser Schwierigkeiten unterstellt, daß die Unternehmerentscheidungen von alleiniger Bedeutung sind und deren Standortkalkül (ausgerichtet auf die erwähnten „Raumkosten") die räumliche Verteilung bestimmen, die Siedlungsstruktur nicht umfassend zu erklären vermag. Statt dessen muß versucht werden, die persönlichen Präferenzen der Menschen, ihre Einstellungen und Verhaltensweisen in bezug auf die Raumbeanspruchung auf einem ähnlichen Mittelweg zwischen Systemanalyse und individualtheoretischer Forschung in den Griff zu bekommen, wie dies anläßlich der Analyse im Bereich der Faktorstruktur dargestellt wurde.

Hier ist an die These von Friedmann und Alonso zu erinnern, wonach man in bezug auf die persönlichen Präferenzen trotz individueller Unterschiede von einem gleichsam *„typischen" Raumverhalten der Menschen* sprechen könne und dieses als eine *Funktion des Entwicklungsstandes* eines Landes und der damit zusammenhängenden *Gesellschaftsstruktur* aufzufassen sei[7]. Weiter ist zu beachten, daß dieses typische Raumverhalten im Zuge der Entwicklung zwar Veränderungen unterliegt, diese aber nicht kurzfristig abrupt auftreten, sondern sich nur allmählich und in einer längerfristig erkennbaren Art und Weise vollziehen und damit der Analyse zugänglich werden.

Um die Auswirkungen dieses *„typischen Raumverhaltens"* auf das jeweilige Siedlungsgefüge transparent zu machen, hat man – wie einleitend gefordert wurde – auf die verschiedenen *Hauptbereiche des menschlichen Lebens* und Wirkens abzustellen, die sich in den raumrelevanten Grundbedürfnissen (Arbeit, Wohnen, Bildung, Erholung, Versorgung, Verkehr und Kommunikation) niederschlagen. Innerhalb dieser raumbezogenen Daseinsfunktionen können dann typische Ansprüche der Menschen ergründet werden, die zu ersten Anhaltspunkten für die Ausgestaltung einer bedarfsgerechten Siedlungsstruktur hinführen.

---

[6] Vgl. *D. Bökemann*, Der Wandel des Siedlungsgefüges, aaO, S. 83.
[7] Vgl. *J. Friedmann* and *W. Alonso*, Regional Development and Planning, aaO.

Dies reicht allerdings noch nicht aus. Vielmehr ist weiter zu fragen, ob sich diese Raumansprüche ihrerseits gleichsam in „*typische*" *Bildungsprinzipien* eines Siedlungsgefüges umsetzen lassen, die das *Gerippe* einer sowohl *bedarfsgerechten als auch funktionsfähigen* Siedlungsstruktur kennzeichnen. Bei der Ableitung solcher Wesenszüge einer optimalen Siedlungsstruktur sind dann zusätzliche Gesichtspunkte zu berücksichtigen, wenn man realitätsbezogene Aussagen anstrebt. Einmal muß bei diesen Überlegungen von der *historisch gewachsenen*, gleichsam *vorgegebenen Siedlungsstruktur* ausgegangen werden, weil das bestehende Siedlungsgefüge nicht völlig umgestaltet werden kann. Zum andern ist darauf zu achten, daß die den gesellschaftlichen Ansprüchen entsprechenden Erscheinungsformen der Raumnutzung in ihrem Gesamtgefüge zu einem Siedlungssystem hinführen müssen, bei dem die *ökonomische Rationalität* der räumlichen Gesamtstruktur gewahrt bleibt.

Auf diese Weise lassen sich tatsächlich eine Reihe *typischer Erscheinungsformen der Raumbeanspruchung und der Siedlungsweise* ableiten, die durch die zivilisatorische Entwicklung unserer *arbeitsteiligen und hochindustrialisierten* Gesellschaftsform geprägt werden. Sie führen zu regionalpolitisch bedeutsamen Bezugspunkten, auf die die Ausgestaltung einer standortgerechten Siedlungsstruktur auszurichten ist, um den in einer Region lebenden Menschen ein Optimum an Arbeits-, Wohn-, Bildungs-, Erholungs-, Versorgungs- und Verkehrsmöglichkeiten zu bieten [8].

Von besonderer regionalpolitischer Bedeutung sind diese Raumansprüche deshalb, weil sie sich in einer Reihe *gesellschaftlicher* (und auch betrieblicher) *Standortanforderungen* niederschlagen, die grundsätzlich *gestaltbar* sind und damit einer zielgerichteten regionalpolitischen Beeinflussung in hohem Maße zugänglich werden. Aus der siedlungspolitischen Perspektive lassen sich diese als *quantitative und qualitative Ausstattung der regionalen Infrastruktur* im weitesten Sinn bezeichnen:

– Einmal gilt dies in bezug auf die *Arbeitsbedingungen* (Arbeitsmarktstruktur, Lohnniveau, Aufstiegsmöglichkeiten), die *Wohnbedingungen* (quantitativ und qualitativ), die *Ausbildungsbedingungen* (Qualität und Vielfalt der Ausbildungsmöglichkeiten), und die *übrigen Lebensbedingungen* (naturräumliche Lage wie Klima, landschaftliche Schönheiten usw., Freizeit- bzw. Erholungsmöglichkeiten, soziale Infrastruktur).

– Von besonderer Bedeutung ist ferner die *verkehrsmäßige Ausstattung* speziell im Sinne eines optimalen Verbundes der verschiedenen Grundfunktionen (also in bezug auf den zeitlichen Aufwand für die Distanz zwischen Wohn- und Arbeitsort, aber auch zwischen Wohnort und zentralen Diensten einerseits sowie Erholungsräumen anderseits).

– Schließlich sind es neben den eigentlichen Infrastrukturbedürfnissen auch *besondere sozio-ökonomische Sachverhalte*, die die gesellschaftlichen Standortansprüche prägen.

---

[8] Zur Konkretisierung dieser noch abstrakten Grundzüge geht man von siedlungspolitischen Richtgrößen in bezug auf die quantitative Raumbeanspruchung (Fläche je Einwohner) für die verschiedenen Grundnutzungen und von solchen über die optimale Dichte menschlicher Siedlungen aus. Ferner sind geeignete Prinzipien über eine sinnvolle Differenzierung und Zuordnung der Gebiete unterschiedlicher Nutzungselemente abzuleiten, worüber in der neueren Städteforschung bereits konkrete Vorstellungen bestehen. Vgl. *G. Albers,* Gedanken zur zukünftigen Siedlungsstruktur, Münster 1969, insbesondere S. 15 ff.

So insbesondere das Ausstattungsniveau der Zentren (Versorgungsbedingungen), ferner die Siedlungsdichte, die Wohlstandsverhältnisse und anderes mehr, die zusammen das *soziologische Klima* eines Standorts prägen.

— Neben diesen *gesellschaftlichen* Standortqualitäten (die insgesamt das Image oder die Attraktivität einer Region bestimmen) treten eine Reihe *betrieblicher Standortanforderungen*, auf die wir anläßlich der Analyse der Produktionsstruktur hingewiesen haben.

Die vorstehende Aufzählung läßt die vielfältigen und wechselseitigen Abhängigkeitsverhältnisse erkennen, die zwischen Bevölkerungs- und Wirtschaftsstruktur bzw. zwischen Bevölkerungs- und Wirtschaftsentwicklung einerseits und infrastruktureller Ausrüstung, d. h. infrastrukturellem Bedarf anderseits bei der Gestaltung einer standortgerechten Siedlungsstruktur zu berücksichtigen sind.

Wir erwähnten, daß die Regionalpolitik imstande ist, diese Standortbedingungen wirksam zu beeinflussen. Das klassische Mittel hierzu bildet die *Infrastrukturpolitik*, die nicht nur aus der spezifischen Sicht der Siedlungsstruktur als wohl entscheidenster Ansatzpunkt einer räumlichen Entwicklungs- und Förderungspolitik zu betrachten ist[9]. Diese Feststellung ist nicht neu; *neu* ist aber die wachsende Einsicht, daß die Infrastruktur nicht nur im Unternehmungsbereich, sondern *auch im privaten Haushaltsbereich wirkt*[10] — allerdings aus der Perspektive der Unternehmungen und der Arbeitnehmer, trotz teilweise übereinstimmender Interessen, auf ganz unterschiedliche Art und Weise. Aus diesem Grunde ist es nicht länger vertretbar, die Infrastruktur *global* als Voraussetzung des Wirtschaftswachstums zu betrachten. Eine regionalpolitisch zielgerichtete Beeinflussung der vielfältigen Standortgegebenheiten setzt vielmehr voraus, daß die *einzelnen Infrastrukturbereiche* — wie immer diese auch definiert und abgegrenzt werden — *differenziert* im Hinblick auf ihre *Wirkung für die Menschen als Produzenten* (Unternehmen) einerseits und als *Arbeitnehmer und Konsumenten* (private Haushalte) anderseits analysiert werden.

Die bisherige regionalpolitisch motivierte Infrastrukturpolitik war in erster Linie „unternehmungs-orientiert", d. h. auf die Erzielung von Kostenersparnissen seitens der Unternehmungen ausgerichtet (Geländeerschließungen, Rohstoff- und Energieversorgung, Anschlüsse ans Verkehrsnetz usw.)[11]. Als Vorbedingung einer Industrialisierungspolitik sind solche Maßnahmen zwar unerläßlich. Sie stellen *notwendige*, aber *keine hinreichende* Voraussetzungen für die regionale Entwicklung dar, weil solchen Investitionen keine allein entscheidende Kraft zukommt. An ihre Seite müssen in wachsendem Ausmaß „*haushalt-orientierte*" *Infrastrukturinvestitionen* treten, die — speziell im Hin-

---

[9] Jansen weist darauf hin, daß Infrastrukturinvestitionen häufig als das bedeutendste, wenn nicht sogar als das einzig mögliche wirtschaftspolitische Instrument angesehen werden, um den regionalen Wirtschaftsablauf zu beeinflussen. Vgl. *P. G. Jansen*, Infrastrukturinvestitionen als Mittel der Regionalpolitik, aaO, S. 11.

[10] Zimmermann bezeichnet die Tatsache, daß dieser Umstand erst relativ spät bei der Regionalforschung überhaupt zur Kenntnis genommen wurde, zu Recht als höchst erstaunlich. Siehe *H. Zimmermann*, Öffentliche Ausgaben und regionale Wirtschaftsentwicklung, aaO, S. 244.

[11] Siehe *H. Zimmermann*, Programmstudie Regionalpolitik, Vorschläge für Grundsatzuntersuchungen, aaO, S. 21.

blick auf die Gestaltung einer standortgerechten Siedlungsstruktur – „Wohn- und Freizeitwerte" vermitteln. Da zu vermuten ist, daß diese erst ab einer gewissen Ortsgröße wirksam werden, hängen diese direkt mit der Siedlungsstruktur zusammen. Mit einer solchen Betrachtungsweise der Infrastruktur wird man rasch erkennen, daß gewisse Infrastrukturinvestitionen heute „haushaltsorientiert" sind, die ursprünglich auf die Unternehmungen zugeschnitten waren; als herausragendes Beispiel hiefür sei auf die *Verkehrserschließung* hingewiesen.

Damit sind die wichtigsten regionalpolitischen Zusammenhänge im Bereich der Siedlungsstruktur genannt worden. Man vergleiche hierzu das *folgende Schema,* das diese Zusammenhänge illustriert.

Für die weitere Analyse ist wiederum von der Frage auszugehen, ob die *bestehenden Siedlungstheorien* gesicherte Anhaltspunkte über diese Zusammenhänge zu bieten vermögen und inwieweit diese die tatsächliche Siedlungsstruktur erklären können. Im Vordergrund steht hier die Theorie der zentralen Orte, die für sich allein betrachtet zwar sehr abstrakt und deshalb kaum operational ist. Jedoch erlangt sie in Verbindung mit der Theorie der Infrastruktur erhebliche Bedeutung für die Herausarbeitung und Rechtfertigung jener Siedlungsstrategie, die im ersten Teil dieser Arbeit als Ausgangspunkt einer rationalen, zielgerichteten Regionalpolitik empfohlen wurde.

Schema: Regionalpolitisch relevante Zusammenhänge
im Bereich der Siedlungsstruktur

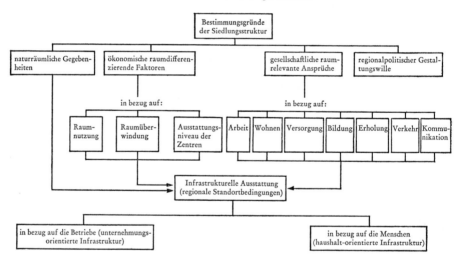

B. *Theoretische Ansatzpunkte zur Erklärung der Siedlungsstruktur*

Wenn die Siedlungsstruktur eingangs umschrieben wurde als die Art und Weise der räumlichen Verteilung der Wohnsiedlungen und der Produktionsstandorte, so erhellt nach den bisherigen Ausführungen, daß darunter ein *sehr komplexes Bezugssystem* zu verstehen ist: Einmal ein die Fläche sehr unregelmäßig bedeckendes Netz von Dörfern und Städten unterschiedlicher Größe, zum andern die Verteilung der wirtschaftlichen Aktivitäten innerhalb dieses Netzes, ferner die Quantität und Qualität der in den einzelnen Ortschaften verfügbaren Arbeitskräfte sowie die Ausstattung dieser Orte mit öffentlichen Versorgungsleistungen in bezug auf die menschlichen Daseinsfunktionen und schließlich das sie verbindende Transportsystem – um nur die hauptsächlichsten Elemente aufzuführen [12].

In einer solchen *integrierten Betrachtungsweise*, bei der die räumliche Verteilung der wirtschaftlichen Aktivitäten und ihre vielfältigen Wechselbeziehungen als *einheitlicher Gesamtkomplex* aus dem Zusammenwirken der verschiedensten Bestimmungsgründe geographischer, soziologischer, ökonomischer und historischer Art zu erklären wäre, wurde die Siedlungsstruktur in der überlieferten Theoriebildung gar nie direkt zum Gegenstand der Forschung erhoben [13]. Während bisher in erster Linie die Geographen, Soziologen und Wirtschaftshistoriker bestimmte Aspekte der Siedlungsstruktur gleichsam auf getrennten Pfaden erforschten, hat sich die volkswirtschaftliche Theorie von einigen Ausnahmen abgesehen nur am Rande mit den menschlichen Siedlungen und deren ökonomischen Relevanz befaßt. Zu diesen Ausnahmen zählen die Arbeiten von *Christaller* und *Lösch*, deren siedlungstheoretische Modellanalysen durch neuere Beiträge von Böventer weiterentwickelt wurden.

In jüngster Zeit bahnt sich allerdings insofern ein Wandel an, als die Siedlungen selbst *im Rahmen der Raumordnungspolitik* vermehrt in das *Blickfeld der nationalökonomischen Forschung* rücken. Über erste Ansatzpunkte ist man aber noch nicht hinausgekommen.

Nach Ritter können drei Richtungen unterschieden werden, von denen aus man versucht, ökonomische Aussagen über die Siedlungsstruktur abzuleiten: Einmal die *industrielle Standort- und Agglomerationstheorie*, zum andern die *Bestimmung optimaler Ortsgrößen* und schließlich die eigentliche *Erklärung von Siedlungssystemen* [14]. Es sind dies Ansatzpunkte, die sich aus der Weiterentwicklung der traditionellen Standorttheorie zur modernen Raumwirtschaftstheorie ergeben haben. Sie führten hauptsächlich zur Analyse zweier für die Siedlungsstruktur höchst relevanter Erscheinungsformen: Das *Agglomerationsphänomen* einerseits sowie die *Zentralität von Orten* anderseits. Die notwendige Verbindung dieser Ansatzpunkte mit einer Theorie der Infrastruktur ist allerdings noch nicht befriedigend gelungen. Damit sind wenn auch gewichtige so doch nur erste Teilaspekte zur Erklärung der Siedlungsstruktur angesprochen, die durch weitere Gesichtspunkte ergänzt werden müssen.

1. Industriestandorttheorien

Lange Zeit hat die volkswirtschaftliche Theorie die Siedlungen fast ausschließlich als *industrielle Standorte* betrachtet. Sie tat dies sowohl unter dem Blickwinkel der rationalen Standortwahl von Industriebetrieben (eigentliche Standorttheorie) als auch unter

---

[12] Vgl. dazu und im folgenden *U. R. Ritter*, Artikel „Siedlungsstruktur". In: Handwörterbuch der Raumforschung und Raumordnung, 2. Auflage, Hannover 1970, S. 2894 ff.

[13] Auch die „regional science", die sich unter Isard um eine interdisziplinäre Erfassung der räumlichen Wirtschaft bemüht, behandelt die Siedlungsstruktur nur am Rande ihrer Forschungsrichtungen.

[14] Vgl. *U. R. Ritter*, aaO, S. 2894.

demjenigen der externen Effekte und der sozialen Kosten (Agglomerationstheorie). Hauptsächlichste Fragestellung war zunächst die nach dem *kostenoptimalen Standort des Einzelbetriebes*, später nach der unter *volkswirtschaftlichen* Gesichtspunkten *optimalen Verteilung der Produktionsstandorte*. Von hier aus gelangt man zu Aussagen über die Siedlungsstruktur, indem diese als das Ergebnis der Standortentscheidungen jener Industriebetriebe betrachtet wird, die im Sinne der früher erläuterten Exportbasis-Theorie zu den Grundleistungsbereichen zählen. Diese für den überörtlichen bzw. überregionalen Bedarf produzierenden Bereiche bestimmen also die Siedlungsstruktur, wobei sie ihre Standorte so wählen, daß ihre Bezugs-, Produktions- und Absatzkosten minimiert werden. Die übrigen, sogenannten Folgeleistungsbereiche haben – gemäß den Annahmen dieser Theorie – keine eigene standortprägende Kraft und sind den basic-Industrien wirtschaftlich und räumlich zugeordnet [15].

Es erübrigt sich, an dieser Stelle einen dogmengeschichtlichen Überblick der Entwicklung und der unterschiedlichen Ansatzpunkte der verschiedenen Standorttheorien zu bieten [16]. Denn weder die *traditionelle Standorttheorie* (von Roscher, Schäffle und Launhardt bis zu A. Weber) noch *deren Ausweitung* zu einer *gesamtwirtschaftlichen Betrachtungsweise* (Engländer, Ritschl, Predöhl, Ohlin, Palander und Miksch) vermögen die realen Erscheinungsformen der Siedlungsstruktur ausreichend zu erklären. Dasselbe gilt auch für die eigentlichen *Raumwirtschaftsmodelle* (Lösch, Christaller, v. Böventer), deren spezifische Aussagefähigkeit als Siedlungsmodell noch näher untersucht werden wird.

Für das *Ungenügen* der industriellen Standortlehre zur Erklärung der Siedlungsstruktur lassen sich eine *Reihe von Gründen* ins Feld führen. So liefert beispielsweise die traditionelle Standorttheorie nur Partialmodelle, indem diese – unter rein betrieblichen Kostengesichtspunkten – das Phänomen der Einzelstandorte untersuchte. Dadurch wird die zur Erklärung der Siedlungsstruktur erforderliche Berücksichtigung umfassender *räumlicher* Zusammenhänge vernachlässigt, insbesondere die aus der Interdependenz zwischen Produktions-, Konsum- und Standortentscheidungen der einzelnen Wirtschaftssubjekte resultierende räumliche Verteilung der Aktivitäten. Durch ihre Entwicklung zur Raumwirtschaftstheorie, mit der man eine Integration zwischen Standort- und allgemeiner Gleichgewichtstheorie anstrebte, wurde zwar der beschränkte Ansatz der einzelbetrieblichen Fragestellung überwunden und nach den Bedingungen der optimalen Produktions- und Konsumverteilung unter besonderer Berücksichtigung der räumlichen Struktur des gesamtwirtschaftlichen Systems gefragt. Aber auch diese Theorieansätze führen nicht zum Ziel. Denn abgesehen von ihrem *hohen Abstraktionsgrad* weisen diese Modelle überwiegend *statischen* Charakter auf, sind auf *unrealistische Gleichgewichtszustände* ausgerichtet und behandeln das Standortproblem nach wie vor überwiegend unter dem *Aspekt der industriellen Kostenfaktoren (Raumüberwindungskosten)*. Wir erwähnten, daß eine Reihe relevanter Bestimmungsgründe der Siedlungs-

---

[15] Vgl. *H. W. v. Borries*, aaO, S. 54.
[16] Vgl. hierzu *W. Meyer*, Die Theorie der Standortwahl, Berlin 1960; ferner Artikel „Industriestandorttheorien und Raumwirtschaft" sowie Artikel „Raumwirtschaftstheorie", in: Handwörterbuch der Raumforschung und Raumordnung. Vgl. ferner *H. W. v. Borries*, aaO, der einen umfassenden Überblick über die Aussagefähigkeit der verschiedenen Standort- und Raumwirtschaftsmodelle in bezug auf die Siedlungsstruktur gibt.

struktur außer acht gelassen werden, weshalb es nicht überrascht, daß gegen diese Theorieansätze immer wieder erhebliche Bedenken vorgebracht wurden. So hat bereits Egner in seiner Abhandlung über die „wirtschaftliche Raumordnung in der industriellen Welt"[17] angesichts dieser Schwächen eine Theorie der Standortpolitik gefordert, die umfassender als „Lehre von der wirtschaftlichen Nutzung des Raumes schlechthin" ausgestaltet werden sollte, indem die bloße Kostenbetrachtung der Standortfrage durch eine Herausarbeitung der spezifisch *volkswirtschaftlichen Problematik der Raumnutzung* zu ergänzen sei[18]. Denn auch aus der volkswirtschaftlichen Perspektive könne die Standortfrage nicht nur als „Kosten- und Versorgungsproblem" betrachtet, sondern müsse unter Berücksichtigung der sozialen Bezüge jeglichen Wirtschaftsgeschehens als Problem des menschlichen Lebensraums gesehen und interpretiert werden[19]. Zudem sei die Gleichgewichtstheorie als Werkzeug ungeeignet, weil dadurch wesentliche strukturelle und institutionelle Momente ausgeklammert blieben, und ohne Bezug auf das Eigengewicht historischer Tatsachen die konkrete Wirklichkeit nicht erklärt werden könne[20]. „Selbst wenn die Vorstellung eines Gleichgewichts der Standorte beibehalten wird", schreibt Borries, „ist doch von einem beständigen Wandel der Gleichgewichtszustände auszugehen, deren – ihrer Art und Bedeutung nach stets wechselnde – Determinanten die Struktur von Wirtschaft und Gesellschaft und der technischen Produktionsmöglichkeiten sind"[21]. In diesem Sinn hat das Standort- und Siedlungsproblem einen dynamischen, historischen Aspekt. Ohne Bezug auf die in der Vergangenheit angelegten Entwicklungsprozesse kann deshalb die gegebene Siedlungsstruktur eines Landes nicht völlig verstanden werden.

Trotz dieser Kritik gegenüber der industriellen Standorttheorie als Erklärungsansatz der Siedlungsstruktur gilt es, einen Aspekt noch tiefer auszuleuchten, nämlich die Erscheinung des *Agglomerationsphänomens*, weil dieses die industrielle Siedlungsstruktur in der Tat maßgeblich bestimmt.

2. Das Agglomerationsphänomen und die sozialen Kosten und Erträge

Als Agglomerationsphänomen bezeichnet man die Tatsache, daß sich heute in allen Industrieländern besonders intensive *Ballungsschwerpunkte* herausbilden, die – und darin liegt ihre siedlungspolitische Problematik – entgegen den Zielvorstellungen der Regionalpolitik eine Tendenz fortschreitender Verstärkung aufweisen.

Die Agglomerationstheorie, die unmittelbar auf der industriellen Standortlehre von Weber aufbaut[22], versucht, die Entstehung der Agglomerationen und deren Anziehungskraft auf die Industrie durch die Wirksamkeit ökonomischer Konzentrationskräfte zu erklären, die bei Weber als sogenannte Agglomerationsvorteile bezeichnet werden. In den Raumwirtschaftsmodellen erscheinen diese Faktoren in Form der „externen und

---

[17] Vgl. *E. Egner*, Wirtschaftliche Raumordnung in der industriellen Welt, Bremen-Horn, 1950.
[18] *Derselbe*, aaO, S. 15.
[19] *Derselbe*, aaO, S. 27.
[20] *Derselbe*, aaO, S. 15 f.
[21] *H. W. v. Borries*, aaO, S. 70.
[22] Vgl. *A. Weber*, Über den Standort der Industrien. Teil I: Reine Theorie des Standorts, Tübingen 1909.

internen Ersparnisse" und stellen in dieser Theorie die wohl wichtigsten ökonomischen raumdifferenzierenden Kräfte dar[23].

Üblicherweise unterscheidet man drei Arten von Agglomerationsfaktoren[24]:

– Erstens *interne (positive oder negative) Ersparnisse*, die bei einer Ausdehnung der Produktion innerhalb eines Betriebes wirksam werden und sich in sinkenden (bzw. steigenden) Stückkosten niederschlagen. Sie bestimmen maßgeblich über die optimale Betriebsgröße, wobei Unteilbarkeiten bei produzierten Gütern, Produktionsmitteln und Produktionsprozessen tendenziell zu einer Überlegenheit größerer über kleinere Betriebe führen[25].

– Zweitens *externe Ersparnisse* in Form *spezieller Agglomerationsersparnisse*, die – als localization economies bezeichnet – aus der räumlichen Konzentration von Betrieben der gleichen Branche resultieren. Es sind dies im engeren Sinn die von Weber behandelten Agglomerationsvorteile, die gesamtwirtschaftlich betrachtet unmittelbar in die Produktionsfunktion eingehen und dementsprechend „wiederum auf ‚scale economies' und die Wirksamkeit von Unteilbarkeiten zurückgeführt werden" können[26].

– Drittens *externe Ersparnisse* in Form *allgemeiner Agglomerationsersparnisse*, urbanization economies genannt, die aus der räumlichen Ballung von Produktionsbetrieben überhaupt (also der Konzentration mehrerer Betriebe verschiedener Branchen) resultieren. Dazu zählen neben den sogenannten Fühlungsvorteilen auch solche Ersparnisse (bzw. Kosten), die durch die Inanspruchnahme öffentlicher Güter und Leistungen (Infrastruktur, öffentliche Verwaltung) entstehen.

Die Agglomerationstheorie geht von der allerdings nicht unbestrittenen Vorstellung aus, daß die Agglomerations*vorteile* solange wirksam bleiben (und damit zu Ballungstendenzen führen), bis aus der wachsenden Verdichtung selbst Agglomerations*nachteile* entstehen, die die Agglomerationsvorteile kompensieren. Als solche werden die in den Ballungen überdurchschnittlich steigenden Lebenshaltungskosten, Löhne, Bodenpreise, Mieten und Transportaufwendungen betrachtet[27]. Dahinter verbirgt sich die *Vorstellung* eines irgendwie gearteten *Ballungsoptimums*, dessen Überschreitung allein durch wirtschaftliche Marktkräfte – sofern diese sich auswirken könnten – verhindert würde[28].

Die *tatsächliche Entwicklung widerspricht* aber dieser These, wofür sich eine Reihe plausibler Gründe finden läßt: *Erstens ist festzuhalten*, daß die vermuteten Agglomerations*nachteile* nicht unbedingt zu den erwarteten Deglomerationswirkungen führen. Borries hat nachgewiesen, daß weder hohe Arbeits-(Lohn-)kosten noch überdurch-

---

[23] Vgl. *E. v. Böventer*, Theorie des räumlichen Gleichgewichts, aaO, S. 14.

[24] *E. v. Böventer*, aaO. Vgl. ferner *W. Isard*, Location and Space-Economy, aaO, S. 172 ff.

[25] Vgl. *H. W. v. Borries*, aaO, S. 63.

[26] Vgl. *H. W. v. Borries*, aaO, S. 64.

[27] Die Erwartung, daß steigende Löhne und Bodenpreise die fortschreitende Verdichtung zum Stillstand bringen würde, geht bis anfangs dieses Jahrhunderts zurück. Bereits Schwarzschild glaubte damals einen „Auszug der gewerblichen Betriebe, oft ganzer Industrien" aus den Großstädten feststellen zu können. Vgl. *I. Schwarzschild*, Die Großstadt als Standort des Gewerbes. In: Jahrbücher für Nationalökonomie und Statistik (33), 1907, S. 722.

[28] Hier handelt es sich um die Übertragung der in der allgemeinen ökonomischen Theorie erarbeiteten ertragsgesetzlichen Zusammenhänge in die Raumtheorie, worauf Müller hinweist. Vgl. *J. H. Müller*, Wirtschaftliche Grundprobleme der Raumordnungspolitik, aaO, S. 30.

schnittliche Bodenpreise, die als Kostenelemente wohl im Vordergrund stehen, an sich deglomerativ wirken müssen. Sie führen, da sie selbst Ergebnis der Agglomeration sind (Standplatzvorteile), höchstens zu einer *räumlichen Erweiterung* der Agglomerationen, nicht jedoch zu großräumiger Dispersion[29]. *Zweitens* ist zu bedenken, daß die Theorie auch über die Agglomerations*vorteile*, also über die in der Regel aus dem ökonomischen Prozeß resultierenden externen Ersparnisse erst wenig Generelles zu sagen vermag. Böventer hat deshalb zu Recht die Erfassung der Agglomerationseffekte als einen der wichtigsten Engpässe für die Formulierung einer rationalen Raumwirtschaftstheorie bezeichnet[30]. Beim Vergleich der Raumwirtschaftsmodelle mit den Bedingungen eines industrialisierten Landes kommt er beispielsweise zum Ergebnis, daß steigende Produktionskosten, die über die (Grenz-)Kosten außerhalb der Agglomerationen steigen, allein deshalb noch keine Deglomerationseffekte auszulösen brauchen, weil infolge der immer stärker werdenden Verbrauchsorientierung sogenannte *Marktvorteile* noch weiter in Richtung auf die Konzentration drängen[31]. Dafür bieten aber die Raumwirtschaftsmodelle *keine* Erklärung.

Hier werden die *Grenzen* und die *zu enge Betrachtungsweise* der traditionellen Agglomerationstheorie sichtbar. Denn *drittens* – und darin liegt wohl der entscheidendste Kritikpunkt – versucht die Agglomerationstheorie die Ballungstendenzen aus *rein ökonomischen, einzig im Unternehmungsbereich wirkenden* externen Ersparnissen (und Kosten) zu erklären, was nicht ausreicht. Denn bei der Bestimmung eines *echten volkswirtschaftlichen Optimums* – deren Festlegung siedlungspolitisch höchst bedeutsam wäre – spielen die umfassenderen *sozialen Kosten und Erträge* eine entscheidende Rolle, die nicht nur wirtschaftlicher, sondern auch immaterieller Art sind, wobei grundsätzlich alle privaten Wirtschaftssubjekte als Produzenten und Konsumenten, aber auch die öffentliche Hand, Träger oder Verursacher sozialer Kosten sein können[32]. Um die traditionelle Agglomerationstheorie aus ihrer Engpaßsituation herauszuführen, müßte demnach von einer *erweiterten Betrachtungsweise und Gegenüberstellung* der sozialen Kosten und sozialen Erträge ausgegangen werden. Damit ist jedoch das *Problem noch nicht etwa gelöst, sondern erst richtig gestellt!* Denn für die Theorie der sozialen Kosten gilt in vermehrtem Maße die Feststellung, daß bisher ein theoretisch zufriedenstellendes und wirtschaftspolitisch operationales Konzept noch aussteht.

Neueren Auffassungen zufolge spricht man immer dann von *sozialen Kosten,* wenn ein Wertverzehr (Kosten) nicht restlos durch den Kostenverursacher selbst getragen, sondern ganz oder teilweise auf Dritte oder auf die Allgemeinheit abgewälzt wird[33]. Entsprechend entstehen *soziale Erträge,* wenn ein Nutzen nicht nur dem Verursacher

---

[29] Vgl. *H. W. v. Borries,* aaO, S. 97 ff.
[30] Vgl. *E. v. Böventer,* Artikel Raumwirtschaftstheorie. In: Handwörterbuch der Sozialwissenschaften, aaO, S. 705.
[31] *E. v. Böventer,* Die Struktur der Landschaft, Versuch einer Synthese und Weiterentwicklung der Modelle J. H. von Thünens, W. Christallers und A. Löschs, aaO, S. 126 f.
[32] Siehe dazu *A. Nydegger,* Volkswirtschaftliche Grundlagen der Landes-, Orts- und Regionalplanung, verf. Manuskript, St. Gallen 1970, S. 15 ff.
[33] In der einschlägigen Literatur bemüht man sich immer noch um eine schärfere Fassung des Begriffs. Denn einerseits werden darunter die verschiedensten Phänomene subsumiert, anderseits gleiche Erscheinungen mit verschiedenen Begriffen belegt. Vgl. hierzu *W. Michalski,* Grundlegung eines operationalen Konzepts der social costs, Tübingen 1965, S. 4 ff.

selbst, sondern auch Dritten unentgeltlich oder nur gegen Teilentschädigung zugute kommt. Die Existenz sozialer Kosten bedeutet somit, daß nur ein Teil der wirtschaftlichen Tätigkeit einzelner in den Auswirkungen auf andere durch den Preismechanismus und das betriebliche Rechnungswesen erfaßt wird. „Hieraus können sich Nachteile für einzelne ergeben, die möglicherweise gleichzeitig gesamtwirtschaftliche Nachteile sind und der Maximierung des gesamtwirtschaftlichen Wohlstands entgegenstehen." [34] Unter dieser weiten Begriffsbestimmung lassen sich ganz verschiedene Arten von sozialen Kosten und Erträgen subsumieren. Eine erschöpfende Aufzählung und deren Behandlung ist an dieser Stelle nicht möglich [35]. Hier muß die Feststellung genügen, daß siedlungspolitisch in erster Linie die *räumlich wirksamen* externen sozialen Kosten und Erträge von Interesse sind. Dazu zählen die rein wirtschaftlich und technisch bedingten externen Kosten sowie die auf übermäßige Verdichtung zurückzuführende *Überbeanspruchung des Bodens und der übrigen Natur* (Wasserverschmutzung, Luftverunreinigung, Abfallbeseitigung, verkehrsmäßige Verstopfung der Städte usw.) und *auch des Menschen* (Lärmstörungen, Arbeitsstreß). Bietet bereits die Quantifizierung der sozialen Kosten erhebliche Schwierigkeiten [36], so sind diese zur Bemessung der sozialen Erträge *noch höher zu veranschlagen,* weil damit Bereiche nicht oder nur sehr schwer objektivierbarer Nutzenschätzungen sowohl von Unternehmern als auch von Arbeitnehmern berührt werden. Dies ist um so bedauerlicher, weil zu vermuten ist, daß die sozialen Erträge inskünftig noch an Bedeutung gewinnen werden.

Siedlungspolitisch sind die sozialen Kosten und Erträge in *zweifacher Hinsicht* von grundlegender Bedeutung, wenn man sich deren *räumliche Wirkungen* vergegenwärtigt:
- *Erstens* sind die in den Ballungen auftretenden externen Erträge (materieller und immaterieller Art) einerseits sowie die externen Kosten in weniger dicht besiedelten Gebieten die *Hauptursachen der fortschreitenden Verdichtung von Wirtschaft und Bevölkerung* (bzw. der Landflucht) [37]. Denn offenbar werden diese Wirkungen von einer wachsenden Zahl von Menschen und Betrieben *höher veranschlagt* als die externen Kosten in den Verdichtungen bzw. die externen Erträge auf dem Lande [38]. Weil die externen, insbesondere immateriellen, positiven und negativen Ersparnisse nicht vollumfänglich meßbar sind, gehen diese meistens als ein *Abwägen erkennbarer oder vermuteter Vor- und Nachteile* sowohl in die Standortentscheidungen der Unternehmungen als auch in die Arbeits- und Wohnortswahl der Menschen ein. Dann besteht die latente Gefahr, daß die *externen Erträge* in den *verdichteten* und zumeist

---

[34] Vgl. *H. Evers,* Artikel „Social Costs". In: Handwörterbuch der Raumforschung und Raumordnung, 2. Aufl., Hannover 1970, S. 2959 f.

[35] In der einschlägigen Literatur sind bisher vorwiegend die sozialen Kosten behandelt worden. Exemplarisch sei verwiesen auf *W. Kapp,* Volkswirtschaftliche Kosten der Privatwirtschaft, Zürich 1958; ferner *W. Michalski,* Grundlegung eines operationalen Konzepts der Social Costs, Tübingen 1965, sowie *B. Link,* Social Costs, Diss. St. Gallen 1969.

[36] Eine behelfsmäßige Möglichkeit besteht darin, auf indirekte Weise den benötigten Aufwand zu deren Beseitigung (im Sinne von Vermeidungskosten, z. B. für den Bau von Kläranlagen) zu beziffern. Vgl. *H. Evers,* aaO, S. 2965.

[37] Vgl. *A. Nydegger,* aaO, S. 17.

[38] Eine gegenteilige Bewertung liegt offenbar dem wachsenden Drang nach Zweitwohnungen auf dem Lande zugrunde, indem dadurch eine temporäre Vermeidung der in den Städten anfallenden externen Kosten und das Genießen der auf dem Lande vorhandenen externen Erträge angestrebt wird. Vgl. *A. Nydegger,* aaO, S. 17.

rasch expandierenden Teilgebieten *überschätzt* bzw. die dort von den Privaten hinzunehmenden externen Kosten unterschätzt werden [39]. Hiefür können time-lags zwischen der sofortigen Realisierung externer Erträge und den zeitlich später anfallenden (und in ihrer Intensität laufend zunehmenden) externen Kosten ebenso verantwortlich sein wie sozialpsychologische Prozesse, auf die Hirschmann aufmerksam machte [40].

Entscheidend fällt zudem die Tatsache ins Gewicht, daß ein Teil der Kosten, namentlich im öffentlichen Bereich, ihren Verursachern überhaupt nicht angelastet wird. Aus diesem Grunde können einzelwirtschaftlich gesehen Ballungen auch dann noch vorteilhaft erscheinen, wenn diese vom gesamtwirtschaftlichen Gesichtspunkt aus nicht mehr sinnvoll sind.

Aus diesen Gründen können tatsächlich „überlastete" Verdichtungsräume entstehen, die zu einer *gesamtwirtschaftlich suboptimalen Faktorallokation* führen. Auch aus dieser Perspektive wird damit die Notwendigkeit einer inskünftig vermehrten Erforschung der verschiedenartigen sozialen Erträge und Kosten sowie deren Wirkungsweisen im Zuge des wirtschaftlichen Wachstums eines Landes und der damit verbundenen fortschreitenden räumlichen Konzentration von Wirtschaft und Bevölkerung sichtbar. Von entscheidender Bedeutung dürfte dabei sein, inwieweit die *öffentliche Hand* im Rahmen regionaler Entwicklungsprogramme solche sozialen Kosten übernimmt, die aus der Sicht der privaten Wirtschaftssubjekte zu einer *positiveren Kosten-Nutzenbilanz* alternativer Produktions- und Wohnstandorte führen. Gerade im Bereich der Siedlungsstruktur bieten sich hiefür mittels *haushalt-orientierter Infrastrukturinvestitionen* erfolgversprechende Ansatzpunkte. Davon wird noch zu sprechen sein.

– Zweitens ist aus der siedlungspolitischen Perspektive die im allgemeinen unterstellte Annahme bedeutsam, daß bei zunehmender Konzentration die sozialen Kosten von einem bestimmten Verdichtungsgrad an *überproportional* zunehmen und die sozialen Erträge übersteigen. Dahinter verbirgt sich nicht nur die neuerliche Vorstellung eines irgendwie gearteten Ballungsoptimums, sondern die an sich naheliegende Überlegung, daß man durch eine *Anlastung* der sozialen Kosten an die *direkten Verursacher* ein wirksames Instrument in der Hand hätte, mit dem sich die fortschreitende Konzentration von Bevölkerung und Wirtschaft steuern ließe.

Für eine umfassende und sachgerechte Beurteilung *beider Problemkreise* sind allerdings die bisher vorliegenden Erkenntnisse noch ungenügend. Darauf weist auch Evers mit Nachdruck hin [41]. Für eine ökonomisch „gerechte" Anlastung wäre nicht nur eine *direkte Messung der sozialen Kosten* notwendig, die heute erst in Ausnahmefällen möglich ist, sondern auch die *Kenntnis und Bewertung der sozialen Erträge,* weil „fast

---

[39] Vgl. *H. K. Schneider,* Über die Notwendigkeit regionaler Wirtschaftspolitik. In: Beiträge zur Regionalpolitik, aaO, S. 16.

[40] Hirschmann vertritt die Ansicht, daß die in Wachstumszentren auch wirklich vorhandenen externen Ersparnisse von den Unternehmern offensichtlich konsequent überschätzt werden, weil an diesen Orten für das weitere Wachstum ein besonders günstiges Klima entstehe, so daß potentielle Unternehmer in ihren Präferenzen für diese Standorte stark beeinflußt und die Entwicklungsmöglichkeiten alternativer Teilräume unterschätzt würden. Vgl. *A. O. Hirschmann,* aaO, S. 173.

[41] Vgl. *H. Evers,* Artikel „Social Costs", aaO, S. 2959 ff.

allen Arten von Social Costs bestimmte Vorteile gegenüberstehen, die der Allgemeinheit durch den verursachenden Betrieb erwachsen"[42]. Dies bedeutet, daß man eine umfassende *volkswirtschaftliche* Bilanz im Sinne einer Kosten-Nutzen-Analyse über die positiven und negativen externen Effekte benötigte; von dieser Möglichkeit ist man noch weit entfernt. Selbst der Nachweis der Verursacher von sozialen Kosten kann erhebliche Schwierigkeiten bieten, wenn man einmal von jenen Fällen absieht, in denen eingetretene Schädigungen (z. B. industrielle Folgelasten) direkt auf bestimmte Betriebe zurückgeführt werden können.

Aber auch über die vermuteten Zusammenhänge zwischen wachsenden sozialen Kosten bei zunehmender räumlicher Verdichtung liegen noch *keine allgemeingültige Erkenntnisse* vor. Evers weist darauf hin, daß sich diesbezüglich für die verschiedenen Arten von sozialen Kosten sehr unterschiedliche Ergebnisse zeitigen dürften und daß es deshalb vorerst dahingestellt bleiben müsse, ob „eine Bündelung aller Arten von Social Costs ein Indiz für oder gegen die Verdichtung ergeben würde"[43].

Das schließt allerdings nicht aus, daß in bestimmten auch siedlungspolitisch bedeutsamen *Teilbereichen* solche, wenn auch vorerst *behelfsmäßige Kosten-Nutzen-Überlegungen* durchgeführt werden können, aus denen sich Rückschlüsse für eine regionalpolitisch relevante Beeinflussung der Siedlungsstruktur ableiten lassen. Beispielsweise ist *unbestritten,* daß bei zu starker Verdichtung durch Verkehrsbehinderungen in den Städten, oder aber bei zu dünner Besiedelung (Streubauweise) Kosten entstehen, die die Erträge klar übersteigen. Durch solche und ähnliche Teilerkenntnisse können erste Ansätze einer siedlungspolitisch ausgerichteten *Politik der externen Effekte* abgeleitet werden[44].

Dagegen muß festgestellt werden, daß es *unmöglich* ist, die siedlungspolitisch bedeutsame Frage nach einer *optimalen Ballungsgröße* abschließend zu beantworten, solange der *„per-Saldo"-Einfluß* der räumlich relevanten externen Kosten und Erträge materieller und immaterieller Art sowie deren Höhe bei unterschiedlichem Verdichtungsgrad *nicht meßbar oder zumindest abschätzbar* ist. Nach Evers ist zu vermuten, daß sich dabei unterschiedliche Verhältnisse für Verdichtungsgebiete verschiedener Größe ergeben würden[45].

Zusammenfassend bleibt festzuhalten, daß die Industriestandorttheorien, und innerhalb dieser die speziellen Agglomerations- und Social-Costs-Theorien, noch wenig Konkretes zur Analyse und Erklärung der realen Siedlungsstrukturen beizutragen vermögen. Immerhin haben sie zur *bleibenden Einsicht* geführt, daß für die räumliche Verteilung der Industriestandorte neben den internen Ersparnissen vor allem den *Agglomerationswirkungen aufgrund externer Ersparnisse* sehr starke Bedeutung zukommt. Man kann sogar behaupten, daß diese Agglomerationsvorteile heute den *einzig generellen Standortfaktor der Industrien* darstellen und als eine der wichtigsten Ur-

---

[42] H. *Evers,* aaO, S. 2964.
[43] *Derselbe,* aaO, S. 2967. Vgl. ferner die an dieser Stelle aufgeführten Beispiele.
[44] Vgl. hierzu die von Nydegger aufgeführten Beispiele. Sie reichen von der Förderung solcher externen Erträge, bei denen die Ertragsvermehrung größer ist als die damit verbundene Kostenerhöhung, über die Trennung der verursachenden Tätigkeiten von den potentiellen Kostenträgern (durch zweckmäßige Ortsplanung) bis zur Vermeidung der Entstehung externer Kosten durch Verbote (beispielsweise der Einleitung von Industrieabwässern in öffentliche Gewässer). *A. Nydegger,* aaO, S. 18 f.
[45] H. *Evers,* aaO, S. 2967.

sachen für die fortschreitende Verstädterung und das Anwachsen städtischer Agglomerationen betrachtet werden muß [46].

3. Ökonomische Siedlungstheorien

Eigentliche Siedlungsmodelle, die die „Struktur der Landschaft" aus der Wirkung ökonomischer, raumdifferenzierender Faktoren zu erklären versuchen, sind mit den Namen von *Christaller, Lösch* und *Böventer* verknüpft. Diese setzen im Unterschied zu den traditionellen Standorttheorien nicht beim Phänomen der Einzelstandorte an, sondern versuchen das System aller Standorte und deren Interdependenzen zu erfassen.

Die ersten Versuche, die Bildung von Siedlungen verschiedener Größe, ihre räumliche Anordnung und damit ein geschlossenes Bild der Landschaftsstruktur abzuleiten und theoretisch zu begründen, haben Christaller[47] und Lösch vorgelegt[48]. Beide Autoren gehen von der Annahme einer in jeder Beziehung homogenen Fläche – vor allem von einer anfänglich gleichmäßigen Verteilung der Ressourcen und der Nachfrage (Bevölkerung) – sowie von einer Reihe weiterer sehr restriktiver Voraussetzungen aus[49]. Sie bestimmen die räumliche Verteilung und Anordnung der Produktionsstätten für verschiedene Güter allein aufgrund der Wirkungen unterschiedlicher Produktionsfunktionen (resultierend aus internen Ersparnissen), der Transportkosten und der Nachfrage (Marktbedingungen). Aus der Wirkungsweise dieser *raumdifferenzierenden Faktoren* ergeben sich (im Idealfall) als ökonomische Lösung für die Produktion einzelner Güter jeweils optimale Betriebsgrößen (bestimmt durch die Absatzreichweite des jeweiligen Gutes) mit entsprechend optimalen Absatzgebieten, die die Form sechseckiger Polygone aufweisen.

Gestützt auf diese optimalen (wabenförmigen) Absatzgebiete gelangen die beiden Autoren allerdings zu *verschiedenartigen* Systemen von Siedlungen unterschiedlicher Größe. Dies rührt von der ungleichen Ableitung der Marktnetze her, worauf Böventer in einer eingehenden Interpretation dieser Modelle hinwies[50].

– *Lösch* baut sein kompliziertes System der Marktnetze gewissermaßen von unten, d. h. auf der Grundlage der kleinsten Siedlungen (Bauernhöfe) auf und verfolgt von dieser Ausgangsbasis die Standortwahl für Güter mit immer größer werdendem Absatzradius. Bei ihm resultiert eine weitgehende Differenzierung der Landschaftsstruktur, weil sich aus der *Spezialisierung bei der Herstellung von Gütern mit größerem Einzugsbereich verschiedenartig große Städte* ergeben[51]. Über die absolute oder

---

[46] Vgl. *H. W. v. Borries,* aaO, S. 139 f.
[47] Vgl. *W. Christaller,* Die zentralen Orte in Süddeutschland, Jena 1933.
[48] Vgl. *A. Lösch,* Die räumliche Ordnung der Wirtschaft, 3. Aufl., Stuttgart 1962. Auf eine umfassende Wiedergabe der Gedankenfolge dieser Autoren und der von ihnen abgeleiteten Modelle wird hier verzichtet. Vgl. dazu *E. v. Böventer,* Artikel „Raumwirtschaftstheorie", in: Handwörterbuch der Sozialwissenschaften, aaO, S. 704 ff.; ferner *derselbe,* Die Struktur der Landschaft, aaO, S. 77 ff. Über den Aussagewert dieser Siedlungsstrukturen vgl. *H.W. v. Borries,* Ökonomische Grundlagen der westdeutschen Siedlungsstruktur, aaO, S. 55 ff.
[49] Die einschränkendsten sind: gleiche Produktionsfunktionen für alle Punkte der Fläche, identische Präferenzen der Konsumenten, gleiche Kaufkraft, keine externen Ersparnisse.
[50] Vgl. *E. v. Böventer,* Die Struktur der Landschaft, aaO, S. 83.
[51] Im Gegensatz zu Christaller können beim System Lösch kleinere Orte größere Städte mit Waren beliefern (wegen der Spezialisierung), die die Großstädte selbst nicht produzieren. Vgl. *E. v. Böventer,* aaO, S. 90.

relative Größe der Siedlungen (gemessen etwa an der Einwohnerzahl) vermag dieses System allerdings nichts auszusagen.

– *Christaller*, dagegen konstruiert sein System von oben nach unten. Er behandelt zunächst das Gut mit dem größten gegebenen Absatzradius und wendet sich dann der Frage zu, an welchen Standorten die Güter mit dem kleinsten optimalen Absatzgebiet erzeugt werden. Dabei konzentriert er sich auf die *städtischen Funktionen* der Siedlungen (zentrale Güter) und gelangt zu einem relativ einfachen Modell einer regelmäßigen Landschaftsstruktur, in der sich zentrale Orte verschiedener Stufen zu einem hierarchischen System ordnen [52]. Bei Christaller verfügen somit die *zentralen Funktionen* über die *systembildende Kraft* [53], die aus ökonomischen oder technischen Gründen nicht dispers, sondern an *bestimmten Orten konzentriert* produziert oder angeboten werden. Aufgabe dieser zentralen Orte ist es, „Mittelpunkt eines Gebietes" [54] zu sein und ihr Einzugsgebiet mit den jeweiligen zentralen Gütern und Diensten zu versorgen [55].

Nun sind aber die zentralen Orte nicht nur *gestreut*, sondern auch *gestuft*, wobei die Stufe durch das *Maß der Zentralität* bestimmt wird. Diese wiederum hängt von der Art und Qualität der an einem Ort konzentrierten Funktionen ab. Denn diese lassen sich je nach der Dringlichkeit und Häufigkeit der Nachfrage in *Güter höherer oder niedriger Zentralität* unterteilen. Mit dem Grad der Zentralität eines Gutes steigt auch seine Versorgungsreichweite und die Größe des Absatzgebietes. Die hierarchische Struktur der zentralen Orte ergibt sich nunmehr daraus, daß „mehrere Versorgungsgebiete von Gütern niedriger Zentralität" zusammen ein Gebiet bilden, „das von einem Ort höherer Zentralität mit entsprechend weiterreichenden Gütern versorgt wird", wobei „jeder der Zentralität nach höher-rangige Ort ... (auch) ... alle Funktionen der Orte niedriger Zentralität« hat [56]. Obschon Christaller damit zu Aussagen über gewisse Größentypen der Siedlungen gelangt, vermag auch sein Modell *keine exakten Angaben* über die *Größenrelationen* der Städte zu geben.

Da beide Landschaftsstrukturmodelle von sehr restriktiven Annahmen ausgehen, hat *Böventer* versucht, diese ursprünglichen Modelle weiterzuentwickeln, indem er verschiedene der einschränkenden Voraussetzungen fallen läßt und/oder teilweise modifiziert [57]. Einmal versucht er durch die Berücksichtigung einiger wichtiger Charakteristika der dynamischen Entwicklung der Landschaftsstruktur die Abhängigkeit des Siedlungsgefüges vom *Entwicklungsstand eines Landes* (und damit ihre historische Bedingtheit)

---

[52] Vgl. *E. v. Böventer*, aaO, S. 96.

[53] Eine klare Trennung in zentrale und nicht zentrale Einrichtungen ist unmöglich. Verallgemeinernd sind darunter die Leistungen des tertiären Sektors zu verstehen, einerseits privatwirtschaftlicher Art (Handel, Handwerk, Banken, freie Berufe etc.) sowie andererseits Dienste der öffentlichen Hand (Schule, Verkehr, Verwaltung). Den zentralen Einrichtungen stehen – nach Christaller – disperse und indifferente Güter gegenüber, die auch an dispersen Orten ohne zentrale Bedeutung angeboten werden, bzw. weder notwendigerweise zentralisiert noch dispers verteilt sein müssen. Maßgebend für das Christallersystem sind einzig die zentralen Güter.

[54] *W. Christaller*, aaO, S. 27.

[55] Auf die Bedeutung der zentralen Orte und ihrer Einzugsbereiche wird noch zurückzukommen sein.

[56] *H. W. v. Borries*, aaO, S. 56.

[57] Vgl. *E. v. Böventer*, Die Struktur der Landschaft, aaO, sowie *derselbe*, Theorie des räumlichen Gleichgewichts, aaO.

hervorzuheben. Zum andern bemüht er sich, eine *Reihe zusätzlicher Faktoren* und deren Wirkungsweise auf die räumliche Verteilung in seine erweiterten Modellüberlegungen einzubeziehen, so die Unregelmäßigkeiten der Fläche, räumliche Unterschiede in den Verhaltensweisen der Menschen, externe Effekte (soweit diese in die Produktionsfunktionen eingehen) und die bei Zentrenbildung automatisch einsetzenden Bevölkerungsbewegungen. Dadurch gewinnen seine Modellannahmen wohl an Realitätsnähe, im Endeffekt gelangt aber auch Böventer in bezug auf eine Erklärung der Siedlungsstruktur nur geringfügig über die Ergebnisse von Lösch hinweg. Denn mit Sicherheit kann nur gesagt werden, daß trotz ungleichmäßiger Verteilung, historischer Zufälligkeiten und persönlicher Präferenzen „die ökonomischen Ausgleichsmechanismen eine bestimmte Gesetzmäßigkeit – wenn auch im ganzen mit großen Toleranzen in der Lage und Größe der Städte – schließlich erzwingen"[58]. Über die Größenverhältnisse der Städte selbst sind aber auch hier keine exakten Aussagen möglich. Hierzu wäre ein räumliches Totalmodell notwendig, das unter anderem „wegen der Existenz der Agglomerationsvorteile schwer lösbar" ist. Denn „ein Großteil der benötigten Funktionalzusammenhänge (besonders für Agglomerationsvor- und -nachteile)" können „für die Realität nicht mit genügender Genauigkeit numerisch bestimmt werden", so daß es keine Möglichkeit gibt, „innerhalb irgendeines brauchbaren Modells die Größenrelationen der einzelnen Städte abzuleiten"[59]. Böventers *Schlußhypothese* lautet deshalb, daß „das Zusammenwirken der raumdifferenzierenden Faktoren ... in jedem Zustand der wirtschaftlichen Entwicklung zu einer charakteristischen, regelmäßigen, aber unsymmetrischen (schiefen) Verteilung der Bevölkerung in Orten verschiedener Größenklassen" führt, wobei diese Verteilungsfunktion „im Zuge der wirtschaftlichen Entwicklung möglicherweise nicht nur flacher, sondern auch symmetrischer" wird[60]. Damit ist – wie Borries zu Recht betont – die Siedlungsstruktur eher beschrieben als erklärt[61].

Fragen wir nunmehr nach dem *Aussagewert der Landschaftsstrukturmodelle* als Erklärungshilfe zur Analyse realer Siedlungsstrukturen, so ist folgendes festzuhalten:
– Die ursprünglichen Modelle von *Christaller* und *Lösch* sind *zu abstrakt* und vermögen deshalb keine *operationale Grundlage zur vollständigen Erklärung* realer Siedlungsstrukturen anzubieten. Abgesehen von ihren sehr restriktiven Ausgangsbedingungen liegt ihre generelle Schwäche in der *zu einseitigen Betrachtungsweise* einer theoretischen Landschaft, bei der *allein die ökonomische Rationalität* als bestimmendes Strukturmerkmal berücksichtigt wird. Der gleiche Einwand gilt auch für die Modellüberlegungen von *Böventer*. Zwar geht er differenzierter vor, indem allzu restriktive Annahmen im ökonomischen Bereich fallen gelassen bzw. modifiziert werden. Aber auch sein Landschaftsstrukturmodell ist noch derart abstrakt, daß es inhaltlich nicht aufgefüllt werden kann. Es läßt wohl einige generelle Aussagen zu, ist aber – wie Böventer selbst betont – für die *Lösung praktischer Probleme unbrauchbar*[62].
– In bezug auf das System von Lösch wäre noch beizufügen, daß dieses zudem – wie Böventer in seiner kritischen Würdigung geltend macht – in sich widerspruchsvoll ist

---

[58] *E. v. Böventer,* Die Struktur der Landschaft, aaO, S. 116. [59] Ebenda, S. 117.
[60] Ebenda, S. 121. [61] *H. W. v. Borries,* aaO, S. 60.
[62] Vgl. *E. v. Böventer,* Die Theorie des räumlichen Gleichgewichts, aaO, S. 11.

und erhebliche Lücken aufweist [63]. Für eine Erklärung der realen Siedlungsstruktur, auch nur in ihren Grundzügen, scheidet deshalb dieses Modell von vornherein aus [64].
- Mehr Resonanz hat die *Lehre von Christaller* ausgelöst, bietet doch sein Modell eine vom *Versorgungsprinzip* her betrachtet anscheinend *schlüssige Erklärung* der Siedlungsstruktur. Dies um so mehr, als Christaller seine Modellüberlegungen in den dreißiger Jahren im süddeutschen Raum weitgehend zu verifizieren vermochte. Dennoch sind immer wieder Zweifel geäußert worden, ob diese „klassische" Lehre den gegenwärtigen Verhältnissen hochindustrialisierter Länder noch entspreche. So „erscheint es doch unrealistisch", schreibt Borries, „die Hauptfunktion großer Städte in ihren zentralen regionalen Leistungen begrenzter Reichweite zu sehen, ohne ihre Bedeutung als Industriestandort und die darin begründeten Wachstumskräfte zu berücksichtigen" [65].

Diese Kritik ist zweifellos *zutreffend* und weist darauf hin, daß die Theorie der zentralen Orte die moderne Siedlungsstruktur in ihrer Gesamterscheinung *nicht* mehr zu erklären vermag. Selbst eingeschränkt auf den tertiären Sektor sind Vorbehalte anzubringen, wenn man die Wirklichkeit mit der von Christaller abgeleiteten *Regelmäßigkeit* in der Anordnung und der *strengen Hierarchie der zentralen Orte* (als Versorgungsstandorte) vergleicht.

Dagegen ist es Christaller gelungen, mit seiner Lehre ein als grundlegend erkanntes *zentralörtliches Gliederungsprinzip* aufzudecken, das bei entsprechender Modifikation (unter industriewirtschaftlichen Prämissen) die Siedlungsstruktur zwar nicht zu erklären vermag, in *Verbindung* mit der *Theorie der Infrastruktur* aber zu bleibenden Einsichten geführt hat: Einmal müssen sich zur optimalen Versorgung eines Teilraumes mit zentralen Einrichtungen und Diensten stets *Siedlungsschwerpunkte* herausbilden, die einer dispersen Verteilung von Wirtschaft und Bevölkerung gewisse Grenzen setzen. Zum andern benötigen die verschiedenen Versorgungseinrichtungen insbesondere infrastruktureller Art bei optimaler Auslastung aus ökonomisch-technischen Gründen einen unterschiedlich großen Konsumentenbedarf und damit ein ebenso *unterschiedliches Einzugsgebiet*, worauf sich nicht nur eine bestimmte *Mindestgröße* für einzelne Versorgungsräume, sondern fast zwangsläufig eine *räumliche Staffelung* der Standorte der verschiedenen Versorgungsleistungen ergibt. Dies wiederum zwingt bei der Gestaltung der Siedlungsstruktur zu einer gewissen *raumstrukturellen Schwerpunktbildung*, woraus sich erste, regionalpolitisch relevante Grundsätze ableiten lassen. Darauf wird zurückzukommen sein.

Halten wir *zusammenfassend* fest, daß die hier in aller Kürze erwähnten Landschaftsstrukturmodelle entscheidend zum Verständnis raumwirtschaftlicher Zusammenhänge beigetragen haben, nicht zuletzt im Hinblick auf das Entstehen von Agglomerationen in der Gleichgewichtstheorie von Böventer. Zur *Erklärung realer Siedlungsstrukturen* − oder realer Typen der Siedlungsstruktur − vermögen sie jedoch infolge der erwähnten Einschränkungen *nicht allzuviel zu bieten*. Um das, aus der Lehre Christaller

---

[63] Weil dieses u. a. kein Totalmodell im Sinne der allgemeinen Gleichgewichtstheorie, sondern nur eine Addition partialanalytisch gewonnener Einzelergebnisse sei, deren Zusammenfügung zu einem Totalsystem unweigerlich zu Widersprüchen führe. Siehe *E. v. Böventer*, Die Struktur der Landschaft, aaO, S. 91.

[64] Vgl. dazu *H. W. v. Borries*, aaO, S. 59.   [65] *Derselbe*, ebenda, S. 57.

ableitbare, zentralörtliche Gliederungsprinzip in seiner gegenwärtigen Bedeutung zu ermessen, muß im Vergleich zu den klassischen Landschaftsstrukturmodellen die *wirtschaftliche und soziale Dynamik* bei der Herausbildung von Zentren stärker beachtet werden. Und zudem sind jene siedlungspolitisch relevanten *Veränderungen* zu berücksichtigen, die sich beim Wandel von einer agrarisch bestimmten Gesellschaft zur Industrie- und Dienstleistungsgesellschaft vollzogen haben und weiterhin vollziehen werden. Denn diese haben zu *typischen Umstrukturierungen im zentralörtlichen Gliederungsprinzip geführt.*

4. Das zentralörtliche Gliederungsprinzip im Wandel des Siedlungsgefüges

Die folgenden Hinweise auf einige Grundzüge der historisch gewachsenen Siedlungsstruktur moderner Volkswirtschaften drängen sich auf, weil entscheidende Bestimmungsgründe der Siedlungsstruktur allein aus ihrer *geschichtlichen Entwicklung* als Funktion epochaler wirtschaftlicher und gesellschaftlicher Systeme aufgezeigt und erkannt werden können. Eine generelle Theorie der Siedlungsstruktur vermag zwar auch die historische Wirtschaftsforschung nicht zu bieten [66]. Doch lassen sich aus einer rein deskriptiven Herausarbeitung geschichtlicher Entwicklungsstufen *verschiedene Systeme von Siedlungsstrukturen* ableiten, die die neuzeitliche Siedlungsweise und ihre standörtlichen Gliederungsprinzipien verständlich machen [67]. Denn heute ist unverkennbar, daß die gegenwärtige Siedlungsstruktur in den hochentwickelten Volkswirtschaften – allerdings mit graduellen Unterschieden – durch *zwei verschieden geartete Siedlungsprinzipien* geprägt wird, aus deren Überlagerung und gleichzeitiger Verschmelzung bereits ein drittes Gliederungsprinzip der zukünftigen Siedlungsstruktur erkennbar wird. Historisch kann die Entwicklung, die zu diesem Zustand führte, wie folgt nachgezeichnet werden:

– Die ursprüngliche Siedlungsstruktur war die der *vorindustriellen Agrarwirtschaft.* Ihr hauptsächlichstes Merkmal war einmal die für die Raumbeanspruchung bedeutsame *Flächenbezogenheit der* (agraren) *Produktion* und zum andern die Übernahme der Versorgung für einen näheren oder weiteren Einzugsbereich durch besonders ausgestaltete Orte, deren Größe je nach Art und Umfang der Versorgung (und damit auch des Einzugsgebietes) variierte. Mit fortschreitender Zivilisation und dem

---

[66] Historische Aspekte sind bereits in der traditionellen Standorttheorie von verschiedenen Autoren (Ritschl, Predöhl u. a.) berücksichtigt worden. Da sie in bezug auf das uns hier interessierende zentralörtliche Gliederungsprinzip wenig aussagen, braucht nicht darauf eingegangen zu werden. Vgl. *H. Ritschl,* Reine und historische Dynamik des Standortes der Erzeugungszweige. In: Schmollers Jahrbuch, Jg. 51 (1927), S. 813 ff.; *A. Predöhl,* Das Standortproblem in der Wirtschaftstheorie. In: Weltwirtschaftliches Archiv, Jg. 21 (1925), S. 294 ff.

[67] Hierüber besteht ein umfangreiches Schrifttum sowohl amerikanischer als auch deutscher Autoren. Exemplarisch sei verwiesen auf *B. J. L. Berry* und *A. Pred,* Central Place Studies, a Bibliography of Theory and Applications, Regional Science Research Institute, Bibliography Series Nr. 1, Philadelphia 1961; *D. Bökemann,* Das innerstädtische Zentralitätsgefüge dargestellt am Beispiel der Stadt Karlsruhe, Karlsruher Studien zur Regionalwissenschaft, Heft 1, 1967; *H. Bobek,* Die Theorie der zentralen Orte im Industriezeitalter. In: Deutscher Geographentag Bad Godesberg, Tagungsberichte und wissenschaftliche Abhandlungen, Wiesbaden 1969, S. 199 ff.; *B. Dietrichs,* Die Theorie der zentralen Orte. In: Raumforschung und Raumordnung, Heft 6, 1966, S. 259 ff.; *G. Isbary,* Zentrale Orte und Versorgungsnahbereiche, Bad Godesberg 1965.

Aufkommen der vorindustriellen Technik stieg die Bedeutung der Versorgung – und damit auch die Einwohnerzahl der für die Versorgung zuständigen Orte. Aber im überlieferten und bewährten System des *vorindustriellen Siedlungsgefüges* änderte sich über Jahrhunderte nur wenig. In diesem Siedlungssystem vermochte Christaller die funktionale Ordnung der hierarchisch gegliederten zentralen Orte abzuleiten.

– Mit *einsetzender Industrialisierung* begann sich allmählich ein neuartiges Siedlungssystem abzuzeichnen. Denn im Gegensatz zur Landwirtschaft ist die Industrie, die sich durch ein extrem unterschiedliches Verhältnis zum Raum kennzeichnet, nicht flächenbezogen, sondern *standortorientiert,* was zu einem neuen Raumorientierungsprinzip führte [68]. Zwar wurde dadurch die Gestalt des Siedlungsnetzes – abgesehen von den sich verändernden Größenordnungen der Städte – anfänglich nicht allzu stark verändert, weil sich die Industrie zumeist an die nicht-industrielle, vorgefundene Siedlungsstruktur (Städte und deren näheres Umland) anlehnte. (Eine gewichtige Ausnahme bildete allerdings die Schwerindustrie.) Denn die *bestehenden Städte* verfügten im allgemeinen über die *günstigsten Startbedingungen,* sei es als Verkehrsknotenpunkt, als räumliche Konzentrationspunkte für das Arbeitskräfteangebot oder als Orte mit einer am weitesten ausgebauten Infrastruktur [69].

Zu diesen *historischen Standortbedingungen* traten im Zuge der fortschreitenden Industrialisierung weitere Beharrungskräfte, anfänglich die von Miksch erwähnte *langfristige Kapitalfestlegung* [70], die bewirkte, daß die historisch gewachsenen, ehemals vielleicht optimalen Standorte trotz grundlegenden Veränderungen der Standortbedingungen im Zeitablauf beibehalten wurden, später – bei zunehmender Standortbefreiung im Sinne der ‚footloose-industries‘, welche an sich die Wirksamkeit der historischen Komponente abschwächte – die mannigfachen *Agglomerationsvorteile* in den historisch gewachsenen Industriezentren.

All diese Faktoren bewirkten, daß die Gestalt der Siedlungsstruktur eines Landes, wie sehr auch ihr inneres Gefüge, d. h. die Größenordnungen der Siedlungen umgestaltet wurde, im allgemeinen eine *bemerkenswerte Konstanz* aufwies und sich nur allmählich änderte. Aus diesem Grunde kann man sagen, daß die Industrialisierung weniger eine neue „industrielle" Siedlungsstruktur geschaffen hat, sondern vielmehr die alte, überkommene agrare Siedlungsweise „industrialisiert" wurde [71].

Trotz dieser äußeren Konstanz hat die Industrialisierung die weitgehend vorgeprägte Siedlungsstruktur in ihrem *inneren Gefüge* maßgeblich umgeformt, insbesondere was das *hierarchische Prinzip der Zentralität von Orten* anbelangt. Sofern nämlich Orte mit ursprünglich hoher Zentralität keine entsprechende Rolle mehr innerhalb der Industriestruktur einzunehmen vermochten, verloren sie ihre hervorragende Position. Anderseits erwuchsen aus ehemals ländlichen Siedlungen oder Orten unterschiedlichen Ranges *neue industrielle* Zentren. Entscheidend für diesen Umwandlungsprozeß im neu heranwachsenden Zentralitätsgefüge waren *günstige*

---

[68] Vgl. *D. Partzsch,* Die Siedlungsstruktur und das Netz der zentralen Orte. In: Informationsbriefe für Raumordnung und Städtebau, R. 2.1.2., Wiesbaden 1966, S. 3 ff.
[69] Siehe *B. Dietrichs,* aaO, S. 263.
[70] *L. Miksch,* Theorie des räumlichen Gleichgewichts, aaO, S. 16 ff.
[71] Vgl. *H. W. v. Borries,* aaO, S. 77.

industrielle Standortvoraussetzungen und weniger die überlieferte Funktion und Zentralität der Städte im Rahmen der alten (agraren) Siedlungsordnung.
- Diese neue Form der Schwerpunktbildung im Siedlungsgefüge entwickelte sich nur am Anfang schalenförmig um die alten und neuen Zentren. Denn parallel zur konzentriert an günstigsten Standorten heranwachsenden Industrie setzte ein massiver *Ballungsprozeß der Bevölkerung* ein, begünstigt einerseits durch die allgemeine Bevölkerungsexplosion, anderseits durch die wachsende Mobilität der von der Landwirtschaft freigesetzten Arbeitskräfte. Dies führte zu einer *fortschreitenden Verdichtung neuer Siedlungsschwerpunkte* und in der Folge fast zwangsläufig zur Herausformung eines neuen räumlichen Bildungsprinzips. Denn „je stärker die Ausgangskerne der Entwicklung überbaut waren" schreibt Isbary, „um so mehr ergoß sich der Strom der Raumbeanspruchenden in die Zwischenräume der alten und neuen Agglomerationen entlang den Verkehrsbändern"[72]. Es entstanden jene Verdichtungsbänder, in denen Stadt an Stadt grenzt, zuweilen unterbrochen von Teilen der Verdichtungsgebiete, die man fast ebenso zutreffend als „dezentralisierte Städte" bezeichnen könnte[73].

Dieser Vorgang, den Isbary am Beispiel der Bundesrepublik Deutschland beschreibt[74], ist auch in unserem Lande, wenngleich mit graduellen Unterschieden, *deutlich feststellbar*. Bemerkenswert an diesem Vorgang ist das erneute Herausbilden eines anders gearteten Zentralitätsgefüges *innerhalb* dieser Ballungsgebiete, das nicht mehr die Züge einer punktuellen Zentralität im Sinne eines Netzes zentraler Orte aufweist. Vielmehr charakterisiert sich dieses in der Regel durch eine *multiple Zentralität*, d. h. „eine auf mehrere Städte innerhalb eines größeren Verdichtungsgebietes bezogene vielfältige Funktionsteilung der Zentralörtlichkeit"[75].

In ihrer zweiten Entwicklungsphase hat somit die vorwiegend industriell determinierte Siedlungsstruktur die *herkömmliche strenge Hierarchisierung von Zentralorten abgelöst* und durch *eine Diversifikation der Zentralität innerhalb der Ballungsräume* ersetzt. Neben diesen neuen Raumstrukturen findet man zwar – abseits der Verdichtungsgebiete – weiterhin zentrale Orte unterer oder mittlerer Stufe, die als Mittelpunkte ländliche Gebiete versorgen. Dabei ist unschwer nachzuweisen, daß sich solche regionale Zentren im allgemeinen *um so stärker* zu entwickeln vermögen, *je näher* sie sich im *Ausstrahlungsbereich* der industriellen Verdichtungszonen befinden, und *je besser* diesen eine tendenzielle Anpassung an das *infrastrukturelle Versorgungsniveau* der Verdichtungsgebiete gelingt. Zwar lassen sich nach wie vor unterschiedliche Zentralitätsstufen und Funktionstypen von Städten und Gemeinden nachweisen. Allein die von Christaller erkannte *Regelmäßigkeit* ist überwunden und hinsichtlich der Dichte und der Funktionsteilung dieser Zentren zeigen sich für verschiedene Gebiete ganz unterschiedliche Ergebnisse[76].
- Daraus ist zu folgern, daß offenbar in der sich heute ausformenden Siedlungsstruktur hochentwickelter Industriestaaten *verschiedene zentralörtliche Entwick-*

---

[72] *G. Isbary*, Zentrale Orte und Versorgungsnahbereiche, aaO, S. 13.
[73] Ebenda, S. 13.
[74] Typisch hierzu sind die sogenannten Ballungsgebiete.
[75] *B. Dietrichs*, Die Theorie der zentralen Orte, aaO, S. 264.
[76] Vgl. *J. H. Müller*, Wirtschaftliche Grundprobleme der Raumordnungspolitik, aaO, S. 28.

lungsstadien mit *unterschiedlichen Gliederungsprinzipien der Siedlungsweise* unterschieden werden müssen, die *gleichzeitig nebeneinander verlaufen*[77]. Da jedoch der Industrialisierungsprozeß in unserem Lande noch keineswegs abgeschlossen ist, wird die typische Erscheinungsform der „industrialisierten Siedlungsstruktur" der zweiten Entwicklungsphase, nämlich die *fortschreitende Konzentration* in gleichsam privilegierten Verdichtungszonen auf Kosten weniger begünstigter Landesteile weiterhin wirksam bleiben. Bedenklich ist dabei, daß dieser Prozeß bei *ungesteuertem Verlauf* zu *wachsenden Friktionen* führt, indem die Verschmelzung der beiden Siedlungsprinzipien ungeordnet verläuft und die Siedlungsstruktur dadurch eine Form annimmt, die je länger je weniger den sich wandelnden und legitimen Ansprüchen und Bedürfnissen immer breiterer Bevölkerungskreise entspricht. Beredtes Beispiel hiefür bildet die wachsende Einsicht, daß eine gestaltende Einflußnahme auf die zukünftige Siedlungsstruktur absolut notwendig wird, um die räumlichen Voraussetzungen für eine möglichst geordnete Entfaltung der menschlichen Tätigkeit sicherzustellen.

Bevor wir uns näher diesem Problem zuwenden, ist folgendes festzuhalten: Christallers Lehre hat zur gesicherten Erkenntnis geführt, daß sich für eine optimale Versorgung mit zentralen Diensten und Leistungen immer Siedlungsschwerpunkte herausbilden müssen. Die oben beschriebenen raumstrukturellen Wandlungen, insbesondere die geänderte Rolle und Abhängigkeit von zentralörtlichen Funktionen, vermag jedoch seine statische Lehre nicht mehr zu charakterisieren. Um die gegenwärtig und inskünftig sich ausprägende Siedlungsstruktur in ihrer Gesamtheit zu erklären, wäre vielmehr eine zu entwickelnde *dynamische Theorie der zentralen Orte* notwendig, die in enger Verbindung mit einer Theorie der Infrastruktur stehen müßte. Denn die „Dynamik der zentralörtlichen Bereichsbildung" hängt sehr stark von zentralörtlichen Einrichtungen der öffentlichen Hand ab, die dem Bereich der infrastrukturellen Ausrüstung einer Region zugeordnet werden können[78].

Für die *Siedlungsforschung* ist diese *Feststellung höchst bedeutsam*. Sie besagt, daß neben die räumliche Verteilung der Wohn- und Arbeitsstätten als weitere, wesentliche Komponente der Siedlungsstruktur die Infrastruktur tritt, die sich nicht nur „als Folge der räumlichen Verteilung von Wohn- und Arbeitsstätten ergibt, sondern diese – als weitestgehend gestaltbarer Standortfaktor – in ihrer räumlichen Verteilung auch maßgeblich beeinflussen kann"[79].

Da eine derart umfassende Siedlungstheorie noch aussteht, sind für die praktische Regionalpolitik vorerst allgemeine Grundsätze zu entwickeln, nach denen ausgerichtet eine wirksame Beeinflussung der Siedlungsstruktur erreicht werden kann. *Ansätze hierzu* lassen sich einerseits aus der Lehre Christallers in Verbindung mit infrastrukturpolitischen Überlegungen ableiten; anderseits zeichnen sich aus der Überlage-

---

[77] Dietrichs sieht darin sowohl Ursache als auch Folge des interregionalen Strukturgefälles innerhalb eines Landes. Ebenda, S. 266.
[78] Vgl. *K. A. Boesler*, Infrastrukturpolitik und Dynamik der zentralen Orte. In: Aktuelle Probleme geographischer Forschung, Festschrift für Joachim Heinrich Schultze, Berlin 1970, S. 311 ff.
[79] *B. Dietrichs*, Eine Analyse der Wanderungsbewegungen in der BRD unter besonderer Berücksichtigung der Infrastruktur. In: Theorie und Praxis der Infrastrukturpolitik, Schriften des Vereins für Socialpolitik, N. F. Bd. 54, Berlin 1970, S. 512.

rung und Verschmelzung der agrarischen und industriellen Siedlungsstruktur neue typische räumliche Gliederungsprinzipien ab, deren Kenntnis der Regionalpolitik weiterhelfen kann. Bei der Frage nach praktikablen Analyseansätzen im Bereich der Siedlungsstruktur wird dann zu prüfen sein, inwieweit diese sich abzeichnenden Bildungsprinzipien eines bedarfsgerechten und funktionsfähigen Siedlungssystems in Verbindung mit einer Theorie der Infrastruktur zu gesicherten Anhaltspunkten für die Lösung praktisch konkreter Problemstellungen führen. Dies setzt voraus, daß im Rahmen dieses theoretischen Überblicks zunächst die Rolle der Infrastruktur für die teilräumliche Entwicklung näher untersucht wird.

5. Theoretische Ansatzpunkte im Bereich der Infrastruktur

a) Die Rolle der Infrastruktur für die teilräumliche Entwicklung

Neuesten Auffassungen folgend kann man heute mit Infrastruktur im weitesten Sinn die *wachstums-, integrations- und vorsorgungsnotwendigen Basisfunktionen* einer Gesamtwirtschaft bezeichnen und diese *Einrichtungen und Gegebenheiten* in einen *materiellen, institutionellen und personellen Bereich* unterteilen, entsprechend der von Jochimsen vorgeschlagenen Grunddefinition [80]. Damit sind auch die für unsere spezifisch siedlungspolitische Fragestellung wichtigen Erscheinungen der *zentralörtlichen Einrichtungen* eingeschlossen, die zur Hauptsache der nicht-produktionsbezogenen, materiellen (haushalt-orientierten) Infrastruktur zugerechnet werden können [81].

---

[80] Die exakte Formulierung von Jochimsen lautet: „Mit Infrastruktur ... wird ... die Gesamtheit aller materiellen, institutionellen und personellen Anlagen, Einrichtungen und Gegebenheiten bezeichnet, die den Wirtschaftseinheiten im Rahmen einer arbeitsteiligen Wirtschaft zur Verfügung stehen und die mit dazu beitragen, 1) die Entgelte für gleiche Leistungen der Produktionskräfte auszugleichen (vollständige Integration, d. Verf.) und 2) zugleich die größte Zuwachsrate der Gesamtwirtschaft (höchstmögliches Niveau der Wirtschaftstätigkeit, d. Verf.) herbeiführen." Vgl. *R. Jochimsen*, Theorie der Infrastruktur, Tübingen 1966, S. 145. Mit dieser umfassenden Beschreibung versucht Jochimsen, einerseits die verschiedenen Definitionsansätze in der wirtschaftswissenschaftlichen Literatur zu integrieren, anderseits den Schwerpunkt der Betrachtung auf das funktionale Verständnis zu legen. Dies ist zweifellos zu begrüßen, weil sich „die (notwendige) wachsende Quantität der Infrastrukturproblematik in die Qualität neuer Problemlösungen umschlagen muß und wird", schreibt Simonis. Mit andern Worten: die bisherige Diskussion über Infrastruktur hat sich doch zu sehr und allzu lange auf institutionelle Aspekte der kollektiven Güter und Dienste beschränkt (Grundfrage: soll der Staat oder die Privatwirtschaft diese Güter der Wirtschaft erbringen?) und dabei die funktionalen Aspekte vernachlässigt (Grundfrage: welche und wieviele Güter und Dienstleistungen sollen oder müssen wo für wen oder was erbracht werden?). Vgl. *U. E. Simonis*, Ausgewählte Materialien zur Theorie und Praxis der Infrastrukturpolitik. In: *R. Jochimsen* und *U. E. Simonis* (Hrsg.), Theorie und Praxis der Infrastrukturpolitik, Schriften des Vereins für Socialpolitik, Neue Folge, Band 54, Berlin 1970, S. 735. Aus dieser Perspektive ist deshalb die Problematik einer exakten Abgrenzung dessen, was in Grenzfällen noch zur Infrastruktur gezählt werden soll oder nicht, weniger wichtig als vielmehr die Bedeutung und Wirkung der fraglichen Einrichtungen und Gegebenheiten für die wirtschafts- und gesellschaftspolitische Entwicklung eines Landes.

[81] Zur „materiellen Infrastruktur" zählt Jochimsen die Gesamtheit der Anlagen, Ausrüstungen und Betriebsmittel der Energieversorgung, Verkehrsbedienung, Telekommunikation usw., inklusive der Gebäude und Einrichtungen der staatlichen Verwaltung, des Erziehungs-, Forschungs-, Gesundheits- und Fürsorgewesens. Diese umfaßt somit jenen Teil des Realkapitalstockes einer Wirtschaft, dessen Funktion überwiegend in der Erzeugung von Nutzungen liegt, die als Vorleistungen in die Produktion von Gütern und Diensten der privaten Sphäre ein-

Diese weitgefaßte Definition macht deutlich, daß die Bedeutung der Infrastruktur weit über siedlungsspezifische Fragestellungen hinausreicht. Generell lassen sich eine Reihe vielfältiger, wechselseitiger Wirkungen zwischen Infrastruktur und gesamtwirtschaftlicher bzw. regionaler Entwicklung unterscheiden; ferner kann die Infrastruktur sowohl Ursache als auch Folge der teilräumlichen Entwicklung sein. Und schließlich ergeben sich unterschiedliche Wirkungen, wenn man die gegebene infrastrukturelle Ausstattung (als Bestandesgröße), oder aber die Infrastrukturinvestitionen (als Strömungsgröße) betrachtet.

Diese *generellen* wachstums-, integrations- und versorgungspolitischen *Wirkungsweisen beeinflussen* deshalb das *regionale Entwicklungspotential* (gesamthaft betrachtet) ganz *erheblich*. Da sich die infrastrukturellen Einrichtungen – aus der örtlichen Perspektive betrachtet – in einer Reihe von *Standortgegebenheiten* (mit unterschiedlichen Standorteffekten) niederschlagen, sind sie nicht nur für die Siedlungsstruktur im engeren Sinn relevant, sondern auch für die Art und Ausgestaltung der anderen strukturellen Teilbereiche: Sie beeinflussen sowohl die *Produktionsstruktur* (durch Wirkungen über die örtlichen Standortqualitäten auf die Produktivität der Betriebe aller Produktionszweige) als auch die *Faktorstruktur* (durch Wirkungen auf die Mobilität der Produktionsfaktoren Arbeit und Kapital). Ihre *besondere Bedeutung* für die *Siedlungsstruktur* manifestiert sich in der *doppelten Rolle* von Infrastruktureinrichtungen: Sie sind nicht nur die Folge der Determinanten des Siedlungsgefüges (also der räumlichen Verteilung von Wirtschaft und Bevölkerung, sondern vermögen diese als weitgehend gestaltbare Standortfaktoren auch maßgeblich zu beinflussen. Von besonderer Bedeutung ist in diesem Bereich naturgemäß die vorstehend erkannte, *systembildende Wirkung zentralörtlicher Einrichtungen*.

Trotz der Bedeutung, die der Infrastruktur in sämtlichen bisher aus methodischen Gründen getrennt analysierten regionalen Strukturbereichen zukommt, wird diese erst jetzt im Bereich der *Siedlungsstruktur* direkt zum Gegenstand unserer Analyse erhoben. Dies deshalb, weil nach unserem Dafürhalten die speziell siedlungspolitische Perspektive besonders geeignet ist, ausgerichtet auf die praktischen Bedürfnisse der

---

gehen. Umstritten ist dabei der Einbezug des Wohnungswesens, das wir im folgenden hier einschließen.

Als „institutionelle Infrastruktur" gelten nach Jochimsen die „gewachsenen und gesetzten Normen, organisatorische Einrichtungen und Verfahrensweisen", deren Funktion darin liegt, den „Rahmen für die Aufstellung, Entscheidung, Durchführung und Kontrolle der Wirtschaftspläne der Wirtschaftssubjekte" abzugeben.

Schließlich umfaßt die „personelle Infrastruktur" (auch human capital oder immaterielles Infrastrukturkapital genannt) die Zahl und Eigenschaften der Menschen in einer Volkswirtschaft (geistige, unternehmerische und handwerkliche Fähigkeiten, geprägt durch Allgemeinbildung, Qualifizierung der Menschen in ihrer sektoralen und regionalen Verteilung), deren Funktion die Grundlage einer arbeitsteiligen Wirtschaft zur Ausschöpfung des Entwicklungspotentials darstellt. Vgl. *R. Jochimsen*, Theorie der Infrastruktur, aaO, S. 103 ff. Erläuterungen zu dieser Begriffsbestimmung sowie über die Abweichungen, die zwischen der Definition von Jochimsen und derjenigen anderer Autoren (Hirschmann, Tinbergen, Stohler und Frey) bestehen, finden sich in *K. Gustafsson* und *R. Jochimsen*, Artikel „Infrastruktur", in: Handwörterbuch der Raumforschung und Raumordnung, 2. Aufl., Band 2, Hannover 1970, S. 1318 ff. Hier sei lediglich beigefügt, daß sich unsere weiteren Ausführungen schwergewichtig auf die materielle Infrastruktur, aber einschließlich Wohnungsbau, beziehen.

Raumordnungspolitik relevante Ansatzpunkte für eine rationale Infrastrukturpolitik (als Teil der regionalen Entwicklungspolitik) zu bieten.

An dieser Stelle erübrigt sich die Darstellung eines dogmengeschichtlichen Überblicks der theoretischen Ansatzpunkte im Bereich der Infrastruktur. Denn hiefür bieten sich neueste Veröffentlichungen des *Vereins für Socialpolitik* an. In zwei umfangreichen Werken wird eine eingehende und umfassende Gesamtschau des gegenwärtigen Standes der theoretischen und empirischen Forschung auf dem Gebiet dieses noch relativ jungen Wissenschaftszweiges vorgelegt[82].

Eine Durchsicht dieser Berichterstattung läßt erkennen, daß auch im Bereich der Infrastruktur noch viele Probleme ungeklärt sind. Zwar wird heute, im Gegensatz zur traditionellen Wirtschaftstheorie, die *Bedeutung der Infrastruktur für das Wirtschaftswachstum* allgemein anerkannt[83]. Doch ist es bisher *nicht* gelungen, die Infrastruktur und ihre vielfältigen Wirkungsweisen in eine *allgemeine Wachstums- und Entwicklungstheorie einzugliedern*. Ein wesentlicher Grund hiefür bilden die enormen Schwierigkeiten, die bei einer empirischen Erfassung der Infrastrukturinvestitionen als Wachstumsdeterminante auftreten[84]. Es bleibt somit Aufgabe zukünftiger Forschungen, die Infrastruktur „in einer operationalen Wachstumstheorie, d. h. eine Wachstumstheorie, die zu Prognose- und Entscheidungszwecken geeignet ist, zu berücksichtigen"[85].

Aus diesem Grunde können bei der Frage, welchen Beitrag eine Theorie der Infrastruktur zur Erklärung der teilräumlichen Entwicklung beim gegenwärtigen Forschungsstand zu bieten vermag, wiederum nur erste, noch recht vage Anhaltspunkte abgeleitet werden. Um die bisher vorliegenden Erkenntnisse für die regionale Entwicklungspolitik bestmöglichst nutzen zu können, sind bei der nachfolgenden Analyse zwei Grundfragen ins Zentrum zu rücken:

– Welches sind die *generellen Wirkungen* von Infrastrukturinvestitionen (bzw. Infrastruktureinrichtungen) auf die teilräumliche Entwicklung und *welche hiervon* verdienen aus der *siedlungspolitischen Perspektive spezielle Beachtung*, sowie
– *welchen Bestimmungsfaktoren unterliegen* diese siedlungspolitisch bedeutsamen Infrastrukturwirkungen.

b) Wirkungsweisen von Infrastrukturinvestitionen

Bei der Analyse möglicher Effekte von Infrastrukturinvestitionen auf die teilräumliche Entwicklung sind verschiedene Gliederungsmöglichkeiten denkbar, wobei man, dem jeweiligen Untersuchungszweck entsprechend, unterschiedliche Analyseschwer-

---

[82] Vgl. hierzu *R. Jochimsen* und *U. E. Simonis* (Hrsg.), Theorie und Praxis der Infrastrukturpolitik, aaO, sowie *H. Arndt* und *D. Swatek* (Hrsg.), Grundfragen der Infrastrukturplanung für wachsende Wirtschaften, Schriften des Vereins für Socialpolitik, N. F., Bd. 58, Berlin 1971.

[83] In der traditionellen Analyse stand bekanntlich in erster Linie der private Kapitalstock als Kausalfaktor und Träger des Wachstumsprozesses im Vordergrund.

[84] Aus diesem Grunde sind die Diskussionen über die Einflüsse der Infrastruktur noch nicht über das Stadium der Hypothesenformulierung hinausgekommen, und Versuche empirischer Verifikationen liegen erst vereinzelt vor. Vgl. *H. Siebert*, Infrastruktur und regionales Wachstum, Beiträge zur angewandten Wirtschaftsforschung, Manuskript des Instituts für empirische Wirtschaftsforschung an der Universität Mannheim, o. J., S. 1.

[85] *K. Gustafsson* und *R. Jochimsen*, aaO, S. 1324.

punkte wählen wird[86]. Für eine *siedlungspolitisch relevante Perspektive* stehen die nachfolgend genannten Wirkungen im Zentrum, wobei man – dem Vorschlag Sieberts folgend – diese zweckmäßigerweise danach unterteilt, ob sie in der *Phase der Erstellung* oder aber in jener der *Nutzung von Infrastruktureinrichtungen* wirksam werden. In der *Phase der Erstellung* von Infrastruktureinrichtungen müssen insbesondere drei regional- und raumordnungspolitisch relevante Wirkungsweisen unterschieden werden:

1. Finanzwirtschaftliche Effekte

Diese ergeben sich aus dem Tatbestand der *Knappheit finanzieller Mittel*. Bei gegebenen öffentlichen Finanzierungsmitteln führt die Entscheidung für bestimmte Infrastruktur-Projekte zur Aufgabe alternativer potentieller Ausgaben, seien diese infrastruktureller oder anderer Art. Ferner stellt sich die Frage nach den *jeweiligen Finanzierungsmöglichkeiten* (mit wiederum verschiedenartigen Effekten auf die teilräumliche Entwicklung), worüber insbesondere Zimmermann berichtete[87].

2. Bodennutzungseffekte

Diese resultieren aus der *Knappheit des Produktionsfaktors Boden* und führen zu Veränderungen in Art und Umfang der *regionalen Flächennutzung*. Denn durch die Bindung von Flächen für gewisse Infrastruktureinrichtungen müssen alternative Bodenverwendungen aufgegeben werden. Besonders relevant sind die Bodennutzungseffekte bei Infrastruktureinrichtungen mit hohem Flächenbedarf, so z. B. im *Verkehrswesen*.

3. Einkommenseffekte

Diese ergeben sich aus der Tatsache, daß durch die *Beschäftigung von Produktionsfaktoren* bei der Erstellung von Infrastruktureinrichtungen direkt Einkommen entstehen, die dann infolge Multiplikatorwirkungen insgesamt um mehr als die autonome Ausgabensteigerung zunehmen können[88].

Von *besonderer Bedeutung* für die teilräumliche Entwicklungsanalyse sind in der Erstellungsphase einerseits die Aspekte einer wachstumsgerechten *Faktorallokation* (bei der Erstellung von Infrastruktureinrichtungen werden Faktoren gebunden, die dadurch

---

[86] Während beispielsweise Frey grundsätzlich in Einkommenseffekte und Wachstumseffekte trennt und für letztere vier Komponenten unterscheidet (Kapazitätseffekt, Rationalisierungseffekt, indirekter Produktivitätseffekt und direkter Wohlstandseffekt), gliedert Siebert aus der speziellen Perspektive eines regionalwirtschaftlichen Wachstumsmodells in mögliche Effekte bei Erstellung und bei Nutzung von Infrastruktureinrichtungen. Vgl. *R. L. Frey*, Infrastruktur, Grundlagen der Planung öffentlicher Investitionen, Zürich–Tübingen 1970, S. 47 ff.; ferner *H. Siebert*, aaO, S. 2 ff. Buhr schließlich geht von einer empirisch relevanten Fragestellung nach direkten Wirkungen der Infrastruktur auf die räumliche Entwicklung aus, die sich – kombiniert mit dem Ansatz von Siebert – auch für unsere Zwecke gut eignet. Vgl. hierzu und im folgenden *W. Buhr*, Die Abhängigkeit der räumlichen Entwicklung von der Infrastrukturausstattung. In: Grundfragen der Infrastruktur für wachsende Wirtschaften, aaO, S. 103 ff.

[87] Vgl. *H. Zimmermann*, Alternativen der Finanzierung von Infrastrukturvorhaben. In: Theorie und Praxis der Infrastrukturpolitik, aaO, S. 187–206, ferner *derselbe*, Öffentliche Ausgaben und regionale Wirtschaftsentwicklung, aaO.

[88] Vgl. hierzu *R. L. Frey*, aaO, S. 47.

der privaten Sphäre entzogen werden) sowie die *regionalen Folgewirkungen* der Finanzierungs- und Einkommenseffekte.

Zusätzliche räumlich relevante Wirkungen resultieren in der *Phase der Nutzung* von Infrastruktur-Einrichtungen. In Fortführung unseres generellen Wirkungskataloges können zwei weitere Haupteffekte unterschieden werden, die später noch zu verfeinern sind[89]:

4. Kapazitätseffekte

Diese führen einerseits zu *Kapazitätserweiterungen der Infrastruktur selbst* (höherer Ausstattungsgrad), andererseits aber auch zu *potentiellen Möglichkeiten von Kapazitätserweiterungen* jener privaten Produktions- und Dienstleistungsunternehmen, die durch die gewählten Infrastrukturmaßnahmen begünstigt werden. Buhr bezeichnet die Kapazitätseffekte als eigentliche *Entwicklungswirkungen,* indem diese räumlich potentielle Kosten- und Mengenvorteile schaffen, die durch ansässige und neuzuziehende Wirtschaftseinheiten genutzt werden können[90].

5. Anreizeffekte

Diese schlagen sich in einer *veränderten Anziehungskraft einer Region* (Attraktivität) nieder und zwar sowohl als Arbeits-, Wohn- und Freizeitstandort für Unternehmer und Arbeitskräfte.

Von diesen generellen Wirkungsmöglichkeiten der Infrastruktur sind für unsere weiteren Überlegungen insbesondere die zuletzt genannten *Nutzungseffekte* bedeutsam. Denn diese schlagen sich in einer Reihe von *Standorteffekten* nieder, die zu einem *besonders wichtigen Ansatzpunkt* für die regionale Infrastrukturpolitik werden, weshalb wir uns im folgenden darauf beschränken.

Um diese *Nutzungseffekte* speziell aus der siedlungspolitischen Perspektive in ihrer vollen Tragweite ermessen zu können, ist im Rahmen einer räumlichen Wirkungsanalyse an die einleitend erwähnte, grundsätzliche Unterscheidung zwischen *unternehmungs- und haushaltsorientierter Infrastruktur* zu erinnern. Betrachtet man die Infrastruktur als Realkapitalbestand, so spricht man in diesem Zusammenhang auch von Infrastrukturproduktiv- und Infrastrukturkonsumtivkapital[91]. Darunter ist folgendes zu verstehen:

— Als *unternehmungsorientierte Infrastruktur* gelten jene Infrastrukturleistungen, die von den Unternehmungen genutzt werden. Dazu zählen die Erschließung und Bereitstellung von *Industriegelände* (Industrieparks), *Wasser- und Energieversorgung, Verkehrsleistungen* usw. Frey bezeichnet die Aufwendungen in diesen Infrastrukturbereichen aus kapitaltheoretischer Sicht als Infrastrukturproduktivinvestitionen, die zu Veränderungen des Infrastrukturkapitalbestandes (Sach- oder immaterielles Kapital) führen, dessen Output als Vorleistungen für die Produktion von Gütern und Dienstleistungen privater Unternehmungen dienen (Infrastrukturleistungen als intermediäre Güter)[92].

---
[89] Vgl. hierzu auch *K. Gustafsson* und *R. Jochimsen,* Artikel „Infrastruktur", aaO, S. 1330.
[90] Vgl. *W. Buhr,* aaO, S. 123.
[91] Vgl. *R. L. Frey,* Infrastruktur, aaO, S. 18 ff.
[92] *Derselbe,* ebenda, S. 19.

– Als *haushaltsorientierte Infrastruktur* wird entsprechend jener Bereich von Infrastrukturleistungen bezeichnet, der von den privaten Haushalten als öffentliches Konsumgut genutzt wird. Dazu zählt die Ausstattung einer Region mit *Einrichtungen des Kultur-, Schul-, Gesundheits- und Fürsorgewesens*, aber auch Einrichtungen der *Naherholung* und der *Versorgung* im engeren Sinn (Einkaufszentren, zentrale Dienste). Bei extensiver Auslegung des Infrastrukturbegriffes – wie wir dies hier für notwendig erachten – gehört dazu auch der vielleicht wichtigste Bereich, nämlich das *Wohnungswesen*. Nach Frey stellen öffentliche Infrastrukturausgaben in diesen Bereichen Infrastrukturkonsumtivinvestitionen dar. Sie führen wohl zu einer Veränderung des Kapitalbestandes, ohne daß aber diese Infrastrukturleistungen als Inputs in die Produktion Verwendung finden. Auch diese können Sach- oder immaterielle Investitionen sein, dienen aber unmittelbar der *individuellen Bedürfnisbefriedigung* (Infrastrukturleistungen als Endprodukt) [93].

In diesen haushalts- und unternehmungsorientierten Infrastrukturbereichen widerspiegeln sich eine Reihe von *Standortanforderungen der Unternehmungen* einerseits und der *Arbeitskräfte* andererseits. Diese Trennung kann allerdings nicht einwandfrei gezogen werden, weil viele Infrastrukturbereiche nicht nur den privaten Haushalten (als Konsumenten und Arbeitnehmer), sondern gleichzeitig auch den Betrieben dienen. Typisches Beispiel hiefür ist das *Verkehrswesen*, das sowohl als Vorleistung für die Produktionstätigkeit als auch dem Verbund der Daseinsfunktion der Menschen dient. Im weiteren können Einrichtungen, die von den Menschen genutzt werden (Versorgung im engeren Sinn, Wohnungswesen, Freizeit-Infrastruktur) gleichzeitig für die Betriebe notwendige Standortvoraussetzungen sein (und damit auch als unternehmungsorientierte Infrastruktur betrachtet werden, weil dadurch die Bindung einheimischer oder die Anwerbung außerregionaler Arbeitskräfte erleichtert bzw. erst möglich wird.

Trotz dieser nicht durchwegs eindeutigen Abgrenzung gewinnt die vorgeschlagene Trennung *erhebliche praktische Bedeutung*, weil Unternehmungen und private Haushalte die Infrastruktur aus ganz unterschiedlichen Blickwinkeln betrachten. Deshalb vermögen beide Infrastrukturbereiche in bezug auf die Entwicklungs- (Kapazitäts-) und Anreizeffekte teils zwar ähnliche, teils aber *sehr unterschiedliche, direkte und indirekte Auswirkungen* auf die regionale Entwicklung auszulösen. Die Kenntnis dieser verschiedenartigen Effekte der Infrastruktur ist zwar als Grundlage einer rationalen Infrastrukturpolitik unerläßlich, aber erst eine Seite des Problems. Denn neben der Kenntnis möglicher Wirkungsweisen sollte auch die Wirkungs*stärke* dieser in der Errichtungs- und Nutzungsphase auftretenden Effekte und deren Bedeutung für die regionale Entwicklung quantifizierbar sein. Dies ist aber beim gegenwärtigen Stand der theoretischen und empirischen Forschung von Ausnahmefällen abgesehen noch nicht möglich. Denn damit werden eine Reihe zusätzlicher, noch ungelöster Probleme aufgeworfen:

– Einmal ist festzuhalten, daß zwischen den einzelnen Infrastruktureinrichtungen sehr enge *Komplementaritätsbeziehungen* bestehen: In aller Regel haben isolierte Veränderungen einzelner Infrastruktureinrichtungen Auswirkungen auf andere, so daß partielle Wirkungsanalysen konkreter Infrastrukturprojekte – soweit solche über-

---

[93] Vgl. *R. L. Frey*, Infrastruktur, aaO, S. 19.

haupt möglich sind[94] – der generellen Entwicklungsproblematik kaum gerecht werden. Notwendig wäre vielmehr eine *Totalsicht* der Infrastruktur, um so mehr als zu vermuten ist, daß diese nur dann nachhaltige Wirkungen auf den regionalen Entwicklungsprozeß auszuüben vermag, wenn sie *als Bündel von Einrichtungen* bereitgestellt wird[95]. Wirkungsanalysen von Infrastruktur-Bündeln bieten aber *zusätzliche Quantifizierungsschwierigkeiten*, sowohl im Bereich der unternehmungsorientierten als auch – und in noch ausgeprägterem Maße – in demjenigen der haushaltsorientierten Infrastruktur.

Bei der *unternehmungsorientierten* Infrastruktur scheint es eher möglich, mit genügender Verläßlichkeit bestimmte Wirkungen von Infrastrukturmaßnahmen auf die unternehmerische Standortentscheidung abzuschätzen und daraus Anhaltspunkte über mögliche Entwicklungs- und Anreizwirkungen abzuleiten. Obschon auch bei der unternehmerischen Standortwahl irrationale Motivationen mitspielen, fallen die meßbaren Einzelleistungen, die direkte Auswirkungen auf die betrieblichen Kostenrechnungen haben, doch stark ins Gewicht. Solche meßbare Einrichtungen und Gegebenheiten lassen sich aber aussondern, angefangen bei der infrastrukturellen Ausstattung des Betriebsgeländes über relevante öffentliche (und private) zentrale Einrichtungen am Betriebsort bis zur zweckmäßigen Ausgestaltung der Verkehrsanlagen und Versorgungseinrichtungen, mit denen der industrielle Nah- und Fernverbund sichergestellt wird[96].

Schwieriger ist indessen die Frage zu beantworten, welche infrastrukturellen Einrichtungen und Gegegebenheiten die *privaten Haushalte* (Arbeitskräfte) als die wichtigsten ansehen, um daraus *meßbare Anreizeffekte* der haushaltsorientierten Infrastrukturmaßnahmen abzuleiten. Hauptproblem bildet hier die *Gewichtung* der möglichen Einflußstärke einzelner Infrastruktureinrichtungen, sei es im Wohnungswesen (Angebot von quantitativ und qualitativ genügend Wohnungen), im Bereich des Schul- und Gesundheitswesens, der Naherholung oder der Versorgung im engeren Sinn (gute Einkaufsmöglichkeiten). Im Gegensatz zur unternehmungsorientierten Infrastruktur gelingt es in diesem Bereich viel weniger, einen oder einige Infrastruktureinrichtungen als *den* Faktor herauszuschälen, dem eindeutig primäre Bedeutung zukommt. Dies zwingt besonders im Bereich der haushaltsorientierten Infrastruktur zur erwähnten Totalsicht[97].

---

[94] Für ausgewählte Investitionsprojekte von begrenzter Wirkung ist – unter der Voraussetzung einer sonst gegebenen Infrastrukturausstattung – eine solche, typisch mikroökonomische Wirkungsanalyse als Grundlage einer rationalen Projektselektion möglich. Das Verfahren hierzu stellt die „Cost-benefit-Analyse" dar, mit der man versucht, den Gesamtnutzen eines Projektes seinen Gesamtkosten gegenüberzustellen und daraus Entscheidungsgrundlagen für die Infrastrukturplanung zu gewinnen. Vgl. hierzu *R. L. Frey*, aaO, S. 106 ff., sowie über diese Verfahren im allgemeinen *H. C. Recktenwald*, Nutzen-Kosten-Analyse und Programmbudget, Tübingen 1970.
[95] Vgl. *W. Buhr*, aaO, S. 104. Diese Vermutung stützt sich auf die Annahme, daß erst dann die notwendigen Voraussetzungen geschaffen werden können, die zur Erzielung von Agglomerationsvorteilen (als Motor der wirtschaftlichen Entwicklung schlechthin) führen.
[96] Über haushalts- und unternehmungsorientierte Infrastruktur aus der spezifischen Sicht der öffentlichen Ausgaben in einer Theorie der Regionalpolitik vgl. *H. Zimmermann*, aaO, S. 237 ff.
[97] Davon war bereits anläßlich der Analyse der Faktorstruktur (im Zusammenhang mit den Arbeitsmarktmodellen) die Rede.

– Komplementaritätsbeziehungen bestehen aber auch *zwischen der unternehmungs- und der haushaltsorientierten* Infrastruktur, jeweils gesamthaft betrachtet. Hier kann wiederholt werden, was in anderem Zusammenhang bereits gesagt wurde: Lange Zeit hat man sich auf die Förderung der speziell unternehmungsorientierten Infrastruktur konzentriert, in der Annahme, daß *nur diese* für die regionale Entwicklung bedeutsam sei. Im Vordergrund stand somit der Kapazitäts- bzw. Entwicklungseffekt, indem man sich durch die Schaffung freier, verfügbarer Kapazitäten *entsprechende Anreizeffekte* auf ansiedlungswillige Industrieunternehmungen erhoffte (Privileg der Standortanforderungen der Betriebe). Aus der dargelegten Umgewichtung der Bestimmungsfaktoren des gesamtwirtschaftlichen Standortaufbaus ist aber zu folgern, daß die Infrastruktur auch im *privaten Haushalt wirkt*, ja daß womöglich die *stärksten* Anreizeffekte primär durch eine Konzentration auf haushaltsorientierte Infrastruktur ausgelöst werden können.

Angesichts des empirisch belegbaren Bedeutungszuwachses der Standortwünsche der Menschen im Vergleich zu den Standortanforderungen der Betriebe, muß allerdings davor gewarnt werden, ins gegenteilige Extrem zu verfallen und eine rationale Infrastrukturpolitik *ausschließlich* auf den haushaltsorientierten Bereich einzuschränken. Auch hier gilt, daß ein *optimaler Mittelweg* gesucht werden muß [98], d. h., daß die stärksten Anreiz- und Entwicklungseffekte nur durch eine *zweckmäßige Bündelung von unternehmungs- und haushaltsorientierten* Infrastruktureinrichtungen zugleich erreicht werden kann. Denn die Attraktivität einer Region, die die Standortentscheidungen der Arbeitskräfte beeinflußt, hängt nicht ausschließlich vom Angebot der regional gegebenen, haushaltsorientierten Infrastrukturausstattung ab. Nach wie vor wird diese Attraktivität auch durch die regional verfügbaren *Arbeitsplätze* und die damit zusammenhängende *Arbeitsmarktsituation* (in bezug auf Faktoren wie Auswahl der Stellen im Beruf, Aufstiegsmöglichkeiten, Lohn und andere Arbeitsbedingungen) bestimmt, für deren Bereitstellung unternehmungsorientierte Infrastrukturmaßnahmen notwendig sind. Aus den *Verhaltensweisen der Bevölkerung* – und dies kann, weil empirisch belegbar, als gesichert gelten – folgt *lediglich*, daß die durch *unternehmungsorientierte Infrastrukturmaßnahmen* anvisierten Kapazitäts- bzw. Entwicklungseffekte um so *besser zum Tragen kommen, je stärker die Anreizeffekte* auf die Menschen sind; und diese wiederum werden in zunehmendem Maße durch die *haushaltsorientierte Infrastruktur* bestimmt. Damit bleibt allerdings die weitere Frage, welche konkreten Infrastruktur*einrichtungen* die jeweils stärksten Anreiz- und Entwicklungseffekte auszulösen vermögen, noch unbeantwortet.

– Schließlich ist noch zu erwähnen, daß enge Komplementaritätsbeziehungen nicht nur zwischen einzelnen Infrastruktureinrichtungen und/oder zwischen der haushalts- und unternehmungsorientierten Infrastruktur bestehen, sondern auch ganz allgemein zwischen der *regionalen Infra- und Superstruktur* (als dem nicht zur Infrastruktur zählenden Bereich der direkt produktiven Produktionsanlagen). Auch über diese Wechselwirkungen (d. h. zwischen öffentlichen und privaten Investitionen) ist jedoch das bisherige Wissen noch sehr mangelhaft [99]. Generell kann festgehalten werden, daß

---

[98] Der sehr stark von der jeweiligen, bereits verfügbaren infrastrukturellen Ausstattung einer Region abhängt, wie gleich gezeigt werden wird.
[99] Vgl. hierzu *E. v. Böventer,* Die räumlichen Wirkungen von öffentlichen und privaten In-

potentielle, durch Infrastrukturmaßnahmen ausgelöste Entwicklungs- und Anreizeffekte um so höher zu veranschlagen sind, je mehr diese (im Sinne von Initialzündungen) nachfolgende private Investitionen zu induzieren vermögen.
— Bei der *Quantifizierung möglicher Infrastruktureffekte* treten neben die bisher erwähnten Komplementaritätsbeziehungen noch weitere Schwierigkeiten. Diese resultieren aus den *Interdependenzen*, die zwischen Infrastruktur*investitionen* (als Strömungsgröße) und der regional bereits verfügbaren, *historisch gewachsenen Infrastruktur* (als Bestandesgröße) bestehen. Es ist ganz offensichtlich, daß infolge der dargelegten Komplementaritätsbeziehungen besonders die Nutzungseffekte potentieller Infrastrukturinvestitionen in ihrer Wirkungsweise und -stärke maßgeblich von der gegebenen infrastrukturellen Ausstattung einer Region abhängen [100]. Und weiter ist zu beachten, daß die gegebene Ausstattung der historisch gewachsenen Infrastruktur nicht nur von der *Summe* der vorhandenen Infrastruktur-Elemente abhängt, sondern auch durch deren *räumliche Verteilung* bestimmt wird. Denn *Mängel in der Streuung* von Infrastruktureinrichtungen — das geht aus den vorstehenden theoretischen Überlegungen zur Siedlungsstruktur hervor — können unter Umständen *ebenso schwer wiegen* wie solche im Bestand, namentlich in bezug auf die Entwicklungs- und Anreizeffekte.

Mit diesen Ausführungen sind einige *grundsätzliche Schwierigkeiten* der Ermittlung und Quantifizierung raumrelevanter Wirkungen von Infrastrukturmaßnahmen aufgezeigt worden. Es braucht wohl kaum noch besonders hervorgehoben zu werden, daß neben diese Probleme eine Reihe *praktischer* Hindernisse treten, insbesondere das Fehlen bzw. der ungenügende Stand der für die empirische Verifizierung dieser Wirkungen notwendigen statistischen Unterlagen.

Trotz der noch mangelhaften theoretischen Durchdringung dieser für die teilräumliche Entwicklung relevanten Zusammenhänge lassen sich aus der vorstehenden Analyse möglicher Wirkungsweisen der Infrastruktur für die praktische Regionalpolitik *erste Schlußfolgerungen* ziehen:
— *Erstens* müssen die in der *Nutzungsphase* von Infrastruktureinrichtungen auftretenden *Kapazitäts- und Anreizeffekte* im Hinblick auf die Realisierung regionalpolitischer Zielsetzungen als besonders relevant betrachtet werden.
— *Zweitens* bleibt festzuhalten, daß *haushaltsorientierte Infrastrukturmaßnahmen* zwar keine ausreichende, oft aber eine *entscheidende Voraussetzung* für die Auslösung potentieller Anreizeffekte darstellen. Sie bestimmen in zunehmendem Maße, inwieweit die Kapazitäts- bzw. Entwicklungseffekte überhaupt zum Tragen kommen.
— *Drittens* ist davon auszugehen, daß angesichts der mannigfachen Komplementaritätsbeziehungen zwischen einzelnen Infrastruktureinrichtungen nur die Bereitstellung

---

vestitionen. In: Grundfragen der Infrastrukturplanung für wachsende Wirtschaften, aaO, S. 167 ff.

[100] Entsprechend dem allgemeinen Vorgehen in der modernen Wachstumstheorie hat sich auch die bisherige Infrastrukturtheorie fast ausschließlich auf die Strömungsgrößen konzentriert und der Erfassung und Bewertung der Bestandesgrößen nur sekundäre Aufmerksamkeit gewidmet. Auf diesen Mangel haben insbesondere Jansen und Töpfer hingewiesen. Vgl. *P. G. Jansen* und *K. Töpfer*, Zur Bestimmung von Mängeln der gewachsenen Infrastruktur. In: Theorie und Praxis der Infrastrukturpolitik, aaO, S. 401.

einer *Bündelung von Infrastruktureinrichtungen* nachhaltige Wirkungen auf den teilräumlichen Entwicklungsprozeß auszulösen vermag.

— *Dagegen* ergab unsere Analyse, daß beim gegenwärtigen Stand der theoretischen und empirischen Infrastrukturforschung eine *Quantifizierung* der unterschiedlichen Wirkungsweisen *erst in Ausnahmefällen* (bei Einzelprojekten mit begrenzter Reichweite) möglich ist.

Diese *generellen Aussagen* über entwicklungsrelevante Wirkungen der Infrastruktur auf das teilräumliche Geschehen reichen aber — so wichtig sie auch sind — nicht aus, um eine genügende Basis für eine *rationale* Infrastrukturpolitik zu bieten. Denn als Grundlage für die Lösung praktisch-konkreter Infrastrukturprobleme sollten geeignete Maßstäbe vorliegen, die eine auch im Einzelfall mögliche Beurteilung erlauben, *welche* Infrastrukturinvestitionen im Hinblick auf eine *optimale* Bündelung jeweils Priorität verdienen und wie die zu schaffenden Infrastruktureinrichtungen *dimensioniert und räumlich angeordnet* sein sollten, um bestmögliche regionale Entwicklungseffekte auszulösen.

Zu diesem Zwecke ist daran zu erinnern, daß ein Haupterfordernis jeder zukünftigen Raumordnung darin liegt, einen bestmöglichen Ausgleich zwischen den vielseitigen raumrelevanten Ansprüchen der Menschen in bezug auf die Daseinsfunktionen herbeizuführen. Dies setzt voraus, daß neben der Kenntnis genereller Wirkungsweisen der Infrastruktur auch diese raumrelevanten Bedürfnisse von Wirtschaft und Gesellschaft mit hinreichender Verläßlichkeit bekannt sind bzw. ermittelt werden können, die mit Infrastrukturleistungen befriedigt werden sollen. Dahinter steht die Überlegung, daß aus der Kenntnis dieses Bedarfes und seiner Gegenüberstellung mit der gewachsenen Infrastruktur, also des Bestandes, allfällige Mängel (im Sinne eines nicht befriedigten Bedarfs) erkannt und daraus weitere Ansatzpunkte für eine bedarfsgerechte Infrastrukturpolitik abgeleitet werden könnten. Dies führt uns direkt zur weiteren Frage nach den *Bestimmungsgründen* des Infrastrukturbedarfes.

c) Bestimmungsfaktoren des Infrastrukturbedarfes

Infrastrukturbedarf und Infrastrukturbestand haben eines gemeinsam: Ihre Erfassung und Bewertung bietet aus einer Reihe von Gründen erhebliche Schwierigkeiten. In der Folge beschränken wir uns auf eine Darstellung der Probleme, die eine *Bestimmung des Infrastrukturbedarfes* aufwirft; jene der Bestandesanalyse sind ähnlich gelagert [101].

Bei der Analyse der Bestimmungsfaktoren des Bedarfs an infrastrukturellen Einrichtungen aller Art müssen grundsätzlich *zwei* verschiedene *Determinantenkomplexe*

---

[101] Jansen und Töpfer, denen wir eine ausgezeichnete Analyse zur Bestimmung von Mängeln der gewachsenen Infrastruktur verdanken, weisen in diesem Zusammenhang darauf hin, daß die generelle Vernachlässigung von Bestandesgrößen (im Gegensatz zu Strömungsgrößen) ein typisches Merkmal der Neuorientierung des ökonomischen Forschungsinteresses nach J. M. Keynes darstelle, welches jedoch in gesteigertem Ausmaß für den Infrastrukturbestand einer Volkswirtschaft und ihrer Teilräume zutreffe. Denn in diesem Bereich treten zusätzliche statistische und konzeptionelle Erfassungs- und Bewertungsschwierigkeiten auf, wenn „der Anteil der intangibles groß, die Bedeutung qualitativer Faktoren erheblich und die Möglichkeit der Bewertung mit Marktpreisen gering oder unerwünscht ist. Gerade diese Merkmale sind jedoch kennzeichnend für weite und wichtige Bereiche der Infrastruktur." Vgl. *P. G. Jansen* und *K. Töpfer,* Zur Bestimmung von Mängeln der gewachsenen Infrastruktur, aaO, S. 402.

Über mögliche Ansätze zur Quantifizierung qualitativer Faktoren vgl. ferner *K. Töpfer,* Überlegungen zur Quantifizierung qualitativer Standortfaktoren, aaO, S. 190 ff.

unterschieden werden, die die gesamte Problematik einer quantitativen Bestimmung und Bewertung dieser so heterogenen Größe veranschaulichen. Es sind dies einerseits *positive* und anderseits *normative Bestimmungsgründe*, die wie folgt charakterisiert werden können [102].

Als *positive* Faktoren gelten jene Bestimmungsgründe des Infrastrukturbedarfes, die bei *gleichbleibendem Versorgungsniveau* zu *Bedarfsänderungen* führen [103]. Im Gegensatz zu den normativen Bestimmungsfaktoren sind diese hier im wesentlichen von politischen Wertungen unabhängige Größen und primär auf *Umfang und Struktur der Bedarfsträger* der Infrastruktur ausgerichtet. Als solche stehen die zu versorgenden Menschen und die Produktionsstätten im weitesten Sinn im Vordergrund. Nimmt beispielsweise die regionale Bevölkerungszahl zu, so steigt – bei gleichbleibendem Versorgungsgrad – der Infrastrukturbedarf an Wohnungen, Versorgungseinrichtungen, Grünflächen usw. Diese positiven Bestimmungsfaktoren lassen sich aus der jeweiligen Bevölkerungs-, Siedlungs- und Wirtschaftsstruktur und deren Veränderungen ableiten. Exemplarisch werden von Jansen und Töpfer die *absolute Bevölkerungszahl*, die *Altersstruktur* und der *Bildungsstand*, das regional-strukturelle *Siedlungsgefüge*, ferner die *räumliche* und *sektorale Wirtschaftsstruktur*, der *Grad der Arbeitsteilung* sowie der *Stand des technischen Wissens* genannt [104]. All diese Faktoren beeinflussen den regionalen Infrastrukturbedarf. Obschon man im Bereich der positiven Bestimmungsfaktoren über die reine Hypothesenbildung hinausgekommen ist – empirische Verifikationen über die Wirkungsweise dieser Determinanten liegen für verschiedene Teilbereiche der Infrastruktur vor [105] –, lassen sich daraus *nur bedingt* exakte und einheitliche Werte ableiten. Teilweise ist dies den mannigfachen *Substitutionsmöglichkeiten* zwischen den einzelnen Infrastrukturbereichen zuzuschreiben, zum Teil aber auch den *normativen* Determinantenkomplexen, die auch auf die positiven Faktoren einwirken. Mehr als *grobe Richtwerte* sind deshalb kaum zu erwarten.

Zur *Veranschaulichung* der Wirkungsweisen positiver Determinanten dienen die nachfolgenden Tendenzaussagen, die besonders aus der siedlungspolitischen Perspektive relevant sind. Es handelt sich um ausgewählte Determinantenhypothesen, wie sie von Jansen und Töpfer vorgelegt wurden [106].

– In bezug auf die *Bevölkerung* wird postuliert, daß mit *steigender* Bevölkerungszahl der Infrastrukturbedarf wächst, allerdings in verschiedenen Teilbereichen nur unterproportional, weil dabei „economies of scale" auftreten [107]. Bei *abnehmender* Be-

---

[102] Auf eine eingehende Determinantenanalyse für die einzelnen infrastrukturellen Teilbereiche muß an dieser Stelle verzichtet werden. Wir beschränken uns auf allgemeine Aussagen, die für das Verständnis unserer weiteren Überlegungen zweckmäßig erscheinen. Für nähere Einzelheiten vgl. *P. G. Jansen* und *K. Töpfer*, aaO, sowie die dort aufgeführte Spezialliteratur.

[103] Vgl. *P. G. Jansen* und *K. Töpfer*, aaO, S. 407 f.

[104] Ebenda, S. 408 ff.

[105] Bezogen auf die Verhältnisse in der Schweiz ist zu verweisen auf *R. L. Frey*, Kosten der Infrastruktur in Abhängigkeit von der Bevölkerungskonzentration, in: Infrastruktur, Schriften zur Orts-, Regional- und Landesplanung, Nr. 3, September 1969, S. 28 ff., sowie *J. Stohler* und *R. L. Frey*, Das Verhältnis von regionaler Wirtschaftsstruktur und öffentlichen Ausgaben. In: Schweizerische Zeitschrift für Volkswirtschaft und Statistik, 103. Jg. (1967), Heft 3.

[106] Vgl. hierzu und im folgenden *P. G. Jansen* und *K. Töpfer*, aaO, S. 407 ff.

[107] Solche resultieren aus Unteilbarkeiten, d. h. aus technisch bedingten Mindestgrößen vieler Infrastrukturanlagen. Durch Hineinwachsen in bestehende Kapazitäten ergibt sich die Möglich-

völkerungszahl sinken dagegen die Infrastrukturausgaben *generell nur unterproportional*. Denn vorhandene Kapazitäten können nicht mehr optimal genutzt werden und ein simultaner Kapazitätsabbau ist technisch kaum möglich (und politisch unerwünscht), wodurch infrastrukturelle Leerkosten entstehen.
- In bezug auf das *regional-strukturelle Siedlungsgefüge* lautet die These, daß ein räumlich extensives Wachstum (z. B. Streubauweise) der Siedlungen zu erhöhtem Infrastrukturbedarf führt. Als Beispiel erwähnen die Autoren die feststellbare Tendenz der Siedlungsverlagerung vom Kern der Städte und Ballungszentren in die Randgebiete, wodurch „Größenvorteile bei der Einrichtung und Unterhaltung von Infrastruktur-Anlagen verloren" gehen und insbesondere „der Bedarf an Infrastruktur des Kommunikationswesens im weitesten Sinn" steige [108].
- In bezug auf die *Wirtschaftsstruktur* gilt, daß bei gegebenem Versorgungsniveau der Infrastrukturbedarf um so geringer ist, desto besser eine räumliche Streuung der Industriestandorte mit konzentrierter Ballung von Betrieben erreicht werden kann [109]. Dabei erhebt sich die siedlungspolitisch bedeutsame Frage nach der *Mindestgröße* solcher Standorte, weil erst ab einer gewissen Untergrenze infrastrukturelle Einrichtungen optimal dimensioniert werden können (bzw. die hierzu erforderliche Nachfrage vorhanden ist), und weil erst durch ein abgestimmtes Bündel verschiedener Infrastrukturanlagen und -einrichtungen die so wichtigen Agglomerations- und Fühlungsvorteile zum Tragen kommen. Inwieweit diese These zur Bestimmung praktikabler Richtwerte führt, wird noch darzulegen sein.
- Schließlich wird in bezug auf die *sektorale Wirtschaftsstruktur* festgehalten, daß die Anforderungen an die Infrastrukturausstattung um so größer sind, je höher der Anteil des tertiären Sektors an der Gesamtbeschäftigung ist, wobei sich diese Hypothese in erster Linie auf die hohen Anforderungen des Dienstleistungssektors an die *personelle* Infrastruktur bezieht.

Mehr als solche Tendenzaussagen vermag eine Determinantenanalyse beim gegenwärtigen Forschungsstand nicht zu bieten. Exaktere Ergebnisse müssen durch zusätzliche *empirische* Untersuchungen erarbeitet werden. Zum Teil liegen solche bereits vor, doch haben sie bisher zu keinen einheitlichen Ergebnissen geführt [110].

Als *normative Bestimmungsgründe* des Infrastrukturbedarfes bezeichnet man jene Faktoren, die die *Ansprüche der Bedarfsträger selbst*, im Sinne eines wünschenswerten Versorgungsniveaus festlegen, und die im gesellschaftspolitischen Urteil als notwendig zur Verwirklichung regionaler Zielsetzungen betrachtet werden. Sie schlagen sich – aus

---

keit sinkender Kosten je Leistungseinheit, ausgeprägt etwa im Verkehrswesen, aber auch bei vielen Erschließungskosten (Kanalisation, Gas, Wasser, Elektrizität usw.). Allerdings sprechen bedeutend mehr Gründe für eine positive Korrelation zwischen Bevölkerungsdichte und Infrastrukturaufwendungen einerseits und zwischen Verstädterungsgrad und Infrastruktur andererseits. Vgl. hierzu *R. L. Frey*, Kosten der Infrastruktur in Abhängigkeit von der Bevölkerungskonzentration, aaO, S. 37.

[108] *P. G. Jansen* und *K. Töpfer*, aaO, S. 409.
[109] Ebenda, S. 410.
[110] Vgl. hierzu die amerikanischen Pionierarbeiten von *S. Fabricant*, The Trend of Government Activity in the United States since 1900. National Bureau of Economic Research, New York 1952, ferner *G. W. Fisher*, Determinants of State and Local Government Expenditures. A Preliminary Analysis. National Tax Journal, Vol. 14 (1961), S. 4.

der individuellen Perspektive gesehen – in einem *Anspruchsniveau der räumlichen Bedarfsbefriedigung* nieder, geprägt durch Zielvorstellungen Einzelner, die diese aus der Orientierung gegenüber der gesellschaftlichen Umwelt ableiten und befriedigend zu erreichen trachten[111]. Diese Charakterisierung läßt erkennen, daß die normativen Bestimmungsfaktoren einer objektiven Messung *weit weniger zugänglich* sind als die positiven Determinanten des Infrastrukturbedarfes. Denn sowohl die individuellen als auch die gesamtgesellschaftlichen Raumansprüche werden durch eine Reihe *qualitativer, teils unwägbarer* Faktoren bestimmt (externe Effekte), die im Gegensatz zu den positiven Faktoren in vielen Teilbereichen der Infrastruktur nicht aus „sachgesetzlichen, technologischen Notwendigkeiten heraus fixiert" werden, sondern nur „über einen Zielbezug zu motivieren" sind und „damit Gegenstand der politischen Entscheidung" werden[112]. Erschwerend kommt hinzu, daß dieses *raumrelevante Anspruchsniveau* zeitlich und räumlich *variabel* ist und im Zuge des zivilisatorischen Fortschritts *steten Veränderungen* unterliegt, die sich per Saldo in *steigenden Qualitätsansprüchen* an die infrastrukturelle Ausrüstung niederschlagen.

Trotz diesen Schwierigkeiten sind auch im Bereich der normativen Bestimmungsfaktoren *Determinantenhypothesen* formuliert worden, die zur empirischen Analyse der Wirkungsmöglichkeiten dieser Faktoren auf den Infrastrukturbedarf hinführen sollen. Indessen bleibt festzuhalten, daß dabei eine Reihe *verhaltens- und entscheidungstheoretischer Probleme* auftreten, über die noch keine der praktischen Analyse zugängliche Lösungsmöglichkeiten vorliegen. Aus diesem Grunde können über die normativen Bestimmungsgründe in noch geringerem Ausmaß gesicherte Aussagen abgeleitet werden als dies bei den positiven Determinanten des Infrastrukturbedarfes der Fall ist.

Zur *Veranschaulichung* seien erneut einige Determinantenhypothesen aufgeführt, die von Jansen und Töpfer[113] im Sinne allgemeiner Tendenzaussagen formuliert wurden:
- Einmal wird postuliert, daß das *Anspruchsniveau* an die infrastrukturelle Ausstattung *um so mehr steigen* werde, je stärker die *langfristige Konsummaximierung* als Ziel der Wirtschaftspolitik zugunsten *steigender Verteilungsgerechtigkeit und sozialen Ausgleichs* eingeschränkt werde. Diese Tendenz ist heute unverkennbar angesichts des erreichten hohen Lebensstandards (im Sinne einer umfassenden individuellen Konsumgüterversorgung) und der wachsenden Einsicht einer vermehrten, notwendigen Berücksichtigung gesellschaftlicher Bedürfnisse.
- Zum anderen wird festgehalten, daß der Infrastrukturbedarf *um so höher* sei, je konsequenter einem – wie wir ergänzend festhalten möchten – *„falsch verstandenen" Föderalismus* gehuldigt werde. Dies aus der zweifellos berechtigten Überlegung, daß bei föderalistischem Staatsaufbau nicht ausschließlich gesamtwirtschaftliche und -gesellschaftliche Maßstäbe gelten, sondern immer auch *regionale Sonder- und Teilinteressen* verfolgt werden, was insgesamt zu steigenden Infrastrukturanforderungen führt. Diese Gefahr wird um so höher zu veranschlagen sein, je unklarer die gesamtwirtschaftlichen und -gesellschaftlichen Zielsetzungen (beispielsweise im Rahmen der „Raumplanung Schweiz") formuliert und *allgemein akzeptiert* werden.

---

[111] Davon war anläßlich der Analysemöglichkeiten im Bereich der Faktorstruktur bereits die Rede.
[112] *P. G. Jansen* und *K. Töpfer*, aaO, S. 406.
[113] Vgl. *P. G. Jansen* und *K. Töpfer*, aaO, S. 411 ff.

– Eine dritte These lautet, daß das Anspruchsniveau (und damit der Infrastrukturbedarf) um so höher sei, je größer die Unterschiede in der interregionalen und intraregionalen Infrastrukturausstattung sind. Jansen und Töpfer sprechen hier von einem *„wechselseitigen Aufschaukeln"* des *regionalen Anspruchsniveaus,* dadurch bedingt, daß die an der Spitze der Infrastrukturpyramide stehenden Regionen für die übrigen als *Maßstab zur Angleichung* des Versorgungsniveaus genommen werden, diese selbst aber ihre eigene „Führungsposition" beibehalten wollen, was auch zu einer Steigerung des Anspruchsniveaus in diesen Regionen führt[114]. Diese Tendenz wird durch die gleichzeitige Verfolgung *zweier Grundstrategien* der Infrastrukturpolitik noch verstärkt, einmal als *Engpaß-Beseitigung* und zum andern als *Entwicklungsförderung*. In hochentwickelten, zumeist verdichteten Regionen macht die Beseitigung von Verkehrs- und Versorgungsengpässen zusätzliche Infrastrukturinvestitionen notwendig, die über den technischen Fortschritt und erhöhte gesellschaftliche Ansprüche auch eine Steigerung des Anspruchsniveaus bewirken. In den Rückstandsgebieten, in denen Infrastrukturinvestitionen zur Stimulierung der privaten Aktivität (Förderung von Entwicklungs- und Anreizeffekten) unternommen werden, müssen diese so dimensioniert sein, daß – wegen technologischer Unteilbarkeiten – eine solche Auslastung *erst langfristig* erreicht werden kann. Beide Gesichtspunkte führen zu einer Steigerung des Gesamtbedarfes an Infrastrukturaufwendungen.

Wenngleich diese Determinantenhypothesen *keine konkrete Daten* über die Quantität und Qualität des Infrastrukturbedarfes liefern und reichlich abstrakt anmuten, halten wir die grundsätzliche Unterscheidung dieser Determinantenkomplexe für die Ausgestaltung der *praktischen Infrastrukturpolitik* als *höchst bedeutsam*. Denn *erstens* macht die explizite Berücksichtigung dieses wie immer auch definierten Anspruchsniveaus – neben den Bedarfsträgern der Infrastruktur – erneut auf das starke Gewicht *haushaltorientierter* Infrastruktur als entscheidende Determinante des individuellen Anspruchsniveaus und damit auch der teilräumlichen Entwicklung aufmerksam, wovon bereits die Rede war. *Zweitens* wird diese Unterscheidung mit dazu beitragen, daß bei der *praktischen Ausgestaltung* der Infrastrukturpolitik die *Bedeutung der positiven Bestimmungsgründe* ins rechte Licht gerückt bzw. nicht generell *überbewertet* wird. Denn sonst besteht die Gefahr, daß *weniger problemrelevante* als *vielmehr quantifizierbare* Tatbestände als Grundlage für Infrastruktur- und damit entwicklungspolitische Entscheidungen herangezogen werden. Feststellbar sind aber in erster Linie bloß jene Infrastrukturbedürfnisse, die sich als *Engpaßprobleme* im täglichen Leben erkennen lassen. Eine rationale Infrastrukturpolitik darf sich indessen nicht darin erschöpfen, *lediglich als Reaktion auf bereits ungenügende Verhältnisse* solche Mängel der gewachsenen Infrastruktur im Sinne von *Folgeleistungen* zu beheben. Vielmehr hat sie darüber hinaus durch entsprechende Vorleistungen *privatwirtschaftliche Entscheidungen aktiv zu induzieren*, um auf diesem Weg neue *Entfaltungsmöglichkeiten* der im Gang befindlichen, wirtschaftlichen und gesellschaftlichen Entwicklungsprozesse freizulegen. Für eine in diesem Sinne *problemorientierte Infrastrukturpolitik* können *allgemeine Tendenzaussagen* über normative Bestimmungsfaktoren und deren Entwicklungstendenzen unter Umständen *richtungsweisender sein* als konkrete positive Größenvorstellungen. Denn eine Reihe *typischer Wesensmerkmale* der Infrastruktur – lange Lebensdauer, Standort-

---

[114] P. G. *Jansen* und K. *Töpfer,* aaO, S. 413.

gebundenheit, Komplementaritäten – lassen vermuten, daß ohne *gleichzeitige* Berücksichtigung sowohl der positiv als auch der normativ bestimmten zukünftigen Entwicklungstendenzen des Infrastrukturbedarfes erhebliche und zugleich *irreparable Fehlplanungen* bei der regionalen Entwicklungsförderung wohl kaum zu vermeiden sind.

Inwieweit sich aus diesen Tendenzaussagen über die Bestimmungsfaktoren des Infrastrukturbedarfes konkrete Handlungsgrundlagen für eine rationale Infrastruktur- und regionale Siedlungspolitik ableiten lassen, wird nunmehr in Verbindung mit den übrigen theoretischen Aussagen der Siedlungstheorie zu untersuchen sein.

C. *Praktikable Analyseansätze im Bereich der Siedlungsstruktur*

Die besondere Relevanz der siedlungspolitischen Perspektive bei der Analyse teilräumlicher Entwicklungsprozesse ergibt sich unter anderem aus der Tatsache, daß nunmehr auch in unserem Land Bund, Kantonen und Gemeinden die *verfassungsmäßig verankerte Aufgabe* übertragen worden ist, mittels der Raumplanung eine „zweckmäßige Nutzung des Bodens" und eine „geordnete Besiedlung des Landes" sicherzustellen[1]. Damit ist die Notwendigkeit einer gestaltenden Einflußnahme der öffentlichen Hand auf die Siedlungsstruktur gegeben; Ziel und Zweck der Raumplanung sind im Rahmen der aus der Verfassung hervorgehenden Wertvorstellungen und Aufgaben des Staates festgelegt. Es fehlen jedoch materielle Grundsätze, die die Zielrichtung der Siedlungsgestaltung festlegen sollten.

Generell geht es aus der siedlungspolitischen Perspektive darum, jene räumlichen Voraussetzungen zu schaffen, die einen möglichst reibungslosen Ablauf aller menschlichen Aktivitäten ermöglichen[2]. Denn angesichts des nicht vermehrbaren Bodens einerseits, der wachsenden Bevölkerung und Wirtschaft anderseits, die diesen in vielfältiger Weise und in zunehmendem Maße beanspruchen, führt die ungeordnete „Zersiedlung" unseres Landes zu einer fortschreitenden Gefährdung der Grundvoraussetzungen, die „für die Entfaltung der Einzelpersönlichkeit und für das Zusammenleben der Gemeinschaft notwendig sind[3].

Von einer umfassenden Beantwortung dieser grundsätzlichen Raumordnungsfragen und den damit in Zusammenhang stehenden Problemen ist man allerdings noch weit entfernt. Dies geht aus den vorstehenden Erörterungen über die theoretischen Versuche zur Erklärung realer Siedlungsstrukturen deutlich hervor: Eine Theorie der Siedlungsstruktur, die zu operationalen, teilräumlich relevanten Analyseverfahren führen müßte, steht noch aus. Deshalb können auch keine allgemeingültige Analysemethoden im Sinne festgelegter Patentrezepte vorgelegt werden.

Dagegen haben unsere theoretischen Erörterungen ergeben, daß die verschiedensten Ansatzpunkte auf eine Reihe relevanter Bestimmungsfaktoren der Siedlungsstruktur und ihrer Wirkungsweisen aufmerksam machen, die sich bei *geeigneter Transformation* für die konkrete Siedlungsgestaltung in *allgemeine Grundsätze* umformen lassen. Wie unschwer einzusehen ist, können daraus weniger quantitativ exakte Verfahren abgeleitet, als vielmehr qualitative Aussagen über wesentliche Zusammenhänge der Sied-

---

[1] Vgl. BV Art. 22quater.
[2] Siehe dazu: Landesplanerische Leitbilder der Schweiz, Erster Zwischenbericht, aaO, S. 29.
[3] Vgl. Arbeitsgruppe des Bundes für die Raumplanung: Raumplanung Schweiz, aaO, S. 76.

lungsstruktur gemacht werden, die richtungsweisend sind und deshalb der praktischen Regionalpolitik weiterhelfen.

Aus diesem Grunde geht es im folgenden in erster Linie um die Herausarbeitung jener Anforderungen, die aus dem Zusammenspiel der wichtigsten Bestimmungsfaktoren und ihrer Wirkungsweisen resultieren und denen eine wirtschaftlich und gesellschaftlich erwünschte Siedlungsstruktur zu genügen hat, um möglichst bedarfsgerecht und funktionsfähig zugleich zu sein.

1. Grundzüge einer wirtschafts- und gesellschaftsgerechten Siedlungsstruktur

Um die Grundelemente einer wirtschafts- und gesellschaftsgerechten Siedlungsstruktur zu erkennen, sei an unsere einleitenden Ausführungen erinnert. Dort wurde festgehalten, daß sich aus dem fortschreitenden Wandel der raumrelevanten Grundbedürfnisse der Menschen gleichsam *typische Grundzüge* der Raumbeanspruchung herauskristallisieren, und daß sich diese sozio-ökonomischen Entwicklungstrends in eigentlichen *Bildungsprinzipien* einer Siedlungsstruktur niederschlagen, die der praktischen Analyse zugänglich werden. Tatsächlich lassen sich wie zur Zeit der agraren und der beginnenden industriellen Gesellschaftsepoche auch in der gegenwärtig sich formenden Wirtschafts- und Gesellschaftsstruktur wiederum veränderte, aber *typische Bildungsprinzipien* erkennen, die das Siedlungsgerüst unserer arbeitsteiligen und hochindustrialisierten Gesellschaftsform prägen.

Einer der hervorstechendsten sozio-ökonomischen Entwicklungstrends bildet ohne Zweifel der im Zuge der weiteren Industrialisierung fortschreitende *Prozeß der Konzentration,* und zwar nicht nur von Wirtschaft und Bevölkerung im allgemeinen, sondern in allen Sachbereichen des gesellschaftlichen Daseins. Dieser muß als „eine Folge jenes umfassenden, menschheitsgeschichtlichen Entwicklungsprozesses" verstanden werden, „der zum entfernungsverkürzenden, produktivitäts- und versorgungssteigernden Verbund" führt[4], dessen Richtung heute deutlich erkennbar, dessen Ende jedoch noch nicht abzusehen ist.

Die grundlegende Bedeutung dieses Entwicklungsprozesses für die moderne Siedlungsforschung ist heute unbestritten. Weniger Einigkeit herrscht indessen über die Konsequenzen, die daraus zu ziehen sind. Da diese sowohl *ökonomisch* als auch *gesellschaftlich begründete* Entwicklung nicht umgedreht werden kann[5], muß sie von der Raumplanung im allgemeinen und der Siedlungsgestaltung im besonderen als *Datum* betrachtet und *bewußt in den Dienst ihrer Politik* gestellt werden.

Von dieser Erkenntnis ausgehend ist zu fragen, welche Rückwirkungen aus diesen typischen Ansprüchen einer modernen Industriegesellschaft an den Raum auf die Siedlungsgestaltung ausstrahlen bzw. wie der *gesamte Lebensraum der Menschen* bestmöglich diesen raumrelevanten Bedürfnissen von Wirtschaft und Gesellschaft angepaßt werden kann.

a) Typische Raumansprüche nach Daseinsgrundfunktionen

Um die erwähnten Entwicklungsprozesse transparent zu machen und die daraus ableitbaren Grundzüge einer wirtschafts- und gesellschaftsgerechten Siedlungsstruktur

---

[4] Vgl. *G. Isbary,* Zentrale Orte und Versorgungsnahbereiche, aaO, S. 14.

[5] Weil – nach Isbary – Versuche in dieser Richtung niemandem dienen, sinnlos wären und sich außerdem bald als schädlich erweisen würden. Vgl. *G. Isbary,* aaO, S. 14.

analytisch in den Griff zu bekommen, empfiehlt sich die einleitend erwähnte funktionale Betrachtungsweise und die damit verbundene Gliederung des menschlichen Lebensraums in die elementaren Daseinsfunktionen. Dieses Vorgehen, das sich in der Raumplanung als fruchtbarer Ansatz erwiesen hat, basiert zunächst auf der Vorstellung der realen Industriegesellschaft als einer sich anbahnenden „Funktionsgesellschaft", deren räumliches Gliederungsprinzip „funktionale Raumeinheiten" umfassen wird. Aus diesem Grunde bemüht man sich um eine den „funktionalen Beziehungen besser gerecht werdende Raumgliederung" als Ansatzpunkt der Raumordnungspolitik [6].

Als *Funktionsgesellschaft* wird die sich anbahnende Gesellschaftsepoche deshalb bezeichnet, weil man zu erkennen glaubt, daß ihr räumliches Gliederungsprinzip im Gegensatz zur früheren Agrar- und Industriegesellschaft nicht mehr durch den Primat *eines* Wirtschaftssektors geprägt werde, sondern vielmehr durch eine gegenseitige *funktionale Abhängigkeit aller Bereiche,* und zwar ausgerichtet auf das menschliche Dasein im weitesten Sinn. Dies führt zur geforderten Betrachtungsweise, nach welcher der Mensch und sein materielles und immaterielles Wohlergehen im Mittelpunkt der anzustrebenden räumlichen Ordnung stehen muß. Als *Wesensmerkmal der Funktionsgesellschaft* wird deshalb die „optimale Zuordnung der menschlichen Daseinsgrundfunktionen in ihrer speziellen Wertbezogenheit auf den Menschen" bezeichnet [7].

Als *funktionale Raumeinheiten* gelten demnach entsprechend ausgestaltete Teilräume, innerhalb derer eine möglichst sinnvolle, den Wertvorstellungen der Gesellschaft entsprechende räumliche Zuordnung aller Grundbedürfnisse gewährleistet ist.

Das methodische *Vorgehen* der funktionalen Analyse kann jetzt wie folgt charakterisiert werden: Im allgemeinen unterscheidet man sieben raumrelevante Grundfunktionen, die in ihren räumlichen Ausprägungen den gesamten Lebensraum des Einzelnen, der Gemeinschaften und der Gesellschaft gestalten und ausfüllen. Dazu zählen: *Wohnen, Arbeit, Versorgung, Bildung, Erholung, Verkehr und Kommunikation* [8]. Diese Bereiche werden dann einerseits in ihren Raumansprüchen und Einrichtungen sowie andererseits in ihrer optimalen Zuordnung zueinander untersucht. Übertragen auf das siedlungspolitische Anliegen bedeutet dies, daß ein Siedlungssystem angestrebt werden soll, das ausgerichtet auf die raumrelevanten Grundbedürfnisse der Menschen eine *bestmögliche standörtliche Gliederung* und eine *zweckmäßige Zuordnung* derselben erlaubt.

Vom Gesichtspunkt der einzelnen Grundfunktionen lassen sich – bei gleichzeitiger Berücksichtigung des *Gesamtzusammenhanges* aller Funktionen – für die Siedlungs-

---

[6] Vgl. *K. Meyer,* Artikel „Funktionsgesellschaft". In: Handwörterbuch der Raumforschung und Raumordnung, aaO, S. 864 f.

[7] *D. Partzsch,* Zum Begriff der Funktionsgesellschaft. In: Mitteilungen des Deutschen Verbandes für Wohnungswesen, Städtebau und Raumplanung, 1964, S. 3.
Hier ist beizufügen, daß die Bezeichnung der sich anbahnenden Gesellschaftsepoche terminologisch noch im Fluß ist und der Begriff der Funktionsgesellschaft im allgemeinen, die Forschungs- und Denkmethode des Funktionalismus im besonderen zwar nicht neu, aber umstritten sind. Uns scheint, daß gegen eine solche Betrachtungsweise solange nichts einzuwenden ist, als sie als reine Methode zur analytischen Durchdringung räumlicher Gliederungsprinzipien verstanden und benützt wird. Ihre Grenze findet sie aber dort, wo sie aufhört, eine bloße Methode zu sein, und beginnt, „die Gesellschaft als determiniertes System zu betrachten, deren Zwecksetzungen sich gegen den Menschen und seine Würde richten". Vgl. *K. Meyer,* aaO, S. 865.

[8] Vgl. *D. Partzsch,* Artikel „Daseinsgrundfunktionen". In: Handwörterbuch der Raumforschung und Raumordnung, aaO, S. 425.

struktur relevante Raumbedürfnisse erkennen, die nachfolgend in groben Zügen illustriert werden:
- *Funktion Wohnen:* In diesem Bereich sind die siedlungspolitisch bedeutsamen Raumansprüche sehr vielfältig: Einmal in bezug auf den *quantitativen Versorgungsgrad* und die *qualitative Ausstattung* des Wohnraums selbst, zum andern in bezug auf die *standörtliche Gliederung* der Funktion Wohnen (familiengerechtes Wohnen in menschenwürdiger Umwelt, optimale Lage im Verhältnis zu den andern Grundfunktionen). Ferner ist zu vermuten, daß die Bedeutung des Wohnens im Vergleich zu den andern Grundfunktionen inskünftig steigen wird *(zunehmender Wohnwert),* wobei mit fortschreitender materieller Wohlstandszunahme die *immateriellen Wohnwerte* (wie Ruhe, Naturschönheiten usw.) vermehrt an Bedeutung gewinnen werden.
- *Funktion Arbeit:* Neben der Forderung eines *ausreichenden Angebotes an Arbeitsplätzen* in allen Landesteilen wird die siedlungspolitische Bedeutung dieser Grundfunktion in erster Linie aus ihrer *räumlichen Zuordnung* zur Funktion Wohnen sichtbar. Für die meisten erwerbstätigen Menschen fallen Wohn- und Arbeitsplatz standörtlich auseinander. Ein siedlungspolitisch bedeutsames Postulat lautet deshalb, daß die Arbeits- und Wohnstätten einerseits räumlich so weit getrennt sein müssen, daß den letzteren aus der Produktionstätigkeit keine unzumutbaren Immissionen erwachsen (Lärm, Luftverunreinigung, Durchgangsverkehr), anderseits aber standörtlich innerhalb „zumutbaren Entfernungen" liegen sollten. Zur Bestimmung dieser zumutbaren Entfernung ist weniger die räumliche Distanz, als vielmehr der *Zeitaufwand* zur Überwindung derselben bedeutsam. Als Richtgröße betrachtet man in der Raumplanung eine Entfernung von einer halben Stunde zwischen Wohn- und Arbeitsplatz als noch zumutbar. Die Verwirklichung dieses Raumanspruchs hängt sehr stark von der Grundfunktion *Verkehr* (insbesondere der Ausgestaltung des Nahverkehrs) ab.
- *Funktion Versorgung:* Ein wesentliches Grunderfordernis jeder zukünftigen Raumordnung besteht darin, eine *angemessene Versorgung der Bevölkerung* sicherzustellen. Angemessen bedeutet hier, daß erneut in „zumutbarer Entfernung" von den Wohnplätzen all jene Sachgüter, Dienstleistungen und Versorgungseinrichtungen erreichbar bzw. verfügbar sein sollten, die zur Deckung der Konsumbedürfnisse der Bevölkerung notwendig sind [9]. Dazu zählen solche privater Art (Güter und Dienstleistungen des Handels, des Handwerks und des tertiären Sektors), aber auch solche der öffentlichen Hand (infrastrukturelle Einrichtungen im Bereich des Verkehrs- und Transportwesens, des Verwaltungs-, Kultur-, Ausbildungs- und Gesundheitswesens).

Diese „zumutbare Entfernung" wird entsprechend der jeweiligen Bedürfniskategorie der einzelnen Güter und Dienstleistungen *sehr unterschiedlich* sein. Die zur Basisversorgung zählenden Versorgungseinrichtungen (Einkaufsmöglichkeiten des täglichen Bedarfs, ärztliche Betreuung, gute Basisschulen sowie weitere kommunale Einrichtungen) sollten in *unmittelbarer Nähe* der Wohnplätze verfügbar sein. Die nicht alltäglichen Güter und Dienstleistungen können entsprechend ihrer zentralen Bedeutung zwar konzentriert, aber räumlich, d. h. entfernungsmäßig gestaffelt sein,

---

[9] Vgl. *F. Maurhofer* und *H. Leibundgut,* Grundlagen zur Berechnung der Basisbevölkerung zentraler Einrichtungen, Arbeitsberichte zur Orts-, Regional- und Landesplanung, Nr. 7, Zürich 1969, S. 1.

im Sinne einer *nicht schematisch* verstandenen Hierarchie der zentralen Orte. Denn je höher die Zentralität der Güter, desto größer muß auch der Einzugsbereich der jeweiligen Basisbevölkerung (Einzugsgebiet) sein. Die *systembildende Kraft zentralörtlicher Einrichtungen*, die bereits von Christaller erkannt wurde, bildet einen wesentlichen Ansatzpunkt zur Gestaltung der Siedlungsstruktur.

— *Funktion Bildung:* Generell ist festzuhalten, daß sich die steigenden Berufsanforderungen an die allgemeine Bildung, Kenntnis und Erfahrung der Arbeitskräfte in *wachsende Anforderungen* an die Quantität und Qualität der *Bildungseinrichtungen* auf allen Stufen niederschlagen. Das gilt nicht nur für die Schul- und Berufsausbildung, sondern in gleichem Maße für die Weiterausbildung der Erwachsenen. Siedlungspolitisch relevant ist hier die Art der *räumlichen Verteilung* des Angebots an entsprechenden Bildungsmöglichkeiten, wobei ähnliche Überlegungen wie bei der Funktion Versorgung angeführt werden können: Auch in diesem Bereich gilt ein (nicht schematisch zu verstehendes) *hierarchisches Prinzip* und die Forderung nach *zumutbaren Entfernungen*. Je höher die weiterführenden Schulen, um so mehr müssen diese auf wenige Orte konzentriert werden, im Idealfall aber so gestreut sein, daß die Schulbesucher nicht zu Fernpendlern werden. Spezielle Probleme erwachsen hierbei den ländlichen Gemeinden in bezug auf die Basisschulen. Daß die im allgemeinen unumgängliche *Konzentration* zwecks Qualitätssteigerung (z. B. Abbau von Mehrstufenklassen durch Zusammenlegung mehrerer kleiner Schulen) oft im Widerstreit mit einer falsch verstandenen, gemeindlichen Schulautonomie steht, sei an dieser Stelle nur am Rande vermerkt.

— *Funktion Erholung:* Mit fortschreitender Bevölkerungsverdichtung (Agglomerationen) und zunehmender leistungsorientierter Spezialisierung der Erwerbstätigkeit steigt das Bedürfnis nach Erholung. Infolge des wachsenden Wohlstandes und der Arbeitszeitverkürzung, verfügen immer mehr Menschen über mehr Zeit und Geld für Freizeitgestaltung und Erholung. In bezug auf diese Raumbeanspruchung gewinnt (neben des zumeist außerhalb des Wohnortes verbrachten Jahresurlaubs) die am Wochenende oder nach Arbeitsschluß erwünschte *Naherholung in der Nähe der Wohnstätten* zunehmend an Bedeutung. Siedlungspolitisch bedeutet dies, daß in „zumutbarer Entfernung" der Wohnstätten ausreichende Flächen und Einrichtungen für die Naherholung geschaffen bzw. freigehalten werden müssen (Freizeit- und Sporteinrichtungen, Wanderwege usw.).

— *Funktion Verkehr:* Siedlungspolitisch ist die Verkehrsfunktion in doppelter Hinsicht bedeutungsvoll. Einmal wird dadurch der *Verbund* zwischen den übrigen Grundfunktionen sichergestellt. Dies gilt zunächst für den *Nahverkehr,* dessen Ausgestaltung weitgehend über die räumliche Ausdehnung der zumutbaren Entfernungen zwischen Arbeits-, Wohn- und Versorgungsplätzen entscheidet. Auch hier wird der *Konsumentenstandpunkt ausschlaggebend*: Die nahversorgende Verkehrskonzeption muß bestmöglich in den Dienst der potentiellen Verkehrsteilnehmer gestellt werden. Raumordnungspolitische Maximen in diesem Bereich lauten: „Je konzentrierter der Verkehr, desto größer der Anteil des raumsparenden öffentlichen im Vergleich zum privaten Verkehr" und „Verkehr so wenig wie möglich, so viel wie nötig".

Vom Nahverkehr zu unterscheiden ist der *Fernverkehr.* Dieser ist nicht nur *Diener des räumlichen Verbunds,* sondern gleichzeitig auch *Bestimmungsfaktor der über-*

regionalen Siedlungsstruktur. An diese Feststellung knüpft die siedlungspolitische Vorstellung der „Bandstadt" im Gegensatz zur „konzentrischen Metropole", worauf noch zurückzukommen sein wird.

- *Funktion Kommunikation:* Die verbleibende Grundfunktion des menschlichen Daseins ist diejenige der Kommunikation. Sie umklammert gewissermaßen alle vorstehend genannten Funktionen und schafft die Verbindungen zwischen einer Vielzahl von Gruppen mit gleichen oder gemeinsamen Interessen und Beziehungen. Hier ist von Bedeutung, daß diese Verbindungen angesichts der gesteigerten Kommunikationsmöglichkeiten nicht mehr auf *räumliche Nähe* angewiesen sind. Damit wird eine *wesentliche Voraussetzung* für die *standörtliche Trennung* aller Grundfunktionen geschaffen.

Faßt man die vorstehenden Erörterungen über die räumlichen Ausprägungen der einzelnen Daseinsfunktionen zusammen, so treten *vier wesentliche Grundbedürfnisse* unserer Gesellschaft in bezug auf die Ausgestaltung einer erwünschten Siedlungsstruktur hervor. Es sind dies erstens ein *familiengerechtes Wohnen* in einer menschenwürdigen Umwelt, zweitens *zumutbare Entfernungen* zwischen *Arbeits- und Wohnplätzen,* drittens ein *ausreichendes Angebot* an Arbeitsplätzen, Bildungs- und Versorgungseinrichtungen im engeren Sinn, sowie viertens ein *ausreichendes Angebot* an Verkehrs- und Erholungsflächen.

Über die *optimale Zuordnung* dieser raumrelevanten Grundfunktionen gelangt man anhand der funktionalen Betrachtungsweise zu ersten *Modellvorstellungen,* die als gedankliches Hilfsinstrument für die teilräumliche Gliederung im allgemeinen und für die *Abgrenzung förderungsbedürftiger Regionen* im besonderen entscheidende Bedeutung erlangen. Ausgehend von der Annahme, daß neben der umfassenden Kommunikationsfunktion derjenigen des Wohnens *Primatcharakter* zukommt, läßt sich nach Partzsch folgendes Schema aufstellen [10]:

Schematische Zuordnung der Daseinsgrundfunktionen

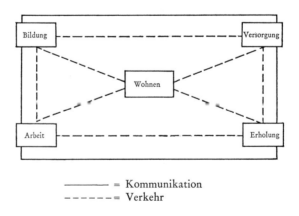

[10] Vgl. *D. Partzsch,* Artikel „Daseinsgrundfunktionen", aaO, S. 429 f.

Im Zentrum dieses Ordnungsschemas liegt die *Funktion Wohnen*, um die sich diejenigen der Arbeit, Versorgung, Bildung und Erholung gruppieren, jeweils in zumutbaren Entfernungen zum Wohnen und untereinander verbunden durch die Funktion *Verkehr*. Das ganze Modell wird umschlossen durch die Funktion Kommunikation.

Diese Modellüberlegungen einer funktional optimalen Zuordnung der raumrelevanten Daseinsgrundfunktionen sind nunmehr den *realen Gegebenheiten* anzupassen bzw. in konkrete Gestaltungsmöglichkeiten eines bedarfsgerechten und funktionsfähigen Siedlungssystems umzuformen. Auf diese Weise sollen die Grundzüge „typischer Bildungsprinzipien" einer solchen Siedlungsstruktur sichtbar werden.

b) Typische Bildungsprinzipien der Siedlungsstruktur

Um diese zu erkennen, ist nunmehr zu fragen, wie sich die verschiedenartigen Raumansprüche der einzelnen Funktionsbereiche *untereinander selbst* und mit der *ökonomischen Rationalität* eines Siedlungssystems vertragen. Denn *erstens* widersprechen sich die Wünsche nach möglichst ungestörtem, ruhigem und attraktivem Wohnen und nach möglichst zumutbaren Entfernungen zu möglichst vielen Arbeitsplätzen und zentralen Einrichtungen ebenso wie die Forderung „nach gleichmäßiger Erschließung des Landes mit zentralen Einrichtungen und nach Schaffung von möglichst attraktiven Zentren"[11]. *Zweitens* muß die anzustrebende Siedlungsstruktur grundsätzlich nicht nur eine sozialen und gesellschaftlichen Ansprüchen genügende, sondern gleichzeitig auch eine ökonomisch rationale *Übertragung der Grundfunktionen in den Raum* gewährleisten. Diese Gesichtspunkte schlagen sich in der genannten Tendenz einer *fortschreitenden Verdichtung* von Wirtschaft und Bevölkerung nieder, von der eine rationale Siedlungsgestaltung gleichsam als Datum auszugehen hat.

Hier ist zu wiederholen, was bereits an anderer Stelle begründet wurde: Für die *Wirtschaft* (Unternehmungen und Betriebe aller Produktionszweige) sind es neben den internen Ersparnissen namentlich *externe Effekte,* die zu einer gewissen Agglomeration zwingen. Die *Menschen* verlangen ihrerseits in zunehmendem Ausmaß *urbane Lebensverhältnisse*, geprägt durch Wahlmöglichkeiten, Erlebnisdichte und Kontaktmöglichkeiten, was wiederum nur in verdichteten Gebieten geboten werden kann. Das Agglomerationsphänomen ist somit gleichsam Motor der gesamten Entwicklung. Aber auch die *Versorgung der Bevölkerung* mit materiellen Gütern und Dienstleistungen zwingt zu einer gewissen Konzentration. Insbesondere zentrale Einrichtungen und Dienste öffentlicher und privater Art bedürfen auf allen Stufen einer minimalen Basisbevölkerung, um dem Postulat ökonomischer Rationalität zu genügen.

Diese Überlegungen führen zu einer Reihe von Bildungsprinzipien einer Siedlungsstruktur, die eine sowohl wirtschaftlichen als auch gesellschaftlichen Ansprüchen gerecht werdende Raumgliederung zuläßt und den sich zum Teil widersprechenden Forderungen nach räumlicher Ausgestaltung und Zuordnung der menschlichen Grundfunktionen bestmöglich entgegenkommt:

– Als *erstes Bildungsprinzip* ergibt sich aus der fortschreitenden Verdichtung in allen Lebensbereichen eine *zunehmende räumliche Konzentration* und *Verbreiterung* der

---

[11] Vgl. Landesplanerische Leitbilder der Schweiz, Erster Zwischenbericht, aaO, S. 33.

Arbeits-, Wohn- und Erholungsstätten einerseits, von Versorgungs- und Verkehrseinrichtungen anderseits.
- Zum andern bewirken die einzelnen Grundfunktionen, die (allerdings mit unterschiedlicher Intensität) wachsenden Raum beanspruchen, zwangsläufig eine *standörtliche Trennung* bei *gleichzeitig enger werdender funktionaler Verflechtung* derselben, was als *zweites Bildungsprinzip* bezeichnet werden kann.
- Aus der standörtlichen Trennung und dem Postulat, allen Menschen die Möglichkeit einzuräumen, an den gesamten Versorgungsleistungen teilzunehmen, folgt zwingend als drittes Bildungsprinzip eine gewisse *Verbreitungs- und Verteilungshierarchie der Versorgungsleistungen*, die sich – wie historisch belegt werden kann – im allgemeinen an die Hierarchie der Siedlungsstruktur anlehnt.

Diese siedlungspolitischen Bildungsprinzipien werden in ihren räumlich denkbaren Ausprägungen durch *zwei* grundlegende *sozio-ökonomische Voraussetzungen* bestimmt. Es sind dies *erstens* die *Konzentration der nahversorgenden Ausstattung* sowie *zweitens* der *optimale Verbund in zumutbaren Entfernungen*. Beide Grundbedingungen nennt Isbary zu Recht „die wichtigsten sozial-ökonomischen Voraussetzungen für die Bildung neuer räumlicher Einheiten, in denen das gesellschaftliche Bildungsprinzip in die Fläche übertragen ist", und zwar von solchen regionalen „Einheiten, die der werdenden Gesellschaft entsprechen" [12].

Die damit angesprochene, ausschlaggebende Bedeutung des Verbunds erhebt nicht nur den *Verkehr* zur strategischen Größe der Siedlungsgestaltung, sondern macht gleichzeitig auf die Notwendigkeit aufmerksam, bei der Frage nach einem bedarfsgerechten und funktionsfähigen Siedlungssystem vom *Gesamtzusammenhang* aller Grundfunktionen auszugehen. Wendet man sich dieser Betrachtungsweise zu, so können angesichts der notwendigen standörtlichen Trennung bei gleichzeitig wachsender funktionaler Verflechtung der einzelnen Grundfunktionen *zwei weitere Bildungsprinzipien* einer standortgerechten Siedlungsstruktur erkannt werden, auf die wir bereits anläßlich der Beschreibung des historisch feststellbaren Wandels im zentralörtlichen Gliederungsprinzip gestoßen sind:
- Einerseits findet man ein *netzförmiges System von Mittelpunkten unterschiedlicher Zentralität*, weil dieses Gliederungsprinzip eine optimale Konzentration von Wirtschaft und Versorgung zuläßt.
- Anderseits zeichnen sich *mehr oder weniger breite Verdichtungsbänder* ab, gleichsam Achsen, die sich zwischen den Hauptzentren eines Landes entlang verkehrsbegünstigter Verbindungslinien hinziehen, weil dadurch die notwendige Zeitverkürzung zwischen den Standorten der verschiedenen Grundfunktionen gewährleistet wird [13]. Diese Verbindungslinien zwischen den Zentren städtischen Lebens, die in erster Linie die Hauptverkehrswege sind, fallen häufig mit den Hauptversorgungslinien des industriewirtschaftlichen Verbunds zusammen (Energie-Fernversorgung wie Elektrizität, Erdgas, Wasser usw.).

Diese Bildungsprinzipien haben in der modernen Siedlungsforschung zu den grundsätzlich diskutierten Alternativen der *Metropolenkonzeption* einerseits (bei der sich

---

[12] Vgl. *G. Isbary*, Zentrale Orte und Versorgungsnahbereiche, aaO, S. 17.
[13] Vgl. *G. Isbary*, Neuordnung des ländlichen Raumes als Aufgabe der Regionalplanung. In: *H. K. Schneider* (Hrsg.), Regionalplanung, Köln-Braunsfeld 1966, S. 70 ff.

voneinander abgegrenzte Raumeinheiten mit je einer Kernstadt und mehreren Satellitenstädten ausbilden, alle wirtschaftlichen Tätigkeiten aber konzentrisch auf das übergeordnete Zentrum ausgerichtet sind) und der *Bandkonzeption* andererseits (bei der sich einzelne Städtebänder zu einem umfassenden Funktionstotal zusammenschließen) geführt [14].

In jüngster Vergangenheit läßt sich feststellen, daß die Verdichtung von Wirtschaft und Bevölkerung in diesen *Verkehrs- und Versorgungsbändern* und *davon ausstrahlenden Nebenachsen* viel stärker zugenommen hat als in isolierten zentralen Orten abseits dieser Entwicklungsbänder. Daraus schließt Partzsch, daß der Übergang von der *punktuellen Verdichtung* durch zentrale Orte zu eher *linear verlaufenden Verdichtungen* in Form von Siedlungsbändern jenen Übergang im Siedlungssystem markiere, der zu „einer Siedlungsstruktur" führt, „die den gesellschaftlichen Bedürfnissen der Gegenwart und der vorhersehbaren Zukunft angepaßt ist" [15]. Auch der vom ORL-Institut bevorzugten Leitbildvariante der Besiedlung liegt dieses Bildungsprinzip zugrunde [16].

Die vorstehenden Ausführungen haben zu einer Reihe regionalpolitisch bedeutsamer Bildungs- bzw. Gliederungsprinzipien eines wirtschaftlichen und gesellschaftlichen Raumansprüchen gleichermaßen gerecht werdenden, funktionsfähigen Siedlungssystems geführt. Diese lassen jetzt auch deutlicher erkennen, wie man sich das innere Gefüge von Raumeinheiten aus der funktionalen Betrachtungsweise modellartig vorstellt: Es sind dies *Teilgebiete eines Landes* (Regionen), innerhalb derer eine möglichst sinnvolle, d. h. den Bedürfnissen von Wirtschaft und Gesellschaft bestmöglich entsprechende *funktionale Zuordnung* der *standörtlich getrennten Daseinsgrundfunktionen* gewährleistet werden kann. Die räumliche Ausdehnung dieser Regionen wird in erster Linie durch die Grundfunktionen selbst bzw. durch ihre jeweilige Intensität und Reichweite bestimmt [17].

Gestützt auf dieses Bildungsprinzip funktionaler Raumeinheiten können *zwei typische Gebietsstufen* unterschieden werden, deren Größe und Zusammensetzung im Einzelfall sehr unterschiedlich sein können, die jedoch das *Grundmuster* der Regionalisierung bilden:

— Die untere Stufe solcher Raumeinheiten sind sogenannte *Versorgungsnahbereiche*. Als solche bezeichnet man jene *Siedlungseinheiten*, in denen „Arbeitsplatz, Wohnort, ausreichende Bildungsstätten und Gemeinschaftseinrichtungen sowie alle übrigen Anlagen und Einrichtungen der Nahversorgung einschließlich der Naherholung" vorhanden sind [18]. Im verkehrsmäßigen Zentrum, das nicht die geographische Mitte zu sein braucht, findet sich zumeist als Versorgungs*kern ein zentraler Ort gleich welcher Rangstufe*, um den sich in *zumutbaren Zeitentfernungen* eine mehr oder weniger große Zahl von Nachbarsiedlungen gruppieren. *Typisch* für einen Versorgungsnahbereich ist die *funktionale Verflechtung und gegenseitige Ergänzung* der zugehörigen Gemeinden in bezug auf die menschlichen Grundfunktionen.

---

[14] Vgl. dazu Landesplanerische Leitbilder der Schweiz, aaO, S. 30.
[15] Vgl. *D. Partzsch*, Die Ergebnisse der historischen Raumforschung zur Erforschung der Siedlungsstruktur. In: Informationsbriefe für Raumordnung R. 2.1.3, aaO, S. 7.
[16] Vgl. Landesplanerische Leitbilder der Schweiz, Erster Zwischenbericht, aaO, S. 31 ff.
[17] Siehe dazu *G. Isbary*, Neuordnung des ländlichen Raumes als Aufgabe der Regionalplanung, aaO, S. 69.
[18] *G. Isbary*, aaO, S. 69.

Einleitend wurden diese Siedlungseinheiten in Anlehnung an die Terminologie der Arbeitsgruppe Kim vereinfachend als „in der Regel" aus „einer Ortschaft" bestehend charakterisiert, „in der die einzelnen Nutzungsbedürfnisse konkret aufeinanderprallen"[19]. Diese Betrachtungsweise ist nunmehr zu differenzieren, denn selbstverständlich können nicht alle Gemeinden für sich isoliert betrachtet als „funktionale Raumeinheiten" im oben erläuterten Sinn verstanden werden. Die Vorstellung eines „Versorgungsnahbereichs" ist deshalb flexibel zu interpretieren. Solche sind ab einer minimalen, d. h. *tragfähigen Mindesteinwohnerzahl* in allen Größenordnungen denkbar, von einer kleinsten bis zur großstädtischen Form. Zwar wird sich das Gewicht des Versorgungskerns gegenüber den Nachbarsiedlungen mit wachsender Größenordnung verschieben. Aber auch in ihrer höchsten Stufe dieser räumlichen Grundeinheit, einer Großstadt, verlieren die Nachbargemeinden nichts von ihrer funktionalen Zugehörigkeit. Diese in ihrer typischen Siedlungsform zellenartig konstruierten Raumeinheiten kann man sich im Idealfall über das ganze Land verstreut vorstellen, allerdings in sehr unregelmäßiger Anordnung, was die Ausdehnung der einzelnen Versorgungsnahbereiche und die hierarchische Stufe ihrer Versorgungskerne anbelangt.

– Die höhere Stufe funktionaler Raumeinheiten bilden die eigentlichen *Regionen*. Diese können einen oder mehrere Versorgungsnahbereiche umfassen. Grundsätzlich gilt, daß auch diese Raumeinheiten ihrerseits Teilgebiete verschiedenartiger funktionaler Bestimmung zu einem Ganzen vereinen, indem sich „alle sozialen Gruppen und wirtschaftlichen Bereiche ... unter optimalen Bedingungen im Raume verteilen können"[20].

Während die Arbeitsgruppe Kim die Region – wiederum verallgemeinernd – „als Basis der wirtschaftlichen Tätigkeiten und als Bereich, auf den die Hauptteile der Infrastruktur bezogen werden müssen", umschreibt[21], definiert Isbary das Typische einer Region (im Gegensatz zum Versorgungsnahbereich) in einer *über die Grundfunktionen hinausreichenden, optimalen Ergänzung der drei Hauptwirtschaftsbereiche,* also des primären, sekundären und tertiären Sektors, wobei diese Ergänzung nicht nur summarisch aufzufassen ist, sondern auch in bezug auf einen Ausgleich der Arbeitsgelegenheiten in diesen Bereichen in zumutbaren Entfernungen[22]. Typisch für diese Raumeinheit ist ferner, daß neben die Nahversorgung jetzt auch die *Fernversorgung* tritt. Als Mittelpunkt ist nicht mehr ein zentraler Ort gleich welcher Stufe, sondern eine Stadt denkbar, die groß genug ist, um „Spitzenleistungen der Fernversorgung", d. h. zentrale Güter und Dienste höchster Ordnung zu erbringen. Ferner sind weitere städtische Mittelpunkte mit ähnlicher oder geringerer Zentralität denkbar, also keine rein hierarchische Gliederung, sondern ein Städtenetz mit multipler Zentralität, wobei dieses nicht notwendigerweise konzentrisch orientiert, sondern auch in linear verlaufenden Städtebändern angeordnet sein kann.

In diesen Modellvorstellungen funktional ausgewogener Regionen sind somit die Siedlungseinheiten und die ihnen zugeordneten Nutzungsflächen in *Systeme von Verdichtungsbändern, zentralen Orten und Versorgungsnahbereichen eingefügt;* im Idealfall

---

[19] Vgl. Arbeitsgruppe des Bundes für die Raumplanung, aaO, S. 36.
[20] Vgl. G. *Isbary,* aaO, S. 70.
[21] Vgl. Arbeitsgruppe des Bundes für die Raumplanung, aaO, S. 36.
[22] G. *Isbary,* aaO, S. 69.

müßten sich diese Siedlungsbänder ausgehend von den Hauptverkehrs- und Versorgungslinien und über davon abzweigende Nebensachen, in immer feinmaschigeren Verästelungen über das ganze Land erstrecken.

Diese Modellvorstellungen einer wirtschafts- und gesellschaftsgerechten Siedlungsstruktur lassen für die konkrete räumliche Ausgestaltung alternative Varianten zu, über die hier nicht zu diskutieren ist [23].

Dagegen muß ergänzend und ausdrücklich festgehalten werden, daß der *Spielraum* möglicher Siedlungskonzepte durch die vorgegebene, historisch gewachsene Siedlungsstruktur ganz *wesentlich beschränkt* wird. Eine rationale Siedlungsgestaltung muß realistischerweise die gegebenen Ausgangsstrukturen ebenso in Rechnung stellen wie die hier herausgeschälten sozio-ökonomischen Entwicklungstrends. Denn eine totale Umformung der Siedlungsstruktur im Sinne idealtypischer Vorstellungen ist wirklichkeitsfremd und unmöglich.

Um die konkrete Gestaltungsaufgabe in spezifischen Teilgebieten eines Landes zu erkennen, ist deshalb die gegebene Siedlungsstruktur mit den hier entwickelten Modellvorstellungen zu *konfrontieren*.

Auf eine eingehende Darstellung der gegenwärtigen Siedlungsstruktur in der Schweiz soll im Rahmen dieser Arbeit verzichtet werden. Dies muß konkreten Einzeluntersuchungen vorbehalten bleiben [24]. Generell ist lediglich festzuhalten, daß auch in unserem Lande Gebiete mit *zu hoher* solchen mit *zu niedriger* Verdichtung gegenüberstehen: Ballungsräume einerseits, besonders die Stadtagglomerationen Zürich, Basel, Lausanne und Genf, Entvölkerungsgebiete anderseits, insbesondere das Berggebiet, wobei *beide* Gebietskategorien aus zwar unterschiedlichen Gründen immer weniger den Anforderungen einer zweckmäßigen Nutzung des Bodens und einer geordneten Besiedlung des Landes entsprechen. Hauptprobleme der *Ballungsgebiete* bilden, aus der speziell siedlungspolitischen Perspektive, zu große Bevölkerungskonzentrationen, ungesunde Lebensbedingungen, Verkehrsstauungen verbunden mit langen Reisezeiten, Mangel an Freiflächen, Luft- und Wasserverschmutzungen, sowie ein niedriger Ausbaugrad in den städtischen Randgebieten, verbunden mit unkontrolliertem Wachstum derselben. Hauptprobleme in den *Entvölkerungsgebieten* sind eine zu niedrige Bevölkerungsdichte, eine ungenügende Erschließung mit zentralen Einrichtungen, damit verbunden Attraktivitätsverluste, wirtschaftlicher Niedergang und schließlich Landflucht der Bevölkerung [25].

Diese aktuellen Probleme im Bereich der schweizerischen Siedlungsstruktur lassen erkennen, daß die *gestalterische Aufgabe* einer rationalen Siedlungspolitik nicht in einer Verhinderung weiterer Konzentration um jeden Preis liegen kann, sondern vielmehr in einer „sinnvollen Kontrolle und Verteilung der Konzentration über den Raum" gesehen werden muß [26]. Dies bedeutet, daß einerseits in gewissen Gebieten weitere, un-

---

[23] Dies bildet Gegenstand der dem ORL-Institut an der ETHZ vom Bundesrat übertragenen Aufgabe, siedlungspolitische Leitbildvarianten zu entwickeln. Vgl. hierzu Landesplanerische Leitbilder, aaO.

[24] Eine umfassende, empirisch belegte Darstellung der räumlichen Siedlungsstruktur findet sich bei *R. Bosshardt,* Notwendigkeit und Möglichkeit einer Raumordnung in der Schweiz, Diss. St. Gallen 1968, insbesondere S. 65–137.

[25] Vgl. Landesplanerische Leitbilder, Erster Zwischenbericht, aaO, S. 33.

[26] Vgl. auch *D. Partzsch,* Die Siedlungsstruktur und das Netz zentraler Orte. In: Informationsbriefe für Raumordnung und Städtebau, R. 2.12., Wiesbaden 1966, S. 5.

erwünschte Auswirkungen der Konzentration zu vermeiden, in andern dagegen wünschbare Auswirkungen zu fördern sind, und zwar im Rahmen der genannten Strategie einer ‚*Regionalisierung mit Schwerpunktbildung*‘.

Dies führt uns zur abschließenden Frage, inwieweit sich aus den vorstehenden Erkenntnissen über die Grundzüge eines wirtschafts- und gesellschaftsgerechten Siedlungssystems konkrete Aussagen für die praktische Siedlungsgestaltung formulieren lassen, im Sinne allgemeiner Grundätze einer rationalen Siedlungspolitik.

2. Grundsätze einer rationalen Siedlungspolitik

Unsere vorstehenden Analysen haben folgendes ergeben: Zur Lösung der siedlungspolitischen Gesamtaufgabe, optimale Voraussetzungen für einen möglichst reibungslosen Ablauf aller menschlichen Aktivitäten zu schaffen, muß eine rationale Siedlungspolitik die fortschreitende räumliche Konzentration von Wirtschaft und Gesellschaft nicht generell verhindern, sondern in *wünschbare Bahnen* lenken.

Eingeschränkt wird der mögliche Spielraum einer rationalen Siedlungsgestaltung nicht nur durch den sozio-ökonomischen Entwicklungstrend der fortschreitenden Verdichtung in allen Lebensbereichen, sondern in vielleicht noch stärkerem Ausmaß durch die bestehende, historisch gewachsene Siedlungsstruktur, die den sich wandelnden raumrelevanten Bedürfnissen von Wirtschaft und Gesellschaft immer weniger zu entsprechen vermag. Anderseits werden diese Bemühungen *beträchtlich erleichtert* durch die früher geschilderte Umgewichtung der Bestimmungsfaktoren des gesamtwirtschaftlichen Standortaufbaus: Die „klassischen" betrieblichen Standortfaktoren (Produktionsressourcen, Transportkosten) verlieren zusehends an siedlungsprägender Bedeutung im Vergleich zum Dienstleistungs- bzw. Infrastrukturbereich, insbesondere aber zu den sogenannten *ortsgebundenen Wohnortfaktoren*, die die Grundbedürfnisse des Wohnens im engeren Sinn, aber auch diejenigen der Versorgung, der Freizeit und des Verkehrs betreffen. Denn diese *grundsätzlich gestaltbaren* Standortbedingungen sind neben den generellen Agglomerationsfaktoren in ihrer räumlichen Verteilung heute mehr und mehr auch für die regionale Industriestruktur zur entscheidenden Standortkomponente geworden.

Von besonderer systembildender Kraft erkannten wir die *zentralörtlichen Einrichtungen*, weil sich aus dem Bedürfnis nach optimaler Versorgung der Bevölkerung ihretwegen bei jedem Siedlungssystem stets Zentren unterschiedlicher Größe und Bedeutung als Siedlungs- und Versorgungsschwerpunkte herausbilden.

Aus diesem Grunde ist es verständlich und richtig, daß die Raumplanung auch in Ländern mit komplexen Wirtschafts- und Siedlungsstrukturen zur Lösung ihrer Aufgabe an diesem *Versorgungsproblem* bzw. an der Struktur zentralörtlicher Funktionen *anknüpft*.

Als *Grundmuster* der Versorgungs- und Siedlungsstruktur erkannten wir ein *System zentraler Orte und dazugehöriger Versorgungsnahbereiche* unterschiedlicher Größenordnung und Bedeutung, da dieses zellenartig strukturierte System den sozio-ökonomischen Notwendigkeiten nach „*Konzentration in der Nahversorgung*" und „*optimalem Verbund* der Grundfunktionen in *zumutbaren Entfernungen* vom Wohnort" am besten zu entsprechen vermag.

Berücksichtigt man ferner die Tatsache, daß die schwerwiegendsten Siedlungsprobleme

in den Ballungsräumen einerseits und den Entleerungsgebieten anderseits entstehen, so stellt sich die *gestalterische Aufgabe der Siedlungspolitik* offenbar auf *zwei Ebenen*:
- Einerseits erhebt sich die Frage, ob und wie in den *Verdichtungsgebieten* (Ballungsräume) die unkontrolliert fortschreitende und unerwünschte Auswirkungen zeitigende Konzentration in *optimale Funktionsräume* aufgegliedert bzw. aufgelockert werden kann;
- anderseits ist zu klären, auf welche Weise in den *Entleerungsgebieten* (zumeist ländliche, schwach strukturierte Räume) zwecks wirtschaftlicher Erstarkung eine *wünschbare Verdichtung* von Wirtschaft und Bevölkerung in gleichfalls funktional ausgewogenen Raumeinheiten erreicht werden kann.

Zur Lösung dieser unterschiedlichen Problemstellung der hier zwangsläufig vereinfacht dargestellten Polarität zwischen Verdichtungs- und Entleerungsgebieten [27] sind, ausgerichtet auf die Gesamtstrategie zur Bildung funktionaler Raumeinheiten, offensichtlich unterschiedliche Taktiken notwendig.

Wenden wir uns vorerst den *Problemstellungen der ländlichen, schwach strukturierten Landesteile* zu. Generell gilt, daß gemäß dem Grundsatz der Regionalisierung mit Schwerpunktbildung von der öffentlichen Hand in solchen Teilgebieten *ausgewählte, entwicklungsfähige und förderungswürdige „zentrale"* Orte schwergewichtig zu unterstützen sind, in erster Linie durch eine bevorzugte und konzentrierte Ausstattung mit infrastrukturellen Einrichtungen und Leistungen (besonders zentralörtliche Dienste). Dies setzt eine *geschickte* und *zweckmäßige Auswahl* und Bestimmung jener potentiellen zentralen Orte voraus, die schwergewichtig zu fördern sind. Daß dies letztlich eine politisch sehr heikle Aufgabe darstellt, ist einleuchtend. Als Entscheidungsgrundlagen können jedoch aus der funktionalen Betrachtungsweise *gewisse Grundsätze* formuliert werden, die gleichsam als Voraussetzung einer erfolgversprechenden Politik betrachtet werden müssen.
- Erstens kommen hiefür nur eine *beschränkte Zahl* solcher Orte in Frage, die nach Infrastruktur bzw. zentralörtlichen Funktionen und nach Einwohnerzahl im Einzugsbereich eine *gewisse Mindestgröße nicht unterschreiten*[28]; ansonsten kommen die externen Effekte nicht zum Tragen.
- Zweitens müssen diese zentralen Orte *entwicklungsfähig* in dem Sinne sein, als Gewähr besteht, daß durch geeignete infrastrukturelle Initialzündungen diesen Ortschaften *potentielle Entwicklungsmöglichkeiten* erwachsen, die sich auf die Dauer selbst tragen (Grundsatz der ökonomischen Rationalität).
- Drittens sollen diese *förderungswürdig* in dem Sinne sein, als die ausgewählten zentralen Orte im überörtlichen, d. h. regionalen Bereich einen *sinnvollen Beitrag zur gesamtregionalen Entwicklung* zu leisten vermögen. Nur so kann erreicht werden, daß durch eine Konzentration der Mittel eine möglichst *breite Nutzenverteilung* resultiert.

---

[27] Bei konkreten Einzeluntersuchungen wird entsprechend den spezifischen örtlichen Gegebenheiten eine differenziertere Charakterisierung unumgänglich, worauf hier nicht näher eingetreten werden kann.

[28] Über die Größenvorstellungen (minimale Basisbevölkerung) und die erforderliche minimale Grundausrüstung der zentralen Orte verschiedener Stufen lassen sich keine allgemeingültigen Grenzen festlegen. Vielmehr muß man sich mit Faustzahlen und Richtlinien begnügen, die je nach Lage eines Ortes im System der Siedlungsstruktur sehr unterschiedlich sein können.

– Viertens hat sich die Erkenntnis durchgesetzt, daß unerwünschte Entwicklungstrends von wirtschaftlich benachteiligten Gebieten allein durch den gezielten Ausbau eines Netzes von zentralen Orten unterschiedlicher Stufe *nicht* durchbrochen werden können. Vielmehr sind hierzu auch genügende *außer-landwirtschaftliche Erwerbsgrundlagen* notwendig, da erst diese dem geplanten System die tragfähige Basis verleihen [29]. Dies bedeutet nicht, daß eine der jeweiligen hierarchischen Stufe entsprechend genügende Anzahl von gewerblichen, industriellen und tertiären Arbeitsmöglichkeiten am jeweiligen *Ort selbst* vorhanden sein muß. Solche müssen aber *im regionalen Einzugsbereich* – in zumutbaren Entfernungen – erreichbar und verfügbar sein.

Aus dieser Überlegung folgt zwingend, daß zentrale Orte gleich welcher Stufe nicht isoliert gefördert, sondern in ein *Netz von Verkehrs- und Versorgungsbändern eingegliedert* werden müssen, die im Idealfall als Entwicklungsachsen an die Hauptverkehrs- und Versorgungsstränge der verdichteten Gebiete angeschlossen sein sollten. Erst dadurch kann das versorgungsmäßig angestrebte Prinzip eines Systems zentraler Orte mit den industriellen Standortanforderungen in ländlichen Räumen verbunden werden. Denn neben der infrastrukturellen Ausstattung mit zentralörtlichen Einrichtungen, die vornehmlich „haushaltsorientiert" sind, hängt der Erfolg von „produktionsorientierten" Infrastrukturausrüstungen in Siedlungsschwerpunkten entscheidend davon ab, an einem wie starken Versorgungsband diese liegen [30]. Diese Feststellungen lassen erneut die *überragende* Rolle des *Verkehrs-* (und Fernversorgungs-) *Verbunds* in Erscheinung treten. Dies gilt gleichermaßen für das überregionale und das innerregionale Verkehrswesen (Verbindungsmöglichkeiten für abgelegene Gebiete, die in Form kleinerer Siedlungen im Versorgungsnahbereich bzw. Einzugsgebiet zentraler Orte liegen). Denn auch hier entscheiden die Verkehrsverbindungen darüber, inwieweit die *Forderung nach Verbund* der standörtlich getrennten Grundfunktionen in *zumutbaren Entfernungen* erfüllt werden kann.

Der zielbewußte Ausbau der Verkehrswege und der Verkehrsmittel (zwecks Verkürzung der Zeit/Raumentfernungen) stellt deshalb ein *entscheidendes Mittel* der Regionalpolitik zur Förderung der *funktionalen Verflechtung* dar.

Gesamthaft gelten deshalb für die Siedlungsgestaltung (und der damit verbundenen wirtschaftlichen Erstarkung) von ländlichen, schwachstrukturierten Landesteilen die folgenden *Grundsätze* [31]:

(1) Förderung ausgewählter „zentraler" Orte unterschiedlicher hierarchischer Stufe durch gezielte Bündelung zentralörtlicher Infrastrukturleistungen (im Sinne regio-

---

[29] Vgl. hierzu *B. Dietrichs*, Räumliche Industriestruktur und zentralörtliche Gliederung. In: Informationsbriefe für Raumordnung R. 2.1.4, Wiesbaden 1970, S. 8.

[30] Weil eine Reihe damit verbundener Infrastrukturleistungen (Fernstraßen, Alpentunnels, Elektrizität, Erdgas, Pipelines usw.) nicht lokal, sondern in regionalen oder überregionalen Netzen bereitgestellt werden. Siehe dazu auch *B. Dietrichs*, aaO, S. 8.

[31] Eigentliche Problemgebiete mit besonderer struktureller Ausprägung stellen in unserem Lande weite Teile des „Berggebietes" dar. Obschon diesbezüglich differenziertere Maßstäbe anzulegen sein werden (sozialpolitische Motive treten hier stärker in den Vordergrund), muß auch hier der Grundsatz gelten, daß zur Festlegung förderungsbedürftiger Ortschaften und Gemeinden diese entsprechend ihren jeweiligen Nutzungsmöglichkeiten in einem überörtlichen, regionalen Verbund gesehen und beurteilt werden müssen. Die damit in Zusammenhang stehenden Probleme sind gegenwärtig Gegenstand spezieller Arbeitskommissionen, die sich im Auftrage des Bundes mit einer gesamtwirtschaftlichen Förderung des Berggebietes zu befassen haben.

naler Schwerpunkte), die eine gewisse Mindestgröße überschreiten, aus der regionalen Perspektive entwicklungsfähig und förderungswürdig sind, und die bestmöglich durch Verkehrs- und Versorgungsbänder im Sinne von Entwicklungsachsen unterschiedlicher Stufe miteinander verbunden sind;

(2) Förderung der *gegenseitigen Verflechtung* der zum Nahversorgungsbereich zählenden *örtlichen Siedlungen,* einerseits durch Schaffung günstiger Verkehrsverbindungen (zumutbare Entfernungen) zum Zentrum selbst, anderseits durch Ausstattung einer ausreichenden örtlichen Basisversorgung (gute Einkaufsmöglichkeiten für den täglichen Bedarf, gute Basisschulen, ärztliche Betreuung und andere kommunale Einrichtungen).

Damit kommen wir zur *zweiten Problemebene,* d. h. zur Frage der anzuwendenden Siedlungsgrundsätze im Bereich der *Ballungsräume.* Hier ist festzuhalten, daß über die zentralörtliche Gliederung in den Verdichtungsgebieten noch keine theoretisch fundierten Aussagen vorliegen; auch die Entwicklung einer Lehre über Städteplanung steht noch in den Anfängen. Dagegen deuten die vorstehend erkannten Entwicklungstendenzen im Bildungsprinzip der Verdichtungsräume darauf hin, daß womöglich der Typ der „*Bandstadt*" am *förderungswürdigsten* erscheint, insbesondere wenn sich diese entlang strahlenförmig vom Ballungszentrum ausgehender Nebenachsen erstreckt, also weniger auf ein konzentrisches als vielmehr auf ein *lineares Prinzip* ausgerichtet ist.

Da die Hauptaufgabe in den verdichteten Gebieten in einer *strukturellen Entflechtung bzw. Auflockerung* übermäßiger Konzentration von Wirtschaft und Bevölkerung liegt, drängt sich die Frage nach der Bildung von *Entlastungszentren* auf. Auch hierüber liegen erst ungenügend gesicherte Erkenntnisse vor, wenngleich aus den ausländischen (negativen) Erfahrungen mit neuen Städten in Großagglomerationen (Entlastungsstädte für London und Paris) bereits *erste Lehren* gezogen werden können. Eine solche ist wohl die, daß *kleine* Entlastungszentren *nutzlos* sind [32]. Eine andere macht deutlich, daß Entlastungszentren nur dann Bestand haben, wenn sie sich als *wirtschaftlich und gesellschaftlich eigenständige Einheiten* (entsprechend den Vorstellungen eines zentralen Ortes mit zugehörigem Versorgungsnahbereich, jetzt aber in einem Verdichtungsband gelegen) zu entwickeln vermögen [33]. Das wiederum setzt voraus, daß Entlastungszentren nicht zu nahe am Mittelpunkt des Verdichtungsraumes aus- oder neu aufgebaut werden, weil bei zu starker *Anziehungskraft* des Ballungszentrums selbst in der Regel zu hohe Nettoquoten an *Ausbildungs-, Berufs- und Einkaufspendlern* entstehen, was den Vorstellungen einer geordneten Besiedlung widerspricht. In der Bundesrepublik Deutschland hat sich für Entlastungsorte eine Konzeption durchgesetzt, die verlangt, daß diese „in die Tiefe des Raumes" entwickelt werden müssen [34]. Damit versucht man offenbar gleichzeitig *zwei Ziele* zu erreichen, nämlich „eine Verbindung ... zwischen den Ordnungsvorstellungen für Verdichtungsräume einerseits und den Entwicklungsvorstellungen für ländliche Räume anderseits", indem dann „die Entlastung der Ver-

---

[32] Vgl. Landesplanerische Leitbilder, Erster Zwischenbericht, aaO, S. 34.

[33] Darüber berichtet *B. Dietrichs,* Räumliche Industriestruktur und zentralörtliche Gliederung, aaO, S. 8 f.

[34] Diese Vorstellungen entsprechen einer Entschließung, die die Ministerkonferenz für Raumordnung zur Frage der Verdichtungsräume Ende 1968 gefällt hat. Vgl. hierzu *B. Dietrichs,* Räumliche Industriestruktur und zentralörtliche Gliederung, aaO, S. 9.

dichtungsräume gleichzeitig der Erschließung ländlicher Rückstandgebiete von ihren Rändern her" dienen würde [35]. Das sind recht ambitiöse, raumpolitische Vorstellungen, für deren Erfolg bisher praktische Beispiele noch ausstehen. Der damit angesprochene Grundsatz, daß die Überwindung des Stadt-Land-Gegensatzes durch eine gegenseitige funktionale Verflechtung beider Raumstrukturen angestrebt werden müsse, verdient indessen *vorbehaltlose Unterstützung*.

Abgesehen von den noch nicht überschaubaren Realisierungs- bzw. Erfolgsmöglichkeiten solcher Entlastungszentren bleibt festzuhalten, daß in den Verdichtungsgebieten die sich *ausgebildeten Systeme von Verkehrs- und Versorgungsbändern* zwischen den städtischen Zentren, sowie die Schaffung von davon ausstrahlenden Neben- bzw. Entwicklungsachsen, von der Siedlungspolitik *höchste Beachtung* verdienen [36]. Aus dieser Perspektive können dann folgende, allerdings noch recht vage Grundsätze formuliert werden [37]:

– Hohe Beachtung verdienen die bestehenden *Verdichtungsbänder*, weil innerhalb derselben soweit als noch möglich bestimmte *Flächen* für die *wichtigsten Funktionen offengehalten* werden müssen. Dies gilt zuallererst für die verschiedenen *Verkehrswege*, sodann für jene Zweige der verarbeitenden und dienstleistenden Bereiche, die am verkehrsabhängigsten sind, sowie schließlich für Wohnungen in hohen Wohndichtezonen, möglichst nahe bei Haltepunkten des öffentlichen Verkehrs. Beachtung verdient aber auch die *Breite* solcher Verdichtungsbänder. Diese sollte streng begrenzt werden, damit auch *Naherholungsgebiete* sichergestellt werden können (Parkflächen, Wälder, landwirtschaftlich genutzte Flächen).

– Was in diesen Hauptachsen keinen Raum finden kann, muß in allerdings *verkehrsmäßig* völlig *erschlossene Neben- und Entwicklungsachsen* abgelenkt werden. Damit rücken auch diese Neben- und Entwicklungsachsen ins Zentrum der Siedlungsgestaltung. Denn diesen obliegt es, die *notwendigen Verbindungen* zwischen den Verdichtungsräumen und den verschiedenen abseits dieser Gebiete gelegenen zentralen Orte sicherzustellen. Auf diese Weise muß eine verbesserte *verkehrs- und versorgungsmäßige Erschließung* der wirtschaftlich benachteiligten, schwach strukturierten ländlichen Teilgebiete eines Landes erreicht werden.

Für eine strukturelle Auflockerung der Verdichtungsgebiete und deren funktionale Verflechtung mit ländlichen Gebieten sind diese Grundsätze noch sehr vage. Konkretere Aussagen sind aber beim gegenwärtigen Stand der Siedlungsforschung aus der hier anvisierten Gesamtperspektive, die nicht auf eine detaillierte Siedlungsgestaltung konkreter regionaler Planungsräume abzielt, nicht möglich. Immerhin bieten diese aus der funktionalen Betrachtungsweise abgeleiteten Grundvorstellungen zur Ausgestaltung einer wirtschafts- und gesellschaftsgerechten Siedlungsstruktur *echte Alternativen* im Vergleich zur bisher vorherrschenden, ungeordneten Auswucherung aller Siedlungen und eines unkontrollierten Verdichtungsprozesses von Wirtschaft und Bevölkerung.

Zusammenfassend sei folgendes festgehalten: Die vorstehend formulierten Grundsätze der Siedlungsgestaltung lassen erkennen, daß für die konkrete Ausgestaltung der

---

[35] B. *Dietrichs*, aaO, S. 9.
[36] G. *Isbary*, Neuordnung des ländlichen Raums als Aufgabe der Regionalplanung, aaO, S. 71.
[37] Vgl. hierzu und im folgenden G. *Isbary*, aaO, S. 71.

Siedlungsstruktur bzw. der hiefür zu empfehlenden Einzelmaßnahmen weder für Verdichtungsgebiete noch für die entwicklungsbenachteiligten Regionen eine uniforme Beurteilung und Behandlung einzelner Teilgebiete eines Landes möglich ist. Denn die jeweiligen teilräumlichen Ausgangsstrukturen, aber auch deren Stellung und Lage im Gefüge des überregionalen Siedlungssystems, setzt realistischerweise eine eingehende, individuelle Beurteilung voraus. Hierzu vermitteln die vorstehenden Ansatzpunkte gleichsam „von oben her", aus der Gesamtperspektive betrachtet, raumordnungspolitisch relevante Grundsätze als *übergreifende, teilräumliche Beurteilungs- und Handlungskriterien*. Diese sind auf jeden Fall – jetzt von unten her gesehen – *weiter zu konkretisieren* und *inhaltlich aufzufüllen*, unter Berücksichtigung der konkreten *Eignungsmöglichkeiten* individueller Teilgebiete im Rahmen funktional ausgewogener Raumeinheiten.

Ein solches, wie immer auch geartetes, aber nicht schematisch verstandenes *System zentraler Orte mit dazugehörigen Versorgungsnahbereichen in einem regional optimalen Verbund* bildet stets das Rückgrat und das Grundmuster einer wirtschafts- und gesellschaftsgerechten Siedlungsstruktur. Diese Feststellung gilt nicht nur für die Siedlungsgestaltung in ländlichen Gebieten (im Sinne einer regionalen Schwerpunktbildung wirtschaftlicher Aktivität), sondern auch als Modellvorstellung für die Ausgestaltung der Siedlungsstruktur im unmittelbaren Kräftefeld großer Städte in den Verdichtungsgebieten.

3. Bestimmung von Mindest- und Richtgrößen als Instrumente der Siedlungsplanung

Bisher sind wir davon ausgegangen, daß ein Hauptakzent einer rationalen Siedlungsgestaltung, gleichzeitig verstanden als regionale Entwicklungspolitik, in einer schwerpunktmäßigen Ausrichtung bzw. Bündelung von Infrastrukturinvestitionen an ausgewählten, entwicklungsfähigen und förderungswürdigen Orten liegt, ohne näher auf die Bestimmung und Dimensionierung der erforderlichen Infrastruktureinrichtungen einzutreten. Erinnern wir uns ferner an die theoretischen Erörterungen über die Rolle, die die Infrastruktur bei der teilräumlichen Entwicklung spielt: Damals wurden zwar regionalpolitisch relevante Bestimmungsfaktoren und deren mutmaßliche Wirkungsweisen abgeleitet. Konkrete Wert- und Größenvorstellungen konnten indessen weder über die Bestimmung des Bestandes und des mutmaßlichen Bedarfs an infrastruktureller Ausstattung, noch über die optimale Dimensionierung solcher öffentlicher Einrichtungen und Anlagen geboten werden, die bei der praktischen Entwicklungspolitik eine zweifellos bedeutsame Rolle spielen.

So wichtig die Kenntnis der generellen Wirkungsweisen der Infrastruktur und der abgeleiteten Grundsätze einer rationalen Infrastruktur- und Siedlungspolitik auch ist, – zur Lösung individueller Planungs- und Entwicklungsaufgaben reicht dies nicht aus; vielmehr benötigt die Praxis hierzu konkrete Maßstäbe über diese Zusammenhänge.

Da Wissenschaft und Forschung erheblich hinter den praktischen Erfordernissen der Siedlungsplanung zurückgeblieben sind, überrascht es nicht, daß angesichts dieses Mangels gleichsam unter dem „Zwang zur Entscheidung in der Planungspraxis" [38] *empirisch*

---

[38] Vgl. *P. G. Jansen* und *K. Töpfer*, Zur Bestimmung von Mängeln der gewachsenen Infrastruktur, aaO, S. 405.

abgeleitete, pragmatische Vorstellungen über Mindest- und Optimalgrößen von Infrastruktureinrichtungen aller Art entwickelt worden sind. Ihren Niederschlag fanden diese Bemühungen in sogenannten *Ausstattungsnormen*, die im Sinne von *Richt- und Bedarfswerten* als pragmatisch fixierte Instrumentalziele zur Lösung konkreter Planungsaufgaben herangezogen werden.

In Ergänzung zu den vorstehend entwickelten Grundsätzen der Siedlungsgestaltung sind deshalb – im Sinne praktikabler Planungsinstrumente im Bereich der Siedlungsstruktur – die Möglichkeiten und Grenzen der Aussagefähigkeit solcher Richtwerte zu prüfen.

a) Richtwerte für Infrastruktur-Einrichtungen

Richtwerte im Sinne allgemeiner Planungsgrundlagen sind anfänglich im Bereich der Stadtforschung entwickelt und in umfassender Weise erstmals von *Feder*[39], später von *Rechenberg*[40] vorgelegt worden. Diese erstrecken sich über ein sehr weitreichendes Spektrum planerisch relevanter Zusammenhänge: Von der Zahl, der Art, des Standort- und Flächenbedarfes der Betriebe aus Industrie, Handwerk und Handel, bis zu den Einrichtungen des Verkehrs, Sport-, Erziehungs- und Gesundheitswesens, wobei diese Daten für Städte gleicher, später ergänzend für Siedlungen unterschiedlicher Größenordnungen aufbereitet wurden. In der Nachkriegszeit hat sich dann das Interesse an Richtwerten auch auf andere raumordnungspolitisch relevante Bereiche ausgedehnt, nämlich von optimalen Größen einzelner Infrastruktureinrichtungen über solche zentraler Orte bis hin zu denjenigen sozio-ökonomischer Raumeinheiten (Regionen). Heute verfügt man für praktisch alle wichtigen Bereiche der Raumplanung über solche Richt- und Bedarfswerte[41]. In der Regel werden die gebräuchlichsten Richtwerte als *Verhältniszahlen* vorgelegt, die jeweils die Relation zwischen zwei (unterschiedlichen) Kerngrößen beinhalten. Vorzugsweise handelt es sich um Relationen zwischen *Einwohnerzahl* und *zugehörigen Folgeeinrichtungen*. Erfaßt werden aber auch andere Tatbestände (beispielsweise der durchschnittliche Flächenbedarf je Einwohner für Einrichtungen und Anlagen im Bereich der einzelnen Daseinsgrundfunktionen, der Flächenbedarf je Beschäftigten für Produktionsbetriebe nach Branchen usw.).

Der Drang nach solchen Planungsgrundlagen ist durchaus verständlich. Bei *sinnvoller*

---

[39] Vgl. G. *Feder*, Die neue Stadt, Berlin 1939.

[40] Vgl. F. *Rechenberg*, Das Einmaleins der Siedlung, Berlin 1940.

[41] Einen generellen Überblick der heute verfügbaren Richtwerte dieser Art geben die in der Bundesrepublik Deutschland vom Bundesminister des Innern periodisch herausgegebenen „Informationsbriefe für Raumordnung", denen gleichzeitig der neueste Stand der Diskussion über solche Planungsunterlagen entnommen werden kann. Vgl. im einzelnen G. *Curdes*, Zur Anwendung von Faustzahlen in der Raumordnung, Informationsbrief R. 1.7.1, Wiesbaden 1966; K. *Otto* und E. *Rödel*, Erfahrungsziffern, Faustzahlen und Kompositionsregeln im Bereich der Wirtschaft und deren Bedeutung für die Raumordnung, Informationsbrief R. 1.7.2, Wiesbaden 1968; H. *Scholz*, Erfahrungsziffern, Faustzahlen und Kompositionsregeln im Bereich des Siedlungs- und Verkehrswesens und deren Bedeutung für die Raumordnung, Informationsbrief R. 1.7.3, Wiesbaden 1968; sowie W. *Göschel*, Erfahrungsziffern, Faustzahlen und Kompositionsregeln im Bereich der öffentlichen und privaten Dienstleistungen und deren Bedeutung für die Raumordnung, Informationsbrief R. 1.7.4, Wiesbaden 1969. Ähnliche Daten werden auch in der Schweiz, insbesondere vom Institut für Orts-, Regional- und Landesplanung an der ETHZ aufbereitet und jährlich auszugsweise veröffentlicht. Vgl. Raumplanung in der Schweiz 1971, Vademecum.

Interpretation vermögen denn auch solche Richtwerte für die Lösung individueller Planungsprobleme unter Umständen wertvolle Hilfeleistungen zu bieten. Sie sind jedoch immer dann höchst *problematisch*, wenn sich erweist, daß deren bloße Existenz unkritische Regional- und Raumplaner zu einer voreiligen und schematischen Übernahme bzw. Anwendung dieser Größen als eigentliche Planungs*daten* verleitet. Diese Gefahr ist deshalb besonders ausgeprägt, weil einmal ermittelte Ausstattungsnormen und Richtwerte im allgemeinen sehr rasch zu „eingetrockneten Vorurteilen" werden und dann als wissenschaftlich fundiert erachtete Erkenntnisse in die praktische Raumplanung eingehen [42].

Dies kann bei der Gestaltung der zukünftigen Raumordnung unabsehbare *Schäden* anrichten, weil diese Richtwerte eine Reihe bedenklicher Mängel aufweisen, die angesichts der praktischen Vorzüge dieser Instrumente oft übersehen werden. Erinnern wir uns an die frühere Determinantenanalyse im Bereich der Infrastruktur, so treten diese Schwächen klar zutage:

— Richtwerte sind *in der Regel* rein empirisch ermittelte *Bestandeszahlen*, beispielsweise als Relation zwischen der gegebenen Einwohnerzahl und den bestehenden Einrichtungen in ausgewählten Untersuchungsgebieten. Damit widerspiegeln sie gegebene Strukturverhältnisse in Gegenwart und Vergangenheit, beinhalten allfällige Strukturmängel und stellen allein auf *„positive"* Bestimmungsfaktoren ab, unter Vernachlässigung der normativen Determinanten. Wir zeigten jedoch, daß erst durch eine Berücksichtigung der *normativen Faktoren* die Dynamik des Bedarfswandels in allen Bereichen erfaßt und erkennbar gemacht werden kann. Richtwerte, die auf gegenwärtigen Gegebenheiten basieren, weisen deshalb *statischen Charakter* auf und unterstellen eine Kontinuität bestehender Verhältnisse. Dieser Nachteil kann selbst durch periodische Überprüfungen und Anpassungen einmal ermittelter Werte nicht überwunden werden. Es steht außer Frage, daß solche Richtwerte *keine geeignete Basis* einer bedarfsgerechten Siedlungsplanung darstellen.

— Ein weiterer Einwand richtet sich gegen Richtwerte als signifikant erachtete *Durchschnittswerte*. Da diese im allgemeinen aus isolierter, fachbezogener Perspektive abgeleitet werden, sind sie für die Anwendung auf konkrete Einzelfälle *zu generalisierend* und demzufolge von geringer Aussagefähigkeit. Denn die jeweils „optimale" Dimensionierung einzelner Infrastruktureinrichtungen und -anlagen hängt entscheidend von den örtlichen, situations- und strukturbedingten Verhältnissen ab, die in konkreten Einzelfällen sehr stark von allgemeinen Durchschnittswerten abweichen können. Vorgegebene Richtwerte dieser Art verleiten den Planer zu einer Unterschätzung von orts- bzw. situationsbedingten Einflußfaktoren und leisten damit der Tendenz einer ungeprüften, allzu schematischen Siedlungsgestaltung Vorschub.

Mit dieser Kritik soll den Richtwerten (die zugegebenerweise oft die einzigen verfügbaren Unterlagen sind) nicht jegliche Existenzberechtigung abgesprochen werden. Sie soll lediglich dazu beitragen, deren *Bedeutung ins rechte Licht* zu rücken: Für eine bedarfsgerechte Siedlungsgestaltung muß davon ausgegangen werden, daß es „keine gleichartigen Planungsprobleme gibt, für die auch gleichartige Daten und Regeln zutreffen". Es besteht vielmehr eine „Individualität jeder Planungsaufgabe, für die die

---

[42] *H. Hübner*, Richtwerte und Werturteile, in: Stadtbauwelt, 24. Jg. (1969), S. 271.

richtigen Werte (aus der Fülle des am konkreten Objekt gewinnbaren Materials, d. Verf.) jeweils gefunden werden müssen"[43]. Bezogen auf generelle Richtwerte bedeutet dies, daß sie zwar ein nützliches Instrument als Kontroll- oder Bezugsgröße, niemals aber als *Operationsgröße* selbst, darstellen. Richtwerte als Planungs*daten* sind nicht problemgerecht! Angesichts dieser berechtigten Einwände hat man versucht, empirisch ermittelte Richtwerte (als Bestandesgrößen) zu *normativen Zielwerten* umzuformen, wodurch die erhobene Kritik (teilweise) gegenstandslos würde. Bei diesen Versuchen stößt man indessen an die gleichen Grenzen, die auch Konkretisierungen von theoretisch begründeten, allgemeinen Tendenzaussagen erschweren: Abgesehen von den positiven Bestimmungsfaktoren müssen die *normativen Determinantenkomplexe* in geeigneter Art quantitativ eingefangen werden, was erhebliche Schwierigkeiten bietet.

Um diese Schwierigkeiten teilweise umgehen zu können, konzentrierte man sich in der Folge auf die *Erarbeitung operationaler Richtwerte* anderer Art. Anstelle optimaler bzw. genereller Durchschnittswerte versuchte man Anhaltspunkte über *Mindestgrößen*verhältnisse zu finden, einmal für einzelne Infrastruktureinrichtungen und -anlagen, zum andern für Siedlungseinheiten gesamthaft betrachtet (Mindestgröße von zentralen Orten). Dies aus der wohl berechtigten Überlegung, daß sich solche Untergrenzen – zunächst losgelöst von den jeweiligen örtlichen Verhältnissen – aus *technischen* Gründen (Unteilbarkeiten der Anlagen) und *ökonomischen* Überlegungen (minimale Basisbevölkerung bzw. Einzugsgebiet) für eine Vielzahl öffentlicher infrastruktureller Einrichtungen und Anlagen und privater Dienstleistungen im Versorgungssektor abschätzen lassen. Auf die unterschiedlichen, bisher vorliegenden Ansätze dieser Art, soll näher eingegangen werden.

b) Kompositionsregeln als Lösungsansatz

Ein erstes Analyseverfahren zur Bestimmung solcher Mindestwerte konzentriert sich auf die Ermittlung der minimalen Basisbevölkerung von ausgewählten „*zentralörtlichen*" Einrichtungen. Da hierüber auch Lösungsversuche aus der Schweiz vorliegen, halten wir uns an die vom ORL-Institut an der ETHZ veröffentlichte Untersuchung zur Charakterisierung dieses Analyseverfahrens [44].

Zunächst ist zu fragen, was unter „zentralen Diensten" zu verstehen ist. Da eine klare Trennung öffentlicher und privater Einrichtungen in die Kategorie „zentral" und „nicht zentral" unmöglich ist, lassen sich zentrale Einrichtungen am besten anhand *typischer Eigenschaften* solcher Dienste charakterisieren: Es sind dies Versorgungseinrichtungen, die (erstens) von einem bedeutenden Teil der Bevölkerung regelmäßig beansprucht werden und deren Erreichbarkeit (zweitens) für den unmittelbaren Nachfrager nach solchen Diensten (in zumutbarer Entfernung vom Wohnort) von überragendem Interesse ist [45]. Siedlungspolitisch sind die zentralen Einrichtungen in erster Linie als Orte des Konsums, d. h. in ihrer Versorgungsfunktion, bedeutungsvoll [46].

---

[43] Vgl. *G. Curdes,* Informationsbrief R. 1.7.1, aaO, S. 7.
[44] Vgl. hierzu *F. Maurhofer* und *H. Leibundgut,* Grundlagen zur Berechnung der Basisbevölkerung zentraler Einrichtungen. Arbeitsberichte zur Orts-, Regional- und Landesplanung, Nr. 7, Zürich 1969; vgl. ferner *H. Bobek,* Aspekte der zentralörtlichen Gliederung Österreichs, Wien 1962.
[45] Vgl. *F. Maurhofer* und *H. Leibundgut,* aaO, S. 2.
[46] Vgl. Landesplanerische Leitbilder, Erster Zwischenbericht, aaO, S. 35.

Die Ausgangsthese lautet nunmehr, daß zentrale Einrichtungen einer *minimalen Basisbevölkerung* bedürfen (Einzugsgebiet), damit eine wirtschaftliche Betriebsführung sichergestellt werden kann. Diese minimale Basisbevölkerung ist für einzelne zentrale Dienste sehr unterschiedlich und hängt generell von *drei Faktorgruppen* ab, die man als Produktions-, Konsum- und Standortaspekte bezeichnen:
— Beim *Produktionsaspekt* spielen betriebswirtschaftliche Überlegungen eine Rolle (optimale Betriebsgröße wegen technisch bedingten Unteilbarkeiten, Rationalisierungsmöglichkeiten usw.), Faktoren also, die für eine *wirtschaftliche Betriebsführung* relevant sind.
— Beim *Konsumaspekt* fällt die *Bedürfnisstruktur der Bevölkerung*, das Durchschnittseinkommen und die regionale bzw. örtliche Einkommensverteilung ins Gewicht.
— Beim *Standortaspekt* schließlich ist die *Eigenzentralität* eines Ortes entscheidend (also Siedlungsgröße, Bevölkerungsdichte, Ausstattungsgrad, Lage der Siedlung im Gefüge der überörtlichen Siedlungsstruktur usw.).
Diese mannigfachen Determinantenkomplexe bewirken, daß die minimale Basisbevölkerung ausgewählter Versorgungseinrichtungen für den konkreten Einzelfall nicht generell exakt fixiert werden kann. Denn einmal spielen die jeweiligen örtlichen Verhältnisse mit, zum andern ergeben sich (wegen mangelhaften statistischen Unterlagen) Schwierigkeiten bei der exakten Erfassung einzelner Bestimmungsfaktoren. Aus diesem Grunde arbeitet man im allgemeinen mit *Schwellenwerten*, die dann als *richtungsweisend* für die minimale Basisbevölkerung betrachtet werden.

Diesen Weg haben auch *Maurhofer* und *Leibundgut* eingeschlagen. Sie weisen in ihrer Studie für eine Reihe zentraler Dienste (öffentliche Einrichtungen wie Schulen, Spitäler usw., private Einrichtungen wie Apotheken, zahnärztliche Praxis, Warenhaus usw.) solche richtungsweisende Schwellenwerte der minimalen Basisbevölkerung aus. Gleichzeitig geben sie Ansatzpunkte für weiterführende Untersuchungen und bieten konkrete Vorschläge für eine inskünftig verbesserte Erfassung der einzelnen Determinantenkomplexe[47].

Für nähere Einzelheiten sei auf diese Studie verwiesen.

Weiterführende Analyseverfahren dieser Art, die auch die von Maurhofer und Leibundgut aufgezeigten Schwierigkeiten berücksichtigen, versuchen, die herkömmlichen Richtwerte in *umfassendere Kompositionsregeln* einzugliedern und auf diese Weise „operational" zu bestimmen.

Die ersten Vorschläge zur Ausarbeitung solcher *Kompositionsregeln* stammen von *Lenort*[48]. Ausgehend von den Unzulänglichkeiten einfacher Richtwerte weist dieser Autor darauf hin, daß bei operationalen Richtgrößen *erstens* die Voraussetzungen und Bedingungen bekannt sein müssen, unter denen die ermittelten Werte gelten (also die jeweilige Konstellation in bezug auf die zugrunde liegenden Bestimmungsfaktoren). *Zweitens* sei zu untersuchen, ob unter diesen Bestimmungsfaktoren *solche* nachgewiesen werden können, deren *Veränderungen* unmittelbar auch die *Richtgröße selbst* maßgeblich beeinflussen. Solche erkennbare Determinanten könnten dann gewissermaßen zum Inhalt eigentlicher „Gebrauchsanweisungen" von operational definierbaren Richtgrößen

---
[47] Vgl. F. *Maurhofer* und H. *Leibundgut*, aaO, S. 22 ff.
[48] Vgl. N. J. *Lenort*, Strukturforschung und Gemeindeplanung. Zur Methodenlehre der Kommunalpolitik, Köln und Opladen 1960, insbesondere S. 245 ff.

gemacht werden, die dem Planer *generelle, wissenschaftlich fundierte Zusammenhänge* und Abhängigkeiten darlegen, die sich zur Lösung individueller und konkreter Gestaltungsprobleme sinngemäß anwenden bzw. abwandeln lassen.

Während sich Lenort darauf beschränkt, mögliche Ansatzpunkte zur Erarbeitung solcher Kompositionsregeln zu skizzieren, hat neuerdings *Göschel* einfache Verfahren dieser Art an praktisch konkreten Beispielen demonstriert, die in der Tat geeignet erscheinen, die erwähnte Problematik überkommener Richtwerte zu überwinden [49].

Das folgende *Schema* veranschaulicht den *Aufbau* solcher Kompositionsregeln. Dieses bezieht sich speziell auf die Ableitung von Richtwerten über *Folgeeinrichtungen*. Es kann jedoch für entsprechende Aufgabenstellungen in andern Bereichen unschwer modifiziert werden.

Allgemeines Schema für einfache Kompositionsregeln

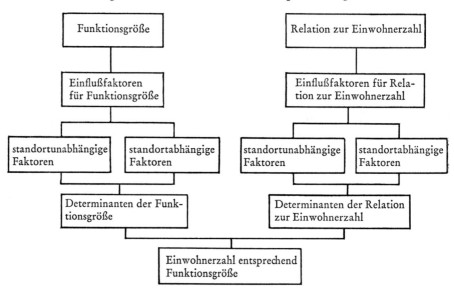

Ausgangspunkt für die Ableitung solcher Kompositionsregeln bildet die Unterscheidung zweier Merkmale der zu untersuchenden Einrichtung, nämlich ihre *Funktionsgröße* und deren *Relation zur Einwohnerzahl* [50]. Dann wird gefragt, welche Faktoren diese zwei Größen grundsätzlich beeinflussen, wobei jeweils zwischen standortunabhängigen und standortabhängigen Faktoren unterschieden wird.

---

[49] Vgl. W. *Göschel*, Erfahrungsziffern, Faustzahlen und Kompositionsregeln im Bereich der öffentlichen und privaten Dienstleistungen und deren Bedeutung für die Raumordnung, in: Informationsbriefe, aaO.

[50] Unter Funktionsgröße versteht man die optimale Größe, die sich bei Berücksichtigung aller funktionalen Erfordernisse einer solchen Einrichtung ergibt. Dazu zählen nicht nur Anforderungen, die gestützt auf technische und betriebswirtschaftliche Aspekte aus der fraglichen Einrichtung selbst resultieren (Produktionsaspekt), sondern auch die Anforderungen der Benutzer an diesen Ort der Konsumtion (Versorgungsaspekte, insbesondere Erreichbarkeit in zumutbarer Entfernung), was unter Umständen die produktionsmäßig optimale Größe empfindlich begrenzt.

Als *standortunabhängige* Größen gelten jene Einflußfaktoren, die ungeachtet der spezifischen örtlichen Situations- und Strukturgegebenheiten ermittelt werden können. Im Falle der Funktionsgröße sind es Faktoren, die generell eine bestimmte Größenordnung für irgendwelche Einrichtungen wünschenswert oder notwendig erscheinen lassen (Wirtschaftlichkeit, Rentabilität, zumutbare Entfernung usw.). Bei der Relation zur Einwohnerzahl werden als standortunabhängige Faktoren *festgelegte Zielvorstellungen* über einen bedarfsgerechten bzw. anzustrebenden Versorgungsstandard eingeführt.

Zu den *standortabhängigen* Faktoren zählen sinngemäß jene Determinanten, denen aufgrund der speziellen örtlichen Verhältnisse unterschiedliche Bedeutung zukommt. Diese müssen durch eine detaillierte Bestandesaufnahme der konkreten standörtlichen Gegebenheiten ermittelt werden. Dazu zählen eine Reihe von Faktoren, die auch eine Veränderung der *standortunabhängigen* Faktoren bewirken können. Als solche erwähnt Göschel politische und insbesondere finanzpolitische Aspekte [51]. Ferner sind eine Reihe *sozio-ökonomischer* Sachverhalte zu berücksichtigen (Bevölkerungsstruktur nach Alter usw., Urbanisierungsgrad usw.) sowie schließlich die *Attraktivität* und *Erreichbarkeit* der untersuchten Einrichtung selbst, aber auch jene anderer Einrichtungen, die am fraglichen Standort bereits vorhanden sind. Denn gerade davon kann entscheidend abhängen, wie viele Einwohner die entsprechende Einrichtung tatsächlich benutzen [52].

Der nächste Schritt besteht darin, die *Einflußstärke* der einzelnen Faktoren zu messen, was zum Teil erhebliche Schwierigkeiten bietet. Nicht direkt quantifizierbare, qualitative Einflußfaktoren müssen deshalb *durch abwägende Entscheidungen* in quantitative Größen transformiert und auf diese Weise der Analyse zugänglich gemacht werden. Ziel ist es, für beide Merkmale (Funktionsgröße und Relation zur Einwohnerzahl) die *jeweils wichtigsten* Einflußfaktoren zu bestimmen, die dann gewissermaßen den *per Saldo-Einfluß* einer oder mehrerer wichtiger Einwirkungskräfte zum Ausdruck bringen. Göschel bezeichnet diese *gewichteten Faktoren* als *eigentliche Determinanten* [53], aus denen direkt die gesuchten Richtwerte als *Einwohnerzahl entsprechend der Funktionsgröße* errechnet werden können. Diese geben somit an, wie groß an einem konkreten Ort die Einwohnerzahl (als situationsbezogene, minimale Basisbevölkerung) für eine Einrichtung, deren Dimensionierung in Form der Funktionsgröße angegeben ist, zu sein hat. Sie grenzen damit den Einzugsbereich ab, der zur fraglichen Einrichtung zählt.

Mit dieser Vorgehensweise hat Göschel ein *allgemeines, praktikables Analyseschema* für Kompositionsregeln vorgelegt, mit dem unzulässige Schematisierungen umgangen bzw. vermieden werden können, weil jeder Richtwert „entsprechend den speziellen Gegebenheiten leicht variiert werden kann" [54]. Im Gegensatz zu den herkömmlichen Richtwerten tritt hier der *Geltungsbereich* der Richtgröße klar in Erscheinung, weil die dazugehörigen Determinanten und Einflußfaktoren angegeben sind. Und weil

---

[51] Vgl. W. *Göschel*, aaO, S. 5.
[52] Es versteht sich, daß unter siedlungspolitischen Gesichtspunkten mit der „Erreichbarkeit" alle Fragen sowohl der Verkehrsverbindungen, der Parkmöglichkeiten usw. als auch deren Zuordnung zueinander und zu den andern Grundfunktionen (insbesondere Wohnen) in zumutbarer Entfernung zu berücksichtigen sind.
[53] W. *Göschel*, aaO, S. 5. [54] Ebenda.

gleichzeitig bei deren Ermittlung *entsprechende Zielvorstellungen* (als standortunabhängige Faktoren der „Relation zur Einwohnerzahl") mitberücksichtigt werden, fällt auch der Einwand weg, daß bestehende strukturelle Mängel auf zukünftige Planungen übertragen werden.

Für konkrete Probleme der Siedlungsgestaltung erweisen sich somit diese Kompositionsregeln als *wertvolle Planungsinstrumente*.

c) Globale Richtwerte für Siedlungseinheiten

Richtwerte sind nicht nur für einzelne Infrastruktur-Einrichtungen ermittelt worden, sondern auch für *Siedlungseinheiten*. Anlaß hierzu bot die Frage nach der optimalen bzw. *minimalen Größe* von zentralen Orten unterschiedlicher hierarchischer Stufe; damit sollte ein konkreter Maßstab gefunden werden, der eine Bestimmung und Auswahl jener potentiellen Zentren erleichtert, die im Rahmen einer schwerpunktmäßig ausgerichteten regionalen Infrastruktur- und Entwicklungspolitik in die Kategorie „förderungswürdiger Ortschaften" aufzunehmen sind. Im Vordergrund stehen naturgemäß die „Mindestgrößenprobleme" zentraler Orte, zu deren Ermittlung sich aus der Theorie der zentralen Orte selbst, in Verbindung mit derjenigen der Infrastruktur, eine Reihe von Ansatzpunkten ergeben:

Während die Theorie der zentralen Orte zeigt, daß sich bei der räumlichen Verteilung von Wirtschaft und Bevölkerung stets *Siedlungsschwerpunkte* unterschiedlicher Zentralität herausbilden, weist die Theorie der Infrastruktur darauf hin, daß neben ökonomisch und technologisch bedingten Mindestgrößen einzelner Infrastruktureinrichtungen infolge der mannigfachen Komplementaritäts- und Substitutionsmöglichkeiten erst eine *zweckmäßige Bündelung* verschiedener Infrastruktureinrichtungen am gleichen Ort hohe Entwicklungseffekte auszulösen verspricht. Angesichts des notwendigen, räumlich begrenzten Einzugsbereichs in *zumutbaren Entfernungen* resultieren auch für die Siedlungseinheiten Mindestgrößenprobleme[55].

Eine naheliegende *Methode* zur Bestimmung konkreter Mindestgrößen besteht darin, daß man von der Überlegung ausgeht, welche öffentlichen (und privaten) zentralörtlichen Einrichtungen in welcher Dimensionierung in den Zentren unterschiedlicher hierarchischer Stufe notwendig sind, um eine den raumordnungs- bzw. siedlungspolitischen Zielvorstellungen entsprechende minimale Ausstattung und Versorgung sicherzustellen. Daraus werden dann Rückschlüsse auf die einwohnermäßige Untergrenze gezogen, die notwendig ist, um die entsprechenden Einrichtungen kapazitätsmäßig auszulasten[56].

---

[55] Neben diesen eher versorgungstechnischen Gesichtspunkten spielen auch rein ökonomische (Mindestgröße zwecks Wirksamkeit der externen Effekte) und finanzpolitische Argumente (Konzentration der knapp verfügbaren Mittel auf wenige Orte mit hoher Nutzenverteilung) bei der Beurteilung der Mindestgröße zentraler Orte mit; dies braucht an dieser Stelle wohl kaum nochmals eingehend begründet zu werden.

[56] Vgl. hierzu Bundesvereinigung der kommunalen Spitzenverbände (Hrsg.), Zentrale Orte, Gutachten, o. O., 1965. Zitiert in: *K. A. Boesler*, Infrastrukturpolitik und Dynamik der zentralen Orte. In: *Derselbe* (Hrsg.), Aktuelle Probleme geographischer Forschung, Festschrift für Joachim Heinrich Schultze, Berlin 1970. In diesem Gutachten findet man eine abgewogene Beurteilung und Zusammenstellung von notwendigen Anlagen und Einrichtungen für unterschiedliche Größenklassen von zentralen Orten. Eine Zusammenstellung von Richtzahlen über die zur

Da unseres Wissens in der Schweiz keine derartige generelle Untersuchungen vorliegen, sei zur Veranschaulichung solcher Ableitungen auf ausländische Beispiele verwiesen. Auf die Vorbehalte, die gegen eine unkritische Übertragung dieser Richtwerte auf die schweizerischen Verhältnisse anzumelden sind, wird abschließend zurückzukommen sein.

– Ein *erstes Beispiel* globaler Siedlungsrichtgrößen stammt von *Isbary*[57], der zum Ergebnis gelangte, daß zentrale Orte unterster Stufe (sogenannte „Mittelpunktgemeinden" mit dazugehörigem Versorgungsnahbereich) eine minimale Basisbevölkerung von 5000–8000 Einwohnern aufweisen sollten. Die von diesem Autor vertretene Ansicht, daß damit generell die niedrigste Stufe förderungswürdiger Orte gefunden sei, muß heute als *überholt* bezeichnet werden. Denn bei dieser Größenordnung käme eine zu große Anzahl potentieller Förderungszentren in Frage, was zu einer Verzettelung der knappen öffentlichen Mittel führen und einer wirksamen Strategie der Schwerpunktbildung widersprechen würde. Hinzu kommt, daß derart kleine Ortschaften für sich allein betrachtet im allgemeinen *keine genügenden* Agglomerationsvorteile zu schaffen vermögen, die, als echte Alternative zu den Ballungszentren, einer Abwanderung der Bevölkerung aus ländlichen Gebieten Einhalt gebieten könnten.

– Später haben sich *Jochimsen* und *Treuner*[58] um solche Richtwerte für Orte der niedrigsten förderungswürdigen Stufe bemüht. Sie taten dies unter *spezieller Berücksichtigung* der Möglichkeiten, die solche Orte in ländlichen Räumen für dort zu schaffende, außerlandwirtschaftliche Arbeitsplätze bieten. Dabei gelangten sie zum Ergebnis, daß zur speziellen Förderung von regionalen Zentren erst solche Klein- und Mittelstädte zur Diskussion stehen, die zusammen mit ihrem Einzugsgebiet eine minimale Basisbevölkerung von *20 000 Einwohnern* aufweisen bzw. überschreiten. Bei diesen Überlegungen spielt nicht mehr allein der Versorgungsgedanke mit, sondern durch den Einbezug der Bereitstellungsmöglichkeiten außerlandwirtschaftlicher Arbeitsplätze – auch die unumgängliche Berücksichtigung der Schaffung minimaler *Agglomerationsvorteile*. Dabei macht Jochimsen geltend, daß *kleinere* Ortschaften nicht mehr alle geforderten Versorgungseinrichtungen eines zentralen Ortes selbst zu erhalten vermögen, sondern teilweise auf die Mitbenutzung von Institutionen in größeren Nachbarsiedlungen angewiesen sind.

Diese Siedlungsgröße, die nicht starr interpretiert werden darf, sondern als richtungsweisende Größe anzusehen ist, entspricht der *heute vorherrschenden* Norm.

– Schließlich hat Böventer versucht, allerdings aus *anderer Perspektive*, Richtwerte für raumordnungspolitisch relevante Größentypen von Städten und Siedlungen abzuleiten[59].

Grundausstattung zählenden Versorgungseinrichtungen verschiedenster Untersuchungen gibt *H. Rosenbaum*, Grundlagen der wirtschaftlichen und sozialen Versorgung, in: *H. Morgen* (Hrsg.), Beiträge zur Entwicklung ländlicher Nahbereiche, eine Modellstudie, Hannover 1967, S. 35 ff.

[57] Vgl. *G. Isbary*, Zentrale Orte und Versorgungsnahbereiche, aaO.
[58] Vgl. *R. Jochimsen* und *P. Treuner*, Zentrale Orte in ländlichen Räumen, Forschungsbericht erstellt im Auftrag des Bundesministers des Innern, Bad Godesberg 1967.
[59] Vgl. *E. v. Böventer*, Die räumlichen Wirkungen von öffentlichen und privaten Investitionen. In: Grundfragen der Infrastrukturplanung, aaO, S. 167 ff.

Ausgangspunkt bilden bei ihm in *erster Linie theoretische* Überlegungen zur *Wirkungsweise raumdifferenzierender Faktoren*, insbesondere der *Agglomerationsvorteile*. Als strategische Variable zur Bestimmung von Größenordnungsklassen treten diese in zweifacher Hinsicht in Erscheinung: *Erstens* als eigene, siedlungsinterne Agglomerationseffekte der Zentren selbst (Eigenzentralität) sowie *zweitens* als gemeinsame Agglomerationseffekte mit Nachbarzentren. Durch diese *kombinierte Betrachtungsweise* der Agglomerationswirkungen wird gleichzeitig die räumliche Anordnung individueller Siedlungen (und ihrer Einzugsgebiete) im gesamten Siedlungssystem eines Landes als *Determinante* der Richtgröße miteinbezogen. Dadurch heben sich Böventers Überlegungen entscheidend von den vorstehend dargelegten rein empirischen Ermittlungen ab.

Um von der theoretischen Perspektive zu *realitätsbezogenen* Aussagen zu gelangen, ergänzt Böventer seine Überlegungen durch vorliegende Infrastruktur-Kostenberechnungen sowie eigene, empirische Analysen und projiziert seine Ableitungen auf die gegenwärtige Raumstruktur in der Bundesrepublik Deutschland[60].

Obschon Böventer zu *sehr hohen* Richtwerten gelangt, die – gemessen an den Verhältnissen in der Schweiz – auf den ersten Blick utopisch anmuten, muß man seinen Ableitungen generelle Aussagefähigkeit zubilligen, wenn *primär* die dahinterstehenden Überlegungen und weniger die absoluten Größenordnungen ins Zentrum gerückt werden. Denn mit seinen Modellüberlegungen ist es Böventer erstmals gelungen, aus einer Synthese zwischen den abstrakten ökonomischen Siedlungstheorien und den konkreten Siedlungsverhältnissen eines Landes zu *operationalen Aussagen* spezifischer Siedlungsgrößen von Städten unterschiedlicher Art und Struktur zu gelangen.

Bei der Charakterisierung dieser Ableitungen ist davon auszugehen, daß Böventer seine Modellüberlegungen nicht nur auf zentrale Orte in ländlichen Gebieten einschränkt, sondern auch die Ballungsgebiete miteinbezieht. Dadurch gelangt er zu sehr differenzierten Aussagen:

– In bezug auf die *Ballungsgebiete* werden drei Siedlungstypen unterschieden: Erstens *Großballungen*, deren typisches Merkmal im eigenen Realisierungsvermögen einer zufriedenstellenden Entwicklung liegt, ohne notwendige Verflechtungen zu Nachbarballungen (Richtwert für Basisbevölkerung 750 000 Einwohner)[61]; zweitens *Ballungszentren* mit guten Fernverflechtungen, deren Eigenzentralität somit durch Agglomerationswirkungen benachbarter Zentren ergänzt werden muß (Richtwert 200 000 Einwohner); drittens *begünstigte eigenständige Zentren* industrieller oder tertiärer Art, die besonders vorteilhafte Produktions- bzw. Lagebedingungen aufweisen (Richtwert 100 000 Einwohner).

– Für Zentren, die *außerhalb* der Ballungsräume liegen, gelangt Böventer zu einer *generellen Richtzahl von 25 000 Einwohnern*, macht aber auf eine Reihe weiterer typischer Merkmale aufmerksam, die für solche Zentren in Rechnung zu stellen sind und zu erheblichen Modifikationen in der Ortsgröße führen.

---

[60] Seine Ergebnisse bezeichnet deshalb Böventer selbst als Kompromiß zwischen Wunsch und Wirklichkeit: „Es sind die für die Bundesrepublik unter den gegenwärtigen ökonomischen und politischen Gegebenheiten von mir als optimal angesehenen Ziel- oder Richtwerte." Vgl. E. v. *Böventer*, aaO, S. 168.

[61] Diese Richtwerte umfassen die Einwohner der Ballung bzw. des Zentrums selbst und des Nahpendlerbereichs, nicht jedoch das weitere Einzugsgebiet.

Einmal wird festgehalten, daß im Gegensatz zu größeren Ballungen, die eine gewisse „Eigenständigkeit" und „Unabhängigkeit" zu andern Orten aufweisen, die außerhalb der Ballungsräume liegenden kleineren Zentren *viel stärker* in ihrer *Verflechtung mit Nachbarzentren* zu sehen sind. „Für diese kleineren Orte können deshalb immer nur — wenn überhaupt — Angaben über Größenverhältnisse *und* Lagebeziehung gemeinsam gemacht werden"[62]. Für solche Zentren ist demnach aus der Perspektive Böventers die genannte *Kombination* von *zentrumsinternen* und *gemeinsamen* Agglomerationseffekten entscheidend für die Beurteilung der minimalen Richtgröße: „Je weiter der Ort vom Verdichtungsraum und dessen Agglomerationsvorteilen entfernt ist, desto größer muß seine eigene Bevölkerung und die Zahl der Arbeitskräfte sein"[63].

Zum andern unterscheidet Böventer zusätzlich nach der vorherrschenden Wirtschaftsstruktur dieser Zentren (primär Industrie- oder aber tertiäre Zentren), worauf hier nicht näher eingetreten werden soll[64].

Mindestgrößen von Zentren *außerhalb* der Ballungen sind somit *abhängig von ihrer Entfernung* zu größeren Nachbarzentren, aber auch von der *Größe dieser umliegenden Zentren* selbst und den *davon ausstrahlenden Agglomerationswirkungen*. Darin muß wohl die *zentrale Aussage* erblickt werden, die diesen Ableitungen entnommen werden kann. Obschon die Berücksichtigung sämtlicher Agglomerationswirkungen eine wissenschaftlich begründete Ableitung konkreter Richtwerte praktisch verunmöglicht, legt Böventer sogenannte „Kompromißwerte" als erste *Größenrelationen* vor, die allerdings zu hoch gegriffen sind[65]. Dies schränkt indessen in keiner Weise die *grundsätzliche Erkenntnis* ein, daß für Zentren außerhalb der Ballungsräume die notwendige Basisbevölkerung mit zunehmender Entfernung zu Nachbarzentren steigen muß, und zwar um so mehr, je einseitiger diese geographisch mit den benachbarten Zentren verbunden sind.

Bei einer *Beurteilung dieser Richtwerte* ist — abgesehen von ihrer Bezogenheit auf die großräumlichen Siedlungsverhältnisse in der Bundesrepublik Deutschland — zu beachten, daß Böventer diese Größenordnungen als für die Zukunft *anzustrebende „Zielwerte"* förderungswürdiger Orte betrachtet. Damit will er erreichen, daß für konkrete Zentren, bei denen solche Entwicklungsperspektiven nicht realistisch erscheinen, „zumindest auch über Alternativen zu der ins Auge gefaßten Förderung" dieser Siedlungseinheiten nachgedacht wird[66]. Und schließlich ist beizufügen, daß Böventer mit diesen sehr hohen Kompromißwerten für außerhalb der Ballungen gelegene Zentren in erster Linie für eine noch stärkere Konzentration öffentlicher Investitionen auf eine *geringere Anzahl, dafür größerer* und entwicklungsfähiger Orte plädiert (und hierfür begründete Aussagen macht) als dies den bisherigen raumordnungspolitischen Vorstellungen in der Bundesrepublik Deutschland entsprach.

---

[62] *E. v. Böventer*, aaO, S. 182.   [63] Ebenda, S. 183.

[64] Für eigentliche Fremdenverkehrszentren gelten ohnehin andere Größenrelationen. Siehe *E. v. Böventer*, aaO, S. 182.

[65] So gelangt er beispielsweise zu folgenden Richtwerten: Bei einer Entfernung von 25 km a) bei vielseitiger geographischer Verflechtung: 30 000 Einwohner, b) bei einseitiger Verflechtung: 40 000 Einwohner. Bei einer Entfernung von 50 km lauten die entsprechenden Richtwerte: a) 75 000 Einwohner, b) 120 000 Einwohner. Vgl. *E. v. Böventer*, aaO, S. 185.

[66] Vgl. *E. v. Böventer*, aaO, S. 185.

Obschon die abgeleiteten Größenordnungen *nicht* direkt auf die Verhältnisse in der Schweiz übertragbar sind, lassen sich daraus – bei entsprechendem Zuschnitt auf die gegebene Siedlungsstruktur unseres Landes – wertvolle Schlußfolgerungen ziehen:

– Einmal wird erneut deutlich, daß eine Regionalisierung mit Schwerpunktbildung langfristig nur dann Erfolg verspricht, wenn man sich bei der Ausrichtung regionalpolitischer Maßnahmen auf einen gezielten Ausbau einer *geringen Zahl* von bereits heute *genügend großer* Siedlungen konzentriert, die die notwendigen Voraussetzungen für die Auslösung minimaler Agglomerationseffekte im regionalen Bereich bieten.

– Zum andern belegen diese Ableitungen, daß eine *schematische* und uniforme Handhabung von Richtgrößen förderungswürdiger Ortschaften *nicht problemgerecht* ist. Vielmehr müssen die auszuwählenden Ortschaften, insbesondere außerhalb der Verdichtungsräume, *individuell* in ihrer jeweiligen *räumlichen Verflechtung mit Nachbarzentren* beurteilt werden, im Sinne der vorgeschlagenen *Kombination* von *zentrumsinternen* und *gemeinsamen*, d. h. von den Nachbarzentren ausstrahlenden *Agglomerationswirkungen*.

In bezug auf den *generellen* Beitrag, den globale Richtwerte als Auswahlprinzip förderungswürdiger Zentren zu bieten vermögen, muß gefolgert werden, daß die Festlegung *optimaler* Siedlungsgrößen weder wissenschaftlich noch empirisch abschließend bestimmt werden kann, solange es nicht gelingt, die *vielfältigen Agglomerationswirkungen konkret* zu erfassen. Einen siedlungspolitisch bedeutsamen Beitrag kann jedoch die *Analyse jener Untergrenzen* bieten, ab derer Agglomerationsvorteile überhaupt erst wirksam werden, sei dies bezogen auf die Einwohnerzahl, die Beschäftigtenquote oder aber auf den Verdichtungsgrad [67].

Aber auch hierzu ist eine *generelle Fixierung* ohne *Bezug auf die konkreten teilräumlichen Strukturen sinnlos*. Neben die minimale Siedlungsgröße – als ein mögliches Kriterium – müssen *ergänzende Beurteilungsmaßstäbe* im Sinne der vorstehend abgeleiteten Grundsätze zur Förderungs*würdigkeit* und Entwicklungs*fähigkeit* potentieller Förderungsorte im Rahmen der *überörtlichen, gesamtregionalen* Entwicklung treten. Damit ist angedeutet, daß wir die Anwendung von Mindestgrößen für Siedlungseinheiten (im Gegensatz zu den erläuterten Kompositionsregeln für gewisse Infrastruktureinrichtungen) als alleinige Beurteilungsgrundlage für höchst problematisch halten.

D. Zusammenfassung: Ergebnisse für die Regionalpolitik

1. Mit den vorstehenden Ausführungen ist der dritte und letzte regionalpolitisch relevante Strukturbereich durchleuchtet worden. Wir erwähnten, daß die Siedlungsstruktur gleichsam das Bindeglied zwischen der Produktions- und Faktorstruktur darstellt: Denn innerhalb dieses Bereichs sind die Grundelemente der anderen Teilstrukturen auf den verfügbaren Raum und dessen bestmögliche Ordnung im Hinblick auf die Befriedigung aller raumrelevanten Bedürfnisse der Menschen zu projizieren. Aus diesem Grunde treten in diesem Strukturbereich die engen wechselseitigen Verflechtungen zwischen Wirtschaft, Bevölkerung und Raum besonders deutlich in Erscheinung.

---

[67] Vgl. hierzu *H. W. v. Borries*, Ökonomische Grundlagen der westdeutschen Siedlungsstruktur, aaO, S. 143.

2. Breiter Raum wurde den Erörterungen über theoretische Ansatzpunkte zur Erfassung und Erklärung der Siedlungsstruktur gewährt. Als Ergebnis mußten wir feststellen, daß in diesem Bereich eine umfassende theoretische Erklärung realer Siedlungsstrukturen noch aussteht, da diese in ihrer Gesamtkomplexität, geprägt durch das Zusammenwirken der vielfältigen Bestimmungsfaktoren geographischer, sozialer, gesellschaftlicher, wirtschaftlicher und historischer Art, gar nie direkt zum Gegenstand der theoretischen Forschung erhoben wurde. Dafür konnte eine Reihe partieller Erklärungsversuche vorgelegt werden, die jeweils unterschiedliche, für die Siedlungsstruktur aber relevante Determinantenkomplexe aufzeigen und deren Wirkungsweisen anzudeuten vermögen.

Allerdings sind diese theoretischen Erklärungsversuche noch nicht soweit ausgereift, daß sie direkt zu operationalen Analyseverfahren führen. Es konnten aber mögliche Richtungen aufgezeigt werden, in denen die weitere Forschung vorangetrieben werden muß, um zu konkreteren Aussagen über reale Siedlungsstrukturen zu gelangen. Dies gilt insbesondere für die Theorie der Infrastruktur und die damit zusammenhängenden Probleme der teilräumlichen Entwicklung, die – in Verbindung mit der Theorie der zentralen Orte – wohl im Zentrum einer siedlungspolitisch ausgerichteten Betrachtungsweise stehen.

3. Aus diesem Grunde konnte die Frage nach praktikablen Analysemethoden nur teilweise befriedigend beantwortet werden. Denn für die praktische Regionalpolitik lassen sich relevante Aussagen bestenfalls in der Form allgemeiner Grundsätze einer wirtschaftlich und gesellschaftlich erwünschten, d. h. bedarfsgerechten und funktionsfähigen Siedlungsweise ableiten; diese können allerdings im Sinne von Handlungsanweisungen der Siedlungspolitik weiterhelfen und müssen letztlich ihren planerischen Niederschlag in allgemeinen Richt- und Nutzungsplänen finden.

4. Erste Grundzüge einer anzustrebenden Siedlungsstruktur konnten aus gewissen sozio-ökonomischen Entwicklungstrends abgeleitet werden, die als gleichsam typische Erscheinungsweisen arbeitsteiliger und hochentwickelter Industriegesellschaften erkennbar sind. Als hervorstechendes Merkmal bezeichneten wir die fortschreitenden räumlichen Konzentrationstendenzen von Wirtschaft und Gesellschaft. Da diese als irreversible Entwicklungsprozesse zum entfernungsverkürzenden, produktivitäts- und versorgungssteigernden Verbund in allen Lebensbereichen führen, sind sie von einer rationalen Siedlungsgestaltung als Datum zu betrachten und bewußt in den Dienst ihrer Politik zu stellen.

Um diese Zusammenhänge transparent zu machen und analytisch in den Griff zu bekommen, sind wir von „typischen" Raumansprüchen in bezug auf die raumrelevanten Grundfunktionen der Menschen ausgegangen und haben daraus gleichfalls „typische" Bildungsprinzipien einer bedarfsgerechten und funktionsfähigen Siedlungsstruktur abgeleitet. Dies hat uns schließlich zu allgemeinen Grundsätzen der Siedlungspolitik geführt.

Exemplarisch ist ferner gezeigt worden, welche ergänzenden Instrumente für konkrete Siedlungsprobleme derzeit zur Verfügung stehen und wo die Möglichkeiten und Grenzen ihrer Aussagefähigkeit liegen.

5. Zusammenfassend bleibt festzuhalten, daß im Bereich der Siedlungsstruktur erst Ansatzpunkte für raumordnungspolitisch relevante und der praktischen Analyse zu-

gängliche Untersuchungsmöglichkeiten vorliegen, die jedoch richtungsweisend für weiterführende Arbeiten sind. Werden diese nicht isoliert beurteilt, sondern im Zusammenhang mit den aufgezeigten Analysemöglichkeiten in den anderen Strukturbereichen betrachtet, so darf wohl gefolgert werden, daß das vorgelegte Instrumentarium bei zweckmäßiger Handhabung trotz mannigfacher Unzulänglichkeiten echte Alternativen für eine rationale Regionalpolitik zu bieten vermag, verglichen mit ihrer bisher üblichen Ausrichtung.

LITERATURVERZEICHNIS

Albers, G., Gedanken zur zukünftigen Siedlungsstruktur, Münster 1969.
Albert, H., Modell-Platonismus, Der neoklassische Stil des ökonomischen Denkens in kritischer Beleuchtung. In: Topitsch (Hrsg.), Logik der Sozialwissenschaften, 6. Aufl., Köln und Berlin 1970.
Al-Homssi, M. M., Economic Growth Potential. A Study in Comparative Economic Development. Diss. Rotterdam 1962.
Andrews, R. B., Mechanic of the Urban Economic Base. In: Land Economics, verschiedene Beiträge, in Vol. XIX (1953) bis Vol. XXXII (1956).
Arbeitsamt Dortmund: Wie steht es um die Mobilität der arbeitslosen Arbeitnehmer? Dortmund 1968.
Arbeitsgruppe des Bundes für die Raumplanung: Raumplanung Schweiz, Hauptbericht 1970.
Arndt, H. und *Swatek, D.* (Hrsg.), Grundfragen der Infrastrukturplanung für wachsende Wirtschaften, Schriften des Vereins für Socialpolitik, N. F., Bd. 58, Berlin 1971.

Baumgart, E. R., Der Einfluß von Strukturänderungen auf die Entwicklung der nordrheinwestfälischen Industrie seit 1950. Sonderheft Nr. 70 des Deutschen Instituts für Wirtschaftsforschung, Berlin 1965.
Beaud, M., Une analyse des disparités régionales de croissance. In: Revue Economique, 1966.
Bergschmidt, H. H., Zur Messung und Erklärung von regionalen Wachstumsunterschieden in der Bundesrepublik. In: Jahrbücher für Nationalökonomie und Statistik, Heft 6 (1962).
Berry, B. J. L. and *Pred, A.*, Central Place Studies, a Bibliography of Theory and Applications, Regional Science Research Institute, Bibliography Series N. 1, Philadelphia 1961 und 1965.
Bobek, H., Die Theorie der zentralen Orte im Industriezeitalter. In: Deutscher Geographentag Bad Godesberg, Tagungsberichte und wissenschaftliche Abhandlungen, Wiesbaden 1969.
– , Aspekte der zentralörtlichen Gliederung Österreichs, Wien 1962.
Borries, H. W., v., Ökonomische Grundlagen der westdeutschen Siedlungsstruktur, Hannover 1969.
Borts, G. H. and *Stein, J. L.*, Economic Growth in a Free Market, Columbia University Press, New York 1964.
Bosshardt, R., Notwendigkeit und Möglichkeit einer Raumordnung in der Schweiz, Diss. St. Gallen 1968.
Boudeville, J. R. (Hrsg.), L'espace et les pôles de croissance, Presses universitaires de France, Paris 1968.
– , (Hrsg.), L'univers rural et la planification, Presses universitaires de France, Paris 1968.
– , Un modèle de croissance polarisée fondé sur le complexe agricole du Rio Grande do Sul, in: Boudeville, J. R. (Hrsg.), L'univers rural et la planification, Presses universitaires de France, Paris 1968.
Boustedt, O., Die Verhaltensweise der Bevölkerung als ein Faktor der Standortbestimmung. In: Beiträge zur Raumforschung. Schriftenreihe der Österreichischen Gesellschaft zur Förderung von Landesforschung und Landesplanung, Bd. 2, 1964.
– , Zum Programm für den Aufbau einer laufenden Wanderungsstatistik für die Städte. In: Beiträge zur Frage der räumlichen Bevölkerungsbewegung, Hannover 1970.
Boustedt/Ranz, Regionale Struktur- und Wirtschaftsforschung, Aufgaben und Methoden, Bremen-Horn 1957.

Boesler, K. A., Infrastrukturpolitik und Dynamik der zentralen Orte. In: Boesler, K. A. (Hrsg.), Aktuelle Probleme geographischer Forschung, Festschrift für J. H. Schultze, Berlin 1970.

Bökemann, D., Das innerstädtische Zentralitätsgefüge, dargestellt am Beispiel der Stadt Karlsruhe, Karlsruher Studien zur Regionalwissenschaft, Heft 1, 1967.

–, Der Wandel des Siedlungsgefüges, Ursachen und Tendenzen. In: Futurum, Bd. 3, Heft 1, 1970.

Böventer, E., v., Theorie des räumlichen Gleichgewichts, Tübingen 1962.

–, Die Struktur der Landschaft, Versuch einer Synthese und Weiterentwicklung der Modelle J. H. von Thünens, W. Christallers und A. Löschs. In: Schneider, E. (Hrsg.), Optimales Wachstum und optimale Standortverteilung, Berlin 1962.

–, Artikel Raumwirtschaftstheorie, in: Handwörterbuch der Sozialwissenschaften, Bd. 8, Stuttgart, Tübingen, Göttingen 1964.

–, Die räumlichen Wirkungen von öffentlichen und privaten Investitionen. In: Arndt, H., Swatek, D. (Hrsg.), Grundfragen der Infrastrukturplanung für wachsende Wirtschaften, Schriften des Vereins für Socialpolitik, N. F., Bd. 58, Berlin 1971.

Buchholz, E. W., Methodische Probleme der Erforschung von Wanderungsmotiven. In: Beiträge zur Frage der räumlichen Bevölkerungsbewegung, Hannover 1970.

Buhr, W., Die Abhängigkeit der räumlichen Entwicklung von der Infrastrukturausstattung. In: Arndt, H., Swatek, D. (Hrsg.), Grundfragen der Infrastrukturplanung für wachsende Wirtschaften, Schriften des Vereins für Socialpolitik, N. F., Bd. 58, Berlin 1971.

Bundesministerium für Arbeit und Sozialordnung (Hrsg.), Die Standortwahl der Industriebetriebe in der BRD. Verlagerte, neuerrichtete und stillgelegte Industriebetriebe in den Jahren 1966 und 1967, Bonn 1968.

Bundesminister des Innern (Hrsg.), Informationsbriefe für Raumordnung und Städtebau, Stuttgart (periodisch herausgegeben).

–, (Hrsg.), Struktur und Motive der Wanderungsbewegungen in der Bundesrepublik Deutschland, Basel 1968.

Carol, H., Industrie und Siedlungsplanung. In: Plan, 8. Jahrgang, 1951.

Christaller, W., Die zentralen Orte in Süddeutschland, Jena 1933.

Christoffel, M., Die industrielle Ballung in der Schweiz, Diss. St. Gallen 1966.

Clark, C., Industrial Location and Economic Potential. In: Lloyds Bank Review, No. 82, October 1966.

Correa, H., The Economies of Human Resources, Amsterdam 1963.

Curdes, G., Zur Anwendung von Faustzahlen in der Raumordnung. In: Bundesminister des Innern (Hrsg.), Informationsbriefe für Raumordnung und Städtebau, R 1.7.1, Wiesbaden 1966.

Davin, L. E., Les conditions de croissance des économies régionales dans les pays développés. In: Théorie et politique de l'expansion régionale, Bruxelles 1961.

Delegierter des Bundesrates für Konjunkturfragen: Die Wirtschaftspolitik des Eidg. Volkswirtschaftsdepartementes vom Wachstumsziel her betrachtet. In: Mitteilungsblatt des Delegierten für Konjunkturfragen, Heft 3, Oktober 1967.

Denison, E., Why Growth Rates Differ, Postwar Experience in Nine Western Countries, Washington DC 1967.

Dietrichs, B., Die Theorie der zentralen Orte. In: Raumforschung und Raumordnung, Heft 6, 1966.

–, Eine Analyse der Wanderungsbewegungen in der BRD unter besonderer Berücksichtigung der Infrastruktur. In: Jochimsen, R., Simonis, U. E. (Hrsg.), Theorie und Praxis der Infrastrukturpolitik, Schriften des Vereins für Socialpolitik, N. F., Bd. 54, Berlin 1970.

–, Räumliche Industriestruktur und zentralörtliche Gliederung. In: Der Bundesminister des Innern (Hrsg.), Informationsbriefe für Raumordnung und Städtebau, R. 2.1.4, Wiesbaden 1970.

Disch, W. K. A., Regionale Kaufkraftkennziffern im Europamarkt. In: Wirtschaftsdienst, 42. Jahrgang, Heft 1, 1962.

Dörig, H. U., Der staatliche Einfluß auf die regionale Verteilung von Bevölkerung und Wirtschaft, Diss. St. Gallen 1968.
Drewe, P., Ein Beitrag der Sozialforschung zur Regional- und Stadtplanung, Meisenheim 1968.

Eckhardt, S., Räumliche Aktivitätsanalysen. In: „Wirtschaftspolitische Studien" des Instituts für europäische Wirtschaftspolitik an der Universität Hamburg, Göttingen 1966.
Egner, E., Wirtschaftliche Raumordnung in der industriellen Welt, Bremen-Horn 1950.
Eidg. Statistisches Amt: Konzeption, Methoden und Quellen der Nationalen Buchhaltung der Schweiz. Beiträge zur schweizerischen Statistik, Heft 36, Bern 1967.
–, Versuch einer Erfassung des Sozialprodukts von der Entstehungsseite her. In: Die Volkswirtschaft, Heft 11, 1969.
–, Nationale Buchhaltung der Schweiz 1969. In: Die Volkswirtschaft, Heft 9, 1970.
Elsasser, H., **Die Standortvoraussetzungen für die Industrie in der Schweiz.** In: Wirtschaftspolitische Mitteilungen, Jahrgang XXVII (1971), Heft 1.
Esenwein-Rothe, I., Über die Möglichkeiten einer Quantifizierung von Standortqualitäten. In: Jürgensen, H. (Hrsg.), Gestaltungsprobleme der Weltwirtschaft, Festschrift für Andreas Predöhl, Göttingen 1964.
Evers, H., Artikel „Social Costs". In: Handwörterbuch der Raumforschung und Raumordnung, 2. Aufl., Hannover 1970.
Eversley, D. E. C., Social and Psychological Factors in the Determination of Industrial Location. In: Papers on Regional Development, Supplement to the Journal of Industrial Economics, Oxford 1965.
EWG-Kommission (Hrsg.), Dokumente der Konferenz über Fragen der regionalen Wirtschaft, 3 Bände, Brüssel 1961.

Fabricant, S., The Trend of Government Activity in the United States since 1900. National Bureau of Economic Research, New York 1952.
Feder, G., Die neue Stadt, Berlin 1939.
Fischer, G., Probleme regionaler Volkseinkommens- und Sozialproduktsschätzungen, Diss. St. Gallen 1964.
–, Das Volkseinkommen der Kantone 1950–1965. In: Wirtschaft und Recht, Heft 4, 1967.
–, Berechnung und Voraussetzung regionaler Volkseinkommenszahlen in der Schweiz, im Auftrag des Forschungsausschusses für Planungsfragen (FAP) am ORL-Institut an der ETH gemäß Bundesgesetz über Maßnahmen zur Förderung des Wohnungsbaus 1965. In: Struktur- und regionalwirtschaftliche Studien, Bd. 3, St. Gallen 1969.
–, Methoden und Ergebnisse kantonaler Volkseinkommensschätzungen als Instrumente des bundesstaatlichen Finanzausgleichs. In: Schweizerische Zeitschrift für Volkswirtschaft und Statistik, 106. Jahrgang, Heft 2, 1970.
Fisher, G. W., Determinants of State and Local Government Expenditures. A Preliminary Analysis. National Tax Journal, Vol. 14 (1961).
Fourastié, J., Le Grand Espoir du 20ᵉ Siècle, 3. Aufl., Paris 1952.
Frey, R. L., Infrastruktur – Grundlagen der Planung öffentlicher Investitionen, Zürich/Tübingen 1970.
–, Kosten der Infrastruktur in Abhängigkeit von der Bevölkerungskonzentration. In: Infrastruktur, Schriften zur Orts-, Regional- und Landesplanung, Nr. 3, September 1965.
Friedman, J. and *Alonso, W.,* Regional Development and Planning, A Reader, M. I. T. Press, Massachusetts 1964.
Funck, R., Instrumente der Regionalpolitik. In: Schneider, H. K. (Hrsg.), Beiträge zur Regionalpolitik, Schriften des Vereins für Socialpolitik, N. F., Bd. 41, Berlin 1968,
Fürstenberg, F., Die Mobilität der Arbeitskraft als Wachstumsfaktor. In: Schmollers Jahrbuch, 87. Jahrgang (1967).

Gerfin, H., Gesamtwirtschaftliches Wachstum und regionale Entwicklung. In: Kyklos, Vol. 17 (1964).
Giersch, H., Allgemeine Wirtschaftspolitik, Bd. I, Wiesbaden 1960.

–, Das ökonomische Grundproblem der Regionalpolitik. In: Jürgensen, H. (Hrsg.), Gestaltungsprobleme der Weltwirtschaft, Festschrift für Andreas Predöhl, Göttingen 1964.

Göschel, W., Erfahrungsziffern, Faustzahlen und Kompositionsregeln im Bereich der öffentlichen und privaten Dienstleistungen und deren Bedeutung für die Raumordnung. In: Der Bundesminister des Innern (Hrsg.): Informationsbriefe für Raumordnung und Städtebau, R 1.7.4, Wiesbaden 1969.

Green, J. L., Metropolitan Economic Republics. A Case Study in Regional Economic Growth, Athens 1965.

Gustafsson, K. und *Jochimsen, R.*, Artikel „Infrastruktur". In: Handwörterbuch der Raumforschung und Raumordnung, 2. Aufl., Hannover 1970.

Hansmeyer, K. H., Ziele und Träger regionaler Wirtschaftspolitik. In: Schneider, H. K. (Hrsg.), Beiträge zur Regionalpolitik, Schriften des Vereins für Socialpolitik, N. F., Bd. 41, Berlin 1968.

Harloff, H. J., Der Einfluß psychischer Faktoren auf die Mobilität der Arbeit, Diss. Berlin 1968.

Hilhorst, J., La théorie du développement régional. Un essai de synthèse. In: Aspects multidisciplinaires du développement régional, OECD, Paris 1969.

Hirschmann, A. O., Die Strategie der wirtschaftlichen Entwicklung, Deutsche Ausgabe, Stuttgart 1967.

Hochwald, W., Conceptual Issues of Regional Income Estimation. In: Regional Income, Studies in Income and Wealth, Vol. 21, Princeton 1957.

–, (Hrsg.), Design of Regional Accounts, Papers presented at the Conference on Regional Accounts, Baltimore 1961.

Hoffmann, H. G., Die industriellen Lohnrelationen. In: König, H. (Hrsg.), Wandlungen der Wirtschaftsstruktur in der Bundesrepublik Deutschland, Berlin 1962.

Hoover, E. M., Some Old and New Issues in Regional Development. In: United States Department of Commerce (Hrsg.): Regional Economic Development in the United States, part 1, o. J., Washington DC.

Institut für angewandte Sozialwissenschaft (Infas) (Hrsg.): Der Zuzug nach München 1961/62. Eine Untersuchung über die soziologischen und psychologischen Faktoren des Wanderungsgewinns 1961/62, Bad Godesberg 1962.

Institut für Orts-, Regional- und Landesplanung an der ETH Zürich (Hrsg.): Landesplanerische Leitbilder. Erster Zwischenbericht, November 1969.

–, Landesplanerische Leitbilder. Zweiter Zwischenbericht, Dezember 1970.

–, Landesplanerische Leitbilder. Schlußbericht, Dezember 1971.

Isard, W., Location and Space Economy, A General Theory Relating to Industrial Location, Market Areas, Land Use and Urban Structure, New York and London 1956.

–, Methods of Regional Analysis. An Introduction to Regional Science, New York 1960.

–, General Theory, Social, Political, Economic an Regional, M. I. T. Press, Cambridge (Massachusetts) 1969.

–, Interregional and Regional Input-Output-Analysis: A Model of a Space Economy. In: Review of Economics and Statistics, Vol. XXXIII (1951), No. 4.

Isard, W. and *Reck, M. J.*, Location Theory and International and Interregional Trade Theory. In: The Quarterly Journal of Economics, February 1954.

Isard, W., Schooler, E. W., Vietorisz, T., Industrial Complex Analysis and Regional Development. A Case Study of Refinery-Petrochemical-Synthetic-Fiber Complexes and Puerto Rico, London and New York 1969.

Isbary, G., Zentrale Orte und Versorgungsnahbereiche, Bad Godesberg 1965.

–, Neuordnung des ländlichen Raumes als Aufgabe der Regionalplanung. In: Schneider, H. K. (Hrsg.), Regionalplanung, Köln-Braunsfeld 1966.

Isenberg, G., Regionale Wohlstandsunterschiede, Finanzausgleich und Raumordnung. In: Finanzarchiv, Bd. 17 (1956).

Jaeger, F., Methoden und Probleme der Regionalprospektive, Manuskript, St. Gallen 1971 (in Vorbereitung).
Jansen, P. G., Infrastrukturinvestitionen als Mittel der Regionalpolitik, Beiträge zur Raumplanung, hrsg. vom Zentralinstitut für Raumplanung an der Universität Münster, Bd. 3, Gütersloh o. J.
–, Zur Theorie der Wanderungen. In: Zur Theorie der allgemeinen und der regionalen Planung, Bielefeld 1969.
Jansen, P. G. und *Töpfer, K.*, Zur Bestimmung von Mängeln der gewachsenen Infrastruktur. In: Jochimsen, R., Simonis, U. E. (Hrsg.), Theorie und Praxis der Infrastrukturpolitik, Schriften des Vereins für Sozialpolitik, N. F., Bd. 54, Berlin 1970.
Jochimsen, R., Theorie der Infrastruktur, Tübingen 1966.
Jochimsen, R. und *Treuner, P.*, Zentrale Orte in ländlichen Räumen, Forschungsbericht erstellt im Auftrag des Bundesministers des Innern, Bad Godesberg 1967.
Jochimsen, R. und *Simonis, U. E.* (Hrsg.), Theorie und Praxis der Infrastrukturpolitik, Schriften des Vereins für Sozialpolitik, N. F., Bd. 54, Berlin 1970.
Jöhr, W. A., Planung als Mittel rationaler Wirtschaftspolitik in der Marktwirtschaft? In: Schneider, E. (Hrsg.), Rationale Wirtschaftspolitik und Planung in der Wirtschaft von heute, Schriften des Vereins für Sozialpolitik, N. F., Bd. 45, Berlin 1967.
Jürgensen, H., Antinomien in der Regionalpolitik. In: Jürgensen, H. (Hrsg.), Gestaltungsprobleme der Weltwirtschaft, Festschrift für Andreas Predöhl, Göttingen 1964.
–, (Hrsg.), Gestaltungsprobleme der Weltwirtschaft, Festschrift für Andreas Predöhl, Göttingen 1964.
–, Produktivitätsorientierte Regionalpolitik als Wachstumsstrategie Hamburgs, Göttingen 1965.
–, Lohnwert, Wohnwert und Freizeitwert, Optimierungsparameter einer produktivitätsorientierten Regionalpolitik, Hamburg 1966.

Kapp, W., Volkswirtschaftliche Kosten der Privatwirtschaft, Zürich 1958.
Katona, G. and *Morgan, J. N.*, The Quantitative Study of Factors Determining Business Decisions. In: Quarterly Journal of Economics, Vol. LXVI, February 1912, Nr. 1.
Kau, W., Theorie und Anwendung raumwirtschaftlicher Partialmodelle, Tübingen 1970.
Keller, T., Artikel „Finanzausgleich". In: Handwörterbuch der Sozialwissenschaften, Bd. 3, Stuttgart/München/Göttingen 1961.
Klaassen, L. H., Area Economic and Social Redevelopment, OECD, Paris 1965.
–, Kurzfristige Soziallösungen kontra langfristige Regionalpolitik, ein Dilemma der westlichen Demokratie. Bergedorfer Gesprächskreis zu Fragen der freien industriellen Gesellschaft, Protokoll Nr. 20, Hamburg 1965.
Kleps, K., Wohnungsmarktpolitik in der Schweiz, Bern und Stuttgart 1969.
Kloten, N., Alternative Konzeptionen für die Regionalpolitik. In: Schneider, H. K. (Hrsg.), Beiträge zur Regionalpolitik, Schriften des Vereins für Sozialpolitik, N. F., Bd. 41, Berlin 1968.
Kneschaurek, F. (Hrsg.), Entwicklungsperspektiven der schweizerischen Volkswirtschaft bis zum Jahre 2000. Teil II: Gesamtwirtschaftliche Entwicklungsperspektiven, St. Gallen Mai 1970.
–, Teil IV: Perspektiven des schweizerischen Bildungswesens, St. Gallen Mai 1971.
–, Wachstumsbedingte Wandlungen der Beschäftigtenstruktur im industriellen Produktionssektor. In: Neumark, F. (Hrsg.), Strukturwandlungen einer wachsenden Wirtschaft, Schriften des Vereins für Sozialpolitik, N. F., Bd. 30, 2. Teil, Berlin 1964.
König, H. (Hrsg.), Wandlungen der Wirtschaftsstruktur in der Bundesrepublik Deutschland, Berlin 1962.

Langenheder, W., Ansatz zu einer allgemeinen Verhaltenstheorie in den Sozialwissenschaften, Köln und Opladen 1968.
Lauschmann, E., Grundlagen einer Theorie der Regionalpolitik, Hannover 1970.
Le Noane, J., Note sur les méthodes d'élaboration des comptes économiques régionaux, Ministère des Finances, Service des Etudes Economiques et Financières (Manuskript), Paris 1956.

Lenort, N. J., Strukturforschung und Gemeindeplanung. Zur Methodenlehre der Kommunalpolitik, Köln und Opladen 1960.
Leontief, W., Input-Output-Economies, New York 1966.
Lerner, A. P., Essays in Economic Analysis, London 1953.
Leven, C. L., Theory and Method of Income and Product Account for Metropolitan Areas, Including the Eldgin-Dundee-Area as a Case Study, Diss. Northwestern University, USA, 1958.
–, A Theory of Regional Social Accounting. In: Papers and Proceedings of the Regional Science Association, Vol. 4, 1958.
Link, B., Social Costs, Diss. St. Gallen 1969.
Lösch, A., Die räumliche Ordnung der Wirtschaft, 2. Aufl., Jena 1944.

Marx, D., Raumordnungsprobleme bei wirtschaftlichem Wachstum. In: Zeitschrift für die gesamte Staatswissenschaft, 121. Bd., Heft 1 (1965).
–, Wachstumsorientierte Regionalpolitik, Göttingen 1966.
Maurhofer, F. und *Leibundgut, H.*, Grundlagen zur Berechnung der Basisbevölkerung zentraler Einrichtungen. In: Institut für Orts-, Regional- und Landesplanung an der ETH (Hrsg.): Arbeitsberichte zur Orts-, Regional- und Landesplanung, Nr. 7, Zürich 1969.
McCrone, G., Regional Policy in Britain, London 1969.
Mehrländer, H., Methoden und Ergebnisse der Regionalplanung, Diss. Bonn 1968.
Mérigot, J. G., Sur la Voie de Recherches Nouvelles: Les Comptabilités Régionales, leur Nécessité. In: Revue de Science Financière, 1969.
Merton, R. K., Social Theory and Social Structure, Glencoe 1957.
Meyer, J., Regional Economics: A Survey. In: The American Economic Review, Vol. LIII, March 1963.
Meyer, K., Artikel „Funktionsgesellschaft". In: Handwörterbuch der Raumforschung und Raumordnung, 2. Aufl., Hannover 1970.
Meyer, W., Artikel „Industriestandorttheorien und Raumwirtschaft". In: Handwörterbuch der Raumforschung und Raumordnung, 2. Aufl., Hannover 1970.
–, Artikel „Raumwirtschaftstheorie". In: Handwörterbuch der Raumforschung und Raumordnung, 2. Aufl., Hannover 1970.
–, Die Theorie der Standortwahl, Berlin 1960.
Michalski, W., Grundlegung eines operationalen Konzepts der social costs, Tübingen 1965.
Miksch, L., Zur Theorie des räumlichen Gleichgewichts. In: Weltwirtschaftliches Archiv, Bd. 66 (1951), Heft 1.
Morgen, H. (Hrsg.), Beiträge zur Entwicklung ländlicher Nahbereiche, eine Modellstudie, Hannover 1967.
Müller, G., Bruttoinlandsprodukt der kreisfreien Städte und Landkreise. In: Bundesminister des Innern (Hrsg.): Informationsbriefe für Raumordnung und Städtebau, R 1.5.4, Wiesbaden 1967.
Müller, J. H., Neuere Methoden der Regionalanalyse und ihre Anwendbarkeit auf kleinere Räume. In: Schneider, H. K. (Hrsg.), Beiträge zur Regionalpolitik, Schriften des Vereins für Socialpolitik, N. F., Bd. 41, Berlin 1968.
–, Wirtschaftliche Grundprobleme der Raumordnungspolitik, Berlin 1969.
Myrdal, G., Ökonomische Theorie und unterentwickelte Regionen, deutsche Übersetzung, Stuttgart 1959.

National Planning Association (Hrsg.): Local Impact of Foreign Trade, A Study in Methods of Local Economic Accounting. A Staff Report, Washington DC 1960.
Neuhauser, G., Die wirtschaftspolitische Konzeption als Problem der theoretischen Wirtschaftspolitik. In: Seraphim, H. J. (Hrsg.), Zur Grundlegung wirtschaftspolitischer Konzeptionen, Schriften des Vereins für Socialpolitik, N. F., Bd. 18, Berlin 1960.
Nevin, G., Gross National Product of Wales 1950. In: Bulletin of the Oxford University Institute of Statistics, 1956.

North, D. C., Location and Regional Economic Growth. In: Journal of Political Economy, Vol. LXIII (1955).
Nydegger, A., Teilleitbild Volkswirtschaft, Primärteil, 1. Fassung. Gutachten des SIAM im Auftrag des ORL-Institutes an der ETH gemäß Bundesgesetz über Maßnahmen zur Förderung des Wohnungsbaus 1965, Vervielfältigung.
–, Regionale Strukturpolitik – Illusionen und Möglichkeiten. In: Mitteilungsblatt des Delegierten für Konjunkturfragen, Heft 4, 1968.
–, Volkswirtschaftliche Grundlagen der Orts-, Regional- und Landesplanung, vervielfältigtes Manuskript, St. Gallen 1970.
–, Strukturgutachten über den Kanton St. Gallen, Manuskript, St. Gallen 1971.

Oesterle, B., Regionale Kaufkraftströme und ihr Einfluß auf die Orts-, Regional- und Landesplanung, Diss. St. Gallen 1970.
Österreichisches Institut für Wirtschaftsforschung (Hrsg.): Die Verteilung des Volkseinkommens nach Bundesländern, Beilage 66 zu den Monatsberichten, Dezember 1959.
Ohlin, B., Inter-regional and International Trade, Cambridge (Massachusetts) 1933.
Olsson, J., Distance and Human Interaction. A Review and Bibliography, Philadelphia 1961.
Otto, K./Rödel, E., Erfahrungsziffern, Faustzahlen und Kompositionsregeln im Bereich der Wirtschaft und deren Bedeutung für die Raumordnung. In: Der Bundesminister des Innern (Hrsg.): Informationsbriefe für Raumordnung und Städtebau, R 1.7.2, Wiesbaden 1968.
Ousset, J., Les Comptes du Département de l'Hérault, Essai d'application de la méthode de la Comptabilité Nationale Française à la Région, Montpellier 1962.

Paelinck, J., Analyse quantitative de certains phénomènes du développement régional polarisé. In: Boudeville, J. R. (Hrsg.), L'univers rural et la planification, Presses universitaires de France, Paris 1968.
Partzsch, D., Zum Begriff der Funktionsgesellschaft. In: Mitteilungen des Deutschen Verbandes für Wohnungswesen, Städtebau und Raumplanung, 1964.
–, Die Siedlungsstruktur und das Netz zentraler Orte. In: Der Bundesminister des Innern (Hrsg.): Informationsbriefe für Raumordnung und Städtebau, R 2.1.2, Wiesbaden 1966.
–, Die Ergebnisse der historischen Raumforschung zur Erforschung der Siedlungsstruktur und deren Bedeutung für die Raumordnung. In: Der Bundesminister des Innern (Hrsg.): Informationsbriefe für Raumordnung und Städtebau, R 2.1.3, Wiesbaden 1968.
–, Aufgaben und Aufbau der Raumforschung. In: Der Bundesminister des Innern (Hrsg.): Informationsbriefe für Raumordnung und Städtebau, R 1.1.1., Wiesbaden 1970.
–, Artikel „Daseinsgrundfunktionen". In: Handwörterbuch der Raumforschung und Raumordnung, 2. Aufl., Hannover 1970.
Perloff, H. S., Relative Regional Economic Growth: An Approach to Regional Accounts. In: Hochwald W. (Hrsg.), Design of Regional Accounts, Baltimore (Maryland) 1961.
Perloff, H. S., Dunn Jr., E. S., Lampard, E. E., Muth, R. F., Regions, Resources and Economic Growth, Baltimore (Maryland) 1961.
Perroux, F., L'économie du 20ᵉ siècle, 2ᵉ édition augmentée, Paris 1964.
Predöhl, A., Das Standortproblem in der Wirtschaftstheorie. In: Weltwirtschaftliches Archiv, 21. Jahrgang (1925).
Proballer, F., Wirtschaftswachstum und Regionalpolitik. In: Wirtschaftspolitische Blätter, 13. Jahrgang, 1966, Heft 1.
PROGNOS AG: Struktur und Motive der Wanderungsbewegungen in der Bundesrepublik Deutschland, Hrsg. vom Bundesminister des Innern, Basel 1968.
Pütz, T., Die wirtschaftspolitische Konzeption. In: Seraphim H. J. (Hrsg.), Zur Grundlegung wirtschaftspolitischer Konzeptionen, Schriften des Vereins für Socialpolitik, N. F., Bd. 18, Berlin 1960.

Raumplanung Schweiz: Bericht der Arbeitsgruppe des Bundes für die Raumplanung, Hauptbericht 1970.
Rechenberg, F., Das Einmaleins der Siedlung, Berlin 1940.

Recktenwald, H. C., Nutzen-Kosten-Analyse und Programmbudget, Tübingen 1970.
Régionalisation du Budget d'Equipement: Projet de Loi de Finances pour 1967, Annexe: Régionalisation du Budget d'Equipement pour 1967 et Aménagement du Territoire, Tome III, Paris 1966.
Richardson, H. W., Elements of Regional Economics, Penguin modern economics, Harmondsworth 1969.
–, Regional Economics, London 1969.
Ritschl, H., Reine und historische Dynamik des Standortes der Erzeugungszweige, In: Schmollers Jahrbuch, Jg. 51 (1957).
Rittenbruch, K., Zur Anwendbarkeit der Exportbasiskonzepte im Rahmen von Regionalstudien, Berlin 1969.
Ritter, U. R., Artikel „Siedlungsstruktur". In: Handwörterbuch der Raumforschung und Raumordnung, 2. Aufl., Hannover 1970.
Romans, J. F., Capital Exports and Growth among US-Regions, Middletown (Conn.) 1965.
Rosen, J., Das schweizerische Sozialprodukt nach Kantonen 1948–1965. In: Kleine Schriften, Nr. 97 des VSK, Basel 1965.
Rosenbaum, H., Grundlagen der wirtschaftlichen und sozialen Versorgung. In: Morgen, H. (Hrsg.), Beiträge zur Entwicklung ländlicher Nahbereiche, eine Modellstudie, Hannover 1967.
Rosenfeld, F., Les firmes motrices et la compatibilité régionale. In: Boudeville, J. R. (Hrsg.), L'univers rural et la planification, Presses universitaires de France, Paris 1968.
Rossi, P. H., Why families move, Glencoe 1955.
Ruggels, R. and *Ruggels, N. D.*, Regional Breakdowns of National Economic Accounts. In: Hochwald, W. (Hrsg.), Design of Regional Accounts, Baltimore 1961.

Samuelson, P. A., International Trade and the Equalization of Factor Prices. In: The Economic Journal, 1948.
Scitovski, T., Two Concepts of External Economies. In: Journal of Political Economy, Vol. 62 (1954).
Seidel, H. u. a., Die regionale Dynamik der österreichischen Wirtschaft. Studien und Analysen, Nr. 1, Österreichisches Institut für Wirtschaftsforschung, Wien 1966.
Seidenfus, H., Koordinationsprobleme und aktuelle Hemmnisse der Regionalpolitik. In: Schneider, H. K. (Hrsg.), Beiträge zur Regionalpolitik, Schriften des Vereins für Socialpolitik, N. F., Bd. 41, Berlin 1968.
Siebert, H., Zur Theorie des regionalen Wirtschaftswachstums, Tübingen 1967.
–, Regionales Wachstum und interregionale Mobilität, Tübingen 1970.
–, Infrastruktur und regionales Wachstum, Beiträge zur angewandten Wirtschaftsforschung, Manuskript des Institutes für empirische Wirtschaftsforschung an der Universität Mannheim, o. J.
Sigvard, S., Die Flexibilität der volkswirtschaftlichen Produktionsstruktur, Göttingen 1966.
Simonis, U. E., Ausgewählte Materialien zur Theorie und Praxis der Infrastrukturpolitik. In: Jochimsen, H., Simonis, U. E. (Hrsg.), Theorie und Praxis der Infrastrukturpolitik, Schriften des Vereins für Socialpolitik, N. F., Bd. 54, Berlin 1970.
Somermeijer, W. H., Een analyse van de binnenlandse migratie in Nederland tot 1947 en van 1947 – 1957. In: Statistische en econometrische Onderzoekingen, Heft 3, Zeist 1961.
Specht, G./Lenort, N. J./Otto, K., Das Verhältnis zwischen primären und sekundären Erwerbszweigen und seine Bedeutung für Wirtschaftspolitik und Landesplanung, Forschungsberichte des Landes Nordrhein-Westfalen (als Manuskript gedruckt), Köln und Opladen 1962.
Starbatty, J., Regionale Strukturpolitik in der sozialen Marktwirtschaft, Diss. Köln 1967.
–, Zum Problem der Realisierung einer wachstumsorientierten Regionalstruktur, In: Wirtschaftspolitische Chronik, Heft 3, 1968.
Statistische Landesämter (Hrsg.), Das Bruttoinlandsprodukt der kreisfreien Städte und Landkreise in der Bundesrepublik Deutschland, Sozialproduktsberechnungen der Länder, Heft 1, Wiesbaden 1964.

Stohler, J. und *Frey R. L.*, Das Verhältnis von regionaler Wirtschaftsstruktur und öffentlichen Ausgaben. In: Schweizerische Zeitschrift für Volkswirtschaft und Statistik, 103. Jahrgang (1967), Heft 3.
Stoleru, B. L., L'équilibre et la croissance économique, Paris 1969.
Stone, J. R., Social Accounts at the Regional Level. A Survey. In: Isard, W. and Cumberland, J. H., Regional Economic Planning, Techniques of Analysis for Less Developed Areas, OECD, o. O., 1961.
Stouffer, S. A., Intervening Opportunities. A Theory Relating Mobility and Distance. In: American Sociological Review, 1940.
–, Intervening Opportunities and Competing Migrants. In: Journal of Regional Science, Vol. 2 (1960).
Strassert, G., Möglichkeiten und Grenzen der Erstellung und Auswertung regionaler Input-Output-Tabellen, Berlin 1968.
Schilling, H., Standortfaktoren für die Industrieansiedlung. Ein Katalog für die regionale und kommunale Entwicklungspolitik sowie die Standortwahl von Unternehmungen, Veröffentlichungen des Österreichischen Instituts für Raumplanung, Nr. 27, Wien 1968.
Schneider, E., Einführung in die Wirtschaftstheorie, Bd. III, 4. Aufl., Tübingen 1957.
Schneider, H. K., Über einige Probleme und Methoden regionaler Analyse, In: Schneider H. K. (Hrsg.), Regionalplanung, Beiträge und Untersuchungen des Instituts für Siedlungs- und Wohnungswesen an der Universität Münster, Bd. 63, Köln-Braunsfeld 1966.
–, Plankoordinierung in der Regionalpolitik. In: Schneider, E. (Hrsg.), Rationale Wirtschaftspolitik und Planung in der Wirtschaft von heute, Schriften des Vereins für Socialpolitik, N. F., Bd. 45, Berlin 1967.
–, Modelle für die Regionalpolitik. In: Schneider, H. K. (Hrsg.), Beiträge zur Regionalpolitik, Schriften des Vereins für Socialpolitik, N. F., Bd. 41, Berlin 1968.
–, Über die Notwendigkeit regionaler Wirtschaftspolitik. In: Schneider H. K. (Hrsg.), Beiträge zur Regionalpolitik, Schriften des Vereins für Socialpolitik, N. F., Bd. 41, Berlin 1968.
–, (Hrsg.), Beiträge zur Regionalpolitik, Schriften des Vereins für Socialpolitik, N. F. Bd. 41, Berlin 1968.
–, (Hrsg.), Prognosetechniken in der Regionalplanung, Münster 1968.
Scholz, H., Erfahrungsziffern, Faustzahlen und Kompositionsregeln im Bereich des Siedlungs- und Verkehrswesens und deren Bedeutung für die Raumordnung. In: Bundesminister des Innern (Hrsg.): Informationsbriefe für die Raumordnung und Städtebau, R 1.7.3, Wiesbaden 1968.
Schröder, D., Regionale Bevölkerungsprognosen aus der Sicht der Nationalökonomie. In: Die regionale Bevölkerungsprognose, Methoden und Probleme, Hannover 1965.
–, Der Mensch: Objekt oder Subjekt der Standortwahl? In: Polis und Regio, von der Stadt- zur Regionalplanung, Frankfurter Gespräche der List Gesellschaft, Tübingen 1967.
–, Strukturwandel, Standortwahl und regionales Wachstum, PROGNOS-Studien 3, Stuttgart 1968.
–, Zur Methodik der Regionalanalyse. In: Schneider H. K. (Hrsg.), Prognosetechniken in der Regionalplanung, Münster 1968.
Schumpeter, J. A., Kapitalismus, Sozialismus und Demokratie, 2. Aufl., Bern 1950.
Schwarz, K., Analyse der räumlichen Bevölkerungsbewegung, Hannover 1969.
Schwarzschild, I., Die Großstadt als Standort des Gewerbes. In: Jahrbücher für Nationalökonomie und Statistik, Bd. 33, 1907.

Termote M., Les modèles de migration. Une perspective d'ensemble. In: Recherches économiques de Louvain, 1967.
Tiebaut, Ch. M.: Exports and Regional Economic Growth. In: The Journal of Political Economy, Vol. LXIV (1956).
–, Regional and Interregional Input-Output-Models: An Appraisal. In: Southern Economic Journal, Vol. XXIV (1967).
Thumm, U., Die Regionalpolitik als Instrument der französischen Wirtschaftspolitik, Berlin 1968.

Thünen, J. v., Der isolierte Staat, Neudruck, Jena 1910.
Töpfer, K., Regionalpolitik und Standortentscheidung, Bielefeld 1969.
–, Überlegungen zur Quantifizierung qualitativer Standortfaktoren. In: Zur Theorie der allgemeinen und der regionalen Planung, Bielefeld 1969.

United Nations (Hrsg.): A System of National Accounts, Studies in Methods, Series F, No. 2, Rev. 3, New York 1968.
United States Department of Commerce (Hrsg.): Community Industrial Development Kit. Prepared for the Cooperating Offices Program US Department of Commerce by the Area Development Division Offices of Technical Services Business and Defense Services Administration, Washington DC 1954 (Sammlung von 15 Heften).
–, Personal Income by States since 1929. A Supplement to the Survey of Current Business, Washington DC 1956.
–, (Hrsg.): Regional Economic Development in the United States, Washington DC, o. J., Part 1.
–, Standortwahl und Industrieförderung. Materialsammlung für Unternehmer und Planungsstellen. Auszugsweise Übersetzung des „Community Industrial Development Kit". In: Schriften des Deutschen Verbandes für Wohnungswesen, Städtebau und Raumplanung, Heft 35, Köln 1958.

Vanberg, M., Wanderungsforschung in der Bundesrepublik Deutschland. Arbeitsmanuskript der Arbeitsgruppe für Wanderungsforschung an der Technischen Universität Berlin, Berlin 1970.
Voigt, F. und andere, Wirtschaftliche Entleerungsgebiete in Industrieländern. Forschungsberichte des Landes Nordrhein-Westfalen, Köln und Opladen 1969.

Weber, A., Über den Standort der Industrien, 1. Teil, Tübingen 1909, 2. Teil, Tübingen 1922.
Wietling, R. G. und *Hübschle J.*, Struktur und Motive der Wanderungsbewegungen in der Bundesrepublik Deutschland, Untersuchung der PROGNOS AG im Auftrag des Bundesministers des Innern, Basel 1968.
Wolpert, J., Behavioral Aspects of the Decision to Migrate, Papers and Proceedings of the Regional Science Association, Vol. 15 (1965).

Zimmermann, H., Alternativen der Finanzierung von Infrastrukturvorhaben. In: Theorie und Praxis der Infrastrukturpolitik, Schriften des Vereins für Socialpolitik, N. F., Bd. 54, Berlin 1970.
–, Öffentliche Ausgaben und regionale Wirtschaftsentwicklung, Basel und Tübingen 1970.
–, Programmstudie Regionalpolitik, Vorschläge für Grundsatzuntersuchungen, Hrsg. von der Gesellschaft für Regionale Strukturentwicklung, September 1969, o. O.
Zipf, G. K., The $\frac{P_1 P_2}{D}$ Hypothesis on the Intensity Movement of Persons. In: American Sociological Review, 1946.
Zühlke, W., Zu- und Abwanderung im Ruhrgebiet 1966. Hrsg. vom Siedlungsverband Ruhrkohlenbezirk, Essen 1967.

PERSONENVERZEICHNIS

Albers, G. 220
Albert, H. 56, 57
Al-Homssi, M. M. 26, 98, 99
Andrews, R. B. 144, 145
Arndt, H., Swatek, D. 241

Baumgart, E. R. 155
Beaud, M. 154
Bergschmidt, H. H. 154
Berry, B. J. L., Predöhl, A. 235
Bobek, H. 235, 272
Boesler, K. A. 238, 276
Bökemann, D. 218, 219, 235
Borries, H. W. v. 216, 217, 224, 225, 226, 227, 231, 232, 233, 234, 236, 280
Borts, G. H., Stein, J. L. 54
Bosshart, R. 263
Boudeville, J. R. 147, 148, 150
Boustedt, O. 72, 187
Böventer, E. v. 50, 53, 55, 56, 59, 62, 70, 148, 172, 218, 226, 227, 231, 232, 233, 234, 246, 277, 278, 279
Buchholz, E. W. 197, 198
Buhr, W. 243, 245

Carol, H. 172
Christaller, W. 49, 53, 223, 231, 232, 234
Christoffel, M. 178
Clark, C. 69
Correa, H. 141
Crome Mc, G. 147, 150
Curdes, G. 270, 272

Denison, E. 141
Dietrichs, B. 235, 236, 237, 238, 266, 267
Disch, W. K. A. 111
Dörig, H. U. 154
Drewe, P. 195

Eckhardt, S. 161
Egner, E. 225
Elsasser, H. 174, 175
Esenwein-Rothe, J. 174
Evers, H. 228, 229, 230
Eversley, D. E. C. 57

Fabricant, S. 250
Feder, G. 270
Fischer, G. 49, 99, 102, 106, 108, 110, 112, 113, 115, 117, 118, 120, 122, 124, 126, 127
Fisher, G. W. 250
Fourastié, J. 142
Frey, R. L. 242, 243, 244, 245, 249, 250
Friedmann, J., Alonso, W. 50, 219
Funck, R. 18
Fürstenberg, F. 185, 186

Gerfin, H. 95, 154, 155, 202, 203, 204
Giersch, H. 24, 25, 26, 30, 41, 98, 159, 190
Göschel, W. 270, 274, 275
Green, J. L. 152
Gustafsson, K., Jochimsen, R. 240, 241, 243

Hansmeyer, K. H. 22
Harloff, H. J. 185, 191, 195, 197
Hilhorst, J. 65
Hirschmann, A. O. 54, 148, 229
Hochwald, W. 113
Hoffmann, W. G. 207
Hoover, E. M.
Hübner, H. 271

Jaeger, F. 89, 173
Jansen, P. G. 23, 99, 194, 196, 197, 200, 201, 221
Jansen, P. G., Töpfer, K. 247, 248, 250, 251, 252, 269
Jochimsen, R. 239, 240
Jochimsen, R., Simonis, U. E. 239, 241
Jochimsen, R., Trenner, P. 277
Jöhr, W. A. 19

Isard, W. 51, 53, 93, 95, 149, 180
Isard, W., Cumberland, J. H. 113
Isard, W., Reck, M. J. 53
Isard, W., Schooler, E. W., Vietorisz, T. 97, 148, 180
Isbary, G. 235, 237, 254, 260, 261, 262, 268, 277
Isenberg, G. 41

Jürgensen, H. 10, 22, 68, 71, 73, 78, 81, 98, 160, 161, 162, 163, 164, 165, 166, 167, 168

Kapp, W. 228
Katona, G., Morgan, J. N. 178
Keller, T. 42
Klaassen, L. H. 27, 134, 135, 204, 206, 208
Kloten, N. 19
Kneschaurek, F. 14, 185, 188

Langenheder, W. 60, 195
Lauschmann, E. 93, 97, 115, 156, 180
Lenort, N. J. 273
Leven, C. L. 113
Link, B. 228
Lösch, A. 49, 53, 223, 231

Marx, D. 30, 66, 98, 144, 160, 161
Maurhofer, F., Leibundgut, H. 256, 272, 273
Mehrländer, H. 93, 97, 174, 178
Mérigot, J. G. 113, 114
Merton, R. K. 60, 196
Meyer, J. 57
Meyer, K. 255
Meyer, W. 224
Michalski, W. 228
Miksch, L. 51
Müller, G. 103, 104
Müller, J. H. 10, 22, 53, 70, 77, 93, 94, 95, 105, 110, 111, 146, 155, 176, 226, 237
Myrdal, G. 55, 56

Neuhauser, G. 16
Nevin, E. 113
Noane Le, J. 113
North, D. C. 144
Nydegger, A. 28, 32, 35, 39, 72, 169, 172, 227, 228, 230

Oesterle, B. 191
Olsson, J.
Otto, K., Rödel, E. 270
Ousset, J. 113

Paelinck, J. 150, 151
Partzsch, D. 10, 236, 255, 258, 261, 263
Perloff, H. S. 152, 156
Perloff, H. S., Dunn, E. S., Lampard, E. E., Muth, R. F. 152
Perroux, F. 147
Predöhl, A. 235
Proballer, F. 43
Pütz, T. 16

Rechenberg, F. 270
Recktenwald, H. C. 245
Richardson, H. W. 40, 41, 54, 146, 156, 190
Ritschl, H. 235
Rittenbruch, K. 97, 145, 147, 148
Ritter, U. R. 223
Rosen, J. 118
Rosenfeld, F. 150, 151
Rossi, P. H. 195
Ruggles, R., Ruggles, N. D. 113, 116

Samuelson, P. A. 190
Seidel, H. 103, 107
Siebert, H. 54, 66, 97, 99, 146, 187, 192, 193, 196, 197, 241, 242
Sigvard, C. 161
Simonis, U. E. 239
Somermeijer, W. H. 199, 200
Specht, G., Lenort, N. J., Otto, K. 144
Stone, J. R. 113
Schilling, H. 177
Schneider, E. 54
Schneider, H. K. 19, 22, 59, 61, 93, 151, 155, 171, 181, 206, 229
Scholz, H. 270
Schröder, D. 71, 72, 81, 97, 140, 174, 175, 203, 205, 206, 207, 208, 209, 210, 211, 212, 214
Schumpeter, J. A. 69
Schwarz, K. 194, 213
Schwarzschild, J. 226
Starbatty, J. 40, 99
Stohler, J. 249
Stoleru, B. L. 141
Stouffer, S. A. 193, 194
Strassert, G. 97

Termote, M. 191, 193
Thumm, U. 149, 151
Tiebaut, Ch. M. 145, 180
Töpfer, K. 57, 71, 87, 171, 172, 173, 176, 248

Vanberg, M. 186, 194, 195, 197, 198, 200, 201, 203, 204, 214
Voigt, F. 24, 25, 32

Weber, A. 225
Wietling, R. G., Hübschle, J. 215
Wolpert, J. 196

Zimmermann, H. 22, 24, 42, 43, 60, 87, 179, 221, 245
Zipf, G. K. 193
Zühlke, W. 202

SACHREGISTER

Abschreibungen 102
Agglomeration(s) 71 f.
- größe, anzustrebende 32
- phänomen 223, 225 f.
- nachteile 226, 233
- tendenzen, produktivitätsfördernde 43, 45
- vorteile 35, 36, 63, 70, 173, 175, 181, 225, 227, 233, 236, 278
- auswirkungen 147, 230
Agglomerationen
- Erklärungsversuche 192 f.
Agglomerationstheorie 225 f.
Analysemöglichkeiten, praktikable
- im Bereich der Faktorstruktur 183 ff.
- im Bereich der Produktionsstruktur 139 ff.
- im Bereich der Siedlungsstruktur 216 ff.
Ansatzpunkte, raumordnungspolitische 31
Anspruchsniveau, individuelles 194, 216
Arbeitskräfte 40, 167
- Anpassungsfähigkeit der 185 ff., 205
- Ausbildung der 185, 188
- Bestimmungsfaktoren der Nachfrage nach 64
- Mobilität der 36, 40, 80, 84, 88, 184, 189, 215
- potential, regionales 204
  - Bestimmungsfaktoren 183 ff.
Arbeitsmarktmodelle 203, 204, 211
- Beurteilung 212
Arbeitsmarktsituation, regionale und gesamtwirtschaftliche 205 f.
Arbeitsplatzgestaltung 79
Arbeitsproduktivität 105 f., 184
Attraktivität von Agglomerationen 72
Attraktivitätsempfindlichkeit 208, 211
Attraktivitätsfaktoren 174
Attraktivitätsunterschiede 199 f.
Ausgangsstruktur, regionale 50 f., 67 f., 74, 77, 78, 87 f.
Ausstattung, natürliche 50
Ausstattungsniveau der Zentren 218

Ballungsgebiete 263
- Größenrichtwerte 278 f.

- Hauptprobleme 263
- optimale Größe 226, 230
- Schwerpunkte 225
Ballungszentren, Entlastung der 40
Bandkonzeption 261, 267
basic-nonbasic-ratio 145
Basisbevölkerung, minimale 273
Bedürfnisstrukturen der Unternehmungen 178
Befragungstechnik 179
Beharrungsmuster der Arbeitskräfte 193, 196
Behelfsindikatoren 109 ff., 118, 138
Bestimmung optimaler Ortsgrößen 223
Bestimmungsfaktoren regionaler Entwicklung 140, 146
- außerökonomische 5, 56 ff., 93
- außerregionale 65, 82, 115
- beeinflußbare 66
- endogene 67, 84
- exogene 67, 82, 88
- innerregionale 65, 84, 87, 115, 140
- Meßprobleme 93
- nicht beeinflußbare 66
- ökonomische 59
- überregionale 65, 67, 74, 82, 87, 163
Betriebe
- fernorientierte 164, 166
- nahorientierte 164, 166
Betriebstypen 166
Bevölkerung und Wirtschaft
- regionale Verteilung 69
Bevölkerungsentwicklung, regionale 129 f.
Bilanzen, außenwirtschaftliche 101
Brutto-Inlandsprodukt 99 ff., 101
Brutto-Produktionswert 102
- Vorleistungen 102
- Abschreibungen 102
- indirekte Steuern 102
- Wertschöpfung 102
Brutto-Sozialprodukt zu Marktpreisen 101

Cobb-Douglas-Funktion 99, 140
Competing migrants 194

Daseinsfunktionen 3, 26, 38, 198
Distributionspolitik, regionale 25

Economic-base-Analyse 97
Effekte
– interne 40
– externe 40, 146, 149, 218, 259
Eigendynamik, regionale 76
Einkommen
– Arbeitnehmereinkommen 106, 120 ff.
– Geschäftseinkommen der Selbständigen 106, 120 ff.
– Kapitaleinkommen 106, 122, 135
– Lohneinkommen 108 f., 135 f.
– persönlich verfügbares 108 f.
Einkommensentstehungs-
– politik 43, 45
– rechnung 94, 112, 117
– these 42
Einkommenstransfers 42
Einkommensverteilung(s)
– Politik der 41, 42
– these 41
Einkommensverteilungsrechnung 106, 112, 118
Einkommensverwendungsrechnung 112
Einrichtungen, zentralörtliche 239, 240, 264
Entlastungszentren 267
Entscheidungstheorie 58
Entvölkerungsgebiete
– Hauptprobleme 263
Entwicklung, regionale 2, 11, 63, 67, 128, 144, 146, 164
– Bestimmungsfaktoren 52, 146
Entwicklungsfähigkeit, regionale 40, 104, 105, 116, 130, 134, 139, 142 f., 188, 204
– Messung der 98
Entwicklungsfaktoren 96
Entwicklungskonzept, regionales 16
Entwicklungsmöglichkeiten, selbsttragende 42, 87, 164, 265
Entwicklungsperspektiven 15
Entwicklungspotential 14, 30, 98 ff., 126, 138, 153, 240
Entwicklungsprozesse
– selbsttragende 42
– teilräumliche 49, 54, 55, 62 ff., 76, 89, 113
– Analyse der 91 ff.
Entwicklungsstand 14, 98 ff., 104, 106, 116
Entwicklungsstrategie, regionale 30
Entwicklungstendenzen, regionale 77, 127
Erklärungsmodelle, partielle 96 ff.
Erklärungsversuche der regionalen Entwicklung 47 ff., 160
Ersparnisse
– interne 50, 63, 70, 80, 147, 149, 226, 259

– externe 63, 70, 72, 80, 147, 149, 176, 226
Erstarrung, raumstrukturelle 51, 77
Erwerbsfaktor 206, 207
Erwerbsintensität 104
Exportbasis-Theorie 144, 158, 164, 167
– Kritik 146 f.

Faktorallokation 229, 242
– Bedingungen einer produktivitätsorientierten 159
– wachstumsoptimale 30, 76, 77, 190
Faktoren, raumdifferenzierende 50, 51, 55, 63
Faktoren, raumprägende 49 f.
– außerökonomische 50, 56
– gesellschaftliche 49 f.
– ökonomische 49 f.
Faktorkreislauf, innerregionaler 164, 169
Faktormobilität 190 f.
Faktorstruktur 6, 91, 163, 182
– regionale 75, 78, 84, 158
– Analysemöglichkeiten 183, 198 ff., 214
– regionalpolitisch relevante Zusammenhänge 183
Fernversorgung 262
Finanzausgleich(s) 41, 43, 44, 73
– Neuorientierung des 43
Flächennutzung 218
Flächen- bzw. Raumüberwindung 218
foot-loose-industries 69, 70, 81
Freizeitwert 71, 198
Funktionsgesellschaft 255

Gebietsplanung 8
Gesamtaufwand 33
Gesamtnutzen 33
Gesamtkonzeption, raumordnungspolitische(n) 4, 16, 18, 20, 44
– Grundzüge einer 21 ff.
Gesamtraum
– Ausgestaltung 30
Gesamtrechnung, regionale 113 f.
Gesamtrechnung, volkswirtschaftliche 97, 112 ff.
Gesamtstrategie, regionalpolitische 34
Gleichgewichtsdoktrin 54 ff.
Gleichgewichtstheorie, raumwirtschaftliche 49 f., 60
– Kritik 55 f.
Gliederungsprinzip, zentralörtliches 235
Globalaggregate 49, 138
Globalmethode, indirekte 118
Gravitationsmodelle 191, 193 ff.
Grundbedürfnisse der Menschen 35, 73, 84, 86, 87, 219

Sachregister

Grundbereiche und Folgebereiche 208
Grundelemente, regionalpolitische 20, 33
Grundfunktionen der Menschen 38, 355
– Wohnen 256
– Arbeit 256
– Versorgung 256
– Bildung 257
– Erholung 257
– Verkehr 257
– Kommunikation 258
Grundsätze, materielle 9, 19
Gütermobilität 191

Handel, internationaler und -regionaler 191
Hauptzentren 35

Indikatoren
– globale 94, 98 ff.
– spezielle 94 f.
– Hilfsindikatoren 109 ff., 118, 138
Industrieansiedlungspolitik 176, 179
Industriedichteziffer 110
Industriekomplex-Analyse 97, 148, 180 ff.
industrie motrice 147
Industrie
– standortabhängige 212
– standortunabhängige 212
Industriestandorttheorien 223
Industriestruktur-Approach 152 ff., 158
Informationsbeziehungen, interregionale 197 f.
Informationsverarbeitung 197
Infrastruktur 239
– haushaltsorientierte 243 ff.
– Nutzungseffekte 243
– Standorteffekte 243
– theoretische Ansatzpunkte 239 ff.
– unternehmungsorientierte 243 ff.
Infrastrukturbedarf
– Bestimmungsfaktoren 248 ff.
Infrastruktureinrichtungen
– Komplementaritätsbeziehungen zwischen 244
– Kompositionsregeln zur Bestimmung von 272 ff.
– Richtwerte für 270 f.
Infrastruktur-Investitionen 35, 39, 43, 193, 229, 241
– Anreizeffekte 243
– Bedeutung für die teilräumliche Entwicklung 239 ff.
– Bodennutzungseffekte 242
– Einkommenseffekte 242 f.
– Finanzwirtschaftliche Effekte 242
– Kapazitätseffekte 243
– Wirkungsweisen 241 ff.

Infrastrukturpolitik 32, 41, 73, 79, 88, 165, 169, 179, 221, 245, 252
Input-Output-Access 157
Input-Output-Modelle 97, 180 ff.

Kaufkraft
– konsumtive 109
– potentielle 109
– regionale 109
– umsatzorientierte 109
– wohnsitzorientierte 109
Kaufkraftströme, interregionale 109
Kennziffern, regionale Entwicklung 94 ff.
Klaassen
– Angebots-Nachfrage-Ansatz 206
Kommunikationsbeziehungen, interregionale 197
Komparative(n) Kosten, Gesetz der 52
Komponentenmethode, indirekte 119
Kompetenzen, regionalpolitische 37
Kompositionsregeln 272 ff.
Konzentration, räumliche 1, 27, 37, 81, 86, 259
Koordination
– ex-ante 19 f.
– ad-hoc-Maßnahmen 18
Kosten, soziale 40
Kosten-Nutzen-Analyse 230
Kreislaufgrößen, regionale 97

Lageanalyse 14, 17
Landschaftsstrukturmodelle 53, 231, 233
Längsschnittanalysen 95
Lebensraum 2 f., 26, 30
Lebensverhältnisse, urbane 35, 259
Leistungskraft, wirtschaftliche 104
Leistungspotential einer Region 67, 75, 76, 79, 80, 84, 97, 98, 143, 163, 183, 215
– Analyse 151 ff.
Leitbild 17, 33 ff.
– Begriff 9
– Regionalisierung mit Schwerpunkten 34 ff., 44, 88, 193, 264
Localization economies 149
Lohnempfindlichkeit 207, 211
Lohngefälle 207
Lohnwert 71

Markthemmnisse 78
Marktmechanismus 4, 39 f.
Metropolen-Konzeption 260 f.
Mobilität
– berufliche 185
– der Arbeitskräfte 36, 40, 80, 84, 88, 183, 189, 215

20 *

– der Produktionsfaktoren 52, 55, 139, 186, 207
– interregionale 196
– räumliche 40, 184, 188
– sektorale 185
– soziale 185, 188
Mobilitätsanalysen, interregionale 97, 186
– theoretische Ansatzpunkte für 189 ff.
Mobilitätshemmnisse
– faktorspezifische 192
– partielle 192
Mobilitätspolitik 192
Mobilitätstheorie von Siebert 192 ff.
Mobilitätsverhältnisse 186
Modellansätze der Regionaltheorie 48 ff.
– Standorttheorie 48, 52 f., 57
– Produktionstheorie 48
– Außenhandelstheorie 48, 52
– System der Landschaftsstruktur 48, 53
– interregionale Multiplikatoranalysen 48
– Input-Output-Modelle 48
– Industriekomplex-Analysen 48
– Programmierungsverfahren, lineare 48
Modell der vollkommenen Konkurrenz 55, 190
Modellvorstellungen, planerische 34
Motivationsforschung 198
Motivationsstrukturen der Unternehmung 178
Multiplikatoranalyse 97
Multiplikatoreffekte 145

Naherholung 268
Nahversorgung 262
Nationalökonomische Theorie
– Mängel der traditionellen 51 ff.

Ökonomisches Prinzip 29, 31, 33, 35
Ordnungsvorstellungen, gesamträumliche 30, 44, 87

Partialanalysen 5, 6, 48, 76, 92 f.
Planungsräume 38
Polarisierungseffekte 148 f.
Präferenzen, regionale
– der Arbeitskräfte 87
– der Betriebe 87
– persönliche 50, 51
– Wohnort 85 ff.
– Standort 85 ff.
Problemgebiete, potentielle 135
Produktionsfunktion 140
Produktionsstruktur 6, 50, 75, 78, 84, 86, 91, 138, 140, 141, 157, 158, 159, 163, 169, 180
– Flexibilität der 139

Produktivität, betriebliche
– Bedeutung 159 ff.
Produktivität der Raumnutzung 28
Produktivität, regionale 30, 98, 182
Produktivitätsfortschritte
– Grundmodell zur Beurteilung 160 ff.
Produktivitätskennziffern 105
Produktivitätsmaßstab 102 ff.
PROGNOS-Analyse-Modell 207

Querschnittsanalysen, interkantonale 135
– Aussagefähigkeit 130

Rahmenbedingungen, politisch-institutionelle 73
Rahmenkonzepte 8 f.
Randgebiete
– Anpassungshilfen 36
Raum 8
Raumansprüche, typische 254
Raumbeanspruchung, zukünftige 30
Raumeinheiten, funktionale 35, 127, 255
Raumforschung 9
Raumordnung 8
Raumordnungspolitik 8, 31, 62
Raumordnungsprogramm 9
Raumplanung 8
Raumplanungsorganisation 20
Raumverhalten, typisches 50, 219
Raumwirtschaftsmodelle 224
Raumwirtschaftstheorie 56, 218
Region 10 f., 87, 98, 135, 261
– Abgrenzung 38
Regionalfaktor 95, 154, 155, 205, 209
Regionalforschung 61, 82, 93, 117, 138, 161, 213
Regionalisierung mit Schwerpunkten 34 ff., 44, 88, 193, 264
Regionalpolitik 10, 31, 44, 61, 62, 85, 86, 87 f., 89, 161, 169, 179, 181, ff., 215 f., 280
– Grundsätze und Methoden 39 ff.
– produktivitätsorientierte 25 f., 28, 30
– rationale 18, 20 ff., 28, 30, 44
– sozialpolitisch motivierte 25
– wachstumsgerechte 27
– Ziele 22 ff.
Regional Science 58, 180
Regionalstatistik 93, 107, 114, 115, 116, 118 f., 180
Regionaltheorie 51, 54, 57
Regionalzentren 35, 36
Richtwerte, globale, für Siedlungseinheiten 276

Sachplanung 8
Sektor
– basic 145
– nonbasic 145
Sektor-Theorie 142, 158
– Kritik 143
Shift-Analysen
– differential shift 153
– proportionality shift 153
Siedlungseinheit 11
Siedlungskonzepte 33 f.
Siedlungsplanung
– Bestimmung von Mindest- und Richtgrößen 269 ff.
– standortabhängige Größen 275
– standortunabhängige Größen 275
Siedlungsstruktur 6, 50, 73, 75, 78, 84, 86, 88, 97, 158, 163, 165, 182
– Analyseansätze, praktikable 253 ff.
– Analysemöglichkeiten 216 ff.
– bestehende 37
– Bestimmungsfaktoren 34
– Bildungsprinzipien 37, 259 ff.
– Grundzüge einer wirtschafts- und gesellschaftsgerechten 254 ff.
– regionalpolitisch relevante Zusammenhänge 217
– theoretische Ansatzpunkte zur Erklärung 222
– wirtschafts- und gesellschaftsgerechte 34
Siedlungssysteme
– Erklärung 223
Siedlungstheorien, ökonomische 231 ff.
Simulationsverfahren 151
Soziale Kosten und Erträge 225 ff.
Sozialforschung, empirische 179, 189
Sozialprodukt 47, 84, 94, 100
Strukturbereiche, innerregionale 75
Subsystem, regionales 96
Subzentren 35
Superstruktur 246
Schlüsselfaktor, strukturspezifischer 121
Schlüsselgrößen
– des regionalen Leistungspotentials 84
– der regionalen Attraktivität 200 f.
Standortanforderungen 70, 82, 165
– betriebliche 169, 177, 178, 221, 244
– gesellschaftliche 220
Standortangebotskataloge 172 ff.
– Gliederungsschema 172 f.
Standortangebotsmatrix 171, 172 ff.
Standortaufbau 85, 169
– Bestimmungsfaktoren 2, 172, 211, 216
Standortbedingungen, regionale 163
– Erfassung 169 ff.

Standorteffekt 205
Standortempfindlichkeit 208, 211
Standortfaktor nach Gerfin 96, 205, 208 ff.
Standortfaktoren, betriebliche 174
Standortfaktoren, traditionelle 52 f.
Standortgunst 208, 213
Standortkataloge, regionale 170 ff., 182
Standortmodelle 97
Standortnachfragekataloge 176 ff.
Standortnachfragematrix 171, 175
Standortpräferenzen
– Analyse der 85
– qualitative 71
Standortqualitäten, gesellschaftliche 221
Standorttheorie, traditionelle 52 ff., 69, 224
Standort- und Agglomerationstheorie 223
Standortverlagerungseffekte 206
Standortvoraussetzungen, regionale
– Beurteilung 175
Standortwahl der Unternehmer 57
Steueraufkommen, regionales 110
Steuerlasten, unterschiedliche 44
Stichprobenerhebungen 202
Strategie zur teilräumlichen Beeinflussung 40
Strukturanalysen, regionale 83, 93, 115
Struktureffekt 155, 205
Strukturen, politische 38
Strukturerhaltung 42
Strukturfaktor 95 f., 154, 156, 207, 209
Strukturflexibilität 186
Strukturkennziffern, regionale 95
Strukturkoeffizienten 95
Strukturwandlungen 42, 68 f.
Stützungsmaßnahmen 41

Teilleitbilder 33 f.
Teilraum 31, 38, 49
– Individualität 50, 54
– Typologie 133
Theorie des internationalen Handels 52, 144, 190
Theorie der mittleren Reichweite 60
Theorie des räumlichen Gleichgewichts 49
Theorie der Wachstumspole 54, 147, 158
– Kritik 150
– Anwendungsmöglichkeiten 150
Theorie der zentralen Orte 234
Transportkosten 52 f., 80

Unternehmungen
– Beurteilung von 165 ff.
Urbanisierung 71
Urbanisierungsgrad 200
Urbanization Economies 149

Veränderungsprozesse, entwicklungsbedingte
- soziologischer Art 71
- wirtschaftlicher und technischer Art 68 ff.
Verbrauchergewohnheiten 71
Verdichtungsgebiete 37, 237, 260, 268 f.
Verhaltenstheorie 58, 195
Verkehrsverbund 226
Versorgungsnahbereiche 35, 261 f., 264
Verwaltungsräume 38
Volkseinkommen 47, 84, 94, 99 ff.
Volkseinkommen, kantonale 117 ff.
- Aussagefähigkeit 127 ff.
- Berechnungsmethoden 117 ff.
Volkseinkommensaggregate
- Aussagefähigkeit der Struktur 135
Volkseinkommensstatistik, regionale 118

Wachstumsbetriebe 162
Wachstumsfaktoren
- interne 192
- externe 192
Wachstumsintensitäten, regionale 130
Wachstumsmodelle 191
Wachstumstheorie 141
Wachstums- und Wohlstandsunterschiede, interregionale 25, 31 f.
Wachstumsunterschiede, regionale
- Erklärung 210
Wachstumszentren 134
Wanderungen, interregionale
- Ursachen 200
Wanderungsanalysen, arbeitsmarktorientierte 202
Wanderungsbewegungen 1, 40, 87, 184, 188, 191, 193 ff., 215
Wanderungsforschung, individualtheoretische 195 ff.
Wanderungsmodell
- von Jansen 199
- von Somermeijer 199

Wertvorstellungen, gesellschaftspolitische 23
Wirtschaftsbereiche, motorische 147
Wirtschaftsbevölkerung
- Errechnung der 104
Wirtschaftsentwicklung
- Analyse der 212
Wirtschaftsförderung(s) 176
- politik 2
Wirtschaftsgebiete, regionale
- spezifischer Charakter 49
Wirtschaftsräume 38
Wirtschaftstheorie, traditionelle 189 f.
- Mängel der 51 ff.
Wirtschaftssubjekte, Verhalten der 64, 85, 87, 195, 219
Wirtschaftstheoretische Modelle
- Bedeutung der Mobilität 189 ff.
Wirtschaftsverflechtungen, interregionale 49
Wirtschaftswachstum, regionales 25 f.
Wohlfahrt 28, 44, 71, 85, 127
Wohlstand, durchschnittlicher 99, 133
Wohlstand, regionaler 128 f.
Wohlstandsmaßstab 104, 105, 107, 109 ff., 128 f.
Wohnortfaktoren 174, 209, 210, 211
Wohnortpräferenzen
- Analyse der 85 ff.
Wohnwert 71, 198, 200

Zentralität, multiple 237
Zentralität der Orte 53, 223, 232, 236, 260
Zentralitätsgrad von Gütern 232
Zentrale Orte 238, 256, 261, 264, 265 f., 276 f.
Zielbestimmung, regionale 18
Zielinterpretation, funktionale 32
Zielkonflikte 22
Zielsystem 24
- regionale Ausprägungen 24
- der Regionalpolitik 22 ff.

Regionalpolitisches Schrifttum

René L. Frey
Infrastruktur
Grundlagen der Planung öffentlicher Investitionen
Hand- und Lehrbücher aus dem Gebiet der Sozialwissenschaften
Gemeinsam mit Schulthess Polygraphischer Verlag, AG Zürich
2. ergänzte Auflage
1972. X, 132 Seiten. Mit Tabellen und Schaubildern. Kart. DM 14.–, Ln. DM 19.80

Polis und Regio
Von der Stadt- zur Regionalplanung
Frankfurter Gespräch der List Gesellschaft 8.–10. Mai 1967
Protokolle–Gutachten–Materialien
Herausgegeben von Edgar Salin, Niels Bruhn, Michel Marti
Veröffentlichungen der List Gesellschaft e. V. 57
Gemeinsam mit Kyklos-Verlag, Basel
1967. XXVI, 411 Seiten, 9 Abbildungen. Kart. DM 36.–, Ln. DM 39.50

Horst Siebert
Regionales Wirtschaftswachstum und interregionale Mobilität
1970. VII, 258 Seiten. Kart. DM 25.–, Ln. DM 31.–

Horst Zimmermann
Öffentliche Ausgaben und regionale Wirtschaftsentwicklung
Veröffentlichungen der List Gesellschaft e. V. 61
Gemeinsam mit Kyklos-Verlag, Basel
1970. XII, 331 Seiten und Tabellenanhang (48 S.). Kart. DM 49.–, Ln. DM 55.–

J. C. B. Mohr (Paul Siebeck) Tübingen